马克思主义理论研究
和建设工程重点教材

发展经济学

（第二版）

《发展经济学》编写组

主　编　郭熙保

副主编　彭　刚　高　波

主要成员（以姓氏笔画为序）

马　颖　马春文　叶初升　李忠民　宋利芳　张建华

本版修订组

主持人　郭熙保

修订组成员（以姓氏笔画为序）

马春文　叶初升　李忠民　肖利平　宋利芳　张建华

高　波　彭　刚

高等教育出版社·北京

图书在版编目（CIP）数据

发展经济学／《发展经济学》编写组编. -- 2 版.
北京：高等教育出版社，2025.9. --（马克思主义理
论研究和建设工程重点教材）. --ISBN 978-7-04
-065240-6

Ⅰ. F061.3

中国国家版本馆 CIP 数据核字第 2025HW3439 号

发展经济学
FAZHAN JINGJIXUE

| 责任编辑 | 殷夏飞 | 封面设计 | 王　鹏 | 版式设计 | 于　婕 | 责任绘图 | 马天驰 |
| 责任校对 | 吕红颖 | 责任印制 | 张益豪 | | | | |

出版发行	高等教育出版社	网　　址	http://www.hep.edu.cn
社　　址	北京市西城区德外大街 4 号		http://www.hep.com.cn
邮政编码	100120	网上订购	http://www.hepmall.com.cn
印　　刷	北京鑫海金澳胶印有限公司		http://www.hepmall.com
开　　本	787mm×1092mm 1/16		http://www.hepmall.cn
印　　张	29.75	版　　次	2019 年 8 月第 1 版
字　　数	560 千字		2025 年 9 月第 2 版
购书热线	010-58581118	印　　次	2025 年 9 月第 1 次印刷
咨询电话	400-810-0598	定　　价	59.00 元

本书如有缺页、倒页、脱页等质量问题，请到所购图书销售部门联系调换

版权所有　侵权必究

物料号　65240-00

目　　录

第二篇　增长与分配

第三篇　结构转变

第五篇 开 放 发 展

第六篇　制度、市场与政府

绪　　论

　　发展经济学是专门研究发展中国家经济发展问题的经济学分支学科。中国是当今世界上最大的发展中国家，且发展取得了巨大的成功，走出了一条具有中国特色的发展道路。我们必须以马克思主义为指导，以中国的基本国情和发展实际为基础，同时借鉴和吸收西方发展经济学中有用的成分，研究中国经济发展问题，构建中国特色发展经济学。

一、发展经济学的研究对象与研究方法

（一）发展经济学的研究对象

　　发展经济学以发展中国家的经济发展问题为研究对象。经济发展问题有很多，概括起来可以归为两个方面：一是发展中国家的经济相对于发达国家的经济落后或不发达的原因和障碍；二是发展中国家如何加快经济发展步伐来追赶当今发达国家，即发展中国家根据自身特点应采取何种战略和政策来促进经济更快发展。

　　发展经济学是从发展中国家的角度来探讨与经济发展有关的各种问题。因此，只要世界上还存在着经济不发达的国家，发展经济学就不会消亡。一旦世界上所有国家都发展起来，实现了工业化，那么，发展经济学就失去了存在的基础。实现工业化之后，各国经济仍然需要进一步发展，但那不是发展经济学研究的问题，而是其他学科如增长经济学要研究的问题。因此，发展经济学是一门历史性的学科。发展经济学的研究边界限定为：一是经济发展，二是发展中国家。

　　经济发展过程本质上是一个结构转变过程，也就是一个农业经济如何变为工业化经济的过程。一国如何更迅速、更顺利地实现工业化和城镇化是发展经济学研究的重要内容。传统发展经济学片面强调工业化目标，而忽视了农业发展和农业现代化，结果欲速则不达，反而导致工业化停滞。因此，实现工业化（包括信息化）、城镇化和农业现代化同步协调发展是发展经济学研究的重要任务。

　　由于发展是一个长期的、动态的变化过程，发展经济学着重探讨与长期变化有关的要素、制度、结构、战略与政策问题；或者说，探讨这些因素的变化对长期经济增长和发展的影响。例如，发展经济学研究的国际贸易问题与国际贸易学研究的问题是有区别的，它侧重于研究国际贸易对经济发展是有利还是有害，是促进经济增长还是阻碍经济增长，以及采取何种贸易战略和政策最能促进经济增长等问题。它研究的金融问题与金融学研究的侧重点也不一样，它主要侧重于研究金融如何最有效地服务于发展融资以及什么样的金融制度能促进经济更快增长等问题。

虽然发展经济学主要关注发展中国家的经济发展问题，但发达国家和新兴工业化国家曾经走过的发展道路和采取的发展政策对当今发展中国家非常具有借鉴意义。在经济全球化的背景下，发达国家的经济状况对发展中国家的经济发展具有重大影响，因此发达国家经济发展的历史和现状也是发展经济学研究的重要内容。

（二）发展经济学的研究方法

1. 动态分析方法

发展经济学运用的最基本的分析方法是动态分析方法，尤其是长期的动态分析方法。那些涉及时间概念的动态分析方法都适合于对发展问题的分析。一方面，早期发展经济学家对新古典主义的静态均衡分析方法持否定态度，认为发展过程本质上是一个动态的不均衡过程。例如，米尔达尔提出的累积因果循环理论就是一个典型的动态非均衡发展理论。该理论认为，当一个经济离开均衡时，就永远不可能回到原始均衡状态，而且由于因果关系的累积性质，不均衡状态会越来越严重。另一方面，即使有些发展经济学家采用均衡分析方法，那也是动态的均衡分析方法，即从一个均衡到另一个均衡的变动。例如，刘易斯的二元经济发展模型就是一个传统部门农业劳动力向现代部门转移的动态均衡模型，罗森斯坦-罗丹的大推进理论也是动态的移动均衡理论。现代增长理论本质上是一种动态模型，也适合对经济发展问题的分析。此外，由于发展的非线性特征，发展经济学常用的均衡分析不是单一均衡分析，而是多重均衡分析。如贫困陷阱理论就是这种多重均衡分析的典型。

2. 结构分析方法

发展中国家与发达国家一个重要的差别是经济和社会结构上的差别。发达国家作为一个成熟的经济体，工业化过程已经完成，其经济体系是一元化的，市场体制是完善的，各个部门之间、产业之间、城乡之间、地区之间在要素生产率和要素报酬上差别不大，在制度上、文化上也比较同质，因此，在分析发达国家经济增长时可以把经济作为一个整体来分析，无须考虑经济和社会各个部门的差别特征。发展中国家完全不一样，发展中国家存在着鲜明的二元经济社会结构特征，即存在着传统部门和现代部门、落后地区和先进地区、自给自足经济与市场交换经济、传统文化与现代文化等二元结构并存的局面。部门之间在技术水平、生产率水平、工资水平上存在着巨大差异。因此，发展经济学的分析本质上是一种结构分析，通常是二元性结构分析。由于从二元经济转变为一元经济的过程不是一帆风顺的自然演化过程，因此发展经济学家通常侧重于研究这种二元结构转变的机制，以及加速这种转变的各种有效途径和政策措施。最著名的二元经济发展模型是刘易斯的二元经济发展模型及其扩展。

3. 历史的比较分析方法

发展经济学研究的是一个经济体从不发达到发达的整个历史过程。发展中国家在经济发展上都是后来者。那些老牌发达国家和新兴工业化国家的经济、社会、人口的变化趋势和结构转变过程，以及所走过的发展道路、实施的发展战略和发展政策，对当今谋求经济快速发展的发展中国家都具有重要的借鉴意义。因此，发展经济学家通常对世界各种不同类型的国家进行历史的比较分析，并从中找出经济发展的一般规律。在这方面最著名的是库兹涅茨的历史统计分析和钱纳里的跨国比较分析，还有罗斯托的经济增长阶段理论。

4. 多维度的综合分析方法

相对于发达国家，发展中国家的市场制度、法律制度、政治制度、文化传统比较复杂，社会中个人行为方式、人际交往的道德规范和集体行动的准则很不完善和成熟，人们对经济刺激的反应很不一样，这一切对其经济发展构成严重的约束。因此，在分析发展中国家经济发展的问题时，不能像分析发达国家经济问题那样把制度因素看作是既定的，必须把制度和制度变革本身看作是经济发展的一个重要影响因素。因此，在探讨经济发展问题时要更多地关注发展中国家的政治、经济、社会和文化等各方面的因素对经济发展的影响。在这方面有重要影响的理论有 20 世纪 80 年代初兴起的新制度主义理论、20 世纪 90 年代后期诞生的社会资本理论等。

二、发展经济学的理论指导

马克思主义，尤其是辩证唯物主义和历史唯物主义是发展经济学的理论指导。物质生产力是全部社会生活的物质前提，是推动人类社会进步最活跃、最进步的因素和最终决定力量；社会发展过程也是生产力与生产关系、经济基础与上层建筑的矛盾运动过程。其中，生产力决定生产关系，经济基础决定上层建筑；同时，生产关系和上层建筑也具有相对独立性，在不适应生产力发展水平时，生产关系和上层建筑也会阻碍生产力和人类社会的发展，此时，应变革生产关系和上层建筑以适应生产力发展水平，推动生产力往前发展。

中国特色社会主义理论体系坚持了马克思主义的基本原理。改革开放初期，我们党根据我国生产力还比较落后这一国情，提出我国社会主义还处在初级阶段，这一阶段的根本任务就是发展生产力，也就是要把经济建设作为中心工作。邓小平指出："社会主义的本质，是解放生产力，发展生产力，消灭剥削，消除两极分化，最终达到共同富裕。"[①] 邓小平的这一观点是对历史唯物主义观点的继承

————————

① 《邓小平文选》第三卷，人民出版社 1993 年版，第 373 页。

和发展，其核心是不仅要从生产关系角度，还要从生产力角度来认识社会主义的本质，从生产力和生产关系两个层面来把握社会主义的本质才能够推进社会主义事业向前发展。同时根据中国生产力水平较低这一国情，他提出"发展是硬道理"的著名论断，始终把发展生产力放在一切工作的首位。改革开放以来，我们党始终坚持以经济建设为中心不动摇，把发展作为党执政兴国的第一要务。习近平在不同场合多次讲到发展是硬道理的战略思想。例如，他在党的十八届五中全会召开后不久指出："邓小平同志讲：'社会主义阶段的最根本任务就是发展生产力，社会主义的优越性归根到底要体现在它的生产力比资本主义发展得更快一些，更高一些，并且在发展生产力的基础上不断改善人民的物质文化生活'。这就点明了中国特色社会主义政治经济学的核心……任何束缚和阻碍社会生产力发展的言行，都是违背社会主义本质要求的，都要坚决反对，排除各种干扰。"[1] 在这里，习近平不仅把发展生产力作为社会主义的本质要求，而且明确把它作为中国特色社会主义政治经济学的核心。这是对马克思主义政治经济学的重大创新和发展。2022 年10 月召开的党的二十大仍然把我国定位为发展中国家，把我国现阶段定性为社会主义初级阶段，重申"发展是党执政兴国的第一要务"，在迈向社会主义现代化新征程中，要把高质量发展作为首要任务。

发展生产力必须解放生产力。在社会主义制度下，解放生产力主要是通过改革，也就是对那些不适应现有生产力水平的生产关系和上层建筑进行变革，以促进生产力的发展。邓小平指出："过去，只讲在社会主义条件下发展生产力，没有讲还要通过改革解放生产力，不完全。应该把解放生产力和发展生产力两个讲全了。"[2] 习近平在纪念马克思诞辰 200 周年大会上的讲话中指出，"解放和发展社会生产力是社会主义的本质要求，是中国共产党人接力探索、着力解决的重大问题……我们要勇于全面深化改革，自觉通过调整生产关系激发社会生产力发展活力，自觉通过完善上层建筑适应经济基础发展要求，让中国特色社会主义更加符合规律地向前发展"[3]。

为了解放生产力，我国在 1978 年提出了改革开放的战略决策，并且通过各项具体政策措施推动改革开放方针的落实。改革开放就是要把计划经济体制转变到社会主义市场经济体制上来。自 1978 年以来，我国始终把改革开放作为推动经济发展的根本动力。党的二十大仍然重申要坚持深化改革开放。通过持续的、渐进式的改革开放，我国的计划经济体制逐渐转变为社会主义市场经济体制，社会主

---

[1] 中共中央文献研究室编：《习近平关于社会主义经济建设论述摘编》，中央文献出版社 2017 年版，第 10 页。

[2] 《邓小平文选》第三卷，人民出版社 1993 年版，第 370 页。

[3] 习近平：《在纪念马克思诞辰 200 周年大会上的讲话》，人民出版社 2018 年版，第 18 页。

义初级阶段的基本经济制度日臻完善，我国生产力得到了充分的解放，资源配置效率得到了提高。持续 40 多年的高速增长使中国从一个生产力水平较低的状态迅速崛起，在一个十几亿人口的大国创造了一个史无前例的奇迹。这个伟大成就应归功于中国共产党对社会主义本质的新认识和社会主义初级阶段论的确立，归功于中国特色社会主义理论体系对马克思主义基本原理的创新和发展。

发展经济学以发展中国家的经济发展问题作为研究对象，中国特色发展经济学要以中国经济发展问题作为研究对象，研究如何发展生产力是该学科的应有之义。本教材把马克思主义作为理论指导，把生产力发展作为研究重点，且联系生产关系和上层建筑变革来考察如何发展生产力。

三、学习发展经济学的意义和基本要求

（一）学习发展经济学的意义

发展是当代中国的主题。发展经济学专门以经济发展作为研究对象，它的学科性质决定了它担当着研究经济发展规律的重任。学习与研究发展经济学，就是要探寻经济发展的一般规律，研究社会主义建设规律、社会主义初级阶段社会生产力发展规律、生产关系适应生产力发展规律，从而为正确认识经济发展过程中出现的各种问题，为制定切合实际的发展战略和发展政策提供理论依据。

发展经济学本身需要随着时代的进步而不断发展。发展经济学最初是为解决那些处于贫困陷阱状态的国家跳出陷阱、实现起飞问题而创立的，因此其提出的发展理论、发展思路、发展战略和发展政策基本上都是与低收入阶段的发展环境相适应的。但是，一个国家在跳出了贫困陷阱、实现了起飞但还没有实现现代化之前这个阶段应该怎样发展？对于这个问题，传统的发展经济学中有些理论、战略和政策主张过时了，不再适用了。例如，资本在经济发展中起决定性作用的理论观点在进入中高收入阶段之后就不再适用了；刘易斯二元经济发展模型在劳动力转移接近尾声时也不再适用了；利用廉价劳动力鼓励出口的发展战略在劳动力成本不断上升的条件下也不再适用了。这就需要对发展经济学的理论体系进行创新和发展。中国已经实现了经济起飞，跨过了低收入和中低收入阶段，进入中高收入阶段。在向高收入阶段迈进的过程中，中国应如何发展，平稳地跨过中高收入阶段，进入高收入国家的行列，实现社会主义现代化，这是发展经济学理论工作者要研究和探索的重大而又迫切的问题。

（二）学习发展经济学的基本要求

第一，要学好马克思主义的基本原理和当代中国马克思主义基本理论，尤其是习近平新时代中国特色社会主义思想，这是马克思主义中国化时代化的最新成果。马克思主义理论本质上就是一种发展理论，揭示了人类社会从低级阶段向高

级阶段的发展过程。认真学好马克思主义经典作家的理论，可以更为系统、全面、准确地把握整个社会发展的一般规律，也有助于把人类社会历史发展过程与当前中国社会主义初级阶段的经济发展过程紧密联系在一起，从而避免在思考发展问题时出现只见树木不见森林的片面性。中国特色社会主义理论体系是我们党在改革开放时期把马克思主义基本原理与社会主义现代化的伟大实践紧密结合在一起的中国化时代化的马克思主义。改革开放以来的中心任务是发展经济，因此，中国特色社会主义理论体系中关于发展和改革的论述非常丰富，也很系统，是指导中国经济发展的行动指南。学习和掌握中国特色社会主义理论体系，尤其是习近平新时代中国特色社会主义思想，是学好发展经济学的必然要求。

第二，要了解宏微观经济学理论知识和数量分析方法。本教材在介绍发展经济学基本理论时运用了宏微观经济学的基本理论和模型分析方法，掌握宏微观经济学的基本原理与数量分析方法是学好发展经济学的基础。

第三，注重理论联系实际，密切关注和跟踪当前中国经济发展所面临的重点和热点问题，尤其是要注重社会调查和社会实践。发展经济学是一门实用性很强的应用学科，特别注重问题分析和政策研究。及时了解和掌握中国经济发展过程中存在的问题，就会把所学过的发展经济学基本理论与当前中国经济发展现实联系起来思考，发现新问题，产生新观点，提出新对策。

四、本教材的主要特点与框架结构

（一）本教材的主要特点

发展经济学是由西方国家发展经济学家创立起来的，本教材充分借鉴了西方发展经济学的理论模型和观点。但是，与西方现有发展经济学教材相比，本教材具有如下特点。

一是突出了马克思主义观点和方法的指导地位。本教材在绪论中突出阐明辩证唯物主义和历史唯物主义的观点，在第三章专门论述中国特色社会主义经济发展理论，以便读者更加全面系统地学习和掌握中国特色社会主义经济发展理论的基本内容。同时，在相应章节增加了对马克思主义经典作家和中国特色社会主义理论体系相关论述的介绍。习近平经济思想是中国特色社会主义政治经济学的最新成果，新发展理念是其主要内容。为此，本教材第三章第五节专门介绍了五大发展理念的基本内容以及它们之间的相互关系，同时每个发展理念在本教材各章节中都有体现，如创新发展集中体现在技术进步和创新章节中，协调发展集中体现在二元经济发展、工业化、信息化、城镇化、农业现代化和区域经济发展等章节中，绿色发展主要体现在资源、环境与可持续发展章节中，开放发展集中体现在国际贸易和国际资本等章节中，共享发展集中体现在发展概念、收入分配、消除贫困有关章节中。

二是强调理论与实践的统一性。本教材把发展经济学的基本理论与中国经济发展的实践过程密切结合起来阐述。每章在介绍了一般发展理论之后，又对中国经济发展实践进行了较大篇幅的论述，同时用中国的发展实践来检验发展理论正确与否，发展经济学在哪些方面需要创新和发展。例如，二元经济发展理论符合中国的发展实践，但中国二元经济结构和劳动力转移又有很多独特性质，形成了农民工这一独特群体，研究农民工市民化将会丰富和完善二元经济发展理论，促进发展理论的创新。

三是注重对发展政策与发展绩效的分析。注重把改革开放以来中国经济发展的战略、政策的演变与中国在经济发展中取得的成绩和存在的问题联系在一起阐述，能够使读者了解中国经济发展的整个脉络以及政策实施的效果，也体现了发展经济学这门学科的应用性和实用性。

四是体现鲜明的时代性。当前中国经济已经进入中高收入阶段，中国特色社会主义进入了新时代，这一阶段面临的发展问题与低收入阶段和中低收入阶段面临的发展问题是有差别的。因此，本教材注重考察中高收入阶段中国经济发展所面临的新环境、新情况、新问题，以及解决这些问题的新思路、新举措。

（二）本教材的框架结构

本教材除绪论之外总共六篇十八章。绪论主要向读者介绍发展经济学的研究对象与研究方法、理论指导、学习意义和基本要求以及本教材的主要特点与框架结构，让读者在进入发展经济学基本内容学习之前就会对发展经济学有一个初步了解。

第一篇"总论"，包括三章，对发展的概念和理论进行总括性介绍。第一章"发展中国家与发展经济学"介绍了发展中国家和当代中国经济的基本特征，发展经济学这门学科的产生与演变过程。第二章"发展的概念与度量"专门对发展的概念与度量方法进行了介绍，回答了什么是发展以及如何测度发展等问题。第三章"中国特色社会主义经济发展理论"，专门对改革开放以来中国特色社会主义理论体系中有关发展的各种论述进行了梳理和概括，尤其对新发展理念进行了较为详细的介绍，能使读者对中国特色社会主义经济发展理论有一个总的了解和把握。

第二篇"增长与分配"，包括两章。第四章对经济增长理论模型和历史分析进行了介绍，对中国经济增长的动因进行了考察。第五章对收入分配和贫困理论进行了介述，对中国收入分配和贫困问题进行了分析，对反贫困政策及其绩效进行了概述。增长与分配是经济发展过程中不可分割的整体，增长是从生产力角度来论述，而分配是从生产关系（分配关系）角度来考察，因此，一国经济发展过程也就是经济增长与收入分配之间的矛盾运动过程。贫困问题与减贫政策广义上属于分配的范畴，也就是关注社会低收入阶层的收入和生活水平如何提高的问题。

第三篇"结构转变"，包括五章，分别讨论二元经济发展（第六章）、工业化与信息化（第七章）、农业发展与农业现代化（第八章）、城市化与城乡发展（第九章）和区域经济发展（第十章）的相关理论以及中国经济发展中结构的演变和特征。经济结构变迁是经济发展过程中的本质特征。本篇从产业结构、城乡结构、区域结构的角度考察经济发展过程中结构转变的动因、机制和途径。

第四篇"发展要素"，包括四章，分别讨论四种要素：人口与人力资源（第十一章），资本形成与金融发展（第十二章），技术进步与创新（第十三章），资源、环境与可持续发展（第十四章）。发展要素数量上的增加和质量上的改善是推动经济增长和发展的主要动力因素与机制，本篇从劳动力、资本、技术和资源（环境）四个方面分别考察了每种要素数量和质量及其变化对经济增长的影响。

第五篇"开放发展"，包括两章，分别从国际贸易（第十五章）和国际投资（第十六章）两个方面讨论一国经济发展可以利用的国外资源和市场。一国经济发展必须充分利用两种资源和两个市场。本篇之前讨论的结构变迁和要素变化主要是关于在封闭条件下如何利用国内资源和市场促进经济发展，这一篇考察在经济全球化背景下如何有效利用国外资源和市场来促进本国经济发展。

第六篇"制度、市场与政府"，包括两章，是从生产关系和上层建筑的角度讨论制度在经济发展中的作用以及中国从计划经济向社会主义市场经济转轨的实践过程，考察政府和市场在经济发展中各自发挥的作用。制度变迁对一国经济发展至关重要，以上所讨论的结构变迁和要素变化都是在一个有效的制度环境下才会促进经济发展。

第一篇 | 总 论

第一章　发展中国家与发展经济学

第二次世界大战结束初期，世界经济格局发生了重大变化，旧的殖民体系土崩瓦解，亚非拉地区许多殖民地和附属国相继宣告独立、变成主权独立的国家，这些国家由于长期遭受宗主国的剥削，经济比较落后，统称为发展中国家。西方经济学总体上不适用于对发展中国家经济发展问题的分析，于是诞生了一个以发展中国家经济发展问题为研究对象的经济学分支学科——发展经济学。

第一节　发展中国家及其基本经济特征

什么是发展中国家？发展中国家如何分类？发展中国家有哪些共同的基本特征？本节将对这些问题做简单的回答。

一、发展中国家的由来与分类

（一）发展中国家的由来

发展中国家（developing countries）是相对于发达国家（developed countries）而言的，与之相对应的概念还有欠发达国家（less developed countries）、第三世界国家（third world countries）。欠发达国家是个静态的概念，而各国经济都是向前发展的，是动态的，因此这个概念不太符合事实，而且带有歧视性意味，现在被弃用。第三世界是个政治性概念，在 20 世纪四十年代至八九十年代（"冷战"时期），它是指那些亚非拉广大的发展中国家的集合，以区别于以美国为首的资本主义国家（被称为第一世界）和以苏联为首的东欧社会主义国家（被称为第二世界）。随着"冷战"的结束和两极格局的消失，作为一个政治概念的"第三世界"已经不复存在。然而，作为发展中国家的一个"概念集合"，第三世界对于广大发展中国家来说，却有着特殊的包容性和亲和力，尤其对于那些弱小的民族和国家，给了它们一种凝聚力和归属感。正因为如此，无论是在发展经济学的文献中，还是在人们的日常生活里，第三世界这个词汇仍然被广泛应用，不过在当前，第三世界已经不再具有特殊的含义，它已成为发展中国家的同义语。

对发展中国家问题的研究有许多不同的视角。如果从历史的角度来考察，发展中国家一般是指过去的殖民地、半殖民地和附属国，但目前已经获得政治独立、拥有国家主权的新兴民族国家。如果从收入水平的角度来考察，发展中国家就是指那些低收入和中等收入国家。从这个角度来考察，俄罗斯和东欧的大多数国家和地区也被划入发展中国家的范畴。本教材所考察的对象泛指收入水平低于发达国家的所有国家。

（二）发展中国家的分类

当今的发展中世界，呈现出一幅色彩斑斓的图画。在 100 多个发展中国家和地区中，找不出一个国家可以作为不发达的典型代表。发展中国家的历史背景、文化传统、国土幅员、人口数量、自然条件、资源禀赋、社会制度、经济发展水平与社会进步程度等千差万别，并且由于经济、政治发展不平衡规律的作用，其又都在不断地发展变化着。既有中国、印度、埃及、巴西这样的大国，也有巴巴多斯和汤加那样的小国；既有富甲天下的海湾产油国，也有南美的海地与非洲内陆最贫困的国家；既有具有悠久文明和独立历史的国家，也有刚刚摆脱殖民统治而原本就不发达的国家；既有坚持社会主义发展道路的国家和走资本主义道路的新兴民族独立国家，也有政治制度发生巨变的苏东国家。因此，我们很难用一般性的指标来概括和衡量所有的发展中国家。

与发展中国家相关的分类多种多样，在国际上广为流行、普遍应用的是世界银行的分类。

拓展阅读 1-1

2021 年各国人均 GNI

世界银行将人口超过 100 万的国家和地区，根据其人均国民总收入（gross national income，GNI）划分为三种类型：低收入国家和地区、中等收入国家和地区（又进一步划分为中低收入国家和地区、中高收入国家和地区）与高收入国家和地区。[1]

发展中国家一般是包括低收入和中等收入国家在内的一个集合。根据世界银行 2022—2023 年分类标准，218 个经济体中，低收入经济体 28 个，中低收入经济体 54 个，中高收入经济体 54 个，高收入经济体 82 个。根据这个分类，世界上有 136 个发展中经济体，占世界银行统计的 218 个经济体的62.4%，约占世界国家数的 2/3。在发展中国家中，中等收入经济体占多数，包括中低和中高收入经济体在内，总共有 108 个，而低收入经济体只有 28 个。1991年，在 127 个经济体中，低收入经济体是 40 个，中低收入经济体是 43 个，中高收入经济体是 22 个，高收入经济体是 22 个。[2] 也就是说，过去几十年中，低收入和

---

[1]　按照世界银行数据库公布的数据，2021 年，低收入经济体（人均 GNI 标准为低于 1 085 美元）人均 GNI 的平均值为 741 美元，中低收入经济体（人均 GNI 标准为 1 086~4 255 美元）人均 GNI 平均值为 2 470 美元，中高收入经济体（人均 GNI 标准在 4 256~13 205 美元）人均 GNI 平均值为 10 358 美元，高收入经济体（人均 GNI 标准为 13 206 美元以上）人均 GNI 的平均值为 48 120 美元。中国 2021 年的人均 GNI 为 11 880 美元，被划入中高收入组，高于中高收入组的平均水平值。

[2]　世界银行：《1993 年世界发展报告》，中国财政经济出版社 1993 年版，第 238—239 页。

中低收入经济体数量在大幅减少，而中高收入和高收入经济体数量大幅增加，这表明所有国家都获得一定发展，包括最贫困的国家都取得了较大的进步。

这里还需要指出，高收入经济体不都是发达国家和地区，其中不少国家和地区应归于发展中经济体之列，如中东地区一些国家，虽然人均 GNI 达到很高水平，但不能算是发达国家。还有些太平洋岛屿国家和地区以及拉美、东欧的一些国家和地区也达到高收入经济体的收入门槛，实际上也不能算是发达国家和地区。

虽然现在基本上都使用世界银行的收入分类标准，但是收入分类方法的缺陷也是显而易见的。人均 GNI 很难准确地反映一个国家或地区的经济发展水平。例如许多石油输出国组织成员国，其收入水平在世界上处于前列，但他们经济结构畸形，完全是依靠天然资源而致富，因此不能算是发达国家。因此，在比较各国发展水平时要保持清醒的头脑，不能只看收入水平指标。

二、发展中国家的基本经济特征

尽管各个发展中国家在经济、政治、社会、文化上千差万别，但既然都统称为发展中国家，与发达国家相比，他们总会有些共同的基本特征。

（一）劳动生产率低下，经济增长速度较慢

劳动生产率低下是广大发展中国家普遍存在的状况，也是导致他们贫穷落后的重要原因。长期以来，大多数发展中国家的国民经济以传统农业为基础，农业劳动者主要依靠体力、借助简陋的生产工具从事农业生产活动。加上气候恶劣，资本投入严重不足，因此尽管这些农民辛勤劳作，其收益却非常有限。2019 年，高收入国家农业劳动力人均增加值平均水平是 40 414 美元，而中高收入国家是 6 041 美元，中低收入国家是 2 525 美元，高收入国家是中高收入国家的 6.69 倍，是中低收入国家的 16 倍；至于低收入国家，其农业劳动生产率更低。2019 年，低收入国家农业劳动力人均增加值平均水平为 824 美元，高收入国家是低收入国家的 49 倍之多。发展中国家的制造业、服务业也相当落后，由于资本匮乏、技术落后、规模狭小、管理不当，非农业部门的劳动生产率也比较低。例如，2019 年，高收入、中高收入和中低收入国家第二产业劳动力人均增加值平均水平分别为 87 072 美元、26 310 美元和 8 164 美元，高收入国家是中低收入国家的 10.7 倍。[①]

虽然发展中经济体出现了个别国家或地区的增长奇迹，但是大多数发展中国家的经济增长并不快，有些发展中国家的经济增长率甚至比发达国家还低。1980—2021 年，作为一个整体，低收入国家的年均人均 GDP 增长率平均水平为 0.24%，

---

① 数据来源：根据世界银行网站数据库、联合国国际劳工组织网站数据库的相关数据计算而得。

高收入国家同期为 1.66%。但是在这 41 年中，中等收入国家的经济增长率为 3.02%，不仅高于低收入国家，而且高于高收入国家。这主要是因为中国、印度等中等收入国家的高经济增长率使得中等收入国家整体的经济增长率被拉高，如果撇开中国、印度等少数几个国家，中等收入国家的经济增长率依然比较低。[①] 这里还需要指出，发展中国家作为经济发展的后来者，在追赶发达国家的过程中，经济增长率仅达到发达国家水平是不够的，还必须高于发达国家水平，否则绝对收入差距将会越来越大。

（二）人均收入低，贫富差距大

根据世界银行的分类，低收入国家和中等收入国家都属于发展中国家的范畴。2023 年，低收入国家人均 GNI 平均值是 755 美元，高收入国家是 48 441 美元，相差 63.16 倍。中低收入国家人均 GNI 平均值与高收入国家相差 19.29 倍，中高收入国家人均 GNI 与高收入国家差距小一些，但也相差 4.59 倍。可见，世界贫富差别非常大。低收入国家人均 GNI 约为 2 美元/天，其实际消费水平就更低了。发展中国家不仅人均收入低，而且这有限的国民收入绝大多数都集中在少数富裕阶层手中。统计数据表明，越是经济落后、贫困的国家，贫富差距就越悬殊。除此之外，由于大多数发展中国家财产制度不公平，土地集中于少数富裕阶层手中，加上税收制度不健全，又缺乏完善的社会保障制度，收入分配的不平等现象就更为严重了。

（三）人口出生率高，平均寿命低

除了美国和日本，世界上人口过亿的人口大国都是发展中国家。发展中国家的高出生率、低死亡率，导致了世界人口的迅速增长。1966—2021 年，低收入、中低收入、中高收入和高收入国家的人口增长率每年平均为 2.71%、2.01%、1.34% 和 0.72%。人口的过度增长显然已经成为发展中国家的沉重负担，即使其经济有了一定幅度的增长，增长的果实也被迅速增加的人口消耗掉，尤其是那些发展中的人口大国，由于经济增长赶不上人口增长，国民的福利水平不但没有得到提高，反而下降了。人口增长过快，还导致城市公共设施高度匮乏，住房严重不足，交通紧张，环境恶化，失业猛增，生活状况长期难以改善。

收入水平低必然导致生活水平低下，卫生保健事业发展缓慢。发展中国家的人均预期寿命一直处于较低的水平，尽管比过去有了明显的提高，但是和发达国家相比较，仍然存在着较大的差距。2020 年，非洲大多数国家的人均预期寿命为 60 岁左右，而大多数发达国家的人均预期寿命达到 80 岁以上。就 5 岁以下儿童死亡率来说，2020 年，低收入国家平均是 66‰，而高收入国家只有 4.9‰，相差 61

---

① 数据来源：根据世界银行网站数据库的相关数据计算而得。

个千分点之多。

（四）文化教育、卫生保健条件差，文盲率高

卫生保健与文化教育是人力资本投资的两个最为重要的途径。发展中国家在教育和卫生两个方面与发达国家存在着天壤之别。从受教育程度来说，2023 年，低收入国家小学完成率为 65.37%，而高收入国家是 98.30%；2021 年，低收入国家 15~24 岁年龄段识字率为 74.10%，而高收入国家为 99.29%。从卫生保健来说，低收入国家儿童营养不良率是 18.02%，而高收入国家只有 0.81%。正是在这两方面发展中国家都处于很低的水平，导致了这些国家的人力资本水平低下，而人力资本不足又是广大发展中国家贫困落后的重要原因之一。

（五）在经济全球化进程中处于脆弱性地位

在经济全球化迅速发展的今天，任何一个发展中国家，要想谋求经济发展，就必须坚持走对外开放的发展道路，将本国经济融入经济全球化的进程。全球化开辟了新的市场，使各国人民分享知识，并提高了资源的利用效率，从而可以增加人们的发展机会，有助于减少贫困。然而，经济全球化也存在着风险，它导致经济波动性增大，增加了发展中国家普通民众面临外部冲击时的脆弱性。在经济全球化的进程中，确实有一些发展中国家抓住了这一机遇，拓展了对外经贸关系，分享了贸易利益，促进了经济发展和产业结构转型升级。然而，对于另一些发展中国家，经济全球化使他们被锁定在低端产业链和价值链中，难以向高附加值的产业结构转型，经济处于停滞或缓慢增长过程中。有些发展中国家为了加快经济发展或者摆脱经济困境而接受外援，但不可避免地遭遇到诸如主权让渡、市场冲击、依附程度加剧、财富流失严重等问题，从而在国际关系中处于弱势地位。

（六）城乡二元结构显著

经济发展本质上是从一个传统的农业社会向现代化的工业社会转变的过程，发展中国家经济社会呈现出鲜明的城乡二元结构特征。经济上的城乡二元结构可以从静态和动态两个角度理解。在静态意义上，发展中国家普遍存在着二元经济结构，即以城市工业为代表的现代商品经济部门和以农村传统农业为代表的自给自足经济部门。前者以现代科学技术为物质基础，按照现代企业组织方式进行经营，生产规模庞大，产品主要作为商品在市场上出售，具有较高的劳动生产率和利润回报。后者则以传统的方式进行经营，生产规模小，生产工具简陋，劳动生产率低下，产品主要是满足生产者自身的需求，只有很少的剩余部分在市场上销售。从动态角度来看，也是更为重要的，随着经济的不断发展，这种二元经济结构或者说两个经济部门之间的差距，不是日趋缩小乃至消失，而是呈现一种固定化、扩大化的趋势。尽管经济发展使得两个经济部门各自比以前都有了进步，但

是，两个经济部门之间的相对差距却日趋扩大，导致城乡二元结构更为突出。无论是发达国家从不发达向发达转变过程中或者处于当前发达状态时，城乡差距都是普遍存在的，但都没有当今发展中国家的城乡差距那样大。因此，我们将城乡二元结构的存在，作为界定发展中国家的本质特征。无论一个国家的现代工业部门如何发达，只要其经济呈现城乡二元结构特征，就必定是发展中国家。在二元经济结构的基础上，发展中国家的社会、文化等也都存在着二元结构。

以上基本特征是针对大多数发展中国家而言的，少数发展中国家并不具备上述的所有特征。譬如，有的国家在过去几十年中发展比较快，甚至进入中等收入阶段，与发达国家的经济差距明显缩小，但只要最基本特征如收入水平较低和城乡二元结构还存在，这些国家就仍然属于发展中国家范畴。

第二节 当代中国经济的基本特征

中国是世界上最大的发展中国家。在世界上的 200 多个经济体中，没有一个经济体呈现出像中国这样的多样性和复杂性，如果不了解当代中国的国情，用西方传统的思维方式来思考中国发生的事情，简单地套用某个模式，就没有不失败的。那么，什么是中国国情？这里我们仅就经济角度来观察，把中国国情概括为五个方面的特征。

一、发展中经济

经过几十年的快速发展之后，中国经济发生了翻天覆地的变化，无论是综合国力，还是人民生活水平都有显著提高。但是，中国仍然是一个发展中国家，具有发展中国家的诸多特征。

（一）人均收入水平较低

中国目前虽然从经济总量来讲已经居于世界第二的位置，人均收入也进入中高收入国家的行列，但作为世界第一人口大国，中国的人均 GNI 依然处于相当低的水平。从世界银行发布的各国人均收入数据来看，2021 年中国人均 GNI 是 11 880 美元，与高收入国家的平均数 48 120 美元相比，仍然差距很大；中国在中高收入国家中也只是处于中等偏上水平。[①]

（二）二元经济结构仍然突出

如前所述，二元经济结构是发展中国家的根本性特征。这个特征在中国依然

———————

① 数据来源：世界银行数据库。

存在。经过几十年的发展，中国农村整体上获得了显著的发展，但城市发展更快，这致使城乡差距仍然巨大。虽然近年来城乡居民收入差距有所缩小，但仍然在 2.5 倍以上。中国 2023 年仍然有 33.8% 的人口生活在农村，22.2% 的劳动力从事农业。这也是中国二元经济结构的主要标志。

（三）工业化进程还没有完成

工业化程度一般是用三次产业产值和劳动力比重来衡量的。经过几十年的高速增长，中国工业化进程很快，但是与发达国家相比，中国的工业化还没有完成。2023 年，中国第一、第二、第三产业增加值比重分别为 6.9%、36.8% 和 56.3%。与此同时，在发达国家，第一产业增加值比重不到 5%，大多在 2%~3%，第二产业增加值比重大都在 20% 以下，而第三产业增加值比重大都高达 70% 以上。如果从三次产业劳动力比重来看，中国相比发达国家，第一、第二产业比重更高，第三产业比重更低。产业结构反映一国的工业化程度。相较于发达国家，中国的工业化进程仍然没有完成。

二、中等收入经济

如前所述，发展中国家包括所有低收入和中等收入国家，在发展中国家集合内部存在着巨大的异质性，低收入国家的经济特征不同于中等收入国家的经济特征，中低收入国家的经济特征也不同于中高收入国家的经济特征。实际上，迄今为止，发展经济学这门学科与其说是以发展中国家作为研究对象，倒不如说主要是以那些还处于贫穷状态的低收入国家为研究对象更为合适。发展经济学家提出的理论、战略和政策（如大推进理论、两缺口模型等）基本上是针对那些经济还没有起飞的国家。至于那些经济已经起飞但还没有进入发达状态的中等收入国家，发展经济学没有提出多少有针对性的理论、战略和政策。2007 年以来，学术界提出"中等收入陷阱"的概念，并且一时成为学术界研究的热点，但这个概念还没有形成完整的理论体系，甚至这个概念本身还存在不少争议。不过，"中等收入陷阱"概念的提出，引发了学界对中等收入阶段基本特征的热烈讨论，证明了中等收入阶段的经济发展具有独特的性质。

按照世界银行的收入划分标准，中国在 1999 年人均 GDP 达到 780 美元[①]，跨入中低收入国家的行列（756~2 995 美元），但这个阶段的主要特征与低收入阶段差别不大，发展经济学的许多理论还适用。中国在 2010 年人均 GDP 达到 4 260 美元[②]，跨入中高收入国家的行列（3 976~12 275 美元）。此时，中国才真

---

① 世界银行：《2000/2001 年世界发展报告》，中国财政经济出版社 2001 年版，第 278 页，表 1。
② 世界银行：《2012 年世界发展报告》，清华大学出版社 2012 年版，第 400 页，表 1。

正进入中等收入阶段。在这个阶段，以前实施的发展战略和发展政策大多已经不适用了。

中等收入阶段的经济发展方式与发展动力不同于低收入阶段。低收入阶段依靠资本驱动的经济增长模式在中等收入阶段就逐渐失去了作用，以引进、模仿为主的技术进步方式在中等收入阶段也逐渐行不通了，以大规模的剩余劳动力转移促进工业化、城市化加速发展的结构转变在中等收入阶段也逐渐消失了，以牺牲环境来促进发展的模式在中等收入阶段也遭遇资源枯竭、环境恶化的巨大挑战。这些问题都是在中国进入中等收入阶段之后出现或者凸显出来的，解决这些问题需要有新的发展理念和新的政策处方。

三、大国经济

目前，中国人口位居世界第一，经济总量位居世界第二，进出口贸易额位居世界第一，中国无疑是世界经济大国，在世界经济和政治舞台上的地位日益重要。大国经济与小国经济相比具有很多不同的特征。

（一）中国经济与世界经济相互影响巨大

从对世界经济的影响来看。中国进出口贸易总额超过美国居世界第一，多年高达 4 万多亿美元（2019 年为 45 779 亿美元）。由于体量大，中国对国际商品价格的影响巨大，中国大幅度出口某种产品就会导致该种产品国际价格下跌，引起进口国抵制，如近几年欧洲和美国频繁对中国钢铁产品征收惩罚性反倾销税。中国进口某种商品就会引起该种商品价格上涨。例如，中国由于工业化速度加快，对能源和矿产品等原材料进口大幅度上升，引起国际石油价格和铁矿石价格猛增；近几年中国经济增速出现下滑，国际石油价格和铁矿石价格急剧下跌。国际大宗商品的大起大落必然会对世界经济产生巨大影响。此外，在经济高速增长时期，中国的进口增长也非常迅速，从而扩大了对西方国家产品的需求，为其经济发展和就业增加做出了贡献。一旦中国经济增长减速，进口也会下滑，导致对西方国家产品的需求下降，就业萎缩，经济萧条。中国还是引进外资和对外投资大国。中国在经济高速增长时期，投资机会大增，外资大举涌入中国，使中国成为世界上第二大引资国。一旦中国经济增长减速，外国投资也会萎缩，对那些投资国的经济也会造成不利影响。中国近几年的对外投资逐步增长，2016 年成为世界第二大海外投资国，中国海外投资也有利于促进其他国家的经济发展。

从世界经济变化对国内经济的影响来看。中国外贸依存度虽然近几年有所下降，但依然较高，因此，世界经济尤其是发达国家经济的波动对中国影响巨大。发达国家经济繁荣时中国出口就大幅度增长，经济衰退和萧条时出口就会大幅度萎缩，导致中国经济的不稳定。此外，中国对世界原材料和石油进口的依赖也容易遭受国际形势动荡和价格波动的巨大影响。中国有 14 亿多人口，任何一个经济指标乘以 14 亿就变成了一个天文数字，因此无论是供给还是需求，都具有显著的规模经济效应。此外，中国经济的市场潜力巨大，产业体系完备，农业基础较好，自我消化能力强，即使世界经济出现危机，中国也可以依靠自身的大国优势，消化国际经济萧条带来的负面影响。例如，1997 年的亚洲金融危机，2008 年的国际金融危机，对中国经济的影响虽然巨大，但由于中国经济规模大、需求潜力大、"抗震"能力强，因此能够很快调整结构，减小国际经济危机带来的冲击。

（二）发展不平衡与发展潜力巨大

疆域广大，区域经济发展不平衡是大国经济的主要特征。按照循环累积因果关系理论，那些先发展起来的地区会发展得更快，而发展较慢的地区则发展越来越慢，从而出现循环累积因果效应，导致经济发展越来越不平衡。同样，大国幅员广阔，城市和农村之间的人口流动和资源流动会经历一个比较长的时间，导致城乡不平衡在一定时期内加剧。在过去几十年的经济发展中，中国城乡区域发展不平衡状况除了是经济发展的一个阶段性趋势，也与中国疆域广大和人口众多有很大的关系。

但同时，疆域广大和发展不平衡使得发展的回旋余地和韧性较大。当一些地区发展成熟之后，还有些落后地区没有发展起来，资源就会从发达地区向不发达地区流动，促进不发达地区加快发展。近几年，中国中西部经济增长速度一直高于东部地区，成为中国经济的新增长点，而且中西部地区面积广大，还有巨大的发展潜力，使中国经济能在相当长一段时间里保持较高的增长速度。

（三）规模经济效应显著

大国人口众多，地域广阔，经济规模巨大，能够形成巨大的规模经济效应。从需求角度说，人口多，可以形成巨大的国内消费品市场；从生产角度说，大国有各类专业技术人才，产业门类齐全，产品种类丰富，能够相互形成人力资源和生产品市场；从基础设施来说，大国经济实力比较雄厚，比较容易建立完善的公共基础设施，并且可以得到充分利用，如机场、高速公路、高速铁路的建设，大国就比小国容易筹集资金且具有更高的利用率。此外，大国的金融系统、教育系统及科学技术研究系统比小国发展得更完善。因此，无论从哪个方面来说，大国都能够充分利用规模经济优势来促进经济的更快发展。中国在过去几十年中充分利用了这些大国规模经济效应，推动着中国经济持续高速增长。

当然大国也有不利的一面，如大国地域广阔，层级较多，中央政策效能可能会逐级衰减，中央和地方的利益、群体之间的利益的协调难度会加大，大国的社会治理也会比小国难度更大，这些对经济发展都可能造成不利的影响。

发展经济学所研究的发展问题没有涉及大国经济的特征，中国经济发展的成功实践为大国经济的发展提供了宝贵的经验，也为发展经济学的理论创新提供了绝无仅有的案例。

四、转型经济

第二次世界大战以后，整个世界形成了"东西南北"的基本格局。"东西"讲的是意识形态和社会制度问题，而"南北"则是指经济上的穷富问题。具体地说，"东西"是指以苏联为首的社会主义阵营和以美国为首的资本主义阵营；而"南北"则是指发达国家与发展中国家。中国当年作为社会主义阵营的重要成员，和其他苏东的社会主义国家一样，实施高度集中的计划经济体制。这一体制在刚开始时还显示出它的优越性，工业化加速发展，迅速缩小了与发达国家的经济差距，但越是到后来，其体制僵化的弊端就越发明显地表现出来，以至于成为束缚中国经济发展的制约因素。以1978年党的十一届三中全会的召开为标志，中国进入了改革开放的新时期。我们所说的改革开放，就是要摒弃过去那种传统的高度集中的计划经济体制和闭关自守的发展模式，建立社会主义市场经济体制，走对外开放的发展道路。正是在这个意义上，中国经济踏上了艰难的转型之旅。

中国的经济转型是一个长期、坎坷的探索过程，摒弃传统的计划经济体制，建立社会主义市场经济体制，是前人从未经历过的伟大创举。一开始必须有全党全国人民的思想解放，突破传统理论、传统观念的长期束缚。1992年，邓小平在南方谈话中明确指出："计划多一点还是市场多一点，不是社会主义与资本主义的本质区别。计划经济不等于社会主义，资本主义也有计划；市场经济不等于资本主义，社会主义也有市场。计划和市场都是经济手段。"[①] 邓小平第一次把管理手段和基本制度区分开来，为建立社会主义市场经济体制扫清了思想障碍。

改革开放促进了中国经济体制的转型，同时也推动着中国经济的高速增长。党的十八大以来，中国的经济体制改革进入了一个新阶段，也就是全面深化改革阶段。党的十八届三中全会通过的《中共中央关于全面深化改革若干重大问题的决定》提出了"使市场在资源配置中起决定性作用和更好发挥政府作用"的理论观点，这是一个重大的理论突破。在党中央的文件中明确提出市场在资源配置中起"决定性作用"，这是我国改革开放历史进程中具有里程碑意义的理论创新，将对在新的历史起点上全面深化改革和推进中国经济的市场化进程产生深远影响。然而我们也应该清醒地认识到，中国经济的转型将是一个长期、艰巨的过程，只有把改革进行到底，才能够实现现代化的宏伟目标。

---

① 《邓小平文选》第三卷，人民出版社1993年版，第373页。

五、社会主义市场经济

中国不仅是一个发展中国家、一个体制转型国家，而且是一个社会主义国家，但不是传统的计划经济国家，而是社会主义市场经济国家，在改革的基础上逐渐形成了社会主义基本经济制度，包括公有制为主体、多种所有制经济共同发展的所有制制度，按劳分配为主体、多种分配方式并存的分配制度和市场在资源配置中起决定性作用、更好发挥政府作用的社会主义市场经济体制。这种制度既坚持了社会主义制度的优越性，又同我国社会主义初级阶段的社会生产力发展水平相适应。社会主义基本经济制度是一个整体，三个部分不可分割，其中所有制制度是核心，是分配制度和市场经济体制的基础和前提。中国社会主义市场经济最本质的特征是坚持中国共产党的领导。党的领导可以保持中国经济发展的社会主义方向，坚持以人民为中心的发展思想，在保持社会稳定基础上咬定青山不放松，一心一意谋发展，朝着建成社会主义现代化强国和中华民族伟大复兴目标迈进。

第三节 发展经济学的产生与演变

从 20 世纪 40 年代末起，发展中国家经济经历了 70 多年的沧桑巨变，发展经济学也经历了 70 多年的曲折发展过程。

一、发展经济学产生的历史背景

第二次世界大战后不久，西方经济学家对增长和发展问题表现出浓厚的兴趣。当然，与古典政治经济学对增长问题的研究重点不同，这一时期经济学家对发展问题的研究虽然也涉及发达国家，但主要侧重于贫穷落后国家，而古典政治经济学只是以当时先进资本主义国家作为研究对象。

那么，为什么在增长理论沉寂了大约 100 年之后，自 20 世纪 40 年代末以来，西方经济学家又对增长和发展问题特别是对落后国家的发展问题产生了极大的兴趣呢？回答这个问题离不开当时的背景。

第一，第二次世界大战后，世界殖民体系迅速瓦解，一个又一个殖民地和附属国相继在政治上获得独立。但是，这些刚刚独立的国家由于帝国主义掠夺和内部一些原因，经济上长期处于贫穷落后状态。这些国家的领导人为了巩固政权，急于想把经济发展起来，邀请了西方经济学家当经济顾问，为经济发展出谋划策。在这种情况下，越来越多的西方经济学家对发展中国家的经济发展问题产生了兴趣，越来越多的原本只研究发达国家经济问题的经济学者改弦更张，以发展经济学家的身份出现，发展经济学也逐渐成为大学经济系的热门课程。①

第二，第二次世界大战后，许多国家变成了社会主义国家，世界被分成了两大阵营，即以苏联为首的社会主义国家阵营和以美国为首的资本主义国家阵营。这两大阵营在军事上和经济上展开竞赛，形成的"冷战"态势持续半个世纪之久，直到 20 世纪 90 年代初苏联解体和东欧剧变，社会主义国家阵营才不复存在。在 20 世纪 50 年代，欧美资本主义国家认为，为了遏制社会主义在全世界的蔓延，不再让更多的落后国家加入社会主义阵营，必须对穷国提供经济和军事援助，帮助这些国家发展经济。这一时期发达国家相继制定各种援助计划和建立援助组织，同时成立多边援助机构，如世界银行和联合国下属的多边技术与金融援助机构。这些援助机构迫切需要对发展中国家的经济情况进行研究，以使援助项目达到最好的使用效果。可见，发展经济学的产生也不是发达国家对发展中国家的无私援助和道德感召，而是出于他们自己的政治目的。

第三，第二次世界大战后资本主义国家的经济增长较快，国际贸易和国际投资也发展很快，发达国家和发展中国家之间的经济联系越来越紧密，发展中国家经济发展状况的好坏直接影响到发达国家的经济和贸易。因此，出于本国发展的需要，一些西方经济学家感到有必要对发展中国家的经济发展问题进行研究。

第四，第二次世界大战后不久成立的联合国和世界银行等国际机构组织收集和编纂了许多国家尤其是发展中国家的统计资料，并且定期和不定期地发表统计数据，以及关于发展中国家经济问题的研究报告。这些统计资料和研究文献为经济学家了解、比较和研究发展中国家的各种经济发展问题提供了较为全面的资料和信息。这些资料在第二次世界大战前是不可能得到的。

由于以上所说的时代背景，许多西方经济学家开始对发展中国家的经济增长和发展问题产生了兴趣。在 20 世纪 40 年代，有关发展的研究文献开始出现了，如科林·克拉克 1940 年出版的《经济进步的条件》，罗森斯坦-罗丹 1943 年发表的

拓展阅读 1-2

人物简介：
张培刚

《东欧和东南欧国家工业化的若干问题》，斯塔利 1944 年出版的《世界经济发展》，曼德尔鲍姆 1947 年出版的《落后地区的工业化》等文献。需要指出的是，中国学者张培刚教授在美国哈佛大学所做的博士论文《农业与工业化》在 1949 年由哈佛大学出版社出版，也是早期发展经济学中的重要文献。

20 世纪 50 年代，学术界掀起研究发展中国家经济发展问题的热潮，经济发展

---

① Lloyd G. Reynolds, *Image and Reality in Economic Development*, New Haven：Yale University Press，1977，p. 34.

的研究文献越来越多，各种各样的发展模式和理论观点相继被提出来，仅 10 年左右的时间，对发展的研究便形成了一门具有独立研究对象和研究方法的新兴学科——发展经济学。

二、发展经济学的演变过程

发展经济学的发展过程大致可分为四个阶段。

（一）形成与繁荣时期

第一个阶段是从 20 世纪 40 年代末到 60 年代中期。这个阶段是发展经济学的形成与繁荣时期，结构主义思路占统治地位，很多经典发展理论与发展模型是在这个时期形成的，如大推进理论、二元经济发展模型、平衡与不平衡增长理论、低水平均衡陷阱理论、贸易条件恶化论、中心—外围论、两缺口模型、增长阶段与起飞理论、增长极理论、哈罗德—多马增长模型、库兹涅茨倒 U 形假说等，这些理论构成了发展经济学的基本内核。这一时期的发展经济学具有以下特点。

第一，强调物质资本积累、工业化和计划性等少数几个问题在经济发展中的重要性。首先是强调资本积累的重要性。发展中国家最为缺乏的是资本，资本稀缺是制约经济发展的主要因素。因此，必须千方百计地加快资本积累。其次是强调工业化的重要性。发展中国家要摆脱贫穷，赶上发达国家，就必须加快工业化的步伐。发展经济学家还从不同的角度探讨了实现工业化的途径和战略。最后是强调计划的重要性。发展中国家经济落后，市场体系很不完善，价格机制不能很好地发挥作用，政府如果不对经济进行积极地干预，有限的社会资源特别是资本资源就不能得到有效使用。这三个观点不是孤立的，而是相互联系的。工业化是目标，资本积累是源泉，计划是手段。没有资本积累就不可能实现工业化，没有政府对经济的干预和计划安排，仅靠市场的自发调节，就不可能迅速地进行资本积累，促进工业部门的扩张，从而也就不可能实现工业化。由于十分强调上述三个问题的重要性，一般认为这一时期的发展经济学具有浓厚的"唯资本论""唯工业化论"和"唯计划论"的色彩。

第二，具有反新古典主义的倾向。新古典经济学强调市场的作用，认为市场机制能实现资源的优化配置，政府对经济的干预只会造成市场的扭曲，导致经济无效率。而这一时期的发展经济学家对新古典经济学在发展中国家的适用性基本持否定态度。他们认为，经济发展是一个动态的过程，它所涉及的是如何摆脱贫穷落后的局面、走向富裕的现代工业社会的问题。而新古典经济学难以处理这方面的问题。这是由于新古典经济学研究的是静态的资源配置问题，其基本思路是通过边际调节和市场修补来达到均衡，而边际调节和市场修补是难以使发展中国家从贫困的陷阱中解脱出来、走上平稳增长和发展的道路的。此外，新古典经济学假定经济体系是有韧性的，它能根据价格的变化做出灵活的调节。但这种假定并不符合发展中国家的实际。这样，新古典经济学也就难以对经济发展问题做出有效的解释和说明。

第三，注重内向发展战略。这一时期的发展经济学一般不支持传统的国际贸易理论和自由贸易政策。他们认为，国际贸易中的比较成本学说只是一种静态分析，它关心的是来自贸易的静态利益，却没有看到工业化所能带来的间接动态利益。一些发展经济学家对对外贸易能否在经济发展中发挥重要作用表示怀疑。如纳克斯曾提出，第二次世界大战后的世界经济已完全不同于19世纪的情况，对发展中国家来说，国际贸易已不再具有"增长的发动机"的功能，只有在立足于国内工农业平衡增长的进口替代政策中，才能找到另外一种"增长的发动机"。[1] 这一时期的发展经济学家一般认为，发展中国家初级产品出口的需求价格弹性和需求收入弹性都很低，所以出口收益不稳定，贸易条件也不断恶化，因而对初级产品出口持悲观态度，并主张实行内向型的进口替代政策。

第四，结构主义思路占主导地位。这一时期的发展经济学家较多地采用了结构主义的方法。结构主义认为，发展中国家社会经济结构僵化，市场分散零碎，价格机制严重扭曲，人们在经济中不能做出有理性的选择。在这种情况下，相对价格的变动对资源重新配置和收入合理分配的调节作用很小，以论证市场价格机制运行为理论核心的新古典经济学不适用于这类国家。在结构主义者看来，发展中国家的经济发展是一个充满矛盾和冲突的过程，不能指望市场价格机制能对其进行自动调节，只有通过政府干预，加速物质资本积累，推行进口替代工业化战略，才能推动经济的迅速发展。结构主义思路是第一个阶段的主流思想，许多发展经济学先驱人物都是持结构主义思路的发展经济学家。

第五，热衷建立宏大的理论体系。这一时期出现的贫困恶性循环理论、大推进理论、平衡与不平衡增长理论的创立者都认为他们的理论对所有发展中国家都是适用的。特别是《经济增长的阶段》一书的作者罗斯托把他对经济发展阶段的划分看作是从现代史中归纳出来的普遍适用的经济发展理论。

（二）新古典主义的复兴时期

第二个阶段是从20世纪60年代中期到80年代初。这一时期是新古典主义的复兴时期，即把早期发展经济学家否定的东西又重新加以肯定。

第一个阶段的发展经济学提出的内向型发展战略和政策主张得到不少发展中国家政府的青睐和采纳，但实践结果表明，这些战略和政策并没有获得显著的成功，而且带来了很多问题，如经济增长缓慢甚至停滞不前、收入分配恶化、贫困

---

[1]　谭崇台主编：《发展经济学》，上海人民出版社1989年版，第45页。

问题更为严重、农业萎缩和粮食短缺、国际收支逆差扩大、外债沉重等。相反，那些注重发挥市场机制的作用和实行开放型发展战略的国家和地区，经济增长较快、收入分配渐趋改善、贫困减轻、农业发展较快、国际收支状况良好。面对这些事实，一些信奉新古典主义信条的发展经济学家对早期提出的发展理论与战略进行了严厉的批评，并提出了自己的发展思路和政策主张。这一时期的发展理论概括起来主要有以下五个特点。

第一，关注贫困和不平等问题，重新确定发展目标。前一时期的发展经济学家基本上是把 GDP 增长作为发展的首要目标，甚至是唯一的目标，认为只要经济增长了，就会自然而然地产生"滴注效应"，使其成果惠及广大低收入阶层。然而，事实远非如此。一些国家的经济增长速度较快，但收入分配和贫困问题却趋于恶化，失业问题也更为严重。20 世纪 60 年代末 70 年代初，出现了一股重新解释发展意义和重新确定发展目标的思潮。许多学者严厉批评了把经济增长作为发展的首要目标的做法，认为经济发展的意义在于提高全体人民的生活水平，因而发展的目标应该是多元的，除了收入增加，还应包括就业增加、贫困减轻、分配公平和农村发展。在这种背景下，世界银行提出了"伴随增长的再分配"计划，联合国国际劳工组织制定了"基本人类需要"战略，还有不少文献强调农村发展。这些都标志着这一时期发展研究主题的一个重要变化。

第二，重视农业发展。第一个阶段的发展经济学家一般只关心工业部门的扩张，而忽视了农业和农村的发展。一些发展中国家为了促进工业部门的扩张，不仅不对农业部门进行投资，而且把农业部门作为榨取剩余的主要源泉，结果导致农业部门萎缩，农业生产长期停滞不前，粮食严重短缺，贫困人口增加。与此同时，工业部门由于缺乏市场和粮食短缺也发展缓慢。这一阶段的发展经济学家如舒尔茨等人抨击了通过牺牲农业而实现工业化的做法，强调在工业化过程中应重视农业的发展，通过对农业的投入和对农民的人力资本投资来提高农业生产率，把传统农业转变为现代农业。这一阶段的发展经济学家如托达罗还注意到发展农村经济、提高农民收入水平是消除贫困和减少失业的重要途径，认为农业和农村发展不仅具有工具价值，而且本身也是发展目标。

第三，重新强调和论证了市场价格机制的作用。市场价格机制不仅能有效地配置资源并为经济增长提供刺激，而且作为一种有效的管理工具，可用来完成政策目标并避免直接控制下的低效率。如果不发挥市场价格机制的作用，扩大价格扭曲和市场失灵，必将出现各种"非市场失灵"，如政府失灵。他们认为，基于高度弹性和替代可能性的市场价格体系，能够有效地促进经济发展。

第四，强调对外贸易在经济发展中的重要作用。市场价格机制不仅能最有效地调节国内经济，而且能有效地适用国际经济。对外贸易既能动员国内资源，改善国内基础设施，也能推动国内市场的扩大，加速产品和要素市场的发育。这一时期的发展经济学家还批评了早期发展经济学家的一些观点，如贸易条件恶化论、不平等交换和贸易悲观主义等，特别是抨击了进口替代发展战略及相应的贸易保护政策，认为这样做必将导致价格扭曲、国际竞争力下降，从而不利于资源的有效配置和经济的健康发展。

第五，重视国别和微观研究。在20世纪五六十年代，发展经济学家都热衷于构建宏大的理论体系和制定对所有发展中国家都适用的一般发展战略。由于发展中国家千差万别，构建一般理论体系比较困难，到七八十年代，发展经济学家的研究兴趣开始从宏观分析转到微观分析，从整体研究转向国别研究和应用研究，如项目评估就是在这一时期兴起的。这一时期发展研究的另一个特点是从长期分析转到短期分析。当然，这些研究都是建立在新古典分析方法基础上的。

从以上概述中我们看到，第二个阶段的发展经济学的特点是对第一个阶段发展经济学的修正和反思。第一个阶段把增长作为唯一目标，第二个阶段强调发展目标的多元化；第一个阶段强调工业化，第二个阶段强调农业和农村的发展；第一个阶段强调计划和政府干预，第二个阶段强调市场机制作用；第一个阶段强调内向型发展战略，第二个阶段强调外向型发展战略；第一个阶段追求宏大的理论体系和一般性战略，第二个阶段侧重于国别研究和微观分析。总之，在第一个阶段发展经济学家主要强调发展中国家的结构特征，在第二个阶段发展经济学家则强调市场机制的普遍适用性。

(三) 发展经济学研究领域的拓展时期

第三个阶段是从20世纪80年代中期到90年代末。这一时期，发展经济学的研究范围得到进一步拓展。

第二个阶段的新古典主义复兴对于推动发展经济学的发展起过积极的推动作用，但新古典经济学所存在的无制度背景、无时间维度、零交易成本等特点，也使其难以分析和处理发展中国家中的许多现实问题。这种情况日益引起人们的关注和反思。而20世纪80年代以后西方经济学在基本理论上的突破，如新增长理论的兴起、可持续发展观的形成、新制度经济学的崛起和社会资本理论的渗透等，给发展经济学的发展注入了很大的活力。这一时期的发展经济学具有以下特点。

第一，强调制度及其变迁在经济发展中的重要性。20世纪80年代以前，发展经济学虽然也涉及一些制度分析，如土地制度改革、计划与市场制度等，但基本上没有把制度作为影响经济发展的重要因素和源泉来加以论述，而是把制度作为既定的前提。对经济发展进行制度分析，很大程度上是受到新制度经济学的影响。

新制度经济学认为，经济上成功的国家往往拥有一个好的制度，而那些经济上不成功的国家则缺少这种制度。一个繁荣的市场经济需要有政治、法律、文化制度来支撑，这对于发达国家是既定的前提，但对于发展中国家来说，则是促进发展的主要因素和条件。80 年代中期以后，一些西方学者开始用制度分析的方法，较系统地探讨发展中国家经济发展中制度安排和制度选择的成败得失，研究经济发展所需的制度条件和各种可供选择的方案，从而成为发展经济学中一个新流派——发展经济学中的制度学派。这一时期发生的苏联、东欧以及中国和越南等从计划经济向市场经济的转轨过程，也大大激发了经济学家对经济发展中制度因素的研究。广义地说，转轨经济学也属于制度经济学范畴。

第二，新古典政治经济学方法在发展分析中应用得比较广泛。从 20 世纪 50 年代末开始，一些学者超出纯经济理论的范围，把经济学的研究对象拓展到政治学研究的领域，把人类的经济行为和政治行为作为统一的研究对象加以考察。他们用新古典经济学的观点和方法研究人们的政治行为，从实证分析的角度考察政府机构是如何组成和运转的，探讨政府行为的动机、方式及其后果，从而出现了"新古典政治经济学"这一新的分支。20 世纪 70 年代以后，新古典政治经济学的方法在发展经济学中也得到应用。一些发展经济学家运用这种方法对发展中国家政府干预经济的弊端进行了分析。例如，克鲁格 1974 年提出了"寻租"的概念。20 世纪 80 年代以后，巴格瓦蒂等进一步将这一概念扩充为"直接非生产性寻利"活动。他们指出，在发展中国家，当政府进行干预，如对进口物品实施数量控制或对生产能力的创造和扩大发放投资许可证时，这种限制会产生各种形式的租金，人们常常为得到这种不劳而获的利润而彼此展开竞争。寻租活动不仅不能增加社会财富，反而浪费了大量的资源，产生了社会不公。从广义上说，发展的政治经济学分析也属于制度经济学研究的范畴。

第三，现代增长理论的复兴以及与发展理论日益融合。20 世纪 80 年代中期以后，以罗默和卢卡斯为代表的一批经济学家放松了新古典增长模型中的资本报酬递减假定，提出了各种各样的经济增长模型。这些增长模型把技术进步内生化了，因而被称为内生增长理论，或新增长理论。内生的技术进步产生于对人力资本和研发的投资，这种投资具有溢出效应，产生递增的规模收益，从而实现人均收入的长期增长。新增长理论与新古典增长理论的一个根本区别是，后者把发达国家作为研究对象，与发展中国家没有多大关系，而前者以所有国家包括不发达和发达经济体为研究对象，它主要研究经济增长的源泉是什么，为什么一些国家比另一些国家富裕等重大理论问题。对这些问题的研究当然也适合对发展中国家经济发展问题的分析。进入 21 世纪以来，一个新的增长理论逐渐形成并发展壮大，这就是统一增长理论。统一增长理论是以美国经济学家盖勒为首的一批经济学家在

21 世纪初提出来的。① 该理论目前已蔚然成为增长理论的一个新的分支。与新增长理论把技术进步内生化相对照，统一增长理论把人口增长内生化了，试图建立一个能够解释从马尔萨斯停滞到现代持续增长的整个历史过程的更一般的增长模型。统一增长理论现在还处在不断的发展之中。

第四，资源、环境问题受到越来越多的重视。第一阶段和第二阶段的发展经济学家并未充分认识到资源、环境对经济发展的重要性，即使有些人认识到了，也未引起发展经济学界的高度重视。进入 20 世纪 80 年代以后，世界各国特别是发展中国家的资源耗减、环境退化问题越来越严重，这不仅导致人们生活质量下降，而且直接影响到经济的长期持续增长。在这种情况下，发展经济学开始重视对环境和可持续发展问题的研究。90 年代以后出版或重版的发展经济学教科书，几乎无一例外地都增设了一章，专门论述环境与可持续发展问题。这表明环境与可持续发展问题在发展经济学中已成为一个重要的研究课题。

第五，社会资本概念越来越多地渗透到发展经济学的研究中。社会资本概念创立于 20 世纪 80 年代，属于社会学研究的范畴。但自 20 世纪末以来，社会资本的概念和相关理论已逐渐渗透到经济发展问题的分析中，使发展经济学的研究视野扩大到社会网络、社会规范和社会信任等社会学研究的领域。社会资本从狭义上来说就是一个社会信任问题，社会信任度高，社会资本就高，反之亦然。社会资本对经济发展特别重要，因为它关系到市场经济中交易成本的高低，从而决定了市场经济制度的有效运行。最近十几年来，社会资本理论已成为发展经济学研究的一个新领域。从广义上说，社会资本理论也属于制度分析的一种形式，不过它是一种非正规的制度分析。

总之，第三个阶段的发展经济学的研究范围进一步拓宽了，其主要特点是把发展研究扩展到制度和其他非经济学领域。此外，这一时期发展经济学还把研究领域扩展到资源和环境对发展的影响。不过，这一时期的发展研究采用的仍然是新古典主义的分析方法。

（四）发展经济学微观化时期

第四个阶段是从 21 世纪初到现在。这个阶段发展经济学的主流研究领域呈现微观化倾向。

进入 21 世纪以来，发展经济学依然蓬勃发展。汇集发展经济学领域最新研究成果的文献集中体现在《发展经济学手册》（第 4 卷，2008；第 5 卷，2010）中。还有一部综述性文献也反映了发展经济学的最新研究趋势，这就是《经济增长手

---

① Oded Galor，"From Stagnation to Growth: Unified Growth Theory"，in Philippe Aghion and Steven Durlauf，eds.，*Handbook of Economic Growth*，Amsterdam: North-Holland，2005，pp. 172–293.

册》（第 1 卷上下册，2005；第 2 卷上下册，2014）。① 从这些文献中可以看到发展经济学在 21 世纪最初十几年的发展趋势。2019 年出版的回顾发展经济学 70 年发展历程的文献《帕尔格雷夫发展经济学手册》② 对发展经济学的当代趋势也进行了评述。从这些文献中我们可以看到发展经济学研究的当代趋势。总的来看，发展经济学研究的主题和方法呈现出从宏观分析转到微观分析，从理论推理转到实证和实验分析，从国家整体发展问题研究转到特定地区、特定人群减贫问题研究，从国内视角转到全球化视角的特征。其中最显著的特征是分析问题的微观化和分析方法的实验化。美国康奈尔大学教授、发展经济学家索贝克在《发展学说的历史与演进，1950—2017》评述性文章中对 2000—2017 年这一阶段的发展经济学趋势进行了评论。他指出："在过去 20 年中，发展经济学中重大概念的巨大进步主要发生在微观经济学层面，这样的说法并非不公平的。"③

特别是进入 21 世纪以来，实验经济学和行为经济学的兴起使得发展经济学的研究掀起了一场"实验革命"（experimental revolution）。2019 年诺贝尔经济学奖授予了麻省理工学院的阿比吉特·班纳吉、埃丝特·迪弗洛和哈佛大学的迈克尔·克雷默，使得这一"革命"达到高潮。这三位经济学家把随机对照实验（randomized controlled trial，RCT）运用于对发展中国家贫困问题的分析，在学界产生了巨大影响。它改变了发展经济学的研究范式和研究方法，并为发展中国家减贫做出了较大贡献。索贝克评论说：21 世纪初以来，有大量证据表明对发展经济学做出的最重要贡献是试图把它从主要是公理性和推理性的学科变成一个更为实验性的学科。"④

随机对照实验方法是一种影响评估方法。这种方法早在医学、教育学等领域有广泛的应用，三位诺贝尔经济学奖得主的主要贡献不是创立了随机对照实验方法，而是把这一方法引入发展经济学，主要是引入发展中国家贫困问题与反贫困

① T. Paul Schultz and John Strauss, eds., *Handbook of Development Economics*, vol. 4, Amsterdam: North-Holland, 2008. Dani Rodrik and Mark R. Rosenzweig, eds., *Handbook of Development Economics*, vol. 5, Amsterdam: North-Holland, 2010. Philippe Aghion and Steven N. Durlauf, eds., *Handbook of Economic Growth*, vol. 1A and 1B, Amsterdam: North-Holland, 2005. Philippe Aghion and Steven N. Durlauf, eds., *Handbook of Economic Growth*, vol. 2A and 2B, Amsterdam: North-Holland, 2014.

② Machiko Nissanke and José Antonio Ocampo, eds., *The Palgrave Handbook of Development Economics*, London: Palgrave Macmillan, 2019.

③ Erik Thorbecke, "The History and Evolution of the Development Doctrine, 1950-2017" in M. Nissanke and J. A. Ocampo, eds., *The Palgrave Handbook of Development Economics*, London: Palgrave Macmillan, 2019, p. 100.

④ Erik Thorbecke, "The History and Evolution of the Development Doctrine, 1950-2017" in M. Nissanke & J. A. Ocampo, eds., *The Palgrave Handbook of Development Economics*, London: Palgrave Macmillan, 2019, p. 89.

政策影响的研究中，并且成为发展经济学界近 20 年来的主流分析方法。有人做过文献回顾，他们发现在 1981—2015 年一共有 4 205 篇公开发表的影响评估文章，其中 2/3 是在 2010—2015 年发表的，而目前运用 RCT 方法进行的影响评估的论文达到 42%。① 促进这一方法广泛使用的机构是麻省理工学院的班纳吉、迪弗洛和穆莱纳桑于 2003 年共同创立的贫困行动实验室，2005 年更名为贾米尔贫困行动实验室（Jameel Poverty Action Lab，J-PAL）。J-PAL 倡导的随机对照实验为发展经济学带来了理论和方法上的突破。经过 10 多年的发展，J-PAL 已经成为国际发展领域最有影响力的全球性组织，并逐渐引起主流经济学界的关注，其研究成果频繁发表在经济学顶级期刊上，截至 2016 年，隶属于 J-PAL 的学者发表在经济学五大顶级期刊上的随机实验文章超过 70 篇。② J-PAL 在政策影响上也取得显著成效。截至 2019 年，J-PAL 的研究人员已经在 83 个国家开展 983 项 RCT，并且基于这些研究得出的结论而制定的政策惠及了全球 4 亿多人。③

现代影响评估的概念建立在反事实分析的框架上，核心问题是因果推断，也就是归因分析。影响是指政策（或者干预）的作用对象与其在未接受政策（或干预）的情况下在结果上的差别。反事实是指干预的对象在没有接受干预的情况下的结果。构建反事实对照通常有两个途径：第一个途径是通过统计方法构建一个"反事实对照"；第二个途径是在项目干预之前就创建一个"反事实对照。"由此产生了两类影响评估方法：一类是传统的计量经济学非实验性评估方法，如双重差分法、匹配法、工具变量法、断点回归法等；另一类就是三位 2019 年诺贝尔经济学奖获得者使用的随机对照实验方法。前一类计量方法经过不断改进，越来越精细，但仍然存在重大局限性，尤其是内生性问题。与第一类方法相比，RCT 方法具有如下优势：一是用 RCT 方法得到的估计量的内部有效性更加可靠，因此被认为是政策影响评估的"黄金准则"；二是采用 RCT 方法估计的因果关系比采用其他方法得到的结果更容易理解。要测试一个政策到底有没有效，可把参与者随机分为两组，一组进行政策干预，另一组做对照，两组之间的差就是政策产生的效果，非常直接，让非专业人士一目了然，一看就懂。

但是，RCT 具有很大局限性，在经历了 10 多年狂热吹捧之后，也遭到很多学者的批评。第一个局限性是结果的外部有效性问题，这是因为，首先，在一个地方做的实验

---

① 易红梅：《减少全球贫困的实验性方法——2019 年诺贝尔经济学奖得主的贡献与评析》，《中央财经大学学报》2019 年第 12 期，第 135 页。

② 张建华、杨少瑞：《反贫困随机对照实验研究新进展》，《经济学动态》2017 年第 3 期，第 124 页。

③ 易红梅：《减少全球贫困的实验性方法——2019 年诺贝尔经济学奖得主的贡献与评析》，《中央财经大学学报》2019 年第 12 期，第 136 页。

所得结论在其他地方实施可能因"水土不服"而无效；其次，由于时间滞后而导致效果大打折扣，例如，三年前做的 RCT 所得到的结论今年才实施，其实际效果可能与 RCT 做出的结论不同，因为三年之内条件和环境发生了变化，而政府的政策往往都是有时间延迟的；最后，做实验的样本较小，如果大面积推广可能会产生不同于 RCT 得到的结果。第二个局限性是 RCT 只适用于微观的"小问题"，对于宏观的"大问题"不适用，像产业结构的调整、制度变迁、气候变化等大问题，是无法进行 RCT 的。

综上可见，RCT 方法有许多优点，同时也有不少缺陷。它作为一种对某项特定微观政策影响的分析技术是非常有价值的，但它缺乏理论支撑，不能用来指导一国宏观发展战略和政策的制度（如促进工业化、城镇化、劳动力转移等发展政策）制定，说它是发展经济学领域的一场革命，有些言过其实。美国经济学家索贝克评论说，"在发展效果评估中使用的随机对照实验是一种技术而不是理论"[1]。美国经济学家、2015 年诺贝尔经济学奖获得者迪顿对 RCT 方法进行了批评，他指出："项目评估，无论是使用随机对照实验方法还是非实验方法，都不能揭示发展的秘密，除非它由理论指导。"[2]

思考题

1. 发展中国家经济的基本特征是什么？
2. 中国经济的基本特征是什么？
3. 发展经济学产生的历史背景是什么？
4. 发展经济学是如何演进变化的？
5. 什么是 RCT 方法？其主要优点与缺点是什么？

 即测即评

 请扫描二维码进行在线测试。

① Erik Thorbecke, "The History and Evolution of the Development Doctrine, 1950–2017" in M. Nissanke and J. A. Ocampo, eds, *The Palgrave Handbook of Development Economics*, London: Palgrave Macmillan, 2019, p. 90.

② Angus Deaton, "Instuments, randomization, and learning about development", *Journal of Economic Literature*, vol. 48, no. 2, 2010, p. 426.

第二章　发展的概念与度量

　　发展是指一个事物从低级阶段到高级阶段的动态变化过程，它可以从很多角度来研究，从而形成了很多分支学科，如发展政治学、发展社会学、发展心理学等，而发展经济学是从经济发展的角度来研究发展问题的。但是，要研究一个落后国家如何发展，首先要搞清楚什么是发展。只有把发展的含义搞清楚了，我们才能判断一个国家是否发展了，才能制定正确的发展战略与发展政策。

第一节　增长与发展的概念

一、经济增长与经济发展

　　经济增长（economic growth）是指社会财富即社会总产品量的增加。它一般是用实际的国民总收入（GNI）或国内生产总值（GDP）的增长率来表示。用实际的GNI或GDP除以一国总人口，便得到人均GNI或人均GDP。它常常是反映一国富裕程度的主要指标。

　　经济发展（economic development）比经济增长包含的内容要丰富得多，一般说来，经济发展除了包括经济增长，还包括经济结构的变化。具体内容包括以下几点。（1）投入结构和组织结构的变化。主要包括：从简单劳动转到复杂劳动，从手工操作转到机械化操作，从传统的生产方法转到现代生产方法，从资源密集型、劳动密集型技术转到资本密集型、知识密集型技术，生产组织和管理形式从传统的小生产转到现代的大公司。（2）产出结构的变化。主要表现为产业结构的变化。在国民经济中，第一产业的劳动力和产值比重趋于下降，第二产业比重趋于上升，第三产业比重逐渐扩大，最终成为经济中最大的部门。每个部门内部的结构也相应发生变化，例如，在工业部门内部，轻工业部门比重下降，重工业部门比重上升，逐渐趋向平衡。在产业结构的转换过程中，农村人口不断向城市流动，城市化加速，城市化与工业化同步进行。（3）产品构成的变化与质量的改进。产品与服务的构成适应消费者需求的变化，产品与服务质量不断提高，品种更加多样化。（4）居民生活品质的提高。具体表现在：人均收入持续增加，一般居民营养状况、居住条件、医疗卫生条件和受教育程度明显改善，文化生活更加丰富多彩，人均预期寿命延长，婴儿死亡率下降，物质与文化环境比以前更加舒适。（5）分配状况的改善和贫困人口的下降。收入和财产的不平等程度趋于下降，贫困人口趋于减少。

　　但是，经济发展涵盖的内容在不同的场合是有差别的。从最狭义的角度来说，经济发展指的就是经济增长，这两个概念是同义词。从较广义的定义来说，经济发展就是指经济增长加经济结构转变，最重要的经济结构就是产业结构，即三次产业结构。从这个角度来理解经济发展，它与工业化是同义语。从最广义的角度来定义，经济发展既包括经济增长与经济结构的变化，也包括贫困的减轻、收入分配不公的下降、教育和卫生事业的进步、生态环境的改善等。我们上面的定义就是从最广义的角度来定义的。因此，在谈论经济发展问题时，首先要把握经济发展是在什么场合下和什么范围内说的。把握这一点很重要，否则就会被这个概念弄糊涂。

　　从以上最广义的角度看，经济增长与经济发展的关系包含以下内容。一方面，没有经济增长就不会有经济发展，这一点显而易见，没有国民财富和国民收入的增加，无论如何是不可能有经济发展的，从没有看到有哪个国家在经济停滞的时候经济发展了。就此而言，经济增长是经济发展的必要条件。另一方面，经济增长不一定会带来经济发展。在经济增长过程中，如果生产方式和生产技术仍然是以传统的为主；如果产业结构没有什么变化，仍然是以传统农业为主，城乡二元结构没有明显改善，城市化与工业化严重不平衡；如果生产出来的产品相当一部分是假冒伪劣，以坑害消费者利益为代价；如果生产的产品大量积压，缺乏需求；如果一国政府把收入增长的大部分用于建造豪华的宫殿，维持庞大的军队和官僚机构，致使普通居民的收入和生活水平长期得不到提高；如果人类居住的生态环境遭到破坏，污染严重，导致生活质量下降和健康受损；如果收入和财富分配越来越不均，贫困人口没有减少，甚至还增加了……如果这些情况发生了，那么，这种经济增长就没有带来真正的经济发展。

　　在过去几十年中，有些发展中国家虽然在经济增长方面取得了较好的成绩，但是经济增长的果实并没有产生"滴注效应"，即没有让低收入阶层和贫困者得到多少增长的实惠，分配不公问题、失业问题、贫困问题和环境问题也变得比过去更为严重了。我国也有类似的情况，改革开放以来，经济增长很快，产业结构发生了翻天覆地的变化，工业化和城镇化加速发展，人民收入和生活水平有了显著提高。但城乡差距大、收入分配不公、生态环境恶化、效率低下等问题也比较严重。换句话说，我国已经解决了温饱问题，实现了全面建成小康社会，物质短缺时代已经一去不复返了，但在现阶段，经济发展不平衡、不充分、不协调问题比较突出，这是当前和今后一段时间要解决的主要问题。

二、经济增长与人类发展

　　关于发展所包含的内容，学术界观点并不总是一致的。有的学者使用"发展"

一词只是为了概念简化，实际含义与"经济增长"和"经济发展"没有区别。但是，有的学者则把"发展"与"经济发展"严格区分开来，认为发展包含的内容比经济发展更宽。

发展伦理学家德尼·古莱在其代表作《残酷的选择：发展理念与伦理价值》①一书中认为，发展包含三个核心内容：生存、自尊和自由。维持生存的资料包括食物、住所、健康和保护，要满足这些需要，就必须增加收入，消灭贫困，增加就业机会，减少收入不平等。这就是以上所说的经济发展所包含的内容。自尊是指人要被当人来看待。一个人在社会上要感到受人尊重，而不是被他人作为工具来使用。这对于一个民族、一个国家也是如此。现代社会通常把获得物质财富作为实现自尊的形式。这里所说的自由主要是指从物质生活条件中解放出来。自由意味着社会及其成员选择范围的扩大，或者限制范围的缩小。财富可以使人获得在贫困时难以获得的对自然界和周围环境更大的控制能力，可以使人获得更多的闲暇，得到更多的物质产品和服务的自由。当然，自由也包含表达自由和参与社会活动和公共事务的自由。关于这一点，发展经济学家刘易斯也曾指出："经济增长的好处并不在于财富增进了幸福，而在于增加了人类选择的范围……支持经济增长的理由就是增长使人更能控制自己的环境，从而增加了自己的自由。"②

从1990年开始，联合国开发计划署（UNDP）每年发表《人类发展报告》，对世界各国的人类发展状况进行评估和比较。从此，人类发展（human development）这一概念在学术界逐渐流行起来。该机构发表《人类发展报告》的目的是使国际学术界和各国领导人把发展的目标从单纯的经济增长转到人类发展上来。

人类发展与古莱的发展概念相似。它着重于人类自身的发展，认为增长只是手段，而人类发展才是目的，一切以人为中心。人类发展主要体现于人的各种能力的扩大，这些能力包括：延长寿命的能力、享受健康身体的能力、获得更多知识的能力、拥有充分收入来购买各种商品和服务的能力、参与社会公共事务的能力等。这些能力的提高当然需要有社会总产品的增加，需要有经济增长。只有经济持续增长，才有可能不断增加生产性就业和收入，改善民众的物质生活条件，提高其健康水平和文化水平，让民众参与社会的各种事务；没有经济增长，这些能力的扩大是有限的。但是，有了经济增长，不等于就自动地促进人类发展。1996年《人类发展报告》的主题是讨论增长与人类发展的联系。该报告提出了五种有增长而无人类发展的情况。

---

① ［美］德尼·古莱：《残酷的选择：发展理念与伦理价值》，高铦、高戈译，社会科学文献出版社2008年版。

② ［美］刘易斯：《经济增长理论》（1955年），中译文见郭熙保主编：《发展经济学经典论著选》，中国经济出版社1998年版，第13—14页。

（1）无工作的增长（jobless growth）。工作意味着生活保障，没有工作就等于剥夺了一个人的生活能力和发展自己的能力，以及损害了他的尊严和自尊。当然，缺乏工作机会可能是经济增长缓慢造成的。但是，即使经济增长较快的国家也常常不能增加足够的就业机会。

（2）无声的增长（voiceless growth）。民众参与和管理公共事务，表达自己的意见和观点，是人类发展的一个重要方面。但是，经济增长并不始终伴随着民主和自由的扩大。民主和增长不是相互排斥的，而是倾向于相互加强的。民主也能促进增长。

（3）无情的增长（ruthless growth）。在很多发展中国家，虽然经济增长较快，但收入分配不平等反而更加严重了，增长的利益大部分落入了富人的腰包，而穷人的状况没有得到多少改善，有的反而日益恶化了，穷人的数目和比重甚至上升了。

（4）无根的增长（rootless growth）。世界上不同的文化使各个民族和种族的生活更加丰富多彩。一种具有包容性和参与性的增长模式能够培育和增强文化传统，从而为人们以相互丰富的方式享受他们的文化提供无限的机会。但是，一种具有排外性和歧视性的增长模式却能够毁灭文化的多样性，从而降低人们的生活质量。

（5）无未来的增长（futureless growth）。不顾自然资源耗竭和人类居住环境恶化而换来的增长是不可能持续下去的，也不值得持续下去。它不仅损害了当代人的生活条件和健康，而且更严重的是对后代人的发展造成了巨大的甚至是不可逆转的损害。

以上五种情况包括了人的经济权利、政治权利、社会权利、文化权利和与自然和谐共生的权利，体现了人的全面发展。如果增长没有同时伴随人的这些权利的改善，如果存在"五无"中的任何一种情况，这种经济增长就没有促进人类发展。

前面对经济增长与经济发展的含义和关系的论述使我们认识到，经济增长不一定带来经济发展。这里从发展和人类发展概念的论述中我们进一步看到，即使经济增长带来了经济发展，但也不一定带来人类发展。人类发展包含的内容更为丰富。它不仅包含人民物质生活质量的改善、生活环境的改善，而且包括文化和政治生活的改善。所谓选择自由度的扩大（人类发展的本质），当然包含物质选择范围的扩大，例如，在收入水平提高以后，人们可以选择劳动，也可以选择闲暇；可以选择购买房子，也可以选择购买汽车；可以选择在家休息，也可以选择外出旅游；可以选择在农村生活，也可以选择在城市居住；可以选择上学读书和培训，也可以选择工作；可以选择从商，也可以选择从教、从政；等等。总之，人们的选择范围比收入水平较低时要大得多。如果是一个收入水平较低的人，他的选择范围就要小得多，他想休息、想去旅游、想去读书，却没有足够的收入维持基本的生活，因此，他必须工作，必须挣到足够的收入以维持生存。除物质选择范围扩大之外，人们还需要更多的选择，例如参加社会和政治生活的权利。可见，发展比经济发展所包含的内容要宽得多。实际上，发展是指人的全面发展，而经济发展只是指经济结构的变化和人的物质文化生活水平的提高。

经济增长与人类发展也是一个相互促进的关系。经济增长能促进人类发展，人类发展也能促进经济增长。为增进人的健康和提高人的文化教育水平所产生的支出，一方面促进了人类的发展，另一方面促进了技术进步和劳动生产率的提高，从而推动经济增长。但是，必须指出，对人的投资即使有利于经济增长，最终也是为了促进人的更全面的发展。目的和手段之间的关系任何时候都不能模糊和颠倒。实际上，对公众教育和健康的支出不都是促进增长的，例如，专为老人和聋哑人创办的学校与健康中心对促进生产率并没有多大的帮助。如果只考虑教育对经济增长的作用，这些支出是不值得进行的，但对于促进人类发展来说，又是非常必要的。

第二节　自由与发展

一、马克思的人的全面自由发展观

马克思对人的全面自由发展进行了精辟的论述，是马克思唯物史观的重要组成部分。马克思的人的全面自由发展观是在批判近代资本主义社会本质特征基础上形成的。资本主义社会是物对人的统治，人只是作为创造物质财富的手段，人成为资本和财富的奴隶，资本占有劳动，分工与专业化限制人的全面发展，人成为机器的附属物。马克思所谈的人的发展就是指摆脱资本主义物支配人的畸形片面发展，从而实现人支配物的全面发展。这只有在生产力高度发达、私有制被公有制所替代的共产主义社会中才能实现。

马克思认为，人是社会发展的主体，经济社会发展是人的发展的手段，人的发展是经济社会发展的目的。人作为一种整体性存在物，具有多重属性。人同时兼具自然属性、社会属性和精神属性。人既是自然的、生物的和感性的存在物，也是经济的、政治的和社会的存在物，同时还是思维的、意志的、情感的、文化的存在物。人的需要和人的价值也是多层次的、多维度的。鉴于人的这种多重属性，人的发展必须是全面的，包括物质上的、精神上的和文化上的。

人的全面发展需要社会的全面发展。一是生产力的高度发展。生产力发展是社会发展的最终决定力量，也是人的全面发展的最终决定力量。社会生产力的不断发展，使人们的物质、文化和精神生活能够得到日益改善，从而为人的全面发展提供坚实的物质基础。事实表明，当人还不能使自己的吃穿住行得到基本满足的时候，是根本不可能有全面发展的，甚至连全面发展的目标也不能想象。二是社会关系的合理构建。社会关系是否和谐，直接决定着人的需要满足程度、能力发挥和实现的程度。因此，要促进人的全面发展，必须解决社会关系的分裂及不和谐状况。三是社会交往的普遍发展。"一个人的发展取决于和他直接或间接进行交往的其他一切人的发展。"① 个人的社会交往扩大，发展的舞台也就越大，通过相互交流、相互学习完善和提高自己的各种能力，从而使自己的发展更为全面。当今世界的经济全球化和信息化，为人的全面发展创造了前所未有的有利条件。四是教育的充分发展。教育"不仅是提高社会生产的一种方法，而且是造就全面发展的人的唯一方法"②。教育可以使人获得全面发展所必需的知识，可以提高人的各项素质和能力，有助于培养人的健全的人格。所以，一个社会教育体系的发展和人受教育程度的提高是人的全面发展的必由之路。③

在马克思看来，人的全面发展也就是人的自由发展。马克思认为人的自由是实现全面发展的必要条件。没有人的自由，就不可能有人的全面发展。但是马克思是一个历史唯物主义者，认为人的自由发展必须建立在生产力的发展基础上。马克思把人的发展划分为三个阶段或三个形态。第一个阶段是人的依赖性阶段。这个阶段的生产力水平很低，在一个狭小的活动范围内，人们如果不相互依赖就难以生存，这种状况下人的发展不可能是全面的和自由的。第二个阶段是以物质依赖性为基础的人的独立性阶段。这个阶段生产力有了相当大的发展，社会分工和专业化盛行起来，市场经济普遍发展起来，人们生产的产品主要通过市场交换才能进入分配和消费领域。这一阶段的主要特征是：人与人的关系要通过商品这个物为中介而发生，因而人们的社会关系由直接的人的依赖过渡到物的依赖关系。这一阶段人们的活动范围扩大了，独立能力增强了，自由度提升了，但是这个阶段是人依附于物、劳动依附于资本的阶段，人只是从生存状态的压力下解放出来了，但仍然受资本支配，是资本和商品的奴隶。第三个阶段是个人全面自由发展的阶段。这是人类社会发展的最高阶段，这个阶段生产力高度发达，社会财富充分涌流，奴隶般的分工消失，脑体劳动差别消失，个人的自由得到充分发挥。但是，马克思认为人的全面自由发展必须以第二个阶段的充分发展为条件。也就是说，实现人的完全自由不是一朝一夕能够完成的，必须经历资本主义市场

---

① 《马克思恩格斯全集》第三卷，人民出版社 1960 年版，第 515 页。
② 《马克思恩格斯文集》第五卷，人民出版社 2009 年版，第 557 页。
③ 丰子义：《马克思主义社会发展理论研究》，北京师范大学出版社 2012 年版，第 262—263 页。

经济发展阶段，在生产力获得高度发展之后，每个人的自由和全面发展才能实现。

　　马克思的全面自由发展观是与生产力发展水平密切联系在一起的，实现了发展目的与发展手段的有机统一，是我们推进社会主义现代化、在发展中逐步实现人的全面自由发展的理论指南。

二、阿马蒂亚·森的自由发展观

　　印度籍经济学家和哲学家阿马蒂亚·森是 1998 年诺贝尔经济学奖获得者，其研究方向涉及贫困、饥荒、发展与福利等多个领域，其后期侧重于跨学科研究，涉及政治学、哲学、伦理学等，但研究重心还是探讨发展的意义。他 1999 年出版的《以自由看待发展》一书被看作是研究发展目的的经典之作。强调自由是发展的目的是阿马蒂亚·森的核心观点。但是，这不是阿马蒂亚·森的创新。马克思和恩格斯早在《共产党宣言》中就已指出个人自由是共产主义社会的基本特征，刘易斯也指出增长的目的是增加人的自由，德尼·古莱也把自由看作是发展的核心价值之一。阿马蒂亚·森更详细地阐述了自由与发展的关系：自由既是发展的目的，同时也是发展的手段。这是他的自由发展观的新颖之处。他之所以如此强调自由，有两个原因：一是评价性原因，即对进步的评判必须以人们拥有的自由是否得到增进为首要标准；二是实效性原因，即发展的实现取决于人们的自由的主体地位。这两个原因就是指发展的目的与手段。

拓展阅读 2-1

人物简介：
阿马蒂亚·森

　　（1）构建性自由。阿马蒂亚·森在《以自由看待发展》一书导言中开宗明义地指出："本书论证，发展可以看作是扩展人民享有的真实自由的过程。"[①] 他区分了两种发展观：增长发展观和自由发展观，前者是狭义发展观，后者是一般发展观。狭义发展观包括国民生产总值（GNP）的增长、个人收入的提高、工业化、技术进步或社会现代化等内容。他认为，GNP 的增长和个人收入的增加是扩展社会成员享有的自由的手段，是非常重要的，没有收入的增加，自由也会受到限制。但他认为，自由不仅仅依赖于收入的增加，还依赖于其他决定因素，诸如社会的和经济的安排，以及政治的和公民的权利，这些因素并不会随经济增长而自动获得。"如果发展所要促进的就是自由，那么就有很强的理由来集中注意这一主导型

[①] ［印度］阿马蒂亚·森：《以自由看待发展》，任赜、于真译，中国人民大学出版社 2013 年版，第 1 页。

目标，而不是某些特定的手段，或者某些特别选取的工具。"① 他把这种自由称为构建性自由，即自由本身是目的，而不需要通过其他手段（如收入增加和工业化）的间接性贡献而建立。

（2）工具性自由。发展的目的就是扩大自由，但自由的扩大也能够促进发展。把自由看作促进发展的工具和手段被称为工具性自由。阿马蒂亚·森把工具性自由分为五种类型：一是政治自由即公民权利，包括诸如政治对话、保持异见和批评当局的机会，以及投票权和参与挑选立法人员和行政人员的权利。二是经济条件，指个人分别享有的为了消费、生产、交换的目的而运用其经济资源的机会。经济发展增加一国的财富和收入，因此它会增加人们获得经济权益的机会。但是经济增长只体现为经济总量增加，如果要提高个人分享国民财富的机会，还必须重视收入分配问题，让发展成果为人民共享。三是社会机会，指的是在社会教育、医疗保健及其他方面所实行的安排，它们影响个人赖以享受的生活的实质自由。这些条件不仅对于提高个人生活水平和健康状况，而且对于更有效地参与经济和政治活动都是重要的。四是透明性保证，指大众的知情权问题，所涉及的是满足人们对公开性的需要：在保证信息公开和明晰的条件下人们之间自由公平地交往。如果缺乏公开性和透明性，就会使一部分社会成员的利益受损。这种透明性保证也能阻止政府官员的腐败和渎职。五是防护性保障，是指为社会中处于生活困难的人们提供社会安全网，以防止在生活中遭受不幸的低收入者挨饿甚至死亡。

上述五种工具性自由能直接扩展人的可行能力，从而能够提高一个人的实质自由；此外，它们之间还相互补充，相互作用。阿马蒂亚·森特别强调各种自由之间的关联性。他说，经济增长不仅能够带来私人收入的增加，提高可行能力，而且能提供更多的社会服务，如建立社会安全网，提供公共教育、医疗保健等服务，既有利于经济发展，又有利于降低死亡率，提高人均寿命，而死亡率的下降有利于降低出生率，进而能够提高教育和健康水平，提高人们的可行能力。

阿马蒂亚·森在论述发展的意义时特别强调个人的自由，甚至把个人的自由不断扩大的过程定义为发展过程。但是，阿马蒂亚·森论述的自由与刘易斯所说的自由不是一回事。阿马蒂亚·森把自由本身看作发展的目的，判断一个社会是否发展了，就看个人实质自由扩大了没有，与经济增长没有直接关系。而刘易斯是从经济增长的角度来论述自由的。经济增长的好处不是增加人们的幸福，而是扩大了人们选择的范围，即扩大了人们的自由度。阿马蒂亚·森的观点与德尼·

---

① ［印度］阿马蒂亚·森：《以自由看待发展》，任赜、于真译，中国人民大学出版社 2013 年版，第 2 页。

古莱的观点有交集，但也有不同。阿马蒂亚·森把自由这个因素看作发展的唯一目的，不谈其他因素，而德尼·古莱提出发展的三个价值就是生存、自尊和自由，其中自由只是他提到的发展目的的一部分，而不是全部。

阿马蒂亚·森的理论有一些值得商榷的地方。其一，他把发展看作人享有的自由的扩大过程，这意味着发展即为自由；同时，他又把自由看作发展的手段，这似乎是循环论证，即自由能够促进自由，发展在这里好像是多余的。之所以出现这种循环论证，是因为他对发展概念的论述前后是不一致的。当他论述构建性自由时，他把发展和自由看作同义词；当他论述工具性自由时，把发展又看作增长，自由可以促进发展，也就是能够促进财富的增加。这一点在刘易斯那里是非常明确的，增长与自由始终是两个不同的概念，增长能够促进自由，但增长本身不是自由。其二，阿马蒂亚·森过分强调政治自由对发展的促进作用。但他始终未能有说服力地证明为什么西方认为所谓缺乏民主的亚洲"四小龙"在过去几十年中经济获得高速增长，从而迅速地进入高收入经济体行列，而且阿马蒂亚·森所提到的各种自由在这些经济体中也大幅度提升了。实践证明，只要政府是以发展为目标，那么政府拥有较大权力的国家的经济增长可能比在过早民主化的情况下更快。在收入水平低下和财富匮乏的情况下，人们的温饱问题还没有解决，人们的民主权利是不可能充分行使的；而且在低收入阶段，过早实施民主化，对发展未必是有利的，反而可能是有害的。因为没有一个强有力的政府，就不可能把有限的资源集中起来用于发展，而是更多倾向于用来分配。

第三节　增长与发展的度量

如上所述，增长与发展是两个不同的概念。增长是指一国总量财富的增加，通常用 GDP 的增长率来表示。发展包含经济增长，但其内涵和外延更宽，包括经济和社会结构的变化。相应地，增长的度量指标和发展的度量指标也是不同的。

一、经济增长的度量指标及其缺陷

衡量经济增长的指标通常以实际的国内生产总值（GDP）的增长率来表示。到目前为止，实际的 GDP 被国际上公认为是反映一国某一时期（通常以年为单位）国民产品总量的最好的综合指标。但是，应该注意，用这个指标衡量一国的实际经济绩效是有许多缺陷的，特别是作国际比较时，问题更为严重。这个指标至少有如下缺陷。

第一，GDP 不包括未进入市场交换的产品。每个国家都有些产品和服务是不经过市场交换的，而这些产品和服务也是国民总产品的一部分，但并没有包括在 GDP 中。因此，按市场价值加总的 GDP 无疑低估了一国实际的国民总产品。与发达国家相比，发展中国家因为自给自足经济成分还比较大，没有进入市场交换的产品和服务的数量就要大得多，而且，越是不发达的国家，其数量越大。

第二，地下经济在 GDP 统计之外。在任何一个国家，地下经济（underground economy）都是存在的。从事地下经济活动的目的是逃税，如走私等，但有些地下经济是为了逃避国家有关法律的制裁，如贩卖毒品、制黄贩黄、生产盗版图书和音像制品等。由于地下经济都是非法的，交易活动秘密进行，交易收入不报告，因而无法统计在 GDP 中。地下经济的存在使得 GDP 统计数据比实际国民产品和服务小。由于不同时期不同国家的地下经济规模是不一样的，所以，当把 GDP 作为比较指标时，它不能完全反映实际情况。

第三，GDP 无法反映自然资产的毁损。GDP 并没有扣除自然资源（如水、土壤、森林、空气和不可再生资源的存量）的耗竭和环境污染所引起的人类福利和健康的损失以及为防治污染而投入的成本。这部分成本很大，污染越严重，其成本就越高，例如，因污染而染病所发生的医治成本、治理污染物排放而产生的成本。因环境退化造成的损失是很大的，因此现有的 GDP 是高估了实际的国民总产品，应该从 GDP 中扣除掉。国际机构和学术界现在对绿色 GDP 的估算做了大量的研究尝试，但由于环境破坏的价值难以量化，所以其现在还没有纳入 GDP 的统计中。

第四，各种货币之间的换算率难以确定。当把 GDP 进行国际比较时，必须把不同的货币转换成一个共同的货币，通常是用美元来表示。一般的做法是用各国汇率把不同货币换算成美元，然后计算各国的人均 GDP。但是，用这种方法来比较各国收入水平的高低是很不准确的。首先，发展中国家的汇率大都不是完全由市场决定的，其政府对汇率干预很大，这种官定汇率与市场供求关系决定的汇率一般是不一致的，有的甚至相差甚远，而且变动幅度较大。用这种汇率作为货币换算率当然不能完全反映甚至完全不能反映所要比较的国家的真实收入差别。其次，即使政府不干预外汇市场，汇率也很难达到均衡水平。这是因为各国的通货膨胀率不同，而且差别很大。通货膨胀由于种种原因并不一定完全在外汇市场上反映出来。此外，汇率还受各国的利率变化和其他许多因素的影响。最后，即使汇率达到均衡水平，它也只适合作为可贸易商品和服务的货币换算率，而不适合作为一国全部产品和服务即国民总产品的货币换算率。这是因为，在国民总产品中有大量的产品和服务是不进入国际贸易的。建筑物、教育、医疗保健、道路桥梁、政府管理、法律机关、国防以及其他许多服务行业等都属于此类，它们被叫作不可贸易品。与发达国家相比，发展中国家不可贸易品价格一般低于汇率。因此，如果按照汇率来计算发展中国家的 GDP，这些国家的人均 GDP 就被低估了。由于用汇率把各国的国民产品换算成同一货币不能真正反映它们之间的实际收入水平，国际上有些机构和学者运用购买力平价（purchasing power parities，PPP）作为货币换算因子，以此来估算和比较各国的收入水平。购买力平价作为货币换算率的好处是，它使得不同的货币具有相同的购买力。也就是说，一国既定数量的某种货币当以购买力平价换算成其他国家货币时，在这些国家购买的商品和服务数量与在国内购买的同样商品和服务数量是完全一样的。假设美国的猪肉价格是 4 美元/千克，而中国是 20 元/千克，于是，猪肉的购买力平价是 5。这样，无论在美国还是在中国，按照这一换算率，1 美元所能够买到的猪肉数量与 5 元人民币购买的猪肉数量是一样的，即都是 0.25 千克。美国宾州大学克拉维斯是现代购买力平价和国际收入比较理论与方法的创立者和权威，他主持的联合国国际比较项目已进行了 5 个阶段。[①] 后继者继续了克拉维斯的研究，被称为佩恩世界表（Penn World Table）[②]，每隔几年就更新一次，其计算结果得到国际学术界的普遍认可，在做国际比较研究时被广泛使用。佩恩世界表每期得出的估计结果一致表明，发展中国家的人均收入都比按汇率计算的人均收入高。也就是说，按汇率计算的人均 GDP 或 GNI 低估了发展中国家的实际水平。世界银行也用购买力平价方法对各国的人均 GDP 进行了估算。世界银行每年都要发布两个数据，即按汇率估计的 GNI 和按 PPP 估计的 GNI。

从以上讨论中可知，用 GDP 增长率作为经济增长率的指标是有缺陷的，在进行长期的和国际比较时，我们不要忽略这些缺陷。当然，到目前为止，还没有找到比 GDP 更好的统计指标作为一国国民产品的综合指标。因此，这个指标仍然被广泛地使用着。不过，在使用这个指标时，在可能的情况下，应该对这个指标进行一些调整，或者用其他一些指标作为补充。

二、发展的度量指标与人类发展指数

（一）发展的度量方法与指标

如前所述，人均 GNI 或 GDP 的增长不一定意味着人均生活水平的提高。例如，人均 GDP 增长了，但收入分配不平等扩大了，贫困人口增加了，生态环境恶化了，在这种情况下，人均收入是增长了，但大多数人的生活水平并没有相应提高。因此度量发展的指标不同于度量增长的指标。首先，增长的度量指标是一个价值指

---

① 第一个阶段以 1970 年为比较年份，包括 10 个国家；第二个阶段以 1973 年为比较年份，包括 16 个国家；第三个阶段以 1975 年为比较年份，包括 34 个国家；第四个阶段以 1980 年为比较年份，包括 60 个国家；第五个阶段以 1985 年为比较年份，包括 56 个国家和地区。

② 最新版本是 PWT10.1，包括 183 个国家，时间范围从 1950 年到 2019 年。

标，用货币来表示；而发展的度量指标是一个物质指标，用加权的办法进行加总，而给予的权数带有很强的主观性和随意性。其次，增长的度量指标通常被公认为是一个指标，即 GDP 的增长率；而发展的度量指标则是多种指标综合在一起的指标体系，而且没有公认的权威标准。

对发展度量的研究可以分为两种：一种是按照社会、经济和政治因素之间相互影响的最优形式来度量发展，另一种是按照生活质量度量发展。

最早对发展指标的研究是按照第一种方法进行的。美国经济学家艾尔玛·阿德尔曼和辛西娅·莫里斯选择了 40 个变量来衡量 74 个国家的发展水平。这些变量包括经济、社会和政治各个方面。他们发现，一些关键变量与经济发展之间有很高的相关性。[①]

按照结构变化来度量发展有其缺陷，因为它只关注经济社会结构的变化而不重视人的福利本身；而且它只关注投入指标，如每千人医生数或医院的床位数、学校入学率等，但更重要的指标是产出指标，如预期寿命、识字率等。为此有些学者寻求按照生活质量来度量发展。在这方面做出重要贡献的是莫里斯·D. 莫里斯。[②] 他提出了一个新的发展指标，即"物质生活质量指数"（physical quality of life index，PQLI）。该指数只由三个指标构成：1 岁时的预期寿命、婴儿死亡率和识字率。物质生活质量指数总的来说与人均收入水平呈正相关关系，但也不完全一致。物质生活质量指数克服了按结构指标度量发展所带来的缺陷，但仍遭到一些批评，因为该指标选取的儿童死亡率与预期寿命变量高度相关。

与发展密切相关的度量指标还有国民幸福指数和绿色 GDP 核算体系等。

国民幸福指数（national happiness index，NHI）研究在国外已经有很长的历史，最早可追溯到古希腊的柏拉图。当代对幸福指数的研究主要是经济学和心理学方面的学者。例如，诺贝尔经济学奖获得者、美国经济学家保罗·萨缪尔森在 20 世纪 50 年代提出了一个简单公式，就是幸福指数等于效用除以欲望，效用（欲望的满足）与幸福成正比，欲望与幸福成反比。诺贝尔经济学奖得主、美国心理学家卡尼曼与经济学家艾伦·克鲁格从 2006 年起编制国民幸福指数。该指数由四级指标体系构成：社会健康指数、社会福利指数、社会文明指数与生态环境指数。每一级指标体系都由若干个指标构成，指数的计算采用加权平均法。世界价值观调查（world value survey）发表的幸福指数被认为是目前国际上最具代表性的从微观个体层面上对幸福指数的计算。从国家层面来看，联合国在 2012 年发表了首份

---

① Irma Adelman and Cynthia Taft Morris, *Society*, *Politics*, *and Economic Development*: *A Quantitative Approach*, Baltimore: The Johns Hopkins University Press, 1972.

② M. D. Morris, *Measuring the Condition of the World's Poor*: *Physical Quality of Life Index*, Oxford: Pergamon Press, 1979.

《全球幸福指数报告》，时间跨度从 2005 年至 2011 年，调查对象是全球 156 个国家。报告的标准包括 9 个大领域：教育、健康、环境、管理、时间、文化多样性和包容性、社区活力、内心幸福感、生活水平。在每个大领域下，又分别有 3 至 4 个分项，总计 33 个分项。

中国对国民幸福指数测度的研究比较晚，但也取得了丰硕的成果。对幸福指数测度的研究涉及两个层面：一是国家层面，二是个人层面。研究最多的是个人层面即居民层面的幸福指数，而且是从城市和区域层面来估计的，从整个国家层面研究的相对要少得多。

传统 GDP 未考虑资源环境成本因素，导致国民产出增长被高估。绿色 GDP 概念的提出是为了弥补传统 GDP 核算体系的这个缺陷。绿色 GDP 简单地说就是从 GDP 中减去资源成本和环境成本，使 GDP 能够反映资源环境损失之后的真实国民产出。绿色 GDP 核算是个挑战性很大的工作，该工作由联合国统计委员会牵头。该机构设计了"综合环境与经济核算体系"（System of Integrated Environmental and Economic Accounting，SEEA），先后发布了多个版本（SEEA1993，SEEA2000，SEEA2003，SEEA2012）。SEEA 是国民经济核算体系（SNA）的卫星账户体系，主要考虑在环境因素的影响下如何实施国民经济核算，阐述原材料、能源平衡的概念和自然资源核算，并将 SNA 的产出概念扩展到家庭生产的范畴及对环境和人类福利的影响。中国政府和学术界在 SEEA 的基础上对中国的绿色 GDP 核算体系也进行了长期的研究，取得了丰硕成果。2006 年年底，由国家环境保护总局、世界银行、国家统计局等多家机构合作对外正式发表了《中国绿色国民经济核算系统研究报告 2004》。中国还在一些省份进行了绿色 GDP 核算试点。但是，由于资源和环境一般不经过市场交换，其成本和价值难以真实估算，因此，绿色 GDP 核算还只是在试验阶段，只能作为 GDP 的一个补充。

（二）人类发展指数及其构成

当前，被学术界公认的最有影响力的社会发展度量指标是"人类发展指数"（human development index，HDI），它是由联合国开发计划署在 1990 年首次发表的《人类发展报告》中提出来的。这个指数是由三个指标构成的：寿命、教育指数与生活水准。寿命以出生时的预期寿命来衡量；教育指数是用 25 岁及以上成年人的平均受教育年限除以入学年龄儿童的预期受教育年限。生活水准以调整的人均 GNI 来表示（即人均 GNI 按照购买力平价和收入边际效用递减原则来调整）。这三个指标是按 0 到 1 分级的，0 为最坏，1 为最好。在算出每个指标的等级后，对它们进行简单的平均，便得到一个综合的人类发展指数。然后按指数的高低对世界 100 多个国家和地区进行排序。2009 年以前，联合国开发计划署按照指数值把人类发展水平分为三组：高人类发展水平（1~0.8）、中等人类发展水平（0.8~0.5）、低人类发展水平（0.5 以下）。但从 2010 年开始，该机构按照均等国家数把人类发展指数分为四组：即最高人类发展水平（0.8~1.0），高人类发展水平（0.7~0.8），中等人类发展水平（0.55~0.7）和低人类发展水平（0.55 以下）。

拓展阅读 2-2

2021 年人类发展指数排名

人类发展指数在方法论上吸取了 PQLI 合理的内核，又增补了人均 GDP，并用 PPP 进行换算，在知识变量中增加了平均受教育年限等，可以说 HDI 把 PQLI 向前发展了一大步。人类发展指数这一指标现在得到世界各国和学术界的普遍认可。20 多年来，该指标还在不断的改进完善中，使之更加符合各国的发展实际。

三、各国人类发展指数及其动态变化

联合国开发计划署在每年发表的《人类发展报告》中公布各国前一年的人类发展指数及排名。《2022 年人类发展报告》公布了 2021 年的 HDI 得分和排名情况。

列入最高 HDI 的国家和地区有 66 个，HDI 在 0.8~1.0，HDI 平均值为 0.881。该组除了 OECD 国家之外，还包括中东一些石油输出国，东欧、拉美一些国家和地区等。把这组国家的 HDI 排名与人均 GNI 排名相比较，发现大多数 OECD 国家的 HDI 排名高于人均 GNI 排名，而中东一些国家的 HDI 排名远远低于人均 GNI 排名。

HDI 在 0.7~0.8 的国家被列入高人类发展水平组，有 49 个国家，HDI 平均值为 0.747。这组国家广泛地分布在东欧、中东、拉美、亚太地区。在这一组中，人均 GNI 排名与 HDI 排名也很不一致，前者高于后者的有 27 个国家，前者低于后者的有 22 个国家。

处于中等人类发展组的有 44 个国家，这组国家大部分位于非洲和亚洲地区，HDI 为 0.5~0.7，平均为 0.624。

处在低人类发展组的有 32 个国家，HDI 为 0.385~0.55。这组国家大部分位于非洲地区。

从以上排名可以看出，高收入国家基本上对应于最高人类发展组，中高收入国家基本上对应于高人类发展组，中低收入国家基本上位于中等人类发展组，低收入国家大部分是低人类发展国家。经济发展水平与人类发展水平大体上保持一致，但也不是完全一致，而且有些国家两者之间的差还很大。这表明，经济发展是人类发展的基础，但经济发展不等于就是人类发展或社会发展。

最初人类发展指数只是用来度量相对的人类发展水平，而不是绝对的人类发展水平。后来联合国开发计划署对人类发展指数进行了修正，使之能反映一国长期人类发展的变化趋势。2022 年人类发展指数表列出了 1990—2021 年 191 个国家

和地区的人类发展指数的变化趋势。在过去的 31 年中几乎所有国家的人类发展水平都提高了，但总的来看，发展中国家的人类发展水平比发达国家提高得更快。最高、高、中等和低人类发展组国家的过去 24 年人类发展指数平均每年提高的幅度分别为 0.43%、0.98%、1.10%、1.22%，从中我们看到，低人类发展组国家发展最快，其次是中等人类发展组，再次是高和最高人类发展组。这表明在过去 30 多年中，发展中国家的人类发展取得了巨大的成就，发展中国家与发达国家的人类发展差距在缩小，这是当今世界的一个可喜的变化。

四、中国人类发展指数及其动态变化

2021 年中国的 HDI 为 0.768，属于高人类发展组，在 191 个国家中排名第 79 位。而 1990 年和 2010 年中国的人类发展指数分别为 0.612 和 0.663，属于中等人类发展组。2021 年中国的经济发展水平低于人类发展水平 8 个位次，基本上保持了同步发展。中国的人类发展水平提高得很快，1990—2021 年，中国的人类发展指数年均提高 1.50%，在高人类发展组中进步得最快。

从以上中国人类发展指数的变化情况中可以看到，中国不仅在经济发展上取得了举世瞩目的成就，在人类发展方面同样取得了巨大的成就，经济和社会基本上实现了同步发展，在 2010 年中国人均 GNI 进入到中高收入国家行列时，2011 年中国的人类发展指数也进入到高人类发展指数行列。当然，中国在世界的排名仍然处于中间位置，这表明中国仍然属于发展中国家，与高收入国家和最高人类发展指数国家相比，还有不少差距，追赶发达国家仍然是中国当前的主要目标。

五、人类发展指数的缺陷及其扩展

人类发展指数涵盖三个指标，虽然指标不多，但能够反映一国社会发展的主要方面，即人的物质生活状况（人均 GDP 为代表）、人的可行能力状况（教育为代表）以及人的健康状况（人均寿命为代表），而且这些指标含义简单易懂，各国都有统计数据，可得性和可比性强，还容易被不同类型的国家接受。从 1990 年开始，每年都发表人类发展报告，人类发展指数数据完备，便于进行跟踪研究和跨国比较，了解人类发展的进步状况。

但是，人类发展指数也存在着明显的缺陷。主要的是它不能反映各国的收入分配和贫困状况，也不能反映生态环境恶化的状况。为了弥补这些缺陷，联合国开发计划署相继开发了许多补充性指标，包括经过收入不平等调整的人类发展指数（inequality-adjusted human development index）、多维贫困指数（multidimensional poverty index）、性别发展指数（gender development index）、性别不平等指数（gender inequality index）、幸福感（perceptions of well-being）指标。为了配合 2030 年的可持续发展目标，2016 年又开发了可持续发展指标，包括三个部分，即环境可持续性、经济可持续性和社会可持续性三个分类指标。

第四节　千年发展目标与可持续发展目标

一、千年发展目标的内容

2000 年，世界各国领导人在联合国发表了千年宣言。宣言的主要目标是在全球范围内消除贫困。贫困不仅涵盖收入和消费，还涉及其他许多方面。2000 年通过的《联合国千年宣言》，确立了 8 个总体目标和 21 个具体指标，每个目标都设计了监测进度指标。这 8 个总体目标包括：消除极端贫困与饥饿，实现普及初等教育，促进两性平等并赋予女性权利，降低儿童死亡率，提高孕产妇健康水平，抗击艾滋病、疟疾和其他疾病，确保环境的可持续发展，为发展而建立全球伙伴关系。这 8 个总体目标、21 个具体指标以及若干项监测指标构成了千年发展目标（The Millennium Development Goals，MDGs）。千年发展目标不太注重经济发展状况，但重点关注人类发展和社会进步，其每个子目标突出的是人的基本生活保障、健康、教育和生态环境方面的发展。目标的设立以 1990 年为基期，2015 年为目标完成期。

拓展阅读 2-3

联合国千年发展目标

二、千年发展目标的实现情况

（一）世界千年发展目标的实现情况

2015 年是千年发展目标的最终完成年份。世界银行发布的《2015 年世界发展指标》对千年发展目标的实现情况进行了评价。

从减贫情况来看，目标完成得比较好。就整体而言，发展中国家比 2015 年预定期限提前 5 年完成了消除极端贫困（贫困线为每天消费 1.25 美元）这一千年发展目标计划。到 2015 年，极端贫困率降至 13.4%，比 1990 年预计的 43.6% 降低了 2/3 以上，这是个巨大的成就。但是，如果按地区来观察，减贫效果很不平衡。亚太地区在缓解贫困方面取得了惊人的成就，每日生活费低于 1.25 美元的人口比例从 1990 年的 58.2% 下降到 2011 年的 7.9%。而撒哈拉以南非洲地区的减贫效果相对而言就不是很令人满意，该地区极端贫困率直到 2002 年才开始有所下降，虽然之后 10 年中下降得较快，但仍然无法在 2015 年实现千年发展目标的预定计划。此外，发展中国家降低饥饿和营养不良比例这个目标到 2015 年已基本实现，但是，中东及北非地区、南亚以及撒哈拉以南的非洲地区却没有实现这一目标。

发展中国家作为一个整体，初等教育普及率在 21 世纪头 10 年取得了显著的成就，但在 2009 年达到 91% 以来，就一直徘徊不前，因此到 2015 年并没有实现 100% 的初等教育普及率的目标。各地区发展很不平衡，东亚和亚太地区、欧洲和中亚地区基本实现了这一目标，中东及北非地区、拉丁美洲地区也接近完成了这一目标，南亚地区进展比较缓慢，没有完成这一目标，但也实现了 90% 以上。而撒哈拉以南的非洲地区，初等教育普及率远远落后于其他地区，只有 70%。

在性别平等方面取得了显著的进步。发展中国家作为一个整体，在初等与中等教育入学率上基本实现了性别平等，但分地区来看很不平衡。女性从事有酬工作的比例大大低于男性。

发展中国家在降低儿童死亡率方面取得了较大的成就，但整体上并没有完成目标。发展中国家从整体上看，5 岁以下儿童死亡率从 1990 年到 2015 年下降了一半左右，远低于降低 2/3 的千年发展目标。但各国差别也比较大，其中有 53 个国家已经完成或接近完成目标，但有 84 个国家没有实现目标。分地区来看，东亚及太平洋地区、拉美及加勒比地区实现了这一目标。

发展中国家总体上的产妇死亡率稳步下降，从 1990 年的 430/100 000 下降到 2013 年的 230/100 000。虽然取得了令人瞩目的成就，但并未达到千年发展目标所确定的从 1990 年到 2015 年将产妇死亡率降低 75% 的目标，只有 15 个国家（大约占总数的 11%）实现了这一目标。

艾滋病、疟疾及肺结核属于世界上死亡率最高的传染病。世界上大部分地区新感染艾滋病病毒的人数在持续下降，到 2013 年，感染艾滋病的人数比 2001 年下降 38%；到 2013 年，肺结核患病率从 1990 年起下降了 41%，死亡率下降了 45%。就全球而言，到 2015 年抑制并扭转肺结核发病率的目标业已实现。疟疾防治也取得了显著的成绩，运用更好的检查设备结合青蒿素药物的综合治疗方法有效改善了对高危人群的治疗效果。

二氧化碳排放量达到了前所未有的水平，远远超过了 1997 年《京都议定书》规定的基准量 50% 以上。发展中国家可以使用改善水源的人口比例从 1990 年的 70% 上升到 2012 年的 87%，已提前实现了千年发展目标，但仍有 28% 的国家严重偏离了轨道，无法完成饮用水方面的目标。可以使用改良的卫生设施的人口比例从 35% 上升到 57%，但仍有 25 亿人口不能享受到相应的设施，主要集中在南亚以及撒哈拉以南的非洲地区，这致使千年发展目标无法实现。

千年发展目标把全球经济伙伴关系作为八大目标之一，是唯一直接与经济发展有关的目标。在过去 20 年中，发达国家对发展中国家的官方发展援助有所增加，到 2013 年，经合组织发展援助委员会提供的官方发展援助达到 1 350 亿美元，比 1997 年的 710 亿美元增加了将近一倍。发达国家对发展中国家的贸易开放度有所改善，但也设置了许多非贸易壁垒阻碍发展中国家产品的出口。发展中国家外债偿还能力也在上升，从 2000 年到 2013 年，外债出口比平均下降了一半，但是各地区差异很大。发展中国家在使用移动电话和互联网方面获得了惊人的发展，从 2000 年开始，发展中国家每 100 人中互联网用户数量以每年 27% 的速度增加。但地区发展很不平衡，拉美和东亚互联网使用率超过了 40%，而南亚以及撒哈拉以南非洲地区的低收入国家的互联网普及率还不到 20%。

（二）中国千年发展目标的实现情况

中国在实现千年发展目标上取得的巨大成就令世人瞩目。鉴于可比性原因，我们按照千年发展目标的指标来表示中国 1990—2014 年的进展情况。中国在减贫、教育、医疗、环境和互联网普及方面都取得了显著的进步。世界减贫取得的巨大成就在很大程度上归功于中国减贫的成功。中国贫困人口比例从 1990 年的 60% 降到 2011 年的 6.2%，再降到 2015 年的 4%，是发展中国家减贫幅度最大的国家。千年发展目标设定到 2015 年所有儿童都能完成初等教育，只有 25% 的发展中国家实现了这一目标，而中国在 20 世纪末就已实现了这一目标。千年发展目标设定 5 岁以下儿童死亡率降低 2/3。1990 年到 2013 年，世界 5 岁以下儿童死亡率从 90‰ 下降到 46‰，而中国从 1990 年的 53.8‰ 下降到 2014 年的 11.4‰，提前实现了千年发展目标。按照千年发展目标，到 2015 年，无法使用安全饮用水的人口要降低一半。这个目标到 2015 年基本实现，但世界上仍有一半以上的发展中国家未能实现这一目标，而中国在安全饮用水方面取得的成绩非常显著，获得改善水源的农村人口占全部农村人口比重从 1990 年的 56.1% 上升到 2014 年的 91.5%。

三、2030 年可持续发展目标

千年发展目标是联合国在 2000 年制定的，2015 年为完成期。从 2014 年开始，联合国组织专家学者、政府官员经过充分讨论制定新一轮发展目标。2015 年 9 月 25 日，联合国一般性大会正式通过了《2030 年可持续发展议程》（2030 *Agenda for Sustainable Development*），确定了未来 15 年的发展目标，被称为可持续发展目标（sustainable development goals，SDG）。这个新的发展目标是建立在千年发展目标完成的基础上的，具有继承性，但是在范围和目标上更广泛。

可持续发展目标聚焦 5 个主题：人口、地球、繁荣、和平和伙伴关系。各国致力于根除贫困和饥饿，确保所有的人都能够在有尊严的、平等的和健康的环境下实现他们的潜力；保护这个星球不退化，并在气候变化上采取紧急行动；确保所有人都能享有繁荣而又惬意的生活，与自然和谐相处；培育一个和平的、正义的和包容性的社会，使之免除恐惧和暴力；通过全球强有力的伙伴关系，动员一切手段和措施实施《2030 年可持续发展议程》，重点放在最贫穷的、最脆弱的人群上。

可持续发展目标包括了 17 个目标和相对应的 169 个具体指标。从表 2-1 中可以看到，与千年发展目标相比，可持续发展目标有以下特征。首先，发展目标和指标大大扩充了，千年发展目标只有 8 个总目标和 21 个具体指标，而可持续发展目标多了一倍多，指标多了 7 倍。其次，千年发展目标侧重于社会发展，如减贫、教育、健康、性别平等，没有把经济发展和制度建设单独作为目标；而可持续发展则把社会发展、人权改善、经济发展、生态保护和可持续发展都作为目标，使得发展目标和指标更为全面、系统和平衡。再次，可持续发展目标特别强调经济、生态和社会的可持续性，尤其是生态可持续发展就有四大目标，这与千年发展目标重点在减轻多维贫困上形成了鲜明对照。最后，可持续发展目标强调与千年发展目标的连续性。

表 2-1 可持续发展目标

目标 1	在全世界消除一切形式的贫困
目标 2	消除饥饿，实现粮食安全，改善营养状况和促进可持续农业
目标 3	确保健康的生活方式，促进各年龄段人群的福祉
目标 4	确保包容和公平的优质教育，让全民终身享有学习机会
目标 5	实现性别平等，增强所有妇女和女童的权能
目标 6	为所有人提供水和环境卫生并对其进行可持续管理
目标 7	确保人人获得负担得起的、可靠和可持续的现代能源
目标 8	促进持久、包容和可持续的经济增长，促进充分的生产性就业和人人获得体面工作
目标 9	建造具备抵御灾害能力的基础设施，促进具有包容性的可持续工业化，推动创新
目标 10	减少国家内部和国家之间的不平等
目标 11	建设包容、安全、有抵御灾害能力和可持续的城市和人类居住区
目标 12	采用可持续的消费和生产模式
目标 13	采取紧急行动应对气候变化及其影响
目标 14	保护和可持续利用海洋和海洋资源以促进可持续发展
目标 15	保护、恢复和促进可持续利用陆地生态系统，可持续管理森林，防治荒漠化，制止和扭转土地退化，遏制生物多样性的丧失
目标 16	创建和平、包容的社会以促进可持续发展，让所有人都能诉诸司法，在各级建立有效、负责和包容的机构
目标 17	加强执行手段，重振可持续发展全球伙伴关系

中国积极响应和落实联合国新一轮可持续发展目标。习近平在 2015 年 9 月出

席联合国发展峰会时做重要讲话，向世界庄严承诺，以落实《2030 年可持续发展议程》为己任，团结协作，推动全球发展事业不断向前。2015 年 10 月，党的十八届五中全会通过的《中共中央关于制定国民经济与社会发展第十三个五年规划的建议》中，强调中国"主动参与二〇三〇年可持续发展议程"，2016 年 3 月出台的《中华人民共和国国民经济和社会发展第十三个五年规划纲要》提出要积极落实2030 年可持续发展议程。随后，中国在 2016 年 9 月发布了《中国落实 2030 年可持续发展议程国别方案》。该文件回顾了中国落实千年发展目标的成就和经验，分析了推进落实可持续发展议程面临的机遇和挑战，明确了中国推进落实工作的指导思想、总体原则和实施路径，详细阐述了中国未来一段时间落实 17 个可持续发展目标和 169 个具体指标的具体方案。为研究和交流《2030 年可持续发展议程》的进展情况，2017 年 8 月，中国国际发展知识中心成立并发布了《中国落实 2030年可持续发展议程进展报告》。最新进展报告是 2021 年 9 月发布的，这是中国政府发布的第三份进展报告。该报告全面回顾了 2016—2020 年中国落实 2030 年议程 17个可持续发展目标的主要进展，总结了中国经验，并就下一步工作作出规划。

思考题

1. 试述增长与发展概念的区别。
2. 试述马克思的人的全面自由发展观。
3. 如何评价阿马蒂亚·森的自由发展观？
4. 增长度量指标有哪些缺陷？
5. 什么是人类发展指数？
6. 千年发展目标的主要内容是什么？其实现程度如何？
7. 可持续发展目标包括哪些内容？

▶ 即测即评

请扫描二维码进行在线测试。

第三章　中国特色社会主义经济发展理论

中国特色社会主义经济发展理论坚持马克思主义基本原理，同时根据中国国情和社会主义建设实践创造性地发展了马克思主义，形成了中国化马克思主义发展经济学，在实践上推动着中国生产力的高速发展，走出了一条中国特色社会主义发展道路，为世界其他发展中国家的经济发展提供了中国智慧、中国经验和中国方案。

中国特色社会主义经济发展理论是一个系统的理论体系，包括发展目的论、全面发展观、发展阶段论、发展要务论、发展动力论、发展方法论等内容。新发展理念作为习近平经济思想的主要内容，是中国特色社会主义经济发展理论的有机组成部分，是在中国经济社会进入新时代背景下中国特色社会主义经济发展理论的最新发展。

第一节　发展目的论与全面发展观

一、发展目的论

坚持发展为了人民、发展依靠人民是马克思主义唯物史观的基本观点，是中国特色社会主义的本质要求。邓小平在其论述中多次提到人民的利益高于一切。邓小平把发展生产力和共同富裕作为社会主义的两个根本特征，其中发展生产力是手段，而共同富裕是目的。邓小平在南方谈话中还提出了著名的"三个有利于"的判断标准，"是否有利于提高人民的生活水平"是三个判断标准中最根本的标准，发展生产力和增强综合国力都是手段，"提高人民的生活水平"才是发展的根本目的。共同富裕思想是党的宗旨在中国特色社会主义建设时期的生动表述。"三个代表"重要思想进一步深化了中国特色社会主义理论的共同富裕思想，"三个代表"其中之一就是"始终代表中国最广大人民的根本利益"，这就要求党的各项工作必须把人民的根本利益作为出发点和归宿，不断实现最广大人民的根本利益。所谓根本利益指的就是人民群众能够过上幸福的生活，其近期目标就是要实现全面小康。科学发展观提出"以人为本"概念。"以人为本"，就是指发展要以最广大的人民群众为根本，不断使人民群众得到更多的实惠，使全体人民朝着共同富裕的方向稳步前进。

习近平在 2015 年党的十八届五中全会上首次提出以人民为中心的发展思想，党的二十大对这一思想进行了阐释。该思想的核心内容包括三个"人民"：发展为了人民、发展依靠人民、发展成果由人民共享。"发展为了人民"是指为谁发展的问题，也就是指发展的目的问题，这里所说的"人民"是从消费者角色定义的。中国共产党的百年奋斗目标就是为了让人民过上幸福生活。"发展依靠人民"是指如何发展的问题，也就是指发展的动力问题。这里所说的"人民"是从劳动者身份来界定的。马克思主义唯物史观认为，人民群众是生产力中最活跃、最革命的因素，是物质财富和精神财富的创造者，是推动经济社会发展的根本动力。"发展成果由人民共享"是指社会财富如何分配的问题，这里所说的"人民"是从居民或公民的身份来定位的。发展成果由人民共享是共同富裕概念的另一种表达方式。因此，以人民为中心的发展思想的内涵可以概括为发展目的、发展动力和共同富裕（发展成果共享）三个方面。

二、全面发展观

（一）人的全面发展

马克思的人的全面发展观是共产主义社会理想状态下的发展观，是在对资本主义社会关于人的异化的批判基础上对未来社会的一个科学预测。中国共产党结合中国社会主义实践，继承和发展了马克思的人的全面发展观。毛泽东是赞同和支持马克思关于人的全面发展观的，他曾经指出，"没有几万万人民的个性的解放和个性的发展……要想在殖民地半殖民地半封建的废墟上建立起社会主义社会来，那只是完全的空想"[1]。个性解放和发展就是马克思所说的人的全面发展观。

对人的全面发展观的系统化论述实际上开始于改革开放之后。改革开放初期，中国经济还不够发达，温饱问题还没有完全解决。这个时期的主要任务是发展经济，因此邓小平讲得最多的是发展生产力问题，但是关于人的全面发展也有论述。尤其是针对当时社会上存在的"一手硬一手软"的现象，提出了"两手抓，两手都要硬"的思想，这就是物质文明和精神文明要同步发展的观点。

随着中国经济的快速发展和人民生活水平的不断提高，从温饱阶段开始进入全面建设小康社会阶段，人的全面发展问题便摆上了党的重要议事日程。江泽民在建党80周年庆祝大会上的重要讲话中对人的全面发展进行了系统阐述。他指出，我国现在还处于并将长期处于社会主义初级阶段。在这个阶段中，"既要着眼于人民现实的物质文化生活需要，同时又要着眼于促进人民素质的提高，也就是要努力促进人的全面发展。这是马克思主义关于建设社会主义新社会的本质要求"[2]。这就是说，人的全面发展要与社会生产力发展水平相适应，不能超越生产力水平

---

[1] 《毛泽东选集》第三卷，人民出版社1991年版，第1060页。
[2] 《江泽民文选》第三卷，人民出版社2006年版，第294页。

空谈人的全面发展。同时，江泽民把人的全面发展与社会的全面进步辩证统一起来。他指出："推进人的全面发展，同推进经济、文化的发展和改善人民物质文化生活，是互为前提和基础的。人越全面发展，社会的物质文化财富就会创造得越多，人民的生活就越能得到改善，而物质文化条件越充分，又越能推进人的全面发展。社会生产力和经济文化的发展水平是逐步提高、永无止境的历史过程，人的全面发展程度也是逐步提高、永无止境的历史过程。这两个历史过程应相互结合、相互促进地向前发展。"① 胡锦涛也阐释了经济发展与人的全面发展的辩证关系："经济发展、政治发展、文化发展和人的全面发展是相互联系、相互影响的，没有政治发展、文化发展和人的全面发展不断推进，单纯追求经济发展，经济发展难以持续，最终也难以搞上去。"②

　　党的十八大以来，习近平在一系列重要讲话中提出"以人民为中心的发展思想"，把人的全面发展观上升到一个新的高度。党的十八届五中全会通过的《中共中央关于制定国民经济和社会发展第十三个五年规划的建议》提出"坚持以人民为中心的发展思想，把增进人民福祉、促进人的全面发展作为发展的出发点和落脚点"。党的十九大提出"坚持以人民为中心的发展思想，不断促进人的全面发展、全体人民共同富裕"，把坚持以人民为中心的发展思想与我国现阶段社会主要矛盾的变化密切联系在一起。在新时代，我国社会主要矛盾已经转化为人民日益增长的美好生活需要和不平衡不充分的发展之间的矛盾。"人民美好生活"包括的内涵更丰富、更全面，不仅在物质文化生活方面提出了更高要求，而且在民主、法治、公平、正义、安全和环境等方面的要求也不断提高。党的十九大所描述的人民美好生活就是人的全面发展在各个方面的具体体现，是对党关于人的全面发展观的进一步发展。

　　（二）"五位一体"的发展

　　中国共产党对中国社会全面发展的认识是随着经济社会的发展而不断深化完善的。在改革开放初期，邓小平强调物质文明和精神文明要两手抓，两手都要硬。党的十二大在强调"以经济建设为中心"的同时，强调"两个文明建设一起抓"，首次提出"精神文明建设"概念，从而使社会主义的发展目标完善为"两个文明建设"协调发展。这里所说的物质文明建设就是指经济建设，精神文明建设主要是指思想文化建设。党的十六大提出了"政治文明"概念，并把发展社会主义民主政治，建设社会主义政治文明，作为全面建设小康社会的重要目标。这里所说的政治文明建设也可以说就是政治建设，就是扩大社会主义民主、健全社会主义法制、建设社会主义法治

<hr>

① 《江泽民文选》第三卷，人民出版社 2006 年版，第 295 页。
② 《胡锦涛文选》第二卷，人民出版社 2016 年版，第 168 页。

国家。这样，推进社会全面发展就是推进包括物质文明、精神文明和政治文明在内的"三位一体"的协调发展。党的十七大提出了以改善民生为重点的"社会建设"概念，这样就把"三位一体"的发展扩大到经济建设、政治建设、文化建设和社会建设"四位一体"的发展。党的十八大首次提出了"五位一体"的发展思想："必须更加自觉地把全面协调可持续作为深入贯彻落实科学发展观的基本要求，全面落实经济建设、政治建设、文化建设、社会建设、生态文明建设五位一体总体布局，促进现代化建设各方面相协调，促进生产关系与生产力、上层建筑与经济基础相协调，不断开拓生产发展、生活富裕、生态良好的文明发展道路。"[①] 党的十八届五中全会进一步重申把"五位一体"总体布局作为全面建成小康社会的指导思想。党的十九大明确中国特色社会主义事业的总体布局是"五位一体"。

综上所述，改革开放以来，中国共产党的全面发展观不断演进和系统化。从经济建设、文化建设的协调发展，到经济建设、文化建设、政治建设"三位一体"的发展，再到加上社会建设的"四位一体"的发展，最终到包含生态文明建设在内的"五位一体"的协调发展，是中国共产党根据我国生产力发展状况和社会面临的新形势新环境而对全面发展观不断丰富和完善的结果。

把人的全面发展与整个社会的全面发展有机融合在一起，使得中国特色社会主义的全面发展观不断丰富完善。人的全面发展要求社会的全面发展，人民日益增长的美好生活需要包括经济、政治、社会、文化、生态诸多方面，因此要求社会发展必须是全面的；而经济、政治、社会、文化和生态方面一体化的发展为满足人民各方面的需要提供了坚实的基础，从而促进人的全面发展。

第二节　发展阶段论

一、社会主义初级阶段

马克思把人类社会发展过程划分为 5 个阶段：原始社会、奴隶社会、封建社会、资本主义社会、共产主义社会，其中又把共产主义社会分为初级阶段（第一阶段）和高级阶段，后来列宁把这个初级阶段定义为社会主义社会，把高级阶段称为共产主义社会。

中国是一个社会主义国家，但是在生产力不发达的基础上建立的社会主义制度，与马克思主义经典作家所说的生产力高度发达的社会主义还相差甚远。改革开放以来，中国共产党根据中国生产力水平较低的国情，把现阶段中国特色社会

[①]　中共中央文献研究室编：《十八大以来重要文献选编》（上），中央文献出版社 2014 年版，第 7 页。

主义确定为社会主义初级阶段。社会主义初级阶段这一概念是在 1981 年 6 月党的十一届六中全会通过的《关于建国以来党的若干历史问题的决议》中首次提出来的。邓小平在党的十三大召开前夕指出："社会主义本身是共产主义的初级阶段，而我们中国又处在社会主义的初级阶段，就是不发达的阶段。一切都要从这个实际出发，根据这个实际来制订规划。"① 1987 年，党的十三大全面系统地阐述了社会主义初级阶段理论。对社会主义初级阶段的性质进行了规定。它包括两个层面的含义："第一，我国社会已经是社会主义社会。我们必须坚持而不能离开社会主义。第二，我国的社会主义社会还处在初级阶段。我们必须从这个实际出发，而不能超越这个阶段。"党的十三大详细刻画了社会主义初级阶段的基本特征："我国社会主义初级阶段，是逐步摆脱贫穷、摆脱落后的阶段；是由农业人口占多数的手工劳动为基础的农业国，逐步变为非农产业人口占多数的现代化的工业国的阶段；是由自然经济半自然经济占很大比重，变为商品经济高度发达的阶段；是通过改革和探索，建立和发展充满活力的社会主义经济、政治、文化体制的阶段；是全民奋起，艰苦创业，实现中华民族伟大复兴的阶段。"党的十三大对社会主义初级阶段的主要目标和任务以及为实现这些目标任务的指导方针进行了系统阐述。后来，党的历次代表大会都重申了这一理论。

拓展阅读 3-1

社会主义初级阶段与党的基本路线

从提出社会主义初级阶段理论到现在，中国经济已经发生了翻天覆地的变化，从一个温饱不足的低收入阶段跨入到一个综合实力名列世界第二、人均 GDP 突破 1.2 万美元的中高收入阶段。那么，我们现在还是不是仍处在社会主义初级阶段呢？邓小平在南方谈话中对社会主义初级阶段的时间长度给予了明确的阐释："我们搞社会主义才几十年，还处在初级阶段。巩固和发展社会主义制度，还需要一个很长的历史阶段，需要我们几代人、十几代人，甚至几十代人坚持不懈地努力奋斗，决不能掉以轻心。"② 江泽民在 2001 年建党 80 周年大会上的讲话中对中国这个阶段进一步做出了清晰阐述："我国现在处于并将长期处于社会主义初级阶段。社会主义初级阶段，是整个建设有中国特色社会主义的很长历史过程中的初始阶段。随着经济发展和社会全面进步，将来条件具备时，我国社会主义建设会进入更高的发展阶段。"③ 这就是说，在我国实现现代化之前，会一直处在社会主义初级阶段中。党的十九大重申："我国仍处于并将长期处于社会主义初级阶段的基本国情没有变，我国是世界最大发展中国家的国际地位没有变。"党的二十大指出：

---

① 《邓小平文选》第三卷，人民出版社 1993 年版，第 252 页。
② 《邓小平文选》第三卷，人民出版社 1993 年版，第 379—380 页。
③ 《江泽民文选》第三卷，人民出版社 2006 年版，第 293 页。

"我国是一个发展中大国，仍处于社会主义初级阶段"。这表明我国人均收入即使将来达到高收入国家的门槛，与发达国家的差距仍然较大，因此仍然处于社会主义初级阶段。社会主义初级阶段的主要任务是发展生产力，也就是要把发展作为我们党执政兴国的第一要务。社会主义初级阶段是很长的历史时期，经济和社会发展将经历翻天覆地的变化，经济发展战略和发展政策也要进行相应的调整。因此有必要将这个阶段再划分为若干个阶段。

二、"三步走"发展战略

邓小平针对社会主义初级阶段的发展战略提出了"三步走"发展战略。他在多个场合都谈到"三步走"战略目标。第一步是从 1981 年到 1990 年，国民生产总值翻一番，人均 500 美元，达到温饱水平；第二步是从 1991 年至 2000 年，国民生产总值再翻一番，大约相当于人均 1 000 美元，达到小康水平；第三步是到 21 世纪再花 50 年时间，国民生产总值再翻两番，达到人均 4 000 美元（按当时的价格），中国达到中等发达国家的收入水平，基本实现现代化。"三步走"的发展战略可以看作三个发展阶段：第一个阶段可称为温饱阶段，第二个阶段可称为小康阶段，第三个阶段可称为发达阶段。

邓小平"三步走"发展战略重视近期，将每 10 年作为一个阶段，但对远期目标定的时间是 50 年。这个时期比较长，还要划分若干个小阶段。1997 年，党的十五大提出了 21 世纪的发展目标，即：第一个十年实现国民生产总值比 2000 年翻一番，使人民的小康生活更加宽裕，形成比较完善的社会主义市场经济体制；再经过十年的努力，到建党 100 周年时，使国民经济更加发展，各项制度更加完善；到 21 世纪中叶建国 100 周年时，基本实现现代化，建成富强民主文明的社会主义国家。党的十六大指出我国已经胜利实现邓小平提出的"三步走"战略的第一、第二步目标，人民生活已经达到了总体小康水平，但也指出现在达到的小康还是低水平的、不全面的、发展很不平衡的小康。党的十六大提出了全面建设小康社会的目标，也就是要到 2020 年实现全面的小康。党的十八大进一步提出在 2020 年要全面建成小康社会的目标。

三、新发展阶段"两步走"发展战略

党的十九大正式提出我国经济社会发展进入了新时代。并同时宣布我国主要矛盾发生了变化，即从 1981 年党的十一届六中全会提出的"人民日益增长的物质文化需要同落后的社会生产之间的矛盾"变成"人民日益增长的美好生活需要和不平衡不充分的发展之间的矛盾"。主要矛盾的变化是我们党根据我国经济社会发展进入新阶段的国情而做出的重大判断。

拓展阅读 3-2

社会主义初级阶段主要矛盾及其转化

鉴于主要矛盾的变化，党的十九大提出在全面建成小康社会之后的奋斗目标，从 2020 年开始分为两个阶段实现：第一个阶段，从 2020 年到 2035 年，在全面建成小康社会的基础上，再奋斗 15 年，基本实现社会主义现代化；第二个阶段，从 2035 年到 21 世纪中叶，在基本实现现代化的基础上，再奋斗 15 年，把我国建成富强民主文明和谐美丽的社会主义现代化强国。全面建成小康社会也是我们党提出的"两个一百年"奋斗目标之一，第一个百年奋斗目标即在建党 100 周年时实现。第二个百年奋斗目标是在 21 世纪中叶，具体就是在中华人民共和国成立 100 周年时，把中国建设成为社会主义现代化强国，"两步走"发展战略就是为了实现第二个百年奋斗目标。"两步走"战略相比"三步走"战略，提前 15 年实现了发展目标。

在庆祝中国共产党成立 100 周年大会上，习近平发表重要讲话，宣告中国已全面建成小康社会。习近平在党的二十大上庄严宣告："从现在起，中国共产党的中心任务就是团结带领全国各族人民全面建成社会主义现代化强国、实现第二个百年奋斗目标，以中国式现代化全面推进中华民族伟大复兴。"

四、中国式现代化的主要特征

新发展阶段是全面建设社会主义现代化的阶段。中国现代化不走西方的老路，而是要走具有中国特色的现代化道路。"中国式现代化"这一概念最早是由邓小平在 20 世纪 70 年代末 80 年代初提出来的，当时中国生产力水平还比较低，邓小平所说的中国式现代化特指人民生活达到小康水平。40 多年后，中国已经发展成为世界第二大经济体，人均 GDP 已经突破 1.2 万美元，人民生活水平已经全面提高，实现全面建成小康社会目标，此时，中国式现代化概念的内涵发生了根本性的变化。

2021 年，党的十九届六中全会通过了《中共中央关于党的百年奋斗重大成就和历史经验的决议》（以下简称《决议》），再次提出中国式现代化概念。《决议》在阐述新时代中国的总任务时提出，"在全面建成小康社会的基础上，分两步走在本世纪中叶建成富强民主文明和谐美丽的社会主义现代化强国，以中国式现代化推进中华民族的伟大复兴"。2022 年召开的党的二十大对中国式现代化的性质、特征、要求和任务进行了系统的理论阐述。这里我们主要阐述中国式现代化的主要特征。

（一）中国式现代化是中国共产党领导的社会主义现代化

这是中国式现代化的制度特征。党的二十大提出，"中国式现代化是中国共产党领导的社会主义现代化"。这点出了中国式现代化的根本性质：一是中国式现代化是社会主义性质的，而不是资本主义性质的；二是中国式现代化的领导力量是中国共产党，而不是其他什么政治力量。这两个根本性质使中国式现代化与西方现代化存在根本区别，表明中国式现代化开创了人类文明新形态。党的二十大勾画出了实现中国式现代化的宏伟蓝图和主要途径。

（二）中国式现代化是人口规模巨大的现代化

这是中国式现代化的规模特征。人口数量是一国规模的主要指标。中国的人口规模由 1949 年的 5.4 亿人爆发式增长到 1978 年的 9.6 亿人，占世界人口的 22%，再增长到 2023 年的 14.1 亿人，约占世界人口总数的 18%，远远超过所有发达国家现在的人口总和。"人口多、底子薄"曾经是我国最大的国情和经济发展的约束条件，解决十几亿人口的温饱问题困扰了我国几十年，这是其他国家在现代化进程中未曾经历过的问题。经过几十年的艰苦奋斗，中国粮食产量已连续多年超过 6.5 亿吨，人均粮食占有量达到 480 千克，远超过联合国确定的 400 千克的粮食安全线，成功解决了如此巨大人口的温饱问题。经过 40 多年的持续扶贫脱贫，已有 7.7 亿人脱离了贫困，绝对贫困已经得到历史性解决，提前 10 年实现了联合国确定的减贫目标。同时，中国人均国内生产总值已超过 1 万美元，全面建成了小康社会。但是，在实现全面小康之后，我国人口规模巨大的问题依然存在，但问题性质发生了根本性变化，由人口增长过快到人口负增长，老龄化和少子化趋势加快，人口红利消失，医疗养老保险压力巨大。这些问题也是其他已经实现现代化的国家曾遇到过的问题。但是西方国家是先富后老，而中国面临的是未富先老。此外，中国人口规模巨大，虽然绝对贫困已经消除，但低收入人群的收入水平还不高且不稳定，就业压力还比较大。所以说，在这样的国情下推进中国式现代化，"艰巨性和复杂性前所未有"。我们要始终"保持历史耐心，坚持稳中求进，循序渐进，持续推进"。

（三）中国式现代化是全体人民共同富裕的现代化

这是中国式现代化的价值特征。共同富裕是中国特色社会主义的本质要求，是中国共产党长期以来一直追求的价值目标。如何实现共同富裕是我们党长期探索的重大理论问题，也是个重大的实践问题。改革开放初期，中国共产党人对计划经济时期平均主义分配方式进行了反思。邓小平认为，共同富裕不等于同步富裕，不等于绝对平均主义。只有在经济发展起来之后，才具有实现共同富裕的基础和条件。因此，首先是发展生产力，要发展生产力就要充分调动每个劳动者的积极性，适当拉开收入差距，让一部分贡献较大的人先富起来。在蛋糕做大之后，再通过再分配制度改革和社会保障制度的完善以及公共产品均等化配置，缩小收入差距，实现共同富裕。中国共产党按照这一思路，在改革开放之初，实施效率优先、兼顾公平的原则，使中国经济迅速腾飞，然后更加注重公平目标，一方面大力推进扶贫脱贫和收入再分配调节，另一方面构建和完善社会保障体系，通过教育普及和公平，缩小收入差距。中国式现代化过程是效率与公平关系的动态调整过程，是先富带后富，先富帮后富，最终实现共同富裕的过程。新发展理念为共同富裕提供理论指导，共享发展强调共建共享，渐进共享，它是共同富裕的途径。只有在发展中渐进推进公平正义，共同富裕才能实现。

（四）中国式现代化是物质文明和精神文明相协调的现代化

这是中国式现代化的终极目标特征。现代化首先是经济现代化，但经济现代化只是基础，终极目标是要实现人的现代化，即人的全面发展。人的需要是有层次且递进的，当低层次需要即物质需要得到满足之后，就开始追求高层次需要，也就是精神需要。如果高层次需要得不到满足，人的发展就是不全面的，人的现代化就不可能实现。精神文明需要物质文明作为基础，但物质文明不一定就会导致精神文明。因此，改革开放以来，党和国家一手抓经济发展，一手抓精神文明建设。在精神文明建设中，要大力提高和普及文化知识教育。学校教育不仅可以获取知识技能，提高人力资本水平，也可以提高人的文化道德修养。要进行社会主义核心价值观教育，理想信念教育，道德素质教育，树立正确的人生观、价值观和世界观，丰富人民的精神世界，在享受物质文明的同时享受社会主义精神文明。第一节阐述的人的全面发展是马克思主义者追求的崇高理想，党带领中国人民一直在为这个理想而努力奋斗。而人的全面发展就是指物质文明和精神文明的协调发展。此外，精神文明与物质文明是一个辩证关系，精神文明提高了，也能够为现代化建设凝心聚力提供精神力量，先进的精神文明对物质文明建设有积极的促进作用，没有社会主义文化繁荣发展，也就没有社会主义现代化。

（五）中国式现代化是人与自然和谐共生的现代化

这是中国式现代化的生态文明特征。工业化必然伴随着自然资源的耗减和生态环境的恶化。如何解决发展与环境之间的矛盾是各国推进现代化的难题。西方发达国家的工业化走的是"先污染后治理"的道路，绝大多数发展中国家的工业化也没有避免这一困境。我国的工业化加速也导致生态环境趋于恶化，自然资源消耗过快。但是，自从党的十八大提出生态文明建设并把它作为"五位一体"总体布局的重要组成部分以来，党中央把生态文明建设提高到前所未有的高度，在习近平"两山论"和"环境也是生产力论"等生态文明理论的指导下，党中央把环境污染治理作为三大攻坚战之一，持续不断加大环境治理力度，在较短时间里扭转了环境恶化的势头，走上了人与自然和谐共生的发展道路。当然，保护环境与经济发展都很重要，处理好它们的关系，既要绿水青山，也要金山银山，坚定不移走生产发展、生活富裕、生态良好的文明发展道路，实现中华民族的永续发展，是在推进中国式现代化征程中需要努力的方向。

（六）中国式现代化是走和平发展道路的现代化

这是中国式现代化的历史特征。西方资本主义国家的现代化过程是一个对外扩张、掠夺、殖民的过程，充满了血腥味。而中国式现代化道路遵循和平的文明发展观，秉持和平理念，坚持走和平发展道路。中国始终坚持做和平的建设者，全球发展的贡献者，国际秩序的维护者。中国式现代化主张各国人民共同享受发展成果，并积极为构建人类命运共同体注入重要力量，在谋求本国自身发展的同时，为世界和平稳定和共同繁荣积极贡献中国方案、中国智慧、中国力量。

以上六个方面特征共同构成了中国式现代化。这六个方面特征要全部实现才可以说实现了中国式现代化，缺了哪个特征都不能说实现了中国式现代化。此外，从国际视角来看，如果只看某一个特征，也不能说是中国独有的。例如，从人口规模巨大的现代化来说，不只是中国人口规模巨大，印度的人口规模也达到 14 亿，将来印度也要实现现代化。关于人与自然和谐共生的现代化也不是中国独有的，它是世界各国共同追求的生态价值目标，属于人类命运共同体的一部分。

第三节　发展要务论与发展动力论

一、发展要务论

生产力是社会发展的最终决定力量，社会主义和共产主义必须建立在雄厚的物质基础上，这是马克思主义唯物史观的核心观点。党的十一届三中全会确定了以经济建设为中心，就是坚持了马克思主义这一基本原理。改革开放初期，我国生产力还比较落后，还处在社会主义初级阶段，因此大力发展经济是在社会主义初级阶段这个漫长历史时期的主要任务。邓小平在 20 世纪八九十年代强调最多的是"发展"二字。他提出了"发展才是硬道理"的至理名言。他所说的发展主要就是指发展生产力，即经济发展。他把发展生产力看作社会主义的本质特征之一，因为按照马克思主义原理，社会主义要有比资本主义有更高的生产力，他明确指出贫穷不是社会主义，因此党在现阶段的中心任务或首要任务就是要发展社会生产力。他提出的"三个有利于"的判断标准，准确地表达了他的社会主义本质观和"发展是硬道理"的重要思想。正因为党中央把发展生产力作为社会主义的本质特征之一，才有可能坚持以经济建设为中心，坚持改革开放。

改革开放以来，中国共产党始终坚持党的十一届三中全会确定的"一个中心两个基本点"的基本路线，坚持"发展是硬道理"的重要思想，始终把发展作为党执政兴国的第一要务。"三个代表"首先是始终代表中国先进生产力的发展要求；科学发展观把发展作为第一要义，它是用来指导发展的，不能离开发展这个主题，离开了发展，科学发展观就成了无源之水、无本之木。党的十八大继续坚持"发展是硬道理"的观点，鲜明指出，解放和发展社会生产力是中国特色社会主义的根本任务。要坚持以经济建设为中心，以科学发展为主题。

党的十八大以来，习近平多次强调发展是硬道理的观点，他指出："我多次强调，以经济建设为中心是兴国之要，发展是党执政兴国的第一要务，是解决我国一切问题的基础和关键"①，"发展是硬道理的战略思想要坚定不移坚持"②，并首次把发展生产力作为中国特色社会主义政治经济学的核心。我国社会主义初级阶段的主要矛盾虽然发生了变化，但我国仍然处于社会主义初级阶段这个基本国情没有变，仍然要以经济建设为中心，坚定不移把发展作为党执政兴国的第一要务。进入新时代，高质量发展是硬道理，是主旋律。2017 年 10 月，根据国际国内环境变化，特别是我国发展条件和发展阶段变化，党的十九大明确提出我国经济进入新的发展阶段，即"由高速增长阶段转向高质量发展阶段，正处在转变发展方式、优化经济结构、转换增长动力的攻关期"。

高质量发展的主要内涵是指质量第一、效率优先。推动经济发展质量变革、效率变革、动力变革，提高全要素生产率是高质量发展的主要内容。推动经济发展质量变革，既要重视量的发展，更要重视解决质的问题，要从过去主要看增长速度有多快转到主要看质量和效益有多好，推动经济发展实现量的合理增长和质的稳步提升。推动效率变革，就是要提高资源尤其是稀缺资源的配置效率，以尽可能少的资源投入生产尽可能多的产品，获得尽可能大的效益。推动经济发展动力变革就是要围绕转变经济发展方式，促进需求结构、产业结构和投入结构的转型升级。

党的二十大强调高质量发展是社会主义现代化建设的首要任务，并提出了推动高质量发展的战略思路和路径，即以推动高质量发展为主题，把实施扩大内需战略同深化供给侧结构性改革结合起来，增强国内大循环内生动力和可靠性，提升国际循环质量和水平，加快建设现代化经济体系。

二、发展动力论

马克思指出，当生产关系和上层建筑变成了生产力的桎梏时，变革的时代就到来了。在社会主义社会，生产关系的变革是通过改革的方式来进行的。在计划经济时期，在生产力水平很低时，就大幅度变革生产关系，片面进行所有制升级，并在分配上大搞平均主义，在资源配置上实施无所不包的计划经济体制，结果是生产关系脱离了生产力的发展水平，压抑了生产力最活跃的因素即劳动者的生产积极性，同时计划经济体制使资源配置效率很低，导致中国经济发展比较缓慢，人民生活提高有限。

---

① 《习近平谈治国理政》第二卷，外文出版社 2017 年版，第 234 页。
② 《习近平谈治国理政》第二卷，外文出版社 2017 年版，第 75 页。

改革开放以来，党中央拨乱反正，正本清源，把生产力的发展置于中心地位来强调，同时对那些超越生产力发展水平的生产关系和上层建筑进行改革。以邓小平同志为核心的党中央提出了社会主义初级阶段理论，为改革生产关系和上层建筑提供了理论依据，于是改革开放就成了推动生产力发展的主要动力。邓小平说："革命是解放生产力，改革也是解放生产力……社会主义基本制度确立以后，还要从根本上改变束缚生产力发展的经济体制，建立起充满生机和活力的社会主义经济体制，促进生产力的发展，这是改革，所以改革也是解放生产力。"[①] 邓小平这一论述是对马克思主义基本原理的继承和发展，揭示了生产力和生产关系的矛盾运动是推动生产力发展的动力，具体地说就是改革开放是推动经济发展的动力。

江泽民继续高举改革开放大旗。他指出，在社会主义社会的各个历史阶段，都需要根据经济社会发展的要求进行改革。如果不进行改革，就会窒息社会主义内在的生机与活力，就会严重妨碍社会主义优越性的发挥。中国特色社会主义是在改革中前进的，我们要把改革作为推进中国特色社会主义各方面工作的强大动力。党中央根据邓小平有关市场经济的论述，提出了"社会主义市场经济体制"这个概念，并把建立社会主义市场经济体制作为改革的目标，从而扫清了改革道路上的思想障碍，为大刀阔斧地朝市场化方向的改革铺平了道路。1993 年召开的党的十四届三中全会通过了《中共中央关于建立社会主义市场经济体制若干问题的决定》，勾画出了建立社会主义市场经济体制的基本框架，是继续深化经济体制改革的纲领性文件。

进入 21 世纪，中国继续坚持和深化改革开放。胡锦涛在党的十七大上指出，新时期最鲜明的特点是改革开放。改革开放是决定当代中国命运的关键抉择，是发展中国特色社会主义、实现中华民族伟大复兴的必由之路；只有社会主义才能救中国，只有改革开放才能发展中国、发展社会主义、发展马克思主义。

党的十八大以来，以习近平同志为核心的党中央开启了改革开放的新征程。2013 年 11 月召开的党的十八届三中全会通过的《中共中央关于全面深化改革若干重大问题的决定》（以下简称《决定》）标志着我国改革开放进入一个新的历史阶段。本《决定》把改革开放的历史作用上升到一个新的高度，指出"改革开放是决定当代中国命运的关键抉择，是党和人民事业大踏步赶上时代的重要法宝。"本《决定》在一些重大理论问题上都有新的突破，首次把推进国家治理体系和治理能力现代化作为全面深化改革的总目标；在改革思路上更加强调市场的作用，把市场在资源配置中起"基础性作用"改为起"决定性作用"，并且指出要在市场化过程中更好地发挥政府的作用。本《决定》提出了许多新的改革举措并详细地列出了改革的内容和改革的时间表。

[①] 《邓小平文选》第三卷，人民出版社 1993 年版，第 370 页。

党的十八届三中全会以来，以习近平同志为核心的党中央团结带领全党全国人民全面深化改革，各领域基础性制度框架基本建立，许多领域实现历史性变革、系统性重塑、整体性重构，总体完成党的十八届三中全会确定的改革任务，实现到党成立一百周年时各方面制度更加成熟更加定型取得明显成效的目标。

党的二十届三中全会通过了《中共中央关于进一步全面深化改革 推进中国式现代化的决定》（以下简称《决定》），吹响了新一轮全面深化改革的号角。本《决定》阐述了新一轮全面深化改革的重大意义，当前和今后一个时期是以中国式现代化全面推进强国建设、民族复兴伟业的关键时期。中国式现代化是在改革开放中不断推进的，也必将在改革开放中开辟广阔前景，必须继续把改革推向前进。本《决定》还指出，以经济体制改革为牵引，推动生产关系和生产力、上层建筑和经济基础、国家治理和社会发展更好相适应，为中国式现代化提供强大动力和制度保障。

改革与开放总是连在一起的，改革促进开放，开放也倒逼改革，而且改革本身也包含了开放。因此，改革与开放是一个相互作用的整体。中国在改革开放之前在对外方面基本上是封闭的，外贸只是作为经济平衡、调节余缺的一个手段，进出口数额很小。改革开放之后，中国不仅对内进行市场化改革，对外也放松各种限制性政策，一方面鼓励出口，另一方面大力引进外资。党的十八大以来，对外开放的力度更大，范围更广，贸易从出口促进为主向进出口平衡发展转变，投资从引进来为主向引进来与走出去并重转变。总之，开放的大门不仅没关上，而且越开越大，形成陆海内外联动、东西双向互济的开放格局，推动对外开放向更高层次更高水平方向发展，全面融入经济全球化。党的十九大把推动构建人类命运共同体纳入习近平新时代中国特色社会主义思想的基本方略，把中国的经济社会发展与全世界的经济社会发展融为一体。

改革开放以来，中国共产党始终如一地坚持改革开放不动摇，把改革开放贯穿于中国特色社会主义建设的各个历史阶段，而且把改革开放不断引向深入，把"全面深化改革"作为"四个全面"战略布局之一。党的二十大提出要推进高水平的对外开放，强调要"稳步扩大规则、规制、管理、标准等制度型开放"。实践证明，改革开放是解放生产力、发展生产力的根本动力。

第四节   发展方法论

一、发展战略转换论

仅仅有市场化改革还不能保证发展的成功，还必须有正确的发展方法和发展战略。在不同发展阶段采取不同的发展战略，发展阶段发生了变化，发展战略也要适时加以转换，这是改革开放以来我国经济发展成功的秘诀，也是中国特色社会主义经济发展理论的重要内容。

发展战略转换主要体现在以下两个方面。

一是从增长优先发展战略到共同富裕发展战略。从邓小平在 20 世纪 90 年代初提出"发展才是硬道理"的著名论断，到 20 世纪 90 年代初党中央提出的"效率优先、兼顾公平"，再到 21 世纪初党中央提出的发展是"第一要务""第一要义"，这些都是增长优先发展战略的不同表述。由于坚持了这一战略不动摇，中国经济出现了 30 多年的高速增长，跨入中高收入国家的行列。但是，在发展过程中，我国城乡之间、地区之间、各阶层之间的收入差距不断拉大，在这种情况下，党中央适时提出全面协调可持续发展观和共享发展理念，开始转变发展战略，更加注重社会公平，把缩小城乡差距、扩大社会保障覆盖范围、加大扶贫脱贫力度作为新阶段的重要任务，实际就是，把增长优先发展战略转变到了更加注重分配的共同富裕的发展战略。但是，中国离社会主义现代化的奋斗目标还有相当一段距离，发展仍然是现阶段的主题，党的十八届五中全会通过的《中共中央关于制定国民经济和社会发展第十三个五年规划的建议》中出现频率最高的词汇仍然是"发展"。党的十九大、二十大重申要把发展作为党执政兴国的第一要务，坚持解放和发展社会生产力。因此，在今后相当长一段时间里应坚持增长与分配并重的发展战略。

二是从不平衡发展战略到平衡发展战略。改革开放前，为了促进落后地区的发展，我国实际上采取的是向中西部地区倾斜的发展战略，把大部分投资投向经济比较贫困的中西部地区，而经济较发达的东部地区投资很少，以求实现地区平衡发展。但事实证明这种平衡发展战略没有达到预期目标。[①]　改革开放初期，邓小平和党中央根据我国的历史和区位条件，审时度势，提出东部优先发展战略。邓小平指出，"走社会主义道路，就是要逐步实现共同富裕。共同富裕的构想是这样提出的：一部分地区有条件先发展起来，一部分地区发展慢点，先发展起来的地区带动后发展的地区，最终达到共同富裕。"[②]　让东部沿海地区率先发展，这是个大局，内地要服从这个大局；东部沿海发展起来之后，要帮助内地发展，沿海也要服从这个大局。这就是邓小平在发展战略上的"两个大局论"。根据邓小平这一战略思想，我国先后设立了深圳、珠海、汕头、厦门和海南 5 个经济特区，开放上海等 14 个沿海城市，开辟珠江三角洲、长江三角洲、闽南三角地区为开放式沿

---

① 毛泽东在 1956 年的《论十大关系》中对沿海和内地的平衡发展问题进行了辩证的论述。他指出，要重点发展内地工业，这一点是没有疑问的，但要真想发展内地工业，就要重视发展沿海工业，没有沿海工业的发展，内地工业也发展不起来。遗憾的是，毛泽东这个观点在实践中没有得到很好的贯彻执行。

② 《邓小平文选》第三卷，人民出版社 1993 年版，第 373—374 页。

海经济开放区。2010 年，中央又批准了两个经济特区：霍尔果斯和喀什。在这些地区采取不同于内地的优惠政策，通过大量吸引国外资本和吸引内地农民工，通过出口导向政策的实施，东部地区经济迅速起飞，增长速度远高于中西部地区，仅仅用 30 多年时间就率先发展起来了。自 20 世纪末以来，党中央开始关注另一个大局，就是加快中西部地区的发展步伐。党中央相继提出和实施西部大开发战略（1999 年）、东北地区等老工业基地振兴战略（2003 年）和中部崛起战略（2006 年）。一些投资项目尤其是基础设施项目开始大规模投向中西部尤其是西部地区，同时在中西部地区实施各项倾斜政策，如税收优惠、财政金融支持、吸引人才、土地审批、生态补偿、价格支持等一揽子支持性政策，支持西部地区加快发展，鼓励东部地区产业和人才向中西部地区转移。尤其是自党提出科学发展观以来，以科学发展为主线，以统筹兼顾为方法，促进区域协调发展的各项政策相继出台并逐步加以落实。党的十八届五中全会进一步强调城乡协调发展、区域协调发展的新战略。党的十九大对实现区域平衡发展提出了新的发展思路，强化举措推进西部大开发形成新格局，深化改革加快东北地区等老工业基地振兴，发挥优势推动中部地区崛起，创新引领率先实现东部地区优化发展，建立更加有效的区域协调发展新机制。强化举措、深化改革、发挥优势和创新引领等措施为各个地区的经济发展指明了发展方法和着力点。党的二十大提出了区域协调发展战略，如推进京津冀协同发展，长江经济带发展，长三角一体化发展，推动黄河流域生态保护和高质量发展。经过 10 多年的努力，加快中西部地区发展的战略和政策取得了显著的成效。中西部地区加快了发展步伐，成为中国经济发展的新的增长点，近几年的增长速度连年高于东部地区，东部与中西部的经济差距正在逐步缩小，与此同时，城乡发展差距也在逐步缩小。

二、"四化"同步发展论

中国特色新型工业化、信息化、城镇化、农业现代化同步发展是中国共产党根据中国经济发展的阶段性特征提出的重要发展思想，是对经济发展规律的科学总结，是对工业化过程认识的深化。

工业化是实现现代化的必经之路。自 20 世纪 50 年代到改革开放前，党中央一直把工业化作为主要奋斗目标，认为没有工业化，就不可能摆脱落后和贫困，提出要用几个五年计划时间把我国从一个经济上落后的国家建设成为工业化强国。进入 60 年代后，党中央提出要在 20 世纪末实现工业现代化、农业现代化、国防现代化和科学技术现代化，直到改革开放之初党仍然把"四化"作为奋斗目标。在这个"四化"中，工业化置于首位，实际上是起决定性作用。虽然党很早就提出了工业化和农业现代化的奋斗目标，但直到 20 世纪末，党中央文献一直未提城镇化，并采取严厉措施限制大城市人口规模。限制城市扩张的主要手段是实施城乡分治的户籍管理制度，以及与此相配套的就业、教育、医疗、养老等方面的二元社会政策，严格控制农村人口向城市流动。因此，我国城镇化发展一直滞后于工业化。随着改革开放的深入推进，大城市和东部沿海地区发展很快，对劳动力的需求急剧增加，于是，党中央开始放松了对农村劳动力异地转移的限制，从默许、准许到 21 世纪初以来大力支持农村劳动力向城市流动。这样城镇化进程开始加快。2000 年，党的十五届五中全会通过的《中共中央关于制定国民经济和社会发展第十个五年计划的建议》（以下简称《十五计划建议》）第一次提到"城镇化"这个名词，并提出"逐步推进城镇化，努力实现城乡经济良性互动"。2002 年召开的党的十六大又提出"中国特色的城镇化"概念，所谓中国特色的城镇化是指大中小城市协调发展。这一提法把城镇化一般规律与中国国情结合起来，更加强调了中国特色的城镇化发展道路。

《十五计划建议》除了首次提到城镇化概念，还首次提到信息化并且对工业化和信息化的相互关系做了精辟的阐述。《十五计划建议》提出："继续完成工业化是我国现代化进程中的艰巨的历史性任务。大力推进国民经济和社会信息化，是覆盖现代化建设全局的战略举措。以信息化带动工业化，发挥后发优势，实现社会生产力的跨越式发展。"作为后发国家，我国与早期工业化国家的工业化过程的一个显著差别是，发达国家是在实现了工业化之后进入信息化时代，而我国是在工业化过程中迎来了信息化时代。因此，必须推进工业化和信息化融合发展，相互促进，实现产业结构的转型和跨越式发展。

党的十六大首次提出新型工业化概念。新型工业化大大丰富了工业化的内涵，它不仅包含工业化与信息化相互促进的内容，还包括科技含量高、人力资源充分利用、资源节约和环境改善等内容。新型工业化概念的提出是党的一大理论创新。传统发展经济学理论中所论述的工业化道路主要只是工业部门的扩张、产业结构的转变、劳动力的转移等，而新型工业化概念的提出大大丰富和扩展了工业化的内涵，充分反映了现代社会经济发展的新特征，反映了我国资源禀赋的实际情况。

中国共产党关于工农、城乡关系的认识不断深化，论述不断完善。早在2004 年，党就提出了以工促农，以城带乡的城乡协调发展的新思路。胡锦涛在党的十六届四中全会中提出了"两个趋向"的论断，"在工业化初始阶段，农业支持工业、为工业提供积累是带有普遍性的趋向；但在工业化达到相当程度以后，工业反哺农业、城市支持农村，实现工业与农业、城市与农村协调发展，也是带有普遍性的趋向"[①]。"两个趋向"的论断是党在总结我国和世界经济发展

---

① 《胡锦涛文选》第二卷，人民出版社 2016 年版，第 247 页。

经验基础上对城乡关系动态变化的科学概括。党的十七大提出"走中国特色农业现代化道路，建立以工促农、以城带乡长效机制，形成城乡经济社会发展一体化新格局。"党的十七届三中全会就城乡协调发展提出了"多予、少取、放活"的方针。党的十八大对工农、城乡关系的论述更加完善，表述更为清晰："加快完善城乡发展一体化体制机制……形成以工促农、以城带乡、工农互惠、城乡一体的新型工农、城乡关系。"这意味着我国城乡发展进入了一个崭新的阶段，即从农业支援工业的工业化初期阶段，进入到以工业反哺农业、城市支持农村的工业化中后期阶段。

党的十八大提出了"四化"同步概念，并且对"四化"之间的关系进行了精辟的阐述："坚持走中国特色新型工业化、信息化、城镇化、农业现代化道路，推动信息化和工业化深度融合、工业化和城镇化良性互动、城镇化和农业现代化相互协调，促进工业化、信息化、城镇化、农业现代化同步发展。"党的十九大把"四化同步发展"纳入新发展理念的框架下加以强调。党的二十大把"四化"纳入2035年基本实现现代化的总体目标。

"四化同步发展"是中国特色社会主义经济发展理论的重要成果，是对发展经济学的一个重大创新。传统发展经济学对工农关系、对城乡关系有系统的论述，但传统发展经济学从来就没有把"四化"有机结合起来并对它们之间的辩证关系进行过如此深入的论述。

三、发展方式转变论

（一）发展方式及其转变的内涵

经济发展方式是党提出的一个新概念，在发展经济学中通常使用的名词是发展模式、发展战略，但发展方式与发展模式尽管有联系，却不是同一个概念。经济发展方式是指一国社会资源的利用和配置方式，经济发展方式的转变是指社会资源利用和配置方式从一种状态转变到另一种状态。从资源利用角度来说，经济发展方式是指如何充分有效地利用一国现有一切可得资源来实现最大的产出，例如，从粗放型发展方式向集约型发展方式转变，可以提高资源利用效率。这种发展方式也可以称为经济增长方式，主要涉及经济活动中各种投入的利用效率问题，劳动生产率、资本产出率、全要素生产率是衡量资源利用效率的常用指标。从资源配置方式来看，经济发展方式涉及资源在各个部门之间的配置问题。从产业结构来说，资源如何从农业配置到工业，从工业配置到服务业，如何实现三次产业结构的优化升级；从需求结构来说，社会产品是更多地向消费倾斜，还是更多地向投资和出口倾斜，这涉及需求结构的合理性和平衡性问题；从城乡角度来说，资源是更多地向城市地区流动，还是向农村地区流动，这涉及城乡协调平衡发展问题；从区域角度来说，资源是更多地向东部倾斜，还是向中部或西部倾斜，这涉及资源在区域之间的配置问题。总之，在一定时期内，资源是有限的，如何有效利用和配置资源是经济发展方式的核心问题。所谓转变经济发展方式就是如何通过改变对现有资源利用方式和配置方式，促进经济高质量发展。

（二）发展方式转变理论的演变

经济发展方式转变理论经历了一个演变过程。1995年党中央首次提出经济增长方式转变概念。党的十四届五中全会提出，实现"九五"计划和2010年远景目标的关键是实行两个具有全局意义的根本性转变：一是经济体制从传统的计划经济体制向社会主义市场经济体制转变；二是经济增长方式从粗放型向集约型转变。我国经济虽然增长很快，但主要依靠资本积累、劳动力投入、资源的消耗来推动，其效率比较低下，是一种粗放型增长方式。针对这些问题，党的十四届五中全会提出要积极推进经济增长方式的转变，把提高经济效益作为经济工作的中心。转变经济增长方式主要依靠经济体制改革，形成有利于节约资源、降低消耗、增加效益的企业经营机制，有利于自主创新的技术进步机制，有利于市场公平竞争和资源优化配置的经济运行机制。转变经济增长方式就是把片面追求经济增长速度转到以追求效益为中心的轨道上来。提高资源利用效益和增长质量是转变经济增长方式的核心。

党的十七大首次提出转变经济发展方式概念。经济发展方式概念与经济增长方式概念相比，不只是两个字的差别，而是内涵发生了重要变化。党的十七大对转变经济发展方式的内涵概括为"三个转变"：促进经济增长由主要依靠投资、出口拉动向依靠消费、投资、出口协调拉动转变，由主要依靠第二产业带动向依靠第一、第二、第三产业协同带动转变，由主要依靠增加物质资源消耗向主要依靠科技进步、劳动者素质提高、管理创新转变。这三个转变涉及需求结构、产业结构和投入结构的转变，因此，转变经济发展方式的内涵概括地说就是要推动经济结构的转型升级。1995年提出的经济增长方式转变主要涉及投入结构的转变，它包含在经济发展方式转变之中。因此，经济发展方式转变理论是党对中国特色社会主义经济发展理论的又一个重大创新。

党的十七届五中全会通过的《中共中央关于制定国民经济和社会发展第十二个五年规划的建议》（以下简称《十二五规划建议》）对加快转变经济发展方式的重要性、工作重点和基本要求进行了系统论述。《十二五规划建议》指出，加快转变经济发展方式是一场深刻的经济社会领域的变革，必须贯穿经济社会发展全过程和各领域。《十二五规划建议》明确提出转变经济发展方式的具体思路和途径：把加快转变经济发展方式作为主线，作为推动科学发展的必由之路，把经济结构战略性调整作为转变经济发展方式的主攻方向，同时把改革开放作为其强大动力，把科技进步和创新作为其重要支撑，把资源节约型、环境友好型社会作为重要着力点，把保障和改善民生作为其出发点和落脚点。《十二五规划建议》还对转变经济发展方式的具体任务如需求结构调整、产业结构调整进行了全面部署。

党的十八大进一步完善经济发展方式转变理论，并且首次提出了"新的经济发展方式"概念。以往经济发展主要是依靠旧的或传统的经济发展方式，也就是粗放型发展方式，这种发展方式在历史上对于推进中国经济高速增长起到了重要作用，但进入中高收入阶段之后，这种旧的、粗放型的发展方式已经不能适应国内外经济形势的新变化，因此，必须加快形成新的经济发展方式，把推动发展的立足点转到提高质量和效益上来。

党的十七届五中全会对经济发展方式转变的内涵进行了扩展，除了上述的"三个转变"，还提出了城乡区域协调发展。党的十八大在十七大和《十二五规划建议》的基础上提出了"五动"理论，"使经济发展更多依靠内需特别是消费需求拉动，更多依靠现代服务业和战略性新兴产业带动，更多依靠科技进步、劳动者素质提高、管理创新驱动，更多依靠节约资源和循环经济推动，更多依靠城乡区域发展协调互动，不断增强长期发展后劲"。"五动"理论的提出是对经济发展方式转变的内涵的进一步扩展，即把"三个转变"扩展到"四个转变"。需求结构、产业结构和投入结构是从整个国民经济角度来论述的，而城乡区域结构是从空间角度来阐述的。这样把空间结构包括进来，作为转变经济发展方式主攻方向的经济结构战略性调整就更加全面完整了。

（三）转变发展方式着重点的转换

转变经济发展方式是在 2007 年提出的。2008 年国际金融危机对我国外需影响巨大，为了应对需求下滑，党的十七届五中全会和党的十八大把调整需求结构也就是扩大国内需求作为首要战略任务。扩大国内需求主要是大规模增加投资，这成功遏制了我国经济增长速度的下滑趋势，但同时也造成了产能过剩问题。我国经济从 2010 年跨入中高收入阶段，工业化整体上已经进入后期，经济增速下滑，需求刺激只是解决短期需求不足问题，但不能解决长期供给侧结构性过剩和发展动力转换的问题。我国经济发展处于"三期叠加"的关口，转变经济发展方式必须有新思路。

以习近平同志为核心的党中央在综合分析世界经济长周期和我国发展阶段性特征及其相互作用的基础上，做出了我国经济已进入新常态的科学判断，适时提出了供给侧结构性改革的重大举措。在党的十八届五中全会召开后不久，2015 年 11 月，习近平在中央财经领导小组第十一次会议上指出，"在适度扩大总需求的同时，着力加强供给侧结构性改革，着力提高供给体系质量和效率，增强经济持续增长动力，推动我国社会生产力水平实现整体跃升"①。接着在 12 月召开的中央经济工作会议明确把供给侧结构性改革作为主线，把改善供给结构作为主攻方向，提出了供给侧结构性改革的五大任务：去产能、去库存、去杠杆、降成本和补短板（即"三去一降一补"），为落实供给侧结构性改革任务提出了一整套操作性很强的政策体系。供给侧结构性改革的内涵可以用"供给侧+结构性+改革"这样一个公式来理解，即从提高供给质量出发，用改革的办法推进结构调整，矫正要素配置扭曲，扩大有效供给，提高供给结构对需求变化的适应性和灵活性，提高全要素生产率，更好满足广大人民群众的需要，促进经济社会持续健康发展。

党的十九大首次提出现代化经济体系概念，把供给侧结构性改革纳入现代化经济体系建设中。现代化经济体系提出的时代背景是我国经济已由高速增长阶段转向高质量发展阶段，现代化经济体系建设的目标是要实现高质量发展，推动经济发展质量变革、效率变革和动力变革，提高全要素生产率。建设现代化经济体系要把供给侧结构性改革作为主线，并把它置于首要任务来强调。但供给侧结构性改革的内容出现了新的变化，除了"三去一降一补"，还包括发展实体经济等许多方面，实际上是把提高供给体系质量作为主攻方向。

供给侧结构性改革战略思路的提出不是对转变经济发展方式的替代，而是加快转变经济发展方式的思路和工作重点在新的历史条件下的一次重大调整，即转方式的思路从最初的需求侧转变到现在的供给侧，工作重点从需求结构调整转变到供给结构和产业结构调整。这里还必须指出，供给侧结构性改革虽然强调供给侧的投入结构和产业结构的调整，但并没有否定总需求和需求结构调整的作用。中央财经领导小组第十一次会议的表述是，"在适度扩大总需求的同时，着力加强供给侧结构性改革"。适度扩大总需求仍然是必要的，供给侧结构性改革是通过体制改革促进供给质量的提高，扩大有效供给，减少无效供给，以此适应需求结构的变化，实现供求关系新的动态平衡。

四、双循环新发展格局论

党的十九大以来，受经济全球化逆流和新冠疫情的冲击，我国面临着国外需求的不确定性，根据国内发展阶段和发展条件的变化，党中央及时提出了构建以国内大循环为主体、国内国际双循环相互促进的新发展格局，表明我国发展战略进入到新的历史阶段。2020 年 4 月，习近平在中央财经委第七次会议上首次提出新发展格局概念，然后在多个场合都谈到新发展格局问题。习近平指出："构建以国内大循环为主

① 中共中央文献研究室编：《习近平关于全面建成小康社会论述摘编》，中央文献出版社 2016 年版，第 44 页。

体、国内国际双循环相互促进的新发展格局，是根据我国发展阶段、环境、条件变化，特别是基于我国比较优势变化，审时度势作出重大决策。构建新发展格局是事关全局的系统性、深层次的变革，是立足当前、着眼长远的战略谋划。"[1] 2021 年 3 月全国人大通过的《中华人民共和国国民经济和社会发展第十四个五年规划和 2035 年远景目标纲要》在第四篇《形成强大国内市场 构建新发展格局》中就畅通国内大循环、促进国内国际双循环、加快培育完整内需体系提出了一系列政策举措。

　　新发展格局概念的内涵包括两个方面。一方面，构建新发展格局要以畅通国内大循环为出发点，"构建新发展格局，要坚持扩大内需这个战略基点，使生产、分配、流通、消费更多依托国内市场，形成国民经济良性循环"[2]。另一方面，构建新发展格局要以促进国内国际双循环为落脚点，"以国内大循环为主体，绝不是关起门来封闭运行，而是通过发挥内需潜力，使国内市场与国际市场更好联通，以国内大循环吸引全球资源要素，更好利用国内国际两个市场两种资源，提高在全球配置资源能力，更好争取开放发展中的战略主动"[3]。

　　以国内大循环为主体从总需求角度说就是从以国外需求为导向转到以国内需求为主导；从经济增长角度说，就是从以出口以及以出口为目的的投资为主要拉动要素转换为以国内消费以及以扩大消费为目的的投资为主要拉动要素。与凯恩斯主义主张的以扩大投资为导向的反周期需求管理政策以及与西方经济学中供给学派以减税为手段扩大总供给的观点不同，新发展格局论把扩大内需作为战略基点，在需求与供给两端同时发力，促进总供给与总需求在更高水平上实现动态平衡，把实施扩大内需战略同深化供给侧结构性改革有机结合起来，增强国内大循环内生动力和可靠性。因此，以国内大循环为主体的新发展格局理论不应归于凯恩斯需求概念范畴，而应归于总需求与总供给动态平衡理论；不应理解为短期的需求不足调节理论，而应理解为长期的经济发展动力机制的转换，即从更多依赖国外要素来促进经济增长转到更多依赖国内要素来促进经济增长。

五、新质生产力论

　　新质生产力是习近平在 2023 年开展地方考察时提出的新概念，新质生产力理论是以习近平同志为核心的党中央为了应对全球新一轮科技革命和产业变革、增强中国

---

[1]　习近平：《论把握新发展阶段、贯彻新发展理念、构建新发展格局》，中央文献出版社 2021 年版，第 10 页。

[2]　习近平：《论把握新发展阶段、贯彻新发展理念、构建新发展格局》，中央文献出版社 2021 年版，第 422 页。

[3]　习近平：《论把握新发展阶段、贯彻新发展理念、构建新发展格局》，中央文献出版社 2021 年版，第 12 页。

创新发展动力、推动高质量发展而提出的最新理论成果。2024 年 1 月 31 日在主持二十届中央政治局第十一次集体学习时，习近平对新质生产力理论进行了系统阐释。

新质生产力是在国内外形势发生重大变化的时代背景下提出的。高质量发展是新时代的硬道理，我国高质量发展取得明显成效，但是，制约高质量发展的因素还大量存在，比如，一些关键核心技术受制于人，产业存在"大而不强""全而不优"等问题。发展新质生产力是推动高质量发展的内在要求和重要着力点。发展新质生产力需要我们从理论上进行总结、概括，用以指导新的发展实践。

新质生产力概念具有丰富的科学内涵。新质生产力是创新起主导作用，摆脱传统经济增长方式、生产力发展路径，具有高科技、高效能、高质量特征，符合新发展理念的先进生产力质态。它由技术革命性突破、生产要素创新性配置、产业深度转型升级而催生，以劳动者、劳动资料、劳动对象及其优化组合的跃升为基本内涵，以全要素生产率大幅提升为核心标志，特点是创新，关键是质优，本质是先进生产力。

推动新质生产力发展必须要以创新为动力。一是加快科技创新。科技创新能够催生新产业、新模式、新动能，是发展新质生产力的核心要素。二是加快产业创新。产业是生产力的载体，科技成果只有产业化才能成为社会生产力。三是加快发展方式创新。绿色发展是高质量发展的底色，新质生产力本身就是绿色生产力，必须加快发展方式绿色转型。四是加快体制机制创新。生产关系必须与生产力发展要求相适应。发展新质生产力，必须进一步全面深化改革，形成与之相适应的新型生产关系。扩大高水平对外开放，为发展新质生产力营造良好的国际环境。五是加快人才工作机制创新。发展新质生产力归根结底要靠创新人才。

第五节　新发展理念

一、新发展理念提出的时代背景和重要意义

新发展理念是在 2015 年 10 月党的十八届五中全会通过的《中共中央关于制定国民经济和社会发展第十三个五年规划的建议》（以下简称《十三五规划建议》）中首次提出的，包括创新、协调、绿色、开放和共享。党的十九大把坚持新发展理念作为坚持和发展新时代中国特色社会主义十四条基本方略之一。新发展理念是习近平经济思想的主要内容，是习近平新时代中国特色社会主义思想的重要组成部分。

新发展理念是党在深刻总结国内外发展经验教训基础上形成的，也是在深刻分析国内外发展大势的基础上形成的，集中反映了党对经济社会发展规律认识的深化。同时它也是针对我国经济进入中高收入阶段、经济总量跃升为第二大经济

体之后出现的增长速度减缓、经济结构调整、发展动力转换等这些突出矛盾和问题提出来的。因此，新发展理念是时代的产物。

新发展理念是对马克思主义辩证法的具体运用。新发展理念坚持系统性的观点，五大发展理念是一个整体而且相互关联，关于这一点我们将在后面再讨论。新发展理念坚持"两点论"和"重点论"的统一，以重点突破带动整体推进，在整体推进中实现重点突破。

新发展理念从实践中来，又用于指导实践。理念是行动的先导，是战略性、纲领性和引领性的东西，是发展思路、发展方向和发展着力点的集中体现。发展理念搞清楚了，确定的目标任务就有方向，制定的政策举措就有主心骨。因此，新发展理念是新时代中国经济社会发展的行动指南。

二、新发展理念的基本内容

五大发展理念中每个发展理念都有自己的定位和功能，下面做简要论述。

（一）创新发展

创新发展被置于五大发展理念之首，因为创新是引领发展的第一动力，是建设现代化经济体系的战略支撑，在我国现代化建设全局中居于核心地位。发展动力决定发展速度、效能、可持续性。当然其他发展理念也有利于增强发展动力，但发展动力的核心在创新。抓住了创新，就抓住了牵动经济社会发展全局的"牛鼻子"。创新的核心是科技创新，但理论创新、制度创新、文化创新也很重要，能为科技创新创造良好的制度环境和社会氛围。

创新驱动发展是我国经济发展阶段性变化和发展动力转换的客观要求。改革开放以来，由于发展起点较低，经济增长主要依靠资本和其他要素投入推动，而科技进步在经济发展中的贡献较低，这不仅是中国，也是所有其他国家在发展初期必经的一个阶段。但是，中国在 2010 年进入中高收入阶段，工业化已到达后期阶段，这种主要依靠资本和资源驱动的粗放型发展方式已经无法持续下去了。我国近几年经济增速下滑，虽然有国际金融危机的周期性因素，但更多是传统的发展动力减弱所致，如果不下大力气转变经济发展方式，提高科技进步在经济增长中的贡献度，那么我国经济就会从此进入缓慢增长的状态。科技进步的主要源泉是创新，特别是科技创新。因此，创新是我国经济发展进入新阶段的客观需要，是问题倒逼的结果。

（二）协调发展

协调是经济持续健康发展的内在要求。协调既是发展手段，也是发展目标，同时还是评价发展的标准和尺度。在一个人口众多、幅员辽阔的国家里，协调发展是必不可少的，它涉及区域之间、城乡之间经济发展的优先顺序。协调发展不等于平衡发展，更不是平均发展。协调发展体现了辩证法。习近平指出，"协调是发展平衡和不平衡的统一，由平衡到不平衡再到新的平衡是事物发展的基本规律"①。所以，经济发展是否协调，要视经济发展阶段和发展实践而定。在发展初期，也就是在低收入阶段，二元经济结构特征明显，城乡之间、地区之间的差异不是太大，这时为了促进工业化、城镇化，为了让条件比较好的地区率先发展，应实施不平衡发展战略，否则经济就难以发展起来，这时的不平衡发展不能说是不协调发展。改革开放以来，我国基本上采取了这种不平衡发展战略，我国经济增长长期保持近两位数的水平，工业化、城镇化加速发展，人民生活水平得到显著改善，事实证明这种发展战略是成功的。但是，当经济发展到较高阶段之后，工业化和城镇化已经达到较高的水平，城乡差距、区域差距已经变得很大了，这时，不平衡发展战略就要让位于平衡发展战略，在这种情况下，协调发展就是平衡发展。我国 2010 年进入中高收入国家的行列，工业化已经进入后期阶段，城乡之间、区域之间的不平衡问题已经非常突出了，因此，当前的协调发展就是要促进城乡和区域平衡发展。

（三）绿色发展

绿色是永续发展的必要条件和人民对美好生活追求的重要体现。习近平指出："绿色发展，就其要义来讲，是要解决好人与自然和谐共生问题。"② 绿色发展理念是对可持续发展概念的延伸和扩展，其含义和意义更深刻，表明党对资源节约和环境保护的认识不断深化。首先，以往讲可持续发展都是把资源、环境与经济发展相联系，但绿色发展理念不但把资源环境作为可持续发展的必要条件，而且把生态环境作为一种民生产品，作为人民对美好生活追求的享受资料。绿色发展是发展问题，也是民生问题，而且更多的是民生问题。习近平说过，"环境就是民生，青山就是美丽，蓝天也是幸福"③。其次，可持续发展概念更多强调的是环境保护与经济发展之间的矛盾和冲突，而绿色发展理念则更多是强调环境与发展之间的相互促进作用。习近平指出，"绿水青山就是金山银山；保护环境就是保护生产力，改善环境就是发展生产力"④。《十三五规划建议》首次提出"绿色富国"概念。可见，绿色发展理念不仅在名词上与可持续发展概念有差异，更重要的是在内涵和本质上存在着重大差异。绿色发展理念是一种新思想、新观念。党的十九大把生态文明建设提到前所未有的高度加以强调，把坚持人与自然和谐共生纳入新时代中国特色社会主义的十四条基本方略之一，绿色发展理念已成为习近平

① 《习近平谈治国理政》第二卷，外文出版社 2017 年版，第 206 页。
② 《习近平谈治国理政》第二卷，外文出版社 2017 年版，第 207 页。
③ 《习近平谈治国理政》第二卷，外文出版社 2017 年版，第 209 页。
④ 《习近平谈治国理政》第二卷，外文出版社 2017 年版，第 209 页。

新时代中国特色社会主义思想的重要组成部分，而生态文明建设成为社会主义现代化建设的重要组成部分。当然，必须指出，我们强调发展，决不能忽视绿色；同时，强调绿色，也不能不要发展。贯彻绿色发展就是要做到发展和绿色兼顾，既要绿水青山，也要金山银山。这才是绿色发展的本质含义。

（四）开放发展

开放是国家繁荣富强的必由之路。一个国家强盛才能有信心开放，而开放促进一个国家强盛。改革是推动我国经济发展的强大动力，开放也是促进我国经济发展的重要动力。自改革开放以来，党始终是把改革和开放联系在一起的，改革开放是不可分割的整体，"改革和开放相辅相成，相互促进，改革必然要求开放，开放也必然要求改革"①。

开放的内涵、开放的广度和深度是与一国经济发展阶段密切相关的。发展初期，对外开放主要是促进出口，吸引外资。在发展到较高阶段时，开放的内涵更丰富，开放的层次更高。我国正处在经济转型时期，现在的对外开放与以前相比发生了根本性变化。过去是招商引资为主，现在是引进来与走出去并重；过去主要是扩大出口换取外汇，现在是市场、资源、能源、投资都离不开国际市场；过去只是被动适应国际经贸规则，现在则是主动参与和影响全球经济治理。总之，与过去相比，当前我国经济与世界经济的相互影响前所未有。基于对外开放出现的这些新特点，党提出开放发展理念，不是过去那种旧的对外开放概念，而是一种内涵更丰富、开放广度和深度前所未有的新思维、新战略。习近平指出："中国将在更大范围、更宽领域、更深层次上提高开放型经济水平。"② 开放发展理念的核心是解决发展内外联动问题，目标是提高对外开放质量、发展更高层次的开放型经济。开放发展理念包含主动开放、双向开放、公平开放、全面开放和共赢开放等重要思想。③

（五）共享发展

共享是中国特色社会主义的本质要求。共享发展理念实质就是坚持以人民为中心的发展思想，体现的是逐步实现共同富裕的要求。习近平对共享发展理念的内涵进行了精辟的阐述。共享发展理念包括四个方面：一是全民共享，就是人人享有，各得其所；二是全面共享，让人民在经济、政治、文化、社会、生态建设各个方面都能有获得感；三是共建共享，在共建中共享，形成人人参与、人人尽

---

① 中共中央文献研究室编：《习近平关于社会主义经济建设论述摘编》，中央文献出版社 2017
年版，第 295—296 页。

② 《习近平谈治国理政》，外文出版社 2014 年版，第 114 页。

③ 任理轩：《坚持开放发展（深入学习贯彻习近平同志系列重要讲话精神）——"五大发展理念"解读之四》，《人民日报》2015 年 12 月 23 日。

力、人人都有成就感的生动局面；四是渐进共享，也就是在发展中不断提高人民的幸福感。这四个方面是相互贯通的，要整体理解和把握。

共享发展理念是对共同富裕思想的最新发展。党始终把共同富裕作为自己崇高的目标。发展生产力是手段，而实现共同富裕是目标。习近平指出："我们追求的发展是造福人民的发展，我们追求的富裕是全体人民共同富裕。"[1] 要实现共同富裕目标，就必须落实共享发展理念。

三、新发展理念的整体观与系统论

新发展理念包含了五个方面，是一个完整的理论体系。五大发展理念是既各自独立又相互依存、不可分割的整体。创新发展虽然被置于首位，但如果没有其他发展相配合，创新发展也是不可能实现的。协调发展也一样，如果没有创新发展、绿色发展、开放发展和共享发展相配合，也不可能实现协调发展。对于其他发展理念都是这样，必须五大发展理念同时坚持，五大发展理念同时推进。习近平在党的十八届五中全会上的讲话中精辟地阐述了五大发展理念的关系："这五大发展理念相互贯通、相互促进，是具有内在联系的集合体，要统一贯彻，不能顾此失彼，也不能相互替代。哪一个发展理念贯彻不到位，发展进程都会受到影响。"[2] 因此，新发展理念是一个有机的整体，必须整体把握，全面贯彻，全面落实。

新发展理念是一个系统的理论体系，回答了关于发展的目的、动力、方式、路径等一系列理论和实践问题。创新发展是针对发展要素而言的，也就是要把投资驱动型、要素驱动型经济发展方式转变到自主创新驱动型的经济发展方式，也就是要促进技术进步和全要素生产率的提高，是实现高质量发展的主要动力。协调发展是针对结构转变而言的，也就是要促进中国特色工业化、信息化、城镇化和农业现代化同步发展，实现需求结构、产业结构、城乡结构、区域结构平衡协调发展。绿色发展是针对资源环境与经济发展关系来说的，也就是要实现经济与资源环境的可持续发展，实现人与自然的和谐共生。开放发展是针对利用两种资源两种市场来说的，也就是要通过全方位开放充分利用全球资源和市场来促进我国经济高质量发展。协调发展、绿色发展和开放发展涉及发展的方式和途径问题。共享发展主要是针对社会公平正义和共同富裕问题，涉及发展的目的。从狭义的角度来说，也就是社会产品和收入在社会成员之间的分配问题。可见，新发展理念涉及发展经济学的基本问题，我们把新发展理念贯穿到本书的各个章节中。

---

[1] 中共中央文献研究室编：《习近平关于社会主义经济建设论述摘编》，中央文献出版社 2017 年版，第 35 页。

[2] 《习近平谈治国理政》第二卷，外文出版社 2017 年版，第 200 页。

四、新发展理念的理论贡献

新发展理念的提出不是对以往党提出的中国特色社会主义经济发展理论的替代，而是其在新时代的最新发展。共享发展是对发展目的论和全面发展论在新时代的最新表述和升级，创新发展、协调发展、绿色发展、开放发展是在中国经济发展进入新时代之后对发展动力、发展方法和发展途径的系统理论概括和升华。因此，新发展理念是中国特色社会主义经济发展理论体系的一个重要组成部分，是新时代中国特色社会主义理论体系的最新理论成果。

新发展理念不仅是现阶段我国经济发展的行动指南，而且是对发展经济学理论的重大创新和发展。传统发展经济学只是针对陷入贫困陷阱状态的低收入国家的经济发展提出发展战略和政策；而对于跳出贫困陷阱、进入中等收入阶段的发展中国家如何继续发展，如何进入发达阶段、实现现代化，发展经济学没有提出多少有用的发展思路和对策。新发展理念却填补了这个空白，也就是为已经起飞但还没有进入发达状态的发展中国家的经济如何发展提供了一套完整系统的发展理论和发展战略思路。新发展理念为构建基于中国实践的新发展经济学提供了重要的理论基础。

思考题

1. 从党的宗旨阐述中国特色社会主义的发展目的和全面发展思想。
2. 简述我国社会主义初级阶段理论和"三步走"发展战略。
3. 中国式现代化具有哪些主要特征？
4. 请用历史唯物主义和辩证唯物主义的观点，说明发展要务论和发展动力论。
5. 发展方法论包括哪些主要内容？
6. 试述新发展理念的主要内容和各个理念之间的关系。

► 即测即评

请扫描二维码进行在线测试。

第二篇 | 增长与分配

第四章　经济增长

正如第二章所述，经济增长不等于发展，但经济增长是发展的基础和条件。经济增长理论主要探讨影响经济增长的各种因素，一般有两种分析方法：一种是演绎法，即通过抽象出几个变量，构建模型来刻画经济增长与各种因素之间的关系，然后用数据来验证这些关系是否存在；另一种是归纳法，即对发达国家经济发展的历史统计数据和发展实践经验进行梳理归纳，从中找出影响经济增长的各种因素。本章将对这两种思路进行介绍。此外，我国正处于中等收入阶段，对处于本阶段的经济增长和经济停滞的理论阐释也是本章要介绍的重要内容。

第一节　现代经济增长模型

一、哈罗德—多马模型

英国经济学家哈罗德和美国经济学家多马在20世纪40年代分别发表论文，把凯恩斯的短期分析扩展到长期分析，建立了第一个现代经济增长模型，开创了现代经济增长研究的先河。

哈罗德—多马模型试图说明稳态的经济增长所应具备的条件，具体地说，是指为了使经济按一个固定不变的增长率持续增长，收入和投资应按什么速度增长。哈罗德—多马模型以下列假定为前提：（1）将一个社会生产的多种多样的产品抽象地综合为一种产品。这种产品用于满足个人消费之后的剩余产品可作为追加投资所需

拓展阅读4-1

马克思与哈罗德—多马模型

要的生产资料，继续投入生产。（2）只有两种生产要素，劳动与资本，并且，资本与劳动、资本与产量的配合比率是固定的。（3）不存在技术进步。以这些假定为前提，哈罗德—多马模型具体考察了稳态经济增长所需具备的条件。

从资本的供给和需求角度来看，哈罗德把有关的经济因素抽象为三个变量：储蓄率、资本—产出比和有保证的增长率。

（1）储蓄率 s。$s = S/Y$，其中 S 是储蓄量，Y 是国民收入。

（2）资本—产出比 v。$v = K/Y$，其中 K 为资本存量，Y 仍为国民收入。由于假定了资本—产出比不变，因此

$$v = \frac{K}{Y} = \frac{\Delta K}{\Delta Y} = \frac{I}{\Delta Y}$$

其中，I 表示净投资。v 表示每增加一单位的产出所需追加的资本，也表示为增量资本—产出比（incremental capital-output ratio）。v 的大小基本上取决于生产技术，如采矿、机械工业的资本系数一般要比轻工业的资本系数大。

（3）有保证的增长率 g_w（warranted growth rate）。$g_w = \dfrac{\Delta Y}{Y}$ 是指在 s 和 v 既定的条件下，为使计划投资＝储蓄，从而实现稳态增长所要求的收入或产量的增长率。

哈罗德—多马模型以凯恩斯的有效需求原理为基础，"计划投资＝储蓄"是国民收入均衡的条件。不难证明，要满足这一条件，以上三个变量之间的关系应满足下列方程式：

$$g_w = \frac{s}{v} = \sigma s \qquad (4-1)$$

式（4-1）即哈罗德—多马模型的基本方程式，其中 $\sigma = 1/v$，表示投资效率。

哈罗德—多马模型作为制定经济计划的理论基础或一种预测手段，在许多国家得到了应用。这一模型的主要魅力也许在于它的简洁性。如果 v 相对稳定，根据基本方程式（4-1），增长率与储蓄率成正比。为了实现某一目标增长率，只要达到该增长率所需要的储蓄率就可以了。反过来，如果估算出可能达到的储蓄率，该方程式可以告诉人们国民收入的增长率可能是多少。

二、新古典经济增长模型

20 世纪 50 年代，索洛对哈罗德—多马模型做出了修正，其增长理论被称为新古典增长模型或索洛模型，有时也与另一位学者斯旺的贡献一起被称为索洛—斯旺模型。

（一）总量生产函数

假定总产量 Y 是由两种要素——资本和劳动生产出来的，总量生产函数可以写成

$$Y = F(K, L) \qquad (4-2)$$

其中，K 是资本，L 是劳动。

索洛的目的，用他本人的话说，是考虑和论证"有保证的增长率和自然增长率的基本对立"的特殊性质，其 1956 年的论文[1]建立了一个长期增长模型，该模型接受了除固定比例以外的所有哈罗德—多马模型的假定。

式（4-2）生产函数具有规模收益不变的特点，这意味着该生产函数可以写成

$$y = f(k) \qquad (4-3)$$

---

[1] Robert M. Solow, "A Contribution to the Theory of Economic Growth", *The Quarterly Journal of Economics*, vol. 70, no. 1, 1956, pp. 65-94.

其中，人均产出量 $y=\dfrac{Y}{L}$，人均资本存量 $k=\dfrac{K}{L}$，$f(k)=F(k,1)$。

（二）资本积累

资本存量的变化可能有两个原因：投资增加了资本存量，或原有资本损耗，即折旧，减少了资本存量。

人均投资量是人均产出量的一部分，即 sy。将 y 用生产函数代换，人均投资量 i 可以表示为人均资本存量的函数：

$$i=s\cdot f(k) \tag{4-4}$$

其中，k 越大，$f(k)$ 和 i 也就越大。

为了将折旧引入模型，我们假定每年资本存量都有 δ 部分损耗，δ 即折旧率。因此，每年折旧的数量是 δk。

投资和折旧对资本存量的影响可以表述为如下方程：

$$资本存量的变动=投资-折旧$$

$$\Delta k=i-\delta k \tag{4-5}$$

因为投资＝储蓄，资本存量的变动也可以写成

$$\Delta k=s\cdot f(k)-\delta k \tag{4-6}$$

图 4-1 画出了在资本存量 k 的不同水平上，投资和折旧的数量。资本存量越大，产量和投资也越大，但同时折旧量也越大。图 4-1 表明，存在唯一的资本存量水平，在这一存量水平上投资与折旧量相等。如果经济中资本存量处于该水平，资本存量将不发生变化，因为使之改变的两种力量——投资和折旧恰好平衡。也就是说，在这一资本存量水平上，$\Delta k=0$。这一资本存量水平被称为资本的稳态水平，以 k^{*} 表示。

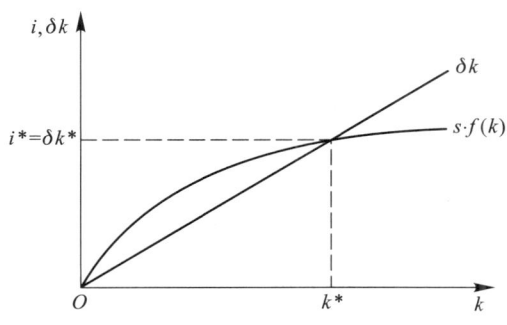

图 4-1 投资、折旧和稳态

稳态代表了经济的长期均衡，不论经济的初始水平如何，它终究要走向稳态。假如资本存量初始水平低于稳态水平，投资大于折旧。随着时间的推移，资本存量会增加，与产量一同增长，直至达到稳态水平。反过来，如果资本存量的初始水平高于稳态水平，投资小于折旧，资本损耗的速度快于增加的速度，资本存量

会减少，同样会走向稳态。一旦资本存量达到稳态水平，投资等于折旧，资本存量水平既不会上升也不会下降。

如果储蓄率发生了变化，经济会发生什么变化呢？图 4-2 画出了这种变化。假定经济从稳态开始，储蓄率为 s_1，资本存量为 k_1^*，储蓄率从 s_1 提高到 s_2，使 $sf(k)$ 曲线向上移动。当初始储蓄率为 s_1、初始资本存量为 k_1^* 时，投资量恰好补偿折旧数量；储蓄上升后，投资增加，超过折旧，因此，资本存量将逐渐上升，直到经济进入新的稳态 k_2^* 为止。此时，资本存量和产出量水平都比原来的稳态水平要高。

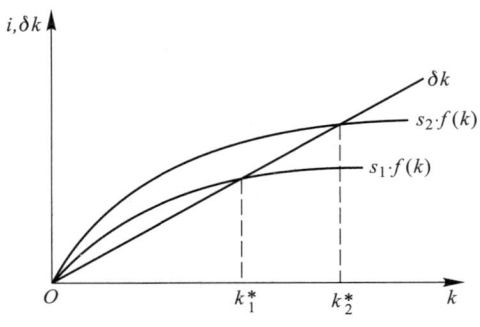

图 4-2　储蓄率变化的影响

索洛模型表明储蓄率是稳态资本存量水平的一个决定性因素。如果储蓄率高，经济将有较多的资本存量和较高的产量水平；如果储蓄率低，经济将有较少的资本存量和较低的产量水平。较高的储蓄将导致经济较快的增长，但这一点只在短期内才成立。储蓄率的提高使增长率提高，直到经济进入新的稳态。如果经济保持高储蓄率，它也会保持较大的资本存量和较高的产量水平，但它不会永远保持高增长率。

（三）人口增长

上述分析表明，资本积累本身不能解释持续的经济增长。为了解释经济增长，需要引进影响经济增长的其他要素。我们先来考虑人口增长这一因素。

假定人口和劳动力以一固定增长率 n 增长。如前所述，投资增加资本存量，折旧减少资本存量，现在第三个因素出现了：劳动者数目的增长导致人均资本存量减少。资本积累的增量可以表示为

$$\Delta k = i - \delta k - nk$$

方程右端的三项分别表示新增投资、折旧和人口增长对人均资本存量的影响。新增投资使 k 增加，折旧和人口增长使 k 减少，用 $s \cdot f(k)$ 代换 i，得

$$\Delta k = s \cdot f(k) - (\delta + n)k$$

其中，$(\delta + n)k$ 是使人均资本存量保持不变所必需的投资量。在稳态中 $\Delta k = 0$，

$i^* = (\delta+n)k^*$。

在有人口增长的稳态中，人均资本存量和人均产量不发生变化，由于劳动者数目按速度 n 增长，总资本量和总产量也按速度 n 增长。同时，人口增长对为什么一些国家富裕而另一些国家贫穷提供了一种解释。图 4-3 表明人口增长率从 n_1 下降到 n_2 时，人均资本存量的稳态水平从 k_1^* 增加到 k_2^*。

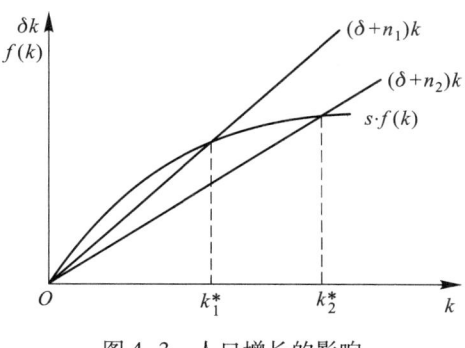

图 4-3　人口增长的影响

（四）技术进步

为了纳入技术进步因素，我们将生产函数改写成

$$Y = F(K, AL)$$

其中，A 是一个新变量，称为劳动效率。劳动效率取决于劳动者的健康、教育、技能和知识。AL 是以效率单位计算的劳动量（简称为有效劳动），它考虑了劳动者数目 L 和每个劳动者的劳动效率 A。这一新生产函数表示 Y 决定于资本 K 的数量和有效劳动量 AL。

关于技术进步最简单的假设是技术进步导致劳动效率以某种固定速度增长，这一类技术进步被称为劳动扩大型（labor augmenting）技术进步，劳动效率增长的速度（用 λ 表示）称作劳动扩大型技术进步的速度。由于劳动力的增长率是 n，每单位劳动的效率以 λ 的速度增长，有效劳动的增长率是 $n+\lambda$。

将技术进步表示成劳动扩大型，令 $\hat{k} = K/AL$，表示单位有效劳动的资本量，$\hat{y} = Y/AL$，表示单位有效劳动的产量，则有

$$\hat{y} = f(\hat{k})$$

$$\Delta \hat{k} = sf(\hat{k}) - (\delta+n+\lambda)\hat{k}$$

技术进步的引入并没有在实质上改变关于稳态的分析，存在着 $\hat{k}$ 的某一水平 $\hat{k}^*$，在这一水平上，单位有效劳动的资本量和单位有效劳动的产量是常数，经济将进入长期均衡。

表 4-1 列出了技术进步对经济增长的影响。如前所述，单位有效劳动的资本量 $\hat{k}$ 在稳态下是常数。由于 $\hat{y} = f(\hat{k})$，单位有效劳动的产量也是常数。然而，劳均

产量以 λ 的速度增长，总产量以 $n+\lambda$ 的速度增长。这就是说，技术进步能导致劳均产量的持续增长。储蓄率的提高只能使经济在进入稳态之前以高速度增长，一旦经济进入稳态，劳均产量的增长率便只决定于技术进步的速度。

表 4-1 有技术进步的索洛模型的稳态增长率

变量	符号	增长率
单位有效劳动的资本量	$\hat{k}=K/AL$	0
单位有效劳动的产量	$\hat{y}=Y/AL=f(\hat{k})$	0
劳均产量	$Y/L=Ay$	λ
总产量	$Y=AL \cdot y$	$n+\lambda$

索洛模型的结论是：劳均产量的长期增长率决定于劳动扩大型技术进步的速度，而技术进步是外生的。据此可以推断，如果各国经济都采用相同的技术，各国生产率的增长速度将趋于一致。这种趋同在发达国家的增长经验中已有所表现，但在拉丁美洲、非洲和亚洲的一些国家，却不见踪迹。这一现象激发了经济学家对增长理论的重新探讨。

三、新经济增长模型

20 世纪 80 年代中期出现了新增长理论，其主要代表人物是罗默和卢卡斯，此

拓展阅读 4-2

将创新与气候纳入经济模型

外还有格罗斯曼和赫尔普曼、阿吉翁和霍伊特等人。一般来说，新增长理论是由一些持相同或类似观点的学者提出的各种增长模型构成的松散集合体。这些增长模型的共同特征是经济增长不是外生因素作用的结果，而是由经济系统的内生变量决定的。这种特征决定了我们不能采用新古典外生增长模型中的要素报酬递减这一假设，而必须通过假设要素报酬不变或递增来解释长期的内生性增长。新增长理论目前最为流行的几个模型就是通过各种方式保证要素报酬不变或递增进而解释内生增长的。

（一）干中学和知识外溢

1962 年阿罗提出了干中学模型，强调把从事生产的人获得知识的过程内生于模型。他假定，知识的获得和学习是经验的产物，经验的积累对于生产率的提高起着重要作用。这一模型中的学习过程包括两种效应：一是干中学，即由于生产更多产品而积累更多经验，获得更多知识，从而对生产率产生正向影响。二是知识外溢。每个企业的知识都是公共品，任何企业都能无成本获得。知识一经发现就会立刻外溢到整个经济。学习的过程一般被假定依赖于过去积累的投资或者

产出。知识因素随着资本水平的提高而提高，而这会促使长期增长率的提高。此后，罗默在其 1986 年的论文《收益递增与长期增长》中，借用了这一分析框架，通过引入知识并假定知识创造是投资的副产品来消除报酬递减的趋势，进而解释内生增长。

（二）人力资本

1988 年卢卡斯在《论经济发展的机制》[1]一文中，尝试利用人力资本来解释长期增长。在文中，他主要讨论了物质资本和人力资本之间的相互作用，以及可以容纳专业化人力资本的制度。人力资本与一般劳动力不同，其形成要求有教育和培训成本的投入。人力资本的积累一方面对生产率有直接的正向影响，另一方面还有提高劳动和物质资本生产率的外部效应，从而保证了要素收益递增。

（三）研究与开发

另一种观点通过研究与开发过程将技术进步内生化。研究与开发一般可以划分为工艺创新和产品创新，与此相对应，遵循这种思路的模型也以两种不同的方式对技术进步建立模型。在一类模型中，技术进步表现为产品种类的增加[2]。另一类模型则利用现有种类产品质量的提高来建立关于技术进步的模型。[3] 在两类模型中，技术进步都是由有意识的研究与开发活动带动的。企业有动机对其研究与开发成果进行保护，因此研究与开发活动产生的知识具有某种程度的排他性。新技术的开发者在一段时间内具有一定程度的市场力量。这两类模型对这种不完全竞争状态进行了讨论。

（四）"创造性毁灭"

"创造性毁灭"（creative destruction）是新熊彼特主义经济增长理论的标识。该理论的主要代表人物是阿吉翁和霍伊特。[4] 这一理论的主要观点源自熊彼特在其 1942 年出版的《资本主义、社会主义与民主》一书中的一个基本思想。

熊彼特认为，经济进步是经由一系列的"创造性毁灭"过程而实现的。经济进步的驱动力是在产品、工艺或其他方面具有创新观念的企业家。企业家对其创新具有一定的垄断力量。新企业进入对消费者是有利的，但对市场内原有的企业却是不利的。在竞争中，原有的企业会被新进入的企业排挤甚至驱逐出

[1]　Robert E. Lucas Jr, "On the Mechanics of Economic Development", *Journal of Monetary Economics*, vol. 22, no. 1, 1988, pp. 3-42.

[2]　Paul Romer, "Endogenous Technological Change", *Journal of Political Economy*, vol. 98, no. 5, 1990, pp. 71-102.

[3]　GM. Grossman and E Helpman, *Innovation and Growth in the Global Economy*, Cambridge, Mass: MIT Press, 1993.

[4]　Philippe Aghion and Peter Howitt, *Endogenous Economic Growth*, Cambridge, Mass: MIT Press, 1998.

市场。经济增长就是在这样一个优胜劣汰的过程中实现的。阿吉翁和霍伊特将熊彼特的这一思想数学化，将技术进步视为企业家创新和"创造性毁灭"过程的结果。

四、增长理论与发展理论的融合

传统经济增长理论主要是以发达国家作为研究对象的，而发展经济学主要以不发达国家为研究对象。但自20世纪80年代中后期以来，新增长理论的产生和发展在一定程度上打破了这种划分。这主要是出于以下原因。第一，新增长理论研究的问题是一些国家为什么比另一些国家富有，一些国家的经济增长为什么比另一些国家快，等等，这些问题就涉及从不发达状态到发达状态的整个过程，这就把发达国家和不发达国家的经济增长问题研究融为一体了。第二，新增长理论大都使用了广义的增长概念，如卢卡斯、罗默、巴罗等人都用增长一词泛指发展过程[①]，其理论研究不仅包含了过去增长理论所关注的要素积累和要素使用效率，而且讨论了许多在过去被认为主要属于发展理论的研究内容，例如人力资本的形成及其影响，技术进步和技术扩散的影响，制度和文化的作用，经济发展的阶段性，等等。第三，新增长理论的经验研究在样本选取上也大都涵盖了发展中国家和发达国家两类经济体。

进入21世纪，由盖勒创立的统一增长理论更进一步，将增长理论的研究对象回溯至人类起源，包括了从马尔萨斯停滞时期到现代持续增长时期的几千年时间，试图打通经济史、增长理论和发展理论的研究。[②]

可以预料，随着增长理论和发展理论的不断进步，二者的合流趋势将进一步加强。

第二节　经济增长的历史分析

一、库兹涅茨的现代经济增长理论

库兹涅茨在20世纪50—70年代先后出版了几部研究经济增长问题的重要著作，利用众多历史统计数据和资料，分析了200多年来世界主要发达国家经济增长的基本过程，对各国经济增长进行了比较分析，并且考察了经济增长过程中，产业结构、消费结构、收入分配结构和社会结构等各层次的变化，揭示了现代经济

[①]　卢卡斯甚至直接将其新增长理论论文标题定为"论经济发展的机制"。

[②]　Oded Galor, "From Stagnation to Growth: Unified Growth Theory", in Philippe Aghion and Steven Durlauf, eds., *Handbook of Economic Growth*, Amsterdam: North-Holland, 2005, pp. 172–293.

增长的动力与源泉。[1]

（一）现代经济增长的定义

库兹涅茨把发达国家自工业革命以来出现的经济持续快速增长定义为现代经济增长。一个国家的经济增长，可以定义为该国为本国居民提供种类日益丰富的经济产品的能力的不断提升，这种不断提升的能力是建立在先进技术及其所需要的制度和意识形态的相应调整的基础之上的。[2] 这一定义包括三个主要含义：一是国民生产总值的持续增加是经济增长的表现形式，而提供丰富的商品和劳务的能力是经济成熟的标志；二是经济持续增长的基础和源泉是技术进步；三是技术进步及其带来的经济增长潜力的实现，有赖于制度、观念和意识形态的相应调整。现代经济增长不仅包括经济增长的内容和表现形式，而且包括了经济增长的源泉和必要条件。

（二）现代经济增长的特征

库兹涅茨把现代经济增长特征归纳为如下六个方面：

第一，人均产出和人口增长率都很高，且人均产出增长率更高。自从 1770 年以来，所有当代发达国家 200 多年来的年人均产出增长率平均为 2%，人口增长率为 1%，因而，国民生产总值增长率达 3%。这种增长率意味着人均产出约 35 年翻一番、人口约 70 年翻一番、国民生产总值约 24 年翻一番，远远快于工业革命以前。

第二，生产率高且增长迅速。全要素生产率，特别是劳动生产率大大高于工业革命以前的时期，尤其是生产率增长速度更是达到了以前的数倍。据估计，生产率增长率可以解释任何发达国家历史上人均产量增长的 50%~75%。换言之，改善现有物质和人力资源的技术进步可以解释各国的人均国民生产总值历史增长的大部分原因。

第三，经济结构快速变革。库兹涅茨将国民经济划分为农业、工业、服务业三个产业部门，并指出，随着经济增长，农业在国民经济中所占的比重将趋于下降，而工业的比重趋于上升，服务业的比重总体趋于上升。劳动力相应地由农村、农业及其有关的非农业活动向城市的制造业和服务业转移。生产单位则由小的家庭和个体企业转变为全国性的或跨国公司形式的大型公司组织。

第四，社会、政治和意识形态快速变革。与经济结构密切相关的社会结构和意识形态也发生了迅速变化，例如城市化、家庭规模的变化、现代观念的传播等。

第五，国际经济迅速扩张。为了获取原材料、廉价劳动力以及推销工业品的有利市场，发达的工业国家向世界其他地区不断扩张。发达的现代技术，尤其是

---

[1]　Simon Kuznets, *Modern Economic Growth*, New Haven：Yale University Press, 1966.

[2]　Simon Kuznets,"Modern Economic Growth：Findings and Reflections", *The American Economic Review*, vol. 63, no. 3, 1973, p. 247.

运输和通信手段的现代化，使得这种扩张成为可能。从 19 世纪到 20 世纪初，世界领土已被资本主义列强瓜分完毕，殖民地和附属国为发达国家的扩张提供了廉价的原料和日益增长的制造业所必需的出口市场。

第六，经济增长在世界范围内的有限扩散。尽管过去两个多世纪以来，全世界整体产出有了巨大的增加，但北半球人口享有全球收入增长的 75%，现代经济增长很大程度上被限制在这个范围内，而无法扩散到世界其他区域。究其原因，一方面，大多数落后国家僵化的社会政治结构和传统保守的思想观念阻碍了经济增长潜力的实现。另一方面，发达国家和发展中国家之间不平等的国际经济政治关系一定程度上导致了富国对穷国的掠夺和剥削，这种不合理的国际经济政治关系也阻碍了欠发达国家的经济增长进程。

在现代经济增长的六个基本特征中，前两个是关于经济量的扩张，第三和第四个特征是关于经济社会结构的变化，最后两个则是关于经济增长的国际影响。这六个基本特征彼此紧密联系，互相影响。

二、罗斯托的经济增长阶段论

美国经济史学家罗斯托在 1960 年出版的《经济增长的阶段》中，把人类社会的发展历史划分为五个阶段：传统社会阶段、起飞准备阶段、起飞阶段、成熟阶段和大众高消费阶段。后来，在 1971 年出版的《政治和增长阶段》中，他又提出第六个阶段，即追求生活质量阶段。这六个阶段的划分是罗斯托利用"动态生产理论"，对发达资本主义国家发展历史的抽象和概括。在罗斯托的六个阶段中，与当前发展中国家关系最为密切的是前面三个阶段，即传统社会阶段、起飞准备阶段和起飞阶段。

罗斯托认为，不同发展阶段中存在不同的经济主导部门。主导部门在国民经济中占有举足轻重的地位，有技术创新和迅速应用新技术的能力，有能够快速增长并带动其他部门增长的能力，它是各个阶段经济增长的推动力。因此，经济增长阶段的更替可以表现为主导部门序列的变化。罗斯托指出：传统社会阶段的主导部门是农业；作为起飞准备阶段的主导部门是食品、饮料、烟草、水泥等工业部门；起飞阶段是非耐用消费品的生产部门（如纺织和铁路运输业）；成熟阶段是重化工和制造业；大众高消费阶段是耐用消费品工业（如汽车）；追求生活质量阶段是服务业部门（如文教、卫生等）。

"起飞"是罗斯托阶段论的中心概念，是社会历史上具有决定性意义的转变。在这一阶段，生产性经济活动的规模达到一个临界水平，从而引起变化；这些变化导致经济和社会的大规模和累进式的结构性转变。起飞要具备三个条件才能实现：一是生产性投资占国民收入的比例从 5% 或 5% 以下上升到 10% 以上；二是有一个或多个重要的主导部门，一般就是制造业部门高速增长；三是存在或迅速出现一个政治、社会和制度结构，这种结构利用现代部门扩张的冲力和起飞的潜在外部效应，使增长具有持续性。简单地说，这三个条件是高投资率、主导部门和保证起飞的制度。

三、格申克龙的后发优势论及其发展

俄裔美国经济史学家亚历山大·格申克龙于 1962 年出版了《经济落后的历史透视》，在总结德国、意大利等国经济追赶成功经验的基础上，创立了后发优势理论。其核心假说是：相对的经济落后性具有积极作用，即经济上的相对落后有助于一个国家或地区实现爆发性的经济增长。格申克龙对 19 世纪德国、意大利、俄国等欧洲较为落后国家的工业化过程进行了分析。他指出：对处于工业化前夕的国家而言，按照其经济落后程度，工业化的过程和特点在很多重要方面都有所不同。这些不同可以概括为六个命题：（1）一个国家的经济越落后，其工业化的起步就越缺乏连续性，而呈现出一种由制造业的高速成长所导致的突然的大冲刺过程；（2）一个国家的经济越落后，其工业化进程中对大工厂和大企业的强调就越明显；（3）一个国家的经济越落后，就越强调生产资料而非消费资料的生产；（4）一个国家的经济越落后，对人们消费水平的压制就越大；（5）一个国家的经济越落后，带有强制性的制度因素在其工业化所需资本的动员和筹措过程中的作用就越大；（6）一个国家的经济越落后，其农业就越不可能去为日益增长的工业提供扩大的工业品市场，因为这种市场是以农业劳动生产率的不断上升为基础的。[①]

1966 年，美国经济学家列维从现代化理论角度，具体分析了后进国家与先进国家在经济发展前提条件上的异同。列维从现代化的角度出发，将格申克龙的后发优势论具体化，归纳为如下五点：（1）后发国对现代化的认识要比先发国在自己开始现代化时对现代化的认识丰富得多；（2）后发国可以大量采用和借鉴先发国成熟的计划、技术、设备以及与其相适应的组织结构；（3）后发国可以跳跃先发国的一些必经发展阶段，特别是在技术方面；（4）由于先发国的发展水平已达到较高程度，这可使后发国对自己的现代化前景有一定的预测；（5）先发国可以在资本和技术上对后发国提供帮助。列维同时指出，后发国要实现先发国的现代化，必须处理好控制结构问题、资本积累问题和观念心态的问题，否则将会陷入后发劣势。[②]

---

① Alexander Gerschenkron, *Economic Backwardness in Historical Perspective: A Book of Essays*, Cambridge, Mass: Belknap Press of Harvard University Press, 1962, pp. 353-354.

② Marion J. Levy, *Modernization and the Structure of Societies: A Setting for International Affairs*, Princeton: Princeton University Press, 1966.

继列维之后，阿布拉莫维茨在 1989 年提出了"追赶假说"，指出不论是以劳动生产率还是以单位资本收益衡量，一国经济发展的初始水平与其经济增长速度都是呈反向关系的，即一国的经济越是落后，其经济增长的速度就越快，反之则增长越慢。阿布拉莫维茨同时指出，这一假说的关键在于把握"潜在"与"现实"的区别，因为这一假说是潜在的而不是现实的，只有在一定的限制下才能成立。①

1993 年，埃莉斯·布勒齐等在总结发展中国家成功发展经验的基础上提出了基于后发优势的技术发展"蛙跳"（leapfrogging）模型②。其内涵是指在技术发展到一定程度、本国已有一定的技术创新能力的前提下，先发国的技术水平可能会因惯性因素而提升速度减慢，此时，后发国可以直接选择和采用某些处于技术生命周期成熟前阶段的技术，以高新技术为起点，在某些领域、某些产业实施技术赶超。"蛙跳"模型认为后发国的后发优势不仅体现在简单的模仿创新，而且体现在条件具备的情况下，后发国可以直接进入新的科技领域，抢占经济发展的制高点，实现跨越式的发展。

《1991 年世界发展报告》提到，"现代化趋势是后来居上。英国从 1780 年起，用了 58 年时间使人均产出增长一倍。美国从 1839 年起，只用了 47 年时间；日本从 19 世纪 80 年代起才进入这一增长过程，把人均产出增长一倍的时间缩短为 34 年。对于第二次世界大战之后才进入现代化的后发国家，人均产出增长一倍的时间又进一步缩短了。例如，土耳其用了 20 年（1957—1977 年），巴西用了 18 年（1961—1979 年），韩国用了 11 年（1966—1977 年），中国用了 10 年（1978—1988 年）。"③ 由此可见，后发国家在经济上明显地具有赶超性质，并且这种追赶的进程越来越快，后发优势理论也因此在一定程度上得以验证。

四、中等收入陷阱概念的提出与理论阐释

（一）"中等收入陷阱"概念的提出

"中等收入陷阱"（middle-income trap）概念是在世界银行经济学家撰写并于 2007 年出版的《东亚复兴：关于经济增长的观点》④ 一书中首先提出来的，是对拉丁美洲和东亚一些中等收入国家在进入中等收入（主要是指中高收入）阶段之

① Moses Abramovitz, *Thinking about Growth*: *And Other Essays on Economic Growth and Welfare*, Cambridge: Cambridge University Press, 1989.
② Elise S. Brezis, Paul R. Krugman and Daniel Tsiddon, "Leapfrogging in International Competition: A Theory of Cycles in National Technological Leadership", *The American Economic Review*, vol. 83, no. 5, 1993, pp. 1211-1219.
③ 世界银行：《1991 年世界发展报告》，中国财政经济出版社 1991 年版，第 12—13 页。
④ ［美］印德尔米特·吉尔、霍米·卡拉斯：《东亚复兴：关于经济增长的观点》，黄志强、余江译，中信出版社 2008 年版，第 18 页。

后经济长期停留和徘徊在中高收入阶段这种现象的一个描述,但并没有系统的理论论证。

发展经济学家曾经提出过"贫困陷阱""马尔萨斯陷阱""低收入均衡陷阱"等概念,并且在均衡理论框架下对"陷阱"进行了充分的理论证明,认为其是一种具有内在稳定性的低水平均衡状态。"贫困陷阱"理论被广泛接受。但是,关于中等收入陷阱是否存在在学术界还存在着重大的分歧。许多人认为中等收入陷阱是存在的,拉丁美洲一些国家长期处于中等收入阶段而未跨入高收入阶段就是明证,但也有人试图从理论和实证上证明中等收入陷阱是不存在的。

这一概念在中国学术界引起了热烈讨论,因为中国正好处在刚刚进入中高收入阶段时增长速度下滑、增长动力转换这一时代背景。中国学者对中等收入陷阱概念的阐释,对中等收入阶段基本特征的描述,对中等收入阶段发展战略的提出,不仅对于中国如何避免陷入中等收入陷阱具有重要的现实意义,而且对于发展经济学这门学科的发展也起到了极大的推动作用,是中国学术界对发展经济学理论发展的最新贡献。

(二)关于陷入中等收入陷阱的主要原因

学者们从不同角度讨论了中等收入陷阱形成的原因。具体来说,有以下几种观点。

1. 比较优势丧失论

这是最为流行的一种观点。该观点从比较优势论出发,认为中等收入国家由于科技水平不高,在资本和技术密集型产业方面与发达国家相比不具有比较优势,在劳动密集型产业方面,由于劳动力成本上涨,与低收入国家相比也不具有比较优势,因此夹在两类国家之间而失去了竞争力,导致经济长期停滞不前。但也有人认为,这种观点存在片面性。按照比较优势原理,各国都有比较优势,只是不同发展阶段具有不同的比较优势而已,不存在比较优势完全丧失的问题。中等收入国家虽然在劳动力成本方面与低收入国家相比不具有比较优势,但与高收入国家相比仍然具有比较优势;虽然在科技水平和创新能力方面与高收入国家相比不具有比较优势,但与低收入国家相比仍然有比较优势。

2. 收入分配不均论

该观点以库兹涅茨假说为理论基础,认为在中等收入阶段,收入分配是最不平等的,而且全世界收入分配相对最不平等的国家基本上都是那些陷入经济停滞不前的中等收入国家(如拉美国家),因此很自然地把收入不平等看作陷入中等收入陷阱的主要原因。但是,收入不平等为何陷入中等收入陷阱,学术界对此有不同的解释。有学者从经济角度考察,认为收入不平等在发展初期有利于财富集中、资本积累和经济增长,从而有利于逃脱贫困陷阱,但到了中等收入阶段,收入不平等程度越来越大，这会剥夺穷人物质资本和人力资本的投资机会，从而致使经济增长停滞，落入陷阱。另一派观点从社会稳定角度考察，认为中等收入国家收入不平等过大，会引起社会不满，甚至动乱，政权不稳，与此同时，那些既得利益集团极力阻挠收入再分配的改革，使窒息经济的制度被固化，导致经济长期陷入停滞不前状态。

3. 社会福利超前论

有学者从社会福利赶超或者社会福利超前论来解释中等收入陷阱的存在。该观点认为，经济增长的关键是要保持竞争力，而竞争力归根结底就是企业收益与成本的比较，如果劳动力成本提高幅度超过了劳动生产率提高的幅度，那么结果就是劳动力成本上升，企业利润下降，竞争力下降。而处于中等收入阶段的国家由于收入不平等程度提高，要求增加工资福利的呼声最高，而实施民粹主义的政府为了获得老百姓的支持就有一种大幅提高工人工资福利的冲动，把发达国家的高福利作为标准，以至于出现一种与其经济发展水平不相适应的福利制度，导致企业生产成本增加，国家财政负担日益加重，结果是企业劳动力成本大幅上升，国家支出日益庞大，赤字和债务越来越大，最终使企业和国家失去竞争力，经济就处于停滞状态。

4. 制度转型滞后论

从制度角度研究中等收入陷阱的观点很多。从要素角度研究的观点认为，资本、劳动和技术的变动只是经济增长的直接原因，而制度是影响各国经济收入差距的最主要因素。从低收入向中等收入阶段转变时，主要是依靠后发优势，技术创新不太重要。但从中等收入向高收入阶段转变时，技术创新就变得十分重要了，而技术创新能力的形成离不开高质量的制度安排。国家之间的竞争本质上是制度的竞争。陷入中等收入陷阱主要是制度缺陷导致的。这种制度缺陷包括经济上的要素资源配置严重不均，社会层面上的阶层结构的固化和对立，政治层面上的适应性不足和既得利益的强化。从政府治理角度研究的观点认为，在政府、市场和社会三维框架中，政府作为一种制度安排起着关键的作用。"中等收入陷阱"所表现出来的诸多负面特征只是一种表象或结果，其本质和根由是陷入制度转型困境，没有处理好政府与市场、政府与社会的关系，从而没有处理好发展与治理的内在逻辑关系，政府的角色、职能和治理边界发生越位、错位和缺位，难以从攫取性制度转变到包容性制度。许多中等收入国家面临的就是这样的制度转型困境，导致政府失效、市场失灵和社会失范等特征，从而落入中等收入陷阱。

从以上介绍的几种观点中可以看出，除了第一个是经济因素，其他三个解释都是制度层面的。从制度层面解释中等收入陷阱的存在有一定启发性。但陷阱是一个稳定均衡概念，像"贫困陷阱"概念那样，要证明中等收入陷阱的存在，首先要证明中等收入阶段存在一个稳定均衡，但这方面文献并不多。

第三节 中国经济增长及其动力因素

无论是经济增长模型分析，还是经济增长的历史分析，都是要寻找推动经济增长的主要因素是什么。增长是长期的、动态的，增长的动力因素不是一成不变的，而是在不同发展阶段相应发生变化。例如，在低收入阶段，经济增长的主要动力因素是资本积累，而高收入阶段经济增长的主要动力因素是技术进步。但是一国在跨越低收入阶段而又未进入高收入阶段时，其动力因素是什么呢？可以肯定地说，动力因素必须转换。世界上有许多国家进入中等收入阶段之后，增长速度缓慢，甚至长期停滞不前，不能跨入高收入阶段，其主要原因是动力转换不顺。中国自改革开放以来，虽从低收入阶段跨入中等收入阶段，但能否顺利进入高收入阶段，就要看动力因素转换是否顺利。这一节我们简要分析一下中国的经济增长绩效及其动力因素和转换问题。

一、中国经济增长的奇迹

中国经济增长在总量上呈现如下两个特征：一是经济增长速度整体比较快。在新中国成立后的经济发展过程中，除了改革开放以前个别时期出现了负的经济增长率，中国经济增长速度一直比较高，尤其是 1978 年以后，有 16 年的增长率均超过 10%。2015 年之前，除了 1981 年、1989 年、1990 年，每年的经济增长率都在 7% 以上，年平均增长率超过 9%，2016 年至 2019 年增长率也均在 6% 以上。这样的增长速度在世界范围内是绝无仅有的。2020—2022 年，受新冠疫情影响，中国的年均经济增长率下降至 4.52%，但在世界主要经济体中仍然是最高的。

二是经济增长的波动比较大。总体来看，1949—1978 年，中国的经济增长波动幅度非常大，并且波动周期相对较短。正增长最高达到 21.2%，而负增长最高达到 -27.28%。1978 年后，中国经济增长的波动幅度逐渐变小，波动周期增大，尤其是 1994 年以后，中国经济增长趋于稳定。

表 4-2 比较了中国经济①和日本及亚洲"四小龙"的经济增长速度。从表中可见，中国经济自改革开放后的长期高速增长与被世界银行称为"东亚奇迹"的亚洲"四小龙"和日本在高速增长时期的增速相当。虽然整体起步晚于日本和亚洲"四小龙"，但中国保持高速增长的时间更长，高速增长趋势更持久。因此，把

---

① 这里比较的中国经济不包括中国港澳台地区的统计数据。

中国的经济增长称为"奇迹"毫不为过。考虑到中国人口占世界总人口的 1/5，经济能保持长时期的高速增长，这不仅是个奇迹，而且是一个史无前例的奇迹！

表 4-2　中国与日本、亚洲"四小龙"的经济增长率比较

国家/地区	增长期（年）	GDP 增长率（%）	增长期（年）	GDP 增长率（%）	增长期（年）	GDP 增长率（%）	增长期（年）	GDP 增长率（%）
中国	1953—1978	6.47	1979—2000	9.8	2001—2014	9.60	2015—2019	6.7
日本	—	—	1955—1973	9.22	1974—2000	2.81	2001—2019	0.7
新加坡	1960—1965	5.74	1966—1984	9.86	1985—2000	7.18	2001—2019	5.0
韩国	1953—1962	3.84	1963—1991	8.48	1992—2000	5.76	2001—2019	3.9
中国香港	1966—1968	2.61	1969—1988	8.69	1989—2000	4.14	2001—2019	3.3
中国台湾	1951—1962	7.92	1963—1987	9.48	1988—2000	6.59	2001—2019	3.6

数据来源：许宪春：《中国未来经济增长及其国际经济地位展望》，《经济研究》2002 年第 3 期。1979 年以后中国的数据来自国家统计局数据发布库，日本、韩国、新加坡和中国香港 2000 年以后的数据来自世界银行数据库，中国台湾 2000 年以后的数据来自中国台湾地区行政管理机构主计总处数据库。

二、中国经济增长的动力因素

（一）中国经济增长动力因素的实证分析

近些年来，除了关注中国经济增长的速度，中国经济增长的质量和动因更受人关注。一些学者将增长核算方法应用于分析中国的经济增长，并取得了一些成果。

舒元[1]的研究表明，1952—1990 年，中国的国民收入年平均增长率为 6.74%，其中资本和劳动的贡献分别为 5.80% 和 0.92%，净产出增长的 99% 来源于要素投入的增长，全要素生产率（或技术进步）的增长率为 0.02%，占总增长率的 0.3%。同期中国工业净产值的增长率为 11.0%，其中 52% 来源于固定资本的增长，28% 是由于劳动投入的增长，全要素生产率的增长占 20%。同期中国农业净产值的增长率为 3.0%，其中固定资本增长和劳动投入增长的贡献分别是 66% 和 42%，全要素生产率增长的贡献为-8%。可见，中国的经济增长，主要是依靠固定资本投入的增加，其次是劳动投入的增加，全要素生产率增长在总增长率中所占的份额较小，甚至为负数。

李京文等人[2]的研究对改革开放前后的情况做了对比，对 1953—1990 年各个五年计划期的增长因素做了估计。改革开放前的 26 年，生产率对经济增长的贡献是负数。改革开放后的 12 年（至 1990 年），经济平均增长率是 8.35%，同时，资

---

① 舒元：《中国经济增长分析》，复旦大学出版社 1993 年版。
② 李京文等：《生产率与中美日经济增长研究》，中国社会科学出版社 1993 年版。

本存量平均增长率为 9.15%，劳动平均增长率为 2.93%。资本对经济增长的贡献为 50.9%，劳动对经济增长的贡献为 18.8%。资本和劳动投入的贡献占 69.7%。全要素生产率平均增长率是 2.53%，对经济增长的贡献是 30.3%，低于资本的贡献但高于劳动的贡献。上述对比说明，改革开放以来，中国生产领域的技术进步取得了显著的成绩。

郭庆旺等[1]估算了中国 1979—2004 年的全要素生产率增长率，并对中国全要素生产率增长和经济增长源泉做了分析。在全要素生产率增长率的变化趋势上，他们的研究结果表明：1979—1993 年，中国总体呈现出涨跌互现的波动情形，且波动较剧烈；1993 年以后，全要素生产率增长率则呈现出逐年下降趋势，这种下降趋势直到 2000 年才得以缓解，此后全要素生产率增长率总体上呈现出逐年攀升的势头。同时，1979—2004 年中国全要素生产率平均增长率为 0.891%，对经济增长平均贡献率为 9.46%。全要素生产率增长对经济增长贡献较低，其原因在于技术进步率偏低（对经济增长贡献率为 10.13%），以及经济生产能力利用水平与技术效率低下，资源配置不尽合理（能力实现改善对经济增长贡献率为 -0.67%）。相比之下，中国要素投入对经济增长贡献率高达 90.54%，这表明中国经济增长主要依赖于要素投入增长，是一种较典型的粗放型增长方式。

国家发改委经济研究所[2]利用增长核算方法对中国改革开放三十年的经济增长动力及其背后的原因进行了分析。研究表明，1978—2008 年，资本要素对 GDP 的增长贡献持续增长，由 1978 年的 4.76% 提高到 2008 年的 7.42%，成为推动中国经济增长最重要的动力因素。1978—1988 年，劳动对经济增长的贡献不断提高，由 1978 年的 1.1% 上升到 1988 年的 1.8%。1988 年之后，劳动对经济增长的贡献不断下降，其中，1988—2000 年，下降速度较快。2000 年后，劳动对经济增长的贡献维持在 0.4% 左右。1978—2008 年，中国全要素生产率呈现倒 W 形的变化规律。此项研究还按照全要素生产率（TFP）的变化规律以及改革开放的进程分时间段对 TFP 的变化进行了解释。具体而言，1978—1984 年，经济体制改革能够解释 TFP 变化的 84.5%，而对外开放、研发和基础设施建设三个变量并不显著。1984—1992 年，经济体制改革依然是 TFP 变化的主要解释变量，基础设施建设也是 TFP 增长的重要解释变量，这两个因素可以解释这个阶段 TFP 变化的 90%。1992—2000 年，经济体制改革、对外开放、基础设施建设共同成为 TFP 的主要解释变量，可以解释 TFP 变动的 90% 以上，其中，对外开放的解释力度依次大于经济体制改革和基础设施建设。2000—2008 年，经济体制改革、基础设施建设、对外开放、研发能

[1] 郭庆旺、贾俊雪：《中国全要素生产率的估算：1979—2004》，《经济研究》2005 年第 6 期。

[2] 国家发改委经济研究所课题组：《中国改革开放三十年经济增长动力分析》，《经济研究参考》2012 年第 43 期。

够解释 TFP 变动的 85%，不过，对外开放的解释比重进一步上升，成为 TFP 最重要的解释变量，而且研发的作用得到一定的体现。

这些研究成果在数字上稍有差异，但是结论基本一致。20 世纪 90 年代以前，中国全要素生产率增长缓慢（或有所下降），对经济增长的贡献比较有限；此后，全要素生产率逐渐步入增长轨道，至 21 世纪初开始呈现全要素生产率贡献率和增长率的"双增长"，并且考察时间越向后推移，全要素生产率对经济增长的贡献率越大。

（二）中国经济高速增长动力因素的理论阐释

习近平指出，对于经济上比较落后的地区，要创新发展思路，发挥后发优势。实际上，中国在改革开放初期，经济发展水平较低，过去几十年的经济高速增长是一种后发赶超的增长，充分利用和发挥了各种后发优势。前一节我们介绍了后发优势理论，这一节我们将结合中国的实践从后发优势角度考察中国经济高速增长的动因。

1. 后发优势的概念与特征

所谓后发优势是指后进国家相对于先进国家在发展中所具有的各种有利条件。根据这一定义，后发优势具有如下特征：（1）客观性。后发优势是由于经济落后性而产生的，是一种客观存在，不可能通过主观努力创造出来。如果经济不落后，就不可能有后发优势。（2）相对性。后发优势是相对于先进国家而言的，不与先进国家进行比较就没有所谓的后发优势，因此，后发优势分析是一种比较分析。（3）潜在性。后发优势是一种存在于后进国家的有利条件，是潜在的，它不会自动发挥出来，必须具备一定条件才能发挥出来。（4）递减性，后发优势存在于后进国家与先进国家之间的经济差距，差距大，后发优势的潜力就大，随着后进国家与先进国家差距的缩小，后发优势的潜力就逐渐减小。一旦赶上了先进国家，后发优势就自然消失了。

2. 后发优势与中国经济增长

后发优势可以分为资本后发优势、人力后发优势、技术后发优势和结构后发优势。

（1）资本后发优势。资本后发优势产生于资本边际报酬递减规律。新古典增长理论正是依据资本边际报酬递减这一假定得出了增长趋同假说。根据这一假说，发展中国家资本稀缺，劳动力丰富；发达国家资本丰富，而劳动力相对稀缺，因此，发展中国家的资本收益率要高于发达国家，在资本自由流动的条件下，发达国家的资本就会流向发展中国家，使发展中国家的经济增长更快。当然，增长趋同假说受到了新增长理论的非议。但是有资料证明，发展中国家在过去几十年中引进的外资总额要高于流出的总额，既然发展中国家是外资的净流入者，这表明发展中国家的资本报酬率相对于发达国家要高。从中国实际情况来看更能说明这一点，就外国直接投资而言，中国已成为世界上吸引外资最多的国家之一，截至 2016 年，我国引进外资规模连续 25 年居发展中国家首位，居世界第二位。2021 年中国实际使用外资达 1.15 万亿元人民币，仍居世界第二，较 2012 年增长 62.9%。这一事实说明中国资本投资收益率是比较高的。很多学者认为，外商投资对中国经济高速增长做出了重要贡献，这一点是确定无疑的，但这是中国充分利用资本后发优势的结果。

资本后发优势还体现在后进国家高资本积累率上。后进国家工业化水平低，加快工业化是后进国家追赶发达国家的必由之路。工业部门尤其是重工业部门是资本密集型产业，投资规模巨大，因此资本积累率在工业化过程中就很高。而发达国家已经实现了工业化，基础设施较为完善，而且逐渐从工业转到服务业，而服务业资本投资没有工业部门大，因此，资本积累率就较低。在后进国家的发展过程中，资本投资是推动经济快速增长的主要源泉。如果把外资流入作为外在的资本后发优势，那么，我们就可以把高资本积累看作是内在的资本后发优势。过去几十年中，中国资本积累率保持在很高的水平上，投资在 GDP 中的比重一直保持在 30%~50%，最低为 31%，最高达到 48%。全社会固定资产投资增长率一直远高于经济增长率，在 20 世纪 90 年代为 10% 以上，而在 2000 年之后，则高达 20% 以上，2009 年甚至高达 30%。高投资率和资本积累率是推动中国经济高速增长和工业化的主要发动机。这一点也为前面一节所论述的实证研究所证实。

（2）人力后发优势。人力后发优势产生于后进国家与发达国家在人力资源方面的差别。这种后发优势包括人力资源数量和质量两个方面。从数量上说，发展中国家人力资源丰富，劳动力成本比发达国家要低得多，因此，发展中国家发展劳动密集型产品出口具有比较优势。这种比较优势产生于经济的落后性，因此也是后发优势。中国在过去 40 多年中充分利用劳动力成本低廉的优势发展劳动密集型产品出口，使对外贸易每年以 17% 以上的速度增长，这无疑为中国经济的高速增长做出了重大贡献。就质量而言，发展中国家在人力资本积累方面也有其后发优势。与发达国家相比，发展中国家人力资本存量要低得多。人力资本投资也具有报酬递减性质。不少实证检验结果表明，发展中国家的教育投资收益率要高于发达国家的教育投资收益率。这样，发展中国家更多地投资教育和健康，就可以加速人力资本积累，使劳动生产率更快地增长。此外，在经济全球化、信息化和教育国际化的今天，发展中国家劳动者能够以较低的成本、便捷的方式获取专业技术知识，例如通过报纸、杂志、书籍、电视、互联网等手段，发展中国家劳动者能够容易且便宜地获得发达国家的先进科学技术知识，从而比以往任何时候都能更快地提高人力资本水平。当然，教育和人才培养的国际化也能使发展中国家劳动者更快地掌握发达国家的先进科学技术知识。

多年来，中国大幅度增加对教育的投资，使国民素质和人力资本水平提高迅速，远比发达国家提高得快。此外，中国派遣大量的留学生出国深造，而且这些出国深造的留学生近几年蜂拥般地回到中国，这大大提高了国内的人力资本水平；此外，中国与发达国家开展教育、学术交流和合作办学，以及利用互联网等手段，大大加快了人力资本积累速度，与发达国家在人力资本积累上的差距在迅速缩小。人力资本水平迅速提高是促进中国技术进步、生产率增长的重要源泉。所有这些都是充分利用人力资本积累方面的后发优势的结果。

（3）技术后发优势。技术后发优势是指在发达国家科技领先的现实背景下，后进国家无须投入巨大的资源和时间在研发上，而只需要把先进国家现存的先进技术引进过来，加以消化改进，就可以加速本国的技术进步。由于引进、消化和模仿的成本和时间比发明创造花费的成本和时间要少得多，因此，发展中国家能够节约大量的资源和时间，而且能够比发达国家以更快的速率促进技术进步，从而缩小与发达国家在科技方面的差距。技术进步是促进经济增长的主要源泉，这样，发展中国家经济增长就可以比发达国家更快。除了技术模仿，后进国家还可以实现技术跨越式发展。一项技术的发展是由低级阶段向高级阶段逐步进行的。比如，电子技术从最初的半导体到晶体管，最后到集成电路，而集成电路也不断升级换代，从小规模到大规模，再到超大规模，直到今天的特大规模，经过了若干个发展阶段。后进国家在引进国外技术时，不用从最初技术开始，而是可以跳过一些中间阶段，直接引进国外最先进的技术。这就为后进国家缩小与发达国家的先进技术差距提供了有利条件。

中国在过去 40 多年中，得益于引进发达国家的技术，技术进步迅速。例如，从电子技术来看，仅仅 40 年时间，国产的家电产品基本上取代了进口的家电产品；又如，中国汽车制造技术在引进消化基础上也进步很快，现在国内自主品牌占有份额越来越大；再如，我国信息化技术已经接近世界先进水平，我国的高铁技术现在已达到世界科技前沿。技术的迅速进步推动了中国生产率和经济迅速增长，这充分体现了技术后发优势的作用。如果没有引进国外先进技术，中国技术进步不会有这么快。

（4）结构后发优势。结构后发优势主要存在于发展中国家与发达国家在产业结构方面的差距。发达国家的经济结构已经历了工业化阶段，并进入了后工业化社会，即服务业占主导地位。一般说来，在三次产业中，工业部门的生产率是最高的。发达国家从第二产业转变到第三产业，将会使总量生产率增长率呈现递减趋势，当然，这种递减趋势被新的技术革命所抵消和减缓，但仍然没有完全抵消掉，因此，发达国家的经济增长率并没有工业化时期那么高。相反，发展中国家工业化程度较低，工业部门规模较小，而农业部门所占比重较大，因此，存在着鲜明的二元经济结构。工业部门的生产率远高于农业部门的生产率，因此，在农业劳动力和资本向工业部门转移时，会促进要素生产率的提高，从而促进经济增长。由资源在部门间的重新配置所带来的效率的提高，我们称为结构的后发优势，因为只有落后国家才会存在这种二元经济结构。

改革开放以来，中国的工业化进程大大加快，劳动力和资本从农业部门源源不断地流向工业部门和服务业部门。由于工业部门和服务业部门的生产率大大高于农业部门，因此这种资源在部门间的再配置促进了整个经济的增长。不少实证研究表明，过去40多年来，中国农业劳动力向非农业部门转移所带来的总量生产率的增长，为中国经济增长做出了大约20%的贡献。

以上分析表明，中国经济的高速增长在很大程度上得益于后发优势的充分发挥。资本、人力、技术和结构这四种后发优势的同时发挥，汇合成了巨大的合力，推动着中国经济连续多年保持高速增长，在世界经济发展史上创造了前所未有的奇迹。但是，后发优势是潜在的，让后发优势得以充分发挥出来的是改革开放。

当前，中国已经进入中高收入阶段，与发达国家的差距大大缩小了，因此后发优势潜力在递减，近几年中国经济增长从高速到中高速，进入了高质量发展时代。在这种时代背景下，中国经济增长方式必须转变，从利用后发优势转变到自主创新，创造先发优势，实现动力机制的转换。

思考题

1. 概述哈罗德—多马模型的基本理论观点。
2. 根据索洛模型，稳态时经济的增长率由哪些因素决定？
3. 新增长理论强调的内生增长机制主要有哪些？
4. 怎样理解罗斯托的经济增长阶段论？
5. 学术界是如何解释中等收入陷阱的成因的？
6. 中国经济增长的主要动力因素是什么？

▶ 即测即评

请扫描二维码进行在线测试。

第五章　公平、分配与贫困

国民财富的增加和收入水平的提高是发展经济学的研究主题，但与此同时，收入和财富如何在社会群体中分配以及根除贫困也是发展经济学关注的重要问题。此外，经济增长与收入分配的关系是相互作用的关系，经济增长可能会导致收入分配的恶化，而收入分配不公也可能会对经济增长带来不利影响。因此，增长与分配的关系也是发展经济学研究的重要论题。

第一节　公平与发展

收入分配与经济发展的关系问题，也是公平与发展或者说公平与效率的关系问题，在这方面，马克思有精辟的论述，中国特色社会主义理论在坚持马克思主义基本原理的基础上，提出了适合中国国情的公平和效率观以及实现机制和途径。

一、公平的含义与实现途径

一般来说，公平主要涉及三个方面：机会公平、过程公平、结果公平。机会公平的实质是指起点处在同一条起跑线上，过程公平的核心是对一切合法经济活动的参与者的财产和其他权利的有效保护，结果公平通常指的是收入和财富的均等化分配。

不论是机会公平、过程公平还是结果公平，都无法单凭市场机制实现。市场机制只有在机会公平和过程公平的条件下才会促使经济活动达到最有效率的状态，而机会公平和过程公平的实现都需要政府提供良好的公平环境。至于结果公平则不能依赖于市场机制实现，而是通过公共治理和公共政策来实现。

实现机会公平有赖于政府提供良好的制度环境。一方面，政府的制度和政策要致力于保证参加社会活动的公民获得基本权利的机会是平等的。基本权利的机会公平属于人人享有的公平，它是每一个社会成员不论其出身、地位、才能、天赋如何，都应该同样享有的，它具有普遍性和共享性。由于各国的发展水平和发展阶段不同，社会成员享有的基本权利的机会和内容也不尽相同。但无论如何，政府制定的制度和政策必须恪守机会公平的理念，保障社会中每个公民享有平等的生存权、受教育权、就业权、社会保障权等基本权利。

另一方面，政府的制度和政策要致力于保证参加社会活动的社会成员获得非基本权利的机会是公平的。非基本权利的机会公平则属于"有差别的机会平等"。

也就是说，在现实生活中，每一个社会成员的出身、地位、天赋、才能等自然条件不同，拥有的非基本权利的机会也是有差别的。在承认个体种属尊严和基本权利平等的基础上，应该正视个体之间差异的客观性，使得社会和政府提供的非基本权利的机会让每一个社会成员都能有机会充分发展。比如，政府对那些贫困家庭和低收入家庭子女提供更多的教育补贴，让他们有机会享有非贫困家庭子女所能享有的大学教育。

过程公平的核心在于权利保护。保护公民个人或集体拥有合法财产权或其他权利，并在合法参与经济活动的过程中享有平等的待遇是过程公平的基本要求。这需要政府通过有效的公共治理，特别是建设以法治为基础的市场经济体制来实现。

在机会公平、过程公平的条件下，也会产生结果的不公平，这里主要是指收入分配的不平等，也就是社会产品分配的不平等，因为人的先天禀赋和后天的努力，以及所处的家庭和社会环境存在着很大的差别。马克思曾经说过，用劳动作为同一尺度来分配社会产品，由于个人的劳动能力和强度不同，也会出现分配不平等的情况。为了控制收入分配的不均等程度，尤其是治理极端贫困，势必要求通过某些制度安排对部分收入进行再分配，让收入从高收入人群向低收入人群转移。因而，在促进结果公平方面，公共政策的关键在于平衡公平与效率之间的关系。世界银行在其《2006 年世界发展报告：公平与发展》中指出，政策的目标是促进机会均等，消除极端贫困，但并不是实现结果的完全均等。

二、马克思的公平观

马克思的公平思想以辩证唯物主义和历史唯物主义的基本立场和基本原则为出发点，对社会公平的研究涉及经济、政治、文化和社会发展诸多方面，是我们认识当今社会公平问题的重要理论依据。[①]

概括地说，马克思的公平思想，主要有以下重要观点。第一，公平是人类社会的崇高境界，是社会主义和共产主义的首要价值之所在。第二，马克思、恩格斯在批判资产阶级公平观的基础上，论述了无产阶级的公平观。认为只有"消灭阶级"，消灭阶级差别，才能实现真正意义上的平等。第三，在经济领域，公平表现为按劳分配，并且生产决定分配，判断分配公平与否不能离开生产方式。第四，马克思认为公平是相对的，没有绝对的公平，即使是按劳分配也不是绝对的公平。第五，公平源于社会劳动实践，并且公平是具体的、历史的、阶级的，

---

① 关于马克思主义公平与发展关系的思想，可参见黄秀华：《发展与公平：中国社会发展的历史抉择》，中国社会科学出版社 2010 年版。

不存在任何超越特定历史条件、超越阶级的抽象的"永恒公平"。第六，公平观是现存经济关系的反映。不同的经济关系就会产生不同的公平观。公平观作为社会意识形态，有一定的历史连续性，但归根结底是现存经济关系的反映，是随着社会经济关系的发展变化而变化的。不同的时代、不同的阶级、不同的学派各有不同的公平观，抽象的、超时代的公平观是不存在的。第七，要消除现实存在的社会不公平现象，提升整个社会的发展水准，应当重视对社会的普遍调节。

三、中国特色社会主义公平观

在公平与发展的关系上，中国特色社会主义理论体系一方面以发展为主题，强调更好更快的发展是解决一切问题的基础，另一方面始终将公平正义作为核心价值理念和内在的发展诉求。

早在 1992 年年初，邓小平在南方谈话中就已经全面、深刻、精辟地概括了社会主义的本质，即"社会主义的本质是解放生产力，发展生产力，消灭剥削，消除两极分化，最终达到共同富裕。"① 邓小平理论内在地包含着社会主义对公平正义的价值追求，不仅强调共同富裕是社会主义本质的体现，而且认为是否实现共同富裕是衡量改革成败的标准。"三个代表"重要思想强调要始终把满足和实现中国最广大人民的根本利益作为党一切工作的出发点和落脚点，努力使社会形成"全体人民各尽其能、各得其所而又和谐相处的局面"。科学发展观提出"坚持以人为本，树立全面、协调、可持续的发展观，促进经济社会和人的全面发展"的发展理念。党的十八大首次提出，"公平正义是中国特色社会主义的内在要求"，并明确指出，"要在全体人民共同奋斗、经济社会发展的基础上，加紧建设对保障社会公平正义具有重大作用的制度，逐步建立以权利公平、机会公平、规则公平为主要内容的社会保障体系，努力营造公平的社会环境，保证人民平等参与、平等发展权利"。党的十九大进一步指出，"必须多谋民生之利、多解民生之忧，在发展中补齐民生短板、促进社会公平正义"。党的十九大不仅从收入分配和共同富裕角度强调公平正义，还从司法改革和国际关系中突出强调公平正义，但这是从不同层面来讲的公平正义，其含义不同。就发展领域而言，这里我们着重强调与分配相关的社会公平问题。

概括起来说，中国特色社会主义公平观具有如下特征：首先，发展是实现公平的基础。中国当前处于并将长期处于社会主义初级阶段，在这样的历史阶段，只有以经济建设为中心，大力发展社会生产力，不断增加国民收入，才能为社会公平正义提供坚实的物质基础。其次，公平和效率的相对重要性不是一成不变的，而是随着环境和条件的变化而变化的。改革开放以后，为促进经济发展和激发社会活力，党和政府

---

① 《邓小平文选》第三卷，人民出版社 1993 年版，第 373 页。

允许一部分地区、一部分人先富起来，倡导和坚持"效率优先、兼顾公平"的收入分配原则。进入 21 世纪以来，在国家战略和政策取向上，党和政府越来越重视解决社会公平问题。在收入分配政策上，从最初的"效率优先、兼顾公平"向更加注重社会公平的方向转变。党的十七大明确提出"合理的收入分配制度是社会公平的重要体现"，强调"初次分配和再分配都要处理好效率和公平的关系，再分配更加注重公平"。党的十八大进一步强调，"初次分配和再分配都要兼顾效率和公平，再分配更加注重公平"。党的十八届五中全会提出共享发展理念，强调了推动共享发展解决社会公平正义问题的思想。党的十九大更加强调高质量发展和社会公平正义，把公平观的认识上升到一个新高度。① 党的二十大把全体人民共同富裕作为中国式现代化的特征之一。党的二十大指出，实现中国式现代化就是要着力维护和促进社会公平正义，着力促进全体人民共同富裕，坚决防止两极分化。当然，共同富裕是一个长期的历史过程，这意味着实现共同富裕不能一蹴而就，必须在发展的基础上逐步推进，把发展与分配、效率与公平的关系处理好。

第二节　经济增长与收入分配

经济增长过程中收入分配的变化以及收入分配对经济增长的影响一直是发展经济学研究的重要课题，这里所说的收入分配属于结果公平的范畴。

一、收入分配的概念与度量方法

（一）功能分配和规模分配

收入分配的概念有两种：一是收入的功能分配（functional distribution of income），二是收入的规模分配（size distribution of income）。

收入的功能分配也称收入的要素分配，它解释的是在总的国民收入中，每一种生产要素所获得的收入份额，所涉及的是各种生产要素与其所得收入的关系，是从收入来源的角度研究收入分配。

收入的规模分配也称收入的个人分配或家庭分配，它主要涉及个人或家庭所得到的总收入的相对份额情况，它反映一个社会财富和社会收入的分配均等化程度。

功能分配和规模分配是相互联系、相互影响的。在短期内，由于个人和家庭的收入来源于生产要素的报酬，规模分配由功能分配和生产要素的分布情况所决

---

① 公平在不同场合有不同的含义。从一般意义上说，公平包括机会公平、过程公平和结果公平；但从狭义上说是指结果的公平，也就是收入分配问题。中央文件在谈到效率和公平的关系时，常常是特指结果公平，也就是降低收入分配不均等程度。

定；而在长期内，规模分配会影响对产品的需求，进而影响对生产要素的需求，引起各种生产要素相对价格的变化，从而改变功能分配。在各种生产要素中，土地、资本的分布通常较为集中，劳动的分布较为广泛，因此，当功能分配朝着有利于劳动的方向变动时，规模分配状况会得到改善。

发展经济学所关注的收入分配通常是规模分配，关注这种分配如何受经济增长的影响，以及它如何影响经济增长。

（二）收入分配的度量

1. 洛伦兹曲线

洛伦兹曲线是用来衡量收入不平等状况的常用工具。洛伦兹曲线指在一个总体（国家、地区）内，以"最贫穷的人口计算起一直到最富有的人口"的人口百分比对应各个人口百分比的收入百分比的点组成的曲线（图 5-1）。图中横轴 OH 表示人口（按收入由低到高分组）的累计百分比，纵轴 OM 表示收入的累计百分比，弧线 OL 为洛伦兹曲线。

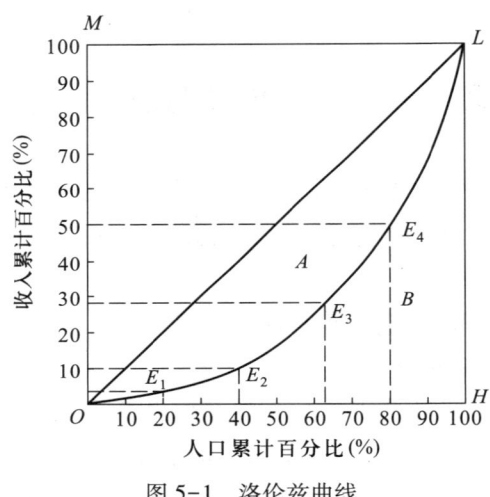

图 5-1   洛伦兹曲线

洛伦兹曲线的两端一定位于 45°线上，因为最贫困的数量为 0 的人口所拥有的收入必定为 0，100% 的人口必然掌握 100% 的收入。洛伦兹曲线的弯曲程度有重要意义。一般来讲，它反映了收入分配的不平等程度，其弯曲程度越大，表示收入分配越不平等，反之亦然。特别是，如果所有收入都集中在一人手中，而其余人口均一无所获时，收入分配达到完全不平等，洛伦兹曲线成为折线 OHL。另外，若任一人口百分比均等于其收入百分比，从而人口累计百分比等于收入累计百分比，则收入分配是完全平等的，洛伦兹曲线成为通过原点的 45°线 OL。一般来说，一个国家的收入分配，既不会是完全不平等，也不会是完全平等，而是介于两者之间。相应地，洛伦兹曲线，既不是折线 OHL，也不是 45°线 OL，而是向横轴突出的弧线 OL。

2. 基尼系数

基尼系数可以通过计算洛伦兹曲线与对角线之间的面积除以对角线与90°线所围的面积得出（图5-2）。

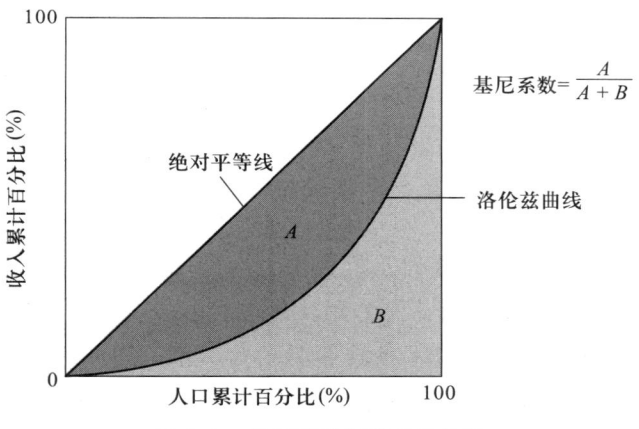

图 5-2 基尼系数与洛伦兹曲线

基尼系数越大，表示收入分配的差别越大，反之则越小。当分配完全平等时（洛伦兹曲线为45°线），基尼系数为0；而当分配完全不平等时（洛伦兹曲线为90°线），基尼系数为1。

基尼系数可以较直观而简洁地反映和监测居民之间的贫富差距，得到世界各国广泛认可，并用作预报、预警和防止居民之间出现贫富两极分化的基本指标。现实中，基尼系数一般介于0.2~0.7之间，分配较为平等的国家基尼系数在0.2~0.35之间，而分配高度不平等的国家的基尼系数通常处于0.5~0.7之间。目前公认的收入分配不平等警戒线是0.4，基尼系数高于这个水平表明收入分配不平等已经超出正常范围，可能会危及社会稳定。

二、经济增长对收入分配的影响

关于经济增长对收入分配的影响，最具影响力的研究是库兹涅茨提出的倒U形曲线假说。1955年库兹涅茨在《美国经济评论》上发表了《经济增长与收入不平等》一文。其主要观点是，在经济发展过程中，收入分配差别呈先扩大后缩小的趋势，即长期变动轨迹呈倒U形曲线，如图5-3所示。

（一）倒U形曲线形成的原因

倒U形曲线展现出增长与分配之间的动态关系，要联系经济发展阶段来说明。

首先，在发展初期，一国存在规模巨大的传统部门（通常以农业部门为代表）和规模较小的现代部门（通常以工业部门为代表），现代部门生产率和工资水平高，传统部门生产率和工资水平低，因此造成传统部门和现代部门的居民收入差

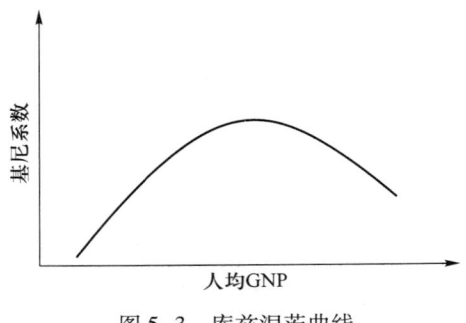

图 5-3　库兹涅茨曲线

距大，而且随着工业化加速，这种差距会扩大。当现代部门变大，而传统部门缩小时，各个部门的生产率和工资水平差距就逐渐缩小，收入不平等下降。

其次，在发展初期，一国资本稀缺而劳动力丰富，因此资本收益高，而劳动工资相对较低，导致资本所有者在国民收入分配中的份额上升，而劳动份额下降，使得收入分配不平等扩大。随着经济的发展，资本越来越丰富，资本收益率就会下降，劳动收入相应提高，而且劳动者受教育程度不断提高，劳动生产率和工资收入上升更快，从而导致资本在国民收入分配中的份额下降，相应地，劳动的份额上升，从而使收入分配不平等下降。

以上是从经济发展的客观趋势来说的。除此之外，政府会对收入分配进行必要的调节。当经济发展水平很低时，政府为了刺激经济活力，也不能对企业和居民征收很高的税收，因此收入转移的能力有限，无法对收入分配进行有效的调节。当一国经济发展到较高阶段时，政府征税的税基提高了，征税的对象也增加了，税率也可以适当提高，这时税收调节收入的能力大大提高，如通过累进税对高收入者多征税，然后政府将一部分收入向贫困家庭和低收入者转移，还可以建立全覆盖的社会保障体系、完善公平的教育和保健体系，以此缓解收入分配不平等程度。

（二）对倒 U 形假说的实证分析

库兹涅茨的倒 U 形假说在学术界存在着不同看法。一些学者通过统计实证分析，证明了倒 U 形变化轨迹的存在。例如，阿德尔曼和莫里斯 1973 年在《发展中国家的经济增长与社会平等》一书里，利用他们所收集的 43 个国家的资料，运用统计回归分析所得结果支持了倒 U 形假说。他们的分析表明，在极为落后的农业经济中，当通过规模很小的现代经济部门的扩张实现经济增长时，收入分配的不平等一般会大幅度扩大，60%的穷人的收入份额相对和绝对恶化，20%的中等收入阶层的收入份额也会下降，而只有 5%的高收入阶层的收入份额显著上升。[1] 同年，

---

[1]   I. Adelman and C. T. Morris, *Economic Growth and Social Equity in Developing Countries*, California：Stanford University Press，1973，p. 118.

另一位经济学家鲍克特将样本扩展到包括发达国家在内的 56 个国家。以基尼系数为收入不平等的指标，发现各组平均的基尼系数的变动同它的人均 GDP 水平之间呈现倒 U 形关系。在人均 GDP 处于 201~300 美元时，收入不平等程度最高，当人均 GDP 上升到 1 001~2 000 美元时，不平等状况开始好转，超过 2 000 美元后，不平等进一步缩小。[①]

阿德尔曼、莫里斯和鲍克特的分析主要采用横截面数据分析，其结果都支持了库兹涅茨的倒 U 形假说。但这种分析方法的可靠性也受到了一些质疑。有人认为，阿德尔曼和莫里斯利用回归方法从 43 个国家的横截面数据资料中可以得出有意义的倒 U 形轨迹，但这一轨迹实际上是随机散点的平均，而不是一条规则的曲线，即倒 U 形现象是回归分析方法的结果。鲍克特的分析也存在类似的问题。

法国学者托马斯·皮凯蒂在其风靡全球的《21 世纪资本论》一书中进一步质疑了库兹涅茨倒 U 形假说，认为这一假说"是基于错误的原因，并且它的实证基础十分薄弱"。[②] 他指出，1914—1945 年，由于两次世界大战及其所造成的剧烈的经济政治冲击，几乎所有发达国家都经历了收入不平等的锐减，而库兹涅茨恰巧选择了这一时期的数据，才得出了倒 U 形关系的结论。按照皮凯蒂本人所使用的更加丰富、更加长期的数据，得出经济发展与收入不平等的关系是正 U 形的。

倒 U 形曲线在发展中国家是否适用，尚无定论。奈特和宋利娜利用中国分省和分县的横截面数据对倒 U 形曲线假说进行验证，没有得到统计上的支持。[③] 王检贵[④]质疑了倒 U 形曲线假说。王小鲁、樊纲[⑤]利用 1996—2002 年我国的分省数据得到城乡收入差距变动曲线近似具有库兹涅茨曲线的上升阶段的特征，但不能确认其下降阶段。过去十多年中，我国基尼系数处于 0.46~0.49 的高位，最近几年有所下降，但仍然很高。

三、收入分配对经济增长的影响

（一）影响机制

收入分配不仅是经济增长的结果，而且在经济增长过程中发挥着十分重要的

---

① F. Paukert, "Income Distribution at Different Levels: A Survey of Evidence", *International Labor Review*, vol. 108, 1973, pp. 97-125.

② [法] 托马斯·皮凯蒂：《21 世纪资本论》，巴曙松等译，中信出版社 2014 年版，第 15 页。

③ J. Knight and L. Song, "The Spatial Contribution to Income Inequality in Rural China", *Cambridge Journal of Economics*, vol. 17, 1993, pp. 195-213.

④ 王检贵：《倒 U 现象是不是一条经济法则？——对罗宾逊经典结论的质疑》，《经济研究》2000 年第 7 期。

⑤ 王小鲁、樊纲：《中国收入差距的走势和影响因素分析》，《经济研究》2005 年第 10 期。

作用。收入分配对经济增长的影响是正面的还是负面的，在学术界还存在着争论。有些人认为收入不平等有利于储蓄和资本积累，因此有利于促进经济增长。并且，收入不平等相对于收入平等能够起到优胜劣汰的作用，充分调动市场主体的积极性，促进资源充分利用和有效配置，从而促进经济增长。但现在已有越来越多的人接受了收入不平等不利于经济增长的观点，其论据如下。

第一，信贷约束——投资机制。由于资本市场的不完善，收入差距的扩大将使更多的穷人面临信贷约束而放弃投资回报率较高的人力资本投资，或者放弃物质资本的投资。

第二，中间投票人——高税收机制。在西式民主社会中，收入差距的扩大会使更多的中位数选民支持增加税收以促进收入再分配，而高税收则会阻碍投资并对经济增长产生负面的激励作用。简言之，更严重的不平等→更穷的选民→更高的税率→税收的扭曲→较低的经济增长。

第三，社会稳定机制。一方面，财富和收入的不平等会使大量低收入者在面对少数非常富有者时，对社会经济现状产生不满，并要求重大的社会变革，这会带来政治体制的不稳定。另一方面，收入不平等会导致低收入者从事暴力或其他破坏性活动，这些活动不仅不能创造生产力，还会威胁到对投资有重要作用的产权安全，这些都会使社会的投资环境恶化，并促使国家将更多资源用于保护产权，造成物质资本积累减少的后果，进而阻碍经济增长。

（二）实证分析

目前，关于收入分配与经济增长之间关系的实证研究，一般以新古典或新增长模型为基础，选取影响收入分配与经济增长的中间因素，通过数据分析收入分配、中间因素和经济增长三者之间的关系，得出收入分配与经济增长之间的经验性结果。

佩罗蒂[1]搜集了 67 个国家的跨国横截面数据，将经济发展水平和收入差距同时作为主要解释变量，得出结论：收入差距与经济增长具有负相关关系。由于研究数据丰富而覆盖广泛，佩罗蒂的研究被很多学者推崇为该问题实证研究中最全面的"杰出的工作"，其研究工作为证明"收入不平等不利于经济增长"的观点提供了强有力的证据。但德宁格（1998）[2]却对其提出了质疑，认为佩罗蒂引用的发展中国家的数据是"高质量的"，然而发达国家的数据却令人存疑。

---

[1]　Perotti Roberto, "Growth, Income Distribution, and Democracy: What the Data Say?", *Journal of Economic Growth*, vol. 1, no. 2, 1996, pp. 149-187.

[2]　Klaus Deininger and Lyn Squire, "New Ways of Looking at old Issues: Inequality and Growth", *Journal of Development Economics*, vol. 57, no. 2, 1998, pp. 259-287.

福布斯①表示认同德宁格的观点，认为佩罗蒂使用的数据和计算方法本身都存在不足，相对来说，德宁格的数据质量更高。在此基础上，福布斯设定了一个和佩罗蒂相似的模型，并利用 45 个国家的面板数据分析了收入不平等对中短期经济增长的影响，认为不平等对短期经济增长有利，这个结论与这一时期其他学者的研究大相径庭，但是与刘易斯二元经济发展模型的观点有些类似。

李宏毅和邹恒甫②认为收入差距和经济增长是正相关的。他们建立了一个与艾莱斯纳和罗德里克 1994 年提出的类似的模型，但他们修改了一个假设，认为政府的服务不是生产性的而是消费性的，所以他们把公共支出引入个人的消费函数，而不是像艾莱斯纳等人那样引入生产函数。

巴罗③在研究收入差距和经济增长的关系时，考察了二者是否存在非线性关系，并尝试建立起联立方程，将收入差距、增长和投资三个变量都做了内生处理，在研究方法上做了一些改进。巴罗得出的结论是：收入分配对增长的影响不是直线型的，而是随着收入水平的不同而不同，更高的不平等抑制了穷国的增长，但促进了富国的增长。

总之，多数学者倾向于认为收入分配不平等对经济增长的影响是负面的，但对这一问题的研究尚无定论。

四、中国高速增长下收入分配的变化趋势

1978 年以前，我国基尼系数一直低于 0.2，这意味着当时我国还是分配高度均等的国家，城乡、区域、行业收入虽有差距但不甚明显。随着改革开放的不断深入，伴随着经济的高速增长，我国基尼系数也发生了明显变化。20 世纪 80 年代初，我国基尼系数约为 0.28，1987 年达到了 0.30，2000 年开始超过 0.40。根据国家统计局公布的近年中国居民收入基尼系数，2003—2012 年的数值多在 0.47 ~ 0.49 之间，且基尼系数在 2008 年达到顶峰 0.491。2012 年至 2017 年分别为 0.474、0.473、0.469、0.462、0.465、0.467，2023 年为 0.465 仍远超过 0.4 的国际警戒线。

中国收入分配差距与实施的发展战略和发展政策有些关系，但在很大程度上是由改革开放后经济结构转变导致的经济快速增长引起的。

①　Kristin J. Forbes，"A Reassessment of the Relationship between Inequality and Growth"，*The American Economic Review*，vol. 90，no. 4，2000，pp. 869-887.

②　Hongyi Li and Hengfu Zou，"Income Inequality is not Harmful for Growth: Theory and Evidence"，*Review of Development Economics*，vol. 2，no. 3，1998，pp. 318-334.

③　Robert J. Barro，"Inequality and Growth in a Panel of Countries"，*Journal of Economic Growth*，vol. 5，no. 1，2000，pp. 5-32.

首先，二元经济中农村劳动力转移对收入分配有着显著影响。改革开放前，中国城乡严格分隔，农村劳动力无法向外转移。改革开始后，农村的剩余劳动力大规模向非农产业转移。由于农业存在着大量的剩余劳动力，非农部门的劳动生产率大大高于农业部门的劳动生产率。随着劳动力从农业部门转移到非农部门，整个社会的资源配置效率提高了。与此同时，部门生产率的巨大差异，导致了农业部门内部居民收入的差别和城乡居民收入差别的扩大。此外，农村劳动力转移使得城市和发达地区的劳动成本保持在低水平上，从而提高了这些城市和地区的利润率，加速了资本积累和经济增长的步伐，同时进一步导致城乡居民收入差别的扩大。

其次，部门和行业发展的不平衡导致收入差距拉大。近二十年，伴随着我国经济增长，各行业的发展不平衡趋势明显。农业、采掘业、制造业、建筑业、零售批发等行业增长相对缓慢，而同时，交通邮电、金融保险、房地产、社会服务、卫生体育、教育文艺广电业、高科技和服务业发展较快。相应地，不同行业的工资水平上涨幅度不尽相同，进而导致不同行业从业者的收入差别日益扩大。

最后，地区经济发展不平衡导致地区间的收入差别扩大。改革开放的优惠政策首先在东南沿海地区实行，使这些地区得以"先富起来"，经济发展水平与中西部地区差距日益增大。一个区域的经济快速增长必然会带来当地居民收入水平和消费水平的提高，从而使得不同地区居民之间的收入差距也不断扩大。

综上，伴随着中国近些年来的高速增长，基尼系数目前虽有下降但仍然处于高位。收入分配差距拉大的原因除了行业和地区发展不平衡这些客观的因素外，也有体制转型期间行政体制改革相对滞后导致的机会不平等，垄断、寻租等导致的非法收入或灰色收入造成的不平等，还有社会保障体系不健全所导致的不平等扩大等因素。这类因素引起的不平等必须通过深化政治经济体制改革和不断完善社会保障体系来应对和消除。近几年，随着反腐力度的加大、以削减审批权为重点的行政体制改革的推进、社会保障体系的健全与完善，以及脱贫攻坚的持续推进，这种不平等趋势得到遏制，收入差距在缩小，基尼系数在下降。

第三节　贫困与反贫困

一、贫困概念及其演变

对贫困的概念有两种理解，一种是区域意义上的贫困，即从整体角度来看待贫困。在这一意义上，贫困实际上是指整个地区的一种低度发展的状态，这种贫困本质上就是发展经济学所关注的低收入发展中国家的状态。第二种理解则是个体意义上的贫困，即从个人和家庭角度看待贫困。第一种含义的贫困贯穿本书的始终。本节则单独介绍第二种含义的贫困概念。

学术界对贫困的研究越来越深入，对贫困的定义也日益丰富和深刻。本文讨论的是绝对贫困，即生活在绝对贫困线或以下的人口的贫困问题。对贫困和反贫困的研究，广义上说也属于收入分配问题研究的范畴。

（一）收入贫困

按照家庭和个人的经济状况来定义贫困，就叫作收入贫困（income poverty），有时也称为物质贫困，它通常是从生物学角度以人对消费品的最低生存需要来定义和度量的。收入贫困一直是全球使用最为广泛的贫困标准。

收入贫困分为绝对贫困和相对贫困。绝对贫困标准就是维持生存的最低的必需品的水平，如果低于这个最低水平，生存就会受到威胁。相对贫困是以收入、消费和福利来衡量和计算的。如果一个人的收入大幅度低于社会中的平均值或中间值收入，那么，他就可以被定义为穷人。

世界银行根据多个国家的贫困标准数据，制定了国际绝对贫困标准，即每人每天一美元，如果一个人每天的生活支出低于一美元就可以归于绝对贫困人口之列。这个贫困线是 10 个国家 1990 年的最低贫困线的平均数，它是按照 1993 年的购买力平价计算的。2008 年，世界银行公布了新的贫困线，以近期可获得的国际比较项目（ICP）对 116 个国家 675 个居民户涵盖 1981—2005 年的调查结果为基础，将极端贫困线定为每天 1.25 美元（2005 年价格），这是最贫穷的 15 个国家的最低贫困线的平均值。2015 年，世界银行将贫困线上调为每天 1.9 美元。2022 年，世界银行进一步将贫困线上调至每天 2.15 美元。

（二）能力贫困

能力贫困（capability poverty）由阿马蒂亚·森首先提出。能力贫困是指人的能力被剥夺而产生的贫困。阿马蒂亚·森所说的能力是指一个人可以获得的各种功能性活动的不同选择组合。因此能力是一种自由，是获得各种功能性活动的选择组合的实质自由。他举了一个节食的例子来说明这种选择的自由。一个富人为了节食，可能与一个正在挨饿的穷人吃得一样少，但富人与穷人的区别在于，前者可以选择吃得更多，吃得更有营养，也可以选择不吃和少吃，但后者却只能吃得更少，甚至忍饥挨饿，而没有其他选择。

能力贫困已经广泛应用于贫困的计量方面。贫困估计的能力法是简单和直接的，并得到联合国开发计划署（UNDP）的支持和运用，越来越被关注贫困问题的研究者和机构所认同。在 2008 年的《人类发展报告》中，发展中国家的人类贫困指数 HPI-1（human poverty index）由三个指标构成：健康的剥夺、接受教育的剥夺和体面生活的剥夺，根据这三个指标能得到发展中国家人类贫困指数。发达国家人类贫困指数 HPI-2 衡量的是一个国家在人类发展的四个基本方面的差距，其中三个方面与发展中国家的人类贫困指数一致，另外一个方面是社会参与。

2010 年，由 UNDP 发布的多维贫困指数 MPI（multidimensional poverty index）代替了人类贫困指数（HPI）。多维贫困指数反映多维贫困人数以及每一个多维贫困家庭所遭受的多维剥夺的平均数量（贫困程度）。MPI 从三个维度识别家庭层面上的叠加剥夺，反映了贫困人口平均受剥夺的人数以及贫困家庭中所遭受的剥夺维度。维度指标包括健康（营养和儿童死亡率）、教育（受教育年限和儿童入学率）和生活标准（做饭用燃料、厕所、饮用水、电、屋内地面材质和财产）。每个指标在其维度内都有相同的权重。现有文献表明，贫困的维度远远超出了收入不足的范围，包括不良的健康和营养状况、较低的受教育水平和技能、谋生手段的缺乏、恶劣的居住条件、社会排斥以及社会参与的缺乏等诸多方面。

（三）权利贫困

权利贫困（entitlement poverty）是指一批特定的群体和个人缺乏应享有的政治、经济、文化权利和基本人权而导致的贫困。从 20 世纪 90 年代开始，研究贫困的学者认为，贫困不仅仅是收入水平低下，不仅仅是教育、健康和营养状况不良，还应包括脆弱性、无发言权、社会排斥这些现象，于是将贫困的概念扩展到权利贫困。所谓脆弱性（vulnerability）是指市场风险、自然风险、经济波动以及社会混乱使穷人的生活状况更容易受到冲击。脆弱性包括两个方面，易遭受外部冲击的外在方面和孤立无助的内在方面，这两个方面都意味着缺少应付破坏性损失的手段。此外，穷人在经济上被边缘化，往往在政治上和社会上也被边缘化了，他们在资源分配上没有发言权，他们缺乏法律的保护，不受尊重，被禁止利用新的经济机会，在社会上处于受排斥的境地。一个人如果被排斥在主流经济、政治以及社会活动之外，那么，即便拥有足够的收入、足够的能力，他依然可能是贫困的。

总体而言，可以把贫困归结为两种形式的剥夺，一种是生理形式的剥夺，包括营养、健康、教育、住所等物质或生理上的基本需要无法得到满足，另一种是社会形式的剥夺，包括脆弱性、无发言权、社会排斥等。这两种剥夺概括了贫困概念的基本内涵，它们并不是相互替代的，而是相互补充、相互影响、相互作用的。

二、发展中国家的贫困状况及其产生的原因

（一）发展中国家的贫困状况

在发展中国家，贫困和生活水平的低下主要表现在人均收入水平、不平等程度、医疗水平、受教育程度等几个方面。

第一，大范围的绝对贫困。世界银行在《1990 年世界发展报告》中指出："对世界上许多穷人来说，20 世纪 80 年代是被遗弃的年代。"报告使用了人均每年

275 美元和 370 美元的通用贫困线。用贫困线的上限 370 美元衡量，1985 年发展中国家约有 11.15 亿穷人，这大致是发展中国家人口的 1/3。其中的 6.3 亿人（发展中国家人口总数的 18%）是最穷的人，年消费不足 275 美元，即不到贫困线的下限。2008 年的研究表明，在发展中国家，有 14 亿人口生活于极端贫困之中。如果使用较宽松的贫困尺度，即每天 2 美元（2005 年价格）的上限标准，发展中国家的贫困人口则多达 26 亿。① 2019 年，按照每日 2.15 美元（2017 价格）的最新国际贫困线标准，全球仍有 6.59 亿人口深陷极端贫困，而其中 84% 的人口生活在撒哈拉以南的非洲地区和南亚地区的发展中国家。如果将贫困标准稍微放宽，则发展中国家有超过 19 亿人口生活在每日消费低于 3.85 美元（2017 价格）的贫困线之下。《2021/2022 年人类发展报告》指出，2019 年在 151 个发展中国家或地区中，按照多维贫困指数（MPI）来衡量，有约 12.9 亿多维贫困人口。

第二，低下的人均收入水平。按世界银行的统计数据，2021 年，发达国家人均 GNI 的平均值约为发展中国家的 8.6 倍，是低收入国家的 57 倍。其中，人均 GNI 最高的国家（地区）百慕大是人均 GNI 最低的国家（地区）布隆迪的 419 倍。

第三，巨大的收入差距。在发达国家，20% 的高收入人口一般占收入或消费的 40% 左右，最穷的 40% 的人口约占收入或消费的 20%；而在一些发展中国家，最穷的 40% 的人口占收入或消费的份额甚至低于 10%，20% 的高收入人口的收入往往是 40% 的穷人的 5~10 倍。

第四，恶劣的卫生保健状况。在发展中国家，有许多人营养不良、患病、健康不佳。据世界银行最新统计数据，2020 年，高收入国家人口出生时预期寿命平均为 77.6 岁（男性）和 83 岁（女性），中等收入国家为 69.3 岁和 74.3 岁，低收入国家为 60.5 岁和 65.3 岁。2021 年，高收入国家 5 岁以下儿童死亡率为 4.9‰；在中等收入国家，这一指标为 34.8‰；在低收入国家，这一指标高达 67.4‰。此外，在发达国家，获得医疗保健、安全饮用水和卫生设施服务的人口都接近 100%，在低收入国家，许多国家低于 50%。

第五，低下的教育水平。2018 年，在所有国家，小学入学率都高于 80%。但适龄人口的中学净入学率，在发达国家为 90.8%，中等收入国家为 68.1%，低收入国家为 33.6%。2020 年高等教育入学率在发达国家为 79.6%，中等收入国家为 38.1%，在低收入国家这一比率则为 9.3%。近二十年，所有发达国家成人识字率均高于 90%。而到 2020 年，低收入国家成年男性识字率却仅有 68.7%，成年女性识字率则更低，仅为 53%。虽然各发展中国家对基础教育的普及极为重视，然而，

---

① S. Chen and M. Ravallion, *The Developing World is Poorer Than We Thought*, *But No Less Successful in the Fight Against Poverty*, World Bank, August 2008，参见世界银行网站。

2016 年仍有 7.5 亿成年人是文盲，其中 2/3 是女性。撒哈拉以南非洲和南亚的成人识字率最低，仅南亚就有近一半（49%）的全球文盲人口。[①]

（二）贫困产生的原因

贫困是一个综合问题，产生贫困的原因也涉及个人、经济、社会、自然、历史等多方面因素，并且有许多深层次的间接原因。概括地说，产生贫困的直接原因主要有以下几个方面。

第一，经济发展水平。社会的整体经济发展水平影响着个人满足自身基本需要的能力，发展中国家存在着大量的贫困人口正是对这一点的证明。发展经济是解决贫困问题的基础和条件。

第二，政治因素。一方面，政治影响力的大小和政治权利能否有效实现影响着个人满足自身需要和争取各项权利能力的实现。另一方面，政治的稳定是经济发展的前提条件，政治动荡会从多方面造成贫困。

第三，政策因素。不恰当的政策在短期会引起宏观经济的动荡或经济衰退，对于选择少、预防能力低下的低收入人群造成的冲击远大于高收入人群，从而直接造成严重贫困；而在长期，不当的政策和战略可能影响就业，例如，重工业优先发展战略导致就业人数减少，使得部分人口失业和失去自我发展的机会。贫困在很大程度上是二元经济的产物。错误的政策进一步拉大了发展中国家农村与城市之间的收入差距。

第四，文化及制度因素。传统习俗、生活方式、价值观、社会规范等文化制度方面的因素甚至决定了人们的行为方式。某些落后的文化和制度与现代经济增长不相适应，而有些传统观念则尤为不利于社会中部分群体的发展。贫困人口中呈现出来的种族、阶层和性别歧视就是这种因素作用的结果。例如，贫困家庭子女在城市找工作可能相对非贫困家庭受到歧视，使得贫困子女的心理受到伤害。

第五，自然环境因素。自然条件是决定一个地区经济发展水平的重要因素，在幅员辽阔的大国，贫困人口的区域分布特征体现出自然环境因素的重要性。例如，那些偏远的山区，资源短缺，交通不便，那里的居民就必然比平原地区和大城市郊区贫困得多。

第六，国际环境因素。国际交往和国际环境也是造成贫困的重要因素之一。在旧的国际秩序中，殖民侵略、世界大战等来自国外的掠夺和冲击会直接造成大量的贫困人口，并且影响深远。而在新的国际秩序和经济全球化的新环境中，来自国外的贸易和经济的冲击则是造成贫困的主要国际因素。

第七，个人能力因素。人与人之间的能力存在差异是客观事实。即使在以上

---

① 数据来源：联合国可持续发展目标网站。

条件都相同的情况下，由于家庭背景、身体健康状况、受教育程度、个人素质、性格特质和努力程度的不同，个人在环境适应、机会利用、收入获得方面的能力会存在显著差异。个人能力方面的差距会导致一部分人与经济和社会发展脱节，生存能力较差，从而陷于贫困。

三、缓解贫困状况的各种途径

贫困存在于世界各国、各地区，具体存在的形式和状态不尽相同，造成的原因也千差万别，因此，缓解贫困的具体方案是根据不同国家或地区的具体贫困状态制定的，但治理贫困的基本思路是一致的，即要通过地区、国家、全球等多层次的行动，消灭极端贫穷，强化贫困人口的能力建设，扩大贫困人口的经济机会，赋予贫困人口权利，加强贫困人口的安全保障。

第一，提高贫困人口收入，消灭极端贫困。收入贫困是贫困的最直接表现，尤其是极端的绝对贫困，直接威胁着贫困人口的生存。因此，缓解贫困的一个重要方面是治理和消灭极端贫困。一方面，国家整体的经济增长和增长的全面扩散是提高贫困人口收入的关键途径。另一方面，对于危及生存的极端贫困必须通过有效的策略进行直接治理。

第二，强化贫困人口能力建设，扩大贫困人口的经济机会。帮助贫困人口增加资产，是强化能力建设、扩大机会的关键。健康保障、教育培训等人力资本不仅具有内在价值，也是加强物质福利的有力手段。贫困人口对土地、基础建设、金融服务等的占有和获得也很重要。政府应当通过各种措施帮助贫困人口增加这些方面的资产，因为最初的社会不公和金融、医疗等市场中广泛存在的市场失灵，只有通过公共政策的约束才能克服。

第三，赋予贫困人口权利。提高贫困人口的政治和社会参与度，降低贫困人口被边缘化的程度，可以提高他们在政治事务和社会管理方面的影响力。政府机构应当更多地对贫困人口负责，改进公共管理，加强法治建设，支持和组织反贫困的公共行动，推进民主，鼓励贫困人口参与政治过程。建立和完善相关法律以消除各种歧视，对弱势群体给予特殊照顾；确保公共机构平等地为各个社会群体服务；通过多样化渠道采取多层次的措施以消除各种不公正的社会壁垒，赋予贫困人口平等的权利。

第四，加强贫困人口安全保障，降低贫困人口的脆弱性。一方面，要注重对各类风险的防范和提高贫困人口抗风险的能力。医疗保健、环境保护、完善的劳动力市场和恰当的宏观经济政策都能降低风险。另一方面，为了防范和化解经济、自然等各方面的不利冲击，要建立可靠的社会安全网，以便在不利冲击出现时，快速做好灾后补救，帮助贫困人口渡过难关。

第五，缓解贫困的国际行动。缓解贫困的具体措施主要依靠国家和地方层次的政府和机构，但贫困人口生活也受到国外多种因素的影响，比如全球贸易、外国发展援助、国际技术扩散、来自国外的各类冲击等。因此，全球层次上的联合行动是各国反贫困战略的重要补充，可以加速减贫进程，有助于消灭极端贫困，并且有助于缩小穷国和富国各方面的差距。

四、中国减贫脱贫取得的成就、经验与后脱贫时代的主要任务

从全球范围来看，中国减贫成就举世瞩目，为全球减贫事业做出了重大贡献。特别是在全球贫困状况依然严峻、一些国家贫困分化加剧的背景下，我国提前 10 年实现《联合国 2030 年可持续发展议程》的减贫目标，赢得了国际社会的广泛赞誉。联合国秘书长古特雷斯在致"2017 年减贫与发展高层论坛"贺信中称赞说，"中国已实现数亿人脱贫，中国的经验可以为其他发展中国家提供有益借鉴"。

（一）中国减贫脱贫取得的巨大成就①

改革开放以来，中国脱贫攻坚取得了巨大的成就。习近平在全国脱贫攻坚总结表彰大会上向全世界宣告，"我国脱贫攻坚取得了全面胜利，现行标准下 9 899 万农村贫困人口全部脱贫，832 个贫困县全部摘帽，12.8 万个贫困村全部出列，区域性整体贫困得到解决，完成了消除绝对贫困的艰巨任务，创造了又一个彪炳史册的人间奇迹"②!

1. 绝对贫困基本消除

绝对贫困是指贫困线标准以下的贫困。③ 按当年价现行贫困标准衡量，1978 年年末，我国农村贫困发生率约为 97.5%，也就是说，100 个农村人口中就有 97.5 个人属于贫困人口，农村贫困人口规模达到 7.7 亿人。2019 年年末，农村贫困发生率下降到 0.6%，贫困人口规模下降到 551 万人，2020 年年末，中国全面消除绝对贫困。这 42 年中贫困发生率年均下降 2.3 个百分点。特别是进入 21 世纪以来，农村贫困人口下降更为迅速。2000 年年末，中国农村贫困发生率为 49.8%，农村贫困人口规模为 4.6 亿人。2000 年后减贫的人数占改革开放以来农村减贫总规模的 59.7%。2012 年以后，扶贫脱贫力度更大，减贫绩效更为显著。2012 年年末贫困发生率为 10.2%，农村贫困人口 9 899 万人。2013—2020 年，年均减贫

---

① 本部分数据和内容来自国家统计局 2018 年 9 月 3 日发布的《扶贫开发成就举世瞩目 脱贫攻坚取得决定性进展——改革开放 40 年经济社会发展成就系列报告之五》和 2022 年 10 月 11 日发布的《脱贫攻坚战取得全面胜利 脱贫地区农民生活持续改善——党的十八大以来经济社会发展成就系列报告之二十》。
② 《习近平谈治国理政》第四卷，外文出版社 2022 年版，第 125 页。
③ 2011 年我国确定贫困线标准：农村（人均纯收入）贫困标准为 2 300 元（按 2010 年不变价格），之后按照价格指数进行调整。

1 237 万人，贫困发生率年均下降 1.3 个百分点，近 1 亿贫困人口脱离了绝对贫困的生活境况，中国取得了减贫工作的重大成就。

2. 贫困地区居民生活水平显著提升

一是贫困地区农村居民收入保持增长，且持续快于全国农村。2020 年贫困地区农村居民人均可支配收入 12 588 元，2013—2020 年年均增长 11.6%，比全国农村年均增速快 2.3 个百分点；扣除价格因素，年均实际增长 9.2%，比全国农村年均实际增速快 2.2 个百分点。特别是 2020 年，面对新冠疫情冲击，各地迅速采取有效措施，全年贫困地区农村居民收入实现平稳增长，人均可支配收入达到全国农村平均水平的 73.5%，比 2012 年提高 11.4 个百分点，与全国农村平均水平的差距进一步缩小。

二是贫困地区农村居民收入结构持续优化。就业扶贫工作成效显著，工资性收入成为贫困地区收入首要来源。2020 年贫困地区农村居民人均工资性收入 4 444 元，2014—2020 年年均增长 12.7%，占可支配收入的比重为 35.3%，比 2013 年提高 3.7 个百分点。经营净收入稳定增长，非农经营收入占比提高。2020 年贫困地区农村居民人均经营净收入 4 391 元，2014—2020 年年均增长 6.7%，占可支配收入的比重为 34.9%。其中，人均二三产经营净收入 1 192 元，年均增长 12.8%，占可支配收入的比重比 2013 年提高 1.0 个百分点。财产、转移净收入快速增长，收入来源更加多元。2020 年贫困地区农村居民人均财产净收入、转移净收入分别达到 185 元和 3 567 元，2014—2020 年年均分别增长 16.8%、15.4%，合计占可支配收入的比重为 29.8%，比 2013 年提高 7.3 个百分点。

三是贫困地区农村居民消费水平明显提高。2020 年，贫困地区农村居民人均消费支出达到 10 758 元，2013—2020 年年均增长 10.9%，扣除价格因素，年均实际增长 8.6%。2020 年，贫困地区农村居民人均消费支出是全国农村平均水平的 78.5%，比 2012 年提高了 8.0 个百分点。从结构上看，吃、穿等基本生活消费支出占比缩小，恩格尔系数进一步下降。2020 年，贫困地区农村居民人均食品烟酒支出为 3 632 元，2014—2020 年年均增长 8.4%，占消费支出比重（恩格尔系数）为 33.8%，比 2013 年下降 4.4 个百分点；人均衣着支出 588 元，2014—2020 年年均增长 8.4%，占消费支出比重为 5.5%，比 2013 年下降 0.7 个百分点。交通通信、教育文化娱乐和医疗保健等发展改善型消费支出较快增长，2020 年人均支出分别达到 1 261 元、1 128 元和 1 061 元，2014—2020 年年均分别增长 13.7%、12.3% 和 13.8%；占消费支出比重分别为 11.7%、10.5% 和 9.9%，分别比 2013 年提升 2.2 个、1.2 个和 1.9 个百分点。

3. 贫困地区农村基础设施和公共服务建设加速，生产生活条件显著改善

改革开放初期，中国农村地区基础设施少且质量差，公共服务水平落后。几

十年来，尤其是党的十八大以来，贫困地区农村基础设施显著改善，"四通"覆盖面不断扩大，社会事业取得长足进步，文化教育卫生资源逐渐丰富，生产生活条件得到进一步改善。第一是贫困地区基础设施条件持续完善。国家脱贫攻坚普查结果显示，2020年，贫困地区中，通硬化路的行政村比重99.6%，其中具备条件的行政村全部通硬化路；通动力电的行政村比重99.3%，其中大电网覆盖范围内行政村全部通动力电；通信信号覆盖的行政村比重99.9%；通宽带互联网的行政村比重99.6%；广播电视信号覆盖的行政村比重99.9%；有村级综合服务设施的行政村比重99.0%；有电子商务配送站点的行政村比重62.7%。第二是贫困地区教育文化设施及服务水平继续提升。2020年①，贫困地区有小学的乡镇比重98.5%，所有的县均有初中，有初中的乡镇比重70.3%，有寄宿制学校的乡镇比重94.1%。非义务教育方面，贫困地区有中等职业教育学校的县比重82.4%，有技工院校的县比重18.7%，有职业技能培训机构的县比重84.5%。文化服务设施进一步完善，有公共图书馆的县比重98.1%，有综合文化站的乡镇比重99.4%，有图书室或文化站的行政村比重98.9%。第三是贫困地区医疗卫生服务体系不断健全。2020年，贫困地区建档立卡贫困人口所在辖区县、乡、村三级医疗卫生服务体系健全。贫困地区中，至少有一所县级公立医院（含中医院）的县比重99.8%，其他县符合基本医疗有保障标准。所在乡镇有卫生院的行政村比重99.8%，符合基本医疗有保障标准可不设置的行政村比重0.2%。所在乡镇卫生院服务能力达标的行政村比重98.9%，符合基本医疗有保障标准不作要求的行政村比重1.1%。有卫生室或联合设置卫生室的行政村比重96.3%，符合基本医疗有保障标准可不设置卫生室的行政村比重3.7%。卫生室服务能力达标的行政村比重95.3%，符合基本医疗有保障标准不作要求的行政村比重4.7%。第四是贫困地区农村居住条件明显改善。2020年贫困地区居住在竹草土坯房、炊用柴草的农户比重分别为0.8%、29.3%，分别比2012年下降7.0个百分点、31.8个百分点。使用管道供水、独用厕所的农户比重为91.0%、97.2%，分别比2012年提高34.6个百分点、6.2个百分点。国家脱贫攻坚普查结果显示，贫困地区中，全部实现集中供水的行政村比重65.5%，部分实现集中供水的行政村比重31.9%；全部实现垃圾集中处理或清运的行政村比重89.9%，部分实现垃圾集中处理或清运的行政村比重9.0%。

（二）中国减贫成功的原因及经验

中国减贫取得巨大成功不是偶然的，是多方面因素综合的结果，概括来说有如下几个原因。

---

① 国家脱贫攻坚普查结果数据中所有县比重和"有小学的乡镇比重""有初中的乡镇比重""有综合文化站的乡镇比重"数据为2019年年末时点的数据，其他数据均为普查登记时点的数据。

第一，改革开放带来的经济快速增长和社会经济结构的巨大变迁，为大规模减贫提供了强大的基础和条件。改革开放以来中国经济持续高速增长，经济实力和财力显著增加，为中国大规模减少贫困人口创造了坚实的物质基础。同时，与经济增长相伴随的城乡社会大转型也为中国减贫创造了有利条件。农业现代化、农民非农化、农村工业化、农民工市民化，都为大量贫困人口融入现代经济生活、提高劳动生产率、增加可支配收入、提高生活水平，创造了难得的机会。

第二，坚持政府主导，把扶贫开发纳入国家总体发展战略，开展大规模专项扶贫行动，针对特定人群组织实施妇女儿童、残疾人、少数民族发展规划。坚持普惠政策和特惠政策相结合，先后实施《国家八七扶贫攻坚计划（1994—2000年）》《中国农村扶贫开发纲要（2001—2010年）》《中国农村扶贫开发纲要（2011—2020年）》，在加大对农村、农业、农民普惠政策支持的基础上，对贫困人口实施特惠政策，做到应扶尽扶、应保尽保。中国从1986年起开始实施有计划、有组织、大规模的扶贫开发，以政府为主导，设立了扶贫开发专门机构，划定了国定贫困县和省定贫困县，确定特定的扶助对象群体，制定了与中国国情和发展阶段相适应的扶贫开发方针。

第三，坚持精准扶贫、精准脱贫各项政策措施落地生根。找准"贫根"，明确靶向，量身定做，真正扶到点上，扶到根上。因地制宜探索多渠道、多样化的精准扶贫、精准脱贫路径。

第四，坚持开发式扶贫方针，把发展作为解决贫困的根本途径，既扶贫又扶智，调动扶贫对象的积极性，提高其发展能力，发挥其主体作用。中国减贫不但是一种输血机制，更重要的是一种造血机制，不但包括资金支持，更重要的是知识、技术的支持，核心是对贫困人口进行人力资本投资，减少能力贫困、知识贫困，通过知识扶贫、就业扶贫、创业扶贫等方式，提高贫困人口发展能力，扩大发展机会和就业机会，参与全国一体化、全球化的机会，最终实现永久脱贫、根本性脱贫。

第五，坚持动员全社会参与，发挥中国制度优势，构建了政府、社会、市场协同推进的大扶贫格局，形成了跨地区、跨部门、跨单位、全社会共同参与的多元主体的社会扶贫体系。经过长期的实践、探索、总结和创新，中国已经形成了特色的公共机构与私人合作伙伴（PPP）反贫困机制。这一模式由七个主体共同参与，形成了相互补充的七个机制：（1）自力更生，即激励贫困地区贫困人口（他们既是反贫困的行动主体，更是反贫困的受益主体）发扬自力更生、艰苦奋斗的精神，自救、自助、自力，改善生产生活条件和农村基础设施，增加人均收入，扩大收入来源，实现脱贫致富。（2）地方为主，即省级政府对减贫总负责，市、县级政府作为实施主体，工作到村，扶贫到户。将反贫困纳入地方发展规划之中，直接为贫困人口提供基本公共物品与基本公共服务。（3）国家支持。新中国成立以来，中国历届政府都十分重视反贫困事业，特别是1978年实行改革开放以来，强化了对扶贫行动的领导与支持，首先国务院成立扶贫领导小组，制定国家反贫困行动规划，进行战略指导以及政策扶持。其次进行具体的扶持，包括财政支持、税收优惠、金融扶持、人力资源支持等。（4）社会捐赠，非政府组织参与。（5）对口支援，是指较为发达地区对贫困地区的支持，包括各省份之间的对口支援和省内的对口支援。（6）市场驱动，发挥市场机制，国家鼓励各类企业，包括外资企业，积极参与减贫工作，给予必要的优惠政策。（7）国际援助，积极争取多方援助，吸引国际机构、国际组织对减贫事业进行支援。以上七个机制就是政府主导、多元投资、相互补充、激励相容、广泛参与的具有中国特色的PPP反贫困机制。①

（三）后脱贫时代中国巩固脱贫成果的目标与任务

首先是要切实做好巩固拓展脱贫攻坚成果同乡村振兴有效衔接的各项工作，让脱贫基础更加稳固、成效更可持续。对易返贫致贫人口要加强监测，做到早发现、早干预、早帮扶。对脱贫地区产业要长期培育和支持，促进内生可持续发展。对易地扶贫搬迁群众要搞好后续扶持，多渠道促进就业，强化社会管理，促进社会融入。对脱贫县要扶上马送一程，设立过渡期，保持主要帮扶政策总体稳定。要坚持和完善驻村第一书记和工作队、东西部协作、对口支援、社会帮扶等制度，并根据形势和任务变化进行完善。适时组织开展巩固脱贫成果后评估工作，压紧压实各级党委和政府巩固脱贫攻坚成果责任，坚决守住不发生规模性返贫的底线。

乡村振兴是实现中华民族伟大复兴的一项重大任务。要围绕立足新发展阶段、贯彻新发展理念、构建新发展格局带来的新形势，提出的新要求，坚持把解决好"三农"问题作为全党工作重中之重，坚持农业农村优先发展，走中国特色社会主义乡村振兴道路，持续缩小城乡区域发展差距，让低收入人口和欠发达地区共享发展成果，在现代化进程中不掉队、赶上来。全面实施乡村振兴战略的深度、广度、难度都不亚于脱贫攻坚，要完善政策体系、工作体系、制度体系，以更有力的举措、汇聚更强大的力量，加快农业农村现代化步伐，促进农业高质高效、乡村宜居宜业、农民富裕富足。

坚定不移地走共同富裕的道路。在全面建设社会主义现代化国家新征程中，必须把促进全体人民共同富裕摆在更加重要的位置。随着脱贫攻坚战的胜利和小

---

① 胡鞍钢：《中国减贫之路：从贫困大国到小康社会（1949—2020年）》，载于《国情报告》（第十一卷2008年（下）），社会科学文献出版社2013年版，第362—399页。

康社会的建成，中国已经到了扎实推动全体人民共同富裕的历史阶段。实现共同富裕的宏伟目标，最终靠的是发展。必须紧紧抓住经济建设这一中心，把"蛋糕"做大做好，为保障社会公平正义奠定更加坚实的物质基础，然后通过合理的制度安排，正确处理经济增长和收入分配的关系，把"蛋糕"切好分好，以充分体现社会主义制度的优越性。

思考题

1. 试述公平的含义与实现途径。
2. 中国特色社会主义公平观的主要特征是什么？
3. 什么是功能分配？什么是规模分配？二者的区别和联系有哪些？
4. 什么是库兹涅茨倒 U 形曲线？该曲线的理论依据是什么？
5. 收入分配对经济增长的影响机制是什么？
6. 试述贫困概念的内涵及其演进。
7. 简述中国减贫事业取得的成效及其原因。

▶ 即测即评

 请扫描二维码进行在线测试。

第三篇 | 结构转变

第六章 二元经济发展

当今世界上所有发展中国家都是传统经济与现代经济并存，呈现出明显区别于发达国家的二元经济结构。一个经济体越是不发达，其传统经济部门的比重越大，现代经济部门的比重越小。从这个视角看，发展中国家经济发展的过程，是经济资源不断由传统经济部门向现代经济部门转移，从而经济效率不断提升的过程；是传统经济部门不断收缩、被改造，而现代经济部门不断扩张、生成的过程，亦即二元经济逐渐转向现代一元经济的过程。中国作为一个发展中大国，具有鲜明的二元经济结构。改革开放之后，农业剩余劳动力源源不断地流向城市和东部发达地区，推动中国工业化和城市化加速发展。本章从劳动力流动的视角讨论二元经济的发展问题。

第一节 二元经济发展模型

一、刘易斯模型

（一）基本概念

生于圣卢西亚的著名发展经济学家、普林斯顿大学教授、诺贝尔经济学奖获得者刘易斯在 1954 年发表的一篇论文中首次提出了二元经济发展模型。[①] 在他看来，发展中国家经济存在着传统与现代两个部门，它们的再生产过程以及劳动生产率存在显著差异，呈现出鲜明的二元经济结构。经济发展过程就是传统部门的剩余劳动

力不断向现代部门转移的过程。当一国传统部门的剩余劳动力都转移到现代部门之时，经济的二元性质就消失了，该国就实现了工业化。

传统部门采用的是传统的组织生产技术，生产效率低下并存在大量冗余劳动力，进而造成该部门收入水平低下。传统部门最为典型的代表是农业部门。传统农业主要使用土地、人力和畜力这三大传统要素进行生产，最终会面临着要素边际报酬递减规律的约束。依赖经验、技术停滞、劳动生产率低下是传统部门的重要特征。现代部门采用先进技术，生产效率很高，但产出因受生产投入的限制而难以扩张。最典型的现代部门是城市的工业部门。依赖制度、技术创新、劳动生

---

① W. Arthur Lewis, "Economic Development with Unlimited Supplies of Labour", *The Manchester School of Economic and Social Studies*, 1954, pp. 139-191.

产率较高是现代部门的重要特征。由于两个部门劳动生产率存在差距，相应地，两个部门的工资收入也存在差距。

以农业部门为例。发展中国家传统部门存在着数额庞大的两类劳动力：其一，边际产出为零甚至小于零的劳动力，也就是说，即使将这部分劳动力移出传统农业部门，农业产出也不会有所减少甚至还会增加；其二，不充分就业的劳动力，即虽然边际产出大于零，但其产出小于维持自身最低生存费用的那部分劳动力。这两类劳动力都是剩余劳动力。这些劳动力虽然出工出力，但其边际产量很低，以隐蔽失业的形式存在。

（二）基本模型：劳动力流动与二元经济发展

假设经济中存在规模庞大的传统部门和规模相对较小的现代部门。在传统部门，由于李嘉图的土地收益递减规律以及马尔萨斯人口规律的作用，一旦人均收入水平超过维持生存最低费用，就会刺激人口增长，因此，传统部门人均收入基本等于维持生存所需要的最低费用。

假定传统部门平均工资水平为 W_s，现代部门平均工资水平为 W_m。通常情况下，现代部门的工资 W_m 比传统部门的工资 W_s 要高。其原因是：首先，现代部门劳动生产率高于传统部门。正因为现代部门的工资高于传统部门工资，才吸引劳动力离开传统部门到现代部门工作，从农村流入到城市。其次，城市生活费用比农村高。最后，来自传统部门的劳动力需要更高收入弥补初到城市的不适应感。可见，传统部门工资水平决定了现代部门工资水平的下限。由于传统部门存在过剩劳动力，而现代部门正好缺乏劳动力，因此，只要现代部门提高工资，就能吸引无限的传统农业部门剩余劳动力。

现代部门厂商的利润为：

$$\pi = pQ(L_1, K_1) - W_m L_1 \tag{6-1}$$

其中，π 是利润；p 是现代生产部门的产品价格，假设不变；Q 是其产量；L_1 是第一期劳动力投入；K_1 是第一期资本投入。

现代部门生产的目的是追求利润最大化，厂商使用劳动力数量和工资水平取决于利润最大化目标。将式（6-1）对劳动求一阶偏导数：

$$\frac{\partial \pi}{\partial L_1} = pQ'(L_1, K_1) - W_m = 0 \tag{6-2}$$

于是，

$$W_m = pQ'(L_1^*, K_1^*) \tag{6-3}$$

其中，L_1^* 是第一期利润最大化时厂商所选择的劳动力数量，K_1^* 是第一期利润最大化时厂商所选择的资本数量。

由此得到厂商选择的劳动力数量：

$$L_1^* = L_1^* \ (W_\mathrm{m}, \ p, \ K_1^*) \tag{6-4}$$

在现代部门，工人工资水平均为 W_m，劳动力就业量为 L_1^*，资产收益率为 r。企业在第一期的利润水平为：

$$\pi_1^* = pQ_1 \ (L_1^*, \ K_1^*) \ -W_\mathrm{m}L_1^* -rK_1^* \tag{6-5}$$

模型中，利润水平对经济发展至关重要。在一定的技术水平和资本—劳动比条件下，现代部门资本积累决定了该部门吸收劳动力的数量，资本积累量越多，现代部门创造的就业机会就越多。而现代部门的利润是资本积累的主要来源：利润总量增加，企业家才有更多储蓄和投资。假设真实工资率不变，利润在总收入中所占份额增加和储蓄量增加，必然提高对劳动力的需求，增加劳动就业量，从而加快工业部门吸收剩余劳动的速度，促进工业进一步扩张。

厂商进行资本积累的结果是，第二期的资本水平高于第一期，现代部门第二期的劳动力需求也高于第一期：

$$L_2^* = L_2^* \ (W_\mathrm{m}, \ p, \ K_2^*) \tag{6-6}$$

其中，L_2^*、K_2^* 是第二期利润最大化时厂商所选择的劳动力数量和资本数量。

只要传统部门还存在剩余劳动力，式（6-6）中的工资水平 W_m 就保持不变，更多的资本投入和劳动投入就会给厂商带来更多利润收入：

$$\pi_2^* = pQ_2 \ (L_2^*, \ K_2^*) \ -W_\mathrm{m}L_2^* -rK_2^* \tag{6-7}$$

厂商的投资和储蓄将持续增加，现代工业部门资本积累和投资过程也将继续，在第三期有 $K_3^* > K_2^*$，$L_3^* > L_2^*$，$\pi_3^* > \pi_2^*$。图 6-1 描述了现代部门劳动供求状况的动态变化过程，也是乡—城劳动力转移过程。

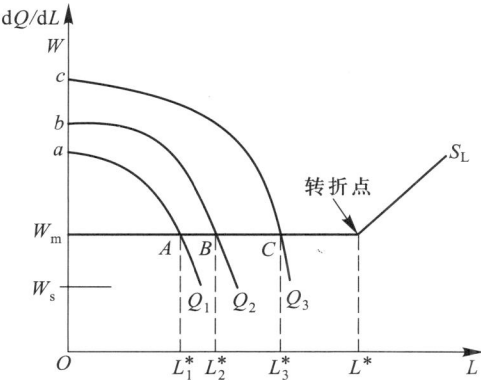

图 6-1 二元经济结构中现代部门的经济增长

在图 6-1 中，纵轴代表现代部门劳动的边际产出和工资水平，横轴代表现代部门劳动就业量，L^* 代表所有经济中的总剩余劳动量。S_L 代表劳动供给曲线，在工业化的初始阶段，假定劳动力无限供给，工业部门的工资 W_m 由传统部门的工资水平 W_s 决定而且固定不变，所以劳动力供给曲线弹性无限大。但是，随着工业化进程的不断推进，农村剩余劳动力几乎被工业部门吸收殆尽，劳动与资本一样成为稀缺资源，这时候工业部门的工资水平不再是固定不变的，而是由劳动的边际生产率决定。因此，当工业部门吸收的劳动力超过了 L^* 时，劳动供给曲线就开始上升，此时产生的拐点，叫"刘易斯拐点"。Q_1'、Q_2' 和 Q_3' 分别代表现代部门第一、第二、第三期劳动边际生产率，A、B、C 分别代表三个时期利润最大化就业均衡点。在第一期，厂商的投资量是 K_1^*，使用的劳动量是 L_1^*，剩余劳动量减少到 $(L^*-L_1^*)$，利润水平 π_1 可近似对应于 $S_{\Delta aW_mA}$；在第二期，厂商用利润进行扩大再投资，因而有 $K_2^* > K_1^*$，劳动就业量也随之扩大到 L_2^*，剩余劳动量减少到 $(L^*-L_2^*)$，利润水平上升到 π_2，近似对应于 $S_{\Delta bW_mB}$；在第三、第四期，厂商继续利用利润扩大投资，以此类推。

在到达转折点之前，传统部门的平均生产率和收入水平保持不变，工资水平 W_s 不会因为劳动力的流出而上升，因为传统部门存在大量隐蔽失业和过剩劳动力。传统部门的工资水平 W_s 也不会下降，因为 W_s 代表着最低生存费用。总之，现代部门利润水平的提高带来更高的投资，从而创造更多就业需求，吸引来自传统部门的劳动力。这一过程持续下去，直到传统部门的剩余劳动力 L^* 被吸收完毕为止。这时候，经济将出现一个转折，传统部门不再存在隐蔽失业，传统部门的劳动边际生产率上升，工资水平将上升，此时想继续吸收传统部门劳动力只有提高现代部门工资水平。二元经济结构将消失，进入经济发展的第二阶段。在新的阶段，刘易斯认为，所有的生产要素都是稀缺的，从这种意义上说，它们的供给都是缺乏弹性的。资本积累过程中，工资不再固定不变；技术进步带来的利益不再为利润所有者独享，边际利润不一定一直上升。

根据刘易斯模型，由传统部门低收入决定的现代部门的低工资，为现代部门的高增长提供了条件，它保证了现代部门的利润在总收入中所占份额不断上升，保证了经济增长所需要的资本来源。在这一过程中，现代部门通过自身的扩张逐渐缩小传统部门，或者促进传统部门转变为现代部门。上述过程循环往复，城市工业部门不断扩大生产，农村人口不断进入城市，从而实现了工业化和城市化。

二、拉尼斯—费模型

美国华裔经济学家费景汉和美国经济学家拉尼斯在 1961 年发表了一篇论文，对刘易斯模型进行了扩展，被称为拉尼斯—费模型。[①] 拉尼斯和费景汉把经济发展过程分为三个阶段：农业经济、二元经济、成熟经济。农业经济的基本特征是，

①　G. Ranis and J. C. H. Fei, "A Theory of Economic Development", *The American Economic Review*, vol. 51, no. 4, 1961, pp. 533-565.

传统农业在劳动力和生产量上都占压倒性优势地位，其他经济活动都直接或间接地与农业相关，如木匠和铁匠为农业提供生产工具，或者其他活动是建立在农产品剩余或农业剩余劳动的基础上，如贵族的奢侈消费等。二元经济的典型特征是，以农业为代表的庞大的传统部门，与以工业为代表的生机勃勃的现代部门非对称地并存。传统农业部门的主要投入是土地和劳动力，资本投入微不足道，技术进步缓慢甚至停滞；现代工业部门由追求利润最大化的企业组成，大量使用资本，技术进步迅速。成熟经济阶段是现代部门不断壮大并最终取代传统部门的结果，其特征是整个社会经济的商业化，所有的生产者都是追求利润最大化的经营者，传统部门最终消失。

（一）农业经济中的剩余劳动与剩余产出

关于农业生产函数，拉尼斯—费模型提出三个假设：第一，农业部门的生产要素只有劳动和土地，土地数量固定不变，劳动边际生产率递减，规模收益递减。第二，无论是在农业经济还是在二元经济中，农业部门就业超过一定的水平后，劳动边际生产率就等于零。与此相对应，农业部门存在隐蔽失业或剩余劳动力。第三，农业部门的技术进步是一个内生的、由社会力量决定的变量。

在大部分发展中国家，农业部门的土地不是归直接耕种土地的人占有，而是归地主占有。由于道德、传统和社会关系等非经济因素对传统农业部门中的收入分配起决定性作用，地主付给佃农的是由制度因素决定的不变的工资，它大致相当于维持生存所需要的最低费用，与农业劳动的平均劳动生产率接近。假定制度工资不变，农业部门将一直维持自身的基本消费标准，那么，农业剩余就可以定义为农业部门总产出减去本部门人口消费之后的余额。农业经济社会中存在一个由社会条件决定的技术进步率，而技术进步率决定了人口的最大增长率，所以能够产生农业剩余产出和剩余劳动。

初始时期，农业部门存在剩余人口，但是不存在农业剩余，因为农业总产量与由制度工资决定的农业人口总消费量相等，所以农业生产部门在满足了农业内部的消费需求之后无剩余，即不存在农业剩余。随着技术的进步，农业总产量增加。当技术进步的速度高于人口增长速度时，农业部门的内部消费有所上升，但小于农业总产出，结果农业剩余出现了。在土地由耕种者拥有的经济中，如果农民提高生活或消费标准，农业部门的经济剩余就有可能被农业劳动人口全部消费完。但是，在土地归地主占有、耕种者是佃农的农业经济中，这种可能性几乎不存在。农业部门中双重剩余（即剩余产出和剩余劳动）的出现是工业化开始的基本前提条件。

如果农业剩余用来雇佣更多的剩余劳动去从事推动农业技术进步、提高农业生产率的活动，如水利建设、修筑道路等，农业社会就能发展。在农业社会中，存在着农业剩余非生产性消费的倾向。那些拥有农业剩余产品的地主、贵族和教会常常用他们拥有的经济剩余去雇佣更多的农业劳动力以扩大他们自身的消费，包括为个人提供更多的服务、更奢侈的手工业品和更华丽的环境，拥有更多的军队，进行更多的战争，导致剩余劳动无法从事增加农业生产率的活动。农业社会中，如果水利设施得不到维持和改善，道路得不到维修和扩展，传统农业技术就将停滞不前。

农业经济社会要转变为二元经济社会，必须有制度的重新安排，使得适用于二元经济的各种经济功能得以发挥作用。

（二）农业剩余劳动、剩余产出与现代工业部门扩张

拉尼斯—费模型关于现代工业部门扩张的分析与刘易斯模型是基本一致的。工业部门的劳动供给曲线由水平与上升两个部分构成。初始阶段的劳动需求曲线（劳动边际生产率曲线）与劳动供给曲线的交点称为转折点。此点之前，劳动供给是无限的，此点之后的劳动供给出现弹性。由于剩余产出转化为利润并形成资本，加上工业创新和劳动偏好增强，劳动边际生产率将逐渐提高，劳动需求曲线不断扩张，劳动雇佣量也逐渐增加。

农业部门总产出曲线由两部分组成：一部分是农业劳动的边际生产率等于零；另一部分是农业劳动的边际生产率大于零且递减。只要农业部门存在着剩余劳动，其边际生产率就低于平均产出。农业劳动获得平均产出是合理的，因为低于这个水平农业劳动者就无法维持最低水平的生活。

拉尼斯和费景汉把农业劳动力流出过程分为三个阶段：第一阶段流出的是边际生产率等于零的那部分剩余劳动力；第二阶段流出的是边际生产率大于零但小于不变制度工资的那部分劳动力；第三阶段是吸引边际生产率大于不变制度工资的部分劳动力流出。要吸引这部分劳动力离开农业，必须按照其边际产品的价值，即高于不变制度工资水平而给予报酬，而且，要吸引更多的劳动力继续离开农业，必须不断提高工资。此时，农业劳动力已变成竞争市场的要素，如拉尼斯和费景汉所说，农业部门已经商业化了，工资水平由市场力量决定，而不再由制度因素决定。

（三）农业剩余产出与农业剩余劳动人口流动

农业总产出减去农民消费后的农业剩余产出，是农业提供给工业部门的。如果没有农业剩余，农业劳动流向工业部门是不可能的。以流出的农业劳动力除农业总剩余得出农业平均剩余。在第一阶段，劳动边际生产率为零，任何劳动量的流出，不会使农业总产出减少，因此农业平均剩余与不变制度工资相等。进入第二阶段后，劳动边际生产率为正数，当劳动力流出时，农业总产出就会减少，而农民的消费不变，于是农业平均剩余就低于不变制度工资。进入第三阶段后，农

业劳动边际生产率越来越高于不变制度工资，农业消费也提高了，结果，农业平均剩余将更快地下降。

农业剩余影响工业部门的工资水平，进而影响工业部门的扩张速度和农业劳动流出速度。在第一阶段，农业平均剩余等于不变制度工资，因而农业多余劳动流入工业部门不会产生粮食短缺问题，也并不会影响工业部门的工资水平。在第二阶段，农业平均剩余低于不变制度工资，提供给工业部门消费的粮食不足以按不变制度工资满足工人的需要，出现粮食短缺。于是，粮食价格上涨，工业部门的工资随之提高。当隐蔽失业者的劳动全部流入工业部门以后，就进入第三阶段，即商业化阶段。第二阶段和第三阶段的交界处称为商业化点。此点之后，工业部门要吸引更多的农业劳动，就必须把工资提高到至少等于农业劳动边际生产率，劳动供给曲线迅速向右上方升起。

发展中国家工业化的关键就在于，如何把农业部门的隐蔽失业者全部转移到工业部门去。问题在于，在隐蔽失业者全部流入工业部门之前，也就是在农业商业化阶段到来之前，农业劳动的流出开始遭受阻碍，工业部门的扩张可能会停止下来。因为，农业劳动流出越多，粮食价格越高，工业部门工资越上涨，工业部门劳动供给曲线弹性越小。

困难在第三阶段，工业部门的扩张会受阻于农业部门的停滞。如果在农业劳动流出的同时，提高农业生产率，使得留守劳动力能够生产更多的产出，以使农业平均剩余不致降低，则农业劳动的流出和工业部门的扩张不受阻碍，从而出现农业发展与工业发展平衡进行的局面。如拉尼斯和费景汉所说，短缺点向后移，商业化点向前移，最终两点重合成为所谓的"转折点"。因此，拉尼斯和费景汉认为，农业劳动生产率的提高是劳动力转移和工业化的前提条件。

三、刘易斯—拉尼斯—费模型评价

根据刘易斯模型，经济发展过程是传统部门的剩余劳动力不断转移到现代部门，从而传统部门不断收缩、现代部门不断扩张的过程，亦即传统与现代并行的二元经济逐渐转化为现代一元经济的过程。刘易斯的二元经济结构理论剖析了经济发展的内在趋势，给经济落后的发展中国家描述了一幅通过工业化发展经济的蓝图。但是，该模型也存在许多不足：

第一，仅强调现代部门的作用，忽略了传统部门的发展。实际上，传统部门和现代部门是相辅相成的，一味注重现代部门发展，传统部门停滞不前也会阻碍现代部门的扩张。

第二，假定只有传统部门（农业）存在剩余劳动力，而现代部门（城市）不存在失业，这一假设和现实不相符。实际上，城市也存在失业人口。

第三，该模型认为从传统部门流出的劳动力都可以在现代部门找到工作机会，但实际上，随着现代部门的发展，更倾向于使用资本密集型和知识密集型生产技术，因此对传统部门劳动力的吸纳程度不会成比例增加。由于劳动力的异质性，流入城市的农村剩余劳动力不可能全部在城市现代部门获得就业机会。

第四，假定现代部门工资水平不变，而事实上，随着现代部门的发展，工资将逐渐增加。

第五，刘易斯模型假定农村劳动力都具有同质性，转移出去的劳动力与留守农业的劳动力在年龄、受教育程度和技能上都是相同的，而实际上，流出的劳动力大多是年轻、有文化、技能更高因而劳动生产率更高的劳动力，留下的则是年龄偏大、文化程度偏低的劳动力，其结果必然影响农业劳动生产率，这对农业发展是相对不利的。

拉尼斯和费景汉的突出贡献是改进了刘易斯模型，形成了一个体系完整的二元经济理论模型，提供了一种更加接近发展中国家现实的理论描述。首先，他们认为，二元经济中的农业部门不仅为现代工业部门提供所需要的劳动力，而且为工业部门提供农业剩余，从而纠正了刘易斯模型忽视农业部门发展和整个经济的粮食供给的问题。这是对刘易斯模型的最重要发展。其政策含义是，在劳动力流动时，应该注重农业部门的技术进步和生产率提高。其次，该模型指出农业部门和工业部门之间的平衡发展是成功实现结构转变的关键之一。这是对刘易斯模型的超越。其理论蕴含是，二元经济的发展不是简单地用工业取代农业，而是在两部门的平衡增长过程中实现由传统经济向现代经济的转型。最后，拉尼斯—费模型的一个重要推论是，发展中国家应该鼓励劳动密集型方向的技术创新，以加快城市吸收农业剩余劳动的速度，迅速达到商业化点。

当然，拉尼斯—费模型也存在着不足：同刘易斯模型一样，没有考虑和分析发展中国家的城市失业问题以及现代工业部门发展过程中来自有效需求方面的约束。此外，拉尼斯—费模型只是强调农业剩余的数量问题，而回避了农业剩余的分配问题。他们认为只要农业剩余（主要是粮食供给）不减少，工业部门工资就不会上涨，从而不会影响工业部门的利润和扩张，劳动力转移就会顺利进行。实际上，只要存在劳动力转移，留在农业中的劳动力获得的平均产品和收入就会增加，而这会提高工业部门的工资水平，影响工业部门的利润和资本积累，从而影响劳动力转移过程。

第二节　乡—城人口流动模型

在刘易斯模型和拉尼斯—费模型中，农业部门存在大量隐蔽失业的劳动力，而城市工业部门不仅不存在失业，还可以源源不断地为来自农村的剩余劳动力提供就业岗位。然而，许多发展中国家工业化进程的现实表明，一方面，城市存在失业，而农村劳动力并没有因为城市存在失业而停止进入城市的步伐，致使城市失业问题越来越严重。另一方面，农业发展举步维艰，农民收入增长缓慢，一些发展中国家甚至以损害农业为代价发展工业。美国经济学家托达罗以及他的合作者哈里斯提出了一个新的二元经济发展模型①，虽然也坚持了二元经济分析方法，但其结论与刘易斯—拉尼斯—费模型刚好相反。

一、托达罗模型

（一）城市经济的二元结构与劳动力迁移过程

托达罗将二元结构分析思路进一步应用于分析发展中国家的城市经济。托达罗把城市经济细分为城市正规部门和城市非正规部门。城市正规部门是指现代化的工商企业，技术先进，工资较高。不仅如此，正规部门的工人还能获得失业保险和退休金等比较完善的社会保障。不过，城市正规部门的工作岗位在劳动市场上竞争十分激烈，要想获得城市正规部门的一份工作非常困难。城市非正规部门由无组织的小规模生产或服务活动构成，技术简单，劳动者工资低。城市非正规部门作为城市正规部门的补充，其覆盖的经济活动极为广泛，多为劳动密集型，从业者受教育程度普遍较低，容易进入，为刚刚进入城市的农村移民提供了谋生机会。

劳动力从乡村传统农业部门向城市现代工业部门转移，是经济结构变迁的一种现象。但是，劳动力转移过程往往被看作是一个阶段现象，好像从低生产率的农村部门可以轻而易举地直接转移到高生产率的城市正规部门。在托达罗看来，首先，城市正规部门创造的就业机会还不足以为所有城市劳动力提供工作岗位，存在失业问题；其次，长期从事农业生产的低技术的劳动力不能很快在城市找到并适应城市高报酬的正规部门工作。因此，托达罗认为，乡—城劳动力转移过程实际上是两阶段现象：第一阶段，大部分低技术的农村劳动者迁移到城市地区，在城市的非正规部门工作一段时间；第二阶段，这些劳动者再从城市非正规部门转移到城市正规部门，获得一个较稳定的工作。

---

① Michael P. Todaro, "A Model of Labor Migration and Urban Unemployment in Less Developed Countries", *The American Economic Review*, vol. 59, no. 1, 1969, pp. 138-148; J. R. Harris and M. P. Todaro, "Migration, Unemployment and Development: A Two-Sector Analysis", *The American Economic Review*, March, 1970 (60), pp. 126-142.

（二）就业概率与迁移决策

影响劳动力迁移决策的第一个重要因素是城乡实际工资差异。传统农业部门存在不变的制度工资。农业部门的工资水平表示为 r，它比农业部门的劳动边际生产率高，相当于农业部门的人均收入，但又比城市现代部门的实际工资水平低一些。农村不存在失业，这个假设与刘易斯模型和拉尼斯—费模型的假设刚好相反。托达罗没有分析农业部门生产率和农业剩余的变化，只是简单地假定农业部门不存在剩余劳动，这实际上是隐含地假设农业剩余是劳动力转移的前提，农业收入和工业工资随农业剩余增加而上升，而不是不变的。因此，托达罗模型体现了新古典的二元结构模型的基本特征。工业部门的实际工资水平是由制度（工会垄断和政府最低工资法等非市场因素）决定的，表示为 w。城市工资水平高于农村，即 $w>r$。城市部门是现代企业部门，追求利润最大化，且是工资接受者，城市正规部门的就业水平由劳动边际生产率与外生的工资水平决定。

影响劳动力迁移决策的第二个重要因素是迁移者在城市现代部门找到工作的概率。并不是每个进入城市的劳动者在任何时候都能如愿地在城市现代部门找到较高报酬的工作。托达罗通过引入就业概率和预期收入概念，改进了刘易斯模型和拉尼斯—费模型关于劳动力流动的驱动机制，使其进一步贴近现实。

托达罗认为，农业劳动者离开农村迁移到城市的决策建立在预期收入最大化的目标基础上。假设一个农村劳动者年收入为 5 000 元，他在城市现代部门工作的年收入为 10 000 元。但是，如果进入城市现代部门找到工作的概率只有 20%，则农民进入城市的预期收入只有 2 000 元。在这种情况下，进入城市就不是理性的行为，因为城市预期收入小于农村预期收入。如果进入城市找到工作的概率是 60%，则城市预期收入为 6 000 元，高于农村收入，此时，进入城市才是理性的。在这种情况下，即使城市存在失业，农村人口仍会继续流入城市。

考虑到大部分进入城市的农村劳动力都是年轻人，可以工作更长时间，迁移决策会建立在一个更长期、更持久的收入基础上。在进入城市初期找到正式工作的可能性相对较低，随着时间的推移，找到工作的可能性增加。只要未来期望城市收入净流量的贴现值超过农村收入，那么，迁移决策就是理性的。

（三）劳动者乡—城迁移行为

在把城乡实际工资差异以及农村迁移者在城市找到工作的概率结合起来的基础上，托达罗模型假定，农业劳动者迁入城市的动机主要决定于城乡预期收入差异。差异越大，流入城市的人口越多。这种关系可以表示如下：

$$M=f(d) \qquad f'>0 \qquad\qquad (6\text{-}8)$$

其中，M 表示流入城市的人口，d 表示城乡预期收入差异，$f'>0$ 表示人口流动是预期收入差异的增函数。

如果 w 表示城市实际工资，m 代表农村平均实际收入，城乡预期收入差异 d 为：

$$d = w\pi - m \tag{6-9}$$

其中，π 表示就业概率。如果城市不存在失业，则 $\pi=1$，就回到刘易斯—拉尼斯—费模型的假定。更一般的情形是 $0<\pi<1$。在任一时期，就业概率取决于现代部门创造的就业机会和城市失业人数，它与就业机会正相关，与城市失业负相关，用公式表示为：

$$\pi = \frac{\gamma N}{S-N} \tag{6-10}$$

其中，γ 表示现代部门新工作机会的创造率，N 表示城市就业人数，S 表示城市劳动力总量；γN 表示城市现代部门在某一时期创造的工作机会，$S-N$ 表示城市失业人口。

把式（6-10）代入式（6-9）得到：

$$d = w \cdot \frac{\gamma N}{S-N} - m \tag{6-11}$$

现代部门新工作机会创造率等于该部门产出增长率减去其劳动生产率增长率，即

$$\gamma = \lambda - \rho \tag{6-12}$$

其中，λ 表示现代部门产出增长率，ρ 表示现代部门劳动生产率增长率。

考虑到现实中绝大多数迁移决策建立在较长时间基础上，以 $V(0)$ 表示迁移者在预期的时间范围内城乡净收入差异的贴现值，以 $Y_u(t)$ 表示城市部门工人的平均收入，$Y_r(t)$ 表示农村劳动者的平均收入，n 表示迁移者计划范围内的时期数，r 表示迁移者的时间偏好水平贴现率，那么，一个迁移者的 n 期预期净收入差异贴现值公式可以表示如下：

$$V(0) = \int_{t=0}^{n} \left[p(t) Y_u(t) - Y_r(t) \right] e^{-rt}\mathrm{d}t - C(0) \tag{6-13}$$

其中，$C(0)$ 表示迁移成本，$p(t)$ 表示移民在 t 期内在城市找到工作的累加概率。如果 $V(0)>0$，劳动力将向城市流动；如果 $V(0)<0$，劳动力将留在农村或从城市返回农村。

在任何一个时期，在城市现代部门找到工作的概率 $p(t)$ 直接与这个时期及以前时期寻找工作被城市现代部门聘用的就业概率 π 相关。假设对于大多数迁移者来说，被城市现代部门聘用的过程是任意的，那么，他们在迁移到城市后 t 个时期内在城市现代部门找到工作的累加概率 $p(t)$ 就可以表示为：

$$p(1) = \pi(1)$$
$$p(2) = \pi(1) + \left[1-\pi(1)\right]\pi(2)$$

以此类推

$$p(t) = p(t-1) + [1-p(t-1)]\pi(t) \qquad (6\text{-}14)$$

把等式右边都用一个时期被雇佣的概率来表示，则有

$$p(t) = \pi(1) + \sum_{i=2}^{t} \pi(i) \prod_{j=1}^{i-1} [1-\pi(j)] \qquad (6\text{-}15)$$

这样构造累加性的就业概率变量可以较好地刻画两个事实：其一，许多不充分就业的农村迁移者在城市非正规部门工作、获得一定收入的同时，继续寻找城市正规部门的工作；其二，许多农业劳动者在明知进城不一定立刻就能找到工作的情况下依然选择进城，因为这些迁移者认为被现代部门雇佣的概率会随着其在城市滞留时间的延长而提高。假设实际收入 $Y_u(t)$ 和 $Y_r(t)$ 不变，从累积就业概率公式中可知，一个迁移者在城里待的时间越长，他获得工作的机会就越大，因而他的预期收入越高。

根据托达罗的观点，从长期看，乡—城劳动力流动规模 M 是城乡收入贴现值的函数，即：

$$M = f[V(0)] \quad f' > 0 \qquad (6\text{-}16)$$

若 $V(0) > 0$，则农村劳动者愿意流入城市，城市净人口增加；若 $V(0) < 0$，则农村劳动者不愿意流入城市甚至从城市回流到农村，于是，城市净人口不增加，甚至减少。

二、托达罗模型的政策意义

托达罗模型刻画了发展中国家经济发展过程中劳动者从农村传统农业部门向城市现代工业部门转移，从而导致经济结构变迁的过程。模型中，劳动者在比较经济利益的驱动下转移到收入较高部门是一种理性的市场行为，似乎没有政府发挥作用的空间，其实不然。

从城市劳动市场动态均衡的视角出发，托达罗模型最基本的政策含义是，要把增加城市就业机会与缩小城乡收入差距结合起来，实现城乡协调发展。2011 年，托达罗在新版《发展经济学》教材中，对托达罗模型在工业化与农村发展战略方面所具有的政策含义做了进一步的阐释。

第一，如不缩小城乡收入差距而仅仅是创造城市就业机会还不足以解决城市失业问题。运用凯恩斯主义解决城市失业的方法，也许可以在短期内增加城市工作岗位，但在长期可能会提高城市失业率。导致这种奇怪现象的原因在于，在创造城市就业机会的同时未能提高农村收入。根据托达罗模型，乡—城劳动力流动规模取决于城乡预期收入差距，而后者则由城乡实际收入差距和城市就业概率两者共同决定。在许多发展中国家，城市收入是农村收入的三到四

倍。城市就业率越高，就业概率就越大，则城乡预期收入差距就越大，对农村劳动力的吸引力越大，从而致使农村劳动力向城市迁移的速率越高。比如，如果城市每产生一个新的工作岗位，就可能吸引三个农村劳动者迁移到城市，从而造成两个人失业。

第二，城乡就业机会的不平衡是由发展政策的城市偏向造成的，应当尽量缓解城乡经济发展机会不均等现象。如果听任城市工资的增长率一直快于农村平均收入的增长率，由农村流入城市的劳动力将源源不断。过量的农村劳动力流入城市，不仅会导致农村优质劳动力的短缺，降低农业产出水平，影响农村发展，而且会带来诸多社会问题。因此，必须纠正城市发展优先的战略偏向。

第三，改善农村和城市部门经济机会的失衡状况，实现城乡协调发展。要将城市与农村地区视为一体，实现城乡之间产业互补，社会经济联系广泛。把握适宜的农村与城市的经济平衡点，是改善城市失业问题和农村隐性失业问题的重要条件。

第四，应该减少对城市正规部门的补贴，以及取消各种扭曲生产要素价格的政策。尽管工资补贴和传统稀缺要素的定价等政策会鼓励更多劳动密集型的生产模式，但是它们也会导致伴随迁移者进入而出现更高的失业率。在长期缓解失业问题上，只对城市就业需求方起作用的政策，如工资补贴、直接政府雇用、纠正要素定价扭曲和雇主税收优惠等，不如直接规范城市劳动力供给的政策有效。当然，最好是将这两种政策结合起来。

第五，发展农村经济是解决城市失业问题的根本出路。发展中国家政府应该把更多的资金用于改善农业生产条件和农村生活条件，提高农村人口的实际收入水平和生活质量。鼓励农村综合发展，提高农业和非农业收入，减少农村的绝对贫困，同时加大农村基础设施（如道路、水利、电力、通信网络等）和公共服务设施（教育、医疗卫生、公共卫生等）投入，改善农村生活和居住环境，从而缩小模型中城乡预期收入差距，提高乡—城人口流动的成本。

三、托达罗模型评价

与刘易斯模型和拉尼斯—费模型忽略失业问题不同，托达罗模型从发展中国家普遍存在着城市失业的事实出发，以农村劳动者基于城乡预期收入差距所做出理性的迁移行为决策为核心构造了一个微观分析模型，解释了尽管城市失业现象非常严重但仍然有大量农村劳动力涌入城市这一矛盾现象，并站在维持城市劳动市场动态均衡的立场上，提出了一些有积极意义的政策措施。

托达罗模型具有五个基本特征：其一，迁移行为是由劳动者基于相关收入与成本的理性思考引发的。这是该模型的微观分析基础。其二，迁移决定取决于预期的而非实际的城乡收入差距，而城乡预期收入差距由城乡实际收入差距和在城市部门获得工作的可能性即就业概率两个变量来决定。其三，一个劳动者获得城市工作的可能性与城市的就业率正相关，与城市失业率负相关。其四，在城乡预期收入存在较大差异的前提下，从农村到城市的迁移人口增加速度会超过城市就业机会的增加速度。其五，增加城市就业机会必须与缩小城乡收入差距结合起来，实现城乡协调发展。托达罗模型关注农村经济发展的重要性，而不仅仅将农村看作城市工业的附属，强调发展农业提高农村居民生活水平，才是减缓人口流动、缓解城市就业压力的重要手段。

在 2011 年新版的《发展经济学》中，托达罗和他的合作者史密斯教授认为，可以从几个不同的角度对托达罗模型做进一步的扩展。首先，模型简单地假设迁移者要么在城市现代部门获得一份工作，要么没有收入。如果放宽这一假定，考虑迁移者可以进入城市非正规部门获得收入，那么，就要据此调整模型中的预期收入。其次，原模型隐含地假定劳动者是同质的，如果放宽这一假定，考虑城市迁入者的异质性，比如人力资本水平不同，我们就可以理解为什么迁入者中受过教育的人比例更大。最后，社会资本、工作搜寻、迁移选择、预期行为都可以加入基本模型之中。在农村劳动力流入城市的过程中，社会资本发挥了积极的作用。早期迁移者为后来的迁移者创造了正外部性，比如，提供住所，降低迁移成本；提供工作或可获得的工作信息，降低他们失业的可能性。

托达罗模型也存在一些缺陷。第一，托达罗模型假设农业不存在剩余劳动力，认为农业劳动边际产出始终是正数，这不符合绝大多数发展中国家的现实。实际上，发展中国家人口快速增长，在农村有限的土地上存在大量剩余劳动力。由此，托达罗模型正确地注意到了城乡预期收入差距对劳动力流动产生的吸引力，却忽视了农村的人口压力与耕地不足对农村劳动力流入城市所产生的推动力。

第二，在托达罗模型中，迁移行为的决策主体是劳动者本人，以劳动者个体为基本决策单元，但在绝大多数发展中国家的农村，实际做出迁移决策的主体是家庭，是以家庭为基本单元做出经济行为决策。基于家庭成员的异质性，家庭中部分成员前往城市工作，其他成员留在农村务农，可以使家庭收入多样化。家庭成员在地理区域和职业上的分散是应对收入风险的一种战略选择。在这种战略下，迁移到城市的劳动者与农村家庭保持密切的联系，甚至有相当多的劳动者成为往返于城乡之间的双向流动的两栖兼业者。

第三，正因为是以家庭为基本单元做出迁移决策的，因此，除了城乡预期收入差距，吸引农村劳动者流动到城市工作的还有其他各种力量，例如，更优质的子女教育、更完善的基础设施、更优越的现代社会服务、更稳定的福利保障等，这些都为托达罗模型所忽略了。

第四，托达罗模型主要关注城市失业等城市病的产生，其基本主旨是缓解城市失业压力，未看到劳动力乡—城流动在经济发展过程中的积极作用。其政策建议的基本出发点是控制农村人口过度向城市流动，减慢劳动力流动速度。该模型在解决城市病、过度城市化等问题上具有借鉴意义。

第三节　中国的二元经济结构及其转变

中国是一个发展中国家，具有鲜明的二元经济结构。改革开放之后，农业剩余劳动力源源不断地流向城市和东部发达地区，推进着中国工业化和城市化加速发展。改革开放以来，我国累计有近 3 亿农民离开土地从事工商业活动，约 2 亿农民异地转移。当前，农村剩余劳动力转移已接近尾声，刘易斯拐点已悄然到来，劳动力供给曲线从水平已开始变为上升。

一、二元经济结构形成的历史背景

二元经济格局是社会经济发展到一定阶段的产物，当然也会随着经济发展而逐渐消亡。在人类经济发展史上，二元经济格局的形成有内生的自然分化、外生的冲击裂变和政府干预三种路径。当今中国二元经济结构是这三种机制共同作用的结果。

虽然从整体而言，1840 年以前的中国一直处于传统的一元经济结构，但从明中叶开始零星出现的资本主义手工作坊已表明资本主义生产方式正逐渐萌芽。19 世纪中叶以来，以英国为代表的入侵列强在中国开工厂、办银行、修铁路，兴建近代工业和交通运输业，在客观上加速了中国传统一元经济的分化和现代生产方式的发展。随着工业城市在东部沿海地区的兴起，中国城乡经济逐步分化，初步形成了以现代工业为标志的现代经济与以农业为主、城市手工业为辅的传统经济并存的二元经济格局。与内生自然分化形成的二元经济不同，内外交困的近代中国的二元经济表现出农业部门与乡村长期停滞落后、现代工业发育不良的基本特征。到 1949 年新中国成立时，中国现代工业产值只占工农业产值的 17% 左右，农业和手工业占 83% 左右。当时连一辆汽车、一架飞机、一台拖拉机都不能自主制造。

各国经济发展史表明，在发展初期，现代工业部门比重都较小，不能单纯依靠工业部门自身积累筹集发展资本，一般都是以农业积累作为工业发展的资本来源。把资本从传统农业部门转移到现代工业部门有两种途径：其一是依靠市场机制转移资源；其二是直接用政府机制转移资源。新中国成立时，市场还没有得到很好的发育，中国国家面临着抵御外侵、巩固政权、安定民生的艰巨任务。在这种现实背景下，只有依靠政府的力量，通过指令性计划方式配置资源，才能实现农业剩余向工业领域的转移，开始工业化的原始积累。

新中国建立了高度集中的计划经济体制，与此同时，国家通过户籍管理制度严格限制农村人口向城市流动，且在户籍制度基础上，国家对教育、医疗卫生、养老、住房、就业、消费品供应等方面实施严格的城乡差别管理。这种城乡二元管理体制在 20 世纪 50 年代中期开始实施，并逐步强化，形成了中国特有的城乡经济社会二元结构。这种城乡二元管理体制使中国在极短的时间内迅速建立了比较完整的工业体系。但是，中国计划经济时代的工业化是以牺牲农业为代价的。整个经济体系价格扭曲，资源严重错配，在工业部门快速发展的同时，农业部门举步维艰，农业发展缓慢，粮食短缺问题一直没有得到很好的解决。停滞落后的农业也阻碍了工业化进程。

二、中国二元经济结构的演变过程与动因

1978 年党的十一届三中全会前后，面对严峻的农村经济形势，一些地方实行"放宽政策""休养生息"的方针，率先进行了改革试验。改革率先从农村获得突破，以安徽省凤阳县小岗村实施家庭联产承包责任制为标志，进而推动城市和整个经济体制的全面改革。这场自发的制度变迁给中国二元经济的发展带来了转机。改革开放之后二元经济结构演变过程大体可划分为以下四个阶段。

第一阶段，1978—1984 年，二元经济结构固化状态开始松动。发端于农村的改革开放，家庭联产承包责任制赋予农民生产经营自主权，极大地激发了农民的生产积极性，释放出中国农业生产的巨大潜力，显著地提高了农业生产率水平，促进了农业经济增长。1984 年，农业劳动力就业比重比 1978 年下降了 4 个百分点，但农业产值占 GDP 比重却比 1978 年提高了近 4 个百分点。农业与非农业在相对劳动生产率上的差距逐渐由 2.03 缩小至 1.38，二元对比系数[1]由 1978 年的 0.164 升至 1984 年的 0.266，名义城乡收入差距由 2.570 下降到 1.835，见表 6-1。

表 6-1　中国城乡收入及其差距

年份	城镇居民人均 可支配收入（元）	农村居民人均 可支配收入（元）	名义城乡 收入差距（倍）
1978	343.40	133.60	2.570
1984	652.10	355.30	1.835

---

[1]　二元对比系数是指农业部门劳动生产率对非农业部门劳动生产率之比，系数小表示两个部门劳动生产率差别大；系数大，表示两个部门劳动生产率差别小。若系数等于 1，说明两个部门劳动生产率相等，完全没有差别。一般说来，发达国家二元对比系数大，而发展中国家二元对比系数小。系数变化反映一国二元经济差异的变化情况。

年份	城镇居民人均可支配收入（元）	农村居民人均可支配收入（元）	名义城乡收入差距（倍）
1990	1 510	686	2.200
1995	4 283	1 577	2.715
2000	6 280	2 253	2.787
2001	6 859	2 366	2.899
2002	7 702	2 475	3.111
2003	8 472	2 622	3.231
2004	9 421	2 936	3.209
2005	10 493	3 254	3.224
2006	11 759	3 587	3.278
2007	13 785	4 140	3.330
2008	15 780	4 760	3.315
2009	17 174	5 153	3.333
2010	19 109	5 919	3.228
2011	21 809	6 997	3.117
2012	24 564	7 916	3.103
2013	26 467	9 429	2.807
2014	28 843	10 488	2.750
2015	31 194	11 421	2.732
2016	33 616	12 363	2.720
2017	36 396	13 432	2.710
2018	39 251	14 617	2.685
2019	42 359	16 021	2.644
2020	43 834	17 131	2.559
2021	47 412	18 931	2.504
2023	51 821	21 691	2.389

数据来源：国家统计局各年份《中国统计年鉴》。

注：2013 年前城镇为"城镇居民家庭人均可支配收入"；农村为"农村居民家庭人均纯收入"；2013 年及以后城镇和农村均为"人均可支配收入"。

第二阶段，1985—1990 年，经济二元性保持相对平稳。一方面，1985 年宣布取消农产品统购派购制度，标志着农产品流通体制改革的开始。这一改革使农产品得以进入市场，调动了农民的生产积极性，带来了农村经济的较快发展。据统计，1985—1990 年，农业产出年均增长率达到 4.7%。[①] 另一方面，以乡镇企业为代表的农村非农产业异军突起。1984 年中央 1 号文件和 4 号文件明确了鼓励农民个人或联合兴办各类企业的政策，并正式将社队企业更名为乡镇企业，确定了乡镇企业的发展方向，带来了乡镇企业突飞猛进的发展。仅 1984 年一年，全国乡镇企业数量就从 607.34 万个增加到 1 222.46 万个。从 1985 年到 1990 年，乡镇企业利润总额从 275.38 亿元增加到 608.46 亿元，从业人数从 6 979.03 万人增加到 9 264.75 万人。[②] 农业劳动力离土不离乡，就地转移，在完成农业劳动力向工业转移的同时为农村经济增加了新的活力。这是中国二元经济结构的特殊性质。这一时期，农业与非农业在相对劳动生产率上的差距为 1.3～1.4，二元对比系数为 0.23～0.24，名义城乡收入差距有所扩大，由 1984 年的 1.835 倍扩大到 1990 年的 2.200 倍。

第三阶段，1991—2003 年，二元经济结构差异在扩大。一方面，家庭联产承包责任制这种制度创新所产生的激励效应在这一时期趋于减弱，农业生产率增长的边际收益率开始下降；另一方面，政府采取向城市和工业倾斜的资源配置政策，再次形成"以农补工"的格局。与此同时，从 1989 年开始，尤其是 1992 年邓小平南方谈话和社会主义市场经济提出之后，城市改革加快了步伐，随着国有企业改革、民营经济的兴起和外资企业的大量进入，农村剩余劳动力大量向城市流入，城市发展加速。从 1990 年至 2003 年，农业产值占比由 27.12% 下降到 12.79%，而农业劳动力占比由 59.7% 下降到 49.1%，因此，二元对比系数从 0.247 回落到 0.152，名义城乡收入差距由 2.200 上升到 3.231。

第四阶段，2004 年至今，二元经济结构逐渐趋于改善。在这一阶段，市场经济体制在不断完善，资本和劳动力市场的统一性、完备性得以强化，制约农村劳动力流转的户籍制度改革在积极推进，从而降低了农民跨行业、跨地域的流转成本，为二元经济结构转变提供了良好的条件。同时，政府将统筹城乡发展、消除城乡差距作为构建社会主义和谐社会、全面建设小康社会的重要途径，提出了"工业反哺农业、城市支持农村"的城乡协调发展政策，并连续多年出台关于"三农"问题的一号文件，推动了二元经济结构良性改善。2004 年至 2014 年，农业产值占比由 13.39% 下降到 9.17%，而农业劳动力占比由 46.9% 下降到 29.5%，因此，二元对比系数从 0.175 上升到 0.241。名义城乡收入差距先升后降，2003 年为 3.231，后上升至 2009 年的 3.333，随后逐年下降至 2023 年的 2.389。

---

① 陈宗胜、高连水、周云波：《基本建成中国特色市场经济体制——中国经济体制改革三十年回顾与展望》，《天津社会科学》2009 年第 2 期，第 73—80 页。

② 中华人民共和国农业部：《新中国农业 60 年统计资料》，中国农业出版社 2009 年版，第 49 页。

整体而言，中国二元经济结构发生了转变，但转变速度缓慢，且在转变过程中存在多次反复和波动。一个重要的原因在于，以农业为代表的传统部门的现代化改造动力不足。随着农村土地制度改革、经济体制改革的推进，适应中国国情的现代农业生产经营方式已经初见端倪。

三、乡—城劳动力转移的过程与主要特征

二元经济结构转变的一个突出表现是，劳动力从传统部门转移出来，流向现代部门。随着改革开放的深入，城市劳动用工制度逐步市场化，国家逐渐放松对人口迁移的严格控制，大规模的劳动力乡—城流动和产业转移局面逐步形成。大规模的乡—城劳动力转移，既是长期城乡分割的"二元经济"积累势能的自然释放，更是农村大量剩余劳动力在体制松动后理性的行为选择。

改革开放以来，中国农村劳动力转移大致可划分为以下四个阶段（图6-2）。

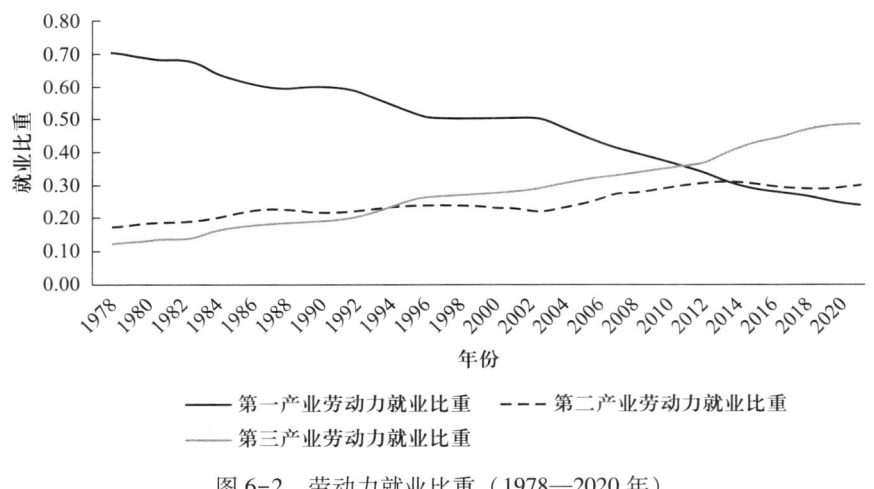

图 6-2　劳动力就业比重（1978—2020 年）
数据来源：国家统计局。

第一阶段，1978—1983 年，乡—城劳动力转移的起步阶段。农村土地的所有权归村集体，农户获得集体土地的承包经营权。由于土地的平均分配，每户经营耕地面积极小，劳动力投入过密问题相当普遍。经济距离刘易斯拐点较远，农业劳动力剩余程度较高，劳动边际生产率趋于零。因此，这一时期的农村劳动力转移主要发生在经济较为发达、人口稠密的地区，通过经营家庭副业或进入当地乡镇企业的方式实现就地就近转移。在这一时期，劳动力市场尚未真正发育，计划经济条条框框还很多。由于背负沉重就业压力，城市的就业大门对农民紧锁着。外出务工是为数不多的农民的自发行为。政府鼓励"离土不离乡"的农村剩余劳动力转移模式，严格控制农民外出务工，各地政府大量清退农民工和计划外用工。

农业部门劳动力就业比重由 1978 年的 70.53% 小幅下降到 1983 年的 67.1%，农业生产方式未发生显著变化。

第二阶段，1984—1997 年，乡—城劳动力转移快速发展阶段。从 1984 年开始，国家准许农民在"自筹资金、自理口粮"的条件下进入城市务工经商。东南沿海地区"三来一补"出口加工产业的发展也产生了大量的劳动力需求，吸引了欠发达地区劳动力流向沿海地区；同时，乡镇企业异军突起，许多农村劳动力就地就近在乡镇企业就业。1992 年党的十四大召开，把改革的目标确定为社会主义市场经济体制，于是，市场化进程加快，迅速成长的非国有经济创造了大量的就业机会。1994 年，劳动部颁布《农村劳动力跨省流动就业管理暂行规定》，促进了农村劳动力大规模向东部沿海地区转移。据调查，1993 年全国农民工达到 6 200 多万人，比 1989 年增加了 3 200 多万人。其中跨省流动的约为 2 200 万人，比 1989 年翻了一番多。[①] 中国乡—城劳动力转移呈现出"离土又离乡"的新特点。如托达罗模型所表明的，在多重二元结构的背景下，这些流入城市的农民工较难在正规部门中就业，多流向制造业、建筑业和低端服务业，且农村劳动力和城市劳动力的报酬存在系统性差异并持续扩大。这一时期，农业部门劳动力就业比重由 1984 年的 64.05% 较大幅度地下降到 1997 年的 49.9%。

第三阶段，1998—2010 年，乡—城劳动力转移呈现出总量增加而增速放缓的特点。1997 年，国务院批准了公安部《小城镇户籍管理制度改革试点方案》和《关于完善农村户籍管理制度的意见》，规定从农村到小城镇务工的人员等 3 类农村户口人员可以办理城镇常住户口。这意味着严格控制人口流动的户籍制度有了较大的松动，进一步促进农村劳动力向非农部门转移。外出务工 6 个月以上的农民工人数从 2000 年的 7 849 万迅速增加到 2008 年的 1.4 亿。正是在这一时期，第二产业吸纳就业的比重开始下降，第三产业逐渐成为农村劳动力转移的主要领域。与此同时，农业转移人口数量增长速度已显著降低。2002—2008 年，全国外出就业农业转移人口数量年均增长 595 万人，年均增长 5% 左右，大大低于 20 世纪 90 年代 15% 的平均增速。多地出现的"民工荒"现象表明农村劳动力供求关系正从长期"供过于求"转向"总量过剩、结构短缺"，刘易斯拐点临近。

第四阶段，2011 年至今，乡—城劳动力转移增速回落阶段。自 2011 年以来，农村劳动力转移总量增速持续回落。2012 年、2013 年、2014 年和 2015 年农民工总量增速分别比上年回落 0.5、1.5、0.5 和 0.6 个百分点。近年来，除 2020 年受疫情影响外，农民工总量每年略有增长，但增速处于下降态势（图 6-3）。

---

① 中国农民工问题研究总报告起草组：《中国农民工问题研究总报告》，《改革》2006 年第 5 期。

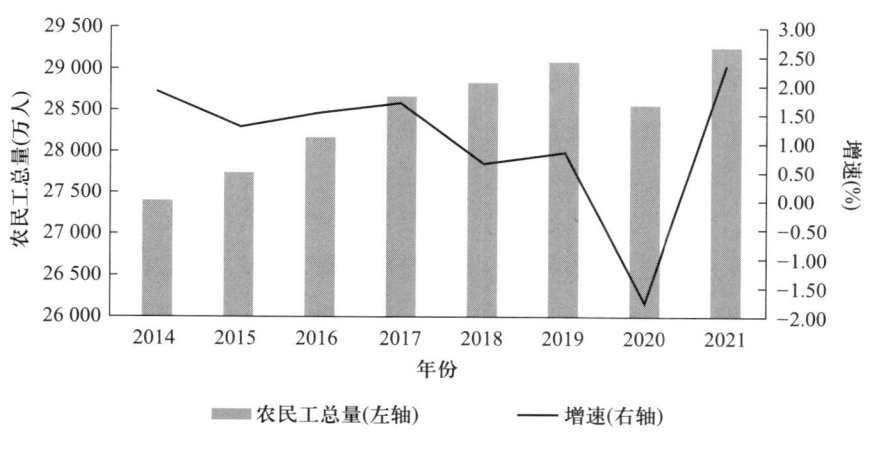

图 6-3 中国农民工数量规模（2011—2021 年）

数据来源：国家统计局历年《农民工监测调查报告》。

在发达国家早期发展过程中，二元结构的演变、农村劳动力转移，是在城镇化与工业化的同步发展中实现的：农村劳动力从农业转移到工业，同时身份也自然是从农村居民转变成为城市居民。但是，我国农村剩余劳动力转移或乡—城人口流动有着许多不同寻常的特征。其中，最突出的是"农民工"现象，大量的农村劳动力在实现职业转移的同时，并没有同步实现身份的转换和生活方式的转变，而是表现为暂居性质和候鸟型的"农民工"群体。他们虽然居住在城市地区，长期从事非农产业活动，但仍是农业户口，并不能在城市安家落户。绝大多数农民工就业稳定性差、劳动时间长、工资水平低、社会保障制度与维权机制缺失。户籍约束造成的城乡分割状况还没有完全打破，农村劳动力从农业向非农部门转移具有很强的兼业性、身份的二重性以及长久居住地与就业地分离的"两栖性"。"农民工"是中国市场经济转轨和经济结构转型进程中出现的一个粘贴着职业性质、身份地位、户籍状况等多维社会标签的过渡群体。

四、农业转移人口市民化及其政策思路

农业转移人口市民化，是指农业转移人口进入城镇就业，在经历乡—城迁移和职业转变的同时，获得城镇永久居住身份、平等享受城镇居民各项社会福利和政治权利，成为城镇居民并完全融入城镇社会的过程。

从世界范围来看，农业转移人口转化为市民是城镇化的必然现象，但不同国家农业转移人口市民化的过程不尽相同。英国农村转移人口市民化是圈地运动这种强制性转移的结果，美国以自由迁徙的移民浪潮完成了农业转移人口市民化的过程，日本通过"农村非农化"对农业剩余劳动力转移进行干预，实现了市民化，

韩国以粮食进口和城市工业化来支撑农村剩余劳动力的转移。虽然这些国家农业剩余劳动力市民化的方式各具特色，但它们有一个共同的特点是一旦农民转移到城市便获得市民的身份。

与上述国家不同，由于受到城乡分割制度、城市偏向政策和城乡二元结构阻隔，中国农业转移人口市民化的过程不是一次性完成的，而是经过从农民到农民工的职业转换，再由农民工到市民的身份转换。农民工与中国特有的户籍制度紧密相关，农民工是指户籍身份还是农民，在农村有少量承包地，但主要从事非农产业，依靠打工或经商收入维持家庭生活的外出务工经商人员。自 20 世纪 90 年代初起，农民工日益成为中国劳动力资源中一支重要的力量。2017 年，农民工总量达 2.87 亿人，其中外出就业农民工为 1.72 亿人，农民工总量占总就业人口的 37%。①

然而，由于户籍制度改革严重滞后，加上城乡分割的社会保障和公共服务制度，绝大多数进入城镇的农业转移人口虽然工作和生活在城镇，并统计为城镇人口，但并没有真正融入城市，没有与城镇居民享受同等待遇。农业转移人口在经济收入和生活质量等方面与市民存在很大差距，市民化程度较低。

1997 年，《小城镇户籍管理制度改革试点方案》和《关于完善农村户籍管理制度的意见》等政策文件的颁布，标志着严控人口流动的户籍政策有了较大松动。进入 21 世纪，伴随着城镇化进程的加速、农业转移人口总量的增加和社会结构的巨大转变，推进城乡劳动力市场一体化和农业转移人口的市民化呼声日益高涨。

中国政府日益重视农业转移人口市民化问题。国务院办公厅《关于做好农民进城务工就业管理和服务工作的通知》《关于进一步做好改善农民进城就业环境工作的通知》《关于解决农民工问题的若干意见》等政策的颁布，逐步取消了对农业劳动力进入城镇就业的种种不合理的限制，并对维护农民工合法权益、推进户籍制度、公共服务政策的改革进行了有益的探索。2014 年，中共中央、国务院发布的《国家新型城镇化规划（2014—2020 年）》，明确提出了有序推进农业转移人口市民化。2015 年，党的十八届五中全会通过的《中共中央关于制定国民经济和社会发展第十三个五年规划的建议》明确提出要在"十三五"末把 1 亿农民工转变为城市市民，让户籍人口城镇化率提高到 45%。

农民工市民化包括生存职业、社会身份、自身素质以及意识行为四个层面的转变。② 农民工市民化是社会发展的必然趋势和以人民为中心发展思想的必然要求。为了加速推进农民工市民化进程，需要采取如下政策措施。

第一，深化户籍制度改革，推进符合条件的农业转移人口落户城镇。各类城

---

① 数据来源：《2017 年农民工监测调查报告》，国家统计局网站，2018 年 4 月 27 日。
② 刘传江、程建林：《双重"户籍墙"对农民工市民化的影响》，《经济学家》2009 年第 10 期。

镇因地制宜制定落户标准，健全落户制度，促进有条件、有意愿的农业转移人口有序在城镇落户。实行有差别的落户政策，全面放开城市的落户限制，加快放宽特大城市的落户条件。户籍制度改革的方向应该是双向放开户籍限制，也就是既要放开农村人口在城市安家落户，也要放开城市居民到农村落户以及农村内部之间自由落户，实现真正的自由迁徙和自由定居。这样不仅有利于农民工市民化进程的加速，也有利于农村发展和农业现代化。

第二，促进农业转移人口平等享受城镇基本公共服务。完善农业转移人口享受基本公共服务的相关制度和政策，明确农业转移人口及其随迁家属可以享受的基本公共服务项目，按照城镇常住人口配置基本公共服务资源。（1）保障农业转移人口随迁子女平等接受教育的权利。（2）落实农业转移人口获得基本公共卫生服务方面的权利，加强农业转移人口的疾病预防控制。（3）实施农业转移人口职业技能提升计划，加大农业转移人口职业培训工作力度，对农业转移人口开展就业技能培训。（4）完善和落实促进农业转移人口就业创业的政策。（5）扩大农业转移人口参加城镇社会保险覆盖面。（6）逐步改善农业转移人口居住条件。完善住房保障制度，将符合条件的农业转移人口纳入住房保障实施范围。

第三，建立健全农业转移人口市民化推进机制。完善农业转移人口工作协调机制，各级政府要把农业转移人口工作列入经济社会发展总体规划和政府目标考核内容，建立健全考核评估机制，落实相关责任。加大农业转移人口公共服务等经费投入，深化公共财政制度改革，建立政府、企业、个人共同参与的农业转移人口市民化成本分担机制和财政转移支付、城市建设用地指标同农业转移人口市民化挂钩机制。发挥社会组织服务农业转移人口的积极作用，按照培育发展和管理监督并重的原则，对为农业转移人口服务的社会组织正确引导、给予支持，充分发挥他们为农业转移人口提供服务、反映诉求、协同社会管理、促进社会融合的积极作用。

消除城乡二元结构的关键在于两点：其一，乡村振兴；其二，实现基本公共服务均等化。2022 年 10 月，党的二十大提出，全面推进乡村振兴，坚持农业农村优先发展，坚持城乡融合发展，畅通城乡要素流动；并且强调，要健全基本公共服务体系，提高公共服务水平，增强均衡性和可及性，扎实推进共同富裕。到2035 年，基本公共服务实现均等化，农村基本具备现代生活条件。只有振兴乡村，实现基本公共服务均等化，真正实现城市和农村之间的体制机制融合、要素融合、产业融合，才能为清除城乡二元结构、实现共同富裕奠定坚实的基础。

思考题

1. 刘易斯模型的基本观点是什么？简述"刘易斯拐点"及其意义。

2. 托达罗模型是如何解释城市失业与乡—城人口流动并存这一矛盾现象的?

3. 试比较刘易斯模型、拉尼斯—费模型和托达罗模型。

4. 试述改革开放以来中国乡—城劳动力转移的过程与特征。

5. 解决我国农民工市民化的对策思路是什么?

6. 刘易斯模型能够解释我国二元经济发展过程和劳动力转移过程吗?

▶ 即测即评

请扫描二维码进行在线测试。

第七章 工业化与信息化

工业化是经济发展的发动机，是发展中国家实现现代化的必由之路。从工业化实践看，工业化与产业结构的演进有着密切的关系。为了实现工业化，发展中国家应当根据工业化理论，选择适当的工业化战略。在信息化时代，发展中国家还应实施工业化战略的转型，把工业化与信息化结合起来，以实现经济的跨越式发展。中国工业化和信息化遵循经济发展的一般规律，但也有中国的特色，对于迈入工业化后期和中高收入阶段的中国而言，应通过信息化与工业化的深度融合，走中国特色新型工业化道路。

第一节 工业化与产业结构的转变

一、产业结构分类与工业化定义

所谓产业，是指生产相似或相同产品的一系列企业。产业结构则是指国民经济内部各产业之间在再生产过程中形成的经济联系和数量比例关系。经济联系反映了产业之间质的关系，数量比例则反映了产业之间量的关系。产业与产业之间存在着极其复杂的直接和间接的经济联系，使全部产业成为一个有机的系统。从一国国民经济看，在每个具体的经济发展阶段或发展时点上，组成国民经济的产业部门是大不一样的。各产业部门的构成及相互之间的联系、比例关系不尽相同，对经济增长的贡献大小也各不相同。为了揭示产业结构演变的规律，需要根据不同的分析目的，对产业进行相应的组合和分类。依据一般分工或特殊分工形式，可将国民经济分为顺次发展的三次产业：第一产业是指产品直接取自自然界的部门，第二产业是指对初级产品进行加工的部门，第三产业是指为生产和消费提供各种服务的部门。虽然每个产业所包含的内容存在差异，但现在人们通常把农业作为第一产业，把工业作为第二产业，把服务业作为第三产业。按照产业中投入资源的密集程度，可将产业分成劳动密集型产业、资本密集型产业、技术密集型产业和知识密集型产业。同时，每一类产业内部又可以细分为若干个部门，例如工业部门可分为基础工业和加工工业，而加工工业又可分成轻工业和重工业，而轻工业又可分为食品加工、纺织业等，纺织业还可以细分为棉纺织和毛纺织，根据不同需要，还可以分得更细。

产业结构不是一成不变的，而是随着经济发展而不断演进的。具体地说，产业结构演进包括以下四个方面的内涵：第一，产业结构演进是一个阶段性、有序的动态过程。产业结构的演进呈现出明显的阶段性，即产业结构在一段时间内以某一或某些产业为主，而后才能演进至以另一或另一些产业为主。同时，产业结构演进的各个阶段是有规律可循的，其演进的顺序是由多种因素决定的。总体而言，产业结构的演进顺序必然对应于特定的经济发展阶段。第二，产业结构演进包括结构高度和数量比例两个方面的变化。随着产业结构的演进，一方面，产业结构内在的技术经济联系会向更高的水平发展，即产业结构层次不断升级；另一方面，产业结构高度的变化会引起产业间技术经济联系的调整，进而带来产业数量比例关系的变化。第三，产业结构演进的方向是产业结构高级化。它本质上表现为产业部门技术水平的不断提高、生产要素构成逐步升级以及产业关联日益紧密，具体表现为高加工度化、高附加值化、技术集约化、知识化和服务化。第四，产业结构演进的最直观表现形式是主导产业的循序转换。一般而言，经济发展进程中主导产业的循序转换会经历以下几个阶段：（1）以农业为主导的阶段；（2）以轻工业为主导的阶段；（3）以基础工业为重心的重工业主导阶段；（4）以高加工度工业为重心的重工业主导阶段；（5）以第三产业尤其是现代服务业为主导的阶段；（6）以信息产业为主导的阶段。

　　工业化是产业结构演进的结果，是经济发展和社会进步的必由之路，是社会生产力发展到一定阶段的重要标志。在马克思主义经典作家的著作中，曾用"工业革命""大工业""现代工业"等词语来描述"工业化"的概念。马克思和恩格斯认为，工业化是"把自然力用于工业目的，采用机器生产以及实行最广泛的分工"[1]的过程。"自从蒸汽和新的工具机把旧的工场手工业变成大工业以后，在资产阶级领导下造成的生产力，就以前所未闻的速度和前所未闻的规模发展起来了。"[2]我们现在所谓的工业化，有广义和狭义之分。狭义的工业化，是指机器大工业在国民经济中发展起来并占统治地位的过程，即国民经济结构发生了以农业占统治地位向工业占统治地位的转变，它使一个国家由传统的农业国变为现代的工业国；广义的工业化，则是指一国整个经济的非农化和整个社会的现代化。

　　那么，如何确定工业化实现程度的衡量标准呢？既然工业化是一个综合的和动态的概念，那自然就不应当规定单一的或绝对的标准。比较全面地衡量工业化程度，需要综合考察以下互相联系的六个方面：（1）工业产值占国内生产总值的比重，即在国内生产总值中，工业比重的增大和农业比重的缩减。（2）工业劳动力占社会劳动力总人数的比重，即在劳动就业总人口中，工业比重的上升和农业

---

[1]　《马克思恩格斯文集》第一卷，人民出版社 2009 年版，第 565 页。
[2]　《马克思恩格斯文集》第三卷，人民出版社 2009 年版，第 548 页。

比重的下降。（3）工业自身的物质技术装备水平，包括工业生产的机械化、电气化、自动化和信息化。（4）农业的工业化水平。农业的工业化意味着农业机械化的实现，农业生产中广泛地应用电力和电气设备，农业生产效率成倍地提高。（5）第三产业在国内生产总值中的比重。随着工业化的推进，第三产业所占的比重将日益提高。（6）广大国民的福利水平。工业化意味着社会生产力成倍增长，社会物质财富迅速增加，广大国民都能享受到工业化带来的利益，其福利水平普遍得到提高。当然，工业化的标志绝不是仅此而已，上述六项只是主要指标。各个国家工业化大的趋势、基本特点和基本规则应该是相同的，在此基础上，各个国家或地区应该有适合自己特点的具体标准。以上是从广义角度理解工业化含义。学界在分析产业结构变动时通常使用狭义的工业化定义，即关注第二产业或者说工业的发展，使用第二产业或工业产值和劳动力占比来衡量工业化的发展水平。因为制造业是最能代表工业发展水平的，因此也可以用制造业代表工业化发展水平。

二、工业化的理论依据与实证分析

工业化理论是马克思主义理论的重要组成部分。马克思和恩格斯所处的时代，正是工业化诞生并快速推进的时代，同时伴随着资本主义在世界范围的迅速扩张和资本主义矛盾的充分暴露。正是在这种背景下，马克思和恩格斯对工业化的论述主要是针对工业化的出现以及工业化与资本主义的关系，并把工业化看作是资本主义发展必不可少的过程。马克思和恩格斯有关工业化的论述主要集中在三个方面：一是对工业化产生的分析，提出市场化是工业化的必要前提和条件。"市场总是在扩大，需求总是在增加。甚至工场手工业也不再能满足需要了。于是，蒸汽和机器引起了工业生产的革命。"[1] 二是对工业化的客观描述和实证研究，指出工业化将引起生产力飞速发展和经济结构、社会生活的巨大变化。"资产阶级在它的不到一百年的阶级统治中所创造的生产力，比过去一切世代创造的全部生产力还要多，还要大。"[2] 三是通过对工业化与资本主义生产关系矛盾的分析，推导出工业化必然导致资本主义被社会主义所取代。"大工业及其所引起的生产无限扩大的可能性，使人们能够建立这样一种社会制度，在这种社会制度下，一切生活必需品都将生产得很多，使每一个社会成员都能够完全自由地发展和发挥他的全部力量和才能。由此可见，在现今社会中造成一切贫困和商业危机的大工业的那种特性，在另一种社会组织中正是消灭这种贫困和这些灾难性的波

---

① 《马克思恩格斯文集》第二卷，人民出版社 2009 年版，第 32 页。
② 《马克思恩格斯文集》第二卷，人民出版社 2009 年版，第 36 页。

动的因素。"①

　　早在 17 世纪末，英国古典经济学家威廉·配第就已注意到不同产业之间的收入差异以及由此而引起的劳动力就业结构的变动。威廉·配第在其经典著作《政治算术》中指出，从事制造业比从事农业能得到更多的收入，从事商业比从事制造业能得到更多的收入，因此，劳动力会从农业向制造业和商业转移。先导工业化国家的就业结构由于收入差异而产生劳动力依次向第二产业、第三产业转移的趋势。1940 年，英国经济学家克拉克在吸收并继承威廉·配第理论的基础上，在其代表作《经济进步的条件》一书中，采用三次产业分类法，将国民经济结构分为三大部门，并运用劳动力指标，考察了伴随着经济发展过程而出现的劳动力在各产业中的分布状况所发生的变化。他认为，随着经济发展和人均收入水平的提高，劳动力从第一产业即农业向第二产业、第三产业等非农产业转移的现象，几乎是一个普遍规律。而且，随着人均收入水平的进一步提高，又会出现劳动力由第二产业向第三产业转移的现象。因此，人们把这一由威廉·配第和克拉克所提出的就业结构变动规律称为"配第—克拉克定理"。

　　美国经济学家库兹涅茨在配第—克拉克定理的基础上，在其代表作《现代经济增长》和《各国的经济增长》等著作中，分别采用横截面和时间序列两种数据，对 1958 年 57 个国家各生产部门在国民收入中的份额及 1960 年 59 个国家劳动力在各生产部门中的份额进行了实证分析，总结出了各国国民收入和劳动力在各生产部门间分布结构的变化规律，得出了"库兹涅茨法则"：第一，农业部门的净产值在整个国民收入中的比重和农业劳动力在全部劳动力中的比重均处于不断下降之中；第二，工业部门的净产值在整个国民收入中的比重大体上是上升的，但是，工业部门劳动力在全部劳动力中的比重则大体保持不变或略有上升；第三，服务业部门的劳动力在全部劳动力中的比重基本上都是上升的，而其净产值在整个国民收入中的比重却未必和劳动力的相对比重同步上升。②

　　德国经济学家霍夫曼在其 1931 年出版的著作《工业化的阶段和类型》中，通过对近 20 个国家的消费品工业和资本品工业净产值比例进行时间序列分析，发现此比例随着经济发展水平的提高有不断下降的趋势，该比例即被称为"霍夫曼系数"或"霍夫曼定理"。霍夫曼系数反映了工业内部产业结构演进的高度化程度，也反映了消费品工业和资本品工业净产值比例的变化对于工业化进程的影响。霍夫曼依据霍夫曼系数的高低，把工业化划分为四个阶段：在第一阶段，工业化的初期，消费品部门占据绝对优势地位，霍夫曼系数约为 5±1；在第二阶段，资本品

---

① 《马克思恩格斯文集》第一卷，人民出版社 2009 年版，第 683 页。
② ［美］西蒙·库兹涅茨：《各国的经济增长》，常勋等译，商务印书馆 1999 年版，第 373—378 页。

工业部门的扩张速度相对加快，霍夫曼系数下降为 2.5±1；到第三阶段，资本品工业部门继续增长，规模迅速扩大，与消费品工业的生产处于平衡状态，霍夫曼系数达到 1±0.5；在工业化的第四阶段，资本品工业生产占主导地位，其规模大于消费品生产规模，霍夫曼系数小于 1，基本上实现了工业化。

三、发展阶段与产业结构的演进

（一）经济发展与产业结构的相互作用机理

经济发展与产业结构有着相互依赖、相互影响的关系。现代经济发展本质上是产业结构变动的结果，产业结构的状况是经济发展水平的重要标志之一。经济发展会从需求和供给两个方面直接和间接推动产业结构的变动。

从需求方面看，经济发展会引起需求结构的变化，从而带动产业结构的变动。人的需求总是与一定的收入水平相适应的。现实的需求结构是随着收入水平的提高而不断变化的，并且在满足基本生活需要的基础上逐步向更高层次的需求转移。在经济发展初期的低收入阶段，个人收入主要用于满足温饱和生存需要，对农产品和轻纺工业产品需求最大，因而在此阶段的产业结构中，农业和轻纺工业占较大份额，成为该时期占主导地位的产业。随着经济发展和收入水平的提高，在基本解决温饱之后，人们的需求便逐渐向"享受需要"层次过渡，尤其对耐用消费品的需求迅速增长，从而拉动以耐用消费品生产为中心的基础工业和重工业发展，推进产业结构从以农业和轻纺工业为重心向以基础工业和重工业为重心转换。当然，这种产业结构的重大转换，是以轻工业的充分发展和农业劳动生产率的大幅度提高为前提的。之后，当经济发展和人均收入水平进入到更高的阶段后，人们的需要又进一步向"发展需要"层次过渡，对物质生活和精神生活提出了更高的要求。因此，在此阶段，在满足多样、新颖、高质量物质产品需求的同时，以教育、文化、医疗保健等为中心的现代服务业又成为人们需求的重心，以信息咨询业为中心的服务业和高科技产业，逐步取代重工业的主导地位，又一次实现了产业结构的重大转换。

从供给方面看，经济发展会引起供给结构的变化，从而导致产业结构的改变。供给方面的因素主要包括劳动力、资本和自然资源等生产要素，其供给状况及其配置效率的大小直接关系到产业的发展方向和产业结构的变动。在一定的需求水平下，供给方面的变化主要是由技术进步和市场竞争引起的。技术进步会出现新的生产工具、新的生产工艺和新材料，以至大幅度提高现有生产的劳动生产率，降低有关资源（资本、劳动力、原料等）的消耗水平，从而导致现有生产成本下降。同时，由于技术进步会开发出新的产品，从而形成新兴产业。在市场经济中，相对成本低的产业，会具有更强的竞争力，吸引资源向该产业部门流动，使其迅速扩大，从而推动产业结构发生变动。

产业结构作为以往经济发展的结果和未来经济发展的基础，成为推动经济发展的主要因素。产业结构必须与经济发展水平相适应，而经济发展到一定程度，必然会打破原有的均衡，导致产业结构发生相应的改变。但是，产业结构的变动对经济发展有着双重作用：比例失调、技术落后、发展层次低的产业结构，即不合理的产业结构会造成资源浪费，严重阻碍经济的发展；而比例协调、技术先进、发展层次高的产业结构，即合理的产业结构则会实现产业资源的优化配置和高效利用，促进经济高效、协调、可持续发展。因此，依据经济发展的不同阶段，要不断地优化调整产业结构，使其向合理化和高度化演进。

（二）产业结构的演进次序

世界经济发展的规律表明，随着一国经济发展水平的逐步提高，三次产业结构的演进总体上是沿着以第一产业为主导到以第二产业为主导再到以第三产业为主导的方向发展的。具体地说，三次产业结构的演变一般要经历"一二三""二一三""二三一""三二一"四个阶段。这就是说，第一阶段，即在经济发展初期，第一产业占主导，第二产业有一定发展，第三产业微乎其微；第二阶段，第一产业的产值比重逐渐缩小，第二产业占主导地位，第三产业有一定发展，但比重还比较小；第三阶段，第二产业仍居第一位，第三产业逐渐上升，且超过了第一产业的比重；第四阶段，第二产业比重下降，第三产业继续快速发展，且第三产业的产值比重超过第二产业而占有支配地位，甚至占有绝对支配地位。总之，随着一国经济的发展，产业结构就是沿着这样一个发展进程由低级向高级不断演变升级的。

三次产业内部结构也会随着发展阶段的转换而不断调整升级。第一产业包括农林牧渔等行业，这些行业结构会随着经济发展和人民生活水平的提高发生相应改变，如从粮食生产为主向改善生活品质为主的多种经营转变。但总的说来，农业部门的内部结构变化不会很大。第二产业变化较大。随着经济发展和阶段的变化，第二产业将会从消费品生产为主导的轻工业，向生产资料生产为主导的重工业转变，从劳动密集型工业向资本密集型工业转变，从资本密集型工业又向知识、技术密集型工业转变。第三产业即服务业随着发展阶段的转换而变化最大。服务业可分为传统服务业和现代服务业。其中，传统服务业包括批发和零售业、交通运输业、仓储和邮政业、住宿和餐饮业等部门；现代服务业则包括生活性服务业和生产性服务业，包括金融、房地产、教育、文化、医疗、育幼养老、建筑设计、会计审计、商贸物流、电子商务、休闲旅游等部门。随着产业结构的演进，服务业一般会发生从传统服务业为主导向现代服务业为主导的转变，特别是生产性服务业比重会不断上升。在当今世界新技术革命背景下，高端生产性服务业包括文化创意、金融服务、研发设计、软件开发、大数据、云计算、系统集成、信息服务、电子商务、现代物流、后台服务、节能服务、生态恢复、职业培训等，存在着巨大的成长和发展空间。

第二节　工业化的发展战略

一、平衡增长与大推进战略

所谓平衡增长，是指在整个工业或整个国民经济各部门中，按同一比率或不同比率同时、全面地进行大规模投资，通过各部门之间相互配合、相互支持的全面发展，彻底摆脱贫困落后的面貌，实现工业化或经济发展。平衡增长理论依据所强调的侧重点不同，可分为三种类型：极端的平衡增长理论、温和的平衡增长理论和完善的平衡增长理论。

极端的平衡增长理论主张对各工业部门同时按照同一比率进行大规模投资，以此克服经济中存在的"不可分性"，使整个工业按同一速度全面增长，达到实现工业化的目标。这一理论的主要代表人物是美国发展经济学家罗森斯坦-罗丹，他在 1943 年发表的《东欧和东南欧国家工业化的若干问题》一文中指出，发展中国家要从根本上解决贫穷与落后的问题，关键在于实现国家的工业化。经济发展意味着工业化，而实现工业化的首要障碍是资本形成不足。在资本形成的过程中，由于资本的供给、储蓄和市场需求、基础设施建设方面具有"不可分性"，小规模的、个别部门的投资不能从根本上解决问题，必须对各个工业部门进行大规模投资，实施"大推进"发展战略，才能保证各工业部门生产的产品相互依赖，互为市场，使产品的生产与需求达到均衡。同时，罗森斯坦-罗丹指出，在工业化过程中，为了避免和控制某些部门过度增长或产品过剩，必须在投资时做到按同一投资率对各工业部门投入相应的资本，只有这样，各工业部门之间才能协调地、均衡地按同一增长速度推进，工业才能迅速发展，工业化才能实现。

温和的平衡增长理论主张对工业、农业、外贸、消费品生产、资本品生产和基础设施等国民经济各个部门同时但按不同比率地进行大规模投资，以摆脱"贫困恶性循环"，使整个国民经济各部门按不同比率全面发展，实现工业化。这一理论的主要代表人物是美国发展经济学家纳克斯，他在 1953 年出版的《不发达国家的资本形成问题》一书中，提出了著名的"贫困恶性循环"理论。纳克斯认为，发展中国家之所以穷就是因为它穷，即收入低下，导致供给方面储蓄水平太低，需求方面市场容量小，投资引诱不足，从而导致了贫困恶性循环。要突破这一困境，只有对国民经济各部门进行大量投资，使经济增长率迅速地上升到一定高度，人均收入增长突破一定限度，这样才能形成广大而充足的市场，产生足够的投资刺激，为投资规模的进一步扩大和经济的进一步增长创造条件，从而打破贫困恶性循环。但纳克斯并不认为各部门都要按同一比率发展，而是主张将各部门产品的需求价格弹性和收入弹性的大小作为确定其投资比率的依据。

完善的平衡增长理论是一种折中的平衡增长理论，它介于极端的和温和的两种平衡增长理论之间，并综合了它们各自的特点而形成。这一理论的主要代表人物是美国发展经济学家斯特里顿，他一方面强调大规模投资对于克服供给方面的"不可分性"和需求方面的"互补性"的重要作用，指出大规模投资于国民经济各部门对保持各部门平衡增长的重要性；另一方面，他也主张依据各产业部门产品的收入弹性和价格弹性，确定对各产业部门不同的投资比率和增长比率，通过部门间不同比率的增长，实现平衡增长。可见，他的理论综合了罗森斯坦-罗丹和纳克斯理论的特点，把平衡增长作为长期目标和过程，把不平衡增长作为实现平衡增长的手段和短期过程。因此，完善的平衡增长理论是一种动态平衡增长理论。

但是，首先，平衡增长所要求的大规模投资、齐头并进，是发展中国家难以承担的，而且在资金有限、外汇短缺和人力资本不足的条件下，力量分散则一事无成。其次，在发展初期，实施这种大推进平衡增长战略，会牺牲群众的目前消费，造成各方面的关系紧张。最后，采取这种战略必然要使经济管理体制走向高度集中，而这种管理体制由于信息不充分，很难准确计算出各部门合理的资源使用比例，会造成资源利用和配置效率低下，因此平衡增长的计划是不可行的。而且，这种高度集中的管理体制会压制经济主体的积极性，使价格机制失灵，市场难以发育，导致经济逐渐失去活力。

二、不平衡增长与联系效应理论

不平衡增长理论的主要代表人物是美国发展经济学家赫希曼，他在1958年出版的《经济发展战略》一书中，指出平衡增长战略的不可行性，并对应提出了不平衡增长理论。不平衡增长理论尽管不否认大规模投资对促进工业化和经济发展的重要作用，但它研究的重心不是如何"全面投资"，而是如何集中投资于某些部门，使投资作用于最佳用途上。这一理论的主要观点是：发展中国家应当集中有限的资本和资源优先发展一部分产业，通过优先发展的产业的强大联系效应带动其他产业的投资，从而带动整个经济的发展。赫希曼用"引致投资最大化"和"联系效应"理论论证了不平衡增长的合理性与适用性。

当一个国家的投资规模既定而且有限时，为了使选择的投资项目产生最高的效益并对经济发展做出最大贡献，应当选择那些"引致投资最大化"的项目。所谓"引致投资最大化"的项目，就是指能通过自身发展带动其他行业发展的投资项目。从经济发展的角度看，许多投资项目都是经济发展所必需的，都可以创造"引致投资"，但是发展中国家资源短缺，不允许选择太多的项目同时投资。那么，到底优先选择哪个项目呢？其原则就是能刺激进一步的投资，产生最有效的投资效果，也就是能使引致投资最大化。

那么，选择什么样的项目和产业才能达到引致投资最大化呢？为此，赫希曼提出了"联系效应"理论，并认为应当选择联系效应最强的产业部门。所谓联系效应是指国民经济中各产业部门之间存在的某种关系。这种关系可分为后向联系和前向联系两种形式。后向联系是指某个产业与向它提供投入品的部门之间的联系，如钢铁工业的后向联系是采矿业等；前向联系是指某个产业同吸收它的产品的部门之间的联系，如钢铁工业的前向联系是机械制造、汽车工业等。一般来说，一个产业的后向联系部门通常是农产品、初级产品、原材料、半成品等生产部门，前向联系部门通常是制造品、最终产品等生产部门。但是，有些产业可能既是后向联系部门，又是前向联系部门，如棉纺织业既是棉花生产的前向联系部门，也是服装生产的后向联系部门；机械制造业既可以为钢铁业提供设备等资本品而成为后向联系部门，也可以吸收钢铁工业产品成为前向联系部门。

赫希曼认为，一个产业的联系效应，可以用该产业产品的需求价格弹性和需求收入弹性来衡量。需求价格弹性和需求收入弹性大，表明该产业的联系效应大，否则，联系效应小。他认为，凡是有联系效应的产业，不论是前向联系还是后向联系，都能通过这个产业的扩大而产生引致投资，而引致投资不仅能促进前向联系、后向联系部门的发展，还可以推动该产业的进一步扩张，从而使整个产业部门得到发展，实现经济增长。因而，当一个国家在选择工业化模式时，应该选择联系效应最大的产业优先发展，走不平衡增长的道路，以加快经济发展进程。赫希曼根据他的理论得出的政策建议是，资本品工业联系效应最大，应该优先发展资本品工业，也就是优先发展重工业。

不平衡增长理论相比平衡增长理论更为可行，因为它考虑到了低收入国家资本资源有限这一现实因素。但是，不平衡增长战略本身也存在着一定的局限性。这主要表现在，这种战略过于看重产业之间的联系效应，忽视了各部门之间的互补性，低估了产业或部门间的不平衡增长可能产生的不良后果。如某些稀缺资源进一步稀缺，产业间的不平衡进一步扩大，便会形成一种障碍，使得上下游产业很难按照预先的计划发展，成为经济进一步发展的瓶颈。而且，由于发展中国家贫穷落后，市场机制不完善，产业体系不健全，各产业部门的自给性很强，联系并不太紧密，几乎没有太大的联系效应，这就为究竟选择哪个部门作为优先发展的对象增加了难度。

三、主导部门优先发展战略

在一国的工业化过程中，起着关键作用的是少数主导部门。这些主导部门的高速发展，会推动该国整个工业化的发展。因此，各国把促进主导部门的发展作为迅速推动工业化的重要手段，从而形成了主导部门优先发展的工业化战略。

所谓主导部门，也称主导产业或主导产业部门，是指在各产业部门中具有高创新率和高速增长能力，且具有很强的带动其他产业部门发展的能力，在工业化过程中起着最主要作用的产业部门。一般来说，主导部门不是单个的部门，而是由几个产业部门组成的一个主导部门综合体。社会分工和生产社会化的发展水平越高，越是如此。因此，当一国在选择工业化的主导部门时，应该选择一组产业部门作为主导部门，重点支持，加速其发展，以带动其他产业部门的发展。

主导部门及其综合体的形成是与一国工业化的发展阶段相适应的。由于各国在历史与地理条件、资源禀赋、市场需求、经济体制与政策等方面的不同，对主导部门及其综合体的选择也有着很大不同。美国经济学家罗斯托在1960年出版的《经济增长的阶段》一书中提出了"起飞"理论，他提出选择主导部门必须具备以下三个条件：（1）足够的资本积累和投资；（2）充足的市场需求；（3）创新，包括技术创新和制度创新。然而，随着工业化阶段的演进，主导部门也会发生有序的更替。

罗斯托把经济增长阶段划分为传统社会、起飞准备、起飞、成熟、大众高消费以及追求生活质量六个阶段，而每个阶段的演进都是以主导部门的更替为特征的。他认为，经济增长的各个阶段都存在着相应的起主导作用的产业部门及其综合体：（1）传统社会阶段。主导部门主要是农业。经济处于原始状态，没有现代科学技术，整个社会生产力水平低下，人均收入仅能维持生存。这与当今最不发达国家的发展状况大致相对应。（2）起飞准备阶段。主导部门主要是食品、饮料、烟草、水泥、砖瓦等工业部门。这主要与低收入国家的发展状况相对应。（3）起飞阶段。主导部门主要是非耐用消费品生产部门，如纺织工业。这与中低收入国家的发展状况大致相一致。（4）成熟阶段。主导部门主要是重工业和制造业部门，如钢铁、煤炭、电力、通用机械、肥料等部门。这与中高收入国家的发展状况大致相同。（5）大众高消费阶段。主导部门主要是耐用消费品生产部门，如汽车、家电工业。这与高收入国家或即将跨入高收入国家的发展状况相一致。（6）追求生活质量阶段。主导部门主要是为改善生活质量而提供各种服务（其中包括科学、教育、卫生、文化艺术和旅游等）的第三产业。这与现代发达国家的经济状况相一致。自 20 世 90 年代以来，随着以计算机和通信技术为标志的信息技术的迅速发展，信息产业迅速崛起，从而以发达国家为代表的世界各国又纷纷将信息产业作为主导部门加以优先发展，通过信息化改造和促进工业化，实施工业化和信息化相互融合的新型工业化战略。

尽管在工业化的不同阶段会有不同的主导部门，但各阶段的主导部门都具有以下三个共同特征：第一，导入了创新并创造了新的市场需求。对于主导部门来说，创新不但为其加速了技术进步，更重要的是还为其创造了新的市场需求，使其对整个产业结构具有引导作用，对其他产业的发展也具有巨大的带动作用。第二，具有持续的高增长率。主导部门的高增长率是由产业的技术进步和新的市场需求所促成的，因而它是持久的。第三，具有显著的扩散效应。扩散效应是主导部门的关键，扩散效应分为三种：后向效应、前向效应和旁侧效应。所谓后向效应是指因主导部门的发展对向其提供投入品的产业部门的带动作用，前向效应是指由主导部门的发展诱发出新的经济活动或产生出新的产业部门，旁侧效应是指由主导部门的发展对所在城市和地区所产生的影响。

第三节　新型工业化与信息化

一、新型工业化提出的时代背景及其特征

自 20 世纪 90 年代以来，世界经济和科技出现了两个明显的变化趋势。一方面，新的科学技术革命导致了现代高新技术群的产生，以信息技术为先导，包括信息技术、生物技术、新材料技术、新能源技术、空间技术和海洋技术在内的一系列高新技术应运而生，并逐步渗透到经济社会生活领域，对经济社会的发展产生了深刻而重大的影响。另一方面，在不断发展的科技革命和生产国际化的推动下形成的经济全球化，把各国、各地区及各个国家集团的经济联结成相互依赖、相互渗透的网络化的有机整体。随着信息技术的发展和广泛应用，地球变成了一个"全球村"，各国可以相互间迅速交流各种信息，彼此利用对方的资源、资本、技术和市场。上述两大趋势的共同点就是在以信息技术为代表的现代高新技术的推动下，引发了一个新的信息化时代的到来。

在信息化时代，发展中国家必须实施工业化道路的转型，走新型工业化道路。所谓新型工业化，是指以信息化带动工业化，以工业化促进信息化，并且科技含

量高，经济效益好，资源消耗低，环境污染少，人力资源得到充分发挥的新型的工业化道路。具体地说，新型工业化主要有以下五个特征：

第一，信息化是新型工业化的主要标志。信息化是加快实现工业化和现代化的必然选择，信息技术是当代先进技术的代表，是新技术革命的火车头，信息产业是当今世界发展最快的产业。走新型工业化道路就必须发展信息产业，用最先进的信息技术武装和改造传统产业，以信息化推动工业化，通过传统产业的信息化进一步提高信息化的水平。

第二，可持续发展是新型工业化的原则。在全球自然资源日益短缺、生态环境不断恶化并已日益威胁到人类生存的背景下，发展中国家不允许再走西方发达国家历史上走过的"先污染、后治理"的工业化道路，唯一的选择只能是走可持续发展的道路，使经济、社会与人口、资源、环境和生态协调发展。循环经济、低碳经济和绿色经济作为新的经济形态和发展理念，为新型工业化开辟出了新的思路。

第三，科技进步和创新是新型工业化的动力。走新型工业化道路，必须发挥科学技术作为第一生产力的重要作用，通过科技进步，推进产业结构优化升级，提高劳动者素质，提高产量、质量和经济效益，降低资源消耗，减少环境污染。科技进步的关键是加强基础研究和鼓励创新，掌握核心技术，拥有自主知识产权。只有通过创新驱动发展，才能真正实现新型工业化，发展中国家才能在激烈的国际经济竞争中获得竞争优势。

第四，人力资源的开发和利用是新型工业化的重要途径。新型工业化与传统工业化分别处于不同的经济发展阶段，经济增长中各种生产要素的作用发生了根本性变化。传统工业化处于工业化的初期或中期，其主要依赖自然资源和物质资本的大量投入。新型工业化则处于工业化后期，在其所处的知识经济时代或信息时代，经济增长主要依赖知识、人力资本或智力投入。因此，如何开发和利用人力资源，提高人力资本水平，充分发挥每一个人的智慧和才能，是新型工业化的关键。

第五，跨越式发展是新型工业化的战略目标。发达国家的工业化依次经历了机械化、电气化、深加工化和信息化等阶段。在信息化时代，发展中国家不能重复发达国家的传统工业化道路，必须通过利用和发挥后发优势，实现社会生产力的跨越式发展，并把这种跨越式发展作为发展中国家新型工业化道路的战略目标。发展中国家实现跨越式发展具有两种含义或两种方式：一是以较短的时间和较少的代价实现与发达国家原来走过的发展历程相同的目标；二是在发展过程中跳过发达国家曾经出现过而发展中国家不必再重复的一些阶段。通过信息化带动工业化，发展中国家能够缩短、减少工业化和信息化两者所需的时间和成本，实现上述两种含义或方式的跨越式发展，从而较快缩小并消除与发达国家之间的差距，最终赶超发达国家。

二、工业化与信息化的相互作用机理

当今的信息化时代为发展中国家工业化道路的转型提供了巨大的历史机遇。发展中国家可以以信息化带动工业化，以工业化促进信息化，通过信息化和工业化融合的发展战略，实现其新型工业化。

（一）以信息化带动工业化

信息化带动工业化的作用具体表现在以下四个方面：

第一，信息化能够促进发展中国家产业结构的调整。在发达国家，信息化是在工业化完成的基础上进行的，产业结构演化是整个国民经济自然发展的结果。而对于发展中国家而言，信息化是伴随着工业化的进程进行的。发展中国家在推进工业化的过程中，通过利用信息技术带来的资源配置方式和生产方式的变革，可以加快产业结构升级的步伐，调整产业结构演化的方向，使工业化过程中形成的产业结构更趋高级化，实现经济结构调整上的跨越。

第二，信息化有利于发展中国家引进新技术、生产新产品、采用新标准。首先，信息资源已经与物质资源、能源并列成为同等重要的三大战略资源，与传统的战略资源相比，发展中国家在获得新的战略资源方面比以前更容易了。其次，信息化使得发展中国家比以前更容易引进和吸收发达国家的技术开发成果，采用新的生产工艺，实现跨越式的技术进步。最后，信息技术的突飞猛进使得技术及产品的更新换代步伐更快，与以往相比，信息时代发达国家的新技术及新产品向发展中国家的转移明显加快。

第三，信息化为传统工业实现管理的现代化和科学化以及提高经济效益创造了条件。传统的产业组织结构必须与信息化的要求相适应，在微观上表现为企业管理及组织结构的调整。同时，信息化优化了工业化进程中的各种资源，使生产要素得到合理的配置，能够节约甚至代替部分资源。目前发展中国家企业组织结构及管理方式还不尽合理，与发达国家仍有很大的差距，但信息化可以在较短的时间内为这些国家企业组织结构的规范化创造条件，使其与发达国家的企业在组织结构和管理上实现同步，这从客观上加快了发展中国家在企业管理上的跨越式发展。

第四，信息化对工业化具有补充和协同作用。信息经济的发展能在很大程度上弥补传统工业经济的不足，如高消耗、低效益、严重污染等，从而逐步建立以经济效益好、资源消耗低、环境污染少等为特点的新型发展观；信息资源在广度和深度上的迅速发展，能够减少交易成本和资源浪费（比如网上交易能大大减少人力物力），从而替代更大一部分的物质资源；信息技术广泛应用于社会生产与服务，为工业化经济的发展创造了新机会和新途径。

（二）以工业化促进信息化

发达国家传统的经济发展路径是先实现工业化，在工业化得到长足发展之后才进入信息化发展阶段。但是，广大的发展中国家至今仍处于工业化的中级阶段甚至初级阶段的水平。显然，对于经济基础本来就薄弱的发展中国家而言，完成工业化仍然是不可逾越的阶段。

首先，工业化为信息化提供物质基础。信息化的基础设施建设、技术装备、通信设备、电子产品等都要以工业化的发展为支撑。发展中国家在信息时代面临着发展机遇多同时瓶颈约束也多的形势：一方面是信息技术带来的前所未有的好处和发展机遇，另一方面是资金不足造成的信息基础设施建设的滞后。所以，发展中国家必须更加迅速地推动工业化建设，为实现与信息化的互动发展提供坚实的基础。

其次，工业化的发展为信息化积聚资金。信息产业毕竟是新兴产业，信息化的发展需要大量资金和人才的投入，而发展中国家经济实力不足，如果撇开工业化，信息化的发展便无从谈起。通过工业化发展，不仅能够使资金更多地流向新兴的信息产业，而且能通过形成的资本市场，为新兴的信息产业开拓多种投融资渠道。

最后，工业化的发展促进了信息产业市场的扩大。在当今信息产业快速发展的情况下，发展中国家不应盲目照搬发达国家的发展模式，而要根据自己的具体情况制定适合本国的发展战略。大力发展信息产业并不意味着排斥传统产业，传统产业的发展为信息产业的形成和发展提供了一个广阔的应用领域，使其能够在应用中进一步提高及创新。只有依托现有的传统经济的实体产品和物理网络，信息产业才能寻求进一步的扩散和发展。

（三）信息化和工业化之间的融合

信息化和工业化之间的融合是发展中国家在自身工业化尚不发达，而发达国家又已在完成工业化后大步迈进信息化发展过程的情况下采取的新的工业化战略。它一方面在尚未完成工业化的情况下，大力推进本国的信息化进程；另一方面在信息化的过程中，不是放弃工业化的完成，而是按照信息化的要求，调整和校正本国的工业化战略，使工业化和信息化能够有机结合，相互促进。

信息技术对国民经济和社会发展的贡献最主要的不是其本身作为一个产业部门对国民生产总值的贡献，而在于它提供了一种有力的手段，能加快信息资源的开发利用。信息化与工业化的融合，以信息化带动工业化，以工业化促进信息化，不仅可以通过信息技术在工业生产中的广泛应用和对传统工业的技术改造，使工业生产的速度、质量和效益得到极大的提高，使工业化的时间进程大大缩短，而且，工业化的经济实体必须在吸收信息化发展的先进的生产、交换、分配方式的基础上才能继续生存、发展，离开信息技术的支撑，也难以实现工业化发展的飞跃。可以说，信息化与工业化的有机融合是发展中国家实现经济腾飞的必由之路。

三、信息化时代产业结构的新特征

在信息化时代，产业结构发生了急剧变化，并呈现出一些新的特征。与传统的工业化时代相比，信息化时代产业结构最主要的特征是信息产业成为一个新兴产业，并带动了其他产业的发展。在信息化时代，随着信息技术的迅猛发展以及在社会生活各个领域的广泛应用，有关信息设备的制造以及软件业的生产得到了飞速的发展，规模越来越大，专业化程度越来越高，在整个产业结构中的地位也越来越显著。这样，专门从事信息产品制造的产业便逐渐从其他产业中分离出来，形成了一个独立的产业——信息产业。具体地说，信息产业是指以现代新兴的信息技术为基础，专门从事信息资源收集和信息技术的研究，开发、利用、生产、存储、传递和营销信息商品，可为经济发展提供有效信息服务的综合性生产活动的一个产业集合体。

与其他产业相比，信息产业具有以下五个特点：

（1）信息产业是知识、技术和智力密集型产业。信息产业的本质就是以收集信息、生产和经营信息为职能的产业，其特点是以脑力劳动为重点的大量知识和技术的开发，它由许多新型的知识、技术、智力型企业组成，是处于尖端科学前沿的高技术产业。如果说其他技术是人的体力的延伸，信息技术则是人的智力的扩展。信息技术的研究开发需要专业的高水平的人员来进行，也需要专业人员之间的联合协作。

（2）信息产业是高创新性和高渗透性相结合的产业。信息技术的发展和进步源于大量的发明和创造，是建立在现代科技最新成果基础之上的，因而具有高度的创新性。同时，信息技术既是针对特定工序的专业技术，又是适合于各行业的通用技术，它融合于各个产业部门，因而在国民经济各部门都具有极强的渗透性和广泛的适用性。

（3）信息产业是产出高、效益好的高增值产业。信息产业是集资本、技术、知识于一身的产业，随着资本投入的增加、技术的进步和知识的积累，信息产业的生产规模日益扩大。产业规模的扩大不仅带来高产出，而且促使规模经济的形成，提高资源的利用率和劳动生产率，降低产品的生产成本，从而提高增值率。

（4）信息产业是具有高带动效应的主导产业。信息产业关联度很高，联系效应很大，因此它对其他产业有高度的带动效应。例如，信息产业的发展在信息产业内部带动了微电子、半导体、激光等产业的发展，在部门外部则带动一批新材料、新能源、机器制造的发展。正是由于信息产业的高带动性，信息产业已日益成为发达国家的第一大产业和主导产业，也日益成为发展中国家尤其是进入中等收入阶段国家的主导产业。

（5）信息产业竞争激烈、产品更新换代速度快。现代信息技术的快速发展，特别是设计自动化、生产自动化、人工智能化和柔性加工系统的广泛采用，大大缩短了电子信息产品从研制到投产的周期，从而加快了科学技术转化为生产力的周期，电子信息产品更新换代的时间不断缩短、速度日益加快。根据摩尔定律，电子芯片的集成密度大约每经过 18 个月便会增加一倍，同时性能也将提升一倍，所以基本上每一年半电子信息产品就会升级一代。这使得信息市场和信息产业的竞争日趋激烈，各个信息企业只有不断加大研发投入，开发新的产品，缩短新产品研发周期，才能在竞争激烈的市场中获得竞争优势。

第四节　中国产业结构的演变与转型升级

一、中国产业结构的演变

根据三次产业在国内生产总值中所占比重的变化（表 7-1），可将 1949 年之后中国产业结构演变的过程大致分为以下四个阶段。

表 7-1　三次产业在中国国内生产总值中的比重（1952—2021 年）　　单位:%

产业类型	年份													
	1952	1957	1958	1978	1980	1984	1985	1990	1995	2000	2005	2011	2012	2015	2021
第一产业	51.0	40.6	34.4	27.7	29.6	31.5	27.9	26.6	19.6	14.7	11.6	9.2	9.1	8.4	7.3
第二产业	20.9	29.6	37.0	47.7	48.1	42.9	42.7	41.0	46.8	45.5	47.0	46.5	45.4	40.8	39.4
第三产业	28.2	29.8	28.7	24.6	22.3	25.5	29.4	32.4	33.7	39.8	41.3	44.3	45.5	50.8	53.3

数据来源：国家统计局国民经济综合统计司编：《新中国六十年统计资料汇编》，中国统计出版社 2010 年版，第 10 页；国家统计局编：《中国统计年鉴（2022）》，中国统计出版社 2022 年版，第 58 页。

（一）1949—1957 年：以第一产业为主的"一三二"产业结构

1949 年新中国成立后，通过 1949—1952 年的国民经济恢复，以及随后 1953—1957 年"一五"时期社会主义工业化的初步发展，第一产业占国内生产总值的比重由 1952 年的 51.0% 下降到 1957 年的 40.6%，第二产业由 20.9% 上升到 29.6%，第三产业由 28.2% 上升到 29.8%。尽管这一时期工业有了较大发展，但中国的产业结构仍然以第一产业农业为主，其比重远远高于其他产业。不仅如此，由于工业极其落后，第三产业的比重又大于第二产业。

（二）1958—1984 年：以第二产业为主的"二一三"产业结构

1958 年，中国第一产业、第二产业和第三产业占国内生产总值的比重分别为 34.4%、37.0% 和 28.7%。由工业和建筑业构成的第二产业的比重首次超过第一产业，第二产业开始成为中国国民经济的第一大产业。由于受到"大跃进"以及"文化大革命"的干扰，1959—1960 年和 1961—1969 年两个时期中国产业结构曾分别呈现出"二三一"和"一二三"这样的反常特征。但在 1970—1984 年，中国产业结构又恢复到了以第二产业为主的"二一三"产业结构。这一阶段中国产业结构的特征主要是工业特别是重工业的比重迅速上升，并初步建立起了独立的和比较完整的工业体系和国民经济体系。

（三）1985—2011 年：以第二产业为主的"二三一"产业结构

伴随着中国改革开放的深入推进和中国经济的快速发展，到 1985 年，中国第一产业、第二产业和第三产业占国内生产总值的比重分别为 27.9%、42.7% 和 29.4%。尽管当年第二产业依然是第一大产业，但第三产业的比重首次超过第一产业，中国产业结构的演变开始进入到以"二三一"产业结构为特征的新阶段，产业结构日趋合理化。在这一阶段，从第一产业看，尽管农业产值在国民经济中的相对比重降低了，但农业一直保持稳步发展，农业现代化水平日益提高。从第二产业看，由改革开放初期的重点发展轻工业转向之后轻工业和重工业并举使中国日益成为"世界工厂"和制造大国。同时，第三产业也迅速发展，第三产业占国内生产总值的比重日益提高，且远远超过了第一产业。到 2011 年，中国第一产业、第二产业和第三产业占国内生产总值的比重分别演变为 9.2%、46.5% 和 44.3%，第三产业与第二产业的比重日益接近，仅相差 2.2 个百分点。

（四）2012 年以后：以第三产业为主的"三二一"产业结构

2012 年，中国第一产业、第二产业和第三产业占国内生产总值的比重分别为 9.1%、45.4% 和 45.5%。这一年中国第三产业的比重首次超越第二产业，开始成为中国国民经济中的第一大产业，由此，中国产业结构进入了以第三产业为主的"三二一"产业结构阶段。到 2021 年，中国三次产业的比重进一步升级至 7.3%、39.4% 和 53.3%。这表明，中国的产业结构迈入了工业化后期的现代产业结构阶段。然而，虽然我国产业结构进入"三二一"阶段，与发达国家类似，但第三产业比重仍然比较低。以美国和日本为例，2020 年，美国三次产业产值比重分别为：1.1%、18.4%、80.1%；日本为 1.0%、29.0%、69.5%。[①] 可见，我国产业结构

---

① 国家统计局编：《中国统计年鉴（2022）》，中国统计出版社 2022 年版，第 926 页。

的优化升级仍然任重道远。

二、中国工业化过程与发展战略的选择

工业化过程的一般规律是先轻工业化（初期），再重工业化（中期），最后进入全面发达工业化（后期）。这种趋势被称为工业化过程中的重工业化规律。工业化进程中出现"先轻后重"的现象，有其必然性。从理论研究来看，霍夫曼对这一规律进行了具体的分析（包括梅泽尔斯的批评和盐野裕一的修正），马克思和列宁的生产资料生产更快增长的再生产理论是对这一规律的另一种概括，库兹涅茨针对工业部门细分部门的研究也部分地证实了这一规律。英国、法国、美国等发达国家工业化的发展历程则是对这一规律的有力证明。发达国家工业化的历程表明，工业化首先从轻工业化开始，然后再向重工业化推进，只有实现高水平的重工业化，并用先进的设备和技术武装、改造轻工业和农业，整个工业化的任务才能最终完成，也才能进入发达的后工业化社会。

中国作为一个后发国家，在工业化进程中，由于国际环境、经济结构、理论认识偏差和苏联工业化模式的影响，走了一条特殊的工业化道路。工业内部结构变化大致经历了三个阶段，即新中国成立至改革开放前的重工业优先发展，改革开放初期的轻工业优先发展，21 世纪开始的重新重工业化。

（一）计划经济时期的重工业优先发展时期

1949—1978 年是中国的计划经济时期，也是中国工业化的全面启动阶段。这一时期的中国工业化具有以下几个特点。

第一，国家实行的是高度集中的计划经济体制。国家是工业化的推进力量。通过高度集中的计划经济体制，确定工业化的战略、模式和工业化的次序及其相关政策。国家对工业化进行统一管理，统一生产，统一分配，价格也由政府决定，资源实行定向分配，以计划手段进行重点投资建设。通过制定和实施国民经济发展的"一五"和"二五"计划以及一系列重大建设项目，奠定了中国工业化的基础，并在较短的时期内，形成了独立的、比较完整的工业体系和国民经济体系。

第二，主要实行重工业优先发展的工业化战略。新中国成立后，亟待加快工业化速度、改变工业特别是重工业落后的面貌。1950 年朝鲜战争的爆发以及随之而来的西方对华封锁禁运，进一步促使中国优先发展重工业，以实现生产资料的进口替代，并加强国防力量和国防安全。在此背景下，以"生产资料生产优先增长规律"作为理论依据，并借鉴苏联 20 世纪二三十年代通过优先发展重工业，迅速实现国家工业化的模式和经验，1952 年中国提出实行重工业优先发展的工业化战略，集中全国的人力、物力和财力，优先发展重工业，特别是重工业中的钢铁、

石油、机械和军工等部门。通过实行重工业优先发展战略，重工业产值占工业总产值的比重大大增加，从 1952 年的 35.5%迅速上升到 1957 年的 45%。

第三，农业积累是工业化资金的主要来源。这一时期的工业化是中国工业化的资本形成时期。资金投入由国家提供，而资金主要来自农业的积累，国家将集中起来的农业积累资金投资于城市的国有企业。

这一时期的工业化虽然取得了较大发展，特别是大规模实施重工业优先发展战略为我国工业基础的形成打下了较好的基础，但同时也带来了较大弊病，主要表现为：在工业基础还比较薄弱和人民消费水平较低的情况下优先发展重工业，导致轻工业发展滞后，消费品短缺问题比较严重，产业结构不合理，出现了欲速则不达的状况。此外，在高度集中的计划经济体制框架内，发展工业是以其他产业特别是农业的滞后发展为代价的，依靠工农产品价格"剪刀差"来支撑工业的高积累、高投入和高消耗，工业经济效益不高。

（二）改革开放初期的轻工业优先发展时期

1978 年 12 月，党的十一届三中全会的召开拉开了中国改革开放的序幕，并由此开始了中国改革开放时期的工业化进程。同之前的计划经济时期的工业化相比，中国改革开放前期的工业化具有以下三个不同的特点。

第一，随着市场因素的引入和向市场经济体制的过渡，工业化的投资主体出现了多元化，包括国家、集体、个体、私营以及外商等，既有以国家投资为主形成的国家工业化，也有以外资和民间投资为主形成的民间工业化，国家工业化与民间工业化相互结合，推动了中国工业化的进程。

第二，在总结计划经济时期工业化经验教训的基础上，调整了工业化发展战略，由优先发展重工业转变为优先发展轻工业，在重工业稳步增长的同时，轻工业整体也得到了较大的发展，工业产业结构得到合理的调整。

第三，改革开放促进了乡镇企业的兴起，乡镇企业在吸纳更多农村剩余劳动力的同时，也推进了我国农村工业化的进程，从而形成了城市工业化与农村工业化齐头并进的局面。

这一时期，轻工业发展快于重工业，工业结构逐渐趋向合理化。

（三）进入 21 世纪以来的重新重工业化时期

这一时期的重工业化表现在轻重工业比重的变化上。从轻重工业的增长速度和比重来看，自 1999 年开始，我国的轻工业无论是在增长速度还是比重上都落后于重工业，而且差距越来越大。2000 年中国经济出现转折性变化，重工业增速比轻工业快 3.5 个百分点，2003 年又升至 4 个百分点，2004 年也快 3.5 个百分点。与此相应的是，重工业的比重也从 1997 年的 51%猛升至 2001 年的 60.6%，2005 年更是上升到了 68.9%，比之前的最高纪录还多 2 个百分点，此后重工业加速发展的趋势没有改变，2011 年已经达到了历史最高的 71.8%。

2012 年以后，因中国统计制度调整，不再统计轻重工业产值，改为统计三次产业产值。同时，自党的十八大以来，随着中国经济的高质量发展，包括重工业在内的第二产业日益转型升级，第三产业的比重日益上升。因此，以重工业为核心的工业部门的发展状况集中反映在第二产业占国内生产总值的比重及其结构变化上，该比重由 2011 年的 46.5% 演变为 2021 年的 39.4%。尽管第二产业整体的比重相对下降，但在中国由制造大国向制造强国转型的进程中，作为第二产业核心的重工业部门依然会保持重要的地位。

这一时期的重新重工业化不是计划经济时期政府有目的的推动，而是在市场经济下自然形成的，是经济发展阶段变化的结果。主要有如下一些因素在推动着重工业的发展。

一是消费结构的升级。消费结构的变化是引起产业结构变动的最主要因素，按照国际经验，人均 GDP 达到 1 000 美元以后，社会消费结构将会由温饱型向发展型、享受型升级。2003 年中国人均 GDP 首次超过 1 000 美元，达到 1 090 美元，中国居民首先是城镇居民的消费结构已由以自行车、缝纫机、收音机等为标志的百元级商品提升到以洗衣机、电视机、冰箱、空调、计算机等为标志的千元级商品，并开始向以住房、汽车为标志的万元级商品迈进。汽车、房地产业的产业链特别长，对相关产业的带动作用非常大。随着汽车、住房需求的大幅度增长，用于生产汽车、住房的重工业产品的需求也必然大量增加，从而极大地带动钢铁、机械、化工、水泥、玻璃以及采矿业等重工业部门的发展。

二是国际制造业的转移。国际制造业转移的规律是，首先转移劳动密集型产业、轻工业，而现在转移的是资金密集型和资源消耗型的重化工业。从历史上看，世界制造业中心曾发生过几次大的转移。第二次世界大战之前主要集中在欧洲和北美，第二次世界大战以后向日本和亚洲"四小龙"转移。20 世纪 80 年代向中国内地转移。先是转移轻纺工业，之后主要是转移重工业。国际产业转移也为中国重工业发展提供了机遇。

三是基础设施建设加快。发达国家的历史经验表明，基础设施建设对于顺利实现工业化起着重要推动作用，如罗斯托在考察了美国、加拿大、瑞典等国的基础设施投资后，专门强调了社会基础资本（基础设施建设）尤其是运输方面的社会基础资本在起飞中的重要性。张培刚论述了基础设施对工业化可能产生的瓶颈问题，从另一个角度体现了基础设施对工业化的重要作用。霍夫曼在其著作中阐述了基础设施建设的重要性。因此，形成四通八达、方便快捷的交通运输和信息通信网络，建成系统的供水、供电、供气、农田水利、灾害防治、环境保护等各方面的基础设施，既是实现工业化的前提，也是工业化的重要任务。进入 21 世纪以来，特别是党的十八大以来，我国开始或完成了一大批交通、能源、通信、水利等基础设施建设，为重工业发展提供了支撑，同时，基础设施建设需要大量的重工业产品，也带动了重工业的发展。

四是轻工业发展和技术升级的需要。我国在工业化过程中每个工业部门的技术装备都在改造升级，用先进的机械设备替代传统的机械设备，可以提高产品质量和劳动生产率；同时轻工业的发展也导致了对原材料工业的大量需求，很多原材料生产属于重工业范畴，因此，轻工业虽然在速度上发展得没有重工业快，其比重是下降的，但轻工业也在迅速发展中，而且其生产能力在不断提升，客观上也促进了重工业的快速发展。

五是农业的技术改造的需要。工业化过程也是农业机械化和专业化的过程，改造传统农业的一个重要渠道是工业部门向农业部门提供先进的农业机械装备和化肥、农药等农业生产资料。自 21 世纪以来，我国农业规模化、专业化进展非常快，对农机和化肥、农药的需求量急剧增加，这也导致了我国机械工业和化学工业的快速扩张。

六是改变装备制造业落后面貌的需要。装备制造业是重工业的核心组成部分，先进的装备制造业是发达工业化的基本标志之一。我国的装备制造业比较落后，主要依赖进口，每年进口设备的花费远远超过外商对华的直接投资。在这种情况下，为了提升装备制造业的技术水平，缩小与发达国家的差距，我国的装备制造业快速发展。

正是在上述多重因素的作用下，我国形成了巨大的重工业产品市场需求，导致重工业产品价格的上涨，从而推动重工业的快速发展。

随着中国重新重工业化任务的完成、城镇化率的不断提升、基础设施建设的基本完成、装备制造业的振兴、农业机械化和现代化的实现、轻工业技术和装备的升级，中国资源消耗将会大量减少，环境压力将会大大减轻，第三产业的比重将会大幅提高。事实上，随着我国重工业在 GDP 中的比重相对下降，第三产业比重日益上升。

（四）中国特色新型工业化道路

新中国成立 70 余年来，特别是改革开放和党的十八大以来，中国工业化进程实现了历史性的跨越，中国已经成为"世界工厂"和第一制造大国。目前，中国是全世界唯一拥有联合国产业分类中所列全部工业门类的国家，包括 41 个工业大类、207 个工业中类、666 个工业小类，形成了独立完整的现代工业体系。在世界500 多种主要工业产品中，中国有 220 多种工业产品的产量居全球第一。中国用几十年的时间走完了发达国家几百年所走过的工业化道路。

中国在进入 21 世纪以来提出了走中国特色新型工业化道路。2002 年党的十六大正式提出了走中国特色新型工业化道路的战略任务，"信息化是我国加快实现工业化和现代化的必然选择。坚持以信息化带动工业化，以工业化促进信息化，走出一条科技含量高、经济效益好、资源消耗低、环境污染少、人力资源优势得到充分发挥的新型工业化路子"[①]。党的十七大提出了全面认识工业化、信息化、城镇化、市场化、国际化深入发展的新形势新任务，大力推进信息化与工业化融合的新命题。党的十八大、十八届五中全会和十九大进一步提出要走中国特色新型工业化、信息化、城镇化、农业现代化道路，促进"四化"同步发展。

2022 年，党的二十大提出，坚持把发展经济的着力点放在实体经济上，推进新型工业化，加快建设制造强国、质量强国、航天强国、交通强国、网络强国、数字中国。实施产业基础再造工程和重大技术装备攻关工程，支持专精特新企业发展，推动制造业高端化、智能化、绿色化发展。巩固优势产业领先地位，在关系安全发展的领域加快补齐短板，提升战略性资源供应保障能力。推动战略性新兴产业融合集群发展，构建新一代信息技术、人工智能、生物技术、新能源、新材料、高端装备、绿色环保等一批新的增长引擎。构建优质高效的服务业新体系，推动现代服务业同先进制造业、现代农业深度融合。加快发展物联网，建设高效顺畅的流通体系，降低物流成本。加快发展数字经济，促进数字经济和实体经济深度融合，打造具有国际竞争力的数字产业集群。优化基础设施布局、结构、功能和系统集成，构建现代化基础设施体系。

中国特色新型工业化道路是在全面总结发达国家工业化道路和中国传统工业化道路的经验教训的基础上，探索出的一条符合客观规律和中国基本国情的新型工业化之路，是中国工业化发展道路的战略选择，也是中国式现代化的重要组成部分。新型工业化相对于传统工业化，主要特点是强调资源、环境和经济发展相协调，从以资本驱动的粗放型发展方式向以创新驱动的集约型发展方式转变，促进生产效率的不断提高、工业化与信息化相融合。

三、迈向高质量发展阶段的产业结构调整与升级

习近平在党的十九大上指出，我国经济已由高速增长阶段转向高质量发展阶段。这是根据国际国内环境变化，特别是我国发展条件和发展阶段变化做出的重大判断。在新时代，我国经济发展的主要特点是：增长速度要从高速增长转向中高速增长，发展方式要从规模速度型转向质量效率型，经济结构调整要从增量扩

---

① 中共中央文献研究室编：《十六大以来重要文献选编》（上），中央文献出版社 2005 年版，第 16 页。

能为主转向调整存量、做优增量并举，发展动力要从主要依靠资源和低成本劳动力等要素投入转向创新驱动。这些变化，是我国经济向形态更高级、分工更优化、结构更合理的阶段演进的必经过程。为了主动适应、把握和引领我国新时代的经济发展，就必须对我国的产业结构进行调整与升级。近几年来，产业结构转型升级取得了较好的成绩。我国第三产业占国内生产总值的比重在 2012 年达到45.5%，首次超过第二产业 45.4% 的比重。此后第三产业比重与第二产业比重的差距日益扩大，2015 年第三产业比重达到 50.8%，首次超过了国内生产总值的一半；到 2023 年，第二产业比重下降到 36.8%，第三产业比重进一步提高到 56.3%。

在新时代，深化供给侧结构性改革仍然是我国实现产业结构调整与升级的首要任务。推进供给侧结构性改革，要从生产端入手，重点是促进产能过剩有效化解，促进产业优化重组，降低企业成本，发展战略性新兴产业和现代服务业，增加公共产品和服务供给，提高供给结构对需求变化的适应性和灵活性。简言之，就是去产能、去库存、去杠杆、降成本、补短板。党的十九大指出要建设现代化经济体系，必须把发展经济的着力点放在实体经济上，把提高供给体系质量作为主攻方向，显著增强我国经济质量优势。加快建设制造强国，加快发展先进制造业，推动互联网、大数据、人工智能和实体经济深度融合，在中高端消费、创新引领、绿色低碳、共享经济、现代供应链、人力资本服务等领域培育新增长点、形成新动能。支持传统产业优化升级，加快发展现代服务业，瞄准国际标准提高水平。促进我国产业迈向全球价值链中高端，培育若干世界级先进制造业集群。加强水利、铁路、公路、水运、航空、管道、电网、信息、物流等基础设施网络建设。

中国作为"世界工厂"和传统制造业大国，必须顺应全球制造业竞争格局的深度变革，特别是 2008 年国际金融危机后，西方发达国家相继推出了本国制造业的转型复兴战略或"再工业化"战略。同时，制造业服务化已成为全球制造业变革发展的一个重大趋势，具体表现为：一是制造业企业不再仅仅关注产品的生

拓展阅读 7-1

西方发达国家的制造业转型复兴战略或"再工业化"战略

产，而是将行为触角延伸至产品的整个生命周期，制造业和服务业之间的界限越来越模糊，制造与服务功能日益融合；二是制造企业从以制造为核心转向以提供服务为核心，服务要素渗透价值链的各个环节，服务在制造业投入和产出中的比重逐渐增加；三是"服务化"已成为制造业实现差异化竞争的主要手段和增加值的主要来源。

为此，中国应当大力促进创新特别是自主创新，推动中国制造业转型升级。

拓展阅读 7-2

《中国制造 2025》
确立的战略目标

2015 年，国务院颁布了《中国制造 2025》规划纲要，目标是要推动中国从制造大国向制造强国转变。为了实施制造强国战略，应当以提高制造业创新能力和基础能力为重点，推进信息技术与制造技术深度融合，促进制造业朝高端、智能、绿色、服务方向发展，培育制造业竞争新优势。为此，一是要全面提升工业基础能力，二是要加快发展新型制造业，三是要推动传统产业改造升级，四是要加强质量品牌建设。

　　加快战略性新兴产业的发展是实现工业结构调整升级的重大举措。所谓战略性新兴产业，是指随着新的科研成果和新兴技术的发明、应用而新出现的，对一个国家经济的长期战略发展具有支柱性和带动性，能够聚集和吸引世界技术资金等生产要素，占据国内外市场制高点，代表未来科技和产业发展新方向的产业。战略性新兴产业主要涵盖九大产业，包括：新一代信息技术、生物技术、新能源、新材料、高端装备制造、新能源汽车、绿色环保、数字文化创意和相关服务业等。自党的十八大以来，我国战略性新兴产业实现了跨越式的发展，载人航天、探月探火、深海深地探测、超级计算机、卫星导航、量子信息、核电技术、新能源技术、大飞机制造、生物医药等取得重大成果，进入创新型国家行列。同时，战略性新兴产业规模快速扩大，其增加值从 2010 年的 1.64 万亿元增长至 2015 年的 5.41 万亿元，年平均增长率为 27.0%，相当于工业增加值年平均增长率的 3.8 倍，其增加值占 GDP 的比重则从 2010 年的 4% 提高到 2015 年的 8%。[①] 2021 年，我国战略性新兴产业增加值占 GDP 比重进一步上升至 13.4%，比 2015 年累计提高 5.4 个百分点，成为我国经济新旧动能转换的重要动力源。“十四五”时期，战略性新兴产业仍有较大增长空间，加之战略性新兴产业类别将不断增加，2025 年战略性新兴产业增加值占 GDP 比重有望超过 17%。

　　在高质量发展阶段，为了发展中国的战略性新兴产业，一是要提升新兴产业支撑作用，支持新一代信息技术、人工智能、新能源、新材料、生物技术、绿色低碳、高端装备与材料、数字创意等领域的产业发展壮大。二是要培育发展战略性产业，在空天海洋、信息网络、生命科学、核技术等领域，培育一批战略性产业。

　　根据以上所讨论的产业结构演变规律，工业化进入后期，服务业将会加速发展。要加快推动服务业优质高效发展。为此，一是要促进生产性服务业专业化，

---

①　全国人大财政经济委员会、国家发展和改革委员会编写：《〈中华人民共和国国民经济和社会发展第十三个五年规划纲要〉解释材料》，中国计划出版社 2016 年版，第 58 页。

以产业升级和提高效率为导向，发展工业设计和创意、工程咨询、商务咨询、法律会计、现代保险、信用评级、售后服务、检验检测认证、人力资源服务等产业。二是要提高生活性服务业品质，加快教育培训、健康养老、文化娱乐、体育健身等领域发展，大力发展旅游业，积极发展家庭服务业，推动生活性服务业融合发展。

四、中国信息化发展及其与工业化的深度融合

自 21 世纪以来，我国信息化与工业化的融合发展取得了巨大进步，并呈现出以下五个特点：一是全国两化融合进入快速发展期。2012—2015 年全国两化融合发展总指数分别为 59.07、61.95、66.14、72.68，增长速度呈逐年加快态势，这表明我国两化融合正步入深化应用、变革创新、引领转型的新阶段，在改造提升传统产业、培育新模式新业态、增强企业创新活力等方面的作用日益增强。二是通过全面实施"宽带中国"专项行动，加快推进全光网城市建设，实施网络提速降费，基础环境建设效果明显。截至 2015 年年底，8M 以上、20M 以上宽带用户总数占宽带用户总数的比重分别达 69.9%、33.4%。三是我国电子商务正加速从消费领域向工业领域延伸，已成为整合产业链资源、引领生产方式变革、增强制造业发展活力的重要途径。四是工业互联初步形成。2015 年全国绝大部分工业企业使用互联网开展业务，大中型企业普遍使用供应链管理、客户关系管理等基于互联网的管理信息系统，依托互联网开展的按需制造、众包众设、协同设计等模式不断涌现。五是在工业信息系统大型化、集成化和互联互通的基础上，工业生产出现了网络化、虚拟化和协同化新特点，融合信息网络和生产设施的信息物理系统开始形成，发展智能制造的条件趋于成熟。[①] 2016—2020 年的"十三五"时期，我国两化融合成效日益显著。截至 2021 年 10 月底，作为两化融合重要指标之一的工业企业关键工序数控化率、经营管理数字化普及率和数字化研发设计工具普及率分别达到 54.6%、69.8% 和 74.2%，"十三五"以来分别提高 9.2、14.9 和 12.2 个百分点。有影响力的工业互联网平台数量超过 100 个，设备连接数量超过 7600 万台套。

在高质量发展阶段，工业化和信息化要进一步融合发展。党的十九大提出了推动新型工业化、信息化、城镇化、农业现代化同步发展的战略任务。制造业是工业的核心和主体，新型工业化道路也是新型制造业道路。伴随着信息产业的飞速发展和产业融合步伐的加速，信息技术逐步占据了制造业的核心业务领域，以

---

① 中国电子信息产业发展研究院：《2015 年度中国信息化与工业化融合发展水平评估报告》，2016 年 8 月，第 7—9 页。

高技术含量、高附加值为特点的高端制造业日益成为行业的主流。制造业信息化成为制造业发展的又一大发展趋势。制造业的信息化本质上是一种产业融合，是在工业化进程中用信息产业的先进技术与理念推动制造业体系的重新构建、实现制造业跨越式发展的过程。

因此，推动信息化与工业化的深度融合，是我国应对新一轮科技革命和产业变革，适应发展新常态、实现发展动力转换、积极应对新时代发展新趋势的必由之路。2016 年 5 月，国务院正式印发了《关于深化制造业与互联网融合发展的指导意见》，明确提出了强化融合发展基础支撑，推动实施国家重点研发计划，强化制造业自动化、数字化、智能化基础技术和产业支撑能力。2016 年 10 月，工业和信息化部发布了《信息化和工业化融合发展规划（2016—2020 年）》，全面部署了我国"十三五"时期信息化和工业化融合发展工作。2021 年 11 月，工业和信息化部发布了《"十四五"信息化和工业化深度融合发展规划》，明确了两化融合的发展目标是，到 2025 年，全国两化融合发展指数将提高至 105。在具体指标方面，企业经营管理数字化普及率达到 80%，数字化研发设计工具普及率达到 85%，关键工序数控化率达到 68%，工业互联网平台普及率达到 45%。大力推进信息化和工业化深度融合，对于新时期推动我国制造业转型升级、加快制造强国建设以及重塑国际竞争新优势具有重大战略意义。

当今世界，互联网、大数据、云计算、人工智能、区块链等技术加速创新，世界经济加速向以网络信息技术产业为重要内容的经济活动转变，数字经济快速发展，并日益成为重组全球要素资源、重塑全球经济结构、改变全球竞争格局的关键力量。所谓数字经济，是指以数字化的知识和信息作为关键生产要素，以数字技术为核心驱动力量，以现代信息网络为重要载体，通过数字技术与实体经济深度融合，不断提高经济社会的数字化、网络化、智能化水平，加速重构经济发展与治理模式的新型经济形态。数字经济具体包括四大方面：一是数字产业化，即信息通信产业，包括电子信息制造业、电信业、软件和信息技术服务业、互联网行业等；二是产业数字化，即传统产业应用数字技术所带来的产出增加和效率提升，包括智能制造、车联网、平台经济等融合型新产业、新模式和新业态；三是数据价值化，包括数据采集、数据标准、数据确权、数据标注、数据定价、数据交易、数据流转、数据保护等；四是数字化治理，包括多元治理、以"数字技术+治理"为典型特征的技管结合、数字化公共服务等。近年来，世界各国在数字经济领域的竞争日趋激烈，数字经济发展战略层级持续攀升。为抢占数字经济发展先机，各国积极加快数字化转型战略布局，纷纷出台促进数字经济发展的战略规划，制定推动信息化和网络安全的相关政策，系统部署数字经济发展任务，旨在强化数字经济对经济社会发展的引领和支撑作用。2022 年，美国数字经济规模达 17.2 万亿美元，居全球首位。同年，中国和欧盟的数字经济规模均突破 7 万亿美元大关，位列美国之后。① 目前，美中欧三大经济体在全球数字经济总规模中合计占据七成以上份额，标志着全球数字经济发展已初步形成以美国、中国、欧盟为主导的三极格局，而且三者分别在技术创新、市场应用和规范治理三大核心领域展现出差异化的发展优势。

党的十八大以来，中国高度重视发展数字经济，深入实施网络强国战略、国家大数据战略，加快推进数字产业化和产业数字化，推动数字经济蓬勃发展。得益于"有效市场+有为政府"的发展模式优势、巨大的市场规模优势与集中力量办大事的体制优势，近年来，中国数字经济规模稳步增长，2022 年数字经济占中国国内生产总值的比重上升至 41.5%②，并在数字产业化、产业数字化、数据价值化、数字经济基础设施建设以及数字化治理等方面取得了巨大成就，诞生了一批全球领先的头部数字企业，对经济社会发展的引领支撑作用日益凸显，为新质生产力和高质量发展做出了巨大贡献。2022 年，党的二十大指出，我国应加快发展数字经济，促进数字经济和实体经济深度融合，打造具有国际竞争力的数字产业集群。为此，中国正努力把握以数字技术为核心的新一代科技和产业变革历史机遇，推动数字经济和实体经济深度融合，推进数字产业化和产业数字化，赋能传统产业转型升级，催生新产业新业态新模式，不断做强做优做大我国数字经济。利用互联网新技术新应用对传统产业进行全方位、全角度、全链条的改造，加速推动制造业、农业、服务业数字化、网络化、智能化转型。加快建立数据资源产权、交易流通、跨境传输和安全保护等基础制度和标准规范，促进数据采集、挖掘、清洗、标注、存储、分析等形成完整供应链，推动数据资源开发利用。提高数字技术基础研发能力，加快建设新一代移动通信、数据中心等数字基础设施，促进信息高效联通和开发利用。发挥我国市场规模、人力资源和金融体系优势，支持数字企业发展壮大，促进平台经济规范健康持续发展，打造具有国际竞争力的数字产业集群。

思考题

1. 试述工业化与产业结构演进之间的关系。

2. 工业化发展战略有哪些代表性的理论？如何评价世界各国工业化发展战略的实践？

---

① 中国信息通信研究院：《全球数字经济白皮书（2023 年）》，2024 年 1 月，第 17—18 页。
② 中国信息通信研究院：《中国数字经济发展研究报告（2023 年）》，2024 年 4 月，前言。

3. 联系发展中国家实际，讨论工业化与信息化的相互作用机理。

4. 试论中国的工业化演变过程。中国重新重工业化的主要原因是什么？

5. 如何理解和推进中国信息化与工业化的深度融合？

6. 数字产业化和产业数字化的含义是什么？

▶ 即测即评

请扫描二维码进行在线测试。

第八章　农业发展与农业现代化

发展中国家发展的初期以农业为主，农业发展本身是经济增长和发展的源泉。随着经济发展和工业化，工业部门为农业发展注入新技术、新商业模式等新要素，促使传统农业向现代农业转变，实现农业现代化。

第一节　农业与工业化的关系

农业是工业发展的基础，为工业发展提供产品、市场、要素和外汇，工业则可以为农业发展提供技术、装备、经营理念和管理模式。在经济发展的不同阶段，农业与工业的关系呈现出不同的特征：在工业化初期，农业为工业提供农业剩余，到了工业化中后期，工业则对农业进行反哺，从而实现农业与工业的平衡和协调发展。

一、工农业相互关系理论

（一）马克思主义有关工农业关系的理论

马克思和恩格斯最早在《共产党宣言》中提出要"把农业和工业结合起来，促使城乡对立逐步消灭"[①]，并认为工农关系和城乡关系的演变是一个"结合—分离—融合"的过程。在经历了资本主义发展的工农相互结合、继而相互分离的过程之后，随着生产力的不断发展和社会的不断进步，工农关系和城乡关系还是会回到相互融合、相互促进的一体化阶段，实现唯物辩证法意义上的否定之否定。列宁继承并发展了马克思和恩格斯关于工农协调发展的理论。他认为，随着工业化进程的不断深入，农业产值在国民经济中的比重会不断下降，农业会逐渐变得相对弱小，但农业和工业是一种相互影响的关系，重视某一方、忽视另一方都会使两方面的发展受到影响。列宁指出，"社会主义的任务是使工业和农业接近并且统一起来"[②]。

毛泽东多次提出要处理好工农业发展关系。他指出："重工业是我国建设的重点。必须优先发展生产资料的生产，这是已经定了的。但是决不可以因此忽视生活资料尤其是粮食的生产……重工业和轻工业、农业的关系，必须处理好。"[③]他还进一步指出：农业、轻工业是发展重工业的基础，如果农业、轻工业发展不好，人民生活得不到保障，重工业也是发展不起来的。邓小平强调了农业在经济发展中的基础性作

---

① 《马克思恩格斯文集》第二卷，人民出版社 2009 年版，第 53 页。
② 《列宁全集》第四十卷，人民出版社 1986 年版，第 17 页。
③ 《毛泽东文集》第七卷，人民出版社 1999 年版，第 24 页。

用。他指出，农业和工业、农村和城市是相互影响、相互促进的。"工业的发展，商业的和其他的经济活动，不能建立在百分之八十的人口贫困的基础上"。①"工业越发展，越要把农业放在第一位。"② 习近平指出，"农业还是'四化同步'的短腿，农村还是全面建成小康社会的短板。中国要强，农业必须强；中国要美，农村必须美；中国要富，农民必须富"③。党的二十大进一步强调了农业发展的重要性，提出要全面推进乡村振兴战略，明确把发展农业农村置于优先地位。

（二）发展经济学中工农业关系的理论

刘易斯、拉尼斯等发展经济学家在二元经济结构框架下论述了工业和农业的关系。在刘易斯模型中，经济发展依赖工业部门的扩张，而农业部门的作用是为不断扩张的工业部门提供剩余劳动力。④ 在拉尼斯—费模型中，农业不仅为工业部门提供劳动力，还提供农业剩余。农业剩余的存在是工业部门扩展和劳动力持续转移的关键。如果工业部门的扩展不能带来农业生产率的提高，工业扩展就会放慢或者停滞。⑤ 因此，在该理论中农业和工业是相互依存、互相推动的。美国经济学家舒尔茨在其农业发展理论中强调要纠正轻视农业的观点。农业作为整个社会的组成部分，不仅为现代化提供条件，其本身也是现代化的动力。所以，要从工业部门引入新的生产要素以及进行人力资本投资来实现农业现代化，从而实现整个社会的现代化。⑥ 张培刚认为农业与工业总是相互依存、相互促进的，有着非常密切的联系。对于任何国家来说，不论工业化程度有多高，如果不能将工业与农业维持一种动态的平衡，本国的农业与工业不能保持紧密的关联，那么这个国家的经济活动一定不能保持持续发展。农业在国家工业化进程中有重要作用，同时工业化不仅会对农业生产和农村剩余劳动力产生影响，工业化发展到成熟阶段后还会带来农业生产经营结构的变化。⑦

二、工农业相互关系的演进

（一）发展初期阶段农业对工业化的支持

在工业化开始发动时，农业也必须有相应的发展，否则工业化就会受到阻碍。

① 《邓小平文选》第三卷，人民出版社 1993 年版，第 117 页。
② 《邓小平文选》第二卷，人民出版社 1994 年版，第 29 页。
③ 中共中央文献研究室编：《习近平关于全面建成小康社会论述摘编》，中央文献出版社 2016 年版，第 21 页。
④ Lewis, W. A. ,"Economic Development with Unlimited Supplies of Labor", *The Manchester School*, vol. 22, no. 2, 1954, pp. 139-191.
⑤ Ranis G. and J. Fei, "A Theory of Economic Development", *The American Economic Review*, vol. 51, no. 4, 1961, 533-565.
⑥ Schultz, T. W. , *Transforming Traditional Agriculture*, New Haven: Yale University Press, 1964.
⑦ 张培刚：《农业与工业化》，华中工学院出版社 1984 年版。

农业在工业化中的作用可以概括为四种贡献：产品贡献、市场贡献、要素贡献和外汇贡献。如果把要素分为劳动和资本，也可以概括为五种贡献。

一是产品贡献。非农业部门的扩大以农业发展为前提，农业部门不仅要为非农业部门的就业人口提供食物，还要为某些制造业提供原材料，前者可称为农业部门的粮食贡献，后者可称为原料贡献。其中粮食贡献最为重要，是农业为工业化做出的最重要的贡献。手中有粮，心中不慌，就可以腾出更多的人手和资源投入工业和其他经济活动。

二是市场贡献。在工业化发展初期，即使工业部门工人收入高于农民收入，但由于农业部门的规模巨大，农村仍是国内工业品的主要市场。农民购买服装、家具、日用品和建筑材料等，扩大了对工业品的需求。随着农业的发展，农民对农业机械、化肥、农药等农业生产资料的需求也越来越大，这也促进了工业的发展。

三是要素贡献。在工业化发展初期，工业部门微小，自我积累能力弱，于是规模庞大的农业部门就成了为工业发展提供资本积累的主要来源。在经济发展过程中，发达国家的农业也曾经为工业化的加速发展提供了巨额资金来源，其途径分为直接和间接两种：直接抽取农业剩余的办法是征税，如土地税、农产品出口销售税等；但采取最多的还是间接办法，即通过价格"剪刀差"办法来压低农产品销售价格，相对抬高工业品价格，这种办法比较隐蔽，不易引起农民的察觉和反抗，因此推行得相对顺利些。随着工业部门的规模不断增大，自我积累能力扩大，农业部门的资本贡献不断下降。在劳动力要素方面，在工业化发展初期，发展中国家有80%以上人口从事农业，城市人口不到20%，而农业的边际生产率接近于零，劳动要素对农业的贡献不显著，由此形成的规模巨大的剩余劳动力成为城市工业部门劳动力供给的主要来源。

四是外汇贡献。在工业化发展初期，工业部门规模小，竞争力不强，能够出口的产品有限，外汇短缺是一个长期问题。农产品出口可以为发展中国家获得十分宝贵的外汇收入，用于进口国内急需的资本品和原材料。随着工业部门劳动生产率的提高，农业的外汇贡献的重要性不断下降。

农业的各种贡献之间存在着一些矛盾。如何解决好这些矛盾是发展中国家必须面对的问题。

首先，看产品贡献和市场贡献的关系。产品贡献意味着农业部门产品的销售收入。为非农业部门提供的产品增加，农业部门收入就会增多，农民会储蓄一部分收入，用其余一部分收入购买工业品，这样农业部门的产品贡献大多要大于市场贡献。但是，如果政府通过价格"剪刀差"政策压低农产品销售收入，那么，农民的收入就会很低，不仅没有储蓄，而且缺少购买力来购买工业品，导致工业需求比较弱，从而阻碍了工业的发展。因此，产品贡献和市场贡献必须保持适度平衡，且前者要稍大于后者，使农民的收入大于其消费，一部分用于农业生产的发展，一部分用来提高农民生活水平。

其次，市场贡献和资本贡献是有矛盾的。市场贡献要求农业部门获得的货币收入越多越好，但资本贡献要求农业部门掌握的收入越少越好，农业资本净流出越多意味着对非农业部门的贡献越大。从需求角度看，每年从农业中抽取剩余越多，工业扩张就越快，工业化资本原始积累所经历时间就越短。从供给角度看，每年从农业中抽取资本过多，超过农业承受能力，农业进一步增长就会停滞，农业增长受阻将使农业生产剩余的能力降低，进而使农业提供资本积累的能力降低，这在动态上反而减少了每年的剩余转移量，使得资本原始积累的时间延长。

最后，市场贡献和劳动贡献之间的关系是非常复杂的。劳动贡献使得大量农村剩余劳动力从事非农业活动，增加了农业部门的工资性收入，同时剩下的农民由于土地经营规模扩大收入也相应增加，从而扩大了对工业品的需求，增加了农业部门的市场贡献。但大量年轻的、有知识的、高素质劳动力从农业中流出，留守的劳动力年龄老化，也可能会造成农业生产的萎缩，降低农业部门的经营性收入，从而弱化农业部门的市场贡献。

因此，在工业化发展初期阶段，既要从农业中尽可能多地获得农业剩余，又要能维持一个持续增长的农业，使农业部门的资本贡献、劳动贡献必须与农业部门的市场贡献、产品贡献保持适度平衡。从农业中抽取的剩余要与农业的供给能力相适应，增加农业剩余转移要建立在保证农业增长能力和农民收入不断提高的基础之上。这是处理工业化初期阶段工农业发展关系的基本原则。而且，农业剩余产品按资本贡献的方式转移的时间不能太长，在比例上应随工业化的推进而逐渐缩小；相应地，按市场贡献方式转移的比例则应逐渐扩大，这样才有利于农业向商业化和现代化转变。

（二）发展中后期阶段工业化对农业的反哺

在工业化发展初期，农业部门为非农业部门提供各类贡献，具有明显的正外部性。在工业化发展中后期阶段应主动进行工业反哺农业，这不仅是为了支持和发展农业，更是对农业的正外部性和贡献的一种补偿。工业反哺农业往往始于工业化中期，并向工业化后期延续。例如美国、日本等一些国家，正是抓住了这个契机，在进入工业化中期之后，利用价格保护、对农民的补贴以及对农村公共基础设施建设倾斜式投入等手段或措施，对农业和农村经济进行保护和支持，实现了工业和农业的协调发展，顺利地步入了现代化社会。

工业反哺农业的构成要件包括三部分：（1）反哺主体。反哺主体是反哺行动的主导因素，没有反哺主体，就没有反哺行为的推动。反哺的主体不仅包括政府，还包括各类农民合作组织、工商企业等。在工业化中期阶段，为保证农业持续发展，对农业实施有效反哺是各级政府、农民合作组织和工商企业的共同职责。(2) 反哺路径。没有反哺路径，价值剩余无法回流农业。工业反哺农业的路径主要是两条：政府投入和市场机制，政府投入主要依靠政府来推动，依靠调配政府所掌握的各种资源促进农业发展，比如制定支农护农法律体系、增加财政支农支出、重视农业科研与教育等。市场机制则指通过市场中企业投资行为将资金、技术、现代营销与管理理念等现代要素引入农业。(3) 反哺剩余。反哺剩余是指工业发展过程中形成的物力财力人力以及现代制度、现代管理方法和观念等。根据国际经验，工业化中期后的反哺农业一般可划分为转折期和大规模反哺期，这两个时期的反哺目标和手段有较大差异。转折期的反哺政策目标往往以增加农产品产量为中心，突出粮食安全地位，反哺力度不大、范围较小，形成点状支持，政策倾向于对生产领域的支持。大规模反哺期的政策目标以提高长效性的农业生产能力为主，兼顾增加农民收入和保护环境，政策种类开始增多、力度加大、范围得到拓展，形成扇面支持，政策手段以土地等基础设施投入、农业科研和教育投入、农用生产资料补贴、信贷服务和价格支持为主。

不能把非农产业剩余回流农业变成对农业的"输血型"保护，应注重培养和增强农业的"造血"功能，坚持"造血型"反哺，培养农业的内生增长能力，使偏重价格保护、补贴的政策尽快转向改善农业生产基础设施、支持农业科技进步和提高农民素质等有助于强化农业内在竞争力的政策举措上。这是建构工业反哺农业机制的一个重要原则。

三、中国工业化过程中工农业关系的演变

中国的工农业关系虽然走过一段曲折的路，但基本上符合经济发展的一般规律，在工业化发展初期，农业支持工业；在工业化发展中后期，工业反哺农业。从"取""予"视角考察，新中国成立以来，农业与工业的相互关系的演变大致可划分为四个阶段。

第一阶段，1953—1978 年，计划经济体制下农业支持工业阶段。中国作为人口多、底子薄的后发国家，工业化起步时经济发展水平较低，工业化积累只能依靠农业剩余。政府对待农业的主要政策是"多取少予"。"多取"主要表现为两个方面：一是在"高积累、低消费"政策主导下，通过低价收购农产品，获取工农产品价格"剪刀差"，为工业提供积累。到 1978 年，据专家测算，国家从农业中汲取的积累为 6 000 亿元或 8 000 亿元以上。二是通过征收农业税直接为工业化提供积累。"少予"表现为在财政对农业的支出上，数量较小，且资金来源渠道和投向比较单一。农田基本建设、交通、教育、卫生等公共产品主要依靠农村集体经

济自我积累。"多取少予"的政策取向使得工业化迅速发展的同时，农业发展缓慢，有时甚至出现停滞不前的现象。

第二阶段，1979—2001年，市场化改革进程中农业养育工业阶段。这一时期，农业支持工业的政策框架没有改变，但与改革前相比有显著变化，表现为"予"的成分更多些。一方面，在改革中对农业实行"放活"政策；另一方面，逐步增加对农业"予"的数量。这一阶段，政府从国民收入分配层面对工农关系政策进行了重大调整。一是调整国民收入初次分配政策，大幅度调整工农业产品比价，使之与市场价格逐渐接近。二是调整国民收入二次分配政策，增加财政对农业的投入。三是决定减少农产品征购基数，多进口粮棉等农产品，让农民休养生息。同时，在农村改革中实行土地家庭承包经营、逐步减少农产品统派购品种和放开农产品市场、发展农村多种经营、允许农民进城务工经商等"放活"政策。这一时期尽管没有从根本上改变农业支持工业的政策框架，但扭转了长时期对农业"多取少予"政策取向。

第三阶段，2002—2012年，工业反哺农业阶段。主要表现为"多予少取"。"多予"表现为：（1）建立了农业投入的稳定增长机制。（2）财政支持农业资金总量快速增加。（3）开始实施公共财政覆盖农村政策，包括把农村教育、卫生、文化等社会事业纳入财政支持范围，加大国债资金对农村公共基础设施建设的投入。（4）启动对农民实行直接补贴政策等，例如实施了粮食直接补贴、良种补贴、农资补贴、农机具购置补贴和劳动力培训补贴政策。"少取"表现为：（1）取消面向农业的各种收费，包括取消、免收或降低标准的涉农收费项目150多项，取消农村教育集资等收费项目。（2）对农机、化肥、农药实行免税政策，制定并实施与农产品有关的进口税收优惠政策。（3）全面取消农业税。征收了2 600多年的农业税于2006年退出历史舞台。这是具有划时代意义的重大变革，标志着国家与农民之间的传统分配关系格局发生了根本性变化。

第四阶段，2013年至今，工农业互惠共荣阶段。工业化发展后期，推进新型工业化、信息化、城镇化、农业现代化同步发展，工农业发展相互支持，实现生产要素自由流动和平等交换，不断增强农业可持续发展能力。（1）盘活农村土地资源。推动农村土地所有权、承包权和经营权"三权分置"改革，探索宅基地所有权、资格权和使用权"三权分置"改革，加快农村土地征收、集体经营性建设用地入市的制度改革。（2）调整农产品价格支持政策。2014年，取消大豆、棉花临时收储政策，政府不直接干预农产品市场价格，充分发挥市场机制作用，并在地方启动大豆、棉花目标价格补贴试点。2016年，取消玉米临时收储政策，探索实施"市场化收购+生产者补贴"的新机制，补贴方式从"价补合一"转向"价补分离"。（3）调整农业补贴政策，提高补贴效能。2016年，全面实施农业三项补贴"三合一"改革，将原本的农业三项补贴合并为"农业支持保护补贴"，用于支持耕地地力保护和粮食适度规模经营。

第二节　农业的发展道路与转变

传统农业是自然经济条件下的农业生产方式，传统农业向现代农业转变的过程，是农业生产方式发生深刻变革的过程，亦是农业发展道路发生本质转变的过程。当然，农业资源禀赋差异，决定了发展中国家不同的农业发展道路。

一、资源禀赋与农业的发展道路

自然资源作为一种重要的生产要素，是区域经济增长的物质基础。农业自然资源一般是指农业生产可利用的自然环境要素，包括土地资源、水资源、生物资源和气候资源以及各要素之间相互联系、相互制约组成的有机整体。农业自然资源是农业发展的基础。不同的区域，农业自然资源的性质、数量、质量及其组合特征存在很大差别，在空间上构成了不同的资源地域组合。而自然资源禀赋的差异，又会导致形成不同的农业生产技术和农业发展道路。

20世纪七八十年代，速水佑次郎和弗农·拉坦提出了诱导创新理论。该理论认为农业技术进步和制度变革并不是科技进步和工业发展的产物，而是对地区资源禀赋和产品需求的动态反应，即农业技术进步和制度变迁是由于地区资源禀赋和产品需求的诱导而出现和发生的。诱导创新理论假定农民、公共研究机构和私人农业投入品供应商之间存在有效的相互影响机制。农民在土地和劳动的相对价格变化的诱导下，寻求能够节约相对稀缺要素的农业生产技术。农民的技术需求促使公共研究机构开发相应的新技术，农业投入品供应商生产和供给那些替代稀缺要素的现代技术投入品。诱导型创新是一个不均衡的动态过程。在发展的动态过程中，不平衡或不均衡的出现是引诱技术变化和经济增长的关键因素。几个因素之间的不均衡造成瓶颈，这些瓶颈把科学家、发明者、企业家和公共管理者的注意力集中在关于获得更有效的资源配置问题的解决上。

根据诱导创新理论，在地多人少和地少人多的国家，技术发展的道路显然是不同的，前者要解决的问题是如何用有限的劳动力生产出最大的产量，后者虽然也要提高劳动生产率，但土地生产率的提高是更重要的因素。这些不同的技术，可以分为机械技术和生物技术两大系列。美国和日本所走过的农业发展道路具有实质性不同，农业技术侧重点亦不同。比如，像美国、加拿大、澳大利亚等"人少地多"的国家，在农业发展过程中，主要凭借现代化的工业基础，优先侧重发展农业机械工业，以机器代替人力，通过扩大种植面积提高产量，其农业发展道路的本质是提高劳动生产率。像日本、荷兰、以色列等"人多地少"的国家，主要依靠科学技术进步，侧重通过先进的育种技术改良品种，发展农用化学工业和设施农业，通过生物技术提高单位土地生产率，其农业发展道路的本质是提高土地产出率。像英国、德国、法国等"人地平衡"的国家，既注重发展农业机械化、提高劳动生产率，也重视发展生物技术、提高土地生产率，其农业发展道路的本质是促使劳动生产率、土地生产率提高两者并重。

二、传统农业向现代农业的转变

（一）传统农业的基本特征

传统农业在欧洲是从古希腊、古罗马的奴隶制社会开始，直至 20 世纪初叶逐步转变为现代农业为止。传统农业是在自然经济条件下，采用人力、畜力、手工工具、铁器等为主的手工生产方式，靠世代积累下来的传统经验，以自给自足的自然经济居主导地位的农业，是采用历史上沿袭下来的耕作方法和农业技术的农业。舒尔茨将传统农业定义为完全以农民世代使用的各种生产要素为基础的农业。[①] 大致来说，传统农业有以下几个基本特征。

第一，传统农业的生产单位是传统的小农。这些传统的小农不仅规模小，而且是高度自给自足的，生产要素主要是劳动和土地，农产品的商品化率极低，很少使用购买的投入，劳动也主要由家庭成员提供，很少有雇佣劳动。传统农业一般是纯粹生存农业或半生存农业。

第二，农业生产技术长期保持不变。生产的物质技术手段落后，主要是依靠人力、畜力和各种手工工具以及一些简单机械，农业生产率低下，农业的产量增长缓慢。这又反过来阻碍了农业技术进步以及生产工具创新。

第三，传统生产要素的需求和供给处于长期均衡状态。传统农业崇尚世代相传的实际经验，遵守传统的经营和生产技术，导致传统农业不仅进步极为缓慢，还可能使它对新技术产生排斥或对现代科技知识接受、吸取和推广困难，农民没有扩大再生产的动力和能力，而且对技术、机械等生产要素较长时期保持在低水平的应用上。

（二）向现代农业的转变

与传统农业相比，现代农业技术进步快，生产率水平较高，专业化、产业化和市场化程度较高。现代农业增长的源泉是凝结了科技进步成果的现代投入品，如农业机械、肥料、杀虫剂、除草剂的增加以及现代的经营观念和经营方式。现代农业用现代科学技术和现代工业为农业生产提供技术和物质手段，用现代经营

---

① ［美］西奥多·W. 舒尔茨：《改造传统农业》，梁小民译，商务印书馆 2006 年版，第 4 页。

管理方式提供农业生产的组织管理手段。现代农业突破了农业内部纯粹种植养殖的限制，向加工和市场延伸，把封闭的、自给性的、停滞的农业转变为开放的、市场化的和可持续增长的农业。舒尔茨认为，改造传统农业的关键是引进新的现代生产要素，这些要素可以使农业收入流价格下降，从而使农业成为经济增长的源泉。他强调，引进新生产要素实质上是促进农业技术进步，主要从三个方面着力：（1）建立一套适用于传统农业转变的制度。（2）从供给和需求两方面为引进现代生产要素提供条件。（3）对农民进行人力资本投资。[①]

从传统农业向现代农业的演化规律来看，传统农业向现代农业过渡可分为三个阶段。韦茨在 1971 年出版的《从小农到农场主：一个演进的发展战略》[②] 中，对此做出过精彩论述。第一个阶段是传统的自给自足农业阶段。这一阶段技术停滞，产品单一，农业没有剩余，主要使用的生产要素是土地和劳动力，大多数农民处于半失业状态，只有农忙季节才有可能充分就业。第二个阶段是混合的多种经营农业阶段，是向现代农业过渡的阶段。农业剩余的出现，使资本投入增加成为可能，农产品商品化趋势开始显现，农民有了追求技术进步的需求和动力。第三个阶段是专业化、现代化和商品化农业阶段。在这个阶段，农民向市场出售的并不完全是剩余农产品，他们的经营目标是利润最大化，农业生产的专业化协作越来越强，资本投资、技术变革和创新、研究与开发处于重要地位，成本、收益、价格和风险等经济概念贯穿于整个经营过程，利润最大化、规模经济、生产要素优化组合和科学技术进步成为发展的动力。

由传统农业走向现代农业的过程，也是农业现代化的过程。农业现代化的主要内容包括：（1）物质投入的现代化。现代农业采用各种机械化的生产工具，以石油和电能为主要动力，广泛使用化学农药和肥料。（2）生产技术的现代化。（3）生产的专业化、社会化，农业生产结构发生深刻变化，农业商品化程度大幅提高。（4）生产组织管理方式的现代化。（5）农民生活方式现代化。

三、中国的农业发展与农业现代化道路

中国是一个人多地少的国家，其资源禀赋的独特性决定了必须走出一条具有中国特色的农业现代化道路。（1）坚持家庭承包经营为基础、统分结合的经营制度，通过土地使用权流转和集中形成规模较大的新型经营主体如家庭农场、农民合作社等，并实行产前、产中和产后联合，实现经营规模的扩大。（2）将生物化

---

① ［美］西奥多·W. 舒尔茨：《改造传统农业》，梁小民译，商务印书馆 2006 年版，译者前言第Ⅶ页。

② Raanan Weitz, *From Peasant to Farmer: A Revolutionary Strategy for Development*, New York: Columbia University Press, 1971.

学技术进步作为推进农业现代化的基本动力，实现高产、优质、高效，提高劳动生产率和资源利用率，提高农产品的市场竞争力。（3）加强对农民的教育和培训，不断提高农民的科技、文化素质。（4）加强公共基础设施建设，改善农业生产基本条件，提高防御各种自然灾害的能力。（5）加强农业市场体系和产业化组织的建设，通过产业化的链条以及各种新型的农民合作社等将农户与市场连接起来，使生产更好地适应市场的要求。

中国农业现代化基本上是按照代替土地的方向发展的，也就是走生物化学技术进步道路。自 20 世纪 50 年代以来，中国农业生产体系不断引入新技术和现代生产要素，大大提高了农业生产率，科技对农业生产的贡献率在 2021 年达到 61%。

一是良种的推广。1961 年，杂交玉米引入中国。1964 年中国科学家开发了第一个真正高产的矮小稻种，并迅速在全国推广。1976 年，杂交水稻引入农业生产。20 世纪 50 年代建立的农技站为良种的推广和产出的增长做出了重要的贡献。

二是农用化工产品的推广和使用。1974 年，中国从国外引进了 13 家大型合成氨和尿素工厂。农用化工产品包括化肥和杀虫剂，应用农用化工产品提高了农业产量。化肥施用量从 1952 年的 7.8 万吨上升到 1978 年的 884 万吨，增加了 112 倍，再到 2015 年又上升至 6 022.6 万吨，比 1978 年又增长了 5.8 倍。但 2015 年化肥施用量达到最高值之后，逐年开始下降，到 2023 年，下降到 5 021.7 万吨。

三是建造了高质量的水利灌溉系统。中国在 20 世纪 50 年代初期建成水利灌溉系统，之后将电机引入灌溉系统，大大提高了高产作物所必需的控水灌溉的效率。耕地灌溉面积从 1952 年的 29 938.5 万亩增加至 1978 年的 67 447.5 万亩，增长了 1.25 倍，再增加到 2023 年的 107 466 万亩，又增长了 59.3%。

四是农业机械装备总量持续增长，农业机械化作业水平不断提高。1952 年农用机械几乎为零，农业机械总动力只有区区 18 万千瓦，但到 1978 年就增加到 11 750 万千瓦，2023 年增加到 113 742.6 万千瓦。

拓展阅读 8-1

推进农业现代化面临新形势新任务

由于农业生物化学技术的巨大进步，中国的粮食单位面积产量大幅度增加。1952 年我国粮食产量只有 69 公斤/亩，到 1978 年增加到 169 公斤/亩，26 年间增加了 145%，再到 2023 年又增加到 389 公斤/亩，43 年间又增加了 130%。粮食总产量从 1952 年的 16 392 万吨增加到 1978 年的 30 477 万吨，增加了 86%，到 2023 年又增加到 69 541 万吨，又增加了 128%。① 这些数据有力说明，中国走的农业生物化

---

① 本节数据来源：国家统计局编：《中国统计年鉴（1991）》，中国统计出版社 1991 年版；国家统计局编：《中国统计年鉴（2024）》，中国统计出版社 2024 年版。

学技术进步道路取得了巨大的成功。

第三节　土地制度与农业发展

土地是农业发展的基础性资源，土地制度是发展中国家的基础性制度。土地制度是在一定的社会经济条件下土地关系的总称。土地制度是一个制度集，它包括所有权制度、使用权制度、经营制度和管理制度等。不同的土地制度将产生不同的制度效率，从而影响土地的规模经营面积，影响土地的产出率，也影响到农业生产者的生产和投资激励。土地制度的变革与调整将对农业生产产生深远影响。

一、马克思主义的土地制度理论

在马克思主义经典作家的阐述中，有关土地的理论论述主要体现在土地所有权理论、地租理论和土地改革理论三个方面，可以称之为马克思主义土地制度理论。

（一）土地所有权理论

在《资本论》和《剩余价值理论》等经典著作中，马克思对土地产权的内涵与外延做了精辟论述，这些论述构成了马克思土地产权理论。马克思认为，土地产权属于生产关系的一种表现形式，不同历史时期，其表现形式不一样。土地产权包括土地所有权、土地占有权、使用权、收益权、处置权等。土地所有权是土地产权的核心，它具有独特性、唯一性。马克思在《资本论》中指出："土地所有权的前提是，一些人垄断一定量的土地，把它当做排斥其他一切人的、只服从自己私人意志的领域。"① 随着商品经济的发展，土地产权商品化和市场化成为必然趋势，可以进行交易，并根据供求关系以及市场要求确定土地价格。这实质上是地租资本化，从根本上将土地所有权资本化。

（二）地租理论

地租是土地所有权在经济上的实现，以土地所有权的存在为前提。地租是所有权和经营权分离的结果。同时，地租是工人劳动创造的剩余价值的一部分，是农业资本家获得社会平均利润后而上缴给土地所有者的超额利润的转化形式。马克思按照地租产生的原因和条件的不同，将地租分为三类：级差地租、绝对地租和垄断地租。前两类地租是资本主义地租的普遍形式，后一类地租仅是个别条件下产生的资本主义地租的特殊形式。

---

① 《马克思恩格斯文集》第七卷，人民出版社 2009 年版，第 695 页。

（三）土地改革理论

马克思认为土地制度不是永久不变的，它只是历史的范畴，土地改革是社会生产力发展的必然结果，当生产力和土地制度发生矛盾时，就必然要求改革，主张土地和其他一切生产资料的公有制。

二、发展中国家的土地制度及其变革

土地制度改革是发展中国家促进农业乃至整个国民经济发展的动力，而改革的核心是要解决农村土地的所有权和经营权问题。发展中国家的土地所有权制度既有土地公有制也有土地私有制，而土地的经营制度是多样化的，既有大地产经营制度也有小农经营制度。

大地产经营制度一般可归为三种形式：一是租佃制。使用权与占有权完全分离，地主拥有土地，但不直接经营，而是把土地分成小块租给佃农耕种。佃农按事先订好的契约向地主缴纳一定数量的实物地租或货币地租。二是庄园制。这种土地制度在南欧和拉丁美洲广泛存在。庄园既是一个大财产，又是一个大企业。庄园主一般不直接参与管理，而把庄园委托给雇来的代理人（管家）来管理。三是种植园制。这是一种带有殖民地性质的土地制度形式。与庄园制一样，它既是大财产又是大企业，一般由外国资本家所有，由雇来的外国专家管理，农业劳动由雇佣劳动者进行，土地耕作高度集约化，农业生产率较高。以上三种土地制度具有一个明显的共同特征，即存在制度垄断。在租佃制盛行的亚洲国家里，人口压力大，地租不仅由土地产出率决定，也由人口出生率决定。由于人多地少，土地价格大大高于其边际收益。地主凭借对土地的垄断，不断提高地租。在庄园制和种植园制的国家中，土地占有规模与经营规模一致，土地所有者控制着土地使用权而不是土地价格。

小农经营制度主要包括家庭农场独立经营制、单个家庭租佃制和分成制。家庭农场独立经营制的经营者往往是独立农户，他们拥有小块土地，主要靠自家劳动生产，这种形式在亚洲和非洲十分流行，在拉丁美洲也很常见。单个家庭租佃制通常是指单个家庭耕种地主土地，向地主缴纳地租的情形，亚洲除了独立农户，主要是租佃制。分成制也是一种农民和地主分享收成的租佃制。

除了大地产经营制和小农经营制度，还有其他的经营制度，包括不在地主、公社制和集体化农业等。不在地主常住在城里或其他远离农村土地的地方，除了收租，这些人与土地几乎没有关系。公社制存在于非洲部分地区，在这些地区，村落仍拥有土地，个人和家庭在公社土地上耕作。集体化农业一般是指苏联、东欧和改革前中国的农业制度。土地主要由合作社所有，合作社成员通常是一个村子的村民，合作社成员根据他们贡献的劳动量分配产品。

当一个国家的土地制度束缚了农民的生产积极性时，土地改革对于刺激和促进农业技术进步和农业发展就变得必不可少了。土地改革有四种形式。一是地租契约的改革。这种改革只涉及租佃契约的法律规定，而不涉及土地所有权再分配。二是土地有偿转让。这种改革涉及土地所有权再分配，失去土地的地主可得到全部或部分的补偿。三是土地使用权转让。这种改革不改变土地的所有权，但改变了土地的使用权。四是土地无偿转移。这是最激进的土地改革形式，它把土地所有者的全部地产转移给国家或其他个人，如无地少地的农户，但不给土地所有者以物质或货币的补偿。土地改革对农业生产率的影响如何决定于改革何种制度以及改革的具体措施，如果改革的是租佃关系不稳定的小农经营制度，改革对生产率会有较大促进作用。在这种情况下，改革不会影响耕作方式，因为无论改革前后，农场都是小规模的。与此同时，改革的另一极端是将高效率的大地产或农场分解为小型的低效率的生产单位，这种改革牺牲了农业生产的规模经济，当然，土地改革所带来的经济利益可能远远大于其造成的规模经济损失。

三、土地制度对农业发展的影响

土地制度是一切社会形态中最重要、最基础的制度，它对一个国家一定时期的生产关系和上层建筑起着决定性的作用。一种社会土地制度的变革及调整，是任何一个国家政权首先要参与解决的问题。如果一个国家或地区的土地所有权制度、土地使用权制度、土地经营权制度和土地管理制度的调整适应了当时的生产力发展水平，符合农业生产的特点，尊重了农民的意愿，就会充分调动相关主体的积极性，发挥生产要素的潜能，促进农业生产力的发展。反之，则会阻碍农业生产力的发展。随着生产力的发展和外部环境的变化，适时改革、创新和完善农村土地制度是农业现代化的客观要求。

土地所有权制度是土地产权的根本制度。如果土地所有权制度明晰，权责明确，将使土地所有者更合理有效地配置土地产权，对土地所有者产生极大激励，加大土地所有者对土地的投入，比如农田水利、土地肥力改善等，大幅度提高土地产出效率。

土地使用权制度是土地使用者对其所使用的土地享有占有、使用和收益的制度。在每一种土地所有权制度条件下，都存在着相应的土地使用权制度及其具体表现形式，土地所有权制度总是力求通过恰当的形式使得土地所有权得到实现、巩固和发展。

土地经营权制度的创新可以较大程度地提高制度效率。比如土地的集体经营制度有很多优势，但集体农业缺乏激励机制，劳动者努力程度和经济报酬联系很差。而家庭经营制度则能把农业劳动者的实际努力和真正贡献统一起来，刺激劳动者做出最大努力，让劳动者发挥出所有的聪明才智，来精心地管理农业生产中的每一个环节，以期在自己耕种的土地上产出达到最大。

土地管理制度可以起到监督、管制和科学配置土地这一重要生产要素的作用。土地管理制度主要有耕地保护制度、土地有偿征用制度、土地用途管制制度、地籍管理制度、地价管理制度、地权管理制度等，这些土地管理制度发挥了政府对土地要素的干预和管制作用，规范了土地使用方式、方法和用途，并促使土地的产出效率提高。

四、土地制度与农场规模

家庭农场是适用于现代农业发展的新型生产经营主体，是当代发达国家农业生产和经营的主要组织形式。家庭农场的发展依赖两个前提条件：一是土地的规模化经营；二是机械化作业。家庭农场是以土地规模化生产经营实现盈利最大化，实现规模化经营的唯一途径是土地集中。因而，土地制度是影响家庭农场发展的核心因素。

不同国家发展家庭农场的土地制度存在着很大差别。比如，美国实施的是自有产权、自我经营的家庭农场制度，日本实施的是农地所有权和使用权相分离的制度，而中国实施的是农地的所有权、承包权和经营权"三权分置"制度。不同的土地制度并不妨碍家庭农场采取规模化经营的方式，但要注意的是，无论采取哪一种土地产权制度，如果家庭农场每年经营的土地规模变动太大，显然是对农场经营极端不利的，这将降低家庭经营者对农地持续投入的激励。

现阶段，家庭承包制是中国农业生产的基本经营制度，家庭农场规模的扩大主要依靠土地流转来实现，土地流转实现了所有权、承包权和经营权的分离和重新配置，推动了土地的集中经营。这种集中满足了农业现代化过程中规模化经营的要求，为家庭农场的发展提供了基础。截至2020年，我国家庭农场名录系统填报数量超过300万个，创建县级及以上示范家庭农场数量达11.7万个。[①] 但是，家庭农场的经营规模要与一国的土地禀赋条件和经济发展水平相适应。例如，美国主要是大中型家庭农场，法国是中型家庭农场，日本则主要是小型家庭农场，而中国不同地区家庭农场的适度经营规模在13~33公顷。家庭农场的规模必须和当地人地比例、地形地貌和经济发展状况等结合起来，不宜搞一刀切。

五、中国的土地制度变革及其对农业发展的影响

新中国成立以来，中国的土地制度经历了三次重大的变革。任何一次土地制

---

① 数据来源：农业农村部，对十三届全国人大四次会议第3477号建议的答复，2021年6月24日。

度的变革，都对农业发展产生了深刻的影响。

第一次土地制度变革发生在 20 世纪 50 年代初，废除了封建的土地制度，实施了耕者有其田的农民个人所有制。至 1953 年年底，全国有 3 亿多无地或少地的农民，先后无偿获得了 4 670 万多公顷土地和其他生产资料，免除了过去每年向地主缴纳的 350 亿公斤粮食的地租负担。它完全消灭了租佃制，大大激发了农民的生产积极性，使得农业总产值 1952 年比 1949 年增加了 48.5%，年均增长 14.1%，粮食总产量 1952 年比 1949 年增加了 42.8%，年均增长 12.6%。这样高的农业增长速度虽然带有恢复的性质，但没有这场深刻的土地变革，肯定是不可能取得的。

第二次土地制度变革发生在 20 世纪 50 年代中期至 70 年代末期的农业集体化运动。农业生产组织形式先后经历了互助组、初级社、高级社，最后发展到人民公社制度，实行"政社合一"，土地的农民个体私有制也转变为了集体公有制，并以生产队为单位统一生产、集中劳动、统一核算和统一分配。1958—1978 年，是中国实行人民公社制度的 20 年，也是新中国农业发展缓慢的 20 年，农业生产年均增长率只有 1.48%，粮食产量年均增长率只有 2.13%，人均粮食占有水平 20 年中只增加了 10 公斤，农业发展波动很大，这与土地集体所有制和集体经营方式有密切关系。

第三次土地制度变革发生在 20 世纪 70 年代末 80 年代初的家庭联产承包责任制改革。这是农业生产方式和经营方式的改革，并没有改变土地的所有制性质，实行土地集体所有、家庭承包经营，农民拥有土地的经营权，但不拥有所有权。这场土地制度的变革大大激发了农民的生产积极性，大大促进了农业生产的发展，并且为后来的城市体制改革打下了坚实的基础。1978—1984 年，农业生产年均增长率达到了 7.4%，粮食产量从 3 亿吨增加到 4 亿吨，增加了 33.6%，年均增长 4.95%。这样高的增长率虽与国家采取的一些激励政策如提高农产品收购价格等有关，但应主要归功于农业土地经营制度的变革。

经过几轮改革，中国形成了农民集体所有、所有权和承包经营权相互分离的农村土地制度。近年来，随着农村劳动力大规模流动，农村土地开始大规模流转，出现了农村土地所有权、承包权和经营权分离的现象。随着农村劳动力就业结构的变化，农村出现了留守农民素质较低且年龄偏大、土地抛荒及其粗放经营等问题。这些因素都不利于农业生产率的提高和农业现代化的实现。2016 年，我国农村土地制度改革进一步深化，顺应农民保留土地承包权、流转土地经营权的意愿，将土地承包经营权分为承包权和经营权，实行所有权、承包权和经营权的"三权分置"，着力推进农业现代化。这是对家庭承包制的完善和重大制度创新。2017 年 10 月，党的十九大正式宣布农村土地家庭承包制到期之后再延长 30 年，这表明农村土地家庭承包制在我国将长期稳定不变。

第四节　农业发展政策

在发展中国家，农业是弱势产业，农民是弱势群体，农业发展离不开政府的支持，而实施农业发展政策也是政府干预、支持和保护农业生产、增加农民收入的重要手段。一般来说，农业发展政策主要包括农村金融制度与政策、农产品价格政策、农村公共投资政策、农村科技与教育政策等。在不同的经济发展阶段，农业发展政策实施的侧重点、手段和目标有所不同。

一、农村金融制度与政策

农村金融通过物质资本积累、人力资本积累和技术进步促进农村经济增长，通过提供资金支持、发展农业保险、完善农村信用体系，为农业经济发展提供重要支持，还可通过贴息贷款和农业补贴政策等为农民开展农业生产提供资金支持。农村金融制度与政策对农业生产、农村发展和农民增收具有重要作用。

20 世纪 80 年代以前，发展中国家的农村金融制度和政策一般聚焦在政策性金融上。在发展中国家，政府采取种种干预措施向农民提供低成本信贷，通过政策性银行以低于市场利率成本贷款给农业生产者和投资项目，或是通过农村信用合作组织为农村和农业部门注入大量低利息的政策性资金。

20 世纪 80 年代以后，多数商业性金融机构改变了城市偏向和工业偏向政策，开始入驻农村，纷纷在农村组建营业网点。但是，由于商业金融机构的逐利性，农村信贷资金配给无法解决农户尤其是家庭农场等规模化经营者的资金需求。这又给农村非正规金融留下了生存的空间，政府允许甚至鼓励非正规金融机构和组织如农户资金互助、民间借贷在农村存在和发展。

为解决农村的金融抑制问题，发展中国家建立了多元化的金融供给制度，这是多种金融制度安排的融合与匹配，既有政策性金融机构的低利率资金注入，又有商业性金融机构信贷资金供给，还有非正规金融的资金互助，增加正规信贷与非正规信贷的垂直联系，将正规金融部门的资金注入非正规信贷市场。孟加拉国的格莱珉乡村银行模式提供了经验借鉴，格莱珉乡村商业银行通过努力挖掘小型社区中的隐藏信息，向小组而非个人发放贷款，这被证明是一种成功的尝试。一个典型小组一般由 5~7 个借贷人组成，依次向组内个人发放贷款，如果一个成员赖账，其他小组成员在未来无法获得贷款，这促使小组成员互相监督，阻止了那些风险很高的个人成为贷款对象，并提高了放贷的瞄准程度。此外，需要通过完善市场机制来改善农村金融市场的效率，如放开存贷款利率，放松对农业和农村部门的信贷控制，加强对农村金融中介的监督和管理，并为农村金融发展建构一个良好而稳定的法律体系，清晰界定耕地、宅基地等的土地权属关系，增加农业生产者的财产性权利。

二、农产品价格政策

一般来说，农产品价格政策必须与工业化进程相协调配套。在工业化初期阶段，农产品价格政策一般采取抑制性低价政策，赖以从中提取更多农业剩余，为工业化积累资金。随着工业化初期阶段向中后期阶段推进，农产品价格政策调整为农产品保护性价格政策，旨在保证农产品生产者的利益，使农产品供需基本平衡。当工业化由中后期阶段向后工业化阶段推进时，农产品价格政策则逐步向农产品支持性价格政策转变，相比于保护性价格政策，支持性价格政策更为积极，目的在于通过市场和价格政策使农产品生产者获得来自非农部门的转移支持，进而促进农业发展。[1]

农产品支持性价格政策是指政府为扶持农业发展而制定的高于市场供求均衡价格的农产品价格政策。从经济学的价格理论来看，由于农产品一般需求价格弹性较小，供给价格弹性较大，当农产品市场供过于求时，为避免价格下跌、需求不变而使农产品生产者的总收入减少，可以通过临时收储等支持性价格政策控制市场供给，达到稳定市场价格的目的。该价格政策不仅促使非农业部门"反哺"农业，而且能阻止农业部门资源的外流，不仅能弥补农业比较利益低的缺陷，增加农民收入，也能增强农业抵御风险和参与市场竞争的能力。实行农产品支持性价格政策的关键在于非农业部门要有足够的"反哺"能力。在发展中国家，农产品支持性价格政策不宜长期使用，以免产生严重的购销价格倒挂，国家财政难以承受，并助长市场投机活动。长期的农产品价格政策最好是保持农业与工业的贸易条件不变。当农业丰收时，国家以较高价格收购农产品，以防止价格暴跌；当农业歉收时，可以较低价格抛售农产品，以稳定农产品市场。

在一国经济进入发达阶段之后，对农产品的价格支持就变成了常态。现在发达国家为了保护农业和农民的利益，一般对农产品价格实施保护性政策。中国现在已经进入工业化后期阶段，对一些主要粮食作物，如稻谷和小麦，实施支持性价格政策，当这些产品价格下跌到门槛值以下时，政府就以保护性价格进行收购，以保护农民种粮积极性。

三、农村公共投资政策

20 世纪五六十年代，为加快工业化进程，多数发展中国家把有限的资金投入

---

[1] 孔祥智：《农业政策学》，高等教育出版社 2014 年版，第 268 页。

到工业部门和大中型城市尤其是大型工业项目的建设，农业在国家公共投资中成了被遗忘的角落，有限的农业基础设施往往是通过农民自发供给和合作供给方式来提供的。20世纪70年代以后，粮食严重短缺和农村落后的面貌使人们开始认识到农业公共投资的重要性。

相对于农村私人投资而言，农村公共投资是指用于满足农村公共需要，具有非竞争性和非排他性的社会产品和服务，其涉及面广泛，既包括"硬"的公共产品，如水利设施、道路、桥梁、仓储、大江大河治理等基础设施，还包括农村文化、卫生、教育、科技和社会保障等"软"的社会服务。农村公共投资对农业发展和农村经济发展具有重要推动作用。第一，农村公共投资对农村经济具有较高的直接乘数效应，有利于实现国家发展战略和调节再分配。第二，农村公共投资可以拉动农村私人投资，从而具备间接的乘数效应。第三，农业基础设施的建设有助于农业生产成本和销售成本的下降，还可以提高农业生产率，为农业生产持续稳步发展提供保障，增强农业生产的稳定性。第四，农村医疗卫生保健、养老、低保和保险等社会保障体系的建立，可以增加农民稳定预期，促进农村社会稳定发展。第五，农村公共投资还有利于促进农业产业化、农村城镇化进程，建立城乡统一市场。

由于资金有限或者投资收益难以内部化，农民往往不愿意也没有能力对这些投资项目投入大量资金，因而农村公共投资的主要责任只能由国家和集体来承担，并构建以政府为主导的农村公共投资的多元化格局。一般来说，国家主要承担农业大型项目投资或者属性接近于纯公共产品的供给，如大型水利工程枢纽、重要道路桥梁、大型农产品储备设施等。集体或农民供给一些小型的、耗资少的、受益面窄的地方性投资如小水库、小水利、乡村道路和小仓库等。根据农村公共产品特性，农村公共投资可适时引入市场机制、自愿机制以及PPP机制（政府和社会资本合作），形成以政府为主导的多元化供给格局。

四、农业科技和教育政策

现代农业发展，必须靠农业科技和教育。一般而言，农业科学技术具有很强的非排他性和非竞争性，容易被模仿和复制，收益难以被内部化，因此，一般的私人企业不愿意供给农业科学技术，除非这种生产技术的收益容易被内部化，比如通过专利、知识产权的形式实施保护，这就决定了农业科技的供给主体主要是政府和非营利性机构。发展中国家，70%~80%的农业研发资金由政府提供。而发达国家恰恰相反，由于建立了非常严格的产权保护制度，70%~80%的农业科学技术是由私人企业研发产生的。可见，发展中国家需要实施科教兴农战略，理顺和深化改革农业科研体制、机制，不断完善农业科技体系，优化农业科技队伍结构，加强农业科技研发投入，并依靠农业科技革命，推动农业产业革命。此外，政府要建立和完善农业科技研发成果的专利保护制度。

舒尔茨认为，农民学习新知识和新技能主要有三种方法：第一种是从经验中学习，这是一种代价高昂的方法，也是一种成效非常缓慢的方法。第二种是在职培训，可以由政府农技推广部门、农业企业来组织实施，也可以由农民自己组织起来进行，既可以利用短期训练班和业余学校进行，也可以由农民自己组织起来到先进地区参观学习。第三种是正规教育，这在长期内是最有效和常见的方法，也是农村经济增长的主要源泉。[①]

对于发展中国家来说，要保障农业教育目标能够落到实处，发挥应有效能，还需要一些法律法规和政策的保障。首先，加强农业教育立法，推进和保障农业教育。其次，鼓励多元主体参与农业教育。再次，重视受教育者的实践技能培养。最后，建立统一和严格的资格认证制度；为农业生产者技能开发提供能力要求和甄别标准，提高职业准入门槛，增强受教育者的职业技能学习动机。

五、中国农业政策的演变

中国农业政策的演变与中国经济发展阶段及政府的重要战略决策有关。中国在不同的发展阶段，实施了不同的农业发展政策。改革开放以来，党和国家高度重视对农业发展的政策支持和政策倾斜。中共中央在 1982 年到 1986 年连续五年发布以农业、农村和农民为主题的中央一号文件。2004 年到 2023 年又连续 20 年发布以"三农"为主题的中央一号文件，强调了"三农"问题在中国的社会主义现代化建设时期"重中之重"的地位，并积极推进"三农"现代化发展政策的实践探索和完善，有效促进了我国农业发展。中国的农业政策大致上划分为以下五个阶段。

第一阶段，新中国成立至 20 世纪 70 年代末，农业支持政策的萌芽阶段。第一个五年计划，政府把大力发展农业作为主要目标，发展互助合作组织和进行土地改革，解放农业生产力，为工业发展提供必要支持。这一阶段农业政策的特点是：（1）以农业信贷和财政支农为主要手段。虽然政府财力有限，但农业信贷余额和财政支农总额是不断增长的。（2）政策目标是以农支工。新中国成立以后，中国确立了优先发展重工业的建设思路，必须依靠农业剩余转移来实现这一战略。因此，这一阶段虽然对农业的财政支出是增长的，但由于"剪刀差"太大，对农业剩余获取太多，大大抵消了财政的支农效果。（3）依靠集体力量搞农村基础设施建设。这一阶段国家主要是对大型农业基础设施进行投资，如大型水利枢纽工程，但对于地方性基础设施建设，主要依靠农村集体组织自己的财力和人力建设，如修建小型水库、小型灌溉渠、道路和桥梁等，其中主要投入是人工投入。集体化时期的基础设施建设是比较完备

[①]　［美］西奥多·W. 舒尔茨：《改造传统农业》，梁小民译，商务印书馆 2006 年版，第 147 页。

的，对抵御自然灾害、促进农业生产和提高粮食产量发挥了重要作用。

第二阶段，20 世纪 70 年代末至 90 年代初，农业支持政策的调整阶段。改革开放后，中国政府更加注重产业协调平衡发展，推进以家庭承包制为核心的农村经济体制改革。这一时期农业政策的主要特点是：（1）放开农产品价格。政府放松了农产品价格管制，陆续减少统购的数量、范围，除了少数重要农产品，其余全部放开价格，由市场调节。（2）促进农业体制创新。党的十一届三中全会以后，推行以家庭承包制为核心的农村基本经营制度，为农业发展提供了强大制度支持，极大释放了农民的生产积极性。（3）推进农产品价格管理体制和流通体制改革。但是，这一时期对农业的资金投入十分有限。

第三阶段，20 世纪 90 年代初至 2001 年，农业支持政策的改革阶段。这一时期农业从为国民经济提供剩余开始变为接受保护和扶持。农业支持政策有如下特点：（1）实行价格补贴。降低农用生产资料的价格以及在农产品购销环节给予补贴。但价格补贴是给国有农产品流通部门，不是直接补贴给农民，农民受益有限。（2）切实减轻农民负担。为促进农业和农村经济发展，开始实施减轻农民负担的政策，大幅度提高农副产品收购价格，大幅度增加农业投资。

第四阶段，加入 WTO 至 2012 年，农业支持政策的完善阶段。这一时期，中国农业支持政策特点是：（1）财政支农绝对数量大幅度增加。财政支农金额从 2001 年至 2014 年以年均 14% 左右的速度增长。2004 年，政府明确提出"工业反哺农业"政策，当年财政支农增长速度达到 33.24%。（2）国内支持政策以绿箱政策为主。中国对黄箱政策利用不充分，而在 WTO 规则允许的 12 种绿箱政策中，中国使用了 6 种，包括政府的一般服务支出、食物安全储备、国内食物援助、自然灾害救助、生态环境保护和地区发展援助，其余 6 种仍未涉及。（3）政策目标是增加农民收入。政府还采取多种政策措施，推进农业结构调整，支持粮食主产区发展粮食生产，发展农村第二、第三产业，改善农民进城就业环境，搞活农产品流通，发挥市场机制作用，深化农村改革，加强农村基础设施建设和做好扶贫开发工作等。全面取消了农业税和各项收费，而且明确承诺农村资金必须留在农村，为农村和农业发展服务，以阻止农业资金的外流。

拓展阅读 8-2

我国农村改革的光辉历程与基本经验

第五阶段，2012 年至今，农业农村优先发展阶段。党的十八大以来，中国农业政策更加强调农业发展方式转变，农业农村优先发展。2015 年 7 月 30 日，国务院办公厅印发《关于加快转变农业发展方式的意见》明确指出，推动农业发展要由数量增长为主转到数量质量效益并重上来，由主要依靠物质要素投入转到依靠科技创新和提高劳动者素质上来，由依赖资源消耗的粗放经营转到可持续发展上来，促进产出高效、产品安全、资源节约、环境友好的现代农业发展。

党的十九大首次提出乡村振兴战略，明确把农业农村发展置于优先地位，提出了乡村振兴战略要按照产业兴旺、生态宜居、乡风文明、治理有效、生活富裕的总要求，加快推进农业农村现代化。2018年年初中央一号文件对乡村振兴进行了战略部署。该文件树立了乡村振兴战略的"四梁八柱"，是实施乡村振兴战略的顶层设计。2018年9月，中共中央、国务院发布《国家乡村振兴战略规划（2018—2022年）》，分11篇和37章对乡村振兴战略的重大意义、总体要求、主要途径和工作任务等进行了详细论述和具体部署。2019—2020年是全面建成小康社会的决胜时期，中央一号文件继续聚焦"三农"领域，落实农业农村优先发展总方针，针对如何抓好"三农"领域重点工作，确保如期全面建成小康社会提出指导意见。2021—2023年的中央一号文件连续把全面推进乡村振兴战略作为中心主题，为推动乡村振兴取得新进展、农业农村现代化迈出新步伐提出指导意见。

党的二十大强调，加快建设农业强国。中国要强，农业必须强。加快建设农业强国，是农业发展方式的创新，是农业发展量的突破和质的跃升，彰显农业发展的后发优势和赶超态势。所谓农业强国，是指农产品供给保障安全可靠，农业科技创新自立自强，农业设施装备配套完善，农业体制机制健全完善，农业产业链条健全高端，农业资源利用集约高效，农业国际竞争优势显著，走出一条中国特色的农业现代化道路。扎实推进农业大国向农业强国转变，是一项长期而艰巨的历史任务。"十四五"规划期间至2035年，要在以下几个方面取得实质性进展。（1）加强耕地保护和质量建设，全方位夯实粮食安全的根基。严格保护耕地数量，牢牢守住18亿亩耕地红线。加强高标准农田建设，强化耕地用途管控。（2）加强现代农业科技创新和装备支撑，打造坚实的现代农业的科技基础。深入实施种业振兴行动，着力推进种业科技创新。大力推进农业机械化，大力发展现代设施农业，大力发展数字农业和智慧农场。（3）加强农业绿色发展转型，建设宜居宜业和美乡村。注重农业资源保护，治理农业面源污染，保护修复农业生态系统，构建农业绿色低碳循环产业体系。统筹乡村基础设施和公共服务布局，建设美丽乡村，使乡村成为城乡居民共享的美丽自然家园。（4）加强农业农村改革，健全农业社会化服务体系。深化承包地"三权分置"改革，探索宅基地"三权分置"实现形式，保障进城落户农民合法土地权益，赋予农民更加充分的财产权益。巩固和完善农村基本经营制度，培育新型农业经营主体，重点推进农民合作社和家庭农场等农业经营主体发展。大力培育农业专业化社会化服务组织，促进小农户引入现代农业发展轨道。（5）加强农业产业链建设，推进农业全产业链升级。加快构建现代农业产业体系，推进农村一二三产业融合发展，不断提高农业质量效益和竞争力。发展乡村特色产业，做大做强农产品加工流通业，培育乡村休闲旅游业，创建农业现代化示范区。（6）加强农业对外交流合作，实现农业高水平对外开放。不断扩大规则、规制、管理、标准等农业制度型开放，大力吸引全球资源要素，促进中国农业高质量发展。推动农业国际贸易发展，促进农业外商直接投资（FDI）、对外直接投资（OFDI）高水平发展，加强全球农业科技合作。主动参与全球粮食市场治理，主导制定农业国际标准规则，努力提高中国农业的国际影响力和国家竞争优势。

思考题

1. 试述工农业相互关系理论。
2. 工业化发展初期农业对工业化做出了哪些贡献？
3. 如何理解发展中后期阶段工业化对农业的反哺？
4. 如何从传统农业走向现代农业？
5. 土地制度如何影响农业发展？
6. 中国的农业政策是如何演变的？

▶ 即测即评

请扫描二维码进行在线测试。

第九章　城市化与城乡发展

城市化是经济发展的必然趋势。城市化是伴随着工业化开始的，是工业革命的产物。城市化的进展和城市功能的不断提升，极大地改变了人类社会的基本经济形态，城市逐步成为人们开展经济活动的中心。对于发展中国家来说，城市化的进程，不仅对工业化和现代化具有强大的推动力，而且对农村具有渗透和扩散的作用，并促进农村发展，从而形成城乡一体、城乡融合的发展格局。中国的城镇化进程与城乡发展的演变，既具有发展中国家的一般特征，又具有自身的独特性。

第一节　城市化与工业化

现代经济发展过程中，城市化和工业化是两个重要的驱动力。现实中，城市化与工业化之间的关系十分复杂。在发达国家，城市化与工业化基本达到平衡状态。而在发展中国家，城市化与工业化发展不平衡则是常态。

一、城市化的含义和城市化过程曲线

城市化（urbanization），如果包括小城镇也可称为城镇化，是指伴随着工业化的进程，制造业和服务业在城市集聚，农村人口不断向城市集中，城市人口在总人口中所占比重不断提高的自然历史过程。从更广泛的意义上说，城市化是一个国家或地区实现人口、财富、技术、工业及服务向城市集聚的过程，也是一个包括生产方式、生活方式等传统乡村社会向现代城市社会转变的过程。人口向城市集中是城市化的本质特征，所以通常用城市人口占总人口的比重，即城市化率，作为一个国家或地区城市化水平的衡量指标。

世界上任何国家或地区，当进入现代经济增长阶段以后，必然经历城市化过程。但是，各国的城市化进程存在较大的差异。世界上最早进入城市化过程的国家是英国，自 18 世纪 60 年代工业革命开始，到 1851 年，英国成为当时世界上第一个城市人口超过总人口 50% 的国家。之后，欧洲和北美等国家从 1851 年到 1950 年，花了一个世纪的时间使其城市人口占总人口的比重达到 51.8%。第二次世界大战以后，越来越多的发展中国家和地区，开始了城市化进程。根据联合国经济和社会事务部的数据，1950 年世界平均城市化率为 29.6%，1990 年世界城市化率为 42.9%，2000 年达到 46.6%，2007 年上升到 50.1%，2020 年又进一步上升到

55.7%。如果把城市化率超过 50% 作为基本城市化的标准，那么，世界已经进入城市化时代。不过，对于低收入国家而言，2020 年城市化率平均只有 33.9%，离城市化时代还有一段距离。

一个国家或地区的城市化水平与它所处的经济发展阶段之间存在着对应关系。美国城市地理学家诺瑟姆撰写的《城市地理学》一书中提出了"城市化过程曲线"，即诺瑟姆曲线，对城市化过程及其经济发展阶段做了描述。[1] 诺瑟姆根据城市化率的不同，将一个国家或地区的城市化过程划分为三个阶段，包括城市化初级发展阶段、城市化加速发展阶段和城市化成熟阶段。如图 9-1 所示，城市化过程曲线呈变体的 S 形。

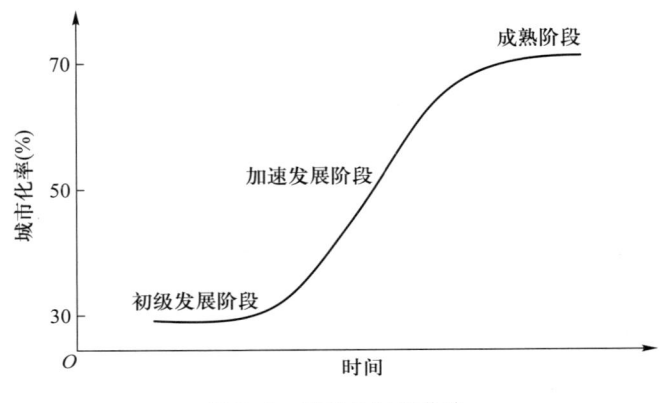

图 9-1　城市化过程曲线

城市化初级发展阶段（initial stage），城市化率在 30% 以下。这是典型的传统社会阶段，农业占国民经济的主导地位，农业生产水平低下，农产品商品率不高；工业比较单调，是一些简单的资源型或加工型工业；第三产业以农产品及其他日用品销售为主；人口分布分散，乡村人口占绝对优势，城市人口增长速度缓慢。

城市化加速发展阶段（acceleration stage），城市化率从 30% 上升到 50% 乃至70%。这一阶段，经济社会活动加速向城市集中，工业化基础逐步建立，各项基础设施建设的规模和速度明显超过前一阶段。农业劳动生产率大大提高，剩余农产品日益增加，为非农业活动的开展提供充足的粮食、原料和劳动力条件，第二、三产业的增长速度超过农业且占 GDP 比重越来越高。与此同时，由于营养、卫生和医疗技术条件的改进，死亡率明显下降，人口增长而形成的农业剩余劳动力逐步向城镇转移，城市数量和城市规模快速扩张。

城市化成熟阶段（terminal stage），城市化率超过 70%。这一阶段，为了满足社会必需的农产品需求，仍有一定的乡村人口从事农业生产，但从事农业的绝对

---

[1]　Ray M. Northam, *Urban Geography*, New Jersey: John Wiley & Sons, 1979.

人口规模较小，人口由农村向城市转移速度减慢。而现代工业技术水平和管理水平不断上升，生产力水平很高，工业生产吸纳的劳动力减少，服务业成为吸纳劳动力的重要部门。此时，城市化过程并未停滞，城市数量和规模仍在增加，城市质量不断提高，城市体系不断优化。

诺瑟姆曲线较好地概括了城市化发展的一般规律。但在历史和现实中，由于各国（各地区）的自然资源状况、人口规模和结构、生产力发展水平、经济结构、生产力空间布局、基础设施和公共服务等存在较大差异，尤其是所处的城市化发展阶段不同，城市化过程亦表现出较大差异，存在自身城市化发展的独特演变规律。一些典型的发达国家在城市化过程中，人口地理的演变出现了大城市人口明显萎缩，人口由大都市或中心城市大量向郊区乃至更外围的乡村地区迁移，中小城镇或卫星镇加速发展，按传统的统计口径表现为城市化率绝对下降的现象。美国经济地理学家布莱恩·贝里把这种现象称为"逆城市化"（counter-urbanization）。[1]

逆城市化是一个城市空间结构的持续优化过程。逆城市化最先发生在工业革命和城市化最早的英国。作为一个带有趋势性的明显的过程，在 20 世纪 60 年代曾出现于美国、联邦德国、法国和荷兰，进入 70 年代以后，挪威、瑞典、丹麦、意大利、新西兰、日本等国亦出现了相似的现象。发达国家的逆城市化，大多发生在城市化成熟阶段，是生产力高度发达的产物，特别是现代交通基础设施和信息技术的突飞猛进。历史上发生在发达国家的逆城市化，改善了以往人口和生产分布的不均衡状态，缩小了城乡差距，对经济增长产生过显著的正面影响。

二、城市化与工业化的相互作用机理

亚当·斯密的《国富论》已经触及城市的起源和演进。马克思和恩格斯全面深刻地研究了城市化问题。马克思和恩格斯在 1845 年到 1846 年写成的《德意志意识形态》中，对城市化过程进行了较为全面的分析。马克思和恩格斯在《共产党宣言》中，分析了城市化对人类社会发展的重要作用。马克思在《资本论》和其他政治经济学手稿中，研究了有关城市化的一系列问题，明确指出城市化是从城乡关系变化来反映农业社会向工业社会转变的历史过程。

马克思和恩格斯是从人类生产力发展和分工深化、社会演进的角度来认识城市化现象的。"中世纪（日耳曼时代）是从乡村这个历史的舞台出发的，然后，它的进一步发展是在城市和乡村的对立中进行的，现代的历史是乡村城市化，而不

---

[1]　Brian J. L. Berry, *Urbanization and Counter-Urbanization*, London: Sage Publications, 1976.

像在古代那样，是城市乡村化。"① 关于现代城市的出现，他们分析指出，18 世纪后半叶开始的资本主义大工业时代，"它建立了现代的大工业城市——它们的出现如雨后春笋——来代替自然形成的城市。凡是它渗入的地方，它就破坏手工业和工业的一切旧阶段。它使城市最终战胜了乡村"②。在《共产党宣言》中，他们论证了资本主义大工业促成的城市化，"资产阶级使农村屈服于城市的统治。它创立了巨大的城市，使城市人口比农村人口大大增加起来，因而使很大一部分居民脱离了农村生活的愚昧状态。正像它使农村从属于城市一样，它使未开化和半开化的国家从属于文明的国家，使农民的民族从属于资产阶级的民族，使东方从属于西方。"③ 恩格斯在《反杜林论》中更为明确地指出："如果说水力必然存在于乡村，那么蒸汽力却决不是必然存在于城市。只有蒸汽力的资本主义应用才使它主要集中于城市，并把工厂乡村转变为工厂城市……因此，虽然向城市集中是资本主义生产的基本条件，但是每个工业资本家又总是力图离开资本主义生产所必然造成的大城市，而迁移到农村地区去经营……在那些地方，资本主义大工业不断地从城市迁往农村，因而不断地造成新的大城市。"④ 可见，乡村城市化是资本主义大工业时代的必然结果。

马克思和恩格斯还论述了城乡分离、城乡对立与城乡统一的问题。在《德意志意识形态》中，他们把城乡分离看作是历史上发生的最大的社会分工，并把它看作是城市、国家及文明的历史起点。"物质劳动和精神劳动的最大的一次分工，就是城市和乡村的分离。城乡之间的对立是随着野蛮向文明的过渡、部落制度向国家的过渡、地域局限性向民族的过渡而开始的，它贯穿着文明的全部历史直至现在。"⑤ "消灭城乡之间的对立，是共同体的首要条件之一，这个条件又取决于许多物质前提，而且任何人一看就知道，这个条件单靠意志是不能实现的（这些条件还须详加探讨）。"⑥ 马克思在描述达到共产主义社会的条件时，提出过消灭"三大差别"，即脑体差别、工农差别、城乡差别。由此可见，城乡协调发展，城乡一体化发展，是共产党人追求的崇高目标之一。

关于城市化与工业化的相互关系，第六章讨论的刘易斯的二元经济发展理论和托达罗的人口流动模型均从不同角度做了解释。根据刘易斯的二元经济发展理论，随着现代工业的扩张，城市源源不断地吸纳来自农村的剩余劳动力，使大量

① 《马克思恩格斯文集》第八卷，人民出版社 2009 年版，第 131 页。
② 《马克思恩格斯文集》第一卷，人民出版社 2009 年版，第 566 页。
③ 《马克思恩格斯文集》第二卷，人民出版社 2009 年版，第 36 页。
④ 《马克思恩格斯文集》第九卷，人民出版社 2009 年版，第 312—313 页。
⑤ 《马克思恩格斯文集》第一卷，人民出版社 2009 年版，第 556 页。
⑥ 《马克思恩格斯文集》第一卷，人民出版社 2009 年版，第 557 页。

人口向城市集中，在工业化的过程中实现城市化。刘易斯的这一理论假设，与发达国家工业化和城市化的现实是比较吻合的，但与大多数发展中国家或地区的现实不一致。托达罗针对发展中国家普遍存在城市失业，而人口仍然不断地由农村流入城市的事实，建立了一个城市失业的动态均衡模型，为了阻止农村人口向城市过度流动，提出城市与农村必须平衡发展的政策主张。综上可见，城市化和工业化之间存在着内在的逻辑关联，二者之间具有相互促进、相互增强的机制。城市孕育了工业革命，是工业化的基础，城市化与工业化是相伴而行的；而工业化是城市化的条件，工业化的结果则是城市化。

　　城市化推动工业化的内在机制和动力是由城市和城市化的功能决定的。城市是工业的空间载体，城市化产生外部经济效应和集聚经济效应，促使同类产业和相关产业在城市内聚集，共享劳动力、技术、物流、基础设施等资源，以降低企业生产成本，实现外部规模经济，进而促进工业化进程。第一，大量企业和人口在城市集中，降低了企业雇佣劳动力特别是熟练技术工人和工程技术人员的成本，提供了人力资本和高度专业化的劳动力面对面交流的机会和新思想产生的便利，有利于知识的传播和信息的扩散。第二，城市具有良好的供水、电力、供热、电信、交通、运输、仓储和排污等现代基础设施，大量企业集中在城市，利用这些基础设施具有规模经济效应。第三，城市具有更好的教育、科技、文化、卫生、娱乐等社会基础设施供给，以及金融等生产性服务业的发展，为企业和居民提供服务。第四，大量企业和人口在城市集中，相互之间交流和交换，获得必要的

拓展阅读 9-1

城市"集聚效应"驱动中国经济高质量发展

投入和服务，减少运输成本和信息搜寻成本。第五，人口集中形成了更广阔的市场，从而为工业化提供了更好的市场条件，企业更容易获得市场信息，并降低交易成本。

　　工业化的进步和创造的物质技术条件是促进城市化的内在机制和动力。第一，工业化的进程决定了城市化的进程。在工业化发展初期，主导产业为食品加工、纺织、服装、日用工业消费品等劳动密集型产业，产业链条短、产业关联度低，所以城市规模一般较小，城市化进程相对缓慢。到工业化发展中期，主导产业转变为钢铁、机械、电力、石化和汽车等资本密集型产业，产业链条变长、产业关联度提高，产业规模扩大和在空间上的集聚，使得城市化进程加快。在工业化发展后期，技术密集型产业迅速崛起，工业实现了现代化，第三产业成长为主导产业，城市化水平和城市现代化程度达到更高阶段。第二，工业化为城市化提供物质技术基础。工业化的发展和工业的技术进步，为城市发展提供先进的交通运输设备、现代电力和能源系统、市政系统、先进的机器设备，促使社会生产力极大

提高和社会财富增长，从而为大规模的城市建设和城市化提供重要的物质技术条件支持。

三、城市化与工业化不平衡的表征

从经济发展的历程来看，一个理想的状态是城市化与工业化同步发展，城市人口的增长速度与工业化和经济发展水平保持一致，进入城市的人口和劳动力与工业化所提供的就业大致平衡，农业发展所提供的剩余产品与城市化的需求基本适应，自然资源和生产要素得到有效配置，实现城乡一体化发展。一般而言，发达国家基本做到了城市化与工业化和经济发展水平相适应，而发展中国家和地区实现城市化与工业化同步发展的国家和地区较少，城市化与工业化相互脱节，城市化与工业化不平衡的现象十分普遍。其中，城市化与工业化不平衡的突出表现为城市化超前于工业化即过度城市化，或者城市化滞后于工业化。

（一）过度城市化

过度城市化（over-urbanization）是指城市化水平超过工业化水平和经济发展阶段，表现为"城市膨胀"。其实，工业化是一个非农化的过程，工业化包括第二产业和第三产业。在发展中国家城市化过程中，过度城市化是一种较普遍的现象，尤以拉美地区国家最为典型。从表9-1可以看出，20世纪70年代以前，拉美地区国家的城市化率大多低于北美、欧洲等地区的国家。70年代以来，拉美各国城市化持续推进，即使在被称为"失去的10年"的80年代，城市化亦未停滞。1990年，拉美地区国家的经济发展水平远远低于高收入国家，而城市化率已经基本达到高收入国家的水平，特别是阿根廷1990年的人均GDP还不到高收入国家的1/4，但城市化率却超过了高收入国家，达到了87.0%。到了2020年拉美地区国家的人均GDP仍然远低于高收入国家，而城市化率与高收入国家不相上下，甚至还要高。如巴西2020年的人均GDP近乎英国的1/6，但城市化率却比英国高；阿根廷2020年人均GDP不到美国的1/6，但城市化率却高于美国。

表9-1　拉美地区和高收入国家城市化水平比较

国家/地区	人均 GDP（美元）			非农产业增加值占 GDP 比重（%）			城镇人口占总人口比重（%）		
	1970 年	1990 年	2020 年	1970 年	1990 年	2020 年	1970 年	1990 年	2020 年
拉美地区国家									
哥伦比亚	326	1 175	5 312	74.3	83.3	92.6	54.8	68.3	81.4
墨西哥	683	3 078	8 432	87.3	92.2	96.2	59	71.4	80.7

续表

国家/地区	人均 GDP (美元)			非农产业增加值占 GDP 比重 (%)			城镇人口占总人口比重 (%)		
	1970 年	1990 年	2020 年	1970 年	1990 年	2020 年	1970 年	1990 年	2020 年
巴西	444	3 093	6 815	87.7	91.9	94.1	55.9	73.9	87.1
阿根廷	1 317	4 319	8 572	90.4	91.9	94.1	78.9	87.0	92.1
高收入国家									
美国	5 247	23 954	53 358	—	—	98.9	73.6	75.3	82.7
日本	2 027	25 417	40 088	95.0	97.9	99.0	71.9	77.3	91.8
德国	2 751	22 220	46 215	—	—	99.3	72.3	73.1	77.5
英国	2 348	19 095	40 394	—	98.6	99.4	77.1	78.1	83.9

数据来源：世界发展指标（WDI）数据库。

过度城市化主要是由推力因素而非拉力因素造成的。不平等的土地占有制度作为一个重要的推力因素，迫使农村人口向城市流动。拉丁美洲国家的土地制度是庄园制，少数大庄园主占有绝大部分土地，而广大农民占有少量土地或根本就没有土地。[①] 在这些国家存在着大量的无地农民，人口的急剧增长使无地的贫苦农民人数急剧增多，他们为了谋生，纷纷离乡背井，到城市里去寻求工作，农村人口大规模地、持续地涌向城市，导致城市人口过分膨胀。

发展中国家出现的过度城市化现象，产生了十分严重的问题，而且难以治理。由于大量农村人口涌向城市，城市人口迅速膨胀，城市基础设施建设水平不能满足城市人口的需求，城市生产率较高的正规部门不能提供足够的就业机会，大量劳动力不得不在生产率低下的城市非正规部门找到一个临时性工作，勉强度日。城市人口的过度膨胀导致城市就业机会严重不足，造成城市居民的贫富差距拉大，由此引发各种社会问题，甚至引起社会不稳定与政治动荡。城市非正规部门的畸形发展，导致城市结构严重扭曲。此外，城市人口的过度膨胀致使城市资源和环境难以支撑，造成城市贫民窟蔓延、环境污染严重、交通拥挤、供水困难、人居条件恶化、城市失去发展的动力和活力等难题。

（二）滞后城市化

滞后城市化（under-urbanization），是指城市化水平落后于工业化水平和经济发展阶段，亦称城市化不足。表 9-2 列出了 2020 年人均 GDP 在 3 300 美元到

[①] 据联合国粮农组织统计资料，在拉丁美洲，只占 1.3% 的土地所有者（大庄园主）占有 71.6% 的耕地。转引自托达罗：《第三世界的经济发展》（上册），中国人民大学出版社 1988 年版，第 399 页。

13 000 美元之间的 9 个发展中国家的工业化和城市化水平。从表中可以看出，从 1990 年到 2020 年，绝大多数发展中国家城市化、工业化和经济发展水平不断提高，城市化过程处于诺瑟姆曲线刻画的城市化加速发展阶段。但有些国家的城市化水平比工业化水平显著要低。首先看菲律宾。菲律宾虽然工业化和经济发展水平在不断提高，但其 2020 年的城市化率却比 1990 年低 1.2 个百分点，说明菲律宾的城市化水平严重滞后于工业化和经济发展水平。其次是罗马尼亚。2020 年罗马尼亚的人均 GDP 高于马来西亚，在 13 000 美元左右，但是罗马尼亚的城市化率却只有 54.2%，远远低于马来西亚的 77.2%。再次看中国。2020 年中国和印度尼西亚的城市化水平大体相当，分别为 63.9%、56.6%，但是印度尼西亚的人均 GDP 却比中国要低 6 590 美元；2020 年中国人均 GDP 远远高于阿尔及利亚，但阿尔及利亚城市化水平却高于中国 9.8 个百分点，这说明中国的城市化水平滞后于工业化和经济发展水平。最后看泰国。1990 年泰国的人均 GDP 接近南非的 1/2，但城市化水平低于南非约 22.6 个百分点，到了 2020 年泰国的人均 GDP 超过了南非，但是泰国的城市化率依然低于南非 16 个百分点，可见泰国的城市化水平滞后于工业化和经济发展水平的情况相当严重。

表 9-2　部分中等收入国家城市化水平比较

国家	人均 GDP（美元）		非农产业增加值占 GDP 比重（%）		城镇人口占总人口比重（%）	
	1990 年	2020 年	1990 年	2020 年	1990 年	2020 年
中国	318	10 511	72.9	92.3	26.4	63.9
伊朗	2 220	9 928	87.2	87.2	56.3	75.9
南非	3 141	5 624	95.4	97.5	52.0	67.4
印度尼西亚	585	3 921	78.5	86.3	30.6	56.6
泰国	1 508	7 188	87.5	91.3	29.4	51.4
罗马尼亚	1 681	12 867	76.3	96.0	53.2	54.2
菲律宾	715	3 322	78.1	89.8	48.6	47.4
阿尔及利亚	2 394	3 337	88.6	85.9	52.1	73.7
马来西亚	2 441	10 231	84.8	91.8	49.8	77.2

数据来源：世界发展指标（WDI）数据库。其中，2020 年中国城市化水平按《中国统计年鉴》调整。

各个国家的城市化滞后于工业化的原因是不同的，但其中一个共同的重要原因是政府的干预，这与政府的发展战略有很大关系。例如，中国的城市化滞后于工业化与政府推行重工业优先发展战略有关，重工业创造就业机会有限，且服务业发展滞后，创造的就业机会也有限，因此政府就会限制人口从农村向城市流动，这样城市化率就很难提高。中国城市化发展滞后还与中国长期实施的城乡二元户籍制度有密切关系，户籍制度使得大批农村人口难以迁移到城市安家落户。

滞后城市化将产生一系列严重的社会经济后果。一是使大量的农业剩余劳动力滞留在农村，造成严重的隐蔽性失业，劳动力素质和劳动生产率低下，农民收入水平难以提高。二是阻碍农业产业化和农业现代化，城市先进的生产力难以向农村地区扩散。三是导致市场发育不充分，市场机制在资源配置中的作用得不到充分发挥，阻碍了农村内部和城乡之间资源和生产要素的合理流动。四是阻碍产业结构的调整和产业升级，特别是第三产业得不到充分发展。五是城乡二元结构固化，导致长期存在城乡差距，甚至不断扩大。

第二节　发展中国家城市化与城乡关系

城市与农村存在着天然联系，关系密切。第二次世界大战之后，发展中国家和地区为了摆脱贫困，大多选择了工业化的发展战略。随着工业化战略的实施，人口不断向工矿区和城市集中，推动了城市化进程。但是，城市化也给发展中国家和地区带来了负面影响，导致一系列矛盾和问题。刘易斯模型和托达罗模型对乡—城人口流动机制进行了详细描述，在第六章已对这一机制进行了介绍。在本节，我们将对城乡之间的协调发展问题做些分析。

一、发展中国家城市化趋势

从经济发展的一般规律来看，尽管城市化与工业化的进展可能不完全一致，但工业化必然促进城市化，工业化水平越高，城市化水平亦越高。根据世界银行的数据，按照收入水平将世界各国分成 4 组，比较分析不同收入组国家的工业化、城市化水平，如表 9-3 所示。从表 9-3 可以看出，城市化水平与工业化水平是高度相关的，随着收入水平的提高，工业化水平和城市化水平不断提高。从 1960 年到 1990 年，再到 2020 年，所有收入组国家的工业化和城市化水平均不断提高。而高收入国家的工业化和城市化水平最高，大大高于中低收入国家。1960 年到 2020 年，高收入国家城市化水平提高了 18 个百分点，中低收入国家、低收入国家城市化水平提高了约 20 个百分点，中高收入国家城市化水平提高了约 38 个百分点。由此不难发现，发展中国家（中高收入国家、中低收入国家、低收入国家）整体处于诺瑟姆曲线的城市化加速发展阶段，城市化速度更快。高收入国家处于城市化成熟阶段，城市化对于经济增长的影响较小。综上所述，对于发展中国家来说，在由低收入迈进高收入的经济发展过程中，城市化是经济发展的重要动力和国家现代化的必由之路。

表 9-3　不同收入组城市化水平比较

收入组	非农产业增加值占 GDP 比重（%）			城镇人口占总人口比重（%）		
	1960 年	1990 年	2020 年	1960 年	1990 年	2020 年
高收入国家	—	—	98.7	64.0	74.5	82.0
中高收入国家	74.9	82.0	93.0	28.3	43.2	66.4
中低收入国家	56.5	73.3	83.9	19.8	30.0	39.7
低收入国家	—	59.5	73.3	11.8	22.6	33.0

数据来源：世界发展指标（WDI）数据库。

发展中国家城市人口在世界城市人口中的比重不断上升。根据联合国经济和社会事务部（UN DESA）的数据，1950 年发展中国家城市人口为 3.02 亿，全世界城市人口为 7.46 亿，发展中国家城市人口占世界城市人口的 40.5%。1990 年发展中国家城市人口达到 14.54 亿，世界城市人口为 22.86 亿，发展中国家城市人口占比提高到 63.6%。2020 年发展中国家城市人口增加到 33.64 亿，世界城市人口为 43.59 亿，发展中国家城市人口占比进一步提高到 77.2%。与此同时，这 60 年间，发展中国家的城市化水平发生了显著变化。1950 年发展中国家的城市化率为 17.6%，处于城市化初级发展阶段。1981 年发展中国家城市化率达到 30.0%，开始进入城市化加速发展阶段。2020 年发展中国家城市化率上升到 51.7%。[①]

作为一个整体，发展中国家城市化过程仍未完成。总体来看，发展中国家的城市化过程呈现出两个方面的特点：

一是发展速度快。大多数发展中国家和地区的城市化进程，开始于第二次世界大战以后，城市化起步晚，但城市化的速度快于发达国家。发达国家的城市化率从 12% 上升到 32%，大约花了 100 年时间，而发展中国家只花了 50 年时间。[②] 世界城市化率从 1952 年的 30.3% 提高到 2007 年的 50.1%，用了 55 年时间，而发展中国家（除最不发达国家）从 30.4% 提高到 50.4%，只用了 33 年的时间。韩国 1970 年的城市化率为 40%，到 1990 年城市化率上升到 78%，用了 20 年左右的时间，而同样幅度的城市化率的提高，美国用了 90 年时间，巴西仅用了 30 年左右的时间。[③]

---

① 数据来源：联合国数据库（UNdata）。

② Paul Bairoch, *Cities and Economic Development: From the Dawn of History to the Present*, Chicago: The University of Chicago Press, 1998, p.428.

③ Vernon Henderson, "Urbanization in Developing Countries", *The World Bank Research Observer*, vol.17, no.1, 2002, pp.89-112.

　　二是发展不平衡。发展中国家城市化进程不同，城市化水平存在较大差异。拉丁美洲国家在 19 世纪末期开始了城市化进程，而亚洲和非洲发展中国家的城市化大多开始于第二次世界大战以后。1950 年，拉丁美洲的城市化率为 41.3%，而亚洲和非洲的城市化率分别为 17.5% 和 14.0%。1990 年，拉丁美洲的城市化率达到了 70.5%，已经进入城市化成熟阶段，而亚洲和非洲分别为 32.3%、31.3%，刚进入城市化加速发展阶段。2020 年拉丁美洲、亚洲、非洲的城市化率分别为 81.2%、51.1% 和 43.5%。再聚焦亚洲。1990 年东亚地区的城市化率为 33.9%，南亚地区为 26.5%，而西亚地区则达到了 61.1%，远高于其他两个地区。2020 年，东亚地区城市化率提高到 63.9%，南亚地区仅为 36.2%，西亚地区上升到 72.0%。[①] 可见，不同地区的发展中国家，城市化水平差异明显。

二、发展中国家城市化存在的问题

　　对于发展中国家城市化面临的困境，人们形象地把它概括为"城市病"。这种"城市病"，突出表现在人口过度集中于大城市、城市失业、城市贫困、环境污染、交通拥挤和其他社会问题。

　　一是人口过分向大城市集中，城市体系不完善，城市结构不合理。由于历史原因和政策上的偏差，发展中国家的人口大多向大城市集中，结果是大城市的数量越来越多，大城市的规模越来越大，形成了所谓"单一支配型城市"，亦即"首位城市"。如果以 1 000 万人口规模作为巨型城市的标准，那么，这样的巨型城市在发展中国家增长得很快，无论从数量还是规模方面看，都超过发达国家。截至 2015 年年底，全世界居住人口超过 1 000 万的"超级城市"数量达到 28 个，其中 22 个集中在拉美、亚洲和非洲地区。[②] 一个国家或地区人口最多的城市称为首位城市。马克·杰斐逊 1939 年提出了城市首位度的概念，用来研究城市规模分布规律，首位城市与第二位城市人口的比值为城市首位度。[③] 发展中国家城市人口在大城市高度集中，城市首位度普遍过高。如索马里的摩加迪沙、多哥的洛美、柬埔寨的金边、蒙古的乌兰巴托、海地的太子港、巴拿马的巴拿马市以及波多黎各的圣胡安等，截至 2005 年，这些城市拥有所属国家一半以上的人口。[④] 发展中国家人口高度集中在首位城市或少数大城市，这些城市在城市规模、产业竞争力、行

①　数据来源：联合国数据库（UNdata）。

②　UN-Habitat, "Urbanization and Development: Emerging Futures", *World Cities Report*, vol. 3, no. 4, 2016, pp. 4-51.

③　M. Jefferson, "The Law of the Primate City", *Geographical Review*, vol. 29, no. 2, 1939, pp. 226-232.

④　联合国人居署编著：《和谐城市：世界城市状况报告 2008/2009》，中国建筑工业出版社 2008 年版，第 26 页。

政管理、政治、教育和文化等很多方面对其他城市处于支配地位。这种大城市特有的吸引力，使中小城市和小城镇得不到相应的发展，导致城市体系存在缺陷，城市功能不强。

二是城市失业问题严重。城乡发展的失衡和城乡收入差距的扩大，加之发展战略向城市倾斜，导致大量农村人口迁入城市。特别是处于城市化快速发展阶段的发展中国家和地区，城市的现代部门（正规部门）不能提供足够的就业岗位，大量迁移人口只能进入城市非正规部门谋生，甚至失业。发展中国家的失业问题还存在另一个特征，即青年失业严重。许多发展中国家，如非洲、中东、南美、中亚等国家和地区的青年失业率达到中年失业率的 2~3 倍。在南非，青年人失业率达到了一半以上。2014 年，墨西哥的首都墨西哥城的失业占全国失业的24.7%。① 几乎在所有的发展中国家，城市非正规部门就业在城市劳动力市场中占有较大的份额。

三是城市贫困化，存在大量城市贫民窟。在发展中国家，大量农村人口涌向城市，加入城市贫民队伍中，使得越来越多的城市贫民只能过着"勉强糊口"的生活，造成城市贫困化。发展中国家城市贫困化的一个突出表现是棚户区和贫民窟的数目急剧增加。根据联合国人居署的定义，对于任何一个特定的空间，不论是整个城市或是一个社区，一半或者一半以上的居民缺乏改善的供水系统、卫生系统、足够的居住面积、持久的住房、安全的房屋占有权或者缺乏上述几项的，都属于贫民窟地区。联合国人居署统计数据显示，发展中国家的城市中生活在贫民窟的人口比例从 1990 年的 46.2% 下降至 2000 年的 39.4%，2010 年的 32.6%，2014 年再下降为 29.7%。这意味着在过去几十年中城市贫困状况相对改善了。但是，发展中国家的城市中生活在贫民窟的人数却在增加，2014 年超过了 8.8 亿人口，相比较而言，2000 年只有 7.91 亿人口，1990 年仅有 6.89 亿人口。② 在发展中国家，贫民窟不仅仅存在于城市的边缘地区，而且在一些城市中心区也存在大量的贫民窟。在非洲国家的城市中尤其明显，这些贫民窟大量集聚在城市中心或者边缘空间连续的高密度社区。城市中贫困人口并不是都集聚在服务设施很差的贫民窟地区，他们可能居住在城市的任何地方，但仍然缺少一定的住房条件。而且，并不是所有居住在贫民窟的人都是穷人，许多摆脱了低收入的人仍然继续生活在贫民窟，这是由于他们或者在城市较好地区买不起住房，或者是在城市较好地区找不到合意的工作，或者是由于自己社会网络的需要。在危地马拉，21% 的贫

---

① UN-Habitat, "Urbanization and Development: Emerging Futures", *World Cities Report*, vol. 3, no. 4, 2016, pp. 4-51.

② UN-Habitat, "Urbanization and Development: Emerging Futures", *World Cities Report*, vol. 3, no. 4, 2016, pp. 4-51.

民窟中居住的是非贫困人口；在尼加拉瓜，贫民窟中34%的居民是非贫困人口。

四是公共资源不足，城市环境污染严重。城市公共资源是指为实现城市和谐和可持续发展所提供的公共产品和公共服务。它包括地方教育、公安、消防、公路、桥梁、航空设施、公共交通、供水、废水处理、内河航道、港口、水源、固体废弃物与有害废弃物的处置设施、公共建筑与庭院、通信系统等。发展中国家城市化过程中，由于政府财力有限，城市基础设施等公共物品的供给不足。大量人口在城市集聚，造成了教育资源紧缺、交通拥堵、住房困难以及供水短缺等问题。汽车尾气排放和大量污染企业在城市集聚，给城市带来了严重的空气污染、噪声污染、地下水污染以及废弃物污染。

五是城市社会问题突出。在发展中国家，由于城市发展不充分，以及大量外来人口的涌入，带来了一些城市社会问题。经济落后，城市的贫民窟和棚户区问题长期得不到解决，社会分配不公，加之就业困难、教育供给不足，社会服务参差不齐，传统价值观与现代社会文明冲突，导致社会治安混乱，随之出现的是青少年犯罪、吸毒、酗酒和精神疾病等社会现象。流动人口的大量增加，文化背景的不同，语言、宗教、伦理、种族的混杂，使城市各种规范性的礼仪和习俗受到冲击，进而导致宗教、民族冲突的加剧和恐怖性犯罪率上升。城市的生活成本高、生活和工作压力大、工作节奏快、医疗卫生条件差等问题严重影响了城市居民的生理和心理健康。

三、城市化与农村发展的相互关系

世界城市化的经验表明，城市化与农村发展是相互促进的关系，农业和农村发展是城市化发展的前提，而城市化的发展为农产品创造出一个不断增长的市场，城市非农产业不断吸纳农村剩余劳动力，导致农村人均收入水平提高，进而推动农业和农村发展。

农村发展是工业化、城市化的历史起点。英国是全球最早发生工业革命和走上城市化道路的国家，而英国在工业革命之前发生的农业革命，是英国工业革命的基础。农业革命是在人口高度稠密地区逐渐发展起来的农业技术在人口稀疏地区的加速运用。农业革命产生的这些新技术，包括逐渐消灭休耕地代之以作物连续轮种、新作物的引进或推广、传统农具的改革和引进新农具、选择种子和育种牲畜、耕地的扩大和改良、扩大使用马匹耕种等。世界部分国家发生农业革命的时期大致是：英国在1690—1700年，法国在1750—1760年，美国在1760—1770年，瑞士在1780—1790年，德国、丹麦在1790—1800年，奥地利、意大利、瑞典在1820—1830年，俄国、西班牙在1860—1870年。从1840年到1900年，俄国农业生产率提高30%，奥地利提高45%，比利时和意大利提高50%，瑞典提高75%，瑞士提高 90%，德国提高 190%，平均提高 75%，年均提高 0.9%。这些国家在农业革命发生后的 30 年至 50 年时间后，相继发生了工业革命，并开启了城市化进程。[①]

对于第二次世界大战后急迫谋求发展的发展中国家来说，发达国家工业化与城市化及城乡融合发展获得的巨大成功，具有重要的示范作用。大多数发展中国家在没有经历过农业革命、农业基础比较薄弱的条件下，仓促发动了工业化、城市化进程。工业化、城市化过程中，需要大量的资本积累和国民储蓄，而发展中国家由于农业落后，没有足够的农业剩余和社会财富来支撑工业化和城市化进程。因此，发展中国家只能以工农产品价格"剪刀差"和征收国际农产品出口税的方式来获得工业化和城市化发展的资本积累，换取工业化所需要的技术和设备。结果，农民收入水平低下，农村发展长期停滞不前，城乡居民收入差距和城乡发展不平衡越来越严重，城乡二元特征越来越突出。

随着工业化、城市化的持续推进，工业部门已经具备了自我积累的能力，城市化得到长足的发展，国家逐步放弃了对农业剩余的榨取，并且开始转向支持农业农村发展，使农村和农业发展渐入佳境。国家逐步取消工农产品价格"剪刀差"政策并调整农业税政策，最终使其完全由市场机制决定，促进了农业剩余增加和农民收入水平提高，城乡收入差距缩小，大大激发了农民生产积极性，促进生产率的不断提高。农民收入水平的提高增加了对工业消费品和农业生产资料的购买，扩大了工业的销售市场，促进了工业和城市的发展。农业生产率的提高也促进了农业劳动力向工业和城市流动，满足了工业发展对劳动力的巨大需求。此外，国家开始对农村道路、电力、水利等基础设施进行投资，使农村生产和生活条件得到明显改善。最终，工业与农业、城市和农村形成了相互协调、相互促进的一体化发展的现代经济格局。

在工业化、城市化过程中，发达国家普遍采取了支持农村和农业发展的政策，促进城乡一体化发展。1890 年美国颁布了《麦金利关税法》，1896 年英国颁布了《农业价格法》，法国在 1885 年、德国在 1887 年、日本在 1909—1910 年相继出台了有关农业保护的政策。发达国家促使城乡一体化发展的政策，从根本上消除了城乡不平等。2003 年，在人均 GDP 超过 10 000 美元的经合组织国家（除挪威外），城市地区与农村地区的人均产值比率在 1~2 之间波动。一些发展中国家，例如泰国、伊朗等在城市化过程中十分重视农村发展，城乡不平等现象得到缓解。1990 年泰国的基尼系数为 0.453，2021 年这一系数已经下降到 0.350；1990 年伊朗的基

---

① 贝罗奇：《欧洲经济史》第三卷，商务印书馆 1989 年版，第 368、378、389 页。

尼系数为 0.436，2021 年下降为 0.409。①

第三节 中国的城镇化与城乡关系的演进

中国的城镇化走过了一段曲折的道路，20 世纪 90 年代中期以前，基本上是采取抑制人口向城市迁移的政策，因此城镇化发展滞后，远远落后于工业化；而 90 年代中期之后，政府开始放开人口流动限制，城镇化加速发展，城镇化进程逐渐赶上工业化进程。中国的城镇化与城乡关系也经历了一段从不平衡发展到一体化发展的过程。

一、中国的城镇化发展道路选择

中国的城镇化道路十分曲折。从新中国成立初期到 1978 年改革开放之前，城镇化过程基本处于停滞状态。改革开放以来，中国政府十分重视对中国城镇化道路的选择。从 1978 年到 1996 年，中国用了 18 年时间走过了漫长的城镇化初级阶段。1996 年，中国城镇化率达到 30.48%，开始进入城镇化加速发展阶段。2011 年中国城镇化率上升到 51.27%，2016 年又达到 57.35%，初步实现了城镇化，进入城镇化国家行列。到 2021 年中国城镇化率进一步上升至 64.72%。中国未来还要经历较长一段时间，才能进入城镇化成熟阶段，基本完成城镇化进程。图 9-2 描述了中国经济发展过程中工业化与城镇化的进程。

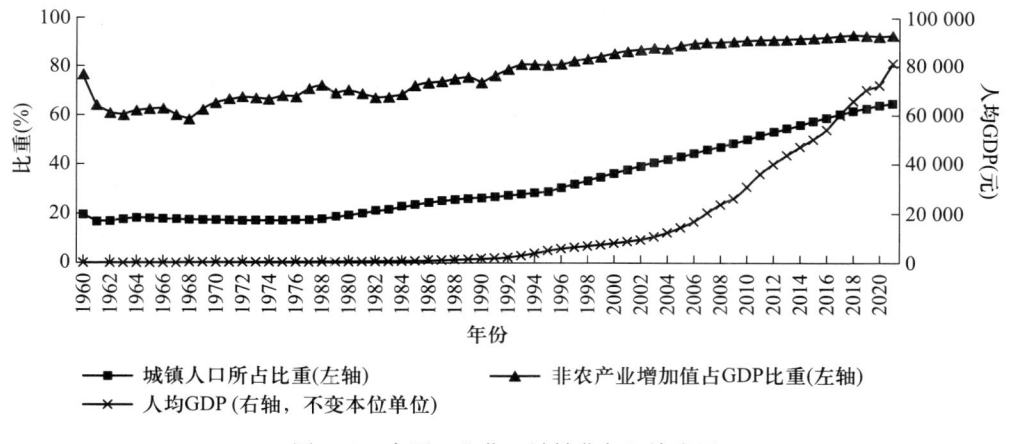

图 9-2 中国工业化、城镇化与经济发展

数据来源：世界发展指标（WDI）数据库。

注：城镇人口占总人口比例按《中国统计年鉴》调整。

---

① 数据来源：世界发展指标（WDI）数据库。

新中国成立初期，国家允许农民自由迁移，大量农民进城务工或在城市非正规部门就业。后来，由于城市农产品供应不足、非农产业就业机会有限，1958 年国家颁布了《中华人民共和国户口登记条例》，严格限制公民由农村迁往城市。1964 年 8 月，国务院批转《公安部关于处理户口迁移的规定（草案）》，进一步限制农村迁往城市、集镇，从集镇迁往城市的人员流动。此外，还适当限制从小城市迁往大城市，从其他城市迁往北京、上海两市。1969 年，国家开始动员"知识青年上山下乡，接受贫下中农再教育"，城镇化过程出现逆向趋势。中国的城镇化率从 1950 年的 11.18% 提高到 1978 年的 17.92%，28 年间仅提高了 6.74 个百分点，还撤销了很多城市建制。这期间，非农产业增加值占 GDP 的比重由 1952 年的49.5% 提高到 1978 年的 71.81%，提高了 22.31 个百分点。由此可见，改革开放之前，中国实行的城乡分治、限制农民进城的政策，阻止了中国的城镇化进程，使城镇化水平远远落后于工业化水平，加深了城乡二元结构的矛盾。

改革开放以来，中国的高速增长和工业化水平不断提高，促进了城镇化进程。1978 年，在第三次全国城市工作会议《关于加强城市建设工作的意见》中，明确提出了"控制大城市规模，多搞小城镇"的方针。1980 年 12 月，国务院批转《全国城市规划工作会议纪要》，进一步分析了城市发展的形势和地区发展差异，指出"控制大城市规模，合理发展中等城市，积极发展小城市，是我国城市发展的基本方针"。1984 年 10 月颁布的《国务院关于农民进入集镇落户问题的通知》指出，在集镇有固定住所，有经营能力，或在乡镇企事业单位长期务工的农民和家属，公安机关应为他们办理落户手续，统计为非农业人口，放宽了农民迁移进镇的标准。同时，该通知还要求保护这些人员的正当经济活动，鼓励乡镇企业的发展。对大城市规模的限制和对小城镇发展的鼓励，再加上一定程度上放松了人口流动，极大地促进了乡镇企业的蓬勃发展，吸引了大批农业劳动力到乡镇企业就业。然而，这种"离土不离乡"的农村工业化道路，减慢了城镇化的速度。1978 年到1996 年，中国的城镇化率从 17.92% 上升到 30.48%，年均提高 0.70 个百分点。

中国的城镇化进程从 1996 年进入加速发展阶段之后，中国政府更加重视城镇化发展问题。2000 年，《中华人民共和国国民经济和社会发展第十个五年计划纲要》指出："城镇化将成为中国推进现代化进程中的一个新的动力源"。2002 年 11月，党的十六大明确提出："坚持大中小城市和小城镇协调发展，走中国特色的城镇化道路"，并强调统筹城乡发展。2007 年 10 月，党的十七大进一步提出了"走中国特色城镇化道路，核心是促进大中小城市和小城镇协调发展"的城镇化发展战略。2012 年党的十八大提出"要加快城镇化进程"。2014 年 3 月 16 日，中共中央、国务院印发了《国家新型城镇化规划（2014—2020 年）》。这份文件明确提出未来中国的城镇化道路是："紧紧围绕全面提高城镇化质量，加快转变城镇化发展方式，以人的城镇化为核心，有序推进农业转移人口市民化；以城市群为主体形态，推动大中小城市和小城镇协调发展；以综合承载能力为支撑，提升城市可持续发展水平；以体制机制创新为保障，通过改革释放城镇化发展潜力，走以人为本、四化同步、优化布局、生态文明、文化传承的中国特色新型城镇化道路。"2021 年颁布的《中华人民共和国国民经济和社会发展第十四个五年规划和 2035 年远景目标纲要》进一步强调，要"完善新型城镇化战略，提升城镇化发展质量。"2022 年 6 月 21 日，国家发改委印发的《"十四五"新型城镇化实施方案》明确提出，要以推动城镇化高质量发展为主题，以转变城市发展方式为主线，以体制机制改革创新为根本动力，以满足人民日益增长的美好生活需要为根本目的，统筹发展和安全，深入推进以人为核心的新型城镇化战略。1996 年到 2021 年的 25 年间，城镇化速度明显加快，城镇化率从 30.48% 上升到 64.72%，年均提高 1.37 个百分点。

改革开放以来，伴随着对中国城镇化道路的认识不断深化和促进城市发展的政策的不断推出，中国的城镇化进展成效显著。1978—2021 年，中国城镇常住人口从 1.7 亿人增加到 9 亿人；城市数量从 193 个增加到 687 个，建制镇数量从 2 173 个增加到 21 157 个。2021 年，我国 19 个城市群以 25% 的土地集聚 83% 的人口，创造 88% 的 GDP，特别是京津冀、长三角、珠三角、长江中游和成渝五大城市群的 GDP 合计 53.8 万亿元，占全国的 47%，成为带动中国经济增长和参与国际经济合作及竞争的重要平台。城市水、电、路、气、信息网络等基础设施显著改善，教育、医疗、文化、体育、社会保障等公共服务水平明显提高，人均住宅、公园绿地面积大幅增加。随着大量农村劳动力转移到城镇就业，城乡生产要素配置效率不断提高，国民经济持续快速发展，社会结构发生深刻变革，城乡居民生活水平全面提升。

二、中国城乡发展关系的演进

改革开放以来，中国城乡关系以 2003 年为界，呈现出截然不同的特点。1978—2002 年，中国城乡关系起伏并逐渐分离。党的十一届三中全会召开后，改革首先从农村开始，全国农村逐步建立了家庭联产承包责任制，并放宽了一些挤压农业的强制性政策。这些改革措施极大地唤起了广大农民的生产积极性，农民收入快速增加，增收速度超过了城镇居民，城乡居民收入差距有所缩小。1984 年起，改革重心转入了城市领域，农村改革基本停滞。随着城市经济的快速发展，城镇居民收入大幅增加；而农产品价格相对下降，农民负担逐渐加重，农村居民收入增长开始放缓，中国城乡二元结构呈现出进一步固化的趋势。

2003 年以来，中国城乡关系进入统筹发展时代。2003 年，中国人均 GDP 已超过 1 000 美元，农业占 GDP 比重已降至 15% 以内，工农业产值比重已超过 3∶1，这些指标达到或超过了工业反哺农业起步阶段的国际参照值，表明我国已经具备了工业反哺农业的实力。2002 年 11 月召开的党的十六大提出统筹城乡经济社会发展是全面建设小康社会的重大任务；2003 年 10 月召开的党的十六届三中全会进一步提出了"五个统筹"思想，并将统筹城乡发展列于首位，标志着中国在处理城乡关系上发生了历史性转变。2008 年 10 月，党的十七届三中全会通过的《中共中央关于推进农村改革发展若干重大问题的决定》，成为破除城乡二元体制的纲领性文件。2012 年 11 月召开的党的十八大，明确提出加快完善城乡发展一体化体制机制，着力在城乡规划、基础设施、公共服务等方面推进一体化，促进城乡要素平等交换和公共资源均衡配置，形成以工促农、以城带乡、工农互惠、城乡一体的新型工农、城乡关系。2015 年 10 月党的十八届五中全会通过的《中共中央关于制定国民经济和社会发展第十三个五年规划的建议》，强调推动城乡协调发展，健全城乡发展一体化体制机制，健全农村基础设施投入长效机制，推动城镇公共服务向农村延伸，提高社会主义新农村建设水平。党的二十大强调："全面建设社会主义现代化国家，最艰巨最繁重的任务仍然在农村。坚持农业农村优先发展，坚持城乡融合发展，畅通城乡要素流动。"在这些政策措施的影响下，中国城乡差距逐步缩小，城乡趋于融合发展。

2003 年以来，由于我们党对农村工作的高度重视，政府对农村和农业发展的支持力度空前，取得了显著成效。2006 年起取消了实施 2 600 多年的农业税，而且取消了村集体组织的各项收费。此外，国家对农业投入大幅度增加，包括对农产品收购价格的补贴、对购买大型农业机械的补贴、对化肥生产企业的税收减免和其他优惠、对农村基础设施的建设、对农村卫生教育的投入、对乡镇和村组织的财政补贴。除了税费减免和价格补贴，政府大力推进农地产权制度改革。2014 年以来，中央和地方政府不断探索建立农村土地所有权、承包权、经营权"三权分置"的土地制度，推动土地经营权流转，提升农地资源的配置效率，激发农村地区的内生发展动力，提高了农村居民收入水平。这些支持性政策致使城乡发展差距近年来一直在缩小。城乡名义收入差距从 2008 年的 3.31 下降到 2023 年的 2.39。①

三、中国城乡发展不平衡的各种表现

尽管近年来国家持续加大对农业和农村的各种支持力度，并且粮食产量连年增产，农民收入大幅度提高，农村贫困人口显著减少，但城乡之间发展不平衡的

---

① 我国政府对农业农村的支持还可参见本书第六章、第八章相关内容。

矛盾仍然比较突出，不仅表现为城乡生产要素交换不平等，还表现为城乡公共服务供给的不均等。这些不平等势必会成为城乡融合发展进程中的障碍。

（一）城乡生产要素交换不平等

城乡生产要素能否做到平等的交换是能否实现城乡融合发展的关键所在。我国长期存在的城乡二元结构所带来的城乡生产要素交换不平等的现象仍然十分突出。在改革开放之前，城乡生产要素不平等交换主要体现在工农产品价格"剪刀差"上，而现阶段则主要表现为土地、资本和劳动等生产要素在城乡之间的不平等交换上。

1. 土地交换不平等

在我国城乡二元土地制度的框架之下，基本的生产要素——土地，由于产权属性的差异而不能够进行平等有效的交换。城市土地是国家所有，农村土地则属于集体所有。这种二元的土地所有制度的安排导致城乡土地权能上的差异，这种差异直接造成了农村集体土地所具有的权能显著低于城市土地，而且一级土地市场的政府垄断加上政府对土地用途和规划管制使得这种权能上的不平等进一步放大。随着我国工业化和城镇化加速发展，对农村集体土地的征用越来越大。尽管征地的补偿费用在逐年提高，但是农民所获得的征地补偿仅占政府土地出让金很少的比例，而且大大低于土地市场价格，土地净收益流入城市和工业，每年以万亿元计。

2. 资金流向不平等

长期奉行的城市偏向型发展战略的惯性，形成政府和社会资本的投资非农偏好依然突出。而以银行业为主的金融体系源源不断地以"金融存贷差"把农村资金抽取到收益率更高的城市工业部门。虽然近年不断加大对农业的财政和金融支持力度，但是农村资金持续流向城市的趋势仍然没有得到根本的改变。全国农户储蓄余额从 2005 年到 2014 年由 24 606.37 亿元增加到 116 104.17 亿元，增长了 3.72 倍；但是农户储蓄余额和贷款余额之差逐步扩大，从 2005 年的 16 619.99 亿元扩大到 2014 年的 62 504.17 亿元之巨。大量的农户储蓄通过银行系统流向城市，而没有留下来用于农村发展和农业生产，本已紧张的农村资本供给更加短缺，进一步推高农业的融资成本。

3. 劳动报酬与福利上的不平等

由于劳动力市场的二元结构，进入城市务工的农村劳动力与城市劳动力，无论是在直接的工资收入上，还是在社会保障、社会福利上都存在明显的差距。工资收入方面，虽然 2013 年到 2016 年各行业进城务工的农村劳动力的工资收入均有所增加，但是仍然赶不上城镇单位在岗职工的平均工资水平，而且差距还在进一步扩大，从 2013 年平均相差 20 175 元扩大到 2020 年的 48 515 元。社会保障方面，

2016 年年末全国农民工中养老保险、失业保险、医疗保险、工伤保险的参保率分别为 21.1%、16.5%、17.1%、26.7%，而 2016 年年末全国城镇就业人员相应的数据分别为 91.6%、43.7%、71.3%、52.8%。这表明和城镇职工社会保障程度相比，进城务工的农村劳动力得到的社会保障要少得多。

（二）城乡公共服务供给不均等

城乡之间不仅在生产要素交换上存在不平等，公共服务的供给上也表现出较大的差距。城市和农村的发展都需要国家公共服务的供给，但是资源是有限的，分配给城市的多了，分配给农村的自然就少了。而我国长期以来城市偏向战略，主要体现在基础教育、公共医疗卫生资源分配和社会保障体系偏向城市居民。

1. 基础教育上的不均衡

城乡之间基础教育上的差距可以从教育经费支出上看出。2007—2020 年 13 年间，农村小学的生均公共财政预算内教育事业费支出从 2 084.28 元增长到 11 178.71 元，增长了近 4.36 倍；农村中学的生均公共财政预算内教育事业费支出从 2 433.28 元增长到 15 112.10 元，增长了近 5.21 倍。可见国家对农村地区基础教育的经费支出呈现出较快的增速，但是农村的生均教育经费支出一直低于城市的生均教育经费支出的状况并没有得到根本改变，直到 2021 年，城市小学与农村小学生均公共财政预算基本建设支出比仍为 1.54，城市初中与农村初中生均教育事业费比仍为 2.73。

2. 公共医疗卫生资源配置不均衡

公共医疗卫生的城乡差距首先表现在城乡人均卫生费用上。从 1995 年到 2020 年的人均卫生费用变化情况看，城乡人均卫生费用之比尤其是近几年加速减小，但是城市人均卫生费用仍然远远高于农村人均卫生费用，截至 2020 年年底，城市人均卫生费用达到 4 471.50 元，而农村人均卫生费用为 1 846.10 元，城乡人均卫生费用比为 2.42。其次，从城乡卫生技术人员和医疗机构床位数上看，城市和农村的差别也很明显。每万人拥有卫生技术人员和执业（助理）医师数上，近年来城乡均有较大的增加，但是城市基本上维持在农村的 2~3 倍；而每万人拥有的注册护士数城市则是农村的 2 倍以上；每万人拥有医疗机构床位数城市是农村的 2 倍左右。

3. 社会保障体系的不平衡

自新中国成立以来，长期实行以城市为中心的社会保障体系，在相当长的时间农村地区的社会保障处于严重缺位的状态。农村居民社会保障收入和支出都明显低于城市居民。以养老保险为例，截至 2020 年年底，城镇职工基本养老保险基金总收入为 44 376 亿元，总支出为 51 301 亿元，而农村居民基本养老保险基金收入仅为 4 853 亿元，支出为 3 355 亿元。根据国家统计局的数据，1991—2008 年，我国城市人均社会保障支出占人均 GDP 的比例为 15%，而农村只有 0.18%，城市人均享有的社会保障费用支出是农村的 80 多倍。新型农村社会养老保险从 2012 年后与城镇居民社会养老保险合并为城乡居民社会养老保险，要求做到对农村地区的全覆盖，但农村居民的养老保险覆盖率还处于一个很低的水平。农村地区社会保障"安全网"的作用没有得到充分体现。

（三）城乡基础设施投入不平等

尽管近些年来我国对农村基础设施建设的投资力度一直在加大，但是城乡基础设施不均等问题仍然很突出。自 2001 年以来，我国农村公路与城市公路里程持续增长，农村公路（县道、乡道、村庄道路）所占比重进一步提高。但是，与城市公路的路况相比，我国农村公路质量差、等级低，而且整修维护不及时的现象十分严重。除了道路交通，截至 2020 年，全国范围内 82.48% 的行政村有集中供水，仅有 34.87% 的行政村对生活污水进行了处理，78.6 的行政村对生活垃圾进行了处理。在全社会固定资产投资方面，2020 年，城镇投资额占全社会投资总额的 97.8%，农村投资额只占到全社会投资总额的 2.2%。虽然我国对农村基础设施的投资显著提高，但是各级政府对城市基础设施建设的投资明显高于对农村基础设施建设的投资。相对于面积广大的农村地区而言，有限的基础设施投资直接造成了农村基础设施建设落后，远不能满足农村居民日益增加的基本生活需求。

四、推进新型城镇化和城乡融合发展的政策思路

推进新型城镇化和城乡融合发展，将大力提升发展质量和效益，解决好发展不平衡不充分问题，是贯彻新发展理念的重要战略举措，是推进乡村振兴战略的重要抓手。

（一）推进新型城镇化的政策思路

2013 年 12 月 12 日至 13 日中央城镇化工作会议在北京举行，这是改革开放以来中央召开的第一次城镇化工作会议。会议强调推进农业转移人口市民化，解决好人的问题是推进新型城镇化的关键。中共中央、国务院于 2014 年发布的《国家新型城镇化规划（2014—2020 年）》指出，走以人为本、四化同步、优化布局、生态文明、文化传承的中国特色新型城镇化道路，要紧紧围绕全面提高城镇化质量，加快转变城镇化发展方式。党的二十大强调，推进以人为核心的新型城镇化，加快农业转移人口市民化。

拓展阅读9-2

加快农业转移人口市民化进程

第一，有序推进农业转移人口市民化。健全各类城镇农业转移人口落户政策，因地制宜地制定农业转移人口落户标准，引导农业转移人口在城镇落户的预期和选择。实施差别化落户政策，逐步使符合条件的农业

转移人口落户城镇，不仅要放开小城镇落户限制，也要放宽大中城市落户条件。推进农业转移人口享有城镇基本公共服务，保障随迁子女平等享有受教育权利，完善公共就业创业服务体系，扩大社会保障覆盖面，改善基本医疗卫生条件，拓宽住房保障渠道。完善居住证政策，提高居住证持有人义务教育和住房保障等的实际享有水平，探索实施电子居住证改革。强化各级政府责任，合理分担公共成本，充分调动社会力量，构建政府主导、多方参与、成本共担、协同推进的农业转移人口市民化机制。

第二，优化城镇化布局和形态。健全城市群和都市圈协同发展机制，在城市群和都市圈内探索经济管理权限与行政区范围适度分离，建立跨行政区利益共享和成本共担机制。依托城市群、都市圈构建不同规模城市协调发展格局，推动超大特大城市转变发展方式，科学确定城市开发规模和开发强度，增强超大特大城市的全球资源配置、科技创新策源、高端产业引领等功能。促使大中小城市和小城镇协调发展，提升大中城市功能品质，推动制造业差异化定位与规模化集群化发展，增强小城市发展活力，依托资源禀赋和区位条件，培育发展特色优势产业，有重点地发展小城镇，加强大城市周边小城镇的统筹规划、功能衔接和设施配套能力。推进以县城为重要载体的城镇化建设，完善县城公共服务配套设施，增强县城综合承载能力，充分满足农业转移人口就业和安家需求，推进县乡村功能衔接互补，强化县城对乡村的经济辐射带动功能。强化综合交通运输网络支撑，完善城市群之间、城市群内部综合交通运输网络，建设城市综合交通枢纽，改善中小城市和小城镇交通条件。

第三，提高城市综合发展能力。强化城市产业就业支撑，优化城市产业结构，增强城市创新能力，营造良好就业创业环境。优化城市空间结构和管理格局，改造提升中心城区功能，严格规范新城新区建设，改善城乡接合部环境。提升城市基本公共服务水平，优先发展城市公共交通，加强市政公用设施建设，完善基本公共服务体系。提高城市规划建设水平，创新规划理念，完善规划程序，强化规划管控，严格建筑质量管理。推动新型城市建设，加快绿色城市建设，推进智慧城市建设，注重人文城市建设。加强和创新城市社会治理，完善城市社会治理结构，强化社区自治和服务功能，创新社会治安综合治理，健全防灾减灾救灾体制。

第四，改革完善城镇化发展体制机制。深化土地管理制度改革，建立城镇用地规模结构调控机制，健全节约集约用地制度，深化国有建设用地有偿使用制度改革，推进农村土地管理制度改革，深化征地制度改革，强化耕地保护制度。创新城镇化资金保障机制，完善财政转移支付制度，完善地方税体系，建立规范透明的城市建设投融资机制。建立多主体供给、多渠道保障和租购并举的住房制度，健全房地产市场调控长效机制。强化生态环境保护机制，建立生态文明考核评价机制，建立国土空间开发保护制度，实行资源有偿使用制度和生态补偿制度，建立资源环境产权交易机制，实行最严格的环境监管制度。

（二）促进城乡融合发展的政策思路

从城乡发展不平衡到实现城乡融合发展，关键是要构建城乡融合发展的体制机制，加大统筹城乡发展力度，增强城乡产业联系，培育农村发展活力，逐步缩小城乡差距，协调推进城镇化和新农村建设。

第一，构建城乡融合发展的体制机制。打破城乡二元结构的局面，突破城乡要素分割体制，消除要素在城乡之间自由流动的体制和政策障碍，推进城乡要素平等交换和公共资源均衡配置，建立城乡融合的要素市场。建立城乡融合的人力资源市场，落实城乡劳动者平等就业、同工同酬制度。建立城乡统一的建设用地市场，确保农民公平分享土地增值收益。健全激励和利益分享机制，吸引农业科技人员下乡，促进农业科技成果转化，推广先进农业技术。创新面向"三农"的金融服务，设立和完善面向"三农"的中小型银行等金融机构，促使金融机构的农村存款主要用于农业农村，拓宽农民融资渠道，鼓励各级财政支持农业农村发展，合理扩大农村资产抵押担保融资范围。加快农业保险产品创新和经营组织创新，完善农业保险制度。注重培育农产品市场，完善农产品流通体系。

第二，推进城乡产业融合发展。城乡产业融合发展，是要促使城乡在产业结构上形成一个整体，实现集约发展、联动发展、互补发展。实现城乡产业融合发展，主要有两个着力点：一是加快农业现代化进程。加强农田水利设施建设和土地整理复垦，实现农业基础设施现代化。积极发展都市现代农业，加快完善现代农业产业体系，实现农业经营规模化。提高农业科技创新能力，推广现代农业技术，实现农业科技现代化。促进农机农艺融合，改善农业设施装备条件，实现农业装备现代化。向农业输入现代生产要素和经营模式，实现农业经营管理现代化。二是形成农村和城市合理的产业分工，增强农村和城市的产业联系，建立完善的城乡企业协调机制。加快城市产业转型升级，提高参与全球产业分工的层次，延伸面向农村的产业和服务链，提升国际化程度和国际竞争力。农村要依托优势资源发展特色产业，服务"三农"产业，夯实产业基础。

第三，推进城乡空间融合发展。城镇和乡村是两种不同的经济社会单元，谋划城乡空间融合发展，是实现国民经济最优化和社会福利最大化的重要途径。统筹经济社会发展规划、土地利用规划和城乡规划，科学推进县域城镇和村庄规划建设，通盘考虑土地利用、产业发展、人居环境和生态保护，实现县乡村功能衔接互补。在提升自然村落功能基础上，保持乡村风貌、民族文化和地域文化特色，保护有历史、艺术、科学价值的传统村落、少数民族特色村寨和民居。

第四，促进城乡基础设施和公共服务融合发展。统筹城乡基础设施建设，扩大公共财政覆盖农村范围，提高农村基础设施和公共服务保障水平，加快基础设施向农村延伸，强化城乡基础设施连接，推动水电路气等基础设施城乡联网、共建共享，建设数字乡村，以需求为导向逐步推进 5G 网络和千兆光网向农村延伸。加快公共服务向农村覆盖，全面建成覆盖城乡居民的社会保障体系，推进城乡社会保障制度衔接，建立政府主导、覆盖城乡、可持续的基本公共服务体系，推进城乡基本公共服务均等化。

　　第五，推动城乡绿色融合发展。城乡绿色融合发展是城乡融合发展的条件。以绿色发展理念指引城乡生态系统有机融合、节能低碳，城乡生态环保产业发达，城乡生态环境清洁、绿色、秀美，促进城乡经济社会和环境保护的协调发展。在城乡融合发展中，促使城市和农村生态系统的有机融合，建立健全城乡融合的生态规划设计与投入、废物回收处理及生活污水处理、城乡生态价值补偿机制，建设风景秀丽，环境宜人，生态宜居，人与经济、资源、生态和谐共生的城乡新面貌。

拓展阅读 9-3

中国城乡融合发展的经济增长效应分析

思考题

1. 试述城市化的含义和城市化过程曲线。
2. 城市化与工业化的相互作用机制是什么？
3. 发展中国家的城市化存在哪些问题？
4. 中国城乡发展不平衡的主要表现是什么？
5. 中国如何实现城乡融合发展？

▶ 即测即评

请扫描二维码进行在线测试。

第十章 区域经济发展

对于一个地域广阔的大国来说，各地区的资源禀赋状况和地理位置必然存在差异，因此经济发展不可能齐头并进，有的地区先发展，有的地区后发展，这就必然涉及区域平衡发展和不平衡发展问题，对这个问题的研究也是发展经济学的重要课题。

第一节 区域经济发展理论

区域就是一定的地理空间，任何经济活动与发展都离不开某一特定的空间，都要在一定的区域内完成和实现。区域经济发展离不开区域经济理论的指导。本节介绍地理上的二元经济发展理论、增长极理论、梯度转移理论，重点是空间经济理论。

一、地理上的二元经济发展理论

瑞典经济学家米尔达尔以社会过程理论为基础，提出了著名的"循环累积因果"理论。该理论把社会经济过程视为一种动态发展过程，认为社会或经济环境内的各种因素互相联系、互相影响、互为因果，并且具有累积性质。最初某一社会经济因素的变动会引起具有强化作用的另一社会经济因素的变动，而这第一级的变动会使社会经济过程按照最初变化方向做进一步的发展。由此可见，累积因果关系包括最初的变动、强化的引申变动及上下累积过程三个阶段。所以社会经济诸因素之间的关系不是均衡或趋于均衡，而是以循环的方式运动，但也不是简单的循环流转，而是具有累积效果的运动，是循环累积因果关系。

1957 年，米尔达尔在《经济理论和不发达地区》一书中，把循环累积因果原理成功地应用于分析一国地理上的二元经济结构（geographically dual economy）。根据地区间的经济发展水平的差异，他把一个国家分为发达地区和落后地区，即存在地理上的二元结构。他首先用一个例子来说明循环累积因果关系。假设在某地区一个大多数人赖以生存的工厂被烧毁了，且无力重建。最初的结果是该厂无法经营，该厂职工失业了，这将减少收入和需求。收入和需求的减少将导致该社区所有为该厂服务的其他厂商和雇员的收入降低、失业增加，结果进一步减少收入和需求，更多的厂商倒闭和雇员失业，他们离开这一地区，到别的地区去寻求发展。原本想迁入的厂商和劳动力现在也不愿迁入了，于是更进一步减少收入和需求。这种因果循环关系如果没有外力的干扰，就会以累积的方式继续下去。这是一个恶性累积循环的例子。

也可以以同样的方式描述一个良性累积循环的例子。[①] 假设最初一个国家每个地区都处于静止的落后状态，各地区收入水平和利润率都相差无几。如果其中一个或几个地区因优越的自然条件或历史偶发事件或国家的倾斜政策开始出现增长，从而导致各地收入水平和利润率的差距开始拉大。但如果听凭市场机制自发地发挥作用，而不采取政府干预，一个累积性的因果循环就开始了。一方面，发达地区因工资和利润偏高，年轻的、有文化的、有技能的劳动力就会纷纷从落后地区流入正在蓬勃发展的地区，资金也会竞相从落后地区流入发展迅速的地区，以寻求更高的利润率；企业和企业家也会从停滞地区迁移到发达地区，因为在繁荣地区创业和获利机会较多；由于发达地区经济增长快，工资和利润水平持续上升，收入和利润的上升使得储蓄率和投资率提高，需求市场不断扩大，这又进一步促进了发达地区更快的发展，使收入水平进一步提高。这样，发达地区就形成了一个良性的累积性因果循环。另一方面，不发达地区因年轻人和具有较高技术的人才以及资本的外流，收入和利润水平较低，从而储蓄率和投资率都比较低，市场狭小，投资机会缺乏，结果收入水平更低，这又导致储蓄率和投资率水平进一步降低。于是，不发达地区就形成一个恶性的累积性因果循环。

由于上述两个循环过程的共同作用，发达地区越来越发达，不发达地区越来越落后，区域发展不平衡状况越来越突出，形成了一个国家内地理上的二元经济局面，米尔达尔把这种情况称为"回波效应"。他进一步认为，这种不平衡的发展过程并不是单向的，也不会永远保持不变。在发达地区以其强大的经济优势吸引着不发达地区的人才和资金的同时，也会产生一些"扩散效应"。发达地区的发展导致了对周围地区的农产品，尤其是粮食需求的上升，从而促进邻近地区农业的发展和农业技术的进步。发达地区的发展还大大增加了对工业原料的需求，这就促进了原材料产地就业的增加和收入的提高，刺激了消费品工业的扩张和市场的扩大。如果这种扩张力强大到能克服发达地区引起的回波效应，这些新发展起来的地区就有可能成为新的经济扩张中心。此外，在发达地区发展到一定程度后，由于工资水平和城市地租的不断上升，生产成本越来越高；由于资本越来越丰裕，资本投资的边际生产率趋于下降，回报率丰厚的投资机会越来越少；而且，由于城市扩张、人口稠密、交通拥挤、环境恶化、生活成本上升，这些因素的综合效

---

① Gunnar Myrdal, *Economic Theory and Under-developed Regions*, London: Duckworth, 1957, pp. 23-24.

应促使发达地区的人才和资金流向不发达地区，因为在这些地区，劳动成本和原材料成本较低，资本收益率较高，最终导致不发达地区经济迅速发展，从而逐步缩小了与发达地区的差距。

米尔达尔还从西欧各国地区发达和不发达的经验研究中得出两个结论：第一，地区间收入差距在穷国要比富国大；第二，当富国的地区不平等情况趋于缓和时，较穷国家的地区不平等情况却趋于加剧。他对这两种现象做了如下解释：经济发展水平越高，它的扩散效应就越强。这是因为较高的平均发展水平总是伴随着较完善的交通和通信系统以及较高的教育水平，从而加强了扩散效应的力量。此外，在扩散效应很强时，回波效应失去了它的作用。比如，当有更多的发达地区的企业到不发达地区投资时，不发达地区的劳动力就倾向于在本地就业，从而减缓了人口和劳动力从落后地区向先进地区流动的势头；相反，不发达地区较低的平均发展水平使得扩散效应趋弱，而回波效应趋强，市场机制的自发作用必然会产生更大的地区不平等，并且使这种不平等趋势不断扩大，它与较低的发展水平结合在一起，对地区的经济进步造成了巨大障碍。

由上可见，地区经济的不平衡发展是一个国家发展初期的必然现象，但当经济发展到一定程度后，不发达地区的经济增长速度加快，而富裕起来的地区经济增长速度趋缓，最后整个国家的经济趋于平衡发展。米尔达尔认为，这种由不平衡到平衡的发展过程，绝不是一个市场运行的自发过程，必须借助于国家干预，使不利的回波效应小于有利的扩散效应，才有可能达到这个结果。

米尔达尔成功地运用循环累积因果理论来分析区域不平衡发展问题，令人信服地描述了地区经济由不平衡发展到平衡发展的过程和条件。由于他结合发展中国家的实际情况，主张创造有利的发展条件，以扩大扩散效应并克服回波效应的不利影响；在国际贸易中实行保护政策，以促进本国工农业生产，限制资本和人才外流，克服发达地区技术进步给不发达地区造成的不利影响，因此得到了发展中国家的认可和拥护，并被广泛用于各国的地区发展战略的制定。

二、增长极理论

第二次世界大战后，欧洲各国、各地区之间在重建过程中出现的地区矛盾和地方保护主义等现象，引起了人们对传统空间概念的反思和对与区域政策直接相联系的理论的需要。法国经济学家弗朗索瓦·佩鲁认为传统的空间概念——地区是导致地区矛盾和地方保护主义的根源。因此，他从对空间概念的修正入手，但并没有以地理思维来定义空间，而是反对这种陈腐的古典空间概念，并提出了"经济空间"或"抽象空间"的概念。1950 年，佩鲁在其论文《经济空间：理论与应用》中，认为有三种类型的空间：（1）作为计划内容的经济空间；（2）作为势力范围的经济空间；（3）作为同质整体的经济空间。他从第二种空间形式入手初步论述了"增长极"概念。

1955 年，佩鲁在《略论增长极概念》一文中正式提出"增长极"（growth pole）概念，他指出："增长并非同时出现在所有地区，而是以不同的强度出现在增长点或增长极，然后通过不同的渠道扩散，对整个经济具有不同的终极影响。"①佩鲁的增长极概念不仅建立在前述经济空间和支配论相结合的基础上，而且继承并发展了经济学家熊彼特的创新理论。佩鲁将创新引入空间概念，认为创新往往由推进型企业进行，空间上聚集于增长极，从而在增长过程中形成支配单元占主导作用的极化。

佩鲁在阐述推进型企业时，引入了"产业综合体"（industrial complex）的概念。产业综合体中的重心是推进型企业，该企业在规模扩大时，由于各产业之间存在着相互依存的投入—产出关系，能带动其他企业的市场和效益增长，这种增长被法国经济学家布德维尔称为"里昂惕夫乘数效应"。可以看到，推进型企业由于规模较大，能在成本曲线的较低点运行，从而获得较高的生产效率，刺激被推进企业的模仿和创新，甚至产生新的企业来追求创新带来的利润，从而促进其他企业的效益增长，布德维尔把这种增长效应称为"极化效应"。可见，推进型企业的增长能通过这两种效应从与前向、后向及旁侧效应相联系的产业从中受益，并以推进型企业为中心进行聚集，形成产业综合体。从长期来看，推进型企业提高了产业综合体的生产效率，并能进行有效的资本积累。

佩鲁指出，产业综合体在地域上集中起来，就产生了具有巨大增长能力的增长极。增长极从四个方面对地区经济增长产生重要的作用：一是创新和示范效应。创新企业即推进型企业具有现代大工业的特征，机械化程度高，生产要素分离，比平均水平的工业有更高的产出增长率。该企业可以不断地进行技术创新，取得高出平均水平的经济效益，从而引起周围其他企业的学习和模仿，达到向其他地区和部门推广创新成果的示范效应。二是规模效应。对大规模创新企业进一步投资，可以获得有效组织生产、提高分工程度和劳动生产率的好处。三是外在经济效应。外在经济效应是增长极形成的重要原因，也是其重要结果。比如，一个繁荣的增长极形成后，某一企业的职工技术培训和科研活动都能给其他企业带来积极的外在利益，地处增长极中心的企业，往往可以不花成本或花很少成本获得新技术或进行有效革新。四是集聚经济效应。随着增长极地区人口、生产、收入规模的扩大，厂商可以得到更廉价的优质服务，如基础设施、人才、金融、信息网

---

① ［法］佩鲁：《略论增长极概念》（最初发表在《应用经济学杂志》（法文）1955 年第 8 期），收录于郭熙保主编：《发展经济学经典论著选》，中国经济出版社 1998 年版，第 335 页。

络、医疗保健、法律和商业服务等，这比社会功能不健全、聚集效应不明显的其他地区具有更大的吸引力。同时，增长极地区文化、科研机构集中，可以形成更好的发明创新环境，为下次创新活动创造条件。

佩鲁的增长极概念并不是具体的地区发展战略。后来的经济学家和政策制定者发现在实际操作中很难简单运用这个理论。因此，他们对佩鲁的抽象理论进行了具体化。布德维尔[①]把抽象的经济空间转换为地理空间，认为增长极是若干推进型企业在地域上的聚集。与佩鲁相同的是，布德维尔也特别强调推进型企业的重要作用，主张在经济落后地区建立大型推进型企业，并以此为增长极带动周围地区的发展。后来法国的地区发展战略多是以此为依据制定的。赫希曼（1958）把发达地区（中心城市）的增长对落后地区的有利影响称为"涓流效应"，不利影响称为"极化效应"。他认为从长期看，地理上的涓流效应大于极化效应，可以缩小地区间的差异，从而得出应大力发展城市增长极的乐观结论。

增长极理论之所以被当代各国用来解决不同的区域发展和规划问题，是因为它具有以前区域理论所无法比拟的优点：第一，增长极概念形式简单明了，易于理解，对政策制定者产生了强有力的吸引。第二，增长极理论非常重视创新和推进型企业的重要作用，鼓励技术革新，符合社会进步的动态趋势。第三，增长极理论对社会发展过程的描述更加真实。佩鲁主张非对称的支配关系，认为经济一旦偏离初始均衡，就会继续沿着这个方向运动，除非有外在的反方向力量推动才会回到均衡位置。这一点非常符合地区差异存在的现实。第四，增长极理论提出了一些便于操作的有效政策，使政策制定者容易接受。譬如，佩鲁看到现代市场充满了垄断和不完善，无法自行实现对推进型企业的理性选择和环境管理问题，因此，政府应对某些推进型企业进行补贴和规划。

必须看到，增长极理论还存在一些缺陷，不能现成地、完全地将它作为制定地区发展战略的依据，必须结合其他地区不平衡发展理论来运用。

增长极理论和地理上的二元经济发展理论都属于不平衡发展理论。增长极理论强调的是以极点为中心的增长战略，而地理上的二元经济发展理论更多地强调地区发展由不平衡到平衡的趋势。实际上，这两种理论都是对发展初级阶段平衡发展主张的否定。按两者的主张，一个经济上落后的国家必须首先将有限的资源用于发展那些有优势的地区，在这些地区建立若干个增长极或增长中心，在增长极中创建一个或多个推进型企业，以促进这些地区的飞速发展。等到这些增长极和增长地区发展到一定程度以后，再逐渐向外围地区和其他不发达地区扩散，最

① J. R. Boudeville，*Problems of Regional Planning*，Edinburgh：Edinburgh University Press，1966.

后达到所有地区较为平衡的发展。

三、梯度转移理论①

梯度转移理论是指一国内部存在着若干个发展水平差异较大的地区，产业和技术由发达地区按梯级次序逐渐转移到不发达地区，最终导致一国经济发展达到平衡。梯度转移理论源于美国学者雷蒙德·弗农在 20 世纪 60 年代提出的产品生命周期理论，认为一个产品或产业的发展是有生命周期的，将经历创新、发展、成熟到衰退整个过程。

一个地区的梯级是怎样形成的呢？是由产业和技术的生命周期决定的。如果一个地区的主导产业部门是由创新阶段的兴旺部门所组成，那么该地区经济发展实力雄厚，发展势头强劲，因此被列入高梯度地区。如果一个地区的主导部门是由那些处在产业成熟阶段后期或衰老部门所组成，则该地区经济必然会呈现出增长缓慢、失业率上升、人均收入下降等局面，它就属于低梯度地区。

梯度转移主要是通过多层次城市系统扩展开来。创新在空间上的扩展主要有局部范围的与大范围的两种形式。局部范围的扩展是指创新活动由发源地大致按距离远近、向经济联系比较密切的邻近城市转移。大范围的扩展则是指创新活动由发源地蛙跳式地向其他广大地区扩展，例如由纽约向芝加哥、旧金山等城市扩展。这时决定转移去向的就不是距离远近，而是接受新事物能力的差距。只有处在第二梯度的城市才有能力很快接受并消化发源于第一梯度的创新产业部门或创新产品，才有能力把这些产品更广泛、更深入地销售到它们各自控制的市场中。同理，以后随着产品生命周期进入成熟与衰老期，它们的生产还会依次向第三梯度、第四梯度上的城市转移，甚至还会由城市向乡镇、农村转移。农村地区的许多创新（主要在农林牧业生产及其产品加工等方面）也往往是先反馈到城市系统中，然后通过这个系统，扩展到全国有需要的地区。

梯度转移是有序的，即产业和技术按照创新阶段、发展阶段、成熟和衰退阶段顺次转移，这是由影响区域经济发展与生产布局的各种内在因素决定的。

（1）创新阶段。工业生产中出现的重要新兴部门与新产品一般都发源于地区发展梯度图上一些高峰的尖端，这往往是经济最发达地区的大城市。特别是这些城市密集带中少数科技力量强、产业结构合理、经济实力强、正处于上升阶段的城市。其主要原因有：第一，大城市是科技信息、市场信息等种种信息汇集与传播的中心。第二，大城市集中了大量科研机构、高等院校，同时也是各方面人才荟萃之地，给研究与发明创造了极为有利的条件。尤其是在它们的专业方向上，

---

① 高洪深编著：《区域经济学》（第四版），中国人民大学出版社 2014 年版。

已经形成一支训练有素、技术熟练的专业队伍，新产品一旦研制成功就可以很快投入批量生产。这就使它们能更早地推出新产品。第三，大城市可以依靠聚集经济来推动与加速发明创造、研究与开发工作的进程，节约所需投资。第四，大城市能提供较好的协作条件，能降低生产新尖端产品、发展新兴工业可能遇到的风险。第五，创新产品一般价格昂贵，销售对象主要限于技术密集型企业或高收入家庭，而这些销售对象大都在大城市。

（2）发展阶段。随着一个工业部门或一种工业产品的生产由创新阶段进入发展阶段，只要产品符合国内外生产发展或生活的需要，销路就可以迅速扩大、铺开。这时，大城市中个别工厂的产量无法满足需求，便选择在外地组建分厂或转移技术来增加产量，改变布局，占领更广大地区的市场份额。这时第二梯度上一些条件较完备的城市就会把这些处在发展阶段的产品生产接收过来。其原因有两个方面：第一，随着技术的转让、同类工厂增多、竞争将加剧，工厂必须考虑降低成本。第二梯度地区有一定的优势，甚至可以凭借其在资源或劳动力等方面的优势，后来居上，取代处在最高梯度上的创新发源地，逐渐发展成为这种产品的最大生产地。第二，转移是有序的，即不能跳过第二梯度地区直接进入第三、第四梯度地区，这是由地区接收能力的差异决定的。当创新产品进入到发展阶段以后，生产已开始定型，技术密集程度有所下降，随着工厂规模的扩大，一部分外部聚集经济可以转化成内部规模经济，对外部协作的依赖也会相对减少，但它们在布局上对技术、协作等多种生产发展的条件要求仍相当严格，而处在第三、第四梯度上的地区暂时还不具备这种接收能力。

（3）成熟和衰退阶段。这一阶段在生产布局上称为普及阶段或标准化阶段。这时，经过长期生产，产品已经由成熟阶段进入衰退阶段，生产已经完全标准化，技术比较容易掌握。它们的生产由技术密集型逐步转变成简单劳动密集型，产品完全不可能享受垄断价格。市场需求接近饱和，大城市工厂的技术优势、聚集经济优势逐渐丧失，工资、地租、原材料价格、税收高昂将成为它们的劣势，因此发达地区向落后地区转移有关技术，出让设备，扶植它们向这方面发展。

根据梯度转移理论，每个国家与地区都处在一定的经济发展梯度上。世界上每出现一种新行业、新产品、新技术，都会随着时间的推移，像接力赛跑那样，由处在高梯度上的地区向处在低梯度上的地区，一级一级地传递下去。威尔伯、汤普逊把这种情况形象地称为"工业区位向下层渗透"现象。

但是一个区域究竟是处在梯度的顶端、中端，还是底端，并不是由它的地理位置，而是由它的经济发展水平，特别是创新能力来决定的。梯度变化总的来说，固然有朝着一个方向、由高到低发展的趋势，但这并不是绝对的。

梯度转移理论有一定的合理性。的确，具有很强创新能力的地区经济发展水平较高，而那些创新能力弱的地区发展水平低，前者主要负责产品设计和产品开发，一旦产品研制出来了，其大批生产可以转移到次级梯度地区。这也比较符合发达国家的经济发展实践。梯度转移理论在我国发展实践中也得到证明。例如，近年来，沿海发达地区的产业开始向中西部地区转移，而相对不发达地区也在创造条件积极承接发达地区的产业转移。但该理论过分强调产业和技术从发达地区向不发达地区转移，而对产业转移过程中的环境污染与营商环境问题并没有给予足够的重视，产业转移有可能会给不发达地区带来新一轮的环境破坏。此外，经济流向也不是像梯度转移理论所论述的那样严格按照从第一梯度到第二梯度，再到第三梯度顺次转移，同一种产品是可以同时在不同梯度地区生产的。最后，该理论像增长极理论一样只强调扩散效应，忽视了回波效应和极化效应，其实在发展的初期阶段，主要是回波效应和极化效应在发挥作用，不仅产品和技术很难转移到梯度低的地区，而且低梯度地区的资金、劳动等还被高梯度地区所虹吸，导致区域不平衡进一步恶化。从这个方面来说，循环累积因果理论比较符合发展中国家的实际情况。

四、空间经济理论

（一）空间经济学的理论渊源和理论基础

空间经济学（spatial economics），又称新经济地理学（new economic geography），主要研究经济活动的空间分布规律，解释空间集聚现象的原因与形成机制，并通过这种原因与机制的解释，探讨某一地区（或某一国家）经济发展问题。[①]

空间经济学产生于20世纪90年代，主要代表人物是诺贝尔经济学奖得主、美国经济学家保罗·克鲁格曼及其合作者。空间经济学的理论渊源来自古典和新古典区位理论以及国际贸易理论。[②] 古典区位理论的开拓者是德国经济学家冯·杜能，其在1826年出版的《孤立国同农业和国民经济的关系》中考察了德国的农业区位问题。1909年，德国另一位经济学家韦伯出版了《工业区位论》，是工业区位理论的创始人。新古典区位理论的代表人物是德国经济学家克里斯塔勒和勒施，前者于1933年出版了《德国南部的中心地区》，提出了中心地理论；后者于1939年出版了《区位经济学》，将一般均衡理论应用于空间问题研究。1956年，艾萨德出版了《区位与空间经济》一书，将冯·杜能、韦伯、克里斯塔勒、勒施等古典和新古典区位理论综合到一个统一的框架中。阿隆索于1964年出版了《区位和土地利用》一书，用经常在城市和农村来回穿梭的通勤者替代农民，用中央商业区

来替代城市，建立了单中心城市模型。将区位理论与国际贸易密切联系起来的是瑞典经济学家俄林，他在 1933 年出版的《区际与国家贸易》一书开拓了贸易与区位理论关系的新领域。

在 20 世纪 60 年代末期，以米尔斯和亨德森为代表的"新城市经济学"试图将空间因素纳入主流经济学的框架中。他们吸收了冯·杜能的思想，对城市的内部空间结构进行了深入的研究，但是很遗憾的是，他们并没有对城市产生的机理进行很好的解释。

1977 年迪克西特和斯蒂格利茨发表了题为《垄断竞争与最优产品多样性》①一文，建立了一个新的垄断竞争模型，被称为是 D—S 模型，统一了垄断竞争思想与一般均衡分析框架，也为众多领域提供了新的思路，从而推动了经济学研究中收益递增和不完全竞争的革命。

以 D—S 垄断竞争一般均衡分析框架为基础，借鉴新贸易理论和新增长理论，利用"冰山"交易技术，1991 年克鲁格曼发表的《收益递增与经济地理》一文把空间概念正式引入一般均衡分析框架之中，构建了中心—外围模型（core-periphery model，简称 C-P 模型），完成了空间经济学的开山之作。1999 年，克鲁格曼与藤田昌久、维纳布尔斯合作撰写的《空间经济学：城市、区域与国际贸易》出版，标志着空间经济学的正式形成。21 世纪初，鲍德温、奥塔维亚诺等经济学家就空间经济学发表了系列论文，使空间经济学成为经济学一个新的分支学科。

（二）空间经济学的逻辑结构和基本模型②

人类的经济活动在空间上的非均匀分布是一个普遍现象。这种非均匀的分布有一部分是来自外生因素，如自然条件和资源禀赋；但内生因素也起很大作用，在许多情况下甚至起决定性作用。我们常常看到，在自然条件和资源禀赋方面相类似的地区和国家，其经济发展水平差异很大，甚至存在天壤之别。空间经济学就是要探索经济系统的内生力量以及这些内生力量如何影响经济活动空间差异。

空间经济学对空间进行了抽象，认为空间是一种同质性的平面，在这个空间里，只有运输成本（还可以扩展到更广的交易成本）的差别，通过运输成本，把空间要素纳入一般均衡的分析框架中。作为一种理论模型，空间经济学仍沿用主流经济学惯常使用的方法。它首先提出一系列假设，然后考虑经济主体的最优化决策行为，通过严谨的数学推导，得到长期均衡条件，最后讨论长期均衡的稳定

①　A. K. Dixit and J. E. Stiglitz, "Monopolist Competition and Optimum Product Diversity", *The American Economic Review*, vol. 67, no. 3, 1977, pp. 297-308.

②　安虎森、蒋涛：《块状世界的经济学——空间经济学点评》，《南开经济研究》2006 年第 5 期；梁琦：《空间经济学：过去、现在与未来——兼评〈空间经济学：城市、区域与国际贸易〉》，《经济学》（季刊）2005 年第 3 期。

性问题。空间经济学研究的出发点是对称空间，不存在外生差异，在这种假设下讨论影响经济活动空间差异的内生力量。

在空间经济学模型中，有两种相反的力量决定均衡稳定性。一种是与市场接近带来的优势，叫作市场接近效应。这是引起区域分异的力量，也就是导致现代部门的经济活动向某一区域聚集的力量，称为聚集力，也叫向心力。另一种是促进现代部门的经济活动在空间上分散的力量，这种力量来自市场竞争的强度，在企业高度集中的地区，企业间的竞争加剧，导致利润率下降，这就是所谓的市场拥挤效应，它促使企业的经济活动在空间上分散，称为扩散力，也叫离心力。正是这两种力量的相对强弱决定了长期稳定的经济活动空间模式。

聚集力或者向心力包括两种形式：市场放大效应和价格指数效应，前者表示后向联系，后者表示前向联系。这两种力量都具有循环累积因果性质，也就是说具有自我强化的特征。本地市场放大效应是指生产分布的集中（分散）会引起区域相对市场规模的扩大（缩小），区域相对市场规模的扩大（缩小）进而又引起生产分布进一步集中（分散），从而形成了一个循环累积因果关系。价格指数效应指的是生产分布的集聚（分散）引起区域相对价格指数的下降（上升），而价格指数的下降（上升）又会使生产份额高（低）的地区更具吸引力（更无吸引力），从而强化了生产分布的初始变动，这样又形成了一种循环累积因果关系。

空间经济学研究的主要特征是构建各种各样的理论模型。在藤田昌久、克鲁格曼和维纳布尔斯合写的《空间经济学：城市、区域与国际贸易》经典著作中主要讨论了三种模型：区域模型、城市体系模型和国际模型。区域模型也就是中心—外围模型，类似于米尔达尔的地理上的二元经济发展模型。克鲁格曼考虑两个部门：农业部门和制造业部门。在进行了系列假定之后，经济的演化将可能导致中心—外围格局的形成，制造业集聚于核心区，而农业处于边缘区。区域模型得出的结论是，原先两个类似的地区在关键系数的微小变化中会出现差别越来越大的现象，一个有优势的地区就成为集聚区，而另一个地区就变成了边缘区。城市体系模型涉及的是城市层级体系的演化。城市模型以冯·杜能的"孤立国"为起点，定义城市为制造业的集聚地，四周为农业腹地。随着城市经济的发展人口的增加，农业腹地的边缘与中心的距离逐渐增加，当增加到一定程度时，某些制造业会向城市外迁移，导致新城市的形成。一旦城市的数量足够多，城市的规模和城市间的距离就会下降到某一个固定水平上并稳定下来。如果经济中有大量规模各异和运输成本不同的行业，经济将形成层级结构。这种城市结构的未来趋势取决于"市场潜力"参数。该模型的结论是，当一个中心形成时，它通过自我强化而不断发展，规模不断扩大，期初的区位优势与集聚的自我维持优势相比就显得不那么重要了。这就是空间经济的自组织作用。

国际模型主要讨论国际专业化与贸易、产业集聚、可贸易的中间产品和贸易自由化趋势对一国内部经济地理的影响。在前面两个模型中，要素流动在集聚中都发挥着重要作用。但是一旦把视野扩大到世界范围，国界就是个不得不考虑的因素。国界导致贸易壁垒和要素流动障碍。因此在世界范围内，产业不可能向几个国家集聚，这就必然会产生专业化，使特定产业向若干个国家集聚。国际模型假定劳动力在国际上是不可流动的。因此，前面模型得出的要素集聚不可能发生，但是专业化会发生，而专业化过程与国内的要素集聚过程类似，它是通过制造业的前向联系和后向联系产生的。"在特定的国家，这些关联效应并不能导致人口的集中，但是可以产生一种专业化过程，使制造业或特定产业集中到有限的几个国家。"① 国际模型得出的结论是，即使越过国界，特定产业同样会向特定的国家集聚，形成专业化。

（三）空间经济学的核心观点②

空间经济学研究经济活动的空间差异，从微观层次上探讨了影响企业区位决策的因素，在宏观层次上解释了现实中存在的各种经济活动的空间集中现象。空间经济学认为，不同区域之间存在一种内生的非均衡力，正因为这种非均衡力，区际经济变量的变动具有非连续性和突发性特征。

第一，经济系统内生的循环累积因果关系决定了经济活动的空间差异。宏观的经济活动空间模式是微观层次上的市场接近效应和市场拥挤效应共同作用的结果。

第二，即使不存在外生的非对称冲击因素，经济系统内生力量也可以促成经济活动的空间差异。在空间贸易成本较大的情况下，分散力会相对大一些，这时市场拥挤效应占优，经济系统内存在负反馈机制，产业的均衡分布得以稳定。但当空间贸易成本下降到某一临界值时，集聚力将超过分散力，市场接近效应将超过市场拥挤效应，均衡分布被打破，现代部门向某一区域集中，随之初始的均衡分布结构演变为非均衡分布结构。

第三，区位黏性的存在决定着地区的经济稳定性。这个观点类似于新制度经济学所说的路径依赖概念。假如因偶然因素，某地区在历史上选择了某种产业分布模式或发展路径，那么，在较长的历史过程中，各种经济活动已经适应这种模式或路径，要改变这种模式或路径需支付高昂的成本。当黏性很强时，经济系统内生力量是很难改变原有状态的，此时外生冲击力要足够大于经济系统内生的阻

---

① ［美］藤田昌久、保罗·克鲁格曼、安东尼·J. 维纳布尔斯：《空间经济学：城市、区域与国际贸易》，梁琦主译，中国人民大学出版社 2011 年版，第 184 页。

② 安虎森、蒋涛：《块状世界的经济学——空间经济学点评》，《南开经济研究》2006 年第5 期。

力，才能促进该地区转变到另一种产业结构和模式。正因为这种黏性的存在，任何地区的经济在短期内都保持相对稳定。要想改变这种稳定性，政策的力度必须超过一个必要的门槛。

第四，产业集聚带来集聚租金。当一些企业向某地区集聚而形成规模较大的产业集聚区时，就会有越来越多的企业选择该集聚区，这是因为向集聚区流动可以获得集聚租金。集聚租金可以用工人从核心区向边缘区转移时所产生的成本来衡量。

（四）对空间经济学的简要评论

空间经济学产生于 20 世纪 90 年代，是一门新兴的经济学分支学科。它综合了城市经济学、区域经济学、国际贸易理论甚至新增长理论和发展经济学的许多观点，如前述的地理上的二元经济发展理论、增长极理论和梯度转移理论的主要观点在空间经济学中都有体现，甚至是其核心观点，如循环累积因果关系、扩散效应（离心力）与回波效应（向心力）等。因此空间经济学的提出和发展丰富了发展经济学的研究领域和研究视野。但是，不知何故，克鲁格曼等人并未提到或者基本未提到早期发展经济学家在这方面的理论贡献，而提得更多的理论渊源是区位理论。

空间经济学的"新"不是从理论观点上来说的，其许多观点前人都提出来过，它的"新"就新在把空间因素融合到主流经济学的分析范式中，或者说运用新古典的分析方法构建了各种含有空间因素的理论模型，使得各种与区位和空间有关的理论融合到了主流经济学的理论框架中。

然而，空间经济学的理论模型的假定过于严格，而且不容易实证。若要把其理论观点运用到现实的经济分析、用于政策的制定，还需要付出很多努力。

第二节   中国区域经济发展格局的变化

新中国成立 70 多年来，中国区域经济发展经历了从平衡到不平衡、再到平衡协调的演进过程，这个过程可以分为计划经济时期的平衡发展和改革开放以来的不平衡发展，再到新时代的协调发展。中国区域经济发展的变化趋势是由多种因素共同作用的结果。

一、中国区域经济发展状况的演变趋势

由于历史的原因，新中国成立初期，中国区域经济结构很不平衡，70% 以上的工业分布在东部沿海地区，其中，重工业主要集中在东北地区，辽宁及其附近地

区尤甚，而轻工业则主要集中在上海、天津、广州等少数大城市，广大内陆地区现代工业的数量很少。这使得东、中、西部的经济基础差异很大。新中国成立以后的最初 30 年，在生产力平衡布局理论指导下，采取了"均衡配置、均衡发展"的原则，即希望通过工业在全国各地区"遍地开花""星罗棋布"，来迅速缩小国内各地区间经济发展水平的差距。

这种区域平衡发展战略的实施取得了一些成效，各省份的区域发展差距有所缩小，不平衡状况有所改善。在 1952 年到 1980 年的近 30 年间，八大地区 GDP 占比变化相差无几，尤其是东北地区和沿海地区的 GDP 占比几乎没有变化。这表明，从 20 世纪 50 年代初期到改革开放前，中国各地区经济发展差距较小，基本上是平衡发展的。

但是这种平衡发展战略是在计划经济时期实施的，没有尊重经济发展的客观规律，把大量稀缺资源布局在经济条件差、基础设施差、市场环境差的不发达地区，导致资源大量闲置浪费，使用和配置效率十分低下。[①]

改革开放以来，在邓小平"两个大局"理论的指导下，我国对区域发展战略思路进行了重大调整，实施了区域经济非均衡发展战略，以沿海发达地区优先发展，来带动全国经济的共同发展。东部地区的经济实力得到了突飞猛进的增长，同时也带动了全国经济的高速发展。但是，区域经济的非均衡发展战略客观上也拉大了地区间的经济差距，区域经济发展不平衡状况日益突出。

这里我们用三个指标，地区 GDP、人均 GDP 和人口密度，来描述一下改革开放以来区域经济发展的不平衡状况。

（一）地区总量 GDP 的变化

GDP 代表经济规模。按照我国地理单元"八分法"[②] 所计算的 1980 年以来主要年份中国各地区 GDP 占总量 GDP 比重及其变化情况如表 10-1 所示，为了便于比较，这里根据相关统计资料计算了相应地区土地面积所占的比重，如表 10-1 最后一列所示。

---

① 20 世纪 60 年代初到 70 年代末，我国的产业布局还深受国际形势与我国对外关系的影响，因此许多投资项目选在最偏僻的山区里是出于备战考虑。

② 李善同、侯永志撰写的《中国（大陆）区域社会经济发展特征分析》（调查研究报告，2002 年第 193 号，国务院发展研究中心网站）所提出的八分法中，各地理单位所包含的区域为：东北地区（辽宁、吉林、黑龙江）、北部沿海地区（北京、天津、河北、山东）、东部沿海地区（上海、江苏、浙江）、南部沿海地区（福建、广东、广西、海南）、黄河中游地区（陕西、山西、河南、内蒙古）、长江中游地区（湖北、湖南、江西、安徽）、西南地区（云南、贵州、四川、重庆、西藏）、西北地区（甘肃、青海、宁夏、新疆）。

表 10-1   中国八大地区 GDP、土地面积占比（1952—2020 年）

地区 GDP 占总量 GDP 比重（%）									土地面积比重（%）
地区	1952 年	1980 年	1990 年	2000 年	2005 年	2010 年	2015 年	2020 年	2020 年
东北地区	13.97	13.94	12.14	9.99	8.72	8.53	8.39	5.04	8.43
北部沿海地区	17.40	17.50	17.74	18.20	19.87	18.32	19.21	15.74	3.89
东部沿海地区	18.24	18.84	16.92	19.65	20.75	18.91	20.05	20.33	2.28
南部沿海地区	7.03	8.27	12.03	14.80	14.84	13.78	14.87	17.99	6.01
中部地区 黄河中游地区	12.83	11.64	11.50	10.09	11.27	12.22	12.43	11.46	17.84
长江中游地区	15.65	14.93	14.63	13.34	11.39	12.47	14.10	14.76	7.34
西部地区 西南地区	10.79	11.46	11.46	10.99	10.27	10.90	12.73	11.63	24.66
西北地区	4.09	3.74	3.59	2.95	2.89	2.89	3.11	2.93	29.99

数据来源：（1）据《新中国六十年统计资料汇编》、《中国统计年鉴》（2009—2021）、各省市国民经济发展公报和各省市统计年鉴计算所得；（2）相关年份的 GDP 份额按当年价格计算。

从表 10-1 可以看出，在改革开放 40 多年中，随着我国经济的快速发展，经济总量的空间分布不平等情况表现出扩大趋势，如东部沿海、南部沿海地区的 GDP 份额都显著增加了，尤其是南部沿海地区 GDP 比重增加显著，从 1980 年的 8.27% 增加到 2020 年的 17.99%，其比重增加了 118%。北部沿海地区 GDP 比重在 2015 年以前也是增加，只是在 2020 年开始下降。西部、中部和东北地区 GDP 比重在 2020 年下降较多。尤其是东北和西北地区 GDP 比重下降更猛，其中，东北地区从 13.97% 下降到 5.04%，其比重下降了 177%。但是，2010—2020 年，沿海地区 GDP 比重上升幅度趋缓（东部沿海）甚至趋于下降（北部沿海），而中部和西部地区 GDP 份额开始上升（如长江中游、西南地区），但东北地区仍然持续大幅下降。这表明，改革开放以来，除了东北地区，中国区域发展差距是先扩大而后缩小。具体来说，改革开放最初 30 年，东部沿海地区经济增长快于中西部地区，因此差距拉大；党的十八大以来，这种趋势开始发生转折，长江中游和西南地区开始加快发展，增长速度超过东部发达地区，致使地区差距呈现缩小的趋势。例如，2021 年，增长率超过 8% 的 11 个省市区中有 9 个位于中西部地区和东北地区。可以预见，我国在未来年份里，中西部地区发展还会快于东部地区，东中西地区不平衡发展的态势将会得到进一步改善。

（二）地区人均 GDP 的变化

人均 GDP 代表经济发展水平。1978—2020 年我国八大地区人均 GDP（按当年物价计算）及其变化情况如表 10-2 所示。

表 10-2 中国八大地区人均 GDP（1978—2020 年）

地区		人均 GDP（元）								
		1978 年	1985 年	1990 年	1995 年	2000 年	2005 年	2010 年	2015 年	2020 年
东北地区		536	1 091	2 100	5 379	8 446	13 301	25 651	39 123	50 541
北部沿海地区		768	1 605	2 851	8 111	14 369	26 975	48 317	70 440	96 404
东部沿海地区		1 087	1 974	3 391	11 121	18 411	33 220	61 345	89 449	126 290
南部沿海地区		295	739	1 712	5 761	8 865	15 231	31 709	50 690	73 326
中部地区	黄河中游地区	301	708	1 334	3 387	5 661	12 056	27 267	42 889	60 812
	长江中游地区	224	508	976	3 249	4 141	7 679	18 366	33 153	48 322
西部地区	西南地区	190	420	870	2 382	3 782	8 601	19 254	36 427	57 420
	西北地区	365	745	1 469	3 494	5 512	9 762	21 381	34 556	48 827
全国		385	866	1 663	5 091	7 942	14 368	30 808	49 922	71 828

从表 10-2 可以看出，1978 年以来我国八大地区人均 GDP 及其变化情况表现出以下特征。

第一，总体上来看，经济发展水平较低的地区发展较快，经济发展水平较高的地区发展较慢，呈现后发追赶态势。但具体到不同地区情况有较大差别。

南部沿海地区的人均 GDP 增长很快，在 1978—2020 年，人均 GDP 增加了247.6 倍，比全国人均 GDP 增长（185.6 倍）要高得多。具体来说，1978 年南部沿海地区的人均 GDP 只有 295 元，比全国人均 GDP 还低 90 元，从比例上说，比全国人均 GDP 低 23.4%，在八大地区中居于倒数第三位。经过 40 余年的快速增长，到 2020 年该地区人均 GDP 已达到 73 326 元，比全国人均 GDP 高 1 498 元，即高 2.1%，人均 GDP 仅次于东部沿海地区和北部沿海地区，居于八大地区中的第三位。这主要是因为处于改革开放前沿的福建、广东这些省份经济发展较快所起的带动作用。

东北地区人均 GDP 增长最慢，在过去 42 年中只增加了 93.3 倍，比全国人均GDP 增长要低得多，比南部沿海地区低得更多。其实，东北地区人均 GDP 在改革开放初期是非常高的，在八大地区中居于第三位，比全国平均水平高 39.2%，而到 2020 年已经降到第六位，人均 GDP 比全国平均水平低 29.6%，这表明东北三省由于产业结构偏重和体制改革滞后而发展相对落后了。

西北地区在过去 42 年中人均 GDP 增长了 132.8 倍，比全国人均 GDP 增长要低，比南部沿海地区人均 GDP 增长要低得多，但比东北地区要高。其实，西北地区在改革开放初期人均 GDP（365 元）略低于全国平均水平（385 元），居于八大地区的第四位，这意味着西北地区在改革开放之前经济发展水平并不低，但到 2020 年，西北地区与其他地区人均 GDP 差距巨大，在八大地区中降到第七位，其人均 GDP 只相当于全国平均水平的 67.9%。这意味着西北地区由于地理环境和资源禀赋等原因而发展较慢。

同样处于西部地区的西南地区经济增长比西北地区要快得多，在过去 42 年中，人均 GDP 增加了 301.2 倍，高于全国平均增长水平，远高于西北地区人均 GDP 增长。具体来说，西南地区在计划经济时期经济非常落后，人均 GDP 在 1978 年只有 190 元，相当于全国平均水平的一半，在八大地区中垫底，比西北地区人均 GDP 低 47.9%，但到 2020 年，人均 GDP 在八大地区中居于第六位，上升了两位，其人均 GDP 在全国人均 GDP 的比例上升到 79.9%，比西北地区人均 GDP 高 12%。西南地区是后来者赶超的典型地区，这主要是因为处于西南地区的成渝地区经济增长较快，而该地区其他省份经济发展速度相对较慢。

长江中游地区在改革开放初期经济发展水平较低，1978 年仅为 224 元，仅高于西南地区。该地区在过去 42 年中人均 GDP 增长了 214.8 倍，比全国人均 GDP 增长要高，但比西南地区、南部沿海地区要低。黄河中游地区在改革开放初期，人均 GDP 比长江中游要高，在过去 42 年中，人均 GDP 增长了 201 倍，比长江中游略低。黄河中游和长江中游两个地区在过去 40 多年中的发展也处于中游水平，经济发展既不是最快的，也不是最慢的。

北部沿海地区在过去 42 年中人均 GDP 增长了 124.5 倍，低于全国人均 GDP 的增长。但该地区在改革开放初期人均 GDP 就比较高，1978 年位居八大地区第二位，到 2020 年人均 GDP 仍然居于第二位。

东部沿海地区是中国经济发展的火车头，在过去 42 年中，人均 GDP 增加了 115.2 倍，比全国人均 GDP 增长要低一些。该地区（尤其是上海）在改革开放初期的发展水平是全国最高的，发展起点高于全国其他地区，因此其在 2020 年的人均 GDP 依然位居全国首位。

由上可见，我国地区发展不平衡状况呈现缩小趋势。1978 年，地区人均 GDP 最高是最低的 5.72 倍，到 2020 年，地区人均 GDP 最高是最低的 2.61 倍。这表明过去 42 年中各地区经济发展水平的相对差距缩小了，这意味着低收入地区人均 GDP 增长较快，高收入地区人均 GDP 增长较慢，各地区人均收入有趋同趋势。但从绝对数来看，其差距仍然是扩大了。这也可以从表 10-3 中的人均 GDP 增长率之差可以看出来。总的来说，沿海地区经济增长率与全国经济增长率之差为负数，而中部与西部地区增长率与全国平均增长率之差为正数。

表 10-3 中国八大地区人均 GDP 增长率

<table>
<tr><th rowspan="2" colspan="2">地区</th><th colspan="6">人均 GDP 增长率（%）</th></tr>
<tr><th>1978—
1990 年</th><th>1991—
2005 年</th><th>2006—
2015 年</th><th>2016—
2020 年</th><th>1978—
2020 年</th><th>与全国之差</th></tr>
<tr><td colspan="2">东北地区</td><td>12.06</td><td>13.10</td><td>11.39</td><td>4.36</td><td>11.15</td><td>−1.78</td></tr>
<tr><td colspan="2">北部沿海地区</td><td>11.55</td><td>16.16</td><td>10.07</td><td>5.37</td><td>11.90</td><td>−1.03</td></tr>
<tr><td colspan="2">东部沿海地区</td><td>9.94</td><td>16.43</td><td>10.41</td><td>5.92</td><td>11.69</td><td>−1.24</td></tr>
<tr><td colspan="2">南部沿海地区</td><td>15.77</td><td>15.69</td><td>12.78</td><td>6.35</td><td>13.68</td><td>0.75</td></tr>
<tr><td rowspan="2">中部地区</td><td>黄河中游地区</td><td>13.20</td><td>15.81</td><td>13.53</td><td>5.99</td><td>13.14</td><td>0.21</td></tr>
<tr><td>长江中游地区</td><td>13.07</td><td>14.74</td><td>15.75</td><td>6.48</td><td>13.32</td><td>0.39</td></tr>
<tr><td rowspan="2">西部地区</td><td>西南地区</td><td>13.53</td><td>16.50</td><td>15.53</td><td>7.88</td><td>14.21</td><td>1.28</td></tr>
<tr><td>西北地区</td><td>12.29</td><td>13.46</td><td>13.47</td><td>5.93</td><td>12.06</td><td>−0.87</td></tr>
<tr><td colspan="2">全国</td><td>12.97</td><td>15.46</td><td>13.26</td><td>6.25</td><td>12.93</td><td>0</td></tr>
</table>

数据来源：（1）各省份人均 GDP 数据源于其统计局官网所发布的 2022 年统计年鉴，全国数据源于 2022 年中国统计年鉴官网；（2）相关年份的 GDP 份额按照当年价格计算。

第二，从各地区增长率趋势来看，各地区经济增长并不是呈直线形变化，而是呈现倒 U 形趋势。

从表 10-3 中可以看到，所有地区的人均 GDP 增长率都基本上呈现倒 U 形态势，即增长率在 1978—1990 年较低，在 1991—2005 年开始加快，到 2006 年之后开始下降，在 2016—2020 年这个时期增长率最低。但是，具体到不同地区增长率趋势有较大差别。东北地区人均 GDP 增长率在 2015 年之后下降最快，其次是北部沿海地区，而中部地区、西部地区增长率下降比较缓慢。因此，中西部地区与东部地区的人均 GDP 的差距呈先扩大而后缩小的态势。这意味着在前 20 多年中，地区发展差距在扩大，在近 10 多年中，地区发展差距在缩小。

（三）人口密度的变化

一个地区的人口密度不仅能够反映其经济活动的空间分布情况，且不受地区之间物价因素的影响，因而是反映经济活动空间分布情况的理想指标。1978—2020 年中国八大地区及其人口密度变化情况如表 10-4 所示。

表 10-4 中国八大地区人口密度及其变化（1978—2020 年）

<table>
<tr><th rowspan="2">地区</th><th colspan="10">人口密度（人/平方千米）</th></tr>
<tr><th>1978 年</th><th>1985 年</th><th>1990 年</th><th>1995 年</th><th>2000 年</th><th>2005 年</th><th>2010 年</th><th>2015 年</th><th>2020 年</th><th>增加数</th></tr>
<tr><td>东北地区</td><td>109.52</td><td>117.96</td><td>125.02</td><td>129.89</td><td>133.47</td><td>135.25</td><td>137.1</td><td>137.72</td><td>123.38</td><td>13.86</td></tr>
</table>

续表

地区		人口密度（人/平方千米）									
		1978 年	1985 年	1990 年	1995 年	2000 年	2005 年	2010 年	2015 年	2020 年	增加数
北部沿海地区		370.29	403.32	445.12	463.45	481.11	497.99	537.46	560.63	567.43	197.14
东部沿海地区		506.95	543.78	583.1	605.31	632.47	651.64	737.98	754.26	825.04	318.09
南部沿海地区		237.01	266.45	296.22	334.3	378.81	399.71	440.82	459.01	523.75	286.74
中部地区	黄河中游地区	82.29	90.73	99.42	104.96	109.5	112.29	111.03	113.18	115.19	32.9
	长江中游地区	250.46	273.63	298.53	315.64	325.89	335.01	320.68	330.4	325.79	75.33
西部地区	西南地区	74.02	80.17	86.48	91.02	94.2	93.67	92.32	95.24	98.74	24.72
	西北地区	13.36	14.8	16.41	17.79	19.14	20.07	20.69	21.65	22.29	8.93

数据来源：据《新中国六十年统计资料汇编》《中国统计年鉴》（2009—2021）计算所得。

从表 10-4 可以发现，1978 年以来我国八大地区人口密度及其变化呈现以下特征：其一，总体来说，随着我国人口总量的不断上升，1978—2020 年我国八大地区的人口密度大多呈现增加态势。其二，地区之间人口密度变化存在巨大差异。沿海地区土地面积占比不到 10%，但人口密度的增加最快，由此成为我国人口集聚的"中心区"，而西部地区尽管有广袤的土地面积，但人口密度的提升较慢。其三，人口密度绝对值变化超过 100 人/平方千米的地区有东部沿海、南部沿海、北部沿海三个地区，而其他地区的人口密度绝对值变化均在 100 人/平方千米以内，尤其是西北地区、东北地区、西南地区的人口密度绝对值变化均没有超过 30 人/平方千米。这种人口密度变化结果与地区间经济总量、人均收入等的变化都有高度的一致性。

二、中国区域经济发展格局变化的内在机理

（一）市场机制作用的必然趋势

中国地域广大，各地区发展很不平衡。在计划经济时期，市场机制无法发挥作用，一切资源都是由政府调配，政府可以把大量资源布局在落后地区。但是改革开放时期，计划经济逐渐让位于社会主义市场经济，市场机制在资源配置中起决定性作用，市场经济遵循效率原则，资源往往流向效益最高的地区。第一节介绍的地理上的二元经济发展理论就是对市场经济条件下资源流动过程的描述。在新中国成立初期我国就存在着鲜明的地理上二元经济结构，即中西部不发达地区和东部发达地区。在改革开放初期，不发达地区的资金、劳动力不断向东部发达地区流动，致使东部地区发展更快，形成了良性因果循环；而中西部地区由于资

金、劳动力不断流出，经济发展缓慢，形成了恶性因果循环。这就是米尔达尔所说的回波效应。在 21 世纪初，工业化进入中后期阶段，这种状况出现了转折。由于东部地区的土地、资金、劳动力和环境成本都在增加，利润率在下降，资金、劳动力、产业开始反转，逐步向中西部地区流动和转移，这使得中西部地区发展加速，而东部地区在高收入水平上增长速度开始下滑，这就是米尔达尔所说的扩散效应在发挥作用。

此外，根据佩鲁的增长极理论可知，增长并非同时出现在所有地区，而是以不同的强度出现在增长点或增长极，然后通过不同的渠道扩散，对整个经济具有不同的终极影响。在过去 40 多年发展过程中，中国形成了珠三角增长极、长三角增长极和环渤海增长极，在中西部也形成了若干增长极。增长极的形成过程加剧了发达地区和不发达地区的经济发展不平衡性。

梯度转移理论也在一定程度上也得到验证。东部地区处在第一梯级发展水平上，在近十多年中，东部地区的产业和企业陆续向中部和西部地区转移，而中部地区处于次级梯度位置，西部地区处在次次级梯度位置，中部、西部地区承接着东部地区的产业转移，取得了较好的成效。

空间经济学的一些基本观点在中国区域经济发展动态演变中也有所体现。东部沿海地区的海洋运输便利，运输成本最低，因此相对于中西部地区具有市场接近效应，向心力持续增强，因此，产业和要素开始向沿海地区集聚。但当内地交通设施不断完善、通达能力提升、运输成本显著下降，沿海发达地区的离心力开始增强，其产业和要素开始向内地转移。但是因为有区位黏性，如果依靠市场力量自动转移，其转移过程比较缓慢，还必须有政府政策的支持。

这里需要指出的是，东北地区近 10 年经济发展缓慢与东部沿海发达地区经济发展缓慢在性质上存在着很大差别。后者是在经济发展到较高阶段时的必然趋势，而前者是在经济发展水平较低时经济发展速度急剧下降。这不是经济发展的必然趋势，而是由其他原因导致，其中最重要的是由于产业结构调整困难、体制改革滞后等历史原因，使得效率和收入下降，造成了资金和人口大量外流，投资减少，人口萎缩，严重拖累了经济的发展。

（二）自然地理条件和区域分工体系的结果

我国中西部地区地域辽阔，国土面积占全国国土面积的 60% 以上，但其中不易利用的沙漠戈壁和海拔 3 000 米以上的高寒地区占 60%，这种相对恶劣的自然条件，形成了独特的人口分布状况。而东部地区以平原和丘陵为主，土地肥沃，雨水充沛，适宜发展农业和养殖业，同时交通便利，便于物流畅通和发展对内对外商业贸易。东部各种有利的自然条件促进了区域经济的发展。中西部地区尽管矿产资源比东部地区丰富许多，但地形多为高山峻岭和戈壁沙漠，气候干燥，交通极为不方便，这就客观上限制了中西部区域经济的发展。此外，中西部地区市场狭小，经济基础薄弱，经济发展缺乏凝聚力。

中西部地区是我国重要的能源和原材料输出基地，而东部向中、西部输送制成品。这种产业布局和区位分工决定了中西部与东部存在着事实上的不平等交换，初级产品和制成品之间的价格"剪刀差"加剧了东中西部区域经济发展的不平衡性。但是，进入 21 世纪以来，工业化加速发展，尤其是钢铁、化工等重化工业发展更快，对原材料和能源需求大幅增加，导致矿产品与能源产品价格猛增，使得西部地区经济发展加速，中西部地区与东部地区的差距在缩小。就西部地区而言，由于其能源矿产资源分布不均，少数资源丰富地区发展加快，如资源丰富的鄂尔多斯在工业化加速时期就成了内地地区经济发展的"暴发户"，而其他资源禀赋较差的大多数西部地区仍然发展较慢。

（三）区域经济发展政策导向的结果

首先是国家的非均衡发展战略和相应的倾斜政策。改革开放以来，国家最早在东部沿海建立了经济特区和沿海开放城市，给予这些地区特别优惠政策，如税收优惠、低利率、低土地租金、进出口特许权等，此外中央还给予开放地区和城市特别的自主权，很多投资项目无须经过中央部门审批，而内地却享受不到这些政策和自主权，这就必然加快资金、劳动力、人才不断流向东部地区，致使东部地区发展得更快。此外，不仅内地要素向东部地区集结，而且大量外资也集结在东部地区，这也导致东部地区发展得更快。

其次是所有制结构、产业结构和基础设施存在差异。改革开放后，沿海地区以乡镇企业和个体私人工商业为代表的非国有经济迅速发展，并已逐渐成为经济增长的重要力量，使沿海地区的所有制结构发生了重大变化。而中西部地区和东北地区市场化改革的进程比较缓慢，这也是其与沿海地区差距扩大的主要原因之一。改革开放以来，中西部许多省区虽然都致力于发展轻工业和加工工业，但其工业结构畸重的状况并没有多大的改变。这种"二元结构"使得中西部地区和东北地区受产业结构所累，调整困难，因此拖累了这些地区的经济发展。

第三节　中国区域发展战略的演变

一、以区域平衡发展为导向的内地优先发展战略

1949 年新中国成立，标志着我国进入了自主探索社会主义现代化建设的新历程。从现实的情况来看，此时的经济基础相当薄弱，生产力布局集中于东部与东北地区，西部与中部地区工业基础薄弱。经济结构以第一产业为主，第二产业主

要以轻工业为主,主要的重工业集中于东北三省与沿海部分地区,仅占国土面积12%的东部沿海地区贡献了全国工业总产值的77%,而占国土面积68%的西部地区仅贡献了全国工业总产值的9%。此外,由于资本主义国家对我国采取敌对的态度,加上朝鲜战争的爆发与美国干预中国台湾问题,我国沿海地区与东北地区处于容易遭受进攻的地区。因此,在总体和平、局部战争的复杂国际环境下,为兼顾国家安全与经济发展的双重目标,我国实施了政府主导框架下以工业化为主轴的国民经济循环体系,通过高度集中的计划经济体制向中西部内陆地区布局生产力,促进国民经济生产、流通、分配、消费的内部循环。

这一时期,在区域发展战略上,我国实施的是重工业优先、以内陆地区为主要空间载体的均衡化发展战略。毛泽东在《论十大关系》中指出:"我国全部轻工业和重工业,都有约百分之七十在沿海,只有百分之三十在内地。这是历史上形成的一种不合理的状况。"[1] 1953年,我国在区域发展战略上,首先实施的是重工业优先、以内陆地区为主要空间载体的均衡化发展战略。"一五"计划时期,我国集中主要力量发展重工业,建立国家工业化和国防现代化的基础。此时工业投资的重点在东北和中西部地区,约79%的重点工程布局在内陆地区。20世纪60年代初由于苏联在我国边境地区陈兵百万和台海局势的恶化,我国的工业投资项目更是向内地尤其是西部大山区布局。1966年,"三五"计划提出,要把国防建设放在第一位,加快"三线"[2] 建设,逐步改变工业布局。这一时期,东部、中部、西部地区基本建设投资比重由"二五"计划时期的1∶0.89∶0.57,转变为"三五"计划时期的1∶1.11∶1.3,内地及"三线"地区成为我国的重点开发区域,国家在这些地区建立了门类比较齐全的现代工业体系,由此形成了以内循环工业化为主的经济体系。到了20世纪70年代初至"五五"计划时期,中国与国际诸多国家建立了外交关系,沿海地区发展机会逐渐增多。1973年,"四三方案"[3] 引进工程批准实施,外循环初步显现。但这一时期是处于计划经济体制下对外贸易的统一管理阶段,外贸发展水平低,外循环极其有限。1950—1977年,我国外贸进出

---

[1] 《毛泽东文集》第七卷,人民出版社1999年版,第25页。

[2] 20世纪60年代初,中共中央根据中国各地区战略位置的不同,将其分为一、二、三线。一线是沿海和边疆的省市区;二线是介于一、三线地区的省市区;三线包括京广线以西、甘肃省的乌鞘岭以东和山西省雁门关以南、贵州南岭以北的广大地区,具体包括四川省、云南省、贵州省、青海省和陕西省的全部,山西省、甘肃省、宁夏回族自治区的大部分和豫西、鄂西、湘西、冀西、桂西北、粤北等地区。"三线"建设是中国经济史上一次极大规模的工业迁移过程,发生背景是中苏交恶以及美国在中国东南沿海的攻势。

[3] 1973年1月,国家计划委员会向国务院建议在3至5年内引进价值43亿美元的成套设备,通称"四三方案"。这是我国继20世纪50年代苏联援助的"156项工程"之后第二次大规模引进国外设备。

口额占社会总产值比重年均值仅为 5.1%。

　　总的来看，改革开放前的近 30 年，经历了"一五"时期"156 项工程"奠基、"三线建设"布局、"四三方案"等重要阶段，我国经济发展格局基本是以"内循环"为主导支撑。这一时期我国的区域发展政策采取了均衡发展的思想，虽然"三线建设"主观上是出于国防安全的需要，但是客观上逐步改变了我国的生产力布局，实现了工业布局由沿海转向内地的大调整，使得西部落后地区获得了快速发展，西部地区的工业化水平得到提高，大大改变了我国区域发展不平衡的局面。但是由于当时西部三线地区社会经济发展水平相对落后，搬迁至西部地区的工业企业在长时期内经营发展困难、效率低下，造成了大量的生产资源浪费，没有起到带动西部经济高速发展的作用。

二、以效率优先为导向的东部沿海地区优先发展战略

　　党的十一届三中全会以后，中央摒弃了区域平衡发展战略，转而采用不平衡发展战略。20 世纪 80 年代初，政府开始把重点转向沿海地区，在财政、税收、信贷等方面给沿海地区综合性的优惠政策。同时，对外开放和体制改革也首先从沿海地区尤其是经济特区开始实施。广东作为改革开放的前哨地区实施了特殊政策，主要内容是：外汇收入和财政收入实行定额包干，一定五年不变；在国家计划指导下，物资、商业实行新的经济体制，适当利用市场的调节；在计划、物价、劳动工资、企业管理和对外经济活动等方面，扩大地方管理权限；试办深圳、珠海、汕头三个出口特区，积极吸收侨资、外资，引进国外先进技术和管理经验等。继上述政策之后，中共中央、国务院决定进一步开放天津、上海、大连、秦皇岛、烟台、青岛、连云港、南通、宁波、温州、福州、广州、湛江和北海 14 个沿海港口城市，扩大地方权限，给予外商若干优惠政策和措施。1987 年 10 月，党的十三大明确提出"进一步扩大对外开放的广度与深度，不断发展对外经济技术交流与合作"的任务，并强调继续巩固和发展已初步形成的"经济特区—沿海开放城市—沿海经济开放区—内地"这样一个逐步推进的开放格局。这些沿海地区先行的发展战略和政策取得了巨大的成功，沿海地区尤其是珠三角地区凭借其优越的历史、区位条件和倾斜式支持政策，吸引了大量生产要素流入，成为中国改革开放的试验田和经济发展的重点区域，经济迅速腾飞，成为中国第一个发展最快的增长极。

　　20 世纪 90 年代初，上海浦东的开发是中国深化改革、扩大开放做出的又一区域重大战略部署。1990 年 4 月 30 日，国务院有关部门和上海市政府举行新闻发布会，宣布开发开放浦东新区的 10 项政策规定，浦东开发进入了实质性阶段。1992 年 10 月，党的十四大提出"以上海浦东开发开放为龙头，进一步开放长江沿岸城

市，尽快把上海建成国际经济、金融、贸易中心之一，带动长江三角洲和整个长江流域地区经济的新飞跃"。与此同时，批准开放长江流域的芜湖、九江、黄石、武汉、岳阳、重庆 6 个沿江城市和设立长江三峡经济开放区；开放珲春、绥芬河、黑河、满洲里、二连浩特、伊宁、塔城、博乐、瑞丽、畹町、河口、凭祥、东兴 13 个沿边城市；在大连、广州、青岛、张家港、宁波、福州、厦门、汕头、海口举办"保税区"，增设一批"经济技术开发区"，扩大外商投资领域，使我国区域经济发展的沿海、沿江、沿边的经济格局逐步形成，区域政策的重心由东部沿海地区的带状式发展演变为"以东部带中部及西部"的轴线式发展模式。

以上海浦东开发为龙头的区域政策旨在通过上海的经济增长来带动整个长江流域的联动发展，使长三角成为中国经济发展新的增长极，同时带动江浙皖等周边地区的经济发展。此外，1994 年天津滨海新区成立，2006 年成为国家综合配套改革试验区，经过 20 多年的发展，以天津滨海新区为龙头，环渤海地区成为中国经济的第三个增长极。

但是，在沿海地区高速发展的同时，中西部和东北地区发展相对缓慢，这导致区域发展差距不断拉大，不平衡趋势越来越突出。

三、以缩小差距为导向的区域协调发展战略

1999 年 9 月，党的十五届四中全会正式提出了西部大开发战略，以此为标志，中国区域政策的重心实现了第三次转移。"十五"计划明确指出："国家要继续推进西部大开发，实行重点支持西部大开发的政策措施，增加对西部地区的财政转移支付和建设资金投入，并在对外开放、税收、土地、资源、人才等方面采取优惠政策。"

以西部大开发为导向的区域政策主要包括如下内容：

一是政策优惠。西部地区在税务安排、企业发展、吸引外资等方面，都获得了政策上的优惠。在中国加入 WTO 之后，中央政府还专门研究如何在 WTO 的规则下，继续对西部地区实施优惠政策。

二是财政支持。中央政府增大了从东部地区向西部地区财政转移的规模，从提高当地的教育水平、增加政府主导的基础设施投资、加强生态环境建设等方面增加了对西部地区的投入。

三是加大基础设施投入。西部地区地广人稀，铁路、公路、电信等基础设施建设明显滞后于东部沿海地区。与东部地区不同，由于西部地区基础设施项目的投资无法取得足够的回报，市场力量对这些投资缺乏足够的兴趣。因此，2000 年起中央政府对西部地区投入了巨额的基础设施建设资金，启动了规模巨大的"西电东送""西气东输"等工程。

四是加强生态环境保护。西部地区曾是中国的矿产品和原材料的主要产地，也是重要的农业基地，但过去数十年的开发过程中环境保护没有得到足够的重视。因而，西部大开发的一个主要工作就是恢复西部地区的生态环境，中央政府投入巨额资金植树造林、退耕还林，通过"南水北调"等项目重新分配水资源。

五是给予人才与智力支持。中央政府出台了《中共中央国务院关于进一步加强人才工作的决定》《西部地区人才开发十年规划》《关于进一步加强西部地区人才队伍建设的意见》等政策文件，着眼于解决西部地区人才队伍建设中的突出问题，创新工作思路，完善政策措施，为西部大开发提供坚实的人才保证和智力支持。

西部大开发政策实施以来，国家在规划指导、政策支持、资金投入、项目安排等方面加大了对西部地区的支持力度，取得了明显成效。西部大开发的前5年，中央财政性建设资金累计投入4 600亿元，财政转移支付和专项补助累计安排5 000多亿元。政府投入带动了社会投入，西部地区全社会固定资产投资年均增长20%左右。国民经济发展逐年加快，从2000年到2003年，GDP增长分别为8.5%、8.8%、10.0%、11.3%。但与前两次区域政策调整不同的是，在西部大开发实施后，资金和人力资源等生产要素并没有出现类似当年在上海和广东快速集聚的效应。在相当程度上，西部大开发主要依靠政府的投入，特别是依靠中央政府的投入。西部自身发展的潜力尚有待开发，其市场机制、区域合作机制等也有待完善。

四、以共同发展为导向的区域统筹发展战略

在西部大开发推进的同时，东北地区等老工业基地的"萧条病"、沿海地区的"滞涨病"、中部地区的"迟滞病"不同程度地凸显出来。东北地区等老工业基地经过了多年的发展，出现资源枯竭、产业老化、主导产业衰退等现象，由于接续产业没有及时发展，新的主导产业没有形成，致使经济不断衰退，处于萧条状态。东部沿海的"长三角"城市群、"珠三角"城市群和"环渤海"京津唐城市群的城区人口与产业高度密集，传统产业比重高，交通拥挤，环境污染严重，用水、用电、用地困难，高新技术产业和第三产业缺少发展的空间。中部地区的综合症结则是发展迟滞，增长缓慢，成为全国的"经济凹地"。

针对上述问题，中央政府审时度势，做出了建设和谐社会、统筹区域发展的重大战略部署，提出"继续推进西部大开发，振兴东北地区等老工业基地，促进中部地区崛起，鼓励东部地区率先发展，形成分工合理、特色明显、优势互补的区域产业结构，推动各地区共同发展。"[1] 这个阶段的主要区域政策是：

---

① 中共中央文献研究室编：《十六大以来重要文献选编》（下），中央文献出版社2008年版，第653页。

（1）继续推进西部大开发。包括促进重点地带、重点城市开发，促进特色优势产业发展，促进地区协调互动。同时，进一步加强基础设施建设和生态环境保护与建设，加大对西部农村公共服务的投入力度，推进社会主义新农村建设，做好西部地区人才开发、西部开发立法和进一步深化改革、扩大开放等方面的工作。

（2）振兴东北等老工业基地。2003年10月，中共中央、国务院发布《关于实施东北地区等老工业基地振兴战略的若干意见》，提出了实施振兴战略的指导思想、方针任务和政策措施。2007年8月国务院出台的《东北地区振兴规划》明确提出，要将东北建设成为综合经济发展水平较高的重要经济增长区域。具体目标是：把东北建设成为具有国际竞争力的装备制造业基地；国家新型原材料和能源保障基地；国家重要的商品粮和农牧业生产基地；国家重要的技术研发与创新基地。

（3）促进中部地区崛起。2006年4月《中共中央国务院关于促进中部地区崛起的若干意见》正式出台，包括以推进新型工业化为突破口，加快改革开放和发展步伐；增强中心城市辐射功能，以城市群战略规划发展蓝图；因地制宜实施特色战略等。《国务院2007年工作要点》对关于中部崛起战略工作进一步明确，中部六省部分地区要比照振兴东北等老工业基地和西部大开发有关政策实施。

（4）鼓励东部地区率先发展。根据《国务院2007年工作要点》，在鼓励东部地区率先发展方面的工作主要包括：一是组织落实天津滨海新区开发开放的相关政策措施，研究推动落实《国务院关于推进天津滨海新区开发开放有关问题的意见》。二是编制并推动实施《长江三角洲地区区域规划》和《京津冀都市圈区域规划》。三是研究起草《国务院关于进一步推进长江三角洲地区改革开放和经济社会发展的指导意见》。四是组织研究海峡西岸地区发展战略。五是组织开展广东横琴岛开发开放问题调研，进一步推进粤港澳紧密合作。

五、以跨区域协同和城市群建设为导向的区域一体化发展战略

党的十八大以来，我国区域政策正逐渐从数量扩张型向质量提升型转变。党的十九大首次提出由高速增长阶段向高质量发展阶段转变，提高区域发展质量将成为今后很长一段时间的重点任务。在区域发展战略层面，党的十八大以来的一个重大调整是在"四大板块"基础上，提出跨区域发展的"三大支撑带"（"一带一路"倡议、京津冀协同发展战略、长江经济带发展战略），后来又提出"长三角"一体化发展与黄河流域生态保护和高质量发展战略。这些跨区域发展战略是对"四大板块"发展战略的重要补充和完善，我国区域发展战略更为系统完善，改变了过去我国全覆盖式、碎片化的区域发展思路。

城市群建设是新时代区域经济发展的重点。2014年《国家新型城镇化规划

（2014—2020 年）》提出 19 个城市群，经过了"十二五""十三五"时期规划的实施，现已基本完成规划并实施建设，城市群间"两横三纵"的交通也已经实现连接，可以说城市群的外部联通已经完成。随着城市群的发展，城市群内部以超大特大城市或辐射带动功能强的大城市为中心、以 1 小时通勤圈为基本范围的都市圈空间形态呈现较快发展态势。《中华人民共和国国民经济和社会发展第十四个五年规划和 2035 年远景目标纲要》指出，区域城市集群发展重点将由外部联通转向内部协同，建立健全都市圈同城化发展机制和重点领域协调推进机制，推动都市圈内的超大特大城市切实转变发展方式，更好地辐射带动周边中小城市协调联动发展。城市集群主导推动城乡区域双融合的发展格局。在"4-3-2-1"区域战略体系中，城市化—城市集群是主导力量，由此衍生形成两大推动力：一个是城乡融合，另一个是区域融合。就现有政策趋向来看，城市化为主导的新型城镇化战略与乡村振兴战略双轮驱动，在我国正在形成"城市群—都市圈—中心城市—大中小城市协同发展—特色小镇—乡村振兴"的战略格局和空间组合链条。换句话说，一个一个的城市，带动着一个一个的乡村，连接形成区域性城市群，整合形成一定区域范围的城乡融合共同体，这不仅是城市化范围的扩大，也是城市化内部结构的调整，更是城市功能体系的再造。

在以城市群为重点的区域发展规划中，党中央提出了两个重要战略规划，即雄安新区建设规划和粤港澳大湾区建设规划。雄安新区的设立，是党的十八大以来党中央提出的重大区域发展规划。雄安新区是我国经济进入新常态后，解决新的地区结构矛盾的重要战略。这种"跳出旧城建新区"的发展路径，对于推进我国新型城镇化发展、解决"大城市病"以及人口密集地区的优化发展问题，甚至解决整个北方地区的经济发展困局等都具有较强的示范作用。作为继深圳特区、上海浦东新区之后第三个有全国意义的国家级新区，雄安新区具有非常重大的战略意义：首先，作为承接北京非首都功能的集中疏解地和直接承载地；其次，作为北京、天津这两大都市的反磁力中心，同时重点带动河北地区发展；最后，作为京津冀地区新的经济增长极，助力京津冀打造成为世界级城市群。

与北方的雄安新区相对应的另一区域发展战略是位于南方的粤港澳大湾区建设。粤港澳大湾区同样着眼于我国的全球竞争力。随着港珠澳大桥的建成，粤港澳大湾区建设已提到重要议事日程。粤港澳大湾区的设立，对于我国香港和澳门的长期繁荣稳定、提升中国整体竞争力等方面都具有重大意义。未来，粤港澳大湾区发展面临的最大挑战是如何在"一国两制"方针下推动湾区一体化发展。中央政府行使全面管制权，香港政局由乱到治，为推行大湾区建设提供了有利条件。

党的二十大提出要高质量建设雄安新区和深入推进粤港澳大湾区建设。由此可以预见，雄安新区和粤港澳大湾区建设将在中国的区域版图上发挥出日趋重大的影响力。

六、以优化区域发展格局为导向的主体功能区发展战略

主体功能区概念在 2005 年"十一五"规划中首次提出，2007 年党的十七大把基本形成主体功能区布局作为全面建设小康社会的一项重要目标，2010 年"十二五"规划建议将主体功能区上升到国家战略层面，2011 年《全国主体功能区规划》正式发布，2016 年国家"十三五"规划将主体功能区建设进一步提高到国土空间开发保护基础制度的高度。国家先后出台《全国国土规划纲要（2016—2030年）》和《全国国土空间规划纲要（2021—2035 年)》。可见，主体功能区已由理念上升为国家重大战略。这是适应我国国土空间特点的必然要求，是实施不同区域发展战略的重要基础。

区域经济布局的优化要大力实施主体功能区战略，进一步完善空间治理体系，不断优化国土空间发展格局。党的二十大进一步提出"健全主体功能区制度，优化国土空间发展格局"。

根据《全国主体功能区规划》，按照不同的功能条件，我国国土空间被划分为城市化地区、农产品主产区和重点生态功能区，相应地，在开发方式上分为优化开发、重点开发、限制开发和禁止开发四种类型地区。这一规划体现出三个突出特点：一是提出生态功能，即维系生态安全、保障生态调节、提供良好人居环境的功能；二是强调资源承载能力，是指在自然生态环境不受危害并维系良好生态系统前提下，一定地域空间的资源禀赋和环境容量所能承载的经济规模和人口规模，主要包括水、土地等不宜跨区域调动的资源，以及无法改变的环境容量；三是注重整体空间结构，是指不同类型空间的构成及其在国土空间中的分布是经济社会结构的空间载体，空间结构的变化在一定程度上决定着经济发展方式及资源配置效率。

主体功能区战略就是国土空间治理的"底盘"，需要"向上"落实区域协调发展和区域重大战略，"向下"指引城镇化和重大生产力的空间布局，也是协调各类规划的"旋转门"，既要协调国民经济和社会发展规划、新型城镇化规划等发展类规划和国土空间规划等空间类规划，也要协调工业、服务业、农业农村等各类专项规划和区域战略规划等综合类规划。国土空间规划是国家空间发展的指南、各类开发保护活动的基本依据，其中的主体功能区是优化国土空间开发保护格局、划分生产生活与生态空间、差异化配置建设用地等资源要素的根本指引，通过国土空间各类约束性指标管控与多层级传导、差异化用途管制政策制定为空间治理体系的构建提供战略指引和制度保障，推动构建高质量的国土空间格局。因此，不断完善主体功能区制度与政策体系，在国土空间开发过程中努力促进人口资源

环境相协调、经济社会生态效益相统一。

思考题

1. 怎样理解地理上的二元经济发展论？结合中国区域经济发展的实践，试述这一理论的现实意义。
2. 试述增长极理论和创新之间的关系。
3. 什么是梯度转移理论？联系地区间的产业转移谈谈你对这一理论的认识。
4. 改革开放以来中国区域经济差距扩大的原因是什么？
5. 试述中国区域经济发展战略和政策的演变。

▶ 即测即评

请扫描二维码进行在线测试。

第四篇 | 发展要素

第十一章　人口与人力资源

人口与经济发展存在着密切的联系。一方面，人口增长的快慢、人口数量的多寡本身极大地影响着经济发展，人口增长过快和人口增长缓慢对经济发展都是不利的；另一方面，人口是人力资源的基础，而人力资源是生产的重要因素。发展中国家人口增长快，人力资源过剩，人力资本水平较低，这些对经济发展造成了严重的障碍。

第一节　人口与发展

在当前世界上前 15 个人口大国中，除了美国、日本和德国，其余的都是发展中国家。对于那些发展中大国来讲，尤其在经济发展的初始阶段，庞大的人口规模，人口的过度增长，都成为经济增长的首要制约因素。

一、发展阶段与人口转型

发展中国家人口增长之所以居高不下，主要是由于死亡率得到了有效的控制，而出生率却没有明显下降，可以通过比较发达国家与发展中国家人口转型的差别来说明这一问题。

所谓"人口转型"（demographic transition）是指从高出生率和高死亡率的稳定人口转向低出生率和低死亡率的稳定人口的过程。人口增长率等于出生率减去死亡率，如果出生率与死亡率不同步，就会出现人口增长率的变化。

（一）发达国家的人口转型

人口学家把发达国家的人口转型过程划分为四个阶段，[①] 如图 11-1 所示。

第一阶段：高出生率与高死亡率，因而人口增长率非常缓慢。这个阶段基本上反映了 19 世纪以前工业化国家的人口变动情况。这个时期的人口再生产没有受到人为的控制，出生率接近生物学上的最大量。但这一时期因饥荒、瘟疫和战争，死亡率也很高。不过，前工业化时代的欧洲的出生率和死亡率比 20 世纪的发展中国家在这一阶段仍然要低一些。

第二阶段：死亡率迅速下降而出生率仍然保持在高水平上，因而人口增长迅速。这个阶段发生在 19 世纪至 20 世纪初。在这一时期，经济的迅速发展和医学的

---

① 有的文献把人口转型分为三个阶段，即把这里所论述的第二和第三个阶段合并为一个阶段。

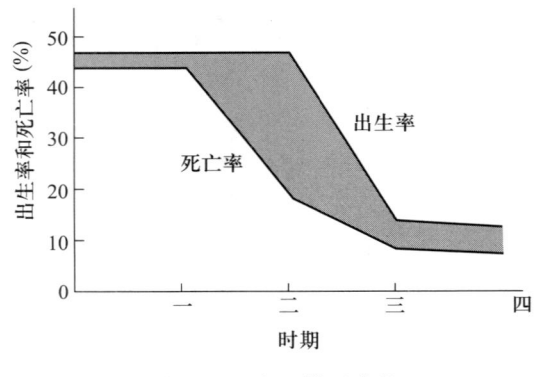

图 11-1　人口转型阶段

巨大进步，人民的健康和营养状况得到显著的改善，这使人口死亡率大大降低了，与此同时，预期寿命也延长了 1/3。但是，这一时期的出生率并没有伴随着死亡率而下降，这是因为传统的生育观念和制度落后于时代的发展。结果，高出生率与下降的死亡率之间的差距在扩大，人口增长率急剧上升。不过，西方发达国家的死亡率下降速度远比当今的发展中国家要缓慢得多。例如，丹麦的人口死亡率从 27‰下降到 11‰和法国从 26‰下降到 12‰花了 130 年时间（1830—1960 年），而斯里兰卡死亡率从 30‰下降到 6‰和印度从 47‰下降到 12‰只花了 71 年时间（1915—1986 年）。这主要是由于现代医学技术向发展中国家迅速应用的缘故。因此，第二个阶段的发展中国家的人口增长率远比发达国家要高。

第三阶段：死亡率继续下降但出生率下降得更快，使得人口增长率开始下降。这个阶段大致上反映了 20 世纪初到 50 年代这一时期的人口增长情况。这一时期死亡率仍然在下降，但下降的速率放慢。由于工业化、城市化的迅速发展，妇女的文化水平和社会经济活动参与率的提高，避孕技术的进步，出生率开始呈下降的趋势，并且下降幅度要大于死亡率下降幅度。因此，这一阶段的人口增长率逐渐降低。不过，与当今发展中国家相比，西方工业化国家在这个阶段经历的时间更长一些。

第四阶段：20 世纪 50 年代以后，出生率下降步伐明显趋缓，死亡率这时因趋于极限而下降很少。这样，低出生率伴随着低死亡率，人口变动逐渐趋于稳定，且增长率趋向于零。2015 年，高收入国家的平均出生率是 11‰，死亡率是 7‰，因此人口增长率只有 4‰，其中有些工业化国家如德国和日本出生率比死亡率低，人口出现了负增长。

（二）发展中国家的人口转型

当今发达国家已完成了人口转型的整个过程，即进入了人口转型的最后阶段。发展中国家作为一个整体，在过去半个世纪中人口转型从第二个阶段进入第三个阶段。出生率比死亡率下降得更快是人口转型中第三个阶段的特征。从表 11-1 中看到，1965 年，低收入国家人口出生率为 42‰，人口死亡率为 16‰，人口增长率为 26‰；2020 年人口出生率和人口死亡率分别为 35‰ 和 7.8‰，人口增长率为 27.2‰。显然，低收入国家在过去 55 年中，由于出生率比死亡率下降得慢，人口增长率没有下降反而提高了 1.2‰。这表明低收入国家还处在人口转型的第二个阶段。同期，中低收入国家人口出生率下降了 17.2‰，人口死亡率下降了 5.4‰，从而人口增长率从 25‰ 下降到 13.2‰，下降了 11.8‰；中高收入国家人口出生率下降了 23.8‰，人口死亡率下降了 3.2‰，即人口增长率从 24‰ 下降到 3.4‰，下降了 20.6‰。这意味着中高收入国家已经进入到人口转型的第三个阶段。高收入国家人口出生率在 20 世纪 60 年代就很低，只有 20‰，到 2020 年下降到 9.7‰，下降了 10.3‰，而人口死亡率只下降 0.1‰，因此人口增长率从 10‰ 下降到 -0.2‰。这表明高收入国家在过去半个世纪中人口转型从第三个阶段进入到第四个阶段，现在发达国家基本上是处于低生育率低死亡率阶段。

表 11-1　不同收入国家死亡率与出生率情况

收入组	每千人粗出生率（‰）			每千人粗死亡率（‰）		
	1965 年	1990 年	2020 年	1965 年	1990 年	2020 年
低收入国家	42	30	35.0	16	10	7.8
中低收入国家	38	30	20.8	13	9	7.6
中高收入国家	35	26	11.2	11	7	7.8
高收入国家	20	13	9.7	10	9	9.9

数据来源：1965 年和 1990 年数据来自《1992 年世界发展报告》，2020 年数据来自世界发展指标（WDI）数据库。

发展中国家人口死亡率大幅度下降的主要原因是医学的巨大进步和粮食生产技术及分配系统的改善。这些改善主要是先进医疗医药技术和粮食生产技术从发达国家扩散到发展中国家的结果，而与其经济发展水平没有显著的必然联系，也就是说，即使是一个收入水平十分低下的国家，其人口死亡率也有可能下降到较低水平。

（三）中国的人口转型

中国在 1949—2014 年，撇开 20 世纪 50 年代末 60 年代初的特殊时期，基本上经历了人口转型的后三个阶段（图 11-2）。1950—1960 年的人口出生率很高而死亡率不断下降，因此人口增长率较高，保持在 2% 以上，即处于人口转型的第二个阶段。1970—2001 年的人口死亡率继续下降但人口出生率下降得更快，导致人口增长率显著下降，死亡率从 1970 年的 7.6‰ 下降到 2001 年的 6.4‰，30 年间只降了 1.2‰；而出生率却从 33.4‰ 降到 13.4‰，降了 20‰，因此人口增长率相应地从 1970 年的 25.8‰ 下降到 2001 年的 6.9‰，呈现出人口转型中的第三个阶段的特征。进入 21 世纪以来，中国的人口出生率和人口死亡率都保持在低水平上，其中，人口死亡率保持在 6‰~7‰ 的水平上，而出生率也处在 12‰ 的水平上，自然增长率相应地保持在 5‰ 这个低水平上，与高收入国家的人口出生率、死亡率和自然增长率相当。中国已经进入了人口转型的第四个阶段。

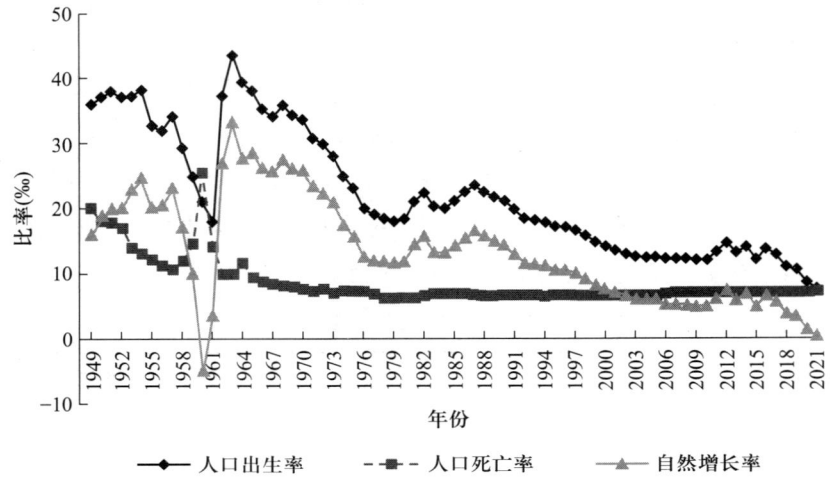

图 11-2　1949—2021 年中国人口出生率、死亡率与自然增长率

数据来源：1949—1978 年数据来自《新中国六十年统计资料汇编》的表 1-3 全国人口状况；
1978—2021 年数据来自《中国统计年鉴（2022）》的表 2-2 人口出生率、死亡率和自然增长率。

2022 年国家经济和社会发展统计公报显示，2022 年年末全国人口 141 175 万人，比上年年末减少 85 万人。全年出生人口 956 万人，人口出生率为 6.77‰；死亡人口 1 041 万人，人口死亡率为 7.37‰；自然增长率为 -0.60‰。这是我国人口自从 1962 年以来首次出现负增长。当前中国的人口发展正在经历前所未有的重大转折阶段，人口负增长的新局面必将会对中国的经济社会发展产生深远的影响。

二、人口增长的经济学分析

经济学家们从家庭人口出生率的微观决策角度来说明人口转型第三阶段出生率下降的原因所在。他们将传统的新古典主义消费者行为理论作为模型分析的基础，并以经济学原理和最优化原则来解释家庭规模的选择。

传统的消费者行为理论假定：对于一个根据个人偏好程度而构成的商品系列，每个合乎理性的人都试图根据自己的收入状况和商品的相关价格去满足自己的需求。当把这一理论应用于人口生育率的分析时，孩子被视为一种特殊的消费品（在发展中国家，则被视为特殊的投资品），从而使消费者（家庭）对于孩子的需求，就像对其他消费品的需求一样，成为一种经济的、理性的选择。在收入或替代财产一定的条件下，如果其他因素不变，消费者所期望得到的孩子数目与家庭收入成正比，与对其他商品的需求成反比，与孩子的价格成反比。在此可以用数学公式来表达这些关系：

$$C_d = f(Y, P_c, P_x, t_x)$$

其中，C_d 是对存活孩子的需求（在低收入社会，应考虑到婴儿死亡率很高）。Y 是既定的家庭收入水平。P_c 是孩子的净价格（等于抚养孩子的预期成本减去孩子的预期收益）。P_x 是所有其他商品的价格。t_x 是相对于孩子来讲，对其他商品的偏好程度。抚养孩子的预期成本包括：（1）母亲时间的"机会成本"；（2）孩子的教育费用和抚养成本。孩子的预期收益包括：（1）孩子将来可获得的收入；（2）孩子将来对老人的赡养。

在正常（新古典）条件下，可以预期：

$\frac{\partial C_d}{\partial Y} > 0$，即家庭收入越高，对孩子的需求就越大。

$\frac{\partial C_d}{\partial P_c} < 0$，即孩子的净价格越高，对孩子的需求就越小。

$\frac{\partial C_d}{\partial P_x} > 0$，即相对于孩子，其他的商品价格越高，对孩子的需求就越大。

$\frac{\partial C_d}{\partial t_x} < 0$，即相对于孩子，对其他商品的偏好越大，对孩子的需求就越小。

通过上述的微观理论模型，我们就可以了解发达国家和发展中国家在人口出生率上存在差异的原因了。

在发达国家，伴随着现代化和工业化进程，传统的大家庭纷纷解体，在社会保障制度日趋完善的情况下，养儿防老的后顾之忧不复存在；妇女受教育水平的提高、就业机会的增多，使生育、抚养孩子的机会成本不断提高；而且，随着经济的发展、社会的进步，孩子本身的抚养费和教育费都大幅度提高；此外，在医疗卫生条件有了根本好转的情况下，父母已不必因为担心孩子的夭折而生育很多子女。所有这些因素都导致了发达国家人口出生率的迅速下降。

但是在发展中国家，情形则完全不同。首先，孩子成了投资品，而非消费品，预期收益高，因为在这些国家，孩子是家庭劳动力的来源，很小就从事各种劳动，为家庭增加收入，特别是在广大的乡村，这种情形则更为普遍。况且在没有社会保障制度或这一制度不健全的前提下，孩子更成为父母将来的唯一依靠。

其次，抚养孩子的成本非常低。因为在发展中国家，妇女受教育的机会少，文化水平低，就业机会很少或根本没有，这样母亲时间的机会成本很低。此外，在经济发展水平很低时，孩子的抚养费用和教育费用均很低，很多家庭根本不打算或没有能力送自己的孩子去上学读书。这种高收益、低成本的情形导致了孩子的净价格很低，甚至是负数。这些因素综合在一起就造成了发展中国家人口出生率居高不下。

三、马尔萨斯人口理论

拓展阅读 11-1

人物简介：马尔萨斯

历史上，最早对人口增长与经济发展之间的关系做出分析的应属英国古典经济学家、人口学家马尔萨斯。其全部经济理论的出发点是两个公理：（1）食物为人类生存所必需。（2）两性间的情欲是必然的，且几乎会保持现状。在此基础上，马尔萨斯认为人口的增殖力比土地的生产力要大无数倍。人口在食物供给充足的条件下按几何级数增长，而生活资料受土地收益递减规律的制约只能按算术级数增长，因而生活资料的增长远远赶不上人口的增长。除非采取某种强有力的措施抑制人口增长，否则就难以维持人类和自然界的平衡。

马尔萨斯把自己的基本思想概括为以下三点：（1）人口增长必然受生活资料的限制；（2）只要生活资料增长，人口一定会增长，除非受到某种非常有力而又有显著抑制力量的阻止；（3）这些抑制人口增长并使之与生活资料的增长保持一致的抑制，可以归纳为道德的抑制、罪恶和贫困。马尔萨斯把这三点称为是自然的人口法则。

后来的经济学家把马尔萨斯这种悲观的人口论称为"低水平均衡人口陷阱"，或者称为"马尔萨斯陷阱"，其意指：当人均收入提高时，人口增长速度也必然随之提高，结果人均收入又会退回到原来的水平上。由于人口增长有自然的极限，除非投资规模迅猛提高到超过人口增长的水平，人均收入才有可能超过人口增长率。因此，在最低人均收入增长到与人口增长率相等的人均收入水平之间，存在着一个"人口陷阱"。在这个陷阱中，任何超过最低水平的人均收入的增长，都将被人口增长所抵消。

马尔萨斯人口陷阱理论在阐述人口增长与经济发展之间的关系方面，提供了一种简明而在某些方面又可取的理论。但是，由于这一理论的许多前提和假设过于简单从而失去了对现实的指导性。对该模型的主要批评为两个方面。首先，马尔萨斯人口陷阱模型忽视了技术进步的作用，这种作用足以抵消人口迅速增长所造成的阻力。马尔萨斯是以土地收益递减规律为基础来阐述其人口理论的，没有考虑技术进步的作用，因而对人类社会的发展前景做出悲观的预测。其次，马尔萨斯人口陷阱模型假定人均收入和人口增长率有正向的联系，认为收入的增加必然会导致人口的增加。但是在实际中的情形则完全不同，世界上的不同国家或同一国家的不同地区，往往是收入高的国家和地区比较成功地控制了人口增长，妇女生育子女的数目大大下降。恰恰是那些收入低下的国家和地区，人口增长率过高，越穷越生，越生越穷。也就是说，人口增长与经济发展存在负相关关系。

尽管人口陷阱模型存在缺陷与不足，但它所揭示的人口过度增长对经济发展的制约却是对许多发展中国家实际状况的理论概括，从根本上纠正了不顾经济发展条件，放任人口增长的做法。而制定有效的控制人口政策则是发展中国家的一个重要选择。

四、转型中的人口红利

当一个社会的经济处于马尔萨斯陷阱时，抑制人口增长对于帮助其经济跳出陷阱是有益的。但是在冲出人口陷阱之后，人口增长和结构变化对于经济发展不一定是坏事，甚至有可能促进经济增长。在经济学说史中，除了亚当·斯密在他的《国富论》中提出了人口增长有利于经济发展的论点，大部分古典和新古典经济学家在理论分析中都把人口因素抽象处理了，并把人口作为经济增长中的外生变量。近年来，随着新增长理论的兴起，人口增长又被看作经济增长的内生变量，不过，与马尔萨斯理论相反，人口增长被认为能促进经济增长，而不是抑制经济增长。新增长理论的观点是人口增长和人口规模扩大有利于促进技术进步和规模经济的实现。这里简单地介绍一下人口学家的一个观点，即人口转型过程中有一个阶段的人口年龄结构对经济增长起到重要促进作用。布鲁姆和威廉姆森将这种作用称为"人口红利"（demographic dividend）。

在人口转型过程中，由于出生率和死亡率在时间上的非同步性，不同时期会形成不同的年龄结构。布鲁姆和威廉姆森将年龄结构划分为三个阶段：高少年儿童抚养比时期、高劳动年龄人口比时期和高老年抚养比时期。一般来说，不同年龄段的人群，其经济行为也不同，因此，处于不同年龄结构阶段，人口对经济增长的影响是不一样的。在高劳动年龄人口比时期，社会负担率相对较轻，生产性较强，社会储蓄率较高，从而有利于经济增长。这一阶段具有的人口生产性就如同经济增长的一个额外源泉，即人口红利。如果某个国家和地区，在人口增长的进程中恰好处在这样一个最富有生产性的人口年龄结构时期，人口红利的窗口就会打开。当然，人口红利的发生并非一件自然而然的事情，必须为之创造一系列的条件，比如说要有竞争充分的经济制度、人力资本积累的社会环境、灵活有效的劳动力市场等。[①]

　　布鲁姆和威廉姆森的研究表明，东亚经济奇迹之所以能够出现，在非常显著的程度上是因为人口红利在发挥作用。日本和亚洲"四小龙"——它们的人口转型始于 20 世纪 40—50 年代，在 20 世纪 70 年代以前，其人口年龄结构处于高少年儿童抚养比阶段，经济增长受到了抑制。伴随着时间的推移和人口转型的推进，他们步入了高劳动年龄人口比阶段，劳动力供给非常丰富，促进了经济增长。据估算，在 1970—1995 年，日本和亚洲"四小龙"的人口红利贡献的经济增长约在 1.5%~2.0%，占其稳态经济增长的 1/3~1/2。

　　"人口红利"因素不仅被普遍认为是东亚经济成功的关键，而且对中国经济发展同样做出了很大的贡献。2008 年，中国 15~64 岁人口占总人口的比重高达 72%，世界上达到这个比重的大国只有韩国和俄罗斯，其余的大国都低于这个比重。[②] 中国有学者指出，从 20 世纪 60 年代中期以来，中国的少儿抚养比以及总体抚养比迅速下降，产生了两个潜在的促进经济增长的源泉：第一，在具备劳动年龄人口比重大这一潜在人口优势的条件下，经济活动人口占比和劳动力就业率均保持在较高水平上，这意味着由人口结构产生的充足劳动力资源得到了较好的利用，致使我国劳动力成本低廉。第二，经济活动人口比例高且就业率较高，社会抚养比低，使得社会消费率低而储蓄率高。改革开放以来，中国储蓄率始终保持在 30% 以上，进入 21 世纪每年的储蓄率甚至高达 40% 以上，高储蓄率是高投资率的基础，因此中国的投资率一直处于很高的水平上，位于世界前列。[③] 一项研究表明，20 世纪八九十年代特别是进入 21 世纪初的 20 年时间，人口红利因素对中国 GDP 的增长做出了很大贡献，中国 GDP 中有超过 10% 是由"人口红利"因素所创造的。[④]

　　由于人口老龄化加速，中国总量劳动力数量自 2013 年以来呈绝对下降态势，预计这个趋势会越来越快；与此同时，60 岁以上老年人口绝对数在快速上升。因此，中国劳动力人口占总人口比重在持续下降。这意味着中国的人口红利已经消失，人口红利的时间窗口正在关闭，中国经济增长将必须转变到主要依靠人口质量的提高上。

五、人口老龄化对经济社会发展的不利影响

　　随着发展中国家经济的发展和人口增长率的下降，人口老龄化问题日益凸显，

①　David E. Bloom and Jeffrey G. Williamson, "Demographic Transition and Economic Miracles in Emerging Asia", *World Bank Economic Review*, vol. 12, no. 3, 1998, pp. 419-455.

②　世界银行：《2010 年世界发展指标》，中国财政经济出版社 2010 年版，第 62—64 页。

③　蔡昉：《人口转变、人口红利与经济增长可持续性——兼论充分就业如何促进经济增长》，《人口研究》2004 年第 2 期。

④　陈友华：《人口红利与中国的经济增长》，《江苏行政学院学报》2008 年第 4 期。

尤其是对于中国这样的发展中大国，表现得尤为突出，已成为一个不容忽视的重要问题。

随着第二次世界大战以后大部分发展中国家先后步入工业化过程，其经济发展了，社会进步了，特别是医疗卫生条件的改善和发展援助的实施，使得大多数发展中国家人民的健康水平有了普遍的提高，预期寿命有了显著的提高，同时，从表 11-1 中看到，除低收入国家之外，中低收入和中高收入国家的人口出生率和人口增长率也在趋于下降。进入 21 世纪以后，人口"老龄化"的浪潮不仅席卷大多数发达国家，也成为众多发展中国家的普遍现象，其中，中国作为一个发展中国家，人口老龄化问题更为突出。如前所述，中国经济目前还处于中高收入阶段，但人口转型已经进入第四个阶段，与发达国家处于同一个阶段。这表明中国的人口老龄化提前到来。

中国超前老龄化的原因有两个。一个是客观规律使然。中国经济的迅速发展和人民生活水平的显著提高以及卫生保健条件的持续改善，使得人均寿命显著增加。根据国家卫生健康委员会 2022 年公布的数据，我国目前人均预期寿命已经达到 77.93 岁，比较 1981 年的 67.80 岁增加了 10.13 岁。在分省市的人均预期寿命数据中，北京、上海、广州、深圳四大城市最新发布的平均预期寿命均超过 82 岁，达到国际先进水平。其中上海市的人均预期水平最高，达到 84.11 岁。另一个是政策所致。中国在 1980 年开始实施一胎化政策，到 2016 年放开到二胎，这意味着一胎化政策实施了 35 年之久，导致中国人口出生率下降过快。这两个因素的综合导致中国人口老龄化加速到来。

根据联合国的界定，60 岁及以上人口占到总人口的 10%，或者 65 岁及以上人口占到 7%，就标志着一个国家进入老龄化社会了。当前，全球每 9 个人当中就有一个人年龄在 60 岁或以上。据预测，到 2050 年，全球每 5 人当中就将会有一个人超过 60 岁，而在中国，这个数字将为每 3 个人当中有一人。根据联合国标准，中国在 21 世纪初就开始进入老龄化社会，中国 65 周岁及以上人口所占比重逐年在上升。2018 年年末中国大陆人口中 60 周岁及以上人口为 24 949 万人，占总人口的 17.9%，其中 65 周岁及以上人口为 16 658 万人，占总人口的 11.9%。同期，中国 16 岁以下人口的比重为 17.8%，60 岁及以上人口在总人口中所占比重首次超过了 16 岁以下人口所占的比重。国家统计局发布的数据显示，截至 2022 年年末，我国 60 岁及以上人口为 28 004 万人，占到全国人口的 19.8%，其中 65 岁及以上人口已达 20 978 万人，占全国人口的 14.9%。目前，全球每四位老年人中就有一个中国人，中国正在逼近中度老龄化社会。2022 年中国 80 岁及以上老人高达 3 660 万，中国的老龄化社会呈现出高龄化、空巢化、失能化的明显特征。预计到 2025 年，60 岁及以上人口将达到 3 亿，成为超老年型国家。如何应对过快的老龄化对于中国经济和社会发展带来的持久的消极影响，无疑是一个重大挑战。

人口老龄化对劳动力供给和劳动生产率造成不利影响。首先，人口老龄化导致劳动力供给的下降。从宏观上看，劳动力是生产的基本要素，在其他要素不变的情况下，劳动供给数量的下降，产出就得下降，经济增长减速。其次，从微观上看，在劳动需求不变的情况下，劳动供给下降也会导致劳动力出现短缺，致使工资上涨，劳动成本相应增加，企业成本上升，削弱企业的国际竞争力。再次，人口老龄化降低了劳动生产率。随着年龄的增长，劳动者的身体机能也会随之退化，体力和脑力都处于衰退状态，不仅不能胜任现有的工作，而且年长的劳动者在企业引进新技术、新设备时，也不能尽快地接受新的技术、学会操作新的设备，这很大程度上降低了劳动生产率，直接影响了经济的发展。最后，劳动人口年龄结构老化也不利于科技创新。创新是一国技术进步的源泉，而年轻人一般比老年人有更多创新热情和创新动力。如果劳动力结构中老年人比例上升，显然不利于科技创新和技术进步；而技术进步是经济增长的主要源泉，创新不足显然抑制了经济增长的可持续性。

人口老龄化对投资、储蓄和消费都带来不利影响。以上所讨论的"人口红利"在老龄化阶段消失了。在生命周期中，老年人处于负储蓄阶段，因此，老龄化将导致储蓄率下降，消费率上升。同时，由于老年人对住房、汽车、电子信息等这些支柱产业的产品需求没有年轻人大，因此老年人口比重上升，很可能会使得总需求萎缩，投资率就相应下降。这将会导致经济增长放缓，甚至出现停滞。

为了应对人口和劳动力负增长以及人口老龄化问题，我国应该在生命周期的两头同时采取政策。一是要取消计划生育政策。我国出生率已经连续多年出现下降，在放开二胎政策之后，出生率虽有一个短暂回升，但紧接着新出生人口数又快速下降，而且这种趋势还会不断加剧。我国自 2013 年放松一胎化政策以来，2016 年调整到普遍二孩，2021 年又进一步调整到三孩。我们认为，鉴于我国出生人口持续下降、适龄妇女生育意愿较弱的现状，限制家庭生育子女数量的政策明显不合时宜，建议应完全取消计划生育政策，让生育权回归家庭。不仅如此，还应采取各种鼓励措施，提高适龄妇女的生育意愿和能力。二是要加快制定银龄人口的就业政策。目前，人社部出台了关于延退政策和弹性退休政策，相对于以前的退休年龄规定，是一个重大的进步。但是，我国人均预期寿命已达到 78 岁了。在退休后的人群中有很大一部分人有经验、有专长，身体也很好，他们能够继续为社会工作多年，是一份宝贵的人力资源。国家应该制定和修改相应就业政策让这部分银龄人力资源更好发挥他们的作用。

第二节　发展中国家的劳动力市场与失业

广大发展中国家人口的过度增长，必然导致就业负担沉重。从目前来看，几乎所有的发展中国家的劳动力失业和不得其用主要是人口过快增长的结果。而发展中国家的就业和失业状况又与发展中国家劳动力市场的结构特征密切相关。

一、发展中国家劳动力市场的二元结构

（一）正规部门与非正规部门

与发达国家的劳动力市场相比较，发展中国家劳动力市场最明显的结构特征就是其二元性。正如我们在第一章中所阐明的，二元经济结构是发展中国家的本质经济特征，而劳动力市场的二元性正是二元经济结构在劳动力市场上的具体体现。

城市正规部门也称为现代部门，这一部门是由支付较高工资并提供稳定工作的大厂商和政府部门组成的。现代的私人部门——往往由一些大公司组成——常常享受政府给予的许多特权，譬如关税减免、市场垄断、优惠贷款与进口许可证等。这些现代企业能够采用先进的科学技术，获得规模经济效益和垄断利润，从而能够对雇员支付较高的工资、津贴及福利，譬如养老金和医疗保险等。现代的公共部门具有稳定的工作机会和各项津贴与福利。尽管工资收入有可能低于私营大公司，但通常也会成为求职者向往的就业好去处。在城市正规部门工作的工人或员工，通常都具有较高的素质，接受过一定程度的教育，具有较高的文化水平和熟练的技术，从而具有较强的技术创新能力和较高的劳动生产率。由于进入城市正规部门能够获得较高的收入和福利，因此吸引了越来越多的农村剩余劳动力向城市流动，涌入这些部门。然而，这些部门吸收剩余劳动力的能力是有限的，在劳动力的供给远远大于需求的情况下，大多数从农村转移来的剩余劳动力，便不得不进入报酬收入较低的城市非正规部门。

城市的非正规部门通常都是由一些传统的、无组织的小微企业、个体工商业者以及进入城市的打零工者组成。中等收入和低收入国家中，通常经济发展的水平越低，在这些城市非正规部门就业的人数就越多。年龄从未成年到花甲甚至耄耋之年，遍布各个年龄段。这些人的从业领域也极为广泛，从小商小贩、保安、手工匠、搬运工，到个体饮食摊主、街头艺人、医院护工、家庭保姆以及生产各种产品的小微企业、家庭作坊，也包括正规部门雇佣的无"五险一金"的按天支付工资的临时工人。非正规部门类似于竞争市场，其工作报酬由于竞争而趋向于市场均衡水平。与城市的正规部门相比较，在这些非正规部门从业的劳动者的明显特征是没有接受过多少正规教育，文化与技术水平较低，主要是从事繁重的体力劳动，劳动生产率低下，靠挣辛苦钱甚至是血汗钱为生。更为不幸的是他们虽然辛劳一生，却既不能享受通常正规部门所能享受的劳动保护措施及其相应的福利，也不能享受比较文明的工作条件和老年退休金。

关于发展中国家城市劳动力市场的这种结构特征，第六章介绍的托达罗模型对其进行了理论分析。该模型用成本—收益的标准经济学方法，较有说服力地解释了发展中国家大城市普遍存在的大量失业和农村劳动力不断向城市流动寻找工作的矛盾现象，弥补了刘易斯二元经济发展模型在这方面的缺陷。实际上，在广大的发展中国家，从农村转移出来的剩余劳动力并非直接进入刘易斯所说的"现代部门"，而是进入了城市的非正规部门，专门去从事那些既费力又不挣钱的"粗活"。无论是从历史上还是从现实中来看，这种状况其实都是一种普遍的现象，从美国的有色人种，到英国的印巴移民，再到拉美国家大城市存在的贫民窟人群，都是城市非正规部门的主力军。

（二）中国的劳动力市场二元结构的变化

改革开放以前，中国实施计划经济，不存在城市正规部门和城市非正规部门之分，进入劳动年龄的年轻人都由国家安排就业，或者在国有企业就业，或者在集体企业就业。劳动者终身在一个单位就业，劳动力流动情况几乎不存在。这一时期，中国资本稀缺而劳动力资源丰富，加上实行优先发展重工业的发展战略，经济中存在着大量的冗员和隐蔽性失业。[1]

1978 年以后，伴随着经济市场化程度的提高，劳动力市场也开始形成，原计划性的、刚性的、单一的就业模式开始向分散的、灵活的、多元的就业模式转变，城市非正规部门开始发育壮大。1978—1990 年，农村剩余劳动力主要在乡镇企业就地转移，城市非正规部门劳动力主要以个体、私营从业人员为主。20 世纪 90 年代初以后，农村劳动力开始大规模、快速向城镇转移，出现了一波又一波民工潮。如托达罗模型所表明的，在多重二元结构的背景下，这些流入城市的农民工较难在城市正规部门中就业，多流向制造业、建筑业和低端服务业等城市非正规部门，且在报酬上和城市劳动者存在着系统性差异并持续扩大。20 世纪 90 年代中后期，受国企改革的加速和经济周期的影响，中国的城市正规部门经历了大规模的结构调整和职工下岗。据统计，1996—2000 年，城市正规就业累计减少 4 659 万人。这些劳动者重新就业时，大多进入城市非正规部门，与农业转移劳动力一起，构成城市非正规就业的重要组成部分。城市正规部门也出现了非正规就业的劳动者，他们虽然在城市正规部门工作，却不享受城市正规部门的制度工资和各项福利待遇。改革开放以来，城市非正规就业人员占城镇就业比重持续增加，从 1978 年的0.17%提高到 1990 年的 17.5%、1995 年的 19.69%，而后大幅提高到 2004 年的58.69%。农业转移人口基本上都在城市非正规部门就业。中国 2021 年农民工总量为 29 251 万人，其中外出农民工 17 172 万人，占当年城镇就业人口 46 773 万人的

---

① 吴要武、蔡昉：《中国城镇非正规就业：规模与特征》，《中国劳动经济学》2006 年第 2 期。

36.7%。如果加上城镇居民在城市非正规部门就业的比重，在城市非正规部门就业的比重有可能超过 60%。可见中国城镇就业结构非正规化趋势非常明显。与此同时，城市新兴正规部门，如外资企业、股份有限公司、有限责任公司的就业比例也逐年上升，城市正规部门就业也呈现出新的特点。

二、发展中国家失业的多样性

与发达国家比较单一的失业类型相比较，发展中国家的失业则呈现出复杂的多样性：既存在着大量的公开失业与非公开失业，又存在着严重的隐蔽性失业。

（一）劳动力的闲置

劳动力的闲置即失业，有自愿闲置和非自愿闲置两种。

1. 劳动力的自愿闲置

劳动力的自愿闲置有以下三种类型：（1）提前退休（prematurely retired）。是指劳动者还未到退休年龄，便自动或者被强制提前退休，赋闲在家。这种情形，从表面上看不算失业，实际上却是使一部分经验丰富、有工作能力的人提前离开劳动力市场，是人力资源的一大浪费。（2）沮丧的劳动者（discouraged worker）。有些劳动者长时间找不到工作，因而十分沮丧，最后放弃了寻找工作的念头，退出劳动力市场，这也是一种被闲置的劳动力。这种情形看起来是自愿闲置，但实际上属于隐性非自愿失业。（3）隐蔽性失业（hidden unemployment）。许多就学于电视大学（开放大学）、函授学校的人和家庭妇女均属于此类。他们从事家务劳动或上补习班仅仅是第二选择，而非第一选择，就业才是他们的第一选择，却找不到合适的机会。

2. 劳动力的非自愿闲置

劳动力的非自愿闲置也有三种类型：（1）摩擦性失业（frictional unemployment）。是指有些劳动者因为工种变换而赋闲在家等待新的工作，有些劳动者则因为工作地区的调动而引起暂时闲置。（2）周期性失业（periodic unemployment）。这种失业是由经济周期引起的。每逢经济衰退，许多工人失业，而当经济复苏又会重新被雇用。（3）结构性失业（structural unemployment）。这是指由于社会生产与消费结构的改变而引起的失业。例如，三轮车被汽车淘汰造成三轮车工人失业，传统银行网点被互联网金融取代而造成银行系统裁员。

（二）劳动力利用不充分

在发展中国家，更为普遍的现象是劳动力不得其用。有些人虽然也有一份工作，可是没有充分发挥其作用。发展中国家官方发表的失业统计没有反映这种情况。这种劳动力的利用不充分主要有以下几种：（1）打零工（part-time workers）。这部分人并非每天都有工作，如在补习学校任课的教师只拿钟点费，没有全薪，也没有福利。（2）季节性工人（seasonal workers）。有些工作是季节性的，全年只有一定的季节才有工作，如建筑工、锅炉工、糖厂工人等。（3）显性就业不足（visible underemployment）。如常常有的人每日只做半天工作。（4）隐性就业不足（invisible underemployment）。名义上有一份全日工作，但实际上所承担的任务半天就可完成，不过是由几个人分担一个人就足以胜任的工作。这种现象在发展中国家的政府部门和国有企业最为普遍，常常被称为冗员，这是政府和国企工作效率低下的主要原因。

（三）劳动力的低效利用

劳动力的低效利用有以下三种类型。（1）有些人有一份全日工作，工作时间很长（早到、迟退），但劳动效率极低。（2）多余劳动力（redundant labor）。这是由于劳动力与其他生产要素配合不当而造成的。例如，发展中国家农村地少人多，又缺乏资本和其他就业机会，家庭的全部成员都聚集在有限的土地上耕作，但实际上不少人都是多余的。这部分人即使离开土地，产量也不会减少，即他们的劳动边际生产率等于零。这就是刘易斯所说的剩余劳动。（3）学非所用（mis-match）。许多人所学的专业知识和技术与其所从事的职业不对口，如学物理的去开出租车，使这些人的聪明才智得不到发挥。这种情况主要是由于发展中国家在教育体制方面的缺陷所致，也受到社会风气、人们的传统观念的影响。

三、发展中国家失业及其原因

发展中国家的失业率与发达国家一样高，甚至更高。1990—1992 年，22 个失业率高达 10%的国家和地区中，有 12 个是发展中经济体，10 个是发达经济体。在 2005—2008 年，发达国家的失业率大幅度下降了，但发展中国家的失业率仍然很高，在 19 个失业率超过 10%的国家和地区中，只有一个属于发达国家，其余 18 个都属于发展中经济体。2013 年，在世界 55 个失业率高达 10%及以上的国家和地区中，有 48 个是发展中国家和地区。这表明发展中国家的失业率很高而且长期得不到改善。

与发达国家相比，发展中国家的失业具有一个重要特点，即发展中国家的高失业率是持续性的，即使在经济高速增长时期，失业率也很高。而发达国家的高失业率是周期性的：经济衰退时期，失业率很高；经济繁荣时期，失业率就降到较低。例如，在 20 世纪 90 年代，发达国家的失业率都很高，不少国家失业率高达 10%以上；但进入 21 世纪以来，经济开始复苏和增长，失业率就降下来了。因此解决发展中国家的失业问题远比发达国家困难得多。

与发达国家一样，发展中国家的城市失业也是由城市劳动市场供求失衡造成的，劳动供给大于劳动需求，部分劳动者就必然处于闲置状态。值得注意的是，发展中国家的具体情形与发达国家是完全不同的，可以从供给与需求两方面加以解释。

从供给方面看，发展中国家城市劳动力的增长不外乎来自两方面，一是城市人口的自然增长，二是乡村流入城市的人口的增长。由于农村人口占绝大部分，因此，城市人口的增长主要是来自农村人口的迁入。与之相比，在发达国家，由于城市化程度高，城市人口的增长主要是城市人口的自然增长。

从需求方面看，城市工业部门创造就业机会的能力较弱，从而导致了发展中国家严重的失业。发展经济学家对此提出了许多解释，其中有两派观点特别值得提及，一是结构学派的"要素比例固定说"，一是新古典学派的"要素价格扭曲说"。结构学派认为，工业部门使用的是现代的资本密集型技术，其特点是资本—劳动要素比例刚性。因此，要增加劳动就业，不能靠调整要素价格，而只能依靠更大的资本投资。要素比例固定说遭到新古典学派的批评。新古典学派经济学家坚持认为，现代工业技术不是刚性的，要素比例是可以改变的，也就是说，劳动与资本是可以相互替代的，失业问题主要是要素价格扭曲的结果。劳动者失业是由于要素市场的不完全性扭曲了要素价格，阻碍了要素的充分就业。而这种扭曲是由政府一系列干预造成的，政府干预导致工资定价过高、资本价格过低，从而使得企业多使用资本而少雇佣劳动，最终导致大量失业。因此，要增加就业就要减少政府的干预，让市场机制来调节要素市场供求关系。

四、发展中国家全面城乡就业战略

发展中国家的失业和隐蔽性失业问题有着其深刻的历史、经济和政治原因，绝不是靠单纯提供就业机会就能解决的。要有效地解决这一问题，就必须制定并推行全面城乡就业战略。

第一，由于人口过度增长是造成发展中国家劳动力闲置和不得其用的根本原因之一，因此应采取严格的抑制人口增长的措施，能否有效地控制人口增长是这些国家能否突破马尔萨斯人口陷阱、解决失业问题的关键所在。

第二，加快经济结构调整和发展步伐，提高人均收入水平，而人均收入水平的提高最终会从根本上降低人口出生率，从而解决失业问题。加快农村的发展也有利于失业的减轻，它可以减缓农村劳动力向城市流动的速度和规模。

第三，推动教育体制改革，改变发展中国家不合理的教育结构。根据实际需要，扩大初等教育的比重，加强职业教育、技术培训、识字脱盲，提高国民就业能力，从根本上改变学非所用、学用脱节，以及毕业就失业的现象。

第四，加快消除劳动力市场的二元结构。例如，中国的劳动力市场二元结构既有劳动力素质方面的原因，也有制度约束方面的原因，主要是户籍制度的二元性还没有完全被破除，致使中国2亿多农民工中大多数在城市非正规部门就业。要消除城市二元劳动力市场，就必须破除户籍制度的藩篱，建立统一的城市劳动力市场。

第三节　人力资本形成

现代经济发展的实践表明，与人口数量相比，人口质量对一个国家的经济发展具有更为重要的影响。人力资源是指能够推动社会经济发展并具有劳动能力的人口总和。人力资源包括数量和质量两个部分：从数量上说，人力资源是一个社会可开发利用的、未经培训的现存的各种形态的劳动力的总和；从质量上说，人力资源是指通过人力投资而培养的具有某种技能的复杂劳动力。前者可以称为人力数量或劳动力数量，后者可以称为人力质量或劳动力质量。前面所讨论的是人力资源的数量问题，这一节重点讨论人力资源的质量，即人力资本问题。

一、人力资本概念及其在经济发展中的作用

人力资本理论强调的就是人口素质与经济发展之间的关系。发展中国家在经济发展过程中所面临的人口素质低下、人力资本匮乏的困扰，已成为制约发展中国家经济发展的主要因素。

（一）现代人力资本理论的形成

现代人力资本理论兴起于20世纪60年代，它主要探讨人口素质或质量的提高

拓展阅读11-2

人物简介：舒尔茨

及其对经济发展的作用问题，其主要代表人物是美国经济学家 T. W. 舒尔茨。他在1960年美国经济学会年会上发表的题为"人力资本投资"的演讲，引起了美国经济学界的轰动，后经加里·贝克尔的发展，使人力资本概念和人力资本理论在学术界迅速流行起来。

舒尔茨在农业经济问题的长期研究中发现，从20世纪初到50年代，促使美国农业生产率迅速提高和农业产量迅速增加的重要原因，已经不再是土地、人口数量或资本投入的增加，而是人的能力和技术水平的提高。舒尔茨指出：传统的经济理论认为，经济增长必须依赖于物质资本和劳动力的增加，这种观点已不再符合今天的事实，对于现代经济来说，人的知识、能力和健康等人力资本的提高，对经济增长的贡献远比物质资本和劳动力数量的增加要大得多。

因此，舒尔茨认为，完整的资本概念应该包括物质资本和人力资本两方面，

前者体现在物质产品上，后者则附着于劳动者身上，体现为凝聚在其身上的知识、技能等。正是基于这一认识，舒尔茨提出了人力资本的概念。所谓人力资本，就是体现在人身上的、通过后天投资而获得的劳动能力。舒尔茨同时还强调，人力资本和物质资本在投资收益率上是有差别的，人力资本的收益率高于物质资本的收益率，而教育则是人力资本形成的主要途径。这样，他的理论将经济学家的视线由"物"引向了"人"，并使人们认识到，"人"是经济发展中的主要因素，提高"人"的质量，成为经济发展的关键。

在此期间，E. 丹尼森、J. 明塞尔等诸多经济学家也涉足于该领域的研究。丹尼森和美国劳工部对 1948—1989 年美国经济增长源泉的估算表明，教育和知识进步对经济增长的贡献率达到了 42%，超过了物质资本的贡献率（37%），若把投入生产的劳动力的数量贡献也包括进去，则人力资本对经济增长的贡献率高达 63%。但是，他们只是用数据证实了人力资本贡献大于物质资本贡献的事实，没有从理论上对人力资本进行更深层次的分析。最终完成人力资本从具体到抽象的理论发展过程的，应当归功于美国经济学家加里·贝克尔。贝克尔分别于 1962 年和 1964 年出版了《人力资本投资：一种理论分析》和《人力资本：特别关于教育的理论与经验分析》，标志着现代人力资本理论的形成。贝克尔对人力资本理论的突出贡献主要表现在对人力资本的微观分析上。他从家庭生产和个人资源（特别是时间）分配的角度，系统地阐述了人力资本与人力资本投资问题。他提出生育孩子的直接成本、间接成本、家庭时间价值、时间配置、家庭中市场活动和非市场活动等概念，为人力资本的性质、人力资本投资行为提供了具有说服力的理论解释。因此，贝克尔和舒尔茨一起被公认为现代人力资本理论的创始人。

舒尔茨和贝克尔的人力资本理论提出之后获得了学术界的高度重视，成为学术界一个热点研究专题，其理论体系得到进一步完善。进入 20 世纪 80 年代，特别是 80 年代后期，人力资本理论研究的势头更加猛烈。美国经济学家罗伯特·卢卡斯在 1988 年发表了题为《论经济发展机制》的文章，把人力资本纳入长期经济增长模型中，得出人力资本是导致经济增长差异和国家穷富的关键要素，从此，在增长和发展理论文献中，人力资本也成为一个重要的研究方向。

（二）人力资本投资

同物质资本一样，人力资本也是通过投资形成的。所谓人力资本投资，就是通过对人力资源一定的投入（货币、资本或实物），使人力资源质量得到改善，并且这种改善最终反映在劳动产出增加上的一种投资行为。贝克尔指出，用于增加人的资源、影响未来收入和消费的投资就是人力资本的投资。但是，如何来鉴别和衡量人力投资的结构，却不像物质资本那样简单直观。这一方面是由于很难区分对人的投资中哪些属于消费性投资（维持生存），哪些属于生产性投资（形成人力资本）；另一方面，对人的种种投资所形成的素质提高及科学技术、工作能力的增长总是潜在的，很难及时表现出来并给人以直观印象，更难以用数字准确表达。因此，舒尔茨主张在对人力资本进行计量时，应该"是用它的产量而不是用它的成本来进行计算"。对人力资本的投资即人力资本的形成途径主要有以下几个方面：

第一，用于教育方面的投资。教育投资又称为智力投资，是用于提高人的智力、知识、能力和技术水平方面的投资，具体包括用在儿童早期教育、正规学校教育（小学、中学和大学教育）、职业培训（就业前、在职、继续教育等形式的职业教育）和专门技能训练等方面的各种费用支出。

第二，用于保健方面的投资。保健投资包括穿衣、住房、医疗服务、营养卫生、自我调养等有关身体保健方面的费用支出。这种投资转化为健康资本存量，表现为健康或无病时间增多或寿命延长等。因此，从广义上讲，凡是用于影响人力资源的寿命、力量、耐久力、精力等方面的费用，都可以认为是对保健的投资。

第三，用于劳动力国内流动的费用。在一国劳动力供大于求的地区，存在着人力的浪费，人力资本的作用得不到充分发挥，这显然是人力资本的损失；而对那些学非所用、用非所长的人来说，人力资本也得不到有效的利用。因为用于劳动力国内流动的各种费用支出，有助于调剂不同地区劳动力的余缺，并有利于发挥劳动力的作用，从而最大限度地提高人力资本的使用效率，所以也被视为是一种对人力资本的投资。

第四，用于移民入境的支出。移民入境是指国外的人口迁移到本国。如果入境的是专业人才，那就省去了本国的教育费用支出。即使是普通劳动者，那也等于省去了生育、抚养和入境前的保健费用。因此，用于移民入境的支出是一种对人力资本的投资，是一国人力资本形成的又一条途径。

与物质资本投资相比，人力资本投资具有以下三个特征。

第一，人力资本投资的连续性、长期性。人力资本投资的连续性体现为在生命历程的各阶段上都需要进行人力资本的投资：一个人在完成一定的正规教育之后，进入社会从事生产劳动，在这期间要接受各种在职培训；而退出劳动过程后，还要参与多种继续教育。不能因为处于生命历程中的某个阶段就中断人力资本投资，中断即是人力资本的贬值。从时间跨度上讲，人力资本投资要贯穿人的一生，这就是人力资本投资的长期性。

第二，人力资本投资的受益者与投资者的不完全一致性。投资者进行投资活动的目的之一就是获取收益。但是，由于人力资本是一种无形资本，它潜藏于人体之中，投资者无法将其拿出来单独投资，而只有通过其载体即人的活动才能获得收益。因此，对人力资本投资首先获益的往往是人力资源个体，即被投资者，而投资者则只有通过人力资源的各种活动才能受益。譬如，企业对企业员工的培训就属于此类投资。企业是投资者，获取收益的首先是企业员工。假如被培训的员工离开了这个企业，这个企业对员工的培训费用就不可能得到回报。这就是所谓的外部性问题。

第三，人力资本投资收益的多面性。人力资本投资的收益不同于物质资本投资的收益，它可以有多种表现形式，并且其具体的内容繁多。除了经济收益，人力资本投资还可以带来社会效益。用于教育、卫生保健等方面的投资，可以通过提高人的教育水平、素质和修养来提高人的社会经济地位，可以减少疾病对人类的危害，有利于人类社会的进步等。

二、发展中国家教育发展存在的问题与发展战略

第二次世界大战以后，发展中国家的教育取得了很大成就，教育在推动经济发展中的作用也日渐突出。但是，在发展中国家的教育中，也存在着一系列的问题，急需发展中国家政府采取相应的对策措施加以解决。

（一）发展中国家教育存在的主要问题

第一，公共教育费用增长迅速，但人均占有水平仍然很低。过去几十年间，发展中国家的教育有了很大的发展。从教育投资来说，许多发展中国家用于教育支出的比例都上升得很快。目前，发展中国家的教育经费占 GDP 的比率虽然还低于发达国家平均 5%~6% 的水平，但已经达到了平均 4% 的水平。然而，由于发展中国家 GDP 总量规模较小，而人口规模又极为庞大，因此，发展中国家的人均公共教育费用依然处于较低水平。目前，大多数发展中国家的人均公共教育费用都低于 100 美元，而发达国家的人均数绝大部分却在 1 000 美元以上，中等发达国家也在 100~500 美元之间。这表明，发展中国家虽然对发展教育做出了很大的努力，但还是没有从根本上改变教育落后的基本状况。

第二，教育结构不合理，基础教育被忽视。教育结构是指教育的不同层次的构成。一般说来，教育结构包括扫盲、基础教育、高等教育和非正规教育等内容。根据发展中国家的现实，这一结构应呈宝塔形，即上端小、底座大，把扫盲和基础教育作为国民教育的基础。然而，我们看到，发展中国家的投资偏好于高等教育。有学者统计了 3 个发达国家，每年每个受中等教育和受初等教育的学生的教育费用比是 6.6∶1，受高等教育和受初等教育的学生的教育费用比例为 17.6∶1；而在 7 个发展中国家，上述两类学生教育费用之比分别为 11.9∶1 和 87.9∶1。换言之，在发展中国家，一个大学生一年的教育费用可以让 80 多个适龄儿童入学。

第三，教育内容不合理，教育与实际严重脱节。发展中国家的实际情况是，70% 的儿童生活在农村，并在当地上学。由于中小学辍学率高，大概有 80% 的入学

者会在农村度过一生。根据这一特点，发展中国家的中小学教育应该与农村发展密切结合起来。但是，实际上中小学的教育很少向学生传授农村发展所需要的知识、技能和思想，它们的目的和任务是为学生升学做准备，学习的主要内容亦围绕升学基础而展开。

第四，教育体制扩大了不平等。在许多发展中国家，一年的中等教育学费大体相当于人均国民收入，而接受高等教育的费用则更远远超过低收入家庭的经济承受能力。因此，许多低收入家庭对中等教育不敢问津，对高等教育更是望洋兴叹。这实际上是一种严格按照家庭收入水平而不是依据择优录取的原则选拔学生的制度。这种状况导致了发展中国家大中学校在校学生中，中上等收入家庭出生的学生占多数，而低收入家庭因经济和其他原因实际上被丧失了接受中等和高等教育的机会。如果就某些发展中国家政府对于高等教育实行免费或近似免费的政策而言，由于大多数学生来自高收入家庭，因此，用公共财政资金建立的高补贴的大学教育，实际上是穷人对富人以"免费"高等教育的名义进行反补贴或者救济的一种形式。

第五，教育的"过度"发展和知识失业。教育的需求是由收入和成本决定的，教育的供给是由公共部门的财力和个人财力来决定的。但是，在发展中国家，教育的供给往往是单一的政府财力支出，个人支出很少。这样，就会导致个人收益率高于社会收益率，公众个人对教育的需求大大地超过了政府人力计划所预测的人力需求量。面对无限的教育需求，发展中国家政府在财力许可的范围内不得不提供尽可能的满足。结果，发展中国家的教育尤其是高等教育发展异常迅速。然而，在以二元结构为特征的发展中国家里，传统部门因收入太低而无力吸纳知识劳动者，导致知识劳动者都挤在了现代部门寻找工作。但现代部门的就业机会是有限的，学校培养出来的知识劳动者人数越来越大于现代部门所提供的新的就业机会数量，这导致一部分受过教育的劳动者找不到工作，成为知识失业者，引起知识失业、人才浪费或大材小用。

（二）发展中国家的教育发展战略与政策

发展中国家教育中存在的主要问题不仅是教育体制发展不足，更重要的是教育投资效率不高。所以，发展中国家应当采取旨在以提高教育投资效率为中心的教育发展战略与政策。

第一，调整教育投资方向。研究表明，大多数发展中国家的高等教育投资收益率低于中小学教育投资收益率，而盲目地发展高等教育，势必造成人才浪费和智力外流。而事实是许多发展中国家把教育投资的重点放在了高等教育上。所以，在教育经费有限的情况下，为了提高教育的投资效率，必须放慢高等教育发展速度，加快中小学尤其是乡村小学教育的步伐。同时，由于初等教育不仅是中等和高等教育的基础，而且是自学和农村应用技术学习和交流的基础，因此，发展中国家应当把大部分的教育预算用于发展初等教育和初中教育。

第二，改变教育体制以外的刺激和增加教育投资的个人支出。导致发展中国家教育过度发展和知识失业的两个重要原因，就是城乡收入差距的不断扩大和教育投入基本上由国家财政部门负担。因此，缩小城乡收入差距和增加教育投入的个人支出，有助于缓解教育体制特别是大学教育扩张的巨大压力。在国家对教育补贴时，由于穷人比富人受教育的程度低、受教育的机会少，因此，高收入家庭从政府的教育补贴中得到的好处比贫困家庭更多。所以，由私人来负担更大部分的教育费用有利于坚持收入分配公平的原则。增加教育费用的个人投入有两个可行性方案：一是通过学生交纳学费和教材费的办法推行成本回收机制；二是在高等学校中推行学生信贷计划。

第三，发展中国家不能只重视正规教育，而应当以同等的甚至更大的注意力去发展非正规教育。非正规教育的范围很广，包括在职训练、农业技术推广、成人识字、电视教学以及基本技能短期培训等。这些教育方式周期短、投资少但效益高，对低收入和以种种原因失去正规教育机会的人群最为有利。根据非洲国家的经验，在农业技术推广和手工业技能训练中结合扫盲和补习基本数学知识，其经济效益更高，能够以低于办正规小学的成本开发农村人口的人力资本。

第四，实施适当的教育机会限额分配制度。为了纠正发展中国家大多数正规学校中存在的不平等状况，需要有某种形式的限额分配制度，来保证低收入家庭的学生在中等教育和高等教育中所占的比例至少应该接近他们占总人口的比例。在现有体制下，由收入地位决定的"间接"地分配限额的制度往往决定了学生所能接受的教育程度。通过改革现行教育机会限额分配制度，保证有能力的低收入家庭的境遇，这将使教育能够充分发挥其作为经济和社会平等的媒介作用。

三、中国教育的发展与人力资本积累

根据人力资本理论，教育是人力资本形成的主要途径，教育落后是人力资本不足的重要原因，振兴教育是增加人力资本存量的根本战略。一个国家国民的教育水平和受教育程度，决定了其人力资本的存量及经济发展的速度和程度。中国经济快速增长过程也可以说是中国通过振兴教育从而使人力资本不断积累的过程。

（一）中国教育的发展

作为世界上最大的发展中国家，中国拥有世界上最为庞大的受教育人口。在

经历了几十年的发展以后，中国变成了世界上第二大经济体，同时也从一个文盲占 2/3 的国家发展为中学入学率高达 90% 以上的教育大国。进入 21 世纪以来，中国政府全面实施科教兴国的发展战略，坚持教育优先，积极推动教育改革，全面提高教育质量，努力促进教育公平。尤其是党的十八大以来，围绕培养什么人、怎样培养人、为谁培养人这一根本问题，习近平总书记提出了一系列新理念新思想新战略，形成了习近平总书记关于教育的重要论述，为新时代中国教育发展指明前进方向、提供根本遵循。

在习近平新时代中国特色社会主义思想指引下，在党中央、国务院坚强领导下，进入新时代以来，教育系统全面贯彻党的教育方针、落实立德树人根本任务，培养德智体美劳全面发展的社会主义建设者和接班人，促进教育公平，提升教育质量，加快推进教育现代化、建设教育强国，办好人民满意的教育，教育的中国特色更加鲜明，取得历史性成就，教育面貌正在发生格局性变化。

充足的教育经费投入是支撑教育事业稳健发展的先决条件。2001 年，中国的教育经费支出仅有 247.55 亿美元（图 11-3）。经过多年的不懈努力，尤其是进入新时代以来，教育事业加速发展，中国的教育经费支出猛增到 2 477.99 亿美元（图 11-4）。2022 年，全国一般公共预算教育支出为 4.15 万亿元，比 2017 年增长 37.7%，连续十年国家财政性教育经费占国内生产总值比例超过 4%。

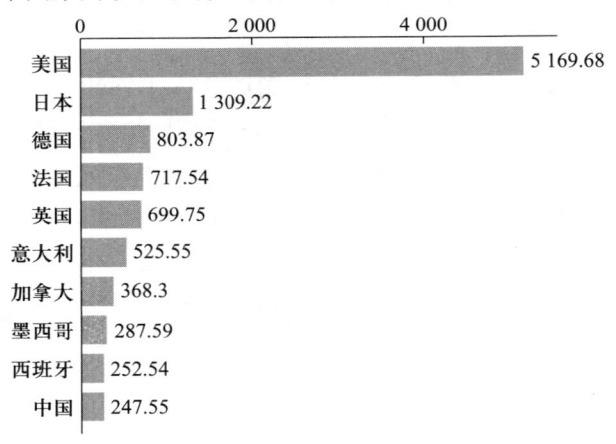

图 11-3　2001 年世界各国教育经费支出（亿美元）

数据来源：相关教育网站、世界银行等。

近年来，中国的教育普及水平实现了历史性跨越，更好地保障了人民接受教育的机会，不断提高了人民精神生活的质量。

目前，全国共有各级各类学校近 53 万所、在校生超过 2.9 亿人，专任教师 1 844.37 万人。全国共有幼儿园 29.48 万所，学前教育在园幼儿 4 805.21 万人，学前教育毛入园率 88.1%，比十年前提高了 23.6 个百分点。在实现全面普及的基

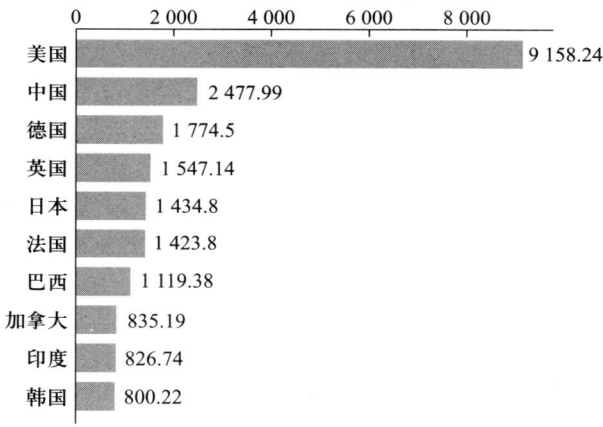

图 11-4　2018 年世界各国教育经费支出（亿美元）

数据来源：相关教育网站、世界银行等。

础上，全国共有义务教育阶段学校 20.72 万所，在校生 1.58 亿人，九年义务教育巩固率达到 95.4%，比十年前提高 3.6 个百分点。其中小学阶段在校生 1.08 亿人，初中阶段在校生 5 018.44 万人，进城务工人员随迁子女 1 372.41 万人。高中阶段教育毛入学率 91.4%，提高 6.4 个百分点。其中普通高中在校生 2 605.03 万人，中等职业教育在校生 1 311.81 万人。全国高等学校共计 3 012 所，其中普通高等学校 2 756 所（本科学校 1 270 所、专科学校 1 486 所），成人高等学校 256 所。另有培养研究生的研究机构 233 所。各种形式的高等教育在学总规模 4 430 万人。高等教育毛入学率 57.8%。上述各级教育普及程度达到或超过中高收入国家平均水平，其中学前教育、义务教育达到世界高收入国家平均水平，高等教育进入普及化阶段。[①]

（二）中国的人力资本积累与改善

中国是世界上第一人口大国，也是劳动力最为充裕的国家。在充分利用丰富的劳动力资源的同时，中国还大力进行人力资本投资。新中国成立以后尤其是改革开放以来，中国人民生活水平的不断提高和医疗卫生条件的持续改善，带来了国民素质显著提高，而最为明显和集中的体现就是国民预期寿命的大幅延长。2022年，中国人均预期寿命已达到 77.93 岁，与新中国成立初期的 48 岁相比，中国人均寿命提高了近 30 岁。当前中国的预期寿命已接近发达国家的平均水平。而美国疾控中心（CDC）公布的数据显示，受新冠疫情影响，2021 年美国平均预期寿命连续第二年下降，创下 1996 年以来的最低水平。2020 年美国的平均预期寿命为 77岁，比 2019 年平均预期寿命 78.8 岁减少了 1.8 岁；而 2021 年美国的平均预期寿

① 数据来源：《2022 年全国教育事业发展统计公报》，中华人民共和国教育部网站，2023 年 7 月 5 日。

命为 76.1 岁，较 2020 年的数据下降了近一岁，创下了美国近一个世纪以来最大幅度的两年累计下降值。

从教育角度来看，人力资本提高的一个重要指标是高等学校毕业生人数增加迅速。1949 年中华人民共和国刚刚诞生，一张白纸，百废待兴，各类人才极为匮乏，当年的高校毕业生仅有 2.1 万人。1978 年，全国普通高等学校毕业生 16.5 万人。1982 年是 1978 年春秋两季入学的四年制学生同时毕业的年份，当年同时毕业的七七和七八两级全国普通高等学校毕业生增至 45.7 万人，比 1978 年增加了 29.2 万人，为中国的改革开放和经济发展输送了大量急需的各类人才。2001 年，新世纪来临，全国普通高等学校毕业生人数首次突破了一百万，达到了 103.63 万人。21 年后的 2022 年，全国普通高等学校毕业生人数第一次突破了一千万，达到了 1 076 万。2023 年高校毕业生数量更是再创新高，预计将达到破纪录的 1 158 万人，同比增加 82 万人。我国大学毕业生人数的超常规发展，在如此短暂的期间内就使我国高等教育从精英化走向大众化，这在整个世界范围内都是一个显著的成就。

劳动力受教育年限是反映一国人力资本水平高低的重要指标。中国劳动力受教育年限增长之迅速给世人留下了深刻的印象。从 1990 年的 4.8 年上升到 2015 年的 7.48 年，再到 2020 年的 10.66 年。历经 30 年，我国劳动年龄人口平均受教育年限提高了 5.86 年，为推进中国式现代化进程奠定了扎实的人力资本基础。

从出国留学人员情况来看人力资本增加情况。据不完全统计，改革开放以来，从 1978 年到 2018 年年底，我国各类出国留学人员累计达 585.71 万人。其中 153.39 万人正在国外进行相关阶段的学习和研究；432.32 万人已完成学业；365.14 万人在完成学业后选择回国发展，占已完成学业群体的 84.46%，形成了中国近年来所特有的"海归现象"。大量海归学成回国，带回所学的知识和技术，促进了我国总体人力资本水平的大大提高。

根据教育部公布的 2018 年度我国出国留学人员情况相关数据显示，2018 年度我国出国留学人员总数为 66.21 万人；继 2017 年我国出国留学人员总数突破 60 万大关后，持续保持增长态势。其中，国家公派 3.02 万人，单位公派 3.56 万人，自费留学 59.63 万人。2018 年度各类留学回国人员总数为 51.94 万人。其中，国家公派 2.53 万人，单位公派 2.65 万人，自费留学 46.76 万人。

随着我国疫情防控取得重大决定性胜利和外部环境的改善，在疫情环境下处于低谷的海外留学状况正在逐步好转，对我国人力资本的可持续发展必将继续发挥重要的支撑作用。

2021 年，全国设置中等职业学校 7 294 所（不含技工学校），招生 488.99 万人，在校生 1 311.81 万人，分别占高中阶段教育招生总数和在校生总数的 35.08%、33.49%。中等职业学校毕业生可以继续接受高等专科、本科和研究生教育。2021 年，全国设置高等职业学校 1 518 所（含 32 所职业本科学校），招生 556.72 万人，在校生 1 603.03 万人。职业学校本专科招生人数和在校生总数分别占全国本专科高校招生数和在校生总数的 55.60%、45.85%。2022 年 12 月，中共中央办公厅、国务院办公厅印发了《关于深化现代职业教育体系建设改革的意见》（以下简称《意见》），并发出通知，要求各地区各部门结合实际认真贯彻落实。《意见》在总体要求中阐释指导思想，强调要以提升职业学校关键能力为基础，以深化产教融合为重点，以推动职普融通为关键，以科教融汇为新方向，充分调动各方面积极性，统筹职业教育、高等教育、继续教育协同创新，有序有效推进现代职业教育体系建设改革，切实提高职业教育的质量、适应性和吸引力，培养更多高素质技术技能人才、能工巧匠、大国工匠，为加快建设教育强国、科技强国、人才强国奠定坚实基础。由此表明，职业教育已经成为并将继续成为中国教育发展和人力资源开发的重要组成部分。

但是，中国的教育发展仍然存在一些问题。例如，以升学为主要目标的教育体制导致所学知识与社会需要不匹配问题，以培养技工为目标的职业教育与以培养研究型人才为目标的普通教育的结构不均衡问题，专业和课程设置与社会发展实践脱节的问题，基础知识训练与创新能力培养之间的不协调问题等。这些问题的存在说明中国教育资源配置效率还有待提高。此外，我国人力资本积累很快，但与发达国家相比人力资本存量仍然比较低，中国的高等教育入学率与韩国和日本相比还相对较低。中国劳动力受教育程度虽然有很大提高，但与发达国家相比仍然偏低，日本和美国等发达国家劳动力平均受教育年限达到 12 年及以上，中国才达到 10.9 年，还存在着一定差距。因此，在高质量发展阶段，为了实现现代化目标，必须把提高人力资本水平作为一项重要战略性任务。一方面，进一步加大教育的投入力度，加快提高劳动力素质；另一方面，深化教育体制改革，促进教育资源利用和配置效率的不断提高。

思考题

1. 试比较发展中国家和发达国家人口转型的差异。
2. 什么是人口红利？人口红利是如何影响中国经济增长的？
3. 结合中国实际，讨论人口老龄化对经济发展的不利影响。
4. 发展中国家的劳动力市场的基本特征是什么？存在哪些类型的失业？
5. 人力资本理论的主要内容是什么？如何增加发展中国家的人力资本？

6. 试述中国教育取得的成就和存在的问题。

▶ 即测即评

 请扫描二维码进行在线测试。

第十二章　资本形成与金融发展

在发展初期，推进经济发展的主要动力是资本，资本被认为在经济发展中发挥着主导作用。如何在有效的金融体系内筹集发展所需要的资本就成为发展经济学研究的重要课题。

第一节　资本形成及其在经济发展中的作用

什么是资本和资本形成？资本形成在经济发展中的作用是什么？作为最大的发展中国家，中国经济增长中资本积累的作用有多大？进入中高收入阶段之后，投资驱动型发展模式为何要转变？本节主要回答以上问题。

一、资本与资本形成概念

对资本概念有两种理解：一种是表示人与人之间的一种关系，如掌握资本的人通过雇佣劳动来剥削劳动者创造的剩余价值，是资本的人格化，属于生产关系研究的范畴，马克思的《资本论》正是从这个角度来揭示资本主义社会的主要矛盾的。另一种是指一种生产要素，是能够产生收益的东西，如机器厂房之类等物质资产，属于生产力范畴。本章从生产力角度来讨论资本，即把资本当作生产要素对待。

基于经济发展分析的需要，我们将资本从广义与狭义两个方面进行定义。广义的资本就是能够长期产生收入流的一切东西。按照这个定义，能够扩大生产能力及提高生产效率的各种生产要素都可以被称为资本。这种定义下的资本可以分为物质资本、人力资本、金融资本与社会资本。物质资本是一定时期内的货币投入转化的生产资料，是用来生产其他消费品或资本品的耐用品；人力资本是人们依靠自身所掌握的知识、技术、智慧和经验等在经济活动中获得收益的能力；金融资本从广义上理解，是指所有进出金融市场的货币、金融工具或金融资产；[1] 社会资本是一种无形资本，如社会网络、社会规范、社会信任、人际关系、人的信誉等。狭义的资本仅指物质资本。对发展中国家而言，一般是劳动力充裕但物质资本匮乏，因此发展经济学家们更重视物质资本的积累对经济发展的作用。狭义的资本具有以下几个特点：第一，生产性，资本是投资的结果即资本形成的结果，

---

[1]　冯金华：《敲开希望的大门：发展经济学》，当代中国出版社 2002 年版，第 117 页。

很大程度上代表了现有的生产能力；第二，耐用性，资本在生产过程中逐渐被消耗，其价值回收是通过折旧来实现的；第三，增长性，物质资本代表现有的生产能力，且决定着未来的生产能力。

资本的来源是储蓄，资本形成就是将储蓄转化为投资，投资形成一定的资本形式，产生一定的生产能力。资本形成率通常也就是投资率。需要指出的是，这里所说的资本形成不包括折旧，而是净投资或者净资本形成，即总资本形成减去折旧。

对资本形成的把握和理解，必须注意以下几点：第一，它是从生产力范畴而不是从生产关系范畴定义的，即资本形成与一切生产性的投资活动相联系；第二，资本形成表现为物质资本的形成，代表的是现有和未来的生产能力，但不包括人力资本、金融资本和社会资本的形成；第三，资本形成既是过程又是结果，过程强调的是储蓄转化为投资的机制，结果强调的是耐用品形成的数量和质量。

二、资本形成在经济发展中的作用

早期的发展经济学家们非常重视物质资本形成对经济发展的作用。他们认为，在发展中国家的经济发展过程中，资本形成率越高，经济增长率就越高，因而资本形成成为经济发展中最为关键的因素。

（一）资本形成促进经济发展的理论

许多发展经济学家从理论上分析了资本稀缺对经济发展的阻碍作用，解释了发展中国家贫困的根源，论证了资本形成是经济发展决定性因素的观点。

1. 纳克斯贫困恶性循环理论

纳克斯提出了一个著名的贫困恶性循环理论。[①] 他认为，低收入既是发展中国家贫穷落后的结果，也是其原因。从供给方面看，低收入导致低储蓄供给从而使资本缺乏，资本缺乏又导致低劳动生产率，进而导致低收入；从需求方面看，低收入降低了购买力，低购买力导致投资引诱不足，投资引诱不足又导致资本积累不足，进而导致生产规模减小、劳动生产率难以提高，而低生产率又导致低产出和低收入水平。如此往复，形成恶性循环。正如纳克斯概括的那样："一个国家穷是因为它穷。"而解决问题的关键在于增加储蓄和投资，而且要对许多行业同时进行大规模投资，使行业之间的产品形成相互需求，从而扩大市场容量，冲破贫困的恶性循环，促进经济发展。

---

① R. Nurkse, *Problems of Capital Formation in Underdeveloped Countries*, Oxford：Oxford University Press，1966.

2. 纳尔逊低水平均衡陷阱理论

纳尔逊在 20 世纪 50 年代中期发表了一篇论文①，认为发展中国家人民普遍处于生活贫困状态，高死亡率抑制人口增长，而一旦人均收入增长快于人口增长，生活改善将降低死亡率，人口就开始增长；但快速的人口增长又将人均收入水平拉回到原来的低水平状态，这样在发展中国家就存在一个低水平均衡陷阱。这实际上就是马尔萨斯的贫困陷阱论。怎么跳出这个"陷阱"呢？纳尔逊认为只有通过大规模投资，才能跳出贫困的恶性循环，使人均收入水平增长速度超过人口的增长速度。由于边际报酬递减规律，在其他条件不变的情况下，资本和劳动的边际生产率会降低，从而降低国民收入增长速度，最终国民收入增长速度与人口增长速度相等，达到一个新的稳定的高水平均衡状态。

3. 罗森斯坦-罗丹的大推进理论

罗森斯坦-罗丹在 20 世纪 40 年代中期就对东欧和东南欧战后重建问题发表了自己的观点②，提出了大推进理论。该理论认为，由于资本、储蓄和市场需求具有不可分性，小规模、个别部门或者个别产业的投资难以启动一个停滞的经济，要从根本上推动经济起飞，只有对所有的产业部门同时进行大规模投资，尤其是基础设施部门的投资，即采用"大推进"式的发展战略，冲破市场狭小的束缚，使各部门同时发展起来，才能摆脱停滞，进入工业化。

4. 莱宾斯坦的临界最小努力理论

美国经济学家莱宾斯坦在 1957 年出版的一部著作中③，通过引用"低水平均衡陷阱"理论，提出了经济发展的"临界最小努力"理论。他认为，发展中国家在经济发展过程中存在着两种相互对立与制约的力量，即提高收入与压低收入的力量。提高收入的力量决定于上一期的收入水平和投资，压低收入的力量决定于上一期的投资规模和人口增长速度。当压低收入的力量大于提高收入的力量时，人均收入增长会被人口过快增长所抵消并退回到原来的"陷阱"中；只有当提高收入的力量大于压低收入的力量时，人均收入才会大幅度提高，从而打破低收入稳定均衡。也就是说，要打破"恶性循环"，跳出"陷阱"，必须使投资率达到一个临界水平，使国民收入的增长超过人口的增长，从而人均收入水平得到明显的提高，即以"临界最小努力"使国民经济摆脱极度贫困的境地。

---

① R. R. Nelson, "A Theory of the Low-Level Equilibrium Trap in Underdeveloped Economies", *The American Economic Review*, vol. 46, no. 5, 1956, pp. 894-908.

② P. N. Rosenstein-Rodan, "Problems of Industralization of Eastern and South-Eastern Europe", *The Economic Journal*, vol. 53, no. 210/211, 1943, pp. 202-211.

③ H. Leibenstein, *Economic Backwardness and Economic Growth*, New Jersey：John Wiley & Sons, 1957.

以上理论都属于贫困陷阱理论的一部分，提出的观点具有一致性，即：发展中国家已陷入长期停滞贫困状态之中，要冲出停滞状态、跳出贫困陷阱，就必须进行大规模投资。这些发展理论为发展中国家增加资本投资提供了理论依据。

（二）资本积累对发展中国家经济增长贡献的实证分析[①]

发展经济学家普遍认为，与发达国家相比，资本对经济增长的贡献在发展中国家要更大一些，这主要是因为发展中国家资本稀缺，资本边际报酬较高。此外，资本积累能促进原有较低水平的分工与专业化程度得到提升，使资源与生产要素从生产率较低的部门转移到生产率较高的部门，从而促进经济发展。

美国经济学家安格斯·麦迪逊将影响经济增长的因素分为资本资源、人力资源与资源配置效率三类，他对 22 个发展中国家和地区 1950—1965 年的有关数据进行了统计分析，结果表明这些国家和地区的资本资源、人力资源与资源配置效率对经济增长的贡献率分别达到 55%、35% 和 10%。各要素对增长的重要性具体到各个国家和地区，情形大体相同。[②] J. 罗宾逊、纳迪利等人也做了类似的研究，结果表明资本投入增长对经济增长的贡献在发展中国家要大于发达国家。纳法尔分析了 1990—2012 年撒哈拉以南非洲 20 个国家经济增长的来源，结果表明资本积累贡献最大，达到 52%，而劳动力积累与全要素生产率（TFP）的贡献分别为 39% 与近乎 8%。[③]

三、中国的资本积累对经济增长的贡献

为了从整体上把握中国资本积累对经济增长的贡献，我们总结分析中国资本形成规模并从实证角度证明资本积累对中国经济增长的相对贡献。

（一）中国投资率的变化

新中国成立以来，中国投资率除 20 世纪 50 年代末至 60 年代初急剧波动之外，整体表现为持续上升的态势（图 12-1）。改革开放以来，资本形成成为中国经济增长的主要来源。国家统计局数据表明，1978—2021 年资本形成总额对 GDP 增长的贡献率年均为 38.21%，对 GDP 增长的拉动年均为 3.74%，这与长期以来中国保持较高储蓄率与投资率有密切关系。

中国投资率有两个明显的特点。第一，相较于世界平均水平，中国投资率一直处于高位。高投资加速了中国工业化进程，推动中国经济以超常规速度增长。

---

① 资本在经济增长中的作用在本书第四章和第十三章中也有讨论。

② A. Maddison, *Economic Progress and Policy in Developing Countries*, London Boston：Allen and Unwin, 1970.

③ N. Nafar, "The Sources of Economic Growth in Sub‑Saharan African IDB Member Countries", *Management Studies*, vol. 5, no. 1, 2017, pp. 17-24.

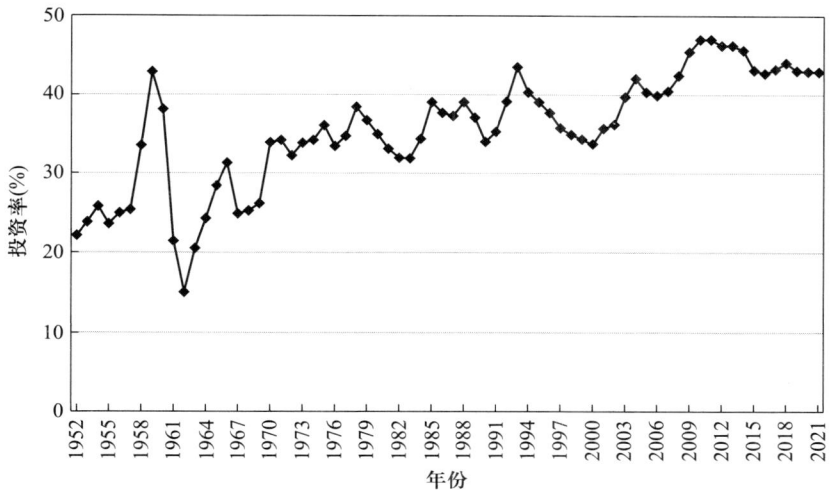

图 12-1　1952—2021 年中国投资率变化

数据来源：中国经济信息网统计数据库。

当中国经济进入新常态后，投资率虽有所下降，但仍保持高位。第二，中国投资率波动幅度较大。改革开放前后出现了两次最大波动，一是 1957—1962 年的波动，投资率急速上升之后又陡然下降；二是 1988—1997 年，投资率走出了跌—涨—跌的形态，其中 1990—1993 年投资率迅速上升。2015 年之后实行"三去一降一补"，之后投资率保持在 43% 左右。

（二）中国高投资率的原因

首先，这是由经济增长过程中投资率变化的一般规律决定的。工业化初、中期阶段，随着收入水平的提高，消费结构逐步升级，产业结构在适应需求结构变化的过程中对中间产品的需求相应增加，而发展具有资本密集型特征的中间产品工业就会使得投资率不断提高。进入工业化后期，居民消费结构由以工业消费品为主转变为以第三产业提供的各类非物质类产品为主。与工业发展需要大量中间产品不同，第三产业生产过程中并不需要较多中间产品，因而投资率就会下降。但从长期看，第三产业依托于第二产业，所以投资率和消费率从较长的一个时期看趋于相对稳定。从中国经济发展的实践来看，改革开放前，中国工业化程度较低，工业部门规模较小，投资率总体较低，虽然某些年份投资率很高，但那是在极度牺牲消费的情况下达到的，是不可持续的。改革开放以来，中国工业化加速发展，工业部门急剧扩张，投资率也相应提高，尤其是进入 21 世纪以来，以高资本密集为特征的重工业加速发展，投资率水平也相应更高。进入工业化后期，产业结构开始转型，工业扩张速度放缓，第三产业加速发展，投资率也就相应下降。

其次，高投资率与高资本回报率有密切关系。数据表明，1978 年以来，除个别年份外，中国年资本回报率均保持在 20% 以上。[①] 高资本回报率不但吸引了国内资本的投入，也吸引了外资的进入，形成了高投资水平。高投资率并没有造成资本回报率的下降，原因有二：一是由于全要素生产率和劳动力增长较快，因此资本—产出比并没有因投资率增加而出现大幅度提高；二是总收入中资本份额增加的同时资本形成率显著提高，出现这种趋势的一个可能的解释是中国工业部门内的渐进式重组使中国工业向资本密集型转变，因而会有更高的稳态投资率。[②]

最后，政府行为与制度变迁。以经济增长为主要指标的官员考核机制使地方政府具有强烈的投资动力。从发展经济角度出发，依靠投资提高本地区经济发展水平从短期看是最为有效的途径。因此，只要政策与财力允许，地方政府都会最大限度地扩大投资以力求在地区竞争中胜出。除此之外，一些改革措施和宏观政策也加速了中国投资率的上升，如住房货币化改革增加了对固定资产投资的需求，分税制改革刺激了地方政府投资的积极性，外向型政策吸引了大量外资，应对金融危机而采取的积极财政政策带来了投资的快速增长等。

（三）高投资率对中国经济增长的相对贡献

改革开放前，资本形成对经济增长的贡献最大。王小鲁的研究结果表明，在 1953—1978 年，资本形成对经济增长的绝对贡献是 2.55 个百分点。[③]

改革开放后，该要素对中国经济增长的贡献率比改革开放前更大。董敏杰和梁泳梅（2013）的研究表明，1978—2010 年中国 GDP 增长约 19.8 倍，资本、劳动与 TFP 贡献分别为 16.9 倍、0.7 倍与 2.2 倍，资本、劳动与 TFP 的贡献份额分别为 85.4%、3.7% 与 10.9%。如果不考虑 2008 年国际金融危机的影响，1978—2007 年，中国 GDP 增长约 14.2 倍，资本、TFP 与劳动贡献分别增长了 10.8 倍、2.9 倍与 0.5 倍，资本与劳动贡献份额分别约为 76.0% 和 3.3%，TFP 贡献份额约为 20.7%。可见，资本积累在改革开放 30 多年的经济增长中起了决定性作用。在中国区域经济增长的要素贡献中，他们也得出了类似结论。1978—2010 年，资本投入对各地区经济增长

---

① 白重恩等（2006）研究发现，中国的资本回报率在 1978—1993 年达 25%，之后有所下降，到 1998 年维持在 20% 左右（Chong-En Bai, Chang-tai Hsieh and Yingyi Qian, "The Return to Capital in China", *Brookings Papers on Economic Activity*, no. 2, 2006, pp. 61-102）。孙文凯等（2010）从宏观视角对中国、美国和日本的资本回报率估算表明，中国在 1978 年到 2006 年的平均资本回报率高达 21.9%，远高于美国的 6% 和日本的 8% 的平均水平（孙文凯、肖耿、杨秀科：《资本回报率对投资率的影响：中美日对比研究》，《世界经济》2010 年第 6 期）。白重恩等（2014）则测度了多种情况下的资本回报率，在国际金融危机前，在不考虑存货的情况下资本回报率多在 20% 以上，剔除生产税和企业所得税后仍然在 10% 以上（白重恩、张琼：《中国的资本回报率及其影响因素分析》，《世界经济》2014 年第 10 期）。

② Chong-En Bai, Chang-tai Hsieh and Yingyi Qian, "The Return to Capital in China", *Brookings Papers on Economic Activity*, no. 2, 2006, pp. 61-102.

③ 王小鲁：《中国经济增长的可持续性与制度变革》，《经济研究》2000 年第 7 期。

的贡献份额可排列如下：西部>中部>东北>东部。这表明资本形成对增长的贡献与经济发展水平高度相关，越是不发达地区，资本贡献率越高。[①]

四、新时代中国投资驱动型发展方式的转变

党的十八大明确提出"实施创新驱动发展战略"，强调"科技创新是提高社会生产力和综合国力的战略支撑，必须摆在国家发展全局的核心位置"。长期以来的投资驱动型发展模式逐渐出现了转变。

（一）从投资驱动到创新驱动的逐渐转变

一般认为，投资驱动指的是经济增长高度依赖于资本积累，投资对经济增长的贡献率相比其他因素大很多。经典文献中对资本积累与经济增长的关系做了很多翔实的描述。索洛（1956）通过构建一个新古典增长模型认为资本积累决定人均收入水平，也就是说资本积累率越高，人均收入水平越高，反之亦然。[②] 罗默（1986）构建了一个"干中学"模型，认为资本积累产生的溢出效应抵消了资本边际生产率的下降，从而实现经济增长。[③]

从中国经济发展的实践来看，改革开放尤其进入 21 世纪以来，中国经济长期处于快速赶超的发展阶段，这一阶段的典型特征就是投资驱动经济增长。从钱纳里模型关于工业化发展阶段的研究来看，如表 12-1 所示，2012 年，中国 GDP 按当年汇率计算为 6 100 美元，按购买力平价方法计算为 9 158 美元，居于钱纳里模型中工业化的第三阶段，这一阶段的显著特征之一就是原有投资驱动的发展方式难以为继，对创新和技术进步的内在需求一起不断上升。

表 12-1　钱纳里模型中反映工业化阶段的人均 GDP 年度变动　　　单位：美元

工业化阶段	1964 年	1970 年	1982 年	2004 年	2009 年
第一阶段	200—400	280—560	728—1 456	1 179—2 358	1 379—2 759
第二阶段	400—800	560—1 120	1 456—2 912	2 358—4 717	2 759—5 519
第三阶段	800—1 500	1 120—2 100	2 912—5 460	4 717—8 845	5 519—10 349
第四阶段	1 500—2 400	2 100—3 360	5 460—8 376	8 845—13 569	10 349—15 876

数据来源：郭克莎：《中国经济发展进入新常态的理论根据——中国特色社会主义政治经济学的分析视角》，《经济研究》2016 年第 9 期。

[①] 董敏杰、梁泳梅：《1978—2010 年的中国经济增长来源：一个非参数分解框架》，《经济研究》2013 年第 5 期。

[②] R. M. Solow, "A Contribution to the Theory of Economic Growth", *The Quarterly Journal of Economics*, vol. 70, no. 1, 1956, pp. 65-94.

[③] P. Romer, "Increasing Returns and Long-run Growth", *Journal of Political Economy*, vol. 94, no. 5, 1986, pp. 1002-1037.

党的十八大明确提出"实施创新驱动发展战略。"党的十九大进一步提出"加快建设创新型国家",明确"创新是引领发展的第一动力,是建设现代化经济体系的战略支撑。"党的十九届五中全会提出"坚持创新在我国现代化建设全局中的核心地位",并进一步提出"深入实施科教兴国战略、人才强国战略、创新驱动发展战略,完善国家创新体系,加快建设科技强国。"党的二十大进一步强调"科技是第一生产力、人才是第一资源、创新是第一动力"。党的十八大到党的二十大的十年间,党对创新驱动发展重要性的认识不断深化,创新驱动战略的实施成绩显著:全社会研发经费支出从1万亿元增加到2.8万亿元,居世界第二位,研发人员总量居世界首位。基础研究和原始创新不断加强,一些关键核心技术实现突破,战略性新兴产业发展壮大,载人航天、探月探火、深海深地探测、超级计算机、卫星导航、量子信息、核电技术、新能源技术、大飞机制造、生物医药等取得重大成果,进入创新型国家行列。

(二)从强调需求侧到强调供给侧再到供需结合政策的逐渐转变

投资具有双重作用。当它作为一种购买行为时,它是一种需求;当它投资下去之后便形成一种生产能力,变成了供给。因此,投资可以从需求和供给两个方面来分析。经济发展中供给与需求是一对基本的矛盾,一般认为,需求引导供给,供给在一定程度上影响着需求,二者之间存在着辩证统一的关系。在经济发展实践中,供给政策和需求政策不会单独存在,总是以某种特定的形式结合在一起从而推动经济不断发展。结合党的十八大以来中国经济发展的实践看,供给政策和需求政策的相互关系经历了一个变化的过程,根据2012—2022年中央经济工作会议精神,可以将这一转变总结为以下三个阶段。

第一阶段为2012—2014年,更多强调需求侧推动经济发展。党的十八大以来的这一阶段基本处于投资驱动为主导发展的末期,经济发展处于稳中有进的态势中。如2012年中央经济工作会议指出:"要牢牢把握扩大内需这一战略基点,培育一批拉动力强的消费增长点,增强消费对经济增长的基础作用,发挥好投资对经济增长的关键作用。要增加并引导好民间投资,同时在打基础、利长远、惠民生,又不会造成重复建设的基础设施领域加大公共投资力度。"另外,在产业结构调整方面,"把化解产能过剩矛盾作为工作重点"。从这些表述中可以看出,需求管理政策在宏观经济政策中居于主导地位。

第二阶段为2015—2019年,更多强调供给侧推动经济发展。2015年是宏观经济政策转向供给管理的标志年份,当年的中央经济工作会议认为我国经济发展"面临着很多困难和挑战,特别是结构性产能过剩比较严重",由此提出多方面工作重点转变,如:推动经济发展,要更加注重提高发展质量和效益;稳定经济增长,要更加注重供给侧结构性改革。在适度扩大总需求的同时,去产能、去库存、去杠杆、降成本、补短板，提高供给体系质量和效率，提高投资有效性，加快培育新的发展动能。

第三阶段为 2020 年之后，强调供给侧改革与扩大内需相结合的政策。2020 年中央经济工作会议虽然仍然强调以深化供给侧结构性改革为主线，但在需求侧又重新提出了扩大内需的政策，并且把内需作为"战略基点"，上升为"战略"。这也是构建新发展格局之所需。2022 年中央经济工作会议进一步提出"把实施扩大内需战略同深化供给侧结构性改革有机结合起来"。这一阶段在强调供给政策的同时逐渐提升需求政策的地位。

除此之外，需求侧中消费和投资政策的重要性不同。2012—2020 年的中央经济工作会议中均明确消费和投资在经济发展中的作用不同，消费起到"基础作用"，投资起到"关键作用"。

从近 10 年来中央经济工作会议的精神看，投资对经济增长的拉动作用没有发生改变，但传统的以需求为核心的宏观经济政策逐渐发生改变，尤其是 2015 年以来的供给侧结构性改革中逐渐强调创新驱动策略，传统的投资驱动为主导的经济发展方式在逐渐发生改变。

第二节　资本形成的来源与途径

资本形成主要来源于储蓄，即经济所能动员到的全部剩余。发展中国家在经济发展初期正是通过降低消费率、提高储蓄率的方式获取发展资金的。

一、储蓄类别及其决定因素

按照储蓄的主体和来源，可以把一国储蓄分为国内储蓄和国外储蓄，国内储蓄又可以分为私人储蓄和政府储蓄，私人储蓄还可以进一步分为家庭储蓄和企业储蓄；国外储蓄则包括国外私人储蓄和国外官方储蓄。

（一）家庭储蓄及其决定因素

家庭储蓄被认为是一国投资资金的主要来源。一国家庭储蓄水平的高低受到多种因素的影响，如一定时期经济发展阶段、居民收入水平、收入分配状况、利息率、人口年龄结构等。

（1）收入水平。家庭储蓄是家庭可支配收入用于消费后的剩余，因此，收入在一定程度上与储蓄关系最为紧密。当家庭收入达到一定水平时，在满足基本消费需求后，就有了储蓄需求，且收入越高，储蓄的可能性越大。按照凯恩斯消费函数理论，随着收入增加，消费也会增加，但没有收入增加得多，这就是所谓的边际消费倾向递减规律。

（2）收入分配状况。在收入水平一定的情况下，收入分配结构对储蓄率有较大影响。一般而言，收入分配的公平程度与储蓄率成反比，因为高收入者倾向高储蓄，低收入者倾向低储蓄，把高收入者的收入转移给低收入者，将会降低一国的总储蓄率。但这一关系也存在争论。有人认为，中等收入阶层的扩大反而有利于储蓄率的提升，因为他们更愿意为了未来的发展而储蓄。

（3）利息率。储蓄是人们将现期消费转化为未来消费的过程，因此利息率在很大程度上也会影响储蓄水平。古典经济学认为利息率是决定储蓄的最重要因素，而现代经济学认为利息率变动对储蓄会产生两种效应：一是替代效应，即当利息率提高时当前消费成本会增加，于是人们减少现期消费增加现期储蓄；二是收入效应，即当利息率提高时储蓄会带来更多预期收入，于是人们会增加当前消费，减少储蓄。利息率对储蓄的最终影响取决于收入效应和替代效应的对比。

（4）人口年龄结构。一般来说，青少年和老年人的储蓄倾向较低，而中年人的储蓄倾向较高。因此，如果一国一定时期青少年与老年人所占的人口比重高，则整个社会的储蓄倾向就会偏低，而如果中年人所占的人口比重高，则整个社会的储蓄倾向就会偏高。所以，一国储蓄率会随该国"人口红利"而变化，即快速的人口转型（人口增长上升向人口增长下降转变）会在一二十年内使得一国储蓄率大幅上升，逐渐出现储蓄高峰，之后随着老年人口比重上升，在较长时间后可能会出现储蓄率下降。

除了以上几种影响家庭储蓄的因素，还有如家庭对未来的预期、家庭的储蓄偏好、预防性储蓄动机等都会影响家庭储蓄数量。

中国居民储蓄率自改革开放以来一直保持较高的水平。以城乡居民银行储蓄存款为例，其在 1996 年为 38 520 亿元，2014 年达到 485 261 亿元，年均名义增长 15.1%，而同期城市居民可支配收入年均增长 10.4%，农村居民人均纯收入年均增长 9.9%。[①] 可见，城乡居民储蓄存款增长率远高于城乡居民人均收入的增长率。以上所介绍的家庭储蓄的决定因素在中国都存在，其中人口年龄结构和收入水平的提高可能是主要的决定因素。

（二）企业储蓄及其决定因素

企业储蓄包括净储蓄和折旧基金两部分。净储蓄是指企业未分配收益或者保留利润，即企业税后收入减去分红派息的剩余部分。这部分剩余从理论上讲也属于股东，所以从广义上说它也是家庭储蓄的一部分，但与家庭储蓄不同的是，企业可以将这部分收入直接转化为生产性投资。折旧基金在未用于机器设备更新之

---

① 数据来源：国家统计局数据发布库。

前，也是一种储蓄，从数量上看，折旧基金占企业储蓄的比例相当大。

企业储蓄在经济中所占比重的高低取决于企业未分配利润、治理结构、对未来的预期等。

（1）企业未分配利润。企业未分配利润取决于企业盈利，是企业储蓄的最主要来源。如果企业无盈利，甚至亏损，则储蓄就无从谈起，甚至还要消耗过去积累的盈余来抵补亏损，或者借债弥补亏损，形成负储蓄。因此，企业盈利是企业储蓄的前提，且企业盈利能力的大小决定了企业储蓄的规模和水平。

（2）企业治理结构。企业治理结构是指投资者和企业之间的利益分配和控制关系，包括企业董事会的职能、结构及股东的权利等方面的制度安排。在比较完善的企业治理结构下，管理层可能会将大部分企业盈利分配给股东，企业未分配利润少，企业储蓄也会减少；若企业治理结构不完善，企业未分配利润越多，则企业储蓄会越多。

（3）企业对未来的预期。对任何一个企业而言，外部融资成本均高于内部融资成本，所以，当企业有好的投资机会，且预期投资收益率大于投资者期望收益率时，企业在筹集资金时就会优先选择内部融资，此时企业储蓄就会增加；而如果缺乏好的投资机会，企业就会将更多的利润分配给股东，企业储蓄就会减少。

除以上因素外，企业的融资可获得性等因素也会对企业储蓄产生影响。

中国的企业储蓄率一直呈上升态势。据相关数据，1998—2008 年中国企业储蓄率从 12.31% 上升到了 21.1%，其中，1998—2004 年企业储蓄率的增幅较大，2004 年之后则相对稳定在较高储蓄率水平上。[①]

（三）政府储蓄及其决定因素

政府储蓄是指政府部门的财政收入减去财政支出的余额。政府储蓄可被用来投资，可以直接对企业投资，也可以用作公共投资。影响政府储蓄的主要因素有税收、政府经常性支出、政府的目标等。

（1）税收。税收是政府财政收入的重要来源，税率改变和税收结构改善可提高一国税收。提高税率可增加税收，但提高税率会对一国经济增长有抑制作用，因此税率的提高是有限的。在税率不变甚至下降的情况下，随着国民收入的增长，税基增加，以及降税的激励，税收也可以增长。如果一国税率的提高受限制，GDP 的增加也有限，还可以通过改善税收结构和提高税收征管能力来增加税收。这在发展中国家可能更有效，因为这些国家的税收征管能力比较薄弱，体制不完善，信息化程度不高，征管手段有限，腐败问题严重，偷税漏税情况比较普遍，因此

---

① 汪德华、李琼：《中国政府储蓄率：新的测算及财政视角的分解》，《财贸经济》2016 年第 9 期。

如果政府能够改善税收结构并提高征管水平，就可以大大增加政府税收水平。

（2）政府经常性支出。政府经常性支出包括行政管理费、国防费、科教文卫事业费、社会福利救济等方面的支出，还包括补贴、利息以及其他支出等。在政府财政收入一定的条件下，经常性支出越多，政府储蓄规模就越小，经常性支出越少，政府储蓄规模就越大。

（3）政府的目标。为实现既定目标，政府会通过需求或者供给管理政策来对政府储蓄产生影响。例如，为达到一个特定的经济增长率，就必须有一定的投资率进而有一定的储蓄率与之相匹配，当私人投资和储蓄无法满足这个投资率时，政府就会通过发行国债和发行货币来扩大政府储蓄规模从而提升总储蓄水平。

除此之外，影响政府储蓄的还有税收结构、政府的行政能力和可利用的外国储蓄规模等因素。

中国政府的储蓄率一直在上升。据相关数据，1998—2008 年中国政府的储蓄率从 4.83% 上升到 11.98%，虽然近几年有所下降，但仍然处于两位数。[①]

（四）国外储蓄及其决定因素

国外储蓄有两种基本形式，即国外私人储蓄与国外官方储蓄。国外私人储蓄由债券融资和股权融资组成，其中，债券融资有境外商业借贷等，股权融资则通常分为外国直接投资（FDI）和证券投资。具体来说外国直接投资是外国人直接拥有国内企业股份的投资方式，证券投资则是外国人通过国内股票市场间接拥有国内企业股权的投资方式。国外官方储蓄主要是外国政府或国际组织的贷款和外国援助。此外，国外储蓄的水平主要取决于以下因素：

（1）资本市场的开放程度。国外储蓄本质上是国际经济交流与合作的产物，所以必要的前提是一国推行对外开放，而资本市场的开放才可以使外国资本通过各种形式进入国内市场，促进经济发展。一般讲，发展中国家有正的国外储蓄，是因为国内投资大于国内储蓄，需要国外储蓄来弥补不足，而发达国家则有负的国外储蓄，主要是因为这些国家的资本被投入国外进行投资。

（2）本国经济对国外资本的依赖程度。在经济全球化的今天，企业投资资金的来源越来越广泛，不仅可以来源于国内储蓄，也可以充分利用国外储蓄来获取自身发展所需的资金。不过，由于不同渠道来源的资金成本存在着差异，如果利用国外资金的成本远远低于利用国内资金，那么，理性的企业就会选择通过企业在国外上市、发行债券等方式获取资金。

（3）利率和汇率。资本的特点是逐利性，什么地方有利可图就会流到什么地

---

① 汪德华、李琼：《中国政府储蓄率：新的测算及财政视角的分解》，《财贸经济》2016 年第 9 期。

方去。股市投资收益率高，资本就会流动到股票市场中去；房地产投资收益率高，资本就会流动到房地产市场中去；国外投资收益率高，资本就会流动到国外去。由于不同国家有不同的利率和汇率水平，因此国外储蓄也会随之而进入或退出一国或地区。

除了上述因素，还有政治环境、国家之间的冲突与合作等因素也会对国外储蓄产生较大的影响。①

二、发展中国家储蓄的来源与途径

从一国资本形成的总量和主体部门看，家庭储蓄、企业储蓄、政府储蓄与国外储蓄构成了投资的全部来源和主体。以下我们分别进行说明。

（一）发展中国家储蓄的构成

相比国外储蓄，国内储蓄在一国国民可支配收入中一般占较大比重，而国内储蓄中私人储蓄的比重又远大于政府储蓄。以拉丁美洲为例，贝布佐克与卡瓦洛（2016）分析了 1996—2011 年玻利维亚、巴西、智利、哥伦比亚、厄瓜多尔、危地马拉、洪都拉斯与墨西哥 8 个国家的储蓄来源，结果发现从平均水平看，拉丁美洲国家的国内储蓄占 GDP 比重为 18.5%，其中家庭储蓄、企业储蓄与政府储蓄在国内储蓄中分别占比 33.8%、65.4% 与 0.8%，即企业储蓄构成拉丁美洲国家最主要的储蓄来源。进一步分析还发现，企业储蓄的占比在逐年上升而家庭储蓄的占比在逐年下降，二者的差距在逐渐加大。不仅如此，在其他发展中国家和地区，企业储蓄占比也处于绝对优势，是各国（地区）最主要的储蓄来源，在资本形成中起着重要的作用。②

表 12-2 将 64 个样本国家按照收入划分为四个组，分别为低收入、中低收入、中高收入与高收入国家组。总体而言，政府储蓄在国内储蓄中占比最小，而私人储蓄则占绝对比重，其中企业储蓄占比最大。中高收入国家的国内储蓄在 GDP 中占比与政府储蓄在国内储蓄中占比明显大于低收入国家和高收入国家。

表 12-2　1990—2012 年各类收入国家的国内储蓄构成　　单位:%

类别	国内储蓄在 GDP 中占比	家庭储蓄在国内储蓄中占比	企业储蓄在国内储蓄中占比	政府储蓄在国内储蓄中占比
世界平均	23.3	41.4	52.2	6.4

① 外国储蓄实际上就是外国投资，这两者是一致的。关于外国投资的理论和实践的讨论以及中国外资利用情况见本书第十六章。
② R. Bebczuk and E. Cavallo, "Is Business Saving Really None of Our Business?", *Applied Economics*, vol. 48, no. 24, 2016, p. 3.

续表

类别	国内储蓄在 GDP 中占比	家庭储蓄在国内储蓄中占比	企业储蓄在国内储蓄中占比	政府储蓄在国内储蓄中占比
低收入国家	12.8	51.1	47.2	1.7
中低收入国家	22.6	43.2	52.3	4.5
中高收入国家	32.8	42.0	46.8	11.2
高收入国家	21.1	40.8	56.8	2.4

数据来源：R. Bebczuk and E. Cavallo, "Is Business Saving Really None of Our Business?", *Applied Economics*, vol. 48, no. 24, 2016, p. 35.

（二）发展中国家储蓄资金筹措的途径

储蓄资金筹措的途径是指用什么方法来筹措资金，发展中国家储蓄资金筹措的途径一般有两条，即自愿储蓄与非自愿储蓄。自愿储蓄是可支配收入中由消费的自愿减少而产生的储蓄，家庭与公司部门是自愿储蓄的主要来源；非自愿储蓄是由消费的非自愿减少而引起的储蓄，例如在实际余额效应下，当一般消费品价格上涨时，人们为保持所持有货币的真实价值而积累货币所产生的储蓄，由于非自愿储蓄是消费品价格相对提高并使消费者做出牺牲后而产生的，所以又被称为"强制性储蓄"。[1]

发展中国家为了在短期达到一个较高的资本积累率，往往采取强制性手段筹集发展资金，即通过税收或价格"剪刀差"的方式来抽取农业部门的剩余。随着经济的发展，储蓄对农业剩余的依赖性逐渐下降，转而依赖工业部门自身的积累，于是企业利润逐渐成为储蓄率提高的主要来源，强制性手段也逐渐让位于自愿性手段。

需要指出的是，在经济发展初期，农业供给弹性小，农业储蓄和投资倾向低，农业剩余资金很可能被私人大量用于非生产性支出或挥霍性支出的情况下，通过"剪刀差"方式进行强制性储蓄是较为可取的；但随着经济的发展，农产品商品率的提高，农业供给价格弹性也显著提高，如果继续实行农产品低价统购统销政策则会严重抑制农业发展。

除了增加税收、工农业产品实施"剪刀差"，强制性储蓄还可以通过通货膨胀的方式进行。通过增发货币使居民手中货币贬值，使大部分国民收入从私营部门转移到公共部门，使资源从消费品生产转移到资本品生产，但通货膨胀率过高，

---

[1] ［英］A. P. 瑟尔沃：《发展经济学》（第 9 版），郭熙保、崔文俊译，中国人民大学出版社2015 年版，第 332—333 页。

也有可能使整个国民经济陷于混乱甚至停滞。

三、中国高储蓄率及其形成的原因

（一）中国储蓄率的变化趋势

图 12-2 描述了 1952—2021 年中国储蓄率①的变化情况。不难看出，60 多年来，中国储蓄率的总趋势是上升的，由 1952 年的 21.1%上升到 2021 年的 45.5%，增长了 1.2 倍。

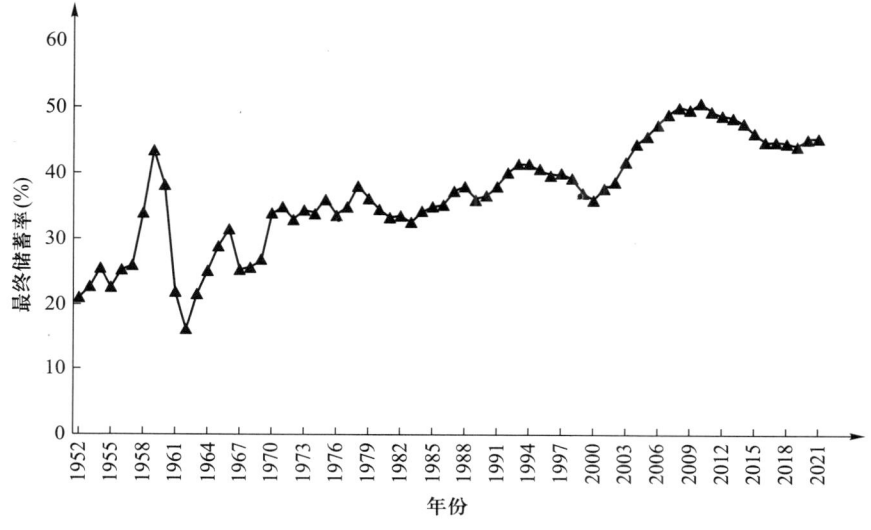

图 12-2 1952—2021 年中国储蓄率变化图

数据来源：中国经济信息网统计数据库。

1952—1978 年，我国经济发展波动幅度较大，储蓄率的波动幅度也相应较大，尤其是 1952—1970 年的波幅高达 17.2%。这一时期最终储蓄率与名义 GDP 增长率存在着明显偏离，而 1971 年之后，两个比率却能够很好地拟合。1979—1991 年是改革开放的初期阶段，储蓄率保持在稳定的水平上，最终储蓄水平与名义 GDP 呈现同步波动。1992 年至今是社会主义市场经济体制逐步建立并完善的阶段，从趋势看，伴随着国民经济持续快速发展，储蓄率显著上升，且在不同时段的变动出现了差异。1992—1997 年，储蓄率还能保持稳定上升，到 1998 年之后，却出现了连续 3 年左右的下降；而后从 2001 年始，储蓄率又出现了快速增长的态势，2010 年储蓄率甚至达到了创纪录的 51.8%。如果说从 20 世纪 70 年代末到 90 年代初是资金短缺时代，那么 90 年代之后资金过剩就成为显著的时代特点，这一时期不仅

---

① 中国统计年鉴中只有最终消费率的数据，没有最终储蓄率数据，本文中最终储蓄率＝1-最终消费率。

储蓄出现了过剩，外汇资金也出现了过剩，国民经济进入了一个"双溢出"的阶段。2010 年之后，储蓄率基本维持在 45% 左右。

（二）中国高储蓄率形成的原因

作为世界上最大的发展中国家，改革开放后中国储蓄率不但高于世界平均水平，且高于储蓄率最高的中高收入国家。那么，为什么中国会出现如此高的储蓄率且持续了几十年的时间？

第一，中国经济的高增长率是中国高储蓄率的一个重要原因。很多经验研究表明经济高增长带来高储蓄率。按照凯恩斯消费理论，随着经济高速增长，居民收入水平增长很快，而消费增长没有收入增长快，因此，储蓄倾向会一直上升并保持在较高水平上。

第二，中国特有的人口年龄结构是储蓄率高于其他国家的一个重要原因。莫迪利安尼的生命周期理论详细分析了人口年龄结构对消费和储蓄的影响。20 世纪 60 年代与 80 年代两次人口高峰期推动了中国人口结构的变化，使得中国在 20 世纪 90 年代和 21 世纪初出现了高储蓄率、高投资率和高经济增长率的"人口红利"现象。若林贤郎和麦凯勒（1999）[1] 在估计中国城镇地区和农村地区储蓄函数过程中特别关注了人口结构的变化，证明了储蓄率与老年人抚养比率以及未成年人抚养比率存在反向变动的观点。

第三，由不确定性产生的预防性储蓄增加。计划经济时代人们对未来收入和消费预期较为确定，消费约束主要来自现期收入，家庭储蓄率能保持在一个稳定的水平上。改革开放之后，市场经济逐渐居于主导地位，社会保障体系发生了巨大变化。计划经济时代的住房、医疗、教育、养老金体系被打破了，而新的社会保障体系还没有及时建立，人们对未来预期产生了越来越多的不确定性。因此，为应付未来可能出现的大额消费支出，人们的预防性储蓄开始急剧增加。另外，20 世纪 90 年代以来，就业也出现了不确定性，人们对自己的未来收入难以有稳定的预期，这也导致了预防性储蓄的增加。

第四，国民收入分配和再分配中各部门收入占比及其变化也影响储蓄率。李扬和殷剑峰（2007）[2] 从收入分配和部门储蓄倾向两个方面对家庭、公司和政府三个部分的储蓄率进行了比较分析，结果发现，尽管家庭储蓄率最高，但 1992 年以来家庭储蓄实际上呈逐步下降趋势，主要原因是家庭获得的劳动报酬、财产收入

---

[1]　Masayo Wakabayashi and Landis MacKellar, "Demographic Trends and Household Saving in China", *International Institute for Applied Systems Analysis*, Laxenburg, Austria, IR-99-057, 1999.

[2]　李扬、殷剑峰：《中国高储蓄率问题探究：1992—2003 年中国资金流量表的分析》，《经济研究》2007 年第 6 期。

和再分配收入均有所下降；企业储蓄率呈现缓慢上升趋势，主要原因是对家庭部门的劳动报酬支出和利息支出长期稳定在较低水平上；政府储蓄率在经历了 20 世纪的低位徘徊后，2000 年后出现了急剧上升，主要原因在于税收体制的改革导致政府财政收入在国民收入分配中占据的份额越来越大，同时政府部门储蓄倾向也不断地提高。

第三节　金融制度与经济发展

如前所述，投资来源于储蓄。在现代社会里，储蓄转化为投资一般是通过金融中介来实现的。所以，金融制度和银行系统在资本的形成及运用过程中起着关键性的作用。

一、金融制度在经济发展中的作用

金融制度是经济发展中的重要基础性制度，它是用来约束金融活动主体的金融交易行为的一系列规范和准则。金融制度是市场经济发展到一定阶段之后的产物，是现代经济制度的核心组成部分，在促进经济发展方面具有重要的作用。一般认为金融制度对经济发展的作用表现在以下几个方面。

一是调动闲散资金。居民手中未被消费掉的剩余被称为储蓄，如果没有金融中介，这些储蓄就窖藏在每个居民手中，很难为投资者所用。金融机构一个重要职能就是广泛吸收和聚集社会闲散资金，然后放贷给生产者。这种储蓄动员或者资金聚集功能对发展中国家经济发展至关重要，因为资本短缺是其经济发展的主要障碍。另外，虽然银行系统是吸收存款的主要部门，但是发展中国家，尤其是其广大农村地区，由于经济比较落后，正规的金融机构聚集资金的成本太高，因此非银行金融机构在动员储蓄方面也会起到不可替代的作用。

二是促进资本形成。如前所述，投资是推动发展中国家经济增长的主要动力。如果没有金融机构，具有资金盈余的人很难准确地找到资金短缺的人，也就是说，储蓄很难转化为投资。这样，一个社会的投资就要少得多。储蓄转化为投资有两个重要途径。其一，通过银行系统间接转化；其二，通过建立资本市场，以发行股票和债券的形式来直接转化。发展中国家由于资本市场不完善，储蓄转化为资本的过程主要是通过银行系统和其他信贷机构来进行的。

三是提高资金使用效率。一般资金盈余者很难找到最需要资金的人，但金融机构可以在更大范围内通过利率机制找到最需要资金的人，而且由于借贷活动不是同时完成的，存在违约风险，金融机构比自然人更能够通过各种风险防范手段控制信贷风险。因此，金融机构具有提高社会资金利用效率的职能，而且，金融机构越发达，资金配置效率就会越高，从而越能够促进经济发展。由于整个资源配置过程是在金融交易活动中实现的，而金融交易活动又是在特定金融制度框架内进行的，因此，金融制度便通过对金融活动主体行为的约束和激励实现了各类资源优化配置。金融制度还提供了未来的预期，以便金融交易主体可以实现资源的跨时配置。

四是节约交易成本。节约交易和信息搜寻成本是金融制度产生和演进的根源和动力。金融制度所提供的规则和惯例可以降低人们在金融交易中的利益冲突和讨价还价所造成的成本；金融制度所提供的组织安排和金融工具可以节约人们在搜寻交易对象、收集信息以及检验金融商品数量和质量方面所花费的成本；金融制度所提供的规则可以降低由金融交易的无序所造成的费用；金融制度所提供的管理和调节机制可以降低宏观金融运行和金融风险所造成的损失或者费用等。总而言之，金融交易单位费用的降低和节约依赖于金融交易方式的变革。金融制度发达程度与经济发展水平有很大关系。在发展初期，金融制度很不发达，交易成本比较高。但随着经济发展，金融制度不断完善，交易成本就会逐渐下降。

五是发挥调节器作用。金融在建立和完善国家宏观调控体系中具有十分重要的地位。金融业能够比较深入、全面地反映市场主体的经济活动。国家可以根据宏观经济政策的需求，通过货币政策和财政政策，运用各种金融调控手段，调节经济发展的规模、速度和结构，在稳定物价的基础上，促进经济发展。在发展中国家，由于市场不完善，货币供给的传导机制不顺畅，金融对宏观经济的调节功能还没有得到充分发挥。

六是具有信用培育功能。金融是信用的体现，金融一方面是国家信用的象征，另一方面又是所有经济主体信用的表现。金融的这一特点决定了它的正常运行需要国家强有力的法治保障和经济主体知法守法，讲究诚信。金融体系的发展必然会促进金融相关法治的发展，同时也会促进经济主体知法守法观念和经济伦理道德水平的提升。在发展中国家，随着市场经济的发展，交易范围的不断扩大，非人格化交易越来越普遍，社会信任制度建设就变得非常重要了。

二、金融发展的理论观点

金融与经济发展的关系历来是经济学家研究的热点论题。这里仅对其中的一些代表性理论作简单回顾。

（一）古典经济学的货币理论

早期关于金融与经济发展关系的争论体现在古典经济学的货币数量论的思想中。古典学派的经济学家们普遍持有货币中性的观点，即认为货币仅仅是商品交换的媒介，货币数量的变化只影响物价水平而不影响实际经济活动。因此，就整个经济而言，货币只是覆盖在实体经济之上的一层"面纱"，揭开这层"面纱"，人们就会发现，货币对经济并无任何实质性影响。19世纪末20世纪初，瑞典经济学家维克赛尔创立货币经济论，打破了传统货币经济与实体经济的二分法，指出货币金融对实体经济活动具有重大的、实质性的影响，随后，米尔达尔、林达尔、米塞斯、哈耶克以及凯恩斯等先后阐述了货币金融对经济活动及商业循环的重要影响。

（二）马克思的金融发展理论

马克思的货币与金融发展理论集中体现在《资本论》中，归纳起来可以概括为以下几个方面。

1. 货币理论

马克思运用辩证唯物主义和历史唯物主义研究方法，在劳动价值论基础上，全面、系统地考察了货币问题，在货币学说史上创立了恩格斯所称的"第一个详尽无遗的货币理论"，开创了人类对货币问题认识的新阶段。马克思从商品价值形式的演变出发揭开货币起源之谜，是对货币理论的重大贡献；马克思的货币本质和职能理论在经济学说史上第一次提出货币具有价值尺度、流通手段、贮藏手段、支付手段和世界货币五种职能，并明确指出价值尺度和流通手段是货币的两个最基本的职能；马克思的货币流通和商品流通、作为货币的货币和作为资本的货币等理论为揭示剩余价值的产生奠定了坚实基础。

2. 信用理论

马克思在《资本论》第三卷第五篇集中探讨了信用问题。马克思认为借贷资本是从职能资本中分离出来的货币资本，这种特殊的资本具有不同于职能资本的"特别的流通"形式，即 $G-G'$。借贷资本家贷出货币并限期收回本金和利息，这个过程就是信用。由于借贷资本的贷出和偿还反映着借贷资本家和职能资本家之间的信用关系，马克思把资本主义信用视为借贷资本的运动形式。资本主义的信用"就是贷和借的运动"，是一种"以偿还为条件"的借贷行为。

3. 银行资本构成及其虚拟性理论

马克思在《资本论》第三卷第五篇中特别仔细地考察了银行资本的构成问题，目的是说明银行资本的大部分是由虚拟资本构成的，并通过对虚拟资本的分析，进一步揭示了信用在资本主义生产方式中的作用。从银行资本的构成看，其物质组成部分有现金、银行券和有价证券，还有各银行创造的信用和资本，如银行通过发行无黄金担保的银行券为自己创造出的追加资本。银行资本是一种虚拟资本，不仅表现在国债和股票上，还表现为存款、汇票和银行准备金等，即"银行家资本的最大部分纯粹是虚拟的"[1]。

---

[1]　《马克思恩格斯文集》第七卷，人民出版社2009年版，第532页。

马克思金融发展理论是基于市场行为视角分析货币金融与经济发展的关系，一方面，强调了经济发展对金融发展的决定作用，金融发展取决于经济发展的水平；另一方面，也肯定了金融发展对经济发展的促进作用。如果金融发展脱离经济发展则会造成过度金融化和虚拟化，带来经济波动。

（三）现代金融发展理论

现代金融发展理论产生于 20 世纪六七十年代，60 年代的代表人物有雷蒙德·戈德史密斯、格利和肖以及帕特里克等。雷蒙德·戈德史密斯（1969）[①] 通过对 35 个国家近 100 年的资料研究得出结论：金融相关率与经济发展水平呈正相关关系，并且有逐步提高的趋势；金融资产的构成也影响金融发展水平，金融越发达，金融机构持有的金融资产占金融总资产的比例就越高，银行系统的资产在金融部门总资产中占的比重就会下降。同时，新的、更加专业化的金融机构的资产在总资产中占的比重就会上升。

20 世纪 70 年代该理论的主要代表人物是罗纳德·麦金农和爱德华·肖。他们的著作《经济发展中的货币与资本》和《经济发展中的金融深化》同时在 1973 年出版，标志着以发展中国家为研究对象的金融发展理论的真正产生。

麦金农和肖认为，发展中国家普遍存在着"金融浅化"或"金融抑制"的现象，其主要表现是政府为了刺激投资，人为地将利率定在远低于市场均衡利率的水平，而且在通货膨胀时期，实际利率会不断下降甚至变为负值。过低的或负值的实际利率，一方面助长了人们对实物资产的追逐，从而抑制了储蓄的增加和人们对金融资产的需求，导致金融系统相对于非金融体系的实际增长率和实际规模有所下降，最终使可投资资金减少；另一方面刺激了不适当的投资需求，使那些边际收益率很低的投资项目变得有利可图，而且助长了资本密集型产业的发展，不利于劳动力就业的增加。由于资金供不应求，政府只得对信贷实行限额配给，结果政府所能满足的往往只是重点发展的现代部门和国有企业。此外，在外汇市场上，政府也会人为地抬高本国货币的价值，其结果是限制出口、鼓励进口，从而使国际收支恶化。总之，金融抑制战略对储蓄、投资、就业、收入和外贸都产生了不利的影响，延缓了经济发展的步伐。

为了有效发挥金融体系的作用，肖提出了"金融深化"的主张。所谓金融深化，是指金融资产的增长在速度上要快于国民收入的增长。就大多数发展中国家而言，初级证券的公开市场还没有真正形成或者还不发达，金融储蓄主要表现为银行系统的存款形式。因而，对大多数发展中国家来说，金融的深化也就是指银

---

① ［美］雷蒙德·戈德史密斯：《金融结构与金融发展》，周朔等译，上海人民出版社 1996 年版。

行流动资产规模相对于国民收入的扩大。在肖看来，金融深化既是经济发展的结果，又能积极地推动经济发展。首先，银行系统规模的扩大增强了国民储蓄和投资的能力；其次，银行流动资产规模的增长能促进储蓄配置效率的提高；最后，流动资产在国内生产总值比例的上升有利于就业和经济稳定。[①]　此外，高利率还有利于缓和并消除通货膨胀。这是由于高利率一方面将抑制一部分投资，使投资需求下降，另一方面高利率能吸引更多的储蓄资金，从而对抑制消费需求有较大的促进作用。总需求的减少无疑对通货膨胀有相当大的抑制作用。相反，如果利率很低甚至为负数，总需求就会大幅度增加，从而引发或恶化通货膨胀。

作为一种发展战略，金融深化的目标是调动更多的国内私人储蓄，增加金融储蓄占国内生产总值的比例；提高国内各类投资者对储蓄的可得性，消除各种贷款歧视；在整个经济发展过程中，保证投资更有效的配置；通过更多的金融储蓄减少对财政储蓄、外援和通货膨胀的依赖。为了达到这些目标，保持较高的利率是必不可少的条件。肖和麦金农认为，要做到这一点，就必须解除政府对金融市场施加的各种限制，使其自由地发展，即实行金融自由化。为此，他们主张放弃国家对金融体系和金融市场的干预，取消利率与汇率限制以及信贷和外汇的配给制，促进金融业内的竞争；降低通货膨胀率，稳定币值和物价，以使实际利率和汇率提高到反映资金和外汇稀缺程度即供求均衡的水平；打破金融市场间的障碍，使利率间的差别缩小，从而有效地吸收储蓄和分配投资；使金融资产的品种及其期限多样化，使其增长率与国民收入的增长率之比逐渐上升。

进入 20 世纪 90 年代以来，一些经济学家将内生增长与内生金融中介并入金融深化理论体系中，他们认为金融既对经济增长与发展产生影响又受到经济增长与发展的影响，并且通过构建大量结构严谨、逻辑缜密和论证规范的理论模型，以及通过实证分析试图对理论模型的结构加以检验。

三、金融自由化及其对发展中国家经济发展的影响

受麦金农和肖等金融自由化论者思想的影响，20 世纪七八十年代以来，世界上许多发展中国家及新兴市场经济国家（以下统称为发展中国家）都开始了以金融自由化为核心、以金融发展为目标的金融自由化实践。

（一）金融自由化改革的核心内容

金融自由化改革试验的具体内容主要包括以下几个方面。

（1）银行业务自由化，如放松利率管制，实现利率自由化。这是发展中国家

[①]　［美］爱德华·肖：《经济发展中的金融深化》，邵伏军、许晓明、宋先平译，格致出版社 2015 年版，第 14 页。

金融自由化改革的核心，几乎所有的发展中国家都先后放松了此前对利率的种种限制，最终实现了利率自由化。

（2）缩小指导性信贷计划实施范围。由于指导性信贷计划是对金融活动的人为干预，效果大都很差，所以在实行金融自由化时各国均缩减了中央银行在信贷分配中的干预。20世纪70年代中期，阿根廷、智利和乌拉圭三国完全取消了指导性信贷计划。

（3）对国外取消银行业的进入壁垒，提高外资在国内银行的持股比例，减少金融机构审批限制，促进同业竞争。

（4）发行直接融资工具，活跃证券市场。不仅如此，发展中国家还同时采取资本市场的开放策略，放松对外国资金进入的限制。

（5）放松对汇率和资本流动的限制。由于许多发展中国家高估本国货币，一旦放开，可能会出现本币大幅贬值，因此不少国家对汇率的放松持相对谨慎的态度，一般采取分阶段逐步放开的方法。

（二）金融自由化对经济增长的促进作用

金融自由化对经济增长的促进作用主要体现在以下几个方面。

（1）储蓄效应。金融自由化带来了利率水平的上升，提高了人们储蓄的积极性，改善了投资效率，刺激了经济增长。国内利率高于国际金融市场利率，在放松资本管制的条件下，还会吸引大量外资流入，使国外部门的储蓄增加。

（2）投资效应。发展中国家利率管制的放松和取消提高了资金配置效率，随着储蓄效应和金融中介的发展，投资规模和投资效率也都将扩大和提高。这是因为，一方面，金融中介的发展使企业能在更大范围内更方便地获得融资；另一方面，实行金融自由化后，政府对资金的行政性分配减少，信贷资金能更多地流向高收益的投资项目，使社会投资效率得以提高。

（3）就业效应。低收入国家中的失业在某种程度上是金融压抑的结果。低利率造成的低储蓄本来就不能为生产提供足够的资金，更为糟糕的是，由于利率的人为压低，这些和劳动力相比本来就十分稀缺的资金往往又被大量投资于资本密集型产业，从而使失业状况更为严重，而金融自由化则有助于缓解这一状况。

（4）收入分配效应。金融自由化可以通过提高就业来增加工资收入，还可以减少拥有特权的少数进口商、银行借款者和资源消费者的垄断收入。金融自由化带来的资本积累还有助于改变落后经济中普遍存在的以压低农产品价格形式进行的对农民的变相剥夺。

（5）稳定效应。通过适宜的金融自由化政策，发展中国家可以改善国内储蓄和国际收支，对国际贸易、国际信贷与国际援助等方面的波动有较强的承受能力。

金融自由化导致的储蓄增加，有利于改善财政收支，减少财政对通货膨胀政策的过度依赖，从而使稳定的货币政策成为可能。

（6）减少因政府干预带来的效率损失和贪污腐化，从而能够提高微观经济的活力和整个经济的运行效率。

（三）发展中国家金融自由化的经验教训

金融自由化对经济增长的促进作用虽然在理论上早有说明，但实证检验结果却不是很理想。总体上看，发展中国家金融自由化改革的进展状况是相当不平衡的，在已经进行的改革中，有成功的也有失败的。

世界银行《1989 年世界发展报告》中总结了金融自由化改革的几点经验与教训：（1）稳定的宏观经济环境是金融自由化改革成功的重要因素，政府要有完善的审慎监督体系和全面配套的改革计划；（2）金融自由化改革必须与价格改革或自由定价机制相结合，预防自由化后的信贷扩张和银行资产质量恶化是金融改革成功的关键；（3）金融自由化改革并不是要完全取消政府的直接干预，而是改变直接干预的方式，自由化的过程应该是渐进的；（4）政府在推行金融自由化改革和价格改革时候，必须预先判断出相对价格变动对不同利益集团的影响，并出于公平原则和政治均衡要求的考虑，适当采取经济补偿手段。麦金农（1987）对金融自由化进行了反思，他指出："自由主义阵营中并不是一切如意，有利于金融自由化的一般情况由于拉丁美洲南部之角的一系列银行恐慌和倒闭而陷入疑问之中……我们现在则认识到，我们关于如何最好地实现金融自由化的知识是非常不完善的。使货币体系稳定的秩序与撤销对银行和其他金融机构的管制比较起来，我们的考虑必须比先前的设想更为仔细。"[①]

金融自由化改革的利弊使人们认识到，为纠正金融抑制而实行金融自由化是一个国家改善金融结构、加速经济发展的必要条件而不是充分条件，不顾自身条件的金融自由化不但不会带来经济的增长，反而会造成金融秩序的混乱，加剧金融的脆弱性，为金融危机的爆发埋下隐患。

四、中国金融制度的发展及其对经济发展的影响

改革开放以来，中国逐步实现了由计划经济向社会主义市场经济的转轨。同时，中国金融制度的改革，也始终以市场经济原则为导向，致力于逐步建立起与社会主义市场经济体制相适应的金融体系。

[①]　中国社会科学院经济研究所发展经济研究室译：《发展经济学的新格局——进步与展望》，载《耶鲁大学经济增长中心第 25 届发展经济学年会论文精选》，经济科学出版社 1987 年版，第 209—210 页。

（一）中国金融制度的发展历程

1. 金融初始化改革时期（1978—1984年）

这是中国金融制度改革的准备探索阶段，主要实现了金融机构的多元化，建立了二级银行制度的框架，形成了存款立行的约束机制。

改革之初，政府对国有企业存在金融资源的刚性供给约束，国有企业财政拨款逐渐变为还本付息的银行贷款。1983年和1985年政府先后把两种财政拨款制改为由企业还本付息的贷款制，由此银行贷款成为分配资金的重要渠道。从国有企业固定资金来源看，1978年以前财政拨款占50%以上，银行贷款最高不到20%。到1982年财政拨款比重为31.6%，企业自筹资金占31.2%，而银行贷款则占37.1%。到1985年，中国初步形成了以中央银行为领导、国家商业银行为主体、保险机构以及其他多种机构并存的国有金融垄断格局。

2. 金融改革的整体推进与深化时期（1985—1998年）

这是中国计划金融制度向市场金融制度转变的探索阶段，确立了中央银行制度的法定地位，大力发展多元化金融组织机构，金融宏观调控向间接调控转变等。

（1）金融组织体系基本形成。1985年以后，按照市场化运作原则，中国组建了一批商业银行和非银行金融机构，1995年《中华人民共和国中国人民银行法》正式颁布实施，中国人民银行的中央银行地位确立，1994年三家政策性银行的成立实现了商业性金融与政策性金融相分离，1995年《中华人民共和国商业银行法》的正式实施，专业银行商业化也进入了实质性实施阶段；1994年以来保险业改革步伐加快，1995年10月《中华人民共和国保险法》的实施为保险机构合法、规范经营提供了法律保障。

（2）信贷资金管理体制的革新与央行间接金融宏观调控体系的基本建立。1985年，中国开始实行"实贷实存"的信贷资金管理体制，将各银行与中央银行的关系变为借贷关系，央行通过存款准备金率及再贴现率间接调控金融，到1998年央行取消了对国有商业银行贷款限额的控制。

（3）金融市场不断完善。货币市场方面，从票据承兑贴现业务到银行间债券回购业务，从商业银行同业拆借到全国统一的银行同业拆借；资本市场方面，证券市场从一级市场发展到二级市场，债券市场也实现了全面发展，金融债券品种日益丰富。

（4）外汇管理体制改革。1985—1988年深圳和上海建立了外汇调剂中心，产生了外汇调剂市场汇率，1994年汇率并轨，中国开始实行以市场供求为基础的、单一的、有管理的浮动汇率制度，全国统一的银行间外汇市场形成。1996年中国实现了人民币经常项目下的可兑换。

这一时期金融业和金融市场的发展进入了法治化、规范化管理的轨道。

3. 现代金融制度建设时期（1999—2012 年）

这一时期通过金融体系组织结构的调整实现了金融机构的垂直管理，从 1998 年到 1999 年，31 个人民银行省级分行被撤销，同时成立了 9 个大区分行和 3 个人民银行总行直属营业部，通过成立四大资产管理公司剥离"工、农、中、建"四大国有商业银行 1.4 万亿元不良资产，帮助国有企业休养生息，走出亚洲金融危机的困境。2003 年以来是金融改革与发展的健康化、规范化和专业化阶段，通过改进会计准则，实施贷款五级分类制度，并按照现代企业制度的要求建立公司治理结构，提升透明度，从而促使金融机构加强财务和风险管理。2005 年开始的国有商业银行股份制改造，为建立现代商业银行奠定了基础。从 2006 年开始，国有商业银行引进战略投资者，国有商业银行成为国家控股的现代股份公司，为建立和完善现代企业治理结构创造了条件；在金融市场中，2005 年的股权分置改革进一步推进了股票市场规范化；在专业化方面，证监会、保监会和银监会相继成立，使金融业的决策、运作、监督管理得以分离，体现了制度安排相互制衡的原理。

4. 现代金融制度的逐步完善期（2013 年至今）

党的十八大以来，中国金融改革有序推进，金融要素市场化改革进程加速，人民币国际化和金融双向开放取得进展，金融体系不断完善，金融监管得到改进，金融抗风险能力逐步增强。

（1）利率市场化加速推进，汇率形成机制与调控机制不断完善。2013 年 7 月，中国人民银行宣布全面放开贷款利率管制。2015 年 10 月，存款利率浮动上限取消，存贷款利率管制基本放开，利率市场化迈出重要的一步。汇率改革方面，2014 年 3 月，人民币兑美元交易价浮动幅度扩大至 2%，2015 年 8 月，人民币汇率中间价主要参考市场均衡汇率形成；2017 年 5 月，人民币兑美元汇率中间价报价模型中引入逆周期因子，进一步优化和完善了人民币汇率形成机制；2015 年 12 月开始发布人民币汇率指数，为市场观察人民币汇率提供了量化指标。

（2）人民币国际化水平稳步提高，金融双向开放有序推进。2015 年，人民币跨境支付系统（CIPS）成功上线运行，标志着人民币国内支付和国际支付统筹兼顾的现代化支付体系建设取得了重要进展。2016 年，国际货币基金组织（IMF）将人民币纳入特别提款权（SDR）货币篮子，人民币作为国际储备货币的地位被正式认定，这不仅是中国融入全球金融体系的重要里程碑，更是中国金融改革和开放的新起点。2014 年以来"沪港通""深港通""债券通"相继开通实施，使得中国股票、债券市场与国际市场的联系更加紧密，这也表明中国资本项目正在稳步有序开放。中国金融开放进展得到了国际市场的认可。2017 年 6 月，摩根士丹利资本国际公司（MSCI）宣布，从 2018 年 6 月开始将中国 A 股纳入 MSCI 新兴市场指数和全球基准指数。

（3）金融市场不断丰富完善。民营资本进入银行业的大门已经常态化打开，多层次银行体系正在构建，2014—2017 年银监会批准 17 家民营银行筹建申请，新三板的推出使中小企业有了更多的直接融资渠道，存款保险制度的实施给金融安全增加了一道"防护网"。金融监管水平逐渐提高，初步建立了监管协调机制。2013 年 8 月，金融监管协调部际联席会议制度的建立适应了金融业发展新形势，2017 年起宏观审慎评估体系（MPA）把银行理财纳入广义信贷范围，正在引导金融机构加强对表外业务风险管理。

党的二十大明确提出加强和完善现代金融监管，强化金融稳定保障体系，依法将各类金融活动全部纳入监管，守住不发生系统性风险底线。健全资本市场功能，提高直接融资比重。加强反垄断和反不正当竞争，破除地方保护和行政性垄断，依法规范和引导资本健康发展。2017—2021 年，我国银行业主动处置不良资产 12 万亿元，金融风险整体收敛，防范化解重大金融风险取得阶段性成果。

（4）金融业开放在加快进度。我国金融业多项对外开放相关政策密集落地。据不完全统计，从 2018 年 4 月底开始，在近 5 个月的时间内，"一行两会"接连发布了相关政策，涉及外资银行、保险、证券、基金以及期货等行业的多项市场准入开放和业务范围扩大。

（二）中国金融制度对经济发展的影响

金融制度具体化为特定的金融政策是通过以下几个传导机制实现的：一是利率传导，货币当局调整基础货币、准备金等引起货币供应量变动，货币供应量与名义利率变化呈反向变化，即货币供应量增加引起名义利率下降，从而促使预期价格上升，并导致真实利率下降和投资支出增加，最终产出增加，促进就业和经济发展，反之亦然；二是货币供应量传导，即货币供应量增加，国民收入增加；三是汇率传导，央行参照一篮子货币来计算人民币多边汇率指数的变化，管理和调节人民币汇率，维持人民币汇率基本稳定在合理均衡水平上。

有学者对中国金融发展与经济发展的关系进行了实证研究。[1] 如果将金融中介和证券市场综合起来，考察中国金融总体发展的规模扩张、结构调整和效率变化，并且以人均 GDP 作为衡量经济发展的指标，结果表明：金融相关比率、金融构成比率和储蓄贷款比率与人均 GDP 之间存在显著的长期相关性；而进入 20 世纪 90年代以后，金融相关率、金融结构比率和储蓄贷款比率与人均 GDP 之间存在着双向因果关系。还有一些研究结果[2]表明中国股票市场资本化率与经济增长呈现比较微弱的负相关关系，即中国股票市场规模的扩大对经济增长基本不起作用或者只

①   王志强、孙刚：《中国金融发展规模、结构、效率与经济增长关系的经验分析》，《管理世界》2003 年第 7 期。

②   赵振全：《中国金融发展与经济增长研究》，科学出版社 2013 年版，第 281 页。

起到相当小的负面作用，而银行系统对经济增长的促进作用不仅为正向而且相对股票市场效果明显，大约为股票市场的 8 倍。

五、金融安全及其对经济发展的影响

（一）金融安全

在 2017 年全国金融工作会议上，习近平指出："金融是国家重要的核心竞争力，金融安全是国家安全的重要组成部分。"[①] 健康安全的金融体系不但能有效提升资本积累水平，提高资源配置效率，而且能充分发挥宏观经济政策的调控作用，推动经济高质量发展。党的二十大进一步明确指出要强化金融安全保障体系建设。

从概念角度看，国外理论界更多分析的是与金融安全密切相关的金融稳定问题。费舍尔（1932）较早地提出了金融稳定问题。他通过观察 19 世纪末 20 世纪初的经济危机提出了债务—通缩的大萧条理论。[②] 为进一步厘清过度负债和通货紧缩的逻辑关系，费舍尔（1933）认为过度负债引发债务清偿问题，导致一般价格水平下降或货币购买力提高，当货币升值速度快于债务清偿速度之时，名义债务规模会越来越大，经济萧条继续恶化。[③] 也就是说，债务—通缩引起金融稳定问题。欧洲央行（European Central Bank，2012）认为，金融稳定是指金融机构、金融市场和金融基础设施在外部冲击下依然能够稳健运行，并正常发挥资源配置、风险管理、支付结算等功能。国内对金融安全的研究始于 1997 年亚洲金融危机之后。王元龙（1998）认为金融安全就是货币资金融通的安全，[④] 是指一国在金融发展过程中具有抵御威胁的能力、金融的主权不受侵害以及金融体系可以正常运行与发展等。[⑤] 张金清等（2021）从流动性资产负债角度认为金融安全是金融体系中各部门拥有足够的流动性资产偿还流动负债，从而建立稳定而持续的部门间金融信用关系，使金融体系保持正常运行与发展的态势。[⑥]

从一定意义上说，金融安全是国家安全的重要组成部分，结合当前中国经济发展的国内外环境和时代特征，金融安全必须服务于实体经济，满足高质量发展的需要，同时，还需要有完善的金融治理体系。金融安全的底线是不发生系统性

[①]　《习近平谈治国理政》第二卷，外文出版社 2017 年版，第 278 页。

[②]　Fisher I. , *Booms and Depressions: Some First Principles*, New York: Adelphi Company, 1932.

[③]　Fisher I. , "The Debt-Deflation Theory of Great Depressions", *Econometrica*, vol. 1, no. 4, 1933, pp. 337-357.

[④]　王元龙：《我国对外开放中的金融安全问题研究》，《国际金融研究》1998 年第 5 期。

[⑤]　王元龙：《关于金融安全的若干理论问题》，《国际金融研究》2004 年第 5 期。

[⑥]　张金清、张剑宇、聂雨晴等：《中国金融安全评估：2000~2019 年——基于部门流动性资产负债表的分析框架》，《管理世界》2021 年第 6 期。

金融风险。

（二）当前中国金融体系面临的挑战

党的十八大以来，中央对防范化解金融风险给予高度重视。2017 年习近平总书记在全国金融工作会议上强调"防止发生系统性金融风险是金融工作的永恒主题。要把主动防范化解系统性金融风险放在更加重要的位置，科学防范，早识别、早预警、早发现、早处置，着力防范化解重点领域风险，着力完善金融安全防线和风险应急处置机制。"① 近些年来，金融改革发展稳定各项工作稳步推进，取得了很大的成绩。2022 年 10 月，国务院关于金融工作情况的汇报中提出：实施稳健的货币政策；金融业综合实力大幅提升；金融服务实体经济质效明显提升；金融改革开放呈现新局面；防范化解重大金融风险取得重要阶段性成果等。但中国金融体系仍存在许多不适应高质量发展的问题，存在诸多矛盾和结构性问题，总体上存在内部和外部两个方面的潜在风险。

第一，宏观杠杆率高企。宏观杠杆率指全社会债务规模占 GDP 比重，一定程度上反映金融风险的程度，宏观杠杆率过高意味着潜在风险越大，一旦出现经济波动容易引发债务危机。从图 12-3 中可以看出，2012 年四季度以来，中国实体经济部门宏观杠杆率持续上升，从 190.6% 持续上升到 273.2%。降杠杆工作依然面临较大压力。这一方面与房地产企业的高杠杆有关，中国人民银行发布的 2022 年四季度金融机构贷款投向统计报告显示，2022 年年末，人民币房地产贷款余额 53.16 万亿元，占总贷款余额的 24.84%。由于房地产企业贷款主要来自商业银行，一旦出现债务违约将对银行业产生冲击。另一方面与地方政府债务高企有关。根据财政部预算司的统计，截至 2022 年年底，我国地方政府债务余额为 35.1 万亿元，其中，一般债务 14.4 万亿元，专项债务 20.7 万亿元。2020 年以来的疫情对地方政府综合财力的冲击使得地方债务率上升较快。

第二，金融部门脆弱性加大。中国金融市场的脆弱性呈现结构性特点，这一点在近些年信用债市场违约方面较为明显。首先，近些年来国有企业的信用债违约率逐年下降，与之相反的是民营企业信用债违约率较高。2022 年，在地方政府风险管控下，国有企业违约主体从 2020 年的 16 家减少至 2021 年的 13 家，2022 年进一步减至 1 家。国有企业债券发生违约的情况明显好转。与之相应的民营企业构成违约主体，虽然自 2018 年以来民营企业违约数量在逐渐下降，但 2022 年 33 家民营企业发生违约，占违约企业总数的比例为 50.77%，为近年来最高。从违约原因分析，与行业景气度、企业自身生产经营等因素有关。其次，从违约企业的行业集中度看，2022 年房地产企业集中违约成为一个鲜明的特征，房地产开发企业

---

① 《习近平谈治国理政》第二卷，外文出版社 2017 年版，第 280 页。

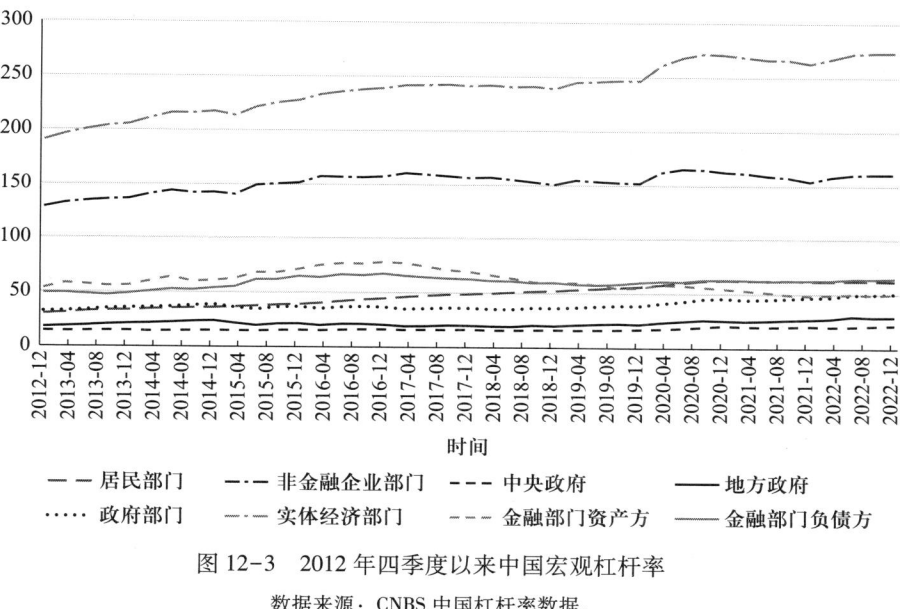

图 12-3 2012 年四季度以来中国宏观杠杆率

数据来源：CNBS 中国杠杆率数据。

违约 27 家，占比达到 67.5%。房地产企业违约与 2020 年出台的"三道红线"融资规则以及银行业房地产贷款集中度管理等房地产金融审慎管理制度的实施和深化有密切关系。最后，展期信用债数量也明显增多，截至 2022 年 12 月 21 日，共有 154 只债券展期，涉及主体 57 家，展期规模合计 1 704.91 亿元，展期规模同比大幅增长 134.42%，达到历史新高。①

第三，外部金融风险的溢出效应。一方面，2020 年以来的新冠疫情给各国经济和全球供应链带来了强烈冲击，全球多国出台大规模财政货币救助计划，通过量化宽松等工具向市场注入大量流动性，进一步推高资产价格和主权债务水平，金融风险累积性效应迅速增加。另一方面，为应对经济下滑，各国实行的短期流动性注入使得全球债务水平的进一步提高。国际金融协会（IIF）数据显示，2021 年全球债务总额首次突破 300 万亿美元，达到 303 万亿美元，创历史新高。此外，地缘政治的不稳定，尤其是俄乌冲突导致全球潜在滞涨风险增加。俄乌冲突不仅导致全球粮食供应受到冲击，也引发全球能源成本的上升，部分主要经济体采取的紧缩性措施在加大偿债成本的同时，进一步推升全球通货膨胀。外部金融环境的不确定使得中国金融安全受到冲击影响的潜在风险增大。

（三）防范化解系统性金融风险

党的二十大明确指出："深化金融体制改革，建设现代中央银行制度，加强和

---

① 参见华福证券有限责任公司研究报告《2022 年信用债市场违约全梳理：见微知著》。

完善现代金融监管，强化金融稳定保障体系，依法将各类金融活动全部纳入监管，守住不发生系统性风险底线。"做好中国金融安全，防范化解系统性金融风险，助力高质量发展的实现必须从以下几个方面入手。

第一，深化金融体制改革。当前，中国经济已经转向高质量发展阶段，一方面，金融要更好地服务于实体经济以满足经济社会发展的需要，就必须构建金融有效支持实体经济的体制机制。因此，要以金融体系的结构优化为重点，建立全方位、多层次的金融支持服务体系，满足实体经济有效融资的需求，为建设现代化经济的产业体系和市场体系提供更精准的金融服务。另一方面，还需要深化金融供给侧结构性改革，支持经济发展方式转变和经济结构优化，通过市场化手段从广度和深度上推进金融市场化改革，进一步提高金融资源配置效率，满足不同经济主体对金融的需求。

第二，完善金融监管体系。加强党中央对金融工作集中统一领导，全面加强和完善金融监管，有效化解重大金融风险。① 一方面，要加快相关法律法规的制定和实施。如推进金融稳定法出台，加快推进人民银行法、商业银行法等重要基础性法律的修订，与此同时，要严格依法实施金融监管，提高监管水平。另一方面，要进一步引导和规范资本市场健康稳定发展，深入推进股票发行注册制改革，健全多层次资本市场体系，逐步提高直接融资比重。此外，还要防止房地产业引发系统性风险，防范化解地方政府债务风险。

第三，推进金融高水平对外开放。进一步完善准入前国民待遇加负面清单的管理模式，深化人民币汇率形成机制改革，稳步推进人民币国际化，扩大人民币在跨境贸易和投资中的使用范围，支持离岸人民币市场健康发展，完善人民币跨境使用的政策支持体系和基础设施安排。

思考题

1. 如何认识资本形成在发展中国家经济发展中的作用？
2. 请结合中国供给侧结构性改革分析现阶段中国的经济发展与资本形成概况。
3. 储蓄是投资资金的主要来源，那么储蓄是怎样转化为投资的？

---

① 改革开放以来，中国金融监管框架经历了多次变化。第一次是 1979—1992 年，中国人民银行的商业银行职能逐渐被剥离，专职承担央行职能和金融监管使命；第二次是 1992—2017 年，以中国人民银行、银监会、保监会、证监会为核心的"一行三会"的分业监管体系逐步形成并不断完善；第三次是 2017—2022 年，以国务院金融发展稳定委员会、中国人民银行、证监会、银保监会为内容的"一委一行两会"监管格局形成；党的二十大以后，中国金融监管框架有了新的变化，形成了以中国人民银行、国家金融监督管理总局、证监会、外汇管理局为核心的"一行一总局一会一局"的监管框架。

4. 为什么在发展中国家中家庭储蓄在国内储蓄中的比重逐渐下降而公司储蓄占比却逐渐上升？

5. 试分析发展中国家金融发展与经济发展的关系。

6. 试述中国改革开放以来金融制度的改革与发展。

7. 如何防范化解系统性金融风险？

▶ 即测即评

　请扫描二维码进行在线测试。

第十三章　技术进步与创新

科学技术在现代经济增长中的作用越来越大。随着增长核算方法的兴起，人们对技术进步贡献的度量越来越精细。技术进步的获取途径是技术创新和技术扩散（或引进）。发达国家是科技领跑者，主要进行科技创新；而发展中国家是跟跑者，技术进步的途径主要是技术引进和模仿。但是，随着经济发展，发展中国家要想赶上发达国家，就必须从技术模仿逐步转变到自主创新，从跟跑者转变为并跑者，甚至在某些领域担当领跑者的角色。

第一节　技术进步的含义及其分类

一、技术进步的含义

根据世界知识产权组织（WIPO）的定义，技术是制造一种产品的系统知识。经济合作与发展组织认为，技术是指从产品研究、开发到销售整个过程中所应用的知识，即世界上所有能带来经济效益的科学知识都可定义为技术。技术进步有狭义和广义之分。狭义上的技术进步主要是指生产工艺、中间投入品以及制造技能等方面的革新和改进。从广义上讲，技术进步是指技术所涵盖的各种形式知识的积累与增进。

人们通常把科学与技术放在一起提及，但严格地说，它们是两个不同的概念。科学属于认识世界的范畴，而技术则是改造世界的手段。科学进步表示人类认识世界能力的提高，但它一般不能形成直接的生产力；而技术进步则是直接与生产力的提高相联系的。技术进步在现代科学产生以前就已经存在，但是，只是在现代科学产生以后它才加快了发展速度。现代科学的进步为技术进步提供了理论基础，而技术进步则把科学知识转化为直接的生产力，同时，技术进步也从多个方面为科学发展提供支持。一般而言，经济学家关心的是能够直接提高生产力的技术进步。

技术进步有三种具体表现形式：（1）给定同样的投入可以生产更多的产出，即生产率提高；（2）现有产品质量的改进；（3）生产出全新的产品。

二、技术进步的分类

根据技术进步对资本和劳动影响程度的差异，可将技术进步区分为三类：劳动节约型技术进步、资本节约型技术进步和中性技术进步。

劳动节约型技术进步是指生产中资本边际产量的增加大于劳动边际产量的增加，因此，资本替代劳动。在相对价格（工资率/利率）不变的情况下，这种技术进步导致资本—劳动比上升，即每单位劳动使用的资本量增加了。资本节约型技术进步是指生产中劳动生产率的提高大于资本生产率的提高。在相对价格不变的条件下，技术进步将导致资本—劳动比下降，即每单位劳动使用的资本减少了。中性技术进步是指劳动和资本的边际产量同比例增加。在资本与劳动的相对价格保持不变的条件下，技术进步不会发生劳动替代资本或资本替代劳动的情况，因而资本—劳动比保持不变，这意味着技术进步表现为资本和劳动同比例减少。

由于分析思路的不同，技术进步可分为希克斯技术进步、哈罗德技术进步和索洛技术进步。希克斯技术进步是指资本—劳动比不变条件下的技术进步。由于假定资本—劳动比不变，希克斯中性技术进步等于同量地扩大了资本和劳动的投入。因此，希克斯中性技术进步的总量生产函数可表述为 $Q = A(t)F(K, L)$。哈罗德技术进步是指在资本—产出比不变条件下的技术进步。由于假定资本—产出比不变，哈罗德中性技术进步意味着劳动投入的增加，因此，哈罗德中性技术进步的总量生产函数可写为 $Q = F(K, A(t)L)$。索洛技术进步是指劳动—产出比不变条件下的技术进步。由于假定劳动—产出比不变，因此，索洛中性技术进步意味着扩大了资本的投入，因此其总量生产函数可表示为 $Q = F(A(t)K, L)$。

由于 $Q = A(t)K^{\alpha}L^{\beta} = A(K^{\alpha}L^{\beta}) = (AK^{\alpha})L^{\beta} = K^{\alpha}(AL^{\beta})$，所以柯布—道格拉斯生产函数同时满足希克斯中性、哈罗德中性和索洛中性的定义，这也是许多经济增长模型将其作为分析基础的一个重要原因。

在经济增长模型的理论讨论中，一般采用哈罗德中性技术进步的定义，即我们常见的 $Q = F(K, AL)$ 形式，这是因为在传统的增长模型中，只有哈罗德中性技术进步符合稳定状态增长的要求。在经验研究中，一般采用希克斯中性技术进步的定义，因为它的生产函数设定较简单。而索洛中性技术进步则在理论分析中用得比较少。

第二节　技术进步对经济增长的贡献

一、技术进步的度量方法

早期发展经济学家认为要素投入的增长，特别是资本积累的增长是经济发展的主要源泉。然而，从 20 世纪 50 年代开始，许多理论研究和实证分析表明，技术进步对经济增长贡献远比要素投入增长的贡献要大。对技术进步在经济增长中贡献度的实证测算方法做出贡献的主要有丁伯根、索洛、丹尼森、乔根森等人。在增长核算方法基础上，各种参数和非参数估计的计量方法大量涌现，例如随机生产函数前沿方法和数据包络分析方法等。本节将简要介绍相关的研究方法。

（一）全要素生产率与索洛余值法

索洛余值法是早期对技术进步进行测度的基本方法。它是索洛于 1957 年在其外生技术进步经济增长模型的基础上发展起来的。在该方法中，全要素生产率（total factor productivity，TFP）是一个重要的概念。这个概念最早是由丁伯根（Jan Tinbergen）于 1942 年提出来的，它等于产量与全部要素投入量之比。之所以提出全要素生产率这个概念，是因为单要素生产率（产量与某一特定投入量——劳动或资本——之比）只能衡量一段时期内某一特定要素投入效率的变化，而不能表示生产效率的全部变化。一般来说，资源的配置状况、技术创新的扩散程度、规模经济、管理水平、人力资源及自然资源的状况等因素也都对生产效率有着显著的影响，而这些因素却不能在单要素生产率的变化中反映出来。索洛余值法的关键就是将全要素生产率的增长视为技术进步。

索洛余值法的基本框架是一个讨论产出增长率、要素投入增长率与全要素生产率增长率三者之间关系的增长核算方程模型。该模型采用的是总量生产函数。总量生产函数的概念由道格拉斯提出，我们常用的柯布—道格拉斯生产函数便是它的具体形式之一。丁伯根在资本和劳动投入的函数中，添加了一个时间因子 t，用以表示"效率"水平，由此便构成了经济增长理论常使用的总量生产函数形式：$Q = F(K, L; t)$。为了便于计量研究，这里一般采用希克斯中性技术进步的概念，故而生产函数常取下面的这种特殊形式：

$$Q = A(t)F(K, L) \tag{13-1}$$

其中，Q 为产出，K、L 分别为资本和劳动投入，$A(t)$ 为一段时间内技术变化的累积效应。定义 $W_K = \dfrac{\partial Q}{\partial K} \cdot \dfrac{K}{Q}$，$W_L = \dfrac{\partial Q}{\partial L} \cdot \dfrac{L}{Q}$，由式（13-1）求全微分、移项可得出：

$$\frac{\dot{A}}{A} = \frac{\dot{Q}}{Q} - \left(W_K \cdot \frac{\dot{K}}{K} + W_L \cdot \frac{\dot{L}}{L} \right) \tag{13-2}$$

式（13-2）即为索洛余值方程。其中 $\dfrac{\dot{Q}}{Q}$ 为产出增长率，$\dfrac{\dot{A}}{A}$ 为全要素生产率增长率，$\dfrac{\dot{K}}{K}$、$\dfrac{\dot{L}}{L}$ 分别为资本投入和劳动投入的增长率，W_K、W_L 为产出对资本投入弹性和产出对劳动投入弹性。$W_K + W_L = 1$，表示模型的规模收益不变。式（13-2）表明，全要素生产率增长率等于产出增长率减去劳动和资本的增长率乘以各自产出弹性之和。

索洛余值法为技术进步测度工作的开展奠定了基础。索洛运用该方法研究了美国 1909—1949 年的经济增长情况，其结论是：这段时期美国的人均总产出翻了一番，其中技术进步的贡献占了 87.5%，而其余的 12.5% 则是依靠资本和劳动投入量的增加获得的。其他运用索洛余值法所作的实证研究也都证明了技术进步是经济增长的主要源泉。

（二）丹尼森的因素分析法

20 世纪 60 年代后，索洛余值法受到了一些经济学家的质疑。一种意见认为，其将余值部分全都归因于技术进步因素，排除了其他因素的影响，夸大了技术进步的作用；另一种意见认为，其假定资本的投入和劳动的投入是均质的，这是不合实际的。丹尼森把"索洛余值"部分称为单位投入产出的增长，以区别于要素（资本、劳动）投入的增长部分。

对索洛方法的改进之一，便是对这部分增长的解释因素进行了具体的分类分析。这一部分增长的主要来源有资源配置的改善、规模经济效益、知识进步及其他因素。其中，资源配置的改善、规模经济效益可以通过实证测算求得，而所剩余的项即为知识进步及其他因素的混合贡献。

对索洛方法的改进之二，是基于对劳动多样性的考虑，来研究劳动投入的贡献。在总量层面上把劳动区分为 160 多种，在综合考虑了诸如年龄、性别、教育程度、职业状况等因素的基础上，对劳动投入进行了深入探讨，细化了对劳动要素在经济增长中的贡献的认识。

丹尼森的结论是：经济增长的变化主要来源于劳动和资本投入的变化，而并不是单位产出的变化，即索洛余值项的变化。

（三）乔根森测算法

乔根森在丹尼森的增长因素分析法的基础上，提出了超越对数总量生产函数的新概念，把技术进步的测算方法提高到了一个新高度。美国劳工统计局 1995 年起开始采用这一测算方法。现在，许多国家对经济增长因素的分析也大多采用乔根森的方法。

乔根森模型建立在对总量生产函数的批判和发展的基础之上。乔根森模型力图立足在各个产业部门的层面上，来分析经济增长的源泉，即在各部门层次上结合中间投入、资本投入和劳动投入的增长，来分析整个经济系统的增长。乔根森为每个部门设定了各自的生产函数：

$$Q_i = F(M_i, K_i, L_i, T)$$

其中，M_i 表示部门 i 的中间投入；K_i 和 L_i 为该部门的资本和劳动投入；T 为技术进步。全要素生产率增长率等于所有部门生产率增长率的加权和，其中的权数是每一部门的产出增加值占所有部门总增加值的比例。另外，它的变化还依赖于部门间的增加值、资本投入的重新配置和劳动投入的重新配置等因素的作用。

乔根森模型的引入，也使得对各部门生产率的分类研究成为可能。

乔根森的研究结论是：1947—1985 年，美国经济发展背后的主要驱动力量是资本和劳动投入的增长。其中，资本投入的增长是促进产出增长的最重要因素，劳动投入的增长是第二位的因素，而生产率增长的重要性相对来说是最小的。

（四）经济计量法与数据包络分析

由于增长核算法存在着较多缺陷，后人提出很多经济计量方法，以期借助各种经济计量模型和工具准确地估算出全要素生产率。

隐性变量法（latent variable approach）的基本思路是，将全要素生产率视为一个隐性变量即未观测变量，从而借助状态空间模型（state space model）利用极大似然估计估算出全要素生产率。具体估算中，为了避免出现伪回归，需要进行模型设定检验包括数据平稳性检验和协整检验。由于产出、劳动力和资本存量数据的趋势成分通常是单位根过程且三者之间不存在协整关系，所以往往利用产出、劳动力和资本存量的一阶差分序列来建立回归方程。

索洛余值法和隐性变量法在估算全要素生产率时，都暗含着一个重要的假设即认为经济资源得到了充分利用，此时，全要素生产率增长就等于技术进步率。换言之，这两种方法在估算全要素生产率时，都忽略了全要素生产率增长的另一个重要组成部分——能力实现改善即技术效率提升的影响。潜在产出法（potential output approach）也称边界生产函数法（frontier production function），正是基于上述考虑提出的。其基本思路是遵循法雷尔（1957）[①] 的思想，将经济增长归为要素投入增长、技术进步和能力实现改善（技术效率提升）三部分，全要素生产率增长就等于技术进步率与能力实现率之和。估算出能力实现率和技术进步率，便得出全要素生产率增长率。

随机前沿生产函数法由于允许技术无效的存在，并将全要素生产率的变化分解为生产可能性边界的移动和技术效率的变化，因而比传统的生产函数法更接近于生产和经济增长的实际情况，能够将影响全要素生产率的因素从全要素生产率的变化率中分解出来，从而更加深入地研究经济增长的源泉。

Malmquist 全要素生产率指数是基于数据包络分析（data envelopment analysis，DEA）模型提出的，它利用距离函数的比率来计算投入产出效率。Malmquist 指数方法可以利用多种投入与产出变量进行效率分析，且不需要相关的价格信息，也不需要成本最小化和利润最大化等条件，更为重要的是它将全要素生产率的变化

① M. J. Farrell，"The Measurement of Productive Efficiency"，*Journal of the Royal Statistical Society*，vol. 120，no. 3，1957，pp. 253-281.

原因分为技术变化与技术效率变化，并进一步把技术效率变化细分为纯技术效率变化与规模效率变化。

二、技术进步贡献的实证分析

（一）发展中国家技术进步贡献的实证分析

借助于各种测度方法，很多经济学家开展了对技术进步贡献的实证分析。由于计算方法和数据选择上的差异，各个学者的研究结果往往有很大的不同，但总的来说，技术进步对发展中国家经济发展的贡献要小于发达国家。

世界银行考察分析了 1960—1987 年 68 个发展中国家或地区的经济发展因素。[①] 主要分析结论有：（1）发展中国家的经济发展大致上可以分为两类：一类是高投入、高效率、高产出的经济发展型，如东亚的发展中国家；另一类是高投入、低效率、低产出的经济发展型，如非洲、南亚和拉美地区的发展中国家。（2）1960—1987 年，大多数国家的资本和劳动投入增长率几乎没有变化，而国内生产总值的增长率却下降了，这说明经济效率下降了。（3）在影响发展中国家经济发展的所有因素中，资本投入的贡献最大，可见发展中国家的经济发展主要依赖于资本的积累。（4）除了东亚地区，技术进步在其他国家和地区中起着极其微弱的作用，这也是东亚地区的经济发展比其他区域高的主要原因。

在一定程度上，发展中国家主要依赖资本积累的经济增长方式反映了经济发展的普遍规律，即技术进步在经济发展中的作用是随着一个国家经济的发展而不断增强的。根据丹尼森的研究，在 1909—1929 年，劳动与资本投入的增长对美国实际国内生产总值增长的贡献为 65%，教育和技术进步的贡献为 25%，其他因素占 10%；而在 1929—1957 年，劳动和资本投入的增长对美国实际国内生产总值增长的贡献降至 42%，教育和技术进步的贡献份额增至 47%，其他因素只占到 11%。[②] 另一项研究也表明，日本的全要素生产率增长是倾向于增加的。例如，1888—1900 年，日本的全要素生产率增长在产出增长中的贡献只有 10%，但 1920—1937 年上升到 48%，1958—1970 年为 54%，1970—1990 年仍然达到 45%。[③] 这些数据说明，目前发达国家以技术进步为主导的增长方式也是在一个较长的历史过程中逐渐形成的。因此，发展中国家早期以要素投入为主的经济发展模式是

① 世界银行：《1991 年世界发展报告》。

② E. F. Denison and J-P Poullier, *Why Growth Rates Differ*：*Postwar Experience in Nine Western Countries*，Washington DC：Brookings Institution Press，1967.

③ 速水佑次郎：《发展经济学：从贫困到富裕》，李周译，社会科学文献出版社 2003 年版，第 125 页。

不足为怪的。

（二）中国技术进步贡献的实证分析

关于技术进步对中国经济增长的贡献，国内外不少学者进行了实证研究。研究结论一般倾向于认为中国经济全要素生产率增长率自 20 世纪 90 年代以来很低，并据此认为中国经济增长严重依赖于要素投入，技术进步贡献有限。近年来，在中国经济增长和地区增长差异的研究中，基于面板数据的前沿技术分析成了重要的分析工具。通过改变索洛余值法对全要素生产率分析的严格函数假设，利用 DEA、随机生产前沿函数等非参数估计方法细致地分解全要素生产率增长，除了从要素投入分析经济增长的源泉，学界还对资源配置、技术效率、规模效率和结构变动等多种影响因素进行了更深入的分析。

当前，一些学者已经开始将效率问题纳入经济增长的分析中，从而将全要素生产率的增长分解为效率变化和技术进步两个部分。对全要素生产率的研究方法可分为两种思路：一是利用经济增长模型来测定全国或各省份的全要素生产率大小，结果表明，全要素生产率增长对我国经济增长的贡献率较低，我国经济增长主要依赖于要素投入增长，是一种典型的粗放型增长。根据郭庆旺、贾俊雪的研究，1979—2004 年，我国全要素生产率平均增长率为 0.891%，对经济增长的平均贡献率为 9.46%。全要素生产率增长对经济增长的贡献较低的原因在于技术进步率偏低以及资源配置不尽合理。与此对照的是，我国要素投入对经济增长的贡献率高达 90.54%。[1] 二是采用 DEA 模型和 Malmquist 指数方法来分析全要素生产率的变化改善情况。利用该方法，经济增长的全要素生产率的变化便分为技术变化、纯技术效率变化和规模效率变化三种。[2] 主要结论是，中国全要素生产率是增长的，但主要是技术效率的提高，而技术进步贡献较低。

第三节　发展中国家技术进步的实现途径

技术进步的实现一般要经过发明、创新和扩散三个步骤。在开放经济条件中，技术进步的途径主要有两条：技术创新和技术引进。对于后发国家来说，经济的赶超就是技术的赶超。本节首先讨论技术进步的两个基本来源：技术创新和技术扩散，然后结合发展中国家技术引进和技术选择战略进行讨论。因此，发展中国家技术进步的实现途径主要有：一是技术创新与技术扩散，二是技术转移与

---

①　郭庆旺、贾俊雪：《中国全要素生产率的估算：1979—2004》，《经济研究》2005 年第 6 期。
②　颜鹏飞、王兵：《技术效率、技术进步与生产率增长：基于 DEA 的实证分析》，《经济研究》2004 年第 12 期。

技术引进。

一、技术进步原理：创新与扩散

（一）技术创新

1. 创新的概念及分类

熊彼特认为，创新就是"建立一种新的生产函数"，也就是说，把一种从来没有过的关于生产要素和生产条件的"新组合"引入到生产体系中去。创新有以下五种基本形式：（1）引进新产品；（2）采用新技术或新的生产方法；（3）开辟新的市场；（4）控制原材料的新供应来源；（5）引入新的生产组织形式。熊彼特对"创新"与"发明"进行了区分，"发明"是为了改进设计、产品、工艺或制度而提出的思想、图纸或模型，"创新"则是指首次被引入商业贸易活动的那些新产品、新工艺、新制度或新设备。因此，"创新"是一个经济概念，而"发明"则是一个技术概念。研究表明，发达国家的发明与创新之间的平均时滞为 10~15 年。

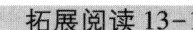
拓展阅读 13-1

人物简介：约瑟夫·熊彼特

技术创新主要可划分为四种基本类型：（1）渐进性创新：这种创新是指对已存在的一组产品或其生产过程的改进。（2）根本性创新：是指在观念上有根本性突破的创新。其特点是常常伴随产品创新、过程创新和组织创新的连锁反应，可在一段时间内引起产业结构的变化，而且这种创新是不连续的。（3）技术系统的变革：是指将产生深远意义的变革。它会影响经济的几个部门并伴随有新兴产业的出现，它不仅包括根本性的、渐进性的创新，而且会有技术相互关联的创新群的出现。（4）技术—经济范式的变革：该种变革不仅伴随着许多根本性的创新群的出现，而且包含着许多技术系统的变革，几乎对所有经济分支的经济决策都有影响，并能改变人们的常识。其中，第三类和第四类技术创新又被统称为技术革命。

2. 技术创新的诱导因素与制度环境

技术创新的诱导因素主要包括以下几个方面：

（1）企业家的利润动机和企业家精神。创新活动的主体是企业家，根本动机来源于其对超额经济利润的追逐。除了利润动机，"企业家精神"也是企业家进行创新活动的主要动机。所谓"企业家精神"主要体现在五个方面：企业家的"首创精神"，企业家的"成功欲"，企业家甘冒风险、以苦为乐的精神，企业家的精明、理智和敏捷，企业家的事业心。

（2）生产要素的稀缺性。生产要素相对价格的变化，将激励那些能更经济地利用那些价格相对昂贵的要素的发明。这也就是说，生产要素相对稀缺程度及其相对价格的变化情况决定着技术发明、创新的方向。一般认为，发展中国家由于市场不健全，价格体系扭曲，要素市场的价格变化是无法诱导出有效的技术创新的。然而，只要技术投入市场不受限制，上述假说同样适用于那些初级要素（土地和劳动）的市场交换受到禁止的经济。只要经济活动者的行为是理性的，要素稀缺性的诱导作用在发展中国家就是有效的。

（3）技术推动与市场拉动。科学技术作为根本性的、发展着的知识基础，和市场需求的结构一道，在创新活动中以一种互动的方式共同地起着重要的作用。影响市场需求的因素主要有市场的地理范围、人口数量、人均收入和收入分配格局等。相对而言，在经济不发达的条件下，后两个因素对市场需求的影响不具有决定性的意义，而市场范围的扩张尤其是对外贸易的扩张，则会对发展中国家产生巨大的创新诱导作用。

（4）社会需求和社会资源的互动。技术发明刺激社会需求的增长，社会需求的增长导致社会资源的紧张；面临社会资源紧缺的问题时，创新活动便会受到刺激而展开。

创新的制度环境包括以下几个方面：

（1）竞争条件。不存在人为的障碍阻止竞争活动的进行，垄断在经济活动中不占据主导地位。

（2）完善的市场机制和市场体系。市场体系包括发达的金融体系、完善的信用制度和其他配套设施及环境，如市场制度、市场规模等。市场机制通过价格体系和竞争机制，不仅发挥着提供信息、经济激励和决定收入分配三大功能，而且可以在市场随机运作过程中自发地培育和组织创新。

（3）自由企业制度。一个企业要具备创新的活力，就必须拥有独立的法人财产、自由行动的权利，以及收益保障和风险承担能力。

（4）适宜的创新环境。一个社会需要在政治、经济、文化和法律环境方面为企业家产生和发展提供适宜的环境和土壤，使企业家阶层成为经济生活中最富有活力的群体。

3. 国家创新体系

国家创新体系，就是公共和私人部门中的组织结构网络，这些部门的活动和相互作用决定着一个国家扩散知识和技术的能力，并影响着国家的创新业绩。国家创新体系是以政府为主导、充分发挥市场配置资源的决定性作用、各类科技创新主体紧密联系和有效互动的社会系统。它应该是由政府研究机构、大学研究机构、企业研究开发机构和民间科技中介机构等组成的有序结构，并由这些机构分别发挥知识创新、技术创新、知识传播、知识应用等各有侧重的作用。政府在资源配置、战略引导、政策调控、法制保证、文化环境和舆论建设等方面发挥其作用。政府主要的职能在于制定科技政策和长远的宏观发展战略，引导社会增加对科技的投入，支持基础性和战略性研究发展，改善科学和教育基础设施建设，发展教育，培养人才，对科技活动进行宏观的监督和评估。企业是技术创新的主体和投入的主体。社会需要和市场将对科技发展尤其是高技术发展和转化起主导作用和基础作用。社会需求和市场需求也是政府制定科技政策和规划的主要依据。

国家创新体系是一个宏大的有机网络系统，是互相紧密联系又分工合作的有机整体，并需要社会法律、政策、科技价值观、舆论和文化氛围的保证和配合。教育体制、创新人才、全球化的信息网络和必要的科技投入是国家创新体系的资源基础。

国家创新体系将创新视为一种国家行为，认为国家在推动企业创新中起着十分重要的作用。国家创新体系中的制度安排是一个国家创新活动的重要影响因素。一国在经济追赶和发展的过程中，为实现技术追赶的目标，仅依靠自由竞争的市场经济是不够的，它需要政府提供一些相应的规划、政策和财力支持。

各国的国家创新体系存在一些差别。例如，日本的国家创新体系是政府主导型的，其特点是政府直接介入创新活动，并制定许多创新政策和创新策略；而美国的国家创新体系则是市场调节型的，政府的作用只在于为企业创造一个良好的创新环境，市场是调节企业创新活动的主要力量。

（二）技术扩散与模仿

技术扩散是指一项新技术的广泛应用和推广。它不仅包括对生产技术的简单获取，而且强调技术引进方对自身技术能力的构建活动。技术扩散是在技术发明与技术创新后才发生的，并且与技术创新在市场上的推广传播过程有关，比较重要的技术扩散模型有曼斯菲尔德的传染病模型、斯通曼等人建立的贝叶斯学习模型及戴维的概率模型等。刺激企业采用某一项新技术的社会、经济诸因素存在一个临界值，超过该临界值，企业便采用该项技术，否则企业将仍沿用原有技术。影响企业采用新技术的刺激因素主要有企业的规模、新技术的收益、采用成本等。

从人类历史来看，技术扩散在技术进步过程中起着至关重要的作用。一项技术创新，除非得到广泛的应用和推广，否则它将不以任何物质形式影响经济。舒尔茨指出，没有扩散，创新便不可能有经济影响。从一般意义上来说，技术扩散能促使创新在更大范围内产生经济效益和社会效益，推进一个国家产业技术的进步和产业结构的优化，促进国民经济的发展。

> **拓展阅读 13-2**
>
> 技术溢出

技术扩散具有外部性，即溢出效应。技术扩散的溢出效应一般表现为：（1）技术领先企业的示范效应，技术落后企业的模仿效应；（2）人力资本的流动；（3）联系效应。

模仿是指企业通过逆向工程（reverse engineering）等手段，仿制生产创新者的产品。逆向工程，又称反求工程，是指从产品入手，在广泛搜集产品信息的基础上，通过对尽可能多的同类产品进行解体和破坏性研究，运用各种测试、分析和研究手段，反向探索该类产品的技术原理、结构机制、设计思想、制造方法和原材料特性等，从而达到由原理到制造，由结构到材料全面系统地掌握产品的设计和生产技术的目的。技术模仿在技术扩散过程中发挥着越来越大的作用。有研究表明，韩国的许多化学、水泥、纸张和钢铁生产厂商大多数是通过交钥匙工程，后经逆向工程才得以迅速发展起来的，而日本在第二次世界大战后的发展之初更被称为"模仿大国"。

人力资本的流动也是技术扩散溢出效应的主要形式之一。这里的流动有多层含义，既包括了人力资本的有形转移，也包括了人力资本的无形转移。前者指通过人员的流动而发生的技术溢出，后者指并不需要通过人员的流动，只需借助于信息的流动而发生的技术溢出。在现代高科技行业中，人力资本的无形转移所产生的技术扩散作用非常显著。对发展中国家的一些研究表明，跨国企业对技术引进国的最大贡献，并不仅仅体现在所谓的新技术、新产品的开发上，而且体现在其对各层次员工的培训上。当受过培训的雇员由跨国公司的子公司流向其他企业时，其所掌握的各种技术也随之外流，这大大地加速了发达国家的先进经营管理技术向发展中国家的扩散进程。

跨国公司通常拥有信息和技术上的优势，当其子公司与当地的供应商或客户发生联系时，当地厂商就有可能从跨国公司子公司先进的产品、工序或市场知识中"免费搭车"，获取溢出的先进技术，从而发生技术扩散的溢出效应。根据作用对象的不同，溢出效应可以分为前向溢出和后向溢出。前者指发生在跨国公司子公司与其产品的客户、分销商之间的溢出效应，后者指发生在跨国公司子公司与其上游产业的供应商之间的溢出效应。①

开放经济条件下，通过国际贸易、国外直接投资等渠道带来的技术扩散，是发展中国家实现技术进步与经济增长的重要方式。但外贸尤其是外资的技术溢出效应不是自然发生的，同样的外资引进在不同国家和地区的技术溢出效果会存在较大差异。发展中国家和地区只有在其技术状况、人力资本积累等因素达到一定水平时，才能使国际技术溢出效应达到理想效果，实现技术进步和经济增长。因此，对发展中国家而言，要充分利用外资的国际技术溢出效应，应在外资引进过

① 孙江永、冼国明：《产业关联、技术差距与外商直接投资的技术溢出》，《世界经济研究》2011 年第 4 期；韩阳：《外商直接投资产业间技术溢出效应的模型度量》，《统计与决策》2013 年第 4 期。

程中增强对新技术的消化吸收能力的投资和培育，并积极实施自主创新战略，防止形成对国外技术的依赖。否则，只是单纯地吸引外资，没有其他条件的配合，就会存在无技术溢出问题。此外，不是什么样类型的外资都有技术溢出效应，只有引进技术含量较高的外资才能有较大的溢出效应，否则，也可能会出现有外资引进却无技术溢出的情况。

二、技术转让理论与发展中国家的技术引进

发展中国家的经济发展具有追赶的性质。要实现追赶任务，无论是在微观经济活动中，还是在宏观经济运作中，发展中国家都没有可能也没有必要亦步亦趋地探索原生性的技术创新来推进本国的技术进步。在发展中国家的发展之初，技术转让与技术引进是其实现技术进步的一个主要途径。

联合国制定的《国际技术转让行动守则》认为，技术转让是关于制造某种产品、应用某项工艺流程或提供某种服务所需的系统知识的转让，但不包括货物的单纯买卖或租赁。按照技术引进国所引进技术在技术移出国使用层次的不同，技术转让可分为两类：（1）垂直技术转让，它是指将 A 国的基础科研成果转用于 B 国的应用科学中，或将 A 国的应用科研成果转用于 B 国的生产中。（2）水平转让，这是指将 A 国已被应用于生产的新技术转用于 B 国的生产领域。

按照技术引进国对所引进技术的吸收程度的不同，技术转让又可分为：（1）简单的技术转让，指某项先进技术由 A 国转让到 B 国，而不管 B 国在采用这项技术后能否再将其复制出来。（2）技术吸收，指某项先进技术由 A 国转让到 B 国后，B 国能将其复制出来，所以这类技术转让又被称为"真正的技术扩散"。

按照技术转让目的的不同，技术转让又可分为"物质转让""设计转让"和"能力转让"。物质转让的目的就是单纯地获得部件、设备、机构或包括某种技术的工厂。设计转让的目的就是获得生产某种产品的能力。由于该产品原来是由他方设计和开发的，所以这里引进方所获得的除了专业设备和机械，还包括创建指定生产能力所需的软件转让（如设计、图纸、工艺等）。能力转让的目的不仅是获得生产能力，而且包括引进技术并使其适应当地条件，以及获得进行小规模改进以至最终开发出新产品或新生产程序的能力。在这三类转让中，物质转让最容易，所耗资源最少；能力转让最困难，但其生产力最高。在初期发展阶段，发展中国家主要进行物质和设计转让；但在发展中后期，必须更多地倾向于能力转让，减少技术依赖。

一些较为重要的技术转让方式有：（1）"专项"的贸易方式，如补偿贸易、来料加工、组装出口等；（2）咨询、技术贸易方式、管理协议；（3）合作生产；（4）许可证贸易；（5）交钥匙工程；（6）国外直接投资。

发达国家垄断着现代科学技术的绝大部分成果。发展中国家通过研究与开发

活动来独立地获取这些技术所花费的成本，比引进别国现成的同类技术所花费的成本要大得多。据测算，日本通过技术引进来掌握先进技术的过程，较其他发达国家（技术创新国）大约节省了 2/3 的时间和 9/10 的研究开发费用。另外，发展中国家进行自主的技术创新活动，还面临着自身研究开发能力低下、资金不足、创新机制缺乏等困境。据统计，在全世界每年用于研发的资金中，发达国家占97%，发展中国家仅占 3%，考虑到人口分布状况，两相比较，富国和穷国的人均研发费用比为 100∶1。因此，发展中国家如果想借助于自身的力量来获取技术进步，就只会进一步拉大与发达国家之间的差距。可见，发展中国家在发展早期既无能力又无必要实行原生性创新。在这种情况下，技术引进则成为必然。但是，当发展中国家工业化发展到中后期阶段之后，经济实力增强，科技力量也在增强，引进的难度加大，此时应逐渐加大原始性创新。

三、发展中国家的技术选择和技术提升战略

如何选择所引进的技术，是发展中国家进行技术引进活动时所面临的另一重要问题。因为并不是把发达国家的先进技术全部照搬过来，就能获得相应的生产效率的提高和经济的发展与社会的进步。实践表明，片面、盲目地引进国外的所谓先进技术，反而会造成一些发展中国家对西方不适用技术的严重依赖，甚至加剧其国内两极分化、城乡对立、环境污染等一系列社会经济问题的恶化。因此，发展中国家不应简单盲目地模仿、照搬发达国家的先进技术，而是要结合本国的具体国情对所引进技术有所选择。

一些发展经济学家认为，与劳动力充裕、资本匮乏的资源结构相适应，发展中国家应优先选择和引进中间技术或适用技术。

所谓中间技术，是指介于初级与高级、原始与现代之间的一种技术。它具有以下特点：（1）属于劳动密集型技术，适合于小型企业，不占用过多资本，利于就业。（2）与粗糙的土技术相比，生产率要高得多；与资本高度密集的现代工业技术相比，又要便宜得多。（3）在应用、管理和维修方面的问题都容易解决，能顺利地适应发展中国家的环境。因此，中间技术是一种适合于在贫穷落后的发展中国家普遍推广的技术。

所谓适用技术，就是既能满足技术引进国发展经济的技术需要，又考虑到了引进国的生产要素现状、市场规模、社会文化环境、目前的技术水平以及技术的吸收创新能力等因素，能够使得引进国从中获得最大效益的一类技术。它既可包括适用的先进技术、尖端技术，又可包括适用的中间技术或原始技术。总之，适用技术论点强调的不是具体的技术形式，而是技术选择和发展的战略思想。适用技术的选择应满足三重目标要求：（1）环境目标。适用技术应该能够节约能源，

循环使用各种材料，减少环境污染，保护生态环境。（2）社会目标。适用技术应该能最大限度地满足人类的基本需要，提供富有创造性和引人入胜的工作，能与传统文化相交融，促进社会和睦，并赋予群众较大的自主权。（3）经济目标。适用技术应该能广泛提供就业机会，利用地方资源并生产地方消费品，取得较高的经济效益并促进经济平衡发展。适用技术的内涵比中间技术更加丰富、灵活，但两者的基本思想是一致的，都认为发展中国家应选择符合本国实际情况的技术。

　　然而在现实中，发展中国家的政府常常出于赶超先进国家的目的，采取扶持政策，鼓励企业选择资本、技术密集型技术。近几十年发展中国家经济发展的实践证明，这样的企业在自由竞争的市场中是没有自生能力的。政府为了提供政策性扶持，不得不以税收优惠、改变要素价格等方式扭曲市场环境，致使整个经济的运行效率降低。相反，选择适用技术有利于发挥比较优势，使企业更有竞争力，投资的回报率更高，储蓄的意愿也更强，更有利于经济的发展。从技术引进的角度来看，选择适用技术，所要引进的技术应和现有的技术比较接近，这样学习成本会较低，技术引进的成本也会较低，技术升级会比较顺利。

　　发展中国家的技术提升战略应该遵循三条原则：

　　第一，坚持技术引进与技术创新、技术扩散相结合。以技术引进方式为主来推进本国的技术进步，只能是发展中国家在发展之初的权宜之计，因为通过技术引进并不能从根本上使发展中国家具备独立、成熟的技术创新体系和能力，相反，只会使发展中国家对发达国家产生技术依赖，造成发展中国家与发达国家的技术差距的永久化。发展中国家只有在技术引进的同时，注重对所引进技术的二次创新及相应的技术扩散，才能逐渐摆脱对发达国家的技术依赖，构建本国的创新体系。

　　第二，注重自身技术能力的培育提高，技术转移以能力转移为根本目标。一国要想获得可持续的、稳定的技术进步，就必须具备独立的技术创新能力。技术能力包括生产能力、投资能力和革新能力。通常情况下，一项新技术的能力的发展进程是由革新到投资，再到生产；而在技术引进的情况下，技术能力的发展过程则是由生产到投资，再到革新。因此，发展中国家要想借助技术引进发展到独立自主的创新发展阶段，就必须以获取技术能力、实现能力转移为其技术引进工作的根本性目标。

　　第三，在技术引进的同时重视国内的研究开发工作，并以此为核心构建本国的技术生产体系。一国国内的研究开发工作是提高该国技术能力的基础。发展中国家只有在技术引进的同时注重本国自主研究开发活动的开展，才能做到技术引进与技术创新并重，才能借助于技术引进不断地提高本国的技术能力。

四、发展阶段与技术进步方式的转换

发展中国家的经济发展一般要经历三个阶段：生产要素导向阶段、投资导向

阶段和创新导向阶段。在不同的发展阶段，其技术进步方式是不同的。

（一）生产要素导向阶段

发展中国家在发展初期主要依赖于基本生产要素，包括国内的自然资源和丰富而廉价的劳动力资源。在此阶段，产业应用的技术层次不高，产业技术属于容易取得的一般技术，主要来自模仿，本国企业还不具备自主技术研发的能力。这一阶段以自由贸易和技术引进为主，主要通过引进技术来加速自己的技术进步，并促进产业结构升级。

（二）投资导向阶段

当一国发展到中期阶段时，就进入投资导向阶段。在此阶段，国家会大量投资兴建现代化、高效率和大规模生产的机器设备和厂房，努力在全球市场上取得最先进的技术，并致力于改进引进的技术，以提高更精密产业和产业环节的竞争力。引进国外先进技术的能力，是突破生产要素导向阶段而迈向投资导向阶段的关键。在引进国外先进技术的同时，要大力培养专业技术人才和技术工人。在这一阶段，虽然一些产业的技术水平有可能较高，但产业的整体技术水平仍然落后于世界先进水平。由此可见，在投资导向阶段，对于发展中国家尤其是发展中大国而言，技术进步的途径仍然主要是引进模仿，但引进的技术已经是在世界范围内较为先进的技术，并且开始在引进模仿的基础上，培养自己的技术力量，逐渐进入模仿创新阶段。在此阶段，技术引进与技术开发并重，实施适度的贸易保护，国家对资源进行重新配置，通过有选择的产业政策，打破发达国家的技术垄断，进一步提升产业结构。

（三）创新导向阶段

当一国达到工业化后期阶段时，技术进步就开始进入创新导向阶段。产业依赖传统生产要素投入而形成竞争优势的情形越来越少，必须以技术的自主开发为主。这时，国家主要通过产业政策的支持和引导，大力发展新兴的高技术产业，占领产业制高点，而在产业升级的过程中，还需要企业能够在各种压力下持续创新，将动态的比较优势与静态的比较优势结合起来，兼顾长期利益与短期利益，平衡宏观与微观效率，实现技术和经济跨越式发展。

第四节　中国技术进步方式与创新驱动发展

一、技术进步方式的争论与现实选择

从中国技术创新的实践来看，较长时间内一直存在着"技术引进模仿式创新"和"自主研发式创新"两种主张的争论。

主张"技术引进模仿式创新"的理由包括：第一，中国仍然是一个技术后发国家，应充分发挥技术的后发优势来实现技术进步。在技术引进中，技术进步的路径演进取决于模仿的相对容易度和相对人均知识资本存量。第二，按照要素禀赋理论，要素结构的升级必然会引起技术结构的升级和技术进步，而中国要素结构的升级还没有达到以自主创新为主的技术进步方式的要求。中国目前经济发展的重点不是技术结构的升级，而是应该遵循比较优势原理加快要素结构升级。作为最大的发展中国家，我国的技术进步路径应该是利用技术后发优势与自主创新相结合，逐步实现从技术引进到自主创新的路径转变。

主张"自主研发式创新"的理由包括：我国目前研发资源禀赋、技术结构和发展阶段仍处于较低水平，因此我国只有加大自主创新才能在某些重点行业和领域占领技术制高点，才能不受制于发达国家的技术制约，最终实现技术和经济的赶超。为了应对发达国家对技术的保护及避免技术引进的路径依赖，我国不必完全复制该技术之前的发展轨迹，可以通过开发新型产品、新型技术来获取后发优势。

其实，这两种观点看似针锋相对，但并没有根本性的分歧，只是强调的重点有些差异。赞成技术引进战略的也不是说要完全模仿，而是要结合中国的发展阶段先以引进为主，待中国产业结构转变到更高阶段时，再以自主创新代替模仿。支持自主创新战略的也不是反对引进和模仿，而是强调在现阶段要加大自主创新力度，逐步从模仿转向自主创新，最终实现自主创新。

日本、韩国等国家的经济发展表明，后发国家必然要经历一个从以技术引进、消化吸收为主到以自主创新为主的过程。所以，从长远看，我国应从技术引进模仿式创新驱动经济发展向自主研发式创新驱动经济发展转变。但从目前的发展阶段尤其是我国的区域发展不平衡的实际出发，我国应采取技术引进模仿式创新和自主创新相结合的创新发展模式。

第一，由于我国地区之间要素禀赋包括研发资源禀赋非均衡分布的特征，地区之间的技术创新路径和方式不可能采取"一刀切"的简单做法。我国东部发达地区如广东、江苏、浙江等省份的研发资源要远远多于贵州、云南、宁夏等西部省区。广东、江苏和浙江等东部省份的研发人员数、研发经费投入和研发项目数都几乎高出贵州、云南、宁夏等西部省区 10 倍以上。因此，东部地区具有人力资源、资金和技术上的优势，可以按照竞争优势战略，实施自主创新为主的技术创新路径，而西部地区在不具备资金和技术优势的情况下，在一段时间内还是只能走技术引进模仿式创新之路。

第二，由于我国产业发展的不平衡性，不同产业的技术创新方式也不可能采取"一刀切"的简单做法。我国目前的产业结构中出现了传统产业和新兴产业并存的"二元"特征，面临着传统产业升级和新兴产业发展的双重压力。在传统产业方面，我国的技术相对于国外的先进技术还存在较大的差距，技术的后发优势有待发挥，所以应通过技术引进以及在此基础上的模仿创新来推动产业结构升级。但是，对于新兴产业，我国与西方发达国家的技术几乎是同步的，所以通过加大自主创新力度完全可以在新兴产业上占领技术制高点，获得核心竞争力。

二、迈向高质量发展阶段的动力机制转换

党的十八大以来，中国经济社会发展进入新阶段，呈现出新常态。主要特点是：一是从高速增长转为中高速增长，二是经济结构不断优化升级，三是从要素驱动、投资驱动转向创新驱动。因此，创新驱动发展战略应运而生，这就要求：坚持走中国特色自主创新道路，以全球视野谋划和推动创新，提高原始创新、集成创新和引进消化吸收再创新的能力；更加注重协同创新，并将创新作为引领发展的第一动力，科技创新与制度创新、管理创新、商业模式创新、业态创新和文化创新相结合，推动发展方式向依靠持续的知识积累、技术进步和劳动力素质提升转变，促进经济向形态更高级、分工更精细、结构更合理的阶段演进。党的二十大指出，必须坚持科技是第一生产力、人才是第一资源、创新是第一动力，深入实施科教兴国战略、人才强国战略、创新驱动发展战略，开辟发展新领域新赛道，不断塑造发展新动能新优势。

向创新驱动发展转变是走新型工业化道路、实现可持续发展的需要。长期以来我国经济增长主要是靠大规模的投资和资源的巨大消耗取得的，结果造成了资源能源的过度消耗、环境的严重污染和恶化。改革开放以来，我们也一直在强调重效益、转方式，为此也做过不少努力，并取得了一些进展，但粗放型发展方式还没有从根本上得到转变。走新型工业化道路，其基本点是：科技含量高、经济效益好、资源消耗低、环境污染少等。显然，新型工业化道路是与集约型经济发展方式密切相关的，没有发展方式的根本性转变，就不会有新型工业化道路，也难以实现可持续发展。因此，当务之急就是加快推进经济发展方式从粗放型向集约型的根本性转变。

向创新驱动发展方式转变是经济结构战略性调整的需要。我国经济结构不平衡不协调的情况日益明显。如工业比重尤其是重工业比重过大而服务业比重偏小的问题，消费需求不足而过分依赖出口来拉动经济增长的问题，煤炭、钢铁、水泥、有色金属、造船等部分行业产能严重过剩的问题，城乡发展、区域发展不平衡问题等。这些不平衡不协调问题只有通过改变资本驱动型的发展方式才能得到解决。因为这些问题的发生都与过度投资相关。过高的投资率导致消费率较低、消费需求萎缩，因此不得不依靠出口来扩大需求，以刺激增长；高积累必然导致

资本密集型工业尤其是重工业发展迅速，致使产业结构过度地偏向重工业，导致服务业发展的滞后。因此，转变资本驱动型发展方式就是要适度降低投资率，改变投资方向。

三、创新驱动发展战略的实施路径

首先，确立创新主体系统。实施创新驱动发展战略是一项系统工程，只有确立协同合作的创新主体系统，才能统领整个战略的全面实施。在创新主体系统中，政府扮演着重要角色，起着调控、引导、协调和扶持的作用，承担着服务和保障的职责。其具体工作包括制定中长期科学技术发展规划，通过优惠政策和外部环境支持创新，政府采购或直接投入公共科技研发，协调各主体的关系并组织他们协同合作。企业是创新的主体，在创新链条中，企业既是创新的出发点，也是创新的落脚点，企业依靠科技进步提高产品竞争力，要向创新要效益。在创新主体系统中，中介机构是促进政府与企业联结的一个主体，它能推进创新的供给方和需求方互相配合，融成一个整体，是创新体系的重要组成部分，主要包括生产力促进中心、企业孵化器、咨询和评估机构、技术交易机构等。创新主体还包括研究开发机构和科研人员，它们给创新提供了源源不断的新科技，在创新实现过程中提供技术、人才支撑。所有这些组成部分，构成了一个有机的创新主体系统。

其次，完善科技创新体系。坚持创新在我国现代化建设全局中的核心地位。这就要求强化以国家实验室为平台的国家战略科技力量，发挥新型举国体制的优势，统筹推进国际科技创新中心、区域科技创新中心建设，提升国家创新体系整体效能。新型创新体系，应加强高校、科研院所产学研协同创新，加快建设军民融合创新

拓展阅读 13-3

科技创新与新型举国体制

体系，打造多层次、各具特色的区域创新体系，健全科技中介服务体系，充分发挥行业头部企业的创新引领作用。与此同时，扩大国际科技交流合作，加强国际化科研环境建设，形成具有全球竞争力的开放创新生态，充分整合全球的科技创新资源，包括人才、知识、技术和基础科学资源。

再次，搭建创新驱动平台。实施创新驱动发展战略必须搭建创新驱动平台，通过这个重要载体集聚创新要素，充分激活各类创新资源，有效促进创新成果转化。为此要集中力量搭建三大平台。一是产业集群创新平台。通过这个平台完成创新要素的集成、协同和整合，促进创新成果外溢，并逐渐商品化、产业化和国际化，催生现代产业集群，从而带动整个地区的产业变革。二是公共服务创新平台。公共服务创新平台是以政府为主导，企业、高校、科研院所、行业协会等共同参与，依托科技中介机构建立起来的服务平台，主要为技术研究开发、技术转

移、技术资源共享等提供技术性服务。三是科技创新投融资平台。在三大创新驱动平台中，科技创新投融资平台具有相对独立性。由于在创新过程中，资金问题一直是制约创新驱动的短板和瓶颈，因此，科技创新投融资平台在推动创新发展方面尤为重要，能够推动科技资源与金融资源无缝对接。

最后，完善创新驱动的实施机制。国家创新驱动系统是一项复杂的系统工程。实现创新驱动战略的关键在于，加快实现高水平科技自立自强。中国过去发展的经验表明，实现高水平科技自立自强，必须以国家战略需求为导向，加强原创性科技攻关，在关键核心技术领域掌握发展的主动权。因此，从宏观看，应加快实施一批具有战略性全局性前瞻性的国家重大科技项目，增强自主创新能力；从微观看，应着力营造有利于科技型中小微企业成长的良好环境，推动创新链产业链资金链人才链深度融合。只有不断完善创新驱动的实施机制，才能保障系统安全、健康、稳定地运行，才能找到实现创新驱动战略的正确途径。创新驱动发展的效率和质量很大程度上取决于驱动机制的运行、推动、保障和提升。一是创新评价的运行机制，二是创新人才的保障机制，三是创新政策的保障机制。

四、中国创新型国家的构建

根据实现工业化和现代化方式的不同，世界上的国家可分为三类：资源型国家，主要依靠自身丰富的自然资源增加国民财富；依附型国家，主要依附于发达国家的资本、市场和技术；创新型国家，主要依靠科技创新形成日益强大的竞争优势。创新型国家应具备以下四个特征：（1）创新投入高，国家的研发投入支出占 GDP 的比例一般在 2% 以上；（2）科技进步贡献率达 70% 以上；（3）自主创新能力强，国家的对外技术依存度指标通常在 30% 以下；（4）创新产出高。是否拥有高效的国家创新体系是区分创新型国家与非创新型国家的主要标志。创新型国家的创新综合指数明显高于其他国家。近半个多世纪以来，一些发达国家已经逐步成为创新型国家。目前世界上公认的创新型国家有 20 个左右，如美国、日本、芬兰、韩国等。为了在竞争中赢得主动，依靠科技创新提升国家的综合国力和核心竞争力，建立国家创新体系，走创新型国家之路，已成为世界许多国家政府的共同选择。

经济合作与发展组织于 1997 年提出了迄今广为接受的国家创新系统概念。随后我国就明确提出并逐步推进国家创新体系建设。1998 年 6 月，国务院通过了中国科学院关于开展知识创新工程试点工作的汇报提纲，决定由中国科学院先行启动"知识创新工程"，作为国家创新体系试点。2001 年 3 月，全国人大通过的《国民经济与社会发展第十个五年计划纲要》首次提出了"建设国家创新体系"，"建立国家知识创新体系，促进知识创新工程"，实施"跨越式发展"的宏伟战略。

2006 年，我国政府在《国家中长期科学和技术发展规划纲要（2006—2020 年）》中正式提出建设中国特色国家创新体系的战略。2012 年，中共中央、国务院印发《关于深化科技体制改革加快国家创新体系建设的意见》，对深化科技体制改革、加快建设国家创新体系提出具体的指导意见。

2016 年中共中央、国务院颁布《国家创新驱动发展战略纲要》（以下简称《纲要》）。按照该《纲要》，中国规划到 2050 年建成世界科技创新强国，分三步实施。第一步，到 2020 年进入创新型国家行列，基本建成中国特色国家创新体系；第二步，到 2030 年跻身创新型国家前列，发展驱动力实现根本转换，经济社会发展水平和国际竞争力大幅提升；第三步，到 2050 年建成世界科技创新强国，成为世界主要科学中心和创新高地。

拓展阅读 13-4

国家创新能力评价指标体系

全面提升国民的"创新素质"是建设创新型国家的基础。创新素质包括：创造力意识、创造力人格特征、创造力知识、创造力思维、创造力技能、创造力体能、创造力运用实效等。从实际情况看，我国多数国民的创新素质不是很高。因此，要想完成创新型国家的建设，就必须想办法提升国民的创新素质，以此满足创新型国家对国民创新素质的要求。全面提升国民的创新素质，可以通过改造旧的教育模式和教育体制、加大社会创造力培训的投入力度、举办各类创造力活动、提高创造力主体的各种待遇等途径来实现。

营造良好的创新环境是建设创新型国家的重点。例如，在学校推广创造力教育模式；在社会倡导诚实劳动、公平竞争，大力鼓励创新，积极保护创新成果免遭非法侵害；动员各媒体积极宣传创新信息及刊播创新报道和节目；把创新教育通俗化、实用化。营造良好的创新环境是一个庞大的系统工程，必须按照创新环境的要求去努力地做好。

建立创新保护和激励机制是建设创新型国家的关键。必须针对我国现实当中的不足，改进和制定出一整套完善的创新成果保护和激励政策、制度，并形成一种强有力的促进机制，包括：完善知识产权法律的建设；加大对侵犯知识产权案件的执行力度；大幅度提高假冒伪劣案件的违法成本；建立和完善中央、省、市、县四级创新成果奖励政策和标准；加大对创新成果交流和产业化工作的宣传、投入等。只有建立健全创新保护和激励机制，才能提升国民的创新积极性，从而才会产生数量多、质量高的创新成果。

实现创新驱动是一个系统性的变革，要按照"坚持双轮驱动、构建一个体系、推动六大转变"进行布局，构建新的发展动力系统。

双轮驱动就是科技创新和体制机制创新这两个轮子相互协调、持续发力。抓创新首先要抓科技创新，补短板首先要补科技创新的短板。科学发现对技术进步有决定性的引领作用，技术进步能有力推动科学规律的发现。要明确支撑发展的方向和重点，加强科学探索和技术攻关，形成持续创新的系统能力。体制机制创新要调整一切不适应创新驱动发展的生产关系，统筹推进科技、经济和政府治理三方面体制机制改革，最大限度释放创新活力。

一个体系就是建设国家创新体系。要建设各类创新主体协同互动和创新要素顺畅流动、高效配置的生态系统，形成创新驱动发展的实践载体、制度安排和环境保障。明确企业、科研院所、高校、社会组织等各类创新主体功能定位，构建开放高效的创新网络，建设军民融合的国防科技协同创新平台；改进创新治理，进一步明确政府和市场分工，构建统筹配置创新资源的机制；完善激励创新的政策体系、保护创新的法律制度，构建鼓励创新的社会环境，激发全社会创新活力。

六大转变就是发展方式从以规模扩张为主导的粗放式增长向以质量效益为主导的可持续发展转变；发展要素从传统要素主导发展向创新要素主导发展转变；产业分工从价值链中低端向价值链中高端转变；创新能力从"跟跑"为主、"跟跑""并跑""领跑"并存，向"并跑""领跑"为主转变；资源配置从以研发环节为主向产业链、创新链、资金链统筹配置转变；创新群体从以科技人员的小众为主向小众与大众创新创业互动转变。

思考题

1. 什么是技术进步？其表现形式有哪些？
2. 比较测算技术进步在经济发展中贡献的几种方法。
3. 技术创新的诱导因素和影响因素有哪些？
4. 发展中国家技术进步的实现途径主要有哪些？
5. 发展中国家如何选择技术？技术战略应遵循什么原则？
6. 如何理解中国技术进步方式的转换与创新驱动战略的实施？

▶ 即测即评

请扫描二维码进行在线测试。

第十四章　资源、环境与可持续发展

资源与环境既是不可或缺的生产要素，也是维持人类生存和经济发展的基础。近些年来，随着资源短缺问题的凸显和环境问题的恶化，人们越来越意识到资源与环境对经济社会发展的重要性。合理利用资源、保护好环境，寻求经济社会可持续发展的路径，是发展中国家经济发展进程中必须处理好的问题。

第一节　资源与经济发展

资源对经济发展重要吗？为什么一些资源相对丰富的国家却一直发展不起来，而有些资源相对贫乏的国家却发展起来了？资源不重要吗？为什么人们对于资源的耗竭感到忧心忡忡？为什么一些国家为了争夺资源大动干戈？对自然资源的开发和利用方式是否随着经济发展阶段的变化而调整？本节我们将讨论资源在经济发展进程中的作用问题。

一、自然资源及其对经济发展的影响

本章所谈的资源特指自然资源（natural resources），即人类社会可以利用的天然存在的自然物（不包括人类加工制造的原材料），如土地、矿藏、水、生物、气候、海洋等资源，是生产的原料来源和布局场所。人类社会的发展过程就是不断探索、开发、利用自然资源的过程。有些自然资源是人类生活直接的必需品，如空气、淡水、生活燃料等；有些则是生产活动的对象或必要条件。随着人类社会的进步，社会生产力和资源利用能力的提高，人类开发利用自然资源的广度和深度也在不断增加。人类为了改善自身的生存环境条件，始终都在探索新的资源、改善使用现有资源。因此，联合国环境规划署将自然资源定义为：在一定的时间和技术条件下，能够产生经济价值，以提高人类当前和未来福利的自然因素和条件的总称。

自然资源根据其生成机理和条件、稳定性、蕴藏量等标准，可以分为无限的自然资源和有限的自然资源两类。无限的自然资源是指那些相对于人类社会发展而言比较恒定的自然资源，包括太阳能、风能、潮汐能、核能、水力、全球的水资源、大气、气候等。这类资源是由宇宙因素、星球间的作用力在地球的形成和运动中产生的，其数量丰富、稳定，几乎不受人类活动的影响，也不会因为大量使用而枯竭。但其中某些资源，如大气、水等，会由于人类利用不当使其质量受

损。有限的自然资源，亦即可耗竭性的资源，是指那些在地球演化过程的不同阶段形成的资源，其中有些因为蕴藏量固定，长期使用将会枯竭，如石油、天然气、煤炭等化石燃料；有的只是在利用不当时才会枯竭，若利用得当还可以更新，如生物资源。因此，这类资源又可分为可再生性和不可再生性两类。

可再生资源（renewable resources）主要指生物资源和某些动态的非生物资源，如森林、草原、农作物、野生动植物、海洋生物、土壤、区域水资源。不可再生资源（non-renewable resources）即没有再生能力的自然资源，其中有一些可以借助再循环而重新回收利用，称为可回收但不可更新的自然资源，如金属矿物和除能源矿物以外的非金属矿物。另一类则是一次性消耗、不能回收利用的资源，称为不可回收、不可更新的自然资源，主要是指煤、石油、天然气等能源矿物。此外，自然界提供了所有生物群落及其生活环境的资源，即环境资源（environmental resources），如生态环境、臭氧层、大气层、海洋等资源，它们是不可分割的，不能以单个单位来消耗。有些资源既是可再生资源，也属于环境资源，如森林既提供木材，也是生态系统的一部分。

自然资源对于经济发展具有十分重要的作用。这是因为，自然资源是决定或制约经济增长的物质基础。丰裕的自然资源对于一个国家的原始积累至关重要。从自然资源的地域组合与分布状态看，它对经济发展所起的作用也是十分明显的。首先，在某一特定的经济发展阶段，自然资源对国家或地区劳动分工及经济发展的特点、方向和劳动生产率等均会产生重要影响。在人类社会的初期，水资源和食物资源丰富的地区往往就是人类的聚居地。人类文明的发祥地都在大河流域和沿海地区。我们通常所说的地理优势，实际上是交通区位的优势。其次，在相同的社会生产方式条件下，自然资源对产业布局的影响往往是决定性的。一个国家、一个地区在选择自己经济发展的突破口，确立经济发展的战略方向和发展模式时，首先要考虑的因素之一就是现有的资源优势。比较典型的是日本，由于其自然资源相对比较贫乏，国家的产业政策就明显地支持资源节约型产业的发展，其工业产品也往往是以小取胜，以节约资源。随着科学技术的不断进步，人们似乎觉得经济增长对自然资源的依赖性越来越小了，其实科学技术的进步最主要的表现就是对资源利用方式的改变和进步，同时也促进了对新资源的开发和利用。无论科学技术如何进步，某些自然资源由于其稀缺性和不可替代性，已经成为一些国家高科技产业发展的瓶颈。

但是，从发展实践来看，自然资源的多寡与经济发展并不存在着必然的联系。一些资源贫乏的国家和地区并没有受到资源短缺的制约。例如，日本、瑞士、新加坡、以色列、韩国等，它们的资源虽然非常贫乏，但在短时间内迅速实现了工业化和现代化。原因是：缺乏自然资源的国家或地区可以从世界其他经济体进口所需资源。如一个石油和矿产贫乏的国家或地区可以从石油和矿产丰富的国家或地区进口，一个耕地稀缺且贫瘠的国家或地区可以从他国或地区进口粮食以弥补国内粮食短缺。相反，一些资源丰富的国家如非洲的赞比亚、冈比亚、加蓬，拉丁美洲的玻利维亚等经济发展缓慢、长期停滞不前。当然，有一些石油资源丰富的国家人均收入也比较高，但他们的经济发展不可持续，一旦石油开采完或油价大跌，经济发展就会停滞不前。

以上分析表明，资源对一国经济发展是重要的，但有效的制度和高质量的人力资源对一国经济发展更为重要。如果制度是无效率的，文盲率较高，资源再多也是发展不起来的。此外，资源本身也可能会带来负面影响，如"荷兰病"和资源诅咒论就是这方面的证明。

二、"荷兰病"与资源诅咒论

（一）"荷兰病"

20 世纪 50 年代，作为制成品出口国的荷兰发现大量石油和天然气。这一发现导致荷兰政府大力发展石油和天然气业，于是，天然气出口剧增，国际收支出现大量顺差，经济快速增长，收入大幅度增加，经济显现繁荣景象。然而好景不长，蓬勃发展的天然气业严重打击了荷兰的农业和其他工业部门，削弱了这些行业出口的国际竞争力。到了 20 世纪 70 年代末 80 年代初期，荷兰发生了较严重的通货膨胀，制成品出口下降，收入增长率降低、失业率增加。这种资源产业在"繁荣"时期价格膨胀是以牺牲其他行业为代价的现象，国际上称为"荷兰病"（the Dutch disease）。

"荷兰病"的经典模型是由戈登和内亚里在 1982 年提出来的。[1] 他们将一国的经济分为三个部门，即可贸易的制造业部门、可贸易的资源出口部门和不可贸易的部门（主要是一国内部的建筑业、零售贸易和服务业部门）。假设该国经济起初处于充分就业状态，如果突然发现了某种自然资源或者自然资源的价格意外上涨将导致两方面的后果：一是劳动和资本转向资源出口部门，则可贸易的制造业部门将不得不花费更大的代价来吸引劳动力，制造业劳动力成本上升首先打击制造业的竞争力。同时，由于出口自然资源带来外汇收入的增加使得本币升值，再次打击了制造业的出口竞争力。这被称为资源转移效应。在资源转移效应的影响下，制造业和服务业同时衰落下去。二是自然资源出口带来的收入增加会增加对制造业和不可贸易的部门的产品的需求。但这时对制造业产品的需求的增加却是通过

---

[1] W. Max Corden and J. Peter Neary, "Booming Sector and De-Industrialisation in a Small Open Economy", *The Economic Journal*, vol. 92, no. 368, 1982, pp. 825-848.

进口国外价格相对更便宜的同类制成品来满足的（这对本国的制造业来说又是一个灾难）。不过，对不可贸易的部门的产品的需求的增加无法通过进口来满足，我们会发现一段时间后本国的服务业会重新繁荣，这被称为支出效应。尽管这种病症一般是与一种自然资源的发现联系在一起，但它可能因以下任何一种情况造成外汇大量流入的事件诱发，其中包括自然资源价格的急剧上升，外国援助和外国直接投资进入等。

"荷兰病"可能是一种普遍的现象，适用于所有"享受"初级产品出口急剧增加的国家，即一国（特别是指中小国家）经济的某一初级产品部门异常繁荣而导致其他部门的衰落。例如，墨西哥、尼日利亚和沙特阿拉伯等国在 20 世纪 70—80 年代就曾得过"荷兰病"。当然，"荷兰病"主要是由政府的错误政策引起的。有些国家例如印度尼西亚和马来西亚等，虽然也经历了石油收入猛涨然后陡降的情况，但由于政府及时采取了正确的政策，及时降低了汇率和运用外汇收入进行了生产性投资，因此避免了"荷兰病"的发生。

（二）资源诅咒论

在世界经济发展的过程中出现了一种反常现象，就是往往资源贫乏的国家反而比资源丰富的国家在经济增长方面表现得更好，也就是说自然资源丰裕与经济增长之间呈现反向关系，有人把这种现象称为"资源诅咒"（resource curse）。自 20 世纪 90 年代以来，越来越多的学者对这一现象进行研究，形成了一个新的理论，叫作"资源诅咒论"。

一些学者发现许多自然资源丰裕、初级产品出口迅速增长的国家，其经济增长比较缓慢。1960—1990 年，自然资源贫乏国家的人均 GDP 增长率为 3.5%，自然资源丰裕国家人均 GDP 增长率仅为 1.3%。1965—1998 年，OPEC 国家的人均 GDP 增长率只有 1.3%，而同一时期其他发展中国家的人均 GDP 增长率是 2.2%。

自然资源作为一种生产要素，对经济增长的直接影响应该是正面的，但是，自然资源同时也会对经济增长的其他决定性因素产生挤出效应，从而对经济增长产生间接的负面影响。这个负面影响可能会超过其正面影响。自然资源丰裕所产生的挤出效应包括如下几个方面。

（1）挤出教育。在自然资源丰裕的经济体中，构成经济活动主体的初级产品生产部门并不需要高技能的劳动力，所以，人们更容易忽视人力资本对经济发展的重要作用。政府教育公共支出、中学入学率等指标均与自然资源占国民财富的比重成反比。有一些学者利用美国州一级的数据对投资、教育、开放程度、研发及腐败等资源诅咒传导机制进行了实证研究，发现挤出教育是最重要的传导途径，占资源负面影响的 25%。

（2）挤出投资。丰裕的自然资源会通过对储蓄、就业等经济活动的负面影响抑制物质资本投资，从而导致经济增长缓慢。自然资源会通过提供持续的财富流给人们造成一种错觉，即未来福利水平不必依赖资本的积累和传递，从而在专注于消费的同时，降低储蓄和投资。有的学者认为由于初级产品的世界价格相对其他产品会更加动荡，依赖初级产品出口的经济体因此会经历频繁的繁荣和衰退，这就造成不确定性，从而抑制投资。有的学者通过实证研究估计出由挤出投资所带来的对经济增长的负面影响达到41%。[①]

（3）挤出创新。丰裕的自然资源通过挤出创新而阻碍经济增长，主要是通过自然资源限制企业家的创新活动来实现的。如果自然资源部门的工资高到足以吸引潜在的创新者和企业家来到这些部门工作，丰裕的自然资源就会挤出增长促进型的企业家活动或创新。

除了挤出效应，还有一些因素可能导致资源诅咒情况的发生。如丰富的资源可能会导致掠夺、腐败，导致专制和独裁。

自然资源丰裕固然是好事，但自然资源丰裕的国家和地区如果不制定长远的发展政策、未雨绸缪，丰裕的自然资源给这些国家和地区带来的往往是结构单一的资源生产部门和不发达的其他部门。一些自然资源充裕的国家在相当长的一段时间里过度依赖自然资源，因而比自然资源短缺国家的经济增长速度慢得多。而且一旦资源枯竭将带来诸多社会问题，最终造成整个国家或地区社会秩序和产业结构的失序。

"资源的诅咒"是经济学中的一个经典假说，但这一命题在一国内部不同地区是否成立尚缺乏验证。有人据此研究了中国不同地区的情形，结果发现：多数省份丰裕的自然资源并未成为经济发展的有利条件，反而制约了经济增长。自然资源的丰裕以及对这种资源的依赖，主要是通过资本投入的转移机制制约了经济增长，劳动投入的转移机制也存在这种效应，但不如前者显著。密集而过度的资源开采引致的制造业衰退和制度弱化是制约经济增长的主要原因。

三、自然资源的耗竭和合理利用

经济发展必然伴随资源的消耗。进入近现代以后，世界资源的消耗速度进一步加速，以前并不稀缺的资源也变得稀缺了。比如，仅仅在数十年前，经济学教科书还把空气和水定义为多得可以自由取用的资源，而今，人们对空气的质量已十分敏感，水资源的匮乏在某些地区已严重影响到人类的生存。例如中国的南水北调工程、上海及其邻近地区由于过度抽取地下水导致地层下降的问题，说明人

[①]　张亮亮：《自然资源富集与经济增长——一个基于"资源诅咒"命题的研究综述》，《南方经济》2009年第6期。

类正在为水资源的匮乏付出代价。

（一）自然资源的消耗问题

自然资源消耗为何呈现加速态势？这是因为，第一，人口增长导致了自然资源消耗速度的加快。人口数量的不断增长，使得在同等消费水平下对资源的需求量同比增加。第二，生活水平的不断提高和传统生产方式与消费模式对资源不加限制地使用，提高了个人资源消耗的平均水平。这两者使得人类资源的消耗速度远远超过了人口的增长速度。第三，资源开采过程中落后的技术手段和生产组织的无政府状态，造成资源浪费，也加快了资源的消耗速度。例如，在我国，过去时有发生的矿产私采哄抢、森林资源的乱砍滥伐、渔业资源的过度捕捞，都是这方面的例证。对于"资源耗竭"之说，经济学家们却有不同的看法，大致有悲观和乐观两派。

拓展阅读 14-1

增长极限论

悲观派提出了世界资源不足论、人类未来生活水平不可避免要大幅度下降论、现在消耗的资源就是掠夺子孙后代的财富论三个观点。这一派的代表人物有新马尔萨斯主义者福格特①和增长极限论者梅多斯②。他们认为，由于地球上的自然资源是有限的，世界人口的急剧增加将使人口与资源之间的矛盾恶化，其结果是，使用自然资源的成本越来越高，人们的物质生活水平显著下降。现在使用的自然资源是对后代的一种掠夺。按这样的资源消耗速度，到 21 世纪的第二个 25 年前后，地球上的许多资源将消耗殆尽，人类社会的经济增长将达到极限，全球经济将因此而崩溃。

乐观派的观点正好相反。他们认为，世界上的资源只存在分布不均匀或某一两种资源不足的问题，不存在也不会出现重要资源在总体上严重短缺或即将耗尽和枯竭的问题，因为对资源需求的增加导致价格上涨，就会推动人们去寻找新能源、新资源，去发明开采、加工和使用资源和能源的新技术和新工艺，发展各种代用品。从长远来看，人类已经越过了许多极限，资源不会不足，更不会耗竭，只是还有许多界限尚未被突破，无穷无尽的资源正等着人们去发现和开发。人类今后一定会把自然资源的供应扩大到无限。因此，人类不会因为资源短缺而造成经济停滞或崩溃。相反，随着科学技术的不断进步，人们的生活只会越来越好。因而可以预期，子孙后代一定会更加富裕。因此，为后代节省资源就好像要穷人给富人送礼一样。

---

① ［美］威廉·福格特：《生存之路》（1948 年），张子美译，商务印书馆 1981 年版。
② ［美］德内拉·梅多斯等：《增长的极限》（1971 年），李涛、王智勇译，机械工业出版社 2013 年版。

自然资源究竟是否存在耗竭问题呢？让我们首先来考察一下中国几种主要的自然资源的存量及其使用状况。

（1）矿物资源。矿物在自然生态系统中并不占重要地位，但在人类生态系统中却不可或缺。人类为了创造新工具，寻找新能源，需要开采利用矿物资源。而且，随着工业化的加速发展，人类将在更深、更广的程度上开发利用矿物资源。中国是世界上矿产品种类比较齐全的少数几个国家之一，但是人均矿产资源不足世界平均水平的1/2。在35种主要矿产资源中，人均占有量只占世界人均水平的60%。一些矿产品长期处于供应紧张和短缺状态，从而使某些矿产的局部地区供给与需求的矛盾更加突出。

（2）土地。土地是地球陆地表面各种自然要素组成的综合体，是人类赖以生存的立足之地，是人类生态系统的物质供应者和能量调节者。目前，中国土地资源使用中的主要问题有：一是人均耕地面积下降，这一方面是由于人口增长，另一方面则是非农业占用了越来越多的土地，每年因建厂、修路、扩大城市面积约失去0.5亿公顷可耕地。二是土地资源退化严重，主要包括水土流失、土地沙漠化和地质退化等。据统计，目前耕地面积仅有18.45亿亩，就宜农土地而言，约有5.3亿亩。其中一等地仅占8.9%，二等地占22.5%，三等地占68.6%。

（3）淡水资源。水是自然界生命系统不可或缺的要素，是包括人类在内的一切生物赖以生存的基础。由于用水量的不断上升，加上淡水资源在全世界的分布不均匀，地球上的淡水资源短缺将日趋严重，区域性缺水问题将更加突出。另外，水源污染、水质恶化，更加剧了水资源的短缺，由此给人类的生活带来严重影响。中国的人均水资源占有量远低于世界平均水平，不到世界人均值的1/4。根据国际公认的标准，人均水资源量低于2 000立方米且大于1 000立方米为中度缺水，低于1 000立方米且大于500立方米为重度缺水，低于500立方米为极度缺水。中国人均水资源量大体在2 000立方米，总体看来属于中度缺水。水资源在地区分布上也十分不平衡，存在着很大的差异。水源短缺造成了生态环境的严重恶化，而水质污染又加剧了水资源的供需矛盾。目前，全国江河湖库水域污染呈加重趋势，78%的城市河段不适宜作饮用水源，50%的城市地下水受到污染，工业较发达城镇附近的水域污染严重，四大海域尤其是近岸海域的污染加重。

可见，根据中国的资源消耗状况，所谓乐观派的观点有些过于乐观了。市场机制和科技进步并没有阻止中国资源消耗过快的趋势，而且越来越恶化了。实际上，市场机制和科技的进步只是在一定程度上缓解资源耗竭，如果任由资源像现在这样的速度消耗下去，那么任何市场机制和科技进步都是阻挡不了自然资源的枯竭趋势的。

（二）合理利用自然资源的机制和对策

根据目前世界自然资源的使用状况和各国经济发展的需要，为了应对资源短缺，必须采取三种手段建立起自然资源的保护和利用机制：市场机制、政府监督和调控、国际合作。

1. 市场机制

对自然资源的开发和利用，应当遵循供求法则，实行有偿开发和使用，彻底改变过去那种"资源无限，可以任意开采"的观念，建立自然资源市场，明确界定自然资源的所有权和使用权，以使自然资源得到最合理的开发和利用。

根据自然资源的内在使用价值和外在的有限性或稀缺性等特征，人们已经找到了一些赋予自然资源价格的理论和方法。影响较大的有影子价格法、机会成本法、替代价格法和补偿价格法。这些方法只是自然资源价格确定中的一般思路，对于具体某一种资源，其价格确定往往要根据该资源的具体特性、储量和使用情况来综合考虑。当某种资源有了价格以后，价格就会对资源使用者的行为做出自动的调节，促使人们节约使用稀缺要素，并用丰裕要素来代替稀缺要素，以达到自然资源的合理和有效利用。

2. 政府监督和调控

一是建立自然资源市场，健全自然资源产权转让机制；二是通过宏观调控、产业政策，指导人们对自然资源的开采和消费行为；三是确定统一的资源评价标准，综合考虑和安排资源的使用和维护工作；四是建立和健全具有权威性的自然资源资产化管理机构；五是制定与自然资源开采和利用有关的法律；六是加强宣传教育工作，要让全社会自觉树立起自然资源的保护意识。

3. 国际合作

国际合作的内容主要包括：一是制度和法律建设上的合作。各国应当加强交流，制定切实可行的法律法规，共同监督自然资源的使用；同时，加强合作，共同对付那些置人类长远利益于不顾、破坏自然资源的行为。二是技术和资金上的合作。发达国家有责任和义务帮助发展中国家改进技术，提高资源的使用效率，减少资源的浪费。三是发达国家应当帮助发展中国家发展经济，通过经济发展来提高资源的使用效率，并减少资源的消耗。同时，发达国家要发展替代能源，减少自身的能源消耗。

第二节 环境与经济发展

环境是人类目前赖以生存、生活和生产所需的自然条件和自然资源的总称。按环境要素可分为大气环境、水环境、土壤环境、地质环境和生物环境等，主要就是指地球的五大圈——大气圈、水圈、土圈、岩石圈和生物圈。环境与资源密不可分，从一般意义上说，资源即是环境，环境也是资源。如果从人类的生存环境和生产资源来考察，环境侧重于指人类生存所需要的合适的自然物质条件，即自然环境、生态环境；资源侧重于人类生产所需要的可利用的物质来源，即自然资源。环境资源作为人类赖以生存和发展的物质基础，它除了具有区域分异性、整体性、稀缺性、多用途性等特点外，还具有价值性、非排他性、非竞争性等公共品属性。

一、环境对经济发展的作用机理

环境对经济发展的作用机理有四个方面：生命支持、自然资源的供给、废弃物的吸收和舒适服务的提供。

环境提供了人类赖以生存的生物的、化学的和物理的系统，这个系统包括大气、河流、土壤肥力、森林和动植物多样性等。环境提供的这些资源多为家庭消费，其中大部分对生命的维持是不可缺少的，这些资源的减少将使人类生存受到直接的威胁，例如，臭氧层的巨大破坏对人类生命来说可能具有灾难性的后果。

环境也给人类提供了舒适感，风景如画的自然风光会给人以美的享受，给人带来快乐和满足。这个作用对人类的生存不是必不可少的，并且随着经济发展和生活水平的提高，人们越来越需要环境提供的这些资源，旅游娱乐业的繁荣正是这种需要的表现。环境为人们直接提供自然资源，当然，大部分资源必须经过生产过程进行加工和处理才能为人们使用。

环境为从事生产活动的厂商提供自然资源，如土地、矿产、河流、海洋、森林等，这些自然资源包括可再生资源和不可再生资源，前者如耕地、森林、渔场等，后者如矿产。可再生资源是能够以可持续方式利用的，但如果过度使用和管理不当就有可能导致这种资源的完全丧失，例如，森林的毁灭就会导致荒漠化，使可耕地永久丧失。

生活和生产产生的废弃物被环境所吸收，这是环境为人类做出的又一个重大贡献。环境对废弃物的吸收和处理，一旦超过了环境的吸收能力，就会形成污染。当前，环境污染情况越来越严重，这表明人类的废弃物排放已超过了环境吸收和处理的能力。

环境的四种功能并不能完全分割开来，有些环境资源可以同时提供一种以上的功能。例如，海洋为人类生存提供支撑，提供自然资源，为人们提供娱乐场所和美丽的景色；森林也同样为人类提供生命支持、自然资源、美丽景色，并吸收废弃物。因此，不同环境资源提供的功能有一部分是重合的。环境的各种功能之间可能是竞争性的，也可能是互补的，例如，适当地保护森林资源既可以提供持续的木材来源

（自然资源功能），也可以减少土壤侵蚀，并保护生态平衡（生命支持功能）。

二、环境库兹涅茨曲线

在较低发展水平上，环境状况比较好，自然资源和生态环境基本上保持原始状态。当经济开始起飞时，经济增长迅速，工业化和城市化进程加快，对资源的利用强度增大，工业生产和交通工具所排放的废弃物对生态环境的破坏较为严重。当经济发展到较高水平时，环境退化已经严重到人们难以忍受的地步，人们的健康状况和生活环境不断恶化，致使人们对改善环境的呼声增高，要求改善环境的压力增大；而且由于经济实力增强，改善环境的能力扩大了，这时，环境状况便逐渐趋于好转。从历史上看，不少发达国家经历了一个环境质量先恶化后改善的过程，即当一个国家经济发展水平较低的时候，环境污染的程度较轻，但是随着人均收入的增加，环境污染逐渐加重，环境恶化程度随经济的增长而加剧；在经济发展达到较高水平后，也就是说，到达某个临界点或称"拐点"以后，随着人均收入的进一步增加，环境污染变轻，环境质量逐渐得到改善。1991 年，格罗斯曼和克鲁格论证了环境变化与收入水平之间的倒 U 形关系。[1] 1996 年，西奥多·帕纳约特借用 1955 年库兹涅茨界定的人均收入与收入不均等之间的倒 U 形曲线，首次将这种环境质量与人均收入间的关系称为环境库兹涅茨曲线（Environmental Kuznets Curve，EKC）。[2]

为什么环境质量随着收入增加而退化，但在收入水平上升到一定程度后随收入增加而改善？学界对此有如下一些解释。

第一，规模效应、技术效应和结构效应。格罗斯曼和克鲁格提出经济增长通过规模效应、技术效应与结构效应三种途径影响环境质量。（1）规模效应。经济增长从两方面对环境质量产生负面影响：一方面经济增长要增加投入，进而增加资源的使用；另一方面更多产出也带来污染排放的增加。（2）技术效应。高收入水平与更好的环保技术、高效率技术紧密相连。在一国经济增长过程中，研发支出上升，推动技术进步，产生两方面的影响：一是其他条件不变时，技术进步提高生产率，改善资源的使用效率，降低单位产出的要素投入，削弱生产对自然与环境的影响；二是清洁技术不断开发和取代肮脏技术，并有效地循环利用资源，降低了单位产出的污染排放。（3）结构效应。随着收入水平提高，产出结构和投入结构发生变化。在早期阶段，经济结构从农业向能源密集型重工业转变，增

---

[1]　G. M. Grossman and A. B. Krueger，"Environmental Impacts of a North American Free Trade Agreement"，*NBER Working Papers*，no. 3914，1991.

[2]　T. Panayotou，"Empirical Tests and Policy Analysis of Environmental Degradation at Different Stages of Economic Development"，*NBER Working Papers*，WP238，1993.

加了污染排放；在较高发展阶段，经济转向低污染的服务业和知识密集型产业，投入结构发生变化，单位产出的排放水平下降，环境质量改善。规模效应恶化环境，而技术效应和结构效应改善环境。在经济起飞阶段，资源的使用超过了资源的再生，有害废弃物大量产生，规模效应超过了技术效应和结构效应，环境恶化；当经济发展到工业化后期阶段，技术效应和结构效应占优，环境状况转而改善。

第二，环境质量需求。环境是个奢侈品。收入水平低的社会群体很少有对环境质量的需求，贫穷会加剧环境恶化；收入水平提高后，人们更加关注现实和未来的生活环境，产生了对高环境质量的需求，不仅愿意花费成本购买优美环境产品，而且不断强化环境保护的意识，愿意接受严格的环境规制，并带动经济发生结构性变化，从而环境恶化得到遏制并出现逆转。

第三，环境规制。伴随收入上升的环境改善大多来自环境规制的变革。没有环境规制的强化，环境污染的程度不会下降。随着经济增长，环境规制和法律不断完善，环境污染信息收集不断健全，有利于政府加强对环境质量的监测和提升环境治理能力。严格的环境规制和环境管理进一步引起经济结构向低污染转变。

第四，市场机制。随着经济发展和收入水平的提高，市场机制不断完善，越来越多的自然资源在市场中交易，市场机制的自我调节机能会减缓环境的恶化。在早期发展阶段，自然资源丰富，因此价格较低，资源投入较大。而在工业化中后期，资源稀缺性导致资源价格上升，为节约成本，社会降低了对资源的投入，并不断提高自然资源的使用效率，同时促进经济向低资源密集的产业发展，从而促使环境质量改善。

第五，环保投资。环境质量的变化也与环保投资密切相关。低收入阶段，资本稀缺，所有的资本都用于商品生产，很少对污染治理进行投资，因此污染较重，导致环境质量下降。在发展后期阶段，收入水平提高了，资本更为充裕，开始有能力对减污进行投资，从而抑制了环境的恶化，并导致环境的改善。以上观点表明，在收入提高的过程中，随着产业结构向信息化和服务业的演变、清洁技术的应用、环保需求的加强、环境规制的实施以及市场机制的作用与减污投资的增加等，环境质量先下降然后逐步改善。

后发国家在环境保护方面处于不利地位而导致环境恶化更为严重。在先发国家工业化过程中，由于世界上还有很多未被开发的处女地和丰富的自然资源，因而先发国家通过扩张领土和掠夺别国资源，能够减轻国内的资源消耗和环境污染程度。发达国家通过产业转移，把

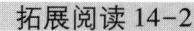
拓展阅读 14-2

污染天堂假说

那些污染严重的产业逐渐转移到欠发达国家，以保护它们国内的环境。但是，当今大多数后发国家却不具备这种外部环境和条件。它们大多不仅没有丰富的自然资源可以利用，而且为了发展，还不得不承受发达国家转移出来的污染性产业。可见，相对于发达国家，当今发展中国家在经济发展过程中环境恶化问题更趋严重，而且改善环境的难度更大。

三、环境退化及其对经济发展的危害

环境对经济发展的贡献主要表现在 3 个方面：维持人类的健康；促进生产率的提高；给人类带来舒适，从而提高生活质量。从反面来说，环境恶化则对人类健康、生产率和舒适感造成了损失。根据世界银行《1992 年世界发展报告：发展与环境》提供的分析，发展中国家环境退化包括 7 个方面：水污染和缺水、空气污染、固体废弃物和有害废弃物、土壤退化、森林砍伐、生物多样性的丧失、大气变化，这些环境退化对经济发展造成了损失。例如，对人类健康的损害不仅导致人类痛苦的增加和寿命的缩短，而且降低了人力资本的存量和劳动生产率。又如，对自然风景区的破坏可能减少旅游收入。

现在，地区性的资源耗竭和环境问题正在演变成全球性的问题。拉丁美洲和亚洲的森林砍伐导致了洪水泛滥，化石燃料排放出来的烟尘造成全球气候变暖，这种"温室效应"具有潜在的使全球气温提高到足以改变农业生产布局、提高海平面从而使沿海城市受到灭顶之灾的可能性，同时引起灾害性天气频频发生。酸雨破坏了森林、湖泊以及各国的艺术建筑遗产，还使大片土地酸化。工业废物正在消耗地球的臭氧保护层，污染大气、水源和土壤，影响生物食物链的循环运转，并可能改变人体和生物的生理组织和结构，进而影响人类的健康。化学杀虫剂、除草剂的使用污染了水源。某些转基因作物的推广和生物农药的使用已造成某些植物基因改变，其影响目前尚不得而知。还有难以分解的塑料的使用已造成了严重的"白色污染"，以及核泄漏导致核污染等。

在这一系列环境退化现象中，又以土壤受到的破坏最为严重。由于重金属矿物的不科学开采和利用，造成大量金属元素进入土壤，改变了土质结构，使土壤不能保证农作物正常生长。坡地开垦、植被破坏造成水土流失，同时抬高了河床，堵塞了航道。另外，土地的盐碱化、沙化和草原退化等也很严重。

在环境—经济系统中，经济系统的恶性膨胀已经损害到环境系统。造成目前这种状况的原因，首先是人类对于自己与自然环境的关系认识不足，其次是一些开发利用技术不成熟。但一些学者认为还有更深层次的原因。他们的观点可概括为以下几个方面：

（1）环境退化与人口。人口经济学家认为，地球环境退化是人口增长过快造

成的。人口增长快，就会加速对自然资源的索取，有时为了生存，不惜以牺牲环境为代价，掠夺自然资源和环境资源。

（2）环境退化与贫困。贫困是造成环境退化的重要原因。穷人比富人更依赖于自然资源，越是贫困的地区，其对自然资源和环境的依赖程度越高。越是贫穷，就越是希望通过多生育来增加劳动力，提高家庭收入。由此带来的人口增长只能通过强化使用有限的资源来补充生活所需，尤其是在一些生态脆弱区，如热带森林、干旱和半干旱地区、高山地区，乱砍伐森林和过度放牧的行为都加速了环境退化。

（3）环境退化与国际贸易。自由贸易会增加市场失效的可能性，并使外部性在国家之间传递。穷国正成为富国转移污染的场所。这可以从两个方面找到证据：其一，工业化国家从欠发达国家大量进口的常常是对自然资源依赖程度很高的初级产品，如木材、农产品等。日本的森林覆盖率远比中国高，却从中国大量进口一次性木碗筷。其二，工业化国家的环境标准通常高于欠发达国家，一些跨国公司便将污染严重的工业迁移到欠发达国家，这就是所谓的污染避难所假说。

（4）环境退化与经济发展水平。环境恶化还与经济发展阶段密切相关。过去几十年中，发展中国家，包括中国、印度等新兴工业化国家，工业化进程加速，导致环境恶化加重。前面所述的环境库兹涅茨倒 U 形曲线假说对这种关系已经进行了阐述。

四、环境治理的对策思路

环境—经济系统是由环境、经济和技术三个子系统组成的一个有机整体。解决环境退化问题的思路，理应从"修复"三个子系统着手，重新建立起这三个子系统的协调平衡关系。只有这样，才能最终达到维持环境—经济大系统平衡的目标。为此，政府一般可以通过以下手段来解决环境问题。

一是通过完善市场机制控制环境退化。首先，建立资源市场，明晰资源产权，让所有稀缺的环境资源都得到合理的定价，通过价格来规范环境资源的使用。其次，利用有效的经济手段控制污染行为，使利用环境资源的外部效应内部化。

二是制定有关的法律和政策，确保环境资源的有效利用，监督和控制损害环境的行为。通过产业政策、税收政策、外贸政策、人口政策等引导环境资源的合理利用；建立相关的环保督察机构监督企业行为，收集环境信息，为经济决策提供依据；设立环境政策研究、环境技术开发研究基金，建立合理的环境评估体系，推动环境事业的发展。

三是建立公共研究机构或者资助企业改进生产技术和环境保护技术。改进生产技术可以提高环境资源的利用效率，减少生产对环境造成的损害。改进环保技术主要是更好地治理已形成的环境污染问题。

此外，还应加强宣传，提高全社会的环境意识，让全人类共同行动起来，保护好自己的家园。只有让更多的人认识到环境对人类生存和发展的重要性，了解我们的现实环境状况，关注环境质量，环境保护事业才会有希望。

第三节　可持续发展战略

1972 年，联合国在瑞典首都斯德哥尔摩举行人类环境会议，与会的发达国家和发展中国家达成一种共识：要在不妨碍发展的条件下保护环境。保护和改善环境已成为人类一个迫切的目标，也是关系到人类千秋万代的长远问题。自 20 世纪 80 年代以来，人类认真总结了自己的发展历程，重新审视自己的经济活动与发展行为，提出了一种新的发展思想和发展模式——可持续发展（sustainable development）。2015 年，党的十八届五中全会提出坚持绿色发展理念，坚持绿色发展，必须坚持节约资源和保护环境的基本国策，坚持可持续发展，把可持续发展战略推到一个新阶段。

一、可持续发展概念的内涵

按照 1987 年世界环境与发展委员会（WCED）在一份研究报告《我们共同的未来》中的定义，所谓可持续发展就是既满足当代人的需要，又不对后代人满足其需要的能力构成危害的发展。这一概念的核心思想是：健康的经济发展，应建立在可持续生存能力、社会公正和人民积极参与自身发展决策的基础之上；可持续发展所追求的目标是，既能使人类的各种需要得到满足，个人得到充分发展，又要保护资源和生态环境，不对后代人的生存和发展构成威胁。衡量可持续发展主要有经济、环境和社会三方面的指标，缺一不可。

可持续发展并不否定经济增长，尤其是发展中国家的经济增长。毕竟经济增长是促进经济发展、促进社会物质财富日趋丰富、人类文化和技能日益提高，从而扩大个人和社会的选择范围的原动力；但是，传统的增长方式需要改变。可持续发展反对以牺牲后代的生存与幸福为代价的以追求最大利润或利益为取向，以贫富悬殊和掠夺性资源开发为代价的经济增长。可持续发展应以无损于生态环境为前提，以可持续性为特征，以改善人民的生活水平为目的。

可持续发展与经济发展的目标基本是一致的，它们都强调生活质量的改善和社会的进步。对发展中国家来说，实现经济发展是十分关键的，因为贫困与不发达正是造成资源与环境恶化的根本原因之一。只有消除贫困，才能形成保护和建设环境的能力。世界各国所处发展阶段不同，发展的具体目标也各不相同，但发展的内涵均应包括改善人类生活质量，保障人的基本需要，并创造一个自由平等的和谐的社会。总之，体现以人为本和追求可持续性应该是发展的永恒主题。

可持续发展是一种全新的战略，它把人口、资源、环境和经济发展视为一个整体，从全局和长远的角度来考虑发展问题。对发展中国家来说，这种可持续发展的意义更大。这是由于发达国家的工业文明在很大程度上是建立在牺牲发展中国家利益的基础上的，再加上其他一些原因，发展中国家在发展的初期面临着非常恶劣的条件，如资本和技术短缺、生产力水平低下、人口膨胀、自然资源管理体制落后、市场机制不发达等。也正因为如此，许多发展中国家相继陷入了经济衰退、人口爆炸和生态环境恶化的恶性循环。如果这时不计后果、不惜代价地进行粗放式的发展，过度地破坏自然资源和环境，其结局更难收拾。但是，这时如果不顾客观实际，把可持续发展的高标准强加到他们头上，既不合理，也不可行。因此，对于发展中国家，应适当降低标准，实现弱可持续发展，使他们尽可能在短时间内轻装上阵，实现生产力水平的提高，满足人们的基本生存需要，逐步具备可持续发展的各方面条件。而无论是就历史的合理性还是就现实的紧迫性而言，发达国家在可持续发展中都应该承担更多的责任和义务。

二、循环经济与低碳经济

实现可持续发展需要节约资源和保护环境。进入 21 世纪以来，循环经济被认为是实现资源节约和资源利用的重要抓手，而低碳经济是实现环境改善的重要途径。当然，资源节约和环境保护是不可分割的整体，不能截然分开，因此循环经济与低碳经济必须双管齐下。

（一）循环经济及其实施途径

自可持续发展战略提出以来，人们正在把发展循环经济、建立循环型社会作为实现可持续发展战略的重要途径和方式。循环经济这一概念是西方学者在 20 世纪 60 年代提出来的，但使用不是很普遍，使用得较多的类似概念是产业生态学。

循环经济本质上是一种生态经济，它要求运用生态学规律而不是机械学规律来指导人类社会的经济活动。传统经济是一种"资源—产品—污染排放"单向流动的经济，其特征是高开采、低利用、高排放。循环经济的优势在于：它倡导的是一种与环境和谐的经济发展模式，它要求把经济活动组成一个"资源—产品—再生资源"的反馈式流程，其特征是低开采、高利用、低排放，所有的物质和能源能在这个不断进行的经济循环中得到合理和持续的利用，从而将经济活动对自然资源的影响降到最低。

循环经济主要有三大原则，即"减量化、再利用、资源化"原则。减量化原则，要求用较少的原料和能源投入来达到既定的生产目的或消费目的，进而从经济活动的源头就注意节约资源和减少污染。在生产中，常常表现为要求产品小型化和轻型化。此外，产品的包装应该追求简单朴实而不是豪华浪费，从而达到减少废物排放的目的。再利用原则，目的是延长产品和服务的时间长度。也就是说，尽可能多次或多种方式地使用物品，避免物品过早地成为垃圾。资源化原则，是指将废弃物再次变成资源加以使用，也就是我们通常所说的废品的回收利用和废物的循环。

实施循环经济的基本途径包括如下几个方面：（1）转变设计思想和原则，把经济效益、社会效益和环境效益统一起来，充分注重物质循环利用。（2）依靠科技进步，实现少投入、高产出、低污染，尽可能把环境污染的排放物消除在生产过程之中。（3）实行资源的综合利用，使废弃物质资源化、减量化和无害化，把有害环境的废弃物质减少到最低限度。（4）进行科学和严格的管理。循环经济是一门集经济、技术和社会于一体的系统工程，需要建立一套完备的办事规则和操作规程，并且有监督其实施的管理机制和能力。

（二）低碳经济及其实施途径

低碳，意指较低（更低）的温室气体（二氧化碳为主）排放，旨在倡导一种以低能耗、低污染、低排放为基础的经济模式。所谓低碳经济，是指在可持续发展理念指导下，通过技术创新、制度创新、产业转型、新能源开发等多种手段，尽可能地减少煤炭石油等高碳能源消耗，减少温室气体排放，达到经济社会发展与生态环境保护双赢的一种经济发展形态。

"低碳经济"这一概念最早见诸政府文件是在 2003 年的英国能源白皮书《我们能源的未来：创建低碳经济》。2006 年，世界银行首席经济学家牵头做出《斯特恩报告》，呼吁全球向低碳经济转型。2007 年，联合国气候变化大会通过了"巴厘岛路线图"，为全球进一步迈向低碳经济起到了积极的作用，具有里程碑意义。联合国环境规划署确定 2008 年"世界环境日"（6 月 5 日）的主题为"转变传统观念，推行低碳经济"。在全球气候变化的大背景下，发展低碳经济正在成为世界各国和国际组织的共识。2015 年全球气候变化大会通过了《巴黎协定》，2016—2018年《巴黎协定》及其实施细则完成签约与谈判。该协定是继 1992 年《联合国气候变化框架公约》、1997 年《京都议定书》之后，人类历史上应对气候变化的第三个里程碑式的国际法律文本，为 2020 年后全球应对气候变化行动做出安排。最新谈判达成的协定实施细则体现了公平、"共同但有区别的责任"、各自能力原则，考虑到不同国情，符合"国家自主决定"安排，体现了行动和支持相匹配，为协定实施奠定了制度和规则基础。

发展低碳经济，不仅涉及经济活动（如低碳生产、低碳消费等）本身，而且涉及低碳社会、低碳生活、低碳城市、低碳社区、低碳家庭、低碳生活方式等更广泛的领域。低碳经济是一种有别于传统经济的新型发展模式，以低能耗、低排放、低污染为特征，是人类社会继农业文明、工业文明之后的又一次重大进步。在全球气候变暖、人类生存和发展面临严峻挑战的背景下，无论是发达国家，还是发展中国家，都应大力推进以高能效、低排放为核心的"低碳革命"，着力发展"低碳技术"，并对产业、能源、技术、贸易等政策进行重大调整，大力发展低碳经济。对于发展中国家来说，受资源和环境容量限制，大量消耗资源和能源的传统工业化必须转型。因此，如何兼顾经济发展与减少排放，在推进工业化的同时，使经济发展模式向可持续发展模式转变，是发展中国家要着力解决的难题。

低碳经济体现了"三低一高"（低能耗、低污染、低排放、高综合效益）的绿色经济发展方式。因此，要发展低碳经济，发展中国家应从国家战略层面加以重视，切实采取举措，从政治、经济、文化、环境等多个层面推动发展方式的变革，推进低碳发展。

第一，实施绿色、环保、低碳等新能源战略，构建低碳能源系统。具体包含三条路径：一是提高能源转换效率、控制能源消耗总量；二是对高污染的能源（如化石能源）进行高效清洁利用；三是调整能源结构，优先发展清洁能源和可再生能源。

第二，大力发展低碳产业，促进产业结构优化升级。低碳产业体系包括火电减排、新能源汽车、节能建筑、工业节能与减排、循环经济、资源回收、环保设备、节能材料等。为此，发展中国家可以优先在低碳领域进行战略布局，强化低碳产业发展规划的实施，加强国际低碳技术合作，改善低碳技术创新，从而实现对低碳产业自主创新体系的重新构建。

第三，借鉴发达国家成功经验，针对本国的低碳经济发展情况制定相应的战略对策。主要举措包括：超前部署、统筹规划，完善发展低碳经济的规划体系和社会行动体系；建立有效的制度体系和管理机制，完善低碳经济的法律法规，努力营造有利于低碳发展的制度环境、政策环境和市场环境；加强国际合作，积极参与国际谈判和联合行动；大力推进低碳经济试点工作；加大低碳经济的宣传力度，增强公众的低碳意识。此外，要把发展低碳经济与建设创新型国家有机结合起来，提高减缓和适应气候变化的能力。

三、可持续发展的战略选择与有效机制

在实现可持续发展战略过程中存在着许多障碍，首先，尽管可持续发展符合人

类的共同利益，却不是个人行动的最佳选择。其次，可持续发展战略着眼于未来和长期状态下的资源优化配置，但在现实生活中，人们往往更多考虑的是短期利益。最后，可持续发展是一种整体发展战略，它要求全球范围内人们协同行动，但由于种种原因，实际上这种全球甚至全国范围内的协同行动都很难达到。

要解决这三个矛盾，可以从两个途径入手：一是设法改变约束条件，或者通过教育等手段提高人的素质，使得人的行为与可持续发展的要求相适应。二是在既定约束条件下考虑如何实现长期的和整体的利益与当前决策者的个人利益最大化有机结合。这两个方面都要求充分发挥市场机制和非市场机制的作用。

（一）市场机制：市场的激励和约束

可持续发展战略的推行，离不开市场竞争机制的作用。在人口过度增长、自然资源过度使用和环境污染等问题中，都存在大量的市场外部性现象，但仍然可以利用市场机制来把外部性内部化。排污权交易（pollution rights trading）与碳排放权交易（carbon emission trading）就是利用市场机制的有益探索。

1. 排污权交易

排污权是指相关排污企业经过有权部门核定和许可，允许排污单位在一定范围内排放污染物的种类和数量。

排污权交易是指在一定区域内，在污染物排放总量不超过允许排放量的前提下，内部各污染源之间通过货币交换的方式相互调剂排污量，从而达到减少排污量、保护环境的目的。它的主要思想就是建立合法的污染物排放权利即排污权（这种权利通常以排污许可证的形式表现），并允许这种权利像商品那样被买入和卖出，以此来进行污染物的排放控制。

排污权交易作为以市场为基础的经济制度安排，它对企业的经济激励在于排污权的卖出方。由于超量减排而使排污权剩余，之后通过出售剩余排污权获得经济回报，这实质上是市场对企业环保行为的补偿。买方由于新增排污权不得不付出代价，其支出的费用实质上是环境污染的代价。

排污权交易是市场经济国家重要的环境经济政策，美国国家环保局首先将其运用于大气污染和河流污染的管理。此后，德国、澳大利亚、英国等也相继实施了排污权交易的政策措施。排污权交易的一般做法是：政府机构评估出一定区域内满足环境容量的污染物最大排放量，并将其分成若干排放份额，每个份额为一份排污权。政府在排污权一级市场上，采取招标、拍卖等方式将排污权有偿出让给排污者，排污者购买到排污权后，可在二级市场上进行排污权买入或卖出。

排污权交易制度的意义在于它可使企业为自身的利益提高治污的积极性，使污染总量控制目标真正得以实现。这样，治污就从政府的强制行为变为企业自觉的市场行为，其交易也从政府与企业行政交易变成市场的经济交易。可以说排污权交易制度不失为实行总量控制的有效手段。

2. 碳排放权交易

所谓碳排放权，是指能源消费过程中排放的温室气体总量，包括可供的碳排放权和所需的碳排放权两类。

碳排放权交易是为促进全球温室气体减排，减少全球二氧化碳排放所采用的市场机制。在 1997 年签订的《联合国气候变化框架公约》的第一个附加协议（即《京都议定书》）中，提出了三个灵活的减排机制，碳排放权交易是其中之一。碳排放权交易是把二氧化碳排放权作为一种商品，能在市场上进行买卖，从而形成了以国际公法作为依据的温室气体排放减量交易，简称碳交易（carbon exchange）。这种交易以每吨二氧化碳当量为计算单位，其交易市场称为碳市。建立这种机制的目的在于减少碳排放，降低能耗以及碳浓度。碳交易机制遵循的是"总量控制和交易原则"，各地依照其空气品质改善目标为企业配给排放权额度，并规范其逐年应削减的排放量比例、达成的目标年等；企业取得排放权额度后，便可根据自身减排情况购买或出售配额。一些国家近年还提倡碳补偿（carbon offset），鼓励人们通过植树或其他环保项目抵消人们的日常活动直接或间接制造的温室气体排放量，即碳足迹（carbon footprint）。

碳排放权交易的原理类似于排污权交易。碳排放权交易遵循了科斯定理，即以二氧化碳为代表的温室气体需要治理，而治理温室气体则会给企业造成成本差异。既然日常的商品交换可看作一种权利（产权）交换，那么温室气体排放权也可进行交换。由此，借助碳排放权交易便成为市场经济框架下解决温室气体减排问题的一种有效方式。

2002 年，荷兰和世界银行就率先开展碳排放权交易试验，2005 年，伴随着《京都议定书》的正式生效，全球碳排放市场诞生。此后，碳排放权成为国际商品，越来越多的投资银行、对冲基金、私募基金以及证券公司等金融机构参与其中。基于碳交易的远期产品、期货产品、掉期产品及期权产品不断涌现，国际碳排放权交易进入高速发展阶段。

国际碳市场可分为配额交易市场（allowance-based trade）和项目交易市场（project-based trade）两大类。配额交易市场交易的对象主要是指政策制定者通过初始分配给企业的配额。如《京都议定书》中的配额 AAU、欧盟排放权交易体系使用的欧盟配额 EUA。项目交易市场的交易对象主要是通过实施项目削减温室气体而获得的减排凭证，如由清洁发展机制（CDM）产生的核证减排量（CER）和由联合履约机制（JI）产生的排放削减量（ERU）。碳交易市场可分为场内交易和场外交易。碳交易开始主要在场外市场进行交易，随着交易的发展，场内交易平台逐渐建立。目前，全球已建立了众多碳交易平台，遍布欧洲、北美洲、南美洲和亚洲市场。

《巴黎协定》的主要目标是将 21 世纪全球平均气温上升幅度控制在 2 ℃以内，并将全球气温上升控制在前工业化时期水平之上 1.5 ℃以内。为了实现长期气温目标，缔约方旨在尽快达到温室气体排放的全球峰值，同时认识到达峰对发展中国家缔约方来说需要更长的时间。此后利用现有的最佳技术迅速减排，以实现可持续发展和消除贫困，在平等的基础上，在 21 世纪下半叶实现温室气体源的人为排放与清除之间的平衡。

按照协定，协议国家承诺在一定时期内实现一定的碳排放减排目标，各国再将自己的减排目标分配给国内不同的企业。当某国（主要是发展中国家）不能按期实现减排目标时，可以从拥有超额配额或排放许可证的国家购买一定数量的配额或排放许可证，以完成自己的减排目标。同样的，在一国内部，不能按期实现减排目标的企业也可以从拥有超额配额或排放许可证的企业那里购买一定数量的配额或排放许可证以完成自己的减排目标。

（二）非市场机制：政府干预和非政府组织的作用

在推行可持续发展战略的过程中，非市场机制的作用最重要。非市场机制主要包括政府干预和非政府组织的作用两个方面。

政府干预主要体现在政府是游戏规则的制定者。只有制定了良好的游戏规则，才有可能形成有效竞争的市场，才能发挥竞争机制的调节作用。所以，政府干预是市场机制发挥作用的前提，也是经济体系有序运作的前提。政府干预虽然有其成本，但相对于市场交易的成本而言，有时可能是成本较小的一个办法。比如，在环境污染问题中，环境产权不容易界定，即使界定了，其产权交易的成本也极其高昂。在这种情况下，通过政府的环保政策和政府管制，可能起到更好的环境保护作用。又如，在自然资源的利用中，市场价格机制只能起到平衡当代人利益的作用，而不可能反映后代人的利益。也就是说，现行的资源价格只反映了现在的资源供求状况，并没有反映以后若干年的资源供求状况。这时就需要政府对资源的开发利用有一个长远的规划。此外，政府在提供环境保护的基础设施建设、通过各种政策措施对可持续发展提供支持等方面也起着不可替代的作用。

非政府组织是对市场机制和政府作用的必要补充。非政府组织在宣传可持续发展的意义，唤醒民众的环保意识，提供必要金融支持以维护濒临灭绝物种的生存或治理环境等方面能够发挥重要作用。比如野生动物保护协会作为一种非政府组织，在保护稀有动物的活动中扮演着重要角色。又如世界银行、联合国粮农组织、联合国教科文组织等类似的国际组织在向可持续发展提供金融支持等方面发挥着重要作用。充分发挥非政府组织和国际机构的职能，往往可以起到政府组织或市场机制所不能起到的作用。对发展中国家来说，由于市场机制不完善和政府机构的低效率，应更多利用非政府组织在治理环境方面的独特优势。

四、中国绿色发展与生态文明建设的实践探索

（一）绿色发展理念的形成

改革开放以来，尤其是进入 20 世纪 90 年代以来，中国工业化发展进入快车道，粗放型的经济增长方式盛行，资源耗减和环境恶化问题开始凸显。我们党一直十分重视资源节约和环境保护工作。党的十四届五中全会明确提出："实现'九五'和 2010 年的奋斗目标，关键是实行两个具有全局意义的根本性转变，一是经济体制从传统的计划经济体制向社会主义市场经济体制转变，二是经济增长方式从粗放型向集约型转变。"为此，我国开始转变发展方式，积极探索可持续发展道路，提倡绿色发展，重视环境保护，取得了一些成效。但是由于我国处在工业化、城镇化的加速发展时期，资源耗减和生态环境破坏问题并没有得到根本缓解，反而还恶化了。

针对这一现状，2005 年，党的十六届五中全会通过的《中共中央关于制定国民经济和社会发展第十一个五年规划的建议》明确提出了建设资源节约型和环境友好型社会，2006 年全国人大通过的《国民经济和社会发展第十一个五年规划纲要》规定了要达到资源节约和环境保护的具体指标任务。党的十七大首次提出"生态文明"概念，把生态文明建设作为实现全面小康社会目标的新要求，提出"建设生态文明，基本形成节约能源资源和保护生态环境的产业结构、增长方式、消费模式"。党的十八大以来，转方式、调结构成为经济社会发展的重中之重，对经济发展过程中的生态、环境因素的重视也达到了前所未有的高度。

党的十八大把生态文明建设提到与经济建设、政治建设、文化建设、社会建设并列的位置，形成了中国特色社会主义"五位一体"发展的总体布局。在国际协调中，我国积极参与国际气候谈判，在巴黎气候大会中向世界发出向绿色低碳发展的明确信号，将应对气候变化转化为各国经济转型升级、保障能源安全、降低气候风险的内在动力。党的十八届五中全会首次提出五大发展理念，其中就包含绿色发展理念。党的十九大把"美丽中国"加入社会主义现代化建设的目标内容，提出"像对待生命一样对待生态环境"。习近平提出"绿水青山就是金山银山"的绿色发展观，"保护环境就是保护生产力，改善环境就是发展生产力"的新生产力思想。2020 年 9 月 22 日，习近平主席在联合国大会上庄严承诺，中国将提高国家自主贡献力度，采取更加有力的政策和措施，二氧化碳排放力争于 2030 年前达到峰值，努力争取 2060 年前实现碳中和。这一重要宣示为我国应对气候变化、实现绿色低碳发展提供了方向指引。实现碳达峰、碳中和，需要对现行社会经济

体系进行一场广泛而深刻的系统性变革。党的二十大系统阐述了"推动绿色发展，促进人与自然和谐共生"的发展方略。总之，党的十八大以来，以习近平同志为核心的党中央站在战略和全局的高度，对生态文明建设和生态环境保护提出了一系列新思想新论断新要求，为努力建设美丽中国，实现中华民族永续发展，走向社会主义生态文明新时代，指明了前进方向和实现路径。

近年来，在新发展理念的指引下，我国在环境保护和绿色发展方面取得了显著成效，各项生态环境指标都有不同程度的改善，但环境治理和环境保护任务仍然非常艰巨，要实现绿色发展和美丽中国建设的目标还要付出艰辛的努力。

（二）中国绿色发展的政策重点和实践

所谓绿色发展理念是以人与自然和谐共生为价值取向，以绿色低碳循环为主要原则，以生态文明建设为基本抓手。从内涵看，绿色发展是在传统发展基础上的一种模式创新，是建立在生态环境容量和资源承载力的约束条件下，将环境保护作为实现可持续发展重要支柱的一种新型发展模式。具体来说包括三个要点：一是要将环境资源作为社会经济发展的内生要素；二是要把实现经济、社会和环境的可持续发展作为绿色发展的目标；三是要把经济活动过程和结果的"绿色化""生态化"作为绿色发展的主要内容和途径。

近些年来，我国各行各业和各地在绿色发展理念的指引下，牢固树立和践行绿水青山就是金山银山的绿色发展观，深刻理解如何从人与自然和谐共生高度谋划发展。从中国最新发展实践看，绿色发展的政策重点体现在如下几个方面。

一是推动经济社会发展绿色化、低碳化，加快发展方式绿色转型。高质量发展是绿色成为普遍形态的发展。加快发展方式绿色转型，就是要改变过多依赖增加物质资源消耗、过多依赖规模粗放扩张、过多依赖高能耗高排放产业的发展模式，按照促进人与自然和谐共生的要求，从"有没有"转向发展"好不好"、质量"高不高"，构建科技含量高、资源消耗低、环境污染少的产业结构，大幅提高经济绿色化程度，有效降低发展的资源环境代价。以绿色化、低碳化为显著特征的绿色转型，将通过技术进步、提升效能等降低资源消耗和污染物排放，减少温室气体排放和对自然生态的破坏，从而形成资源高效、排放较少、环境清洁、生态安全的高质量发展格局。推动绿色低碳发展是国际潮流所向、大势所趋，绿色经济已成为全球产业竞争制高点。加快发展方式绿色转型的重点任务包括：加快推动产业结构、能源结构、交通运输结构等调整优化，实施全面节约战略，推进各类资源节约集约利用，完善支持绿色发展的财税、金融、投资、价格政策和标准体系，健全资源环境要素市场化配置体系，加快节能降碳先进技术研发和推广应用，推动形成绿色低碳的生产方式和生活方式。

二是改变唯 GDP 增长的考核方式、切实推进绿色发展转型。过去高速增长时期，地方政府官员的政治晋升机会往往与经济绩效挂钩。地方政府为了获得在竞争中的优势地位，往往采取竞相降低资源供给价格、放松环境准入要求等方式吸引资本和劳动力进入，表现出环境规制"逐底竞争"和地方保护主义动机，由此产生的环境问题对发展的可持续性和民众的生活质量造成了负面影响。为了控制地方政府不当竞争导致的环境污染，中央政府着力于打破"唯 GDP 论"的发展模式，推动绿色发展繁荣。国家"十一五"规划明确制定降低主要污染物排放总量和单位 GDP 能源消耗等约束性指标，节能减排目标完成情况被纳入政府官员的考核体系中。党的十八大以来，社会各界对生态文明建设和生态环境保护的认识达到了空前的高度，力度之大、举措之实、成效之显著令世人瞩目。"十四五"规划的经济增长目标明确要求 GDP 年均增长"保持在合理区间"，这有助于引导地方政府把工作重点放在高发展质量和效益上，增强发展的可持续性。在实践上，浙江省、湖北省、安徽省等多省积极开展绿色 GDP 核算工作。由于实施环境、经济、社会的综合绩效考核制度，地方政府更加注重发展的长期性和多维性，更为积极推动绿色发展。

三是确保环境生态安全、深入推进环境污染防治，加快美丽中国建设和结构转型。2012 年以来，《重点区域大气污染防治"十二五"规划》《国务院关于印发大气污染防治行动计划的通知》相继发布，2018 年开始实施《打赢蓝天保卫战三年行动计划》，坚持精准治污、科学治污、依法治污，健全现代环境治理体系，持续深入打好蓝天、碧水、净土保卫战。与此同时，国家环保部门以国家重点生态功能区、生态保护红线、自然保护地等为重点，加快实施重要生态系统保护和修复重大工程，提升生态系统多样性、稳定性、持续性。到 2022 年年底，绿色转型成效十分显著。全国细颗粒物平均浓度降幅达 34.8%，地级及以上城市优良天数比率增加到 87.5%。单位国内生产总值能耗强度累计下降 26.4%，以年均 3% 的能源消耗增速支持了年均 6.6% 的经济增长，万元工业增加值用水量下降 55%，主要资源产出率提升 58%。国土空间规划进一步优化，以国家公园为主体的自然保护地体系建设取得重大进展，以共抓大保护为导向的长江经济带发展战略、黄河流域生态保护和高质量发展战略深入推进。

四是加快碳达峰碳中和进程。实现碳达峰碳中和是一场广泛而深刻的经济社会系统性变革。立足能源资源禀赋，我国坚持先立后破，有计划分步骤实施碳达峰行动，协调推进降碳、减污、扩绿、增长，完善能源消耗总量和强度调控，重点控制化石能源消费，逐步转向碳排放总量和强度"双控"制度。2022 年，科技部、国家发展改革委、国家能源局等 9 部门联合发布《科技支撑碳达峰碳中和实施方

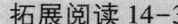

拓展阅读 14-3

生态文明建设与经济社会发展全面绿色转型

案（2022—2030 年）》，启动 10 项具体行动为科技支撑碳达峰碳中和规划了实施路线图。同时，在实践层面，中国积极参与应对气候变化全球治理，着力于推动绿色"一带一路"，开展与"一带一路"沿线国家在绿色产业、绿色能源、绿色贸易、绿色基础设施、绿色交通、绿色标准等方面的合作，推动构建公平合理、合作共赢的全球气候治理体系，共建人与自然生命共同体。

思考题

1. 自然资源在经济发展中有哪些作用？

2. 什么是资源诅咒？如何解释？

3. 何谓可持续发展？怎样才能实现可持续发展？

4. 什么是循环经济？什么是低碳经济？如何发展？

5. 讨论排污权交易与碳排放权交易作为节能减排机制的有效性。

6. 总结中国在推进绿色发展和生态文明建设方面的实践探索。

► 即测即评

请扫描二维码进行在线测试。

第五篇 | 开放发展

第十五章 国际贸易

国际贸易被认为是发展中国家经济增长的引擎。理论是行动的指南，有什么样的贸易理论，就会有什么样的贸易战略和政策。经验表明，比较优势论是国际贸易的基石，实施开放的贸易战略对经济发展是有利的。一国因经济发展阶段不同，国际竞争力有差别，遵循的贸易理论与采取的贸易战略是有差异的。在经济全球化背景下，国际贸易形成了新的格局，并对发展中国家国际贸易产生了重大影响。

第一节 国际贸易理论

比较优势论是经典的贸易理论，为自由贸易提供了理论依据。但一些发展经济学家提出了一些针锋相对的贸易理论，如贸易条件恶化论，为贸易保护提供了理论依据。

一、比较优势论与竞争优势论

（一）比较优势论

在传统的国际贸易理论中，比较优势（comparative advantages）被看作国际分工和国际贸易的基础。英国古典经济学家李嘉图在其1817年出版的代表作《政治经济学及赋税原理》中提出了比较优势论，该理论是在斯密绝对优势论的基础上发展而成的。比较优势论认为，每个国家都应按照两利相权取其重、两弊相衡取其轻的原则进行国际分工。具体地说，在两种产品的生产成本都处于绝对优势的国家，可专门生产自身优势程度相对较大的产品；而在两种产品的生产成本都处于绝对劣势的国家，可专门生产自身劣势程度相对较小的产品。然后，两国分别把各自分工生产的产品作为本国的比较优势产品进行出口。自由贸易的结果使得两个国家以及整个世界都可以节约社会劳动、增加产量和消费量，从而提高社会福利水平。

到了20世纪初叶，瑞典经济学家赫克歇尔和俄林对比较优势论做了进一步的发展，分别于1919年和1933年发表了代表作《对外贸易对国民收入的影响》以及《区际贸易与国际贸易》，提出了要素禀赋理论，也被称为赫克歇尔-俄林理论（Heckscher-Ohlin Theory）。该理论认为，在现实世界中，各国之间劳动生产率的不同只能部分地解释国际贸易产生的原因，实际上，国际贸易还反映了各国之间的资源禀赋差异，或者称要素禀赋差异。这是因为，产品价格差异是国际贸易的基础，而产品价格的差异是由于产品生产成本比率的不同，生产成本比率的不同是因为各种生产要素的价格比率不同，而生产要素价格比率的差异最终是由各国的生产要素禀赋比率的不同而引起的。因此，要素禀赋比率的差异，是国际贸易产生的最终的根源。这就是说，两个国家的要素禀赋不同，决定了在产品生产过程中的投入要素组合比率不同，一个国家的比较优势就体现在用自己丰裕的要素密集生产的产品上。因此，一个国家出口的应当是用自己相对丰裕、价格相对便宜的要素密集生产的产品，进口的则应当是用自己相对稀缺、价格相对较高的要素密集生产的产品。这样，对于劳动要素相对丰裕、资本要素相对稀缺的发展中国家而言，应当出口劳动密集型产品，进口资本密集型产品；相反，对于资本要素相对丰裕、劳动要素相对稀缺的发达国家而言，应当出口资本密集型产品，进口劳动密集型产品。

（二）竞争优势论

美国哈佛大学教授迈克尔·波特在继承和发展传统的比较优势论的基础上，创立了竞争优势（competitive advantages）论，也称动态比较优势论。迈克尔·波特于 1980 年、1985 年和 1990 年相继出版了其著名的竞争三部曲：《竞争战略》《竞争优势》和《国家竞争优势》。他在研究企业竞争力的基础上，进一步扩展到产业和国家的层面，进而形成了其国家竞争优势理论，为贸易理论的发展做出了巨大的贡献。竞争优势理论着重讨论了企业、产业或国家在国际竞争中赢得优势地位的各种条件，其核心思想体现在"钻石模型"中。根据"钻石模型"，影响竞争优势的因素包括四个基本因素和两个辅助因素。四个基本因素分别是生产要素、需求条件、相关产业和支持性产业以及企业战略、组织和竞争程度。两个辅助因素分别是政府和机遇。一个国家的特定产业要取得国际竞争优势，关键在于以上四个基本因素以及两个辅助因素的共同作用。

自李嘉图提出比较优势论以来，学界对比较优势论进行了修正和发展，使之更符合现实，但比较优势论的核心观点并没有变化。竞争优势论实际上也是对比较优势论的发展，其基础仍然是比较优势，只是从自然比较优势转到人造的比较优势。比较优势论作为国际贸易的理论依据经过两百多年的实践经受住了考验，总体上被证明是正确的。

二、剩余出路论

剩余出路（vent for surplus）概念是缅甸发展经济学家明特在 20 世纪 50 年代提出来的，[①] 而这一理论的源泉来自英国古典经济学家亚当·斯密的《国富论》。

[①] H. Myint, "The 'Classical Theory' of International Trade and the Underdeveloped Countries", *The Economic Journal*, vol. 68, no. 270, 1958, pp. 317–337. 中译文见郭熙保主编：《发展经济学经典论著选》，中国经济出版社 1998 年版，第 468—491 页。

斯密首先假定一国在开展国际贸易之前，存在着闲置的土地和劳动力，这些多余的资源可以用来生产剩余产品以供出口，这样对外贸易为一个国家提供了利用过去未能充分利用的土地和劳动力的机会，为本国的剩余产品提供了"出路"。斯密指出："不管对外贸易在哪些国家之间发生，它都具有两种明显的利益，即它使用本国土地和劳动力生产出来的剩余产品得以实现，并且换回本国有需求的其他产品，通过用剩余产品与国外产品相交换，'剩余'产品也就被赋予了价值。"[①] 由于一国出口的是剩余物或者由闲置资源生产的产品，不需要从其他部门转移资源，也不必减少其他国内经济活动，因而出口所带来的收益或由此而增加的进口也没有机会成本，因而必然促进该国的经济增长。

剩余出路论虽然是针对资源闲置的比较贫困的穷国，但它是支持自由贸易的，与比较优势论一样。

剩余出路论不仅适用于地广人稀、土地资源丰富的发展中国家，也适用于土地资源稀缺而劳动力资源丰富的发展中国家。拥有大量剩余劳动力的国家可以利用边际产品为零的剩余劳动力生产劳动密集型产品出口，不花费多少成本就可以促进经济增长。

三、贸易条件恶化论

20 世纪 50 年代初，阿根廷经济学家普雷维什和德国籍经济学家辛格提出了"贸易条件恶化论"，亦称"普雷维什—辛格命题"（Prebisch-Singer Thesis）或"普雷维什—辛格假说"（Prebisch-Singer Hypothesis）。[②]

在普雷维什和辛格之前，人们一般认为，初级产品的生产依赖土地和自然资源，由于这些资源的供给是有限的，具有报酬递减趋势，因此，初级产品的价格会不断上升；反之，制成品的生产由于规模经济和技术进步，具有报酬递增的趋势，因此，制成品的价格会不断下降。由此得出的结论是，初级产品对制成品的价格比率是上升的。然而，普雷维什和辛格发现，拉丁美洲和其他发展中国家主要生产和出口初级产品，而发达国家主要生产和出口工业制成品。从长期看，初级产品对工业制成品的贸易条件是趋于下降的，因而发展中国家

---

① ［英］亚当·斯密：《国民财富的性质和原因的研究》，郭大力、王亚南译，商务印书馆 1972 年版，第 415 页。

② ［阿根廷］普雷维什：《拉丁美洲的经济发展及其主要问题》（原文于 1949 年用西班牙文发表，1962 年译成英文发表在《拉丁美洲经济公报》上）；［德］辛格：《投资国和借款国的利益分配》，《美国经济评论》1950 年第 5 期。中译文见郭熙保主编：《发展经济学经典论著选》，中国经济出版社 1998 年版。

的贸易条件是趋向恶化的。① 同时，辛格还注意到发展中国家越来越多地出口制成品的事实，并将贸易条件恶化论拓宽为以下三个方面的内容：一是发展中国家初级产品贸易条件的恶化比率高于发达国家初级产品贸易条件的恶化比率；二是发展中国家出口制成品的价格比发达国家出口制成品的价格下降得更快；三是初级产品占发展中国家出口产品的较高比重意味着初级产品贸易条件恶化对它们的影响更甚于发达国家。因此，发展中国家以出口劳动密集型制成品替代出口初级产品，或者实行出口导向发展战略，其结果只能是转换了贸易条件恶化的内容，而不能从根本上解决发展中国家贸易条件长期恶化的问题。

发展中国家的贸易条件为什么在长期呈恶化趋势呢？普雷维什和辛格认为，主要有以下四个原因：第一，初级产品和制成品的需求收入弹性不同。发展中国家出口的初级产品的需求收入弹性一般小于1，而发达国家出口的制成品的需求收入弹性总的说来高于初级产品的需求收入弹性，而且一般大于1。第二，初级产品需求扩大的潜力小于制成品。一方面是因为初级产品尤其是农产品需求的收入弹性较低，另一方面是由于技术进步以及原材料的合成品和替代品大量涌现，降低了世界范围内对非食品类初级产品的需求。第三，由于发达国家具有技术优势，因此出口产品中具有较高的技术含量，这些技术由出口国（发达国家的跨国公司）所控制。这意味着，制成品的出口价格中包含有创新租金和垄断利益。第四，由于发达国家和发展中国家的商品市场和劳动市场结构不同，发达国家的要素收入比发展中国家高得多。

普雷维什和辛格提出的贸易条件恶化论对正统的新古典贸易学说提出了重大的挑战，其政策意义是反对自由贸易，主张贸易保护。这一理论在 20 世纪中叶很受欢迎，它为 20 世纪五六十年代发展中国家走进口替代工业化道路以及实行贸易保护提供了一个有力的理论依据。但是，由于实施进口替代战略的国家并没有达到预期目标，反而充分发挥本国的比较优势、实施出口导向战略的国家却获得了成功。于是，贸易条件恶化论逐渐被边缘化了。

第二节　贸易自由化理论与实践

一、贸易自由化理论及其批评

贸易自由化是经济全球化在国际贸易领域中的反映，它是各国通过单边、双

---

① 这里所说的贸易条件是指商品的贸易条件，即出口商品的平均价格指数与进口商品的平均价格指数之比乘以 100。

边、多边和区域等途径，根据互惠互利的安排，在国际贸易中消除歧视性待遇、大量降低关税和其他贸易壁垒的过程，其最终目标是在全球范围内实现资源的最优配置，扩大商品和服务的生产和贸易。以比较优势论和要素禀赋理论为核心的贸易自由化理论以其完美的模型和严密的逻辑证明了自由贸易的必要性和最优性。贸易自由化理论认为，通过国际贸易不但能够扩大贸易双方的产出量，而且能够提高人们的消费量，使得贸易双方都能得到更多的贸易利益，那么国际贸易就不应该受到任何限制，以便充分发挥它的益处。为了实现这个目的所应执行的最恰当政策，莫过于自由贸易政策。因此，几乎所有西方发达国家的国际经济学家都极力推崇自由贸易政策。

　　然而，迄今为止，世界上从来不存在完全的自由贸易。即使是在以实现贸易自由化为宗旨的WTO框架下，尽管经济全球化和贸易自由化得到了空前的发展，但世界各国无论是发达国家还是发展中国家，都无一例外地在不同程度地实施贸易保护政策和措施，设置各种贸易壁垒和障碍，对国际贸易进行干预，甚至实施贸易保护主义。因此，无论从国际贸易历史还是现实实践的角度看，贸易自由化都不应理解为那种极端的或彻底的自由贸易，即要按自由贸易制度的要求迅速消除政府对贸易的一切干预，取消一切贸易壁垒，实行自由的进出口体制。相反，贸易自由化应理解为"开放性""中性化""政府干预弱化"和"渐进性"四个基本特征的统一。所谓"开放性"，是指一国应采取开放性战略，积极参与国际分工与合作，努力与国际经济接轨，从而促进国与国之间的贸易自由往来。所谓"中性化"，是指一国贸易体制对出口和进口奖励程度等同，在出口和进口竞争部门平均分配激励措施。所谓"政府干预弱化"，包含两方面的内容，一是干预形式的变化，即从数量控制体制转变为关税体制；二是降低贸易保护的水平和程度。但是，在自由贸易体制的框架下，仍有政府干预存在的合理空间，而且政府干预还包括对贸易自由化过程的干预。所谓"渐进性"，是指贸易自由化表现为一个动态的过程，即从一种封闭的、高度保护的贸易体制向开放的、自由的贸易体制的转变过程。实施自由贸易体制需要具备诸多条件，这些条件的具备在任何一国或地区都需要一个过程来完成。因此，不应把贸易自由化简单等同于对贸易的自由放任。

　　贸易自由化论点不存在绝对对错问题。是否赞同和支持贸易自由化与一国经济发展阶段有关。在一国经济比较落后时，该国生产率水平低下，竞争力比较弱，批评和反对贸易自由化的声音比较大；但在一国经济发展水平提高时，竞争力增强，这时鼓励和支持贸易自由化的声音占上风。但当一国经济发展到很高水平时，比较优势丧失，这时支持贸易保护主义的论调又开始转强。当前，中国支持和推动国际贸易自由化，而以美国为首的西方国家早先鼓吹贸易自由化，现在却反对贸易自由化。对待贸易自由化态度的这种戏剧性反转是中国和西方国家竞争力变化的重要反映，也就是说，中国经济发展到今天，国家综合经济实力大幅度增强，国际竞争力显著提高，而西方国家的竞争力却相对下降。

二、贸易自由化对发展中国家外贸与经济的影响

自第二次世界大战结束以来，特别是 20 世纪 90 年代以来，随着经济全球化的迅速发展，全球贸易自由化进程也日益加快。广大发展中国家通过加入 WTO、建立自由贸易区以及积极参与区域经济一体化组织等形式，日益融入全球贸易自由化的进程之中。贸易自由化对发展中国家贸易与经济产生了重大影响，其积极影响主要表现在以下三个方面。

首先，贸易自由化提高了发展中国家资源使用及配置效率，促进了发展中国家的国际贸易和经济发展。贸易自由化的发展扩大了发展中国家的贸易规模，发展中国家可以把国内资源转换成使用价值不同的出口产品，使产品数量增多，使用价值多样化，从而提高资源的使用效率。除了由资源禀赋所导致的部分资源短缺，发展中国家在经济发展过程中所需的资本品、机器设备、中间投入品、技术以及管理经验等也存在大量缺口。通过自由贸易可以使发展中国家获得这些必需的短缺资源，从而改善发展中国家的资源配置效率，促进发展中国家的经济发展。

其次，贸易自由化提高了发展中国家企业的竞争力，并进一步开拓了国际和国内市场。一方面，贸易自由化意味着发展中国家国内企业被纳入同国外企业的直接或间接的竞争关系之中。在发展中国家出口产品面临着同进口国的同类产品进行竞争的同时，发展中国家国内企业的产品又面临着进口产品的竞争，这就要求发展中国家的国内企业为了能在市场中生存下去，必须不断地提高技术水平，改善经营管理，降低生产成本，提升产品质量，提高企业竞争力。另一方面，分工可以提高生产率，而分工的程度取决于市场的大小。发展中国家通过参与自由贸易，具有比较优势的产业可以超越本国市场而在更大的国际市场范围内参与分工，从而开拓国际市场，进而可以扩大产量。同时，如果发展中国家国内没有同进口商品竞争的产品，通过贸易自由化进口该商品就具有开拓国内市场的作用，从而产生一种"示范效应"，刺激国内新的消费和生产。

最后，贸易自由化带动了发展中国家的对外投资和生产国际化。在贸易投资一体化的背景下，由贸易自由化带动的国际投资和生产国际化迅猛发展，促使发展中国家积极参与其中，并成为受益者。贸易投资一体化为发展中国家的经济发展带来了资金、技术、管理和经验，也加快了这些国家产业结构的调整升级和高新技术产业发展的进程。同时，发展中国家的跨国企业也在贸易投资全球化的进

程中发展壮大。在一些发展中国家，一些经营状况好、发展规模大的企业开始走向国际市场寻求投资场所，改单向投资为双向投资，更深入地参与新的国际分工和国际合作，更好地利用国际资源和国际市场。

然而，贸易自由化对发展中国家贸易与经济的消极影响也不容忽视。这集中体现在两个方面：一是贸易自由化易造成发展中国家的"出口贫困化增长"现象。所谓"出口贫困化增长"，是指一个正处于经济增长中的开放型国家由于贸易条件恶化而造成的损失超过了出口所带来的收益，以致该国国内出口能力越扩大，国家福利损失就越大，进而最终导致人均实际收入水平下降的现象。二是在贸易自由化过程中，发展中国家的经济主权受到一定程度的冲击。发展中国家的综合国力及政府的宏观调控能力较弱，在国际分工中处于被动地位，难以完全控制本国的生产结构和经济局势。在主要体现和反映发达国家利益的制度基础上进行自由贸易，发展中国家的主权将受到更大的削弱，其中的大部分在不合理的国际经济秩序下通过自由贸易让渡给了发达国家。因此，在贸易自由化条件下，发展中国家的经济安全也面临着严峻的挑战。

贸易自由化有利有弊，因此发展中国家应该在积极支持和鼓励国内企业开展国际贸易的同时，采取各种措施防止国际贸易对国内经济产生不利影响。

三、中国贸易自由化体制改革与外贸的迅速发展

新中国成立后，随着中国由计划经济体制向社会主义市场经济体制的转变，外贸体制也发生了深刻的变革，逐步由计划外贸体制向市场外贸体制过渡，贸易自由化程度日益提高。中国贸易自由化体制改革大致可以分为五个阶段。

第一阶段：计划经济下的传统外贸体制时期（1949—1978年）。从新中国成立至1978年近30年的时间里，中国实行的是以"互通有无，调剂余缺"为原则的高度集中的外贸管理体制。在这一时期，中国的外贸体制是整个计划经济体制的一个重要组成部分。贸易对象主要是一些社会主义国家，贸易形式比较单一，以全民所有制的对外贸易占主导地位，进出口按照国家的计划进行，出口实行收购制，进口实行拨交制，由国家统一经营、统负盈亏，对外贸易由国家高度垄断。

第二阶段：改革开放后的放权过渡时期（1979—1987年）。这一时期是中国以调动外贸部门经营积极性为主要目标、以放权让利为主要特征的外贸体制改革的探索时期。1984年，国务院提出了外贸体制改革的指导思想和原则：政企职责分开，工贸结合，推行代理制。1987年，党的十三大明确了外贸体制改革的方向：自负盈亏、放开经营、平等竞争、工贸结合、推行代理制。这一阶段采取的主要

改革措施包括：一是增加对外贸易口岸，下放外贸经营权，广开贸易渠道，改革高度集中的贸易体制，探索促进工贸结合的途径。二是改革单一的指令性计划，实行指令性计划、指导性计划和市场调节相结合，取消外贸出口收购和调拨计划。三是建立和完善外贸宏观管理，在弱化计划手段的同时，恢复进出口许可证和配额管理，加强对关税的管理等行政手段。四是采取鼓励出口政策措施，运用汇率、外汇留成和出口补贴等方式鼓励出口贸易的发展。

第三阶段：外贸承包责任制改革时期（1988—1993年）。1988—1990年的改革是在保持国家垄断外贸的前提下进行的，是对外贸微观经营体制方面的改革，主要措施就是推行对外贸易承包责任制。主要内容包括：一是由各地方政府以及全国性外贸总公司向国家承包出口收汇，上缴中央外汇补贴额度，承包基数三年不变。二是取消原有的使用外汇控制指标，凡地方、部门和企业按规定所取得的留成外汇，允许自由使用，并开放外汇调剂市场。三是进一步改革外贸计划体制，除统一经营、联合经营的21种出口商品保留双轨制外，其他出口商品改为单轨制，即由各地直接向中央承担计划，大部分商品均由有进出口经营权的企业按国家有关规定自行进出口。四是在轻工、工艺、服装三个行业进行外贸企业自负盈亏的改革试点。1991—1993年的改革则主要是对外贸承包制的进一步发展和完善，取消了国家对外贸企业的出口补贴，实行全行业自负盈亏，采取一系列措施以建立新型外贸体制。主要的措施有：一是取消国家财政对出口的补贴，按国际通行的做法由外贸企业综合运筹，自负盈亏。二是改变按地方实行不同外汇比例留成的做法，实行按不同商品大类统一比例留成制度。

第四阶段：市场经济下的外贸体制确立时期（1994—2001年）。这一时期是以与国际市场接轨为导向的外贸体制改革深化和稳定发展时期，中国开始了以汇率并轨为核心的新一轮外贸体制改革。改革主要是围绕恢复中国在关贸总协定中的缔约国地位和加入世界贸易组织（WTO）两项目标进行的。改革的主要内容包括：一是实行人民币汇率并轨，建立以市场供求为基础的、单一的、有管理的浮动汇率制度，实行人民币经常项目下的有条件的可兑换。二是改革外汇管理体制，发挥汇率对外贸的重要调节作用。三是取消进出口指令性计划，外贸全部放开。四是改进和完善出口退税制度，从1994年开始逐步过渡到由中央财政统一退税。五是保持外贸政策在全国范围的统一性，增加透明度，并于1994年7月1日正式实施《中华人民共和国对外贸易法》。

第五阶段：以WTO规则为基础的全面改革时期（2001年至今）。2001年12月11日，中国正式加入WTO。为此，中国根据WTO主张的自由贸易和无歧视待遇、最惠国待遇、国民待遇、关税减让、消除数量限制和透明度原则，对外贸体制进行了进一步的自由化改革。改革的主要措施有：一是调整和修改不符合WTO

规定的政策法规。二是加快外贸主体多元化步伐，根据入世承诺进一步开放经营权，允许私营外贸企业的迅速发展，并提前赋予外资企业出口权和在服务贸易领域的若干开放性承诺。三是转变外经贸主管部门的政府职能，从以行政领导为主转变为以服务为主，采用国际惯例来分配外贸资源，并通过法规改善竞争环境。2006 年 12 月 11 日之后，中国入世进入了后过渡期。中国从入世承诺约束下的开放，转向了 WTO 框架协议约束下的整体开放。至此，中国的对外开放开始在更高层次、更大范围和更宽领域内进行。

自党的十八大以来，中国的外贸体制更进一步进入了以全面开放和与国际接轨为目标的深层次的贸易自由化改革新阶段。这主要表现在三个方面：一是加快实施自由贸易区战略。一方面，在国内设立自由贸易试验区。2013 年 9 月，中国首个符合国际惯例的海关特殊监管区域——中国（上海）自由贸易试验区正式成立。2014 年 12 月，中国又分别在广东、天津和福建新设立了三个自由贸易试验区。2016 年 8 月，辽宁、浙江、河南、湖北、重庆、四川、陕西自由贸易试验区获批。2018 年 4 月，在庆祝海南建省办经济特区 30 周年大会上，习近平总书记向全世界郑重宣布，支持海南全岛建设自由贸易试验区，支持海南逐步探索、稳步推进中国特色自由贸易港建设。另一方面，加快推进与世界各国和地区的自由贸易区建设，形成面向全球的高标准自由贸易区网络。截至 2022 年年底，中国已与包括东盟、智利、瑞士、新西兰、韩国、澳大利亚等 26 个国家和地区签署了 19 个自贸协定。二是提出共建"丝绸之路经济带"和"21 世纪海上丝绸之路"的倡议。"一带一路"倡议的重点内容之一是贸易畅通，旨在实现贸易便利化，消除贸易壁垒，构建区域内各国良好的营商环境。三是维护世界贸易组织规则，支持开放、透明、包容、非歧视性的多边贸易体制，坚持贸易自由化，反对贸易保护主义。在 20 国集团和金砖国家等合作机制框架下，积极参与全球贸易治理，推进全球经济治理改革。努力使中国从贸易规则的跟随者、服从者转变为贸易规则的改革者、引领者。

随着中国贸易自由化体制改革的深入和中国贸易自由化进程的加快，中国对外贸易迅速发展。中国货物进出口总额从改革开放初期 1978 年的 206.4 亿美元快速增长到 2001 年中国加入 WTO 时的 5 096.5 亿美元，增加约 24 倍。2009 年，中国货物出口 1.2 万亿美元，超过德国一跃成为全球第一大货物出口国。党的十八大以来，以习近平同志为核心的党中央把握时代大势，顺应历史潮流，统筹国内国际两个市场两种资源，推进高水平对外开放，我国对外贸易取得历史性成就。2013 年，中国货物进出口总额进一步上升到 4.16 万亿美元，超过美国跃居世界第一货物贸易大国。2021 年，中国货物进出口总额达 6.05 万亿美元，在 2013 年首次达到 4 万亿美元的 8 年后，跨过 5 万亿美元、6 万亿美元两大台阶，达到历史新高，中国作为全球第一货物贸易大国的地位进一步巩固。2021年，中国服务贸易进出口总额为8 212.5亿美元，居全球第二位。同年，中国对外贸易总额即货物贸易与服务贸易总额之和近5万亿美元，达4.98万亿美元，连续两年位居全球第一位。[①] 在中国贸易规模迅速扩大的同时，贸易结构不断优化，贸易效益显著提升，正日益向贸易强国迈进。从出口商品结构看，中国出口商品的附加值不断提高，出口制造业在全球价值链的地位日益攀升。2020年，中国机电产品出口额达1.55万亿美元，占总出口额2.59万亿美元的59.8%。高新技术产品出口7 826亿美元，占整体出口的30.2%。纺织品、服装、箱包、鞋类、玩具、家具、塑料制品7大类劳动密集型产品出口5 217亿美元，占总出口额的比重为20.1%。从贸易方式看，中国一般贸易与加工贸易的商品进出口结构进一步改善。2020年，中国一般贸易进出口2.80万亿美元，占进出口总额4.66万亿美元的60.1%；加工贸易进出口1.10万亿美元，占进出口总额的23.6%。[②] 中国对外贸易已成为推动中国经济社会发展的最活跃因素。

第三节　贸易发展战略与政策

一、进口替代发展战略与政策

所谓进口替代发展战略，是指通过建立和发展本国的制造业和其他工业，用国产的制成品替代进口的制成品，从而带动整个国民经济的增长与发展。进口替代发展战略分为初级进口替代和高级进口替代两种类型。所谓初级进口替代是指从发展农产品加工工业部门着手，主要投资于非耐用消费品生产的进口替代，如食品罐头、造纸、橡胶、纺织、印染等工业。所谓高级进口替代是指除继续生产替代进口的非耐用消费品外，转而进一步提高所生产的产品档次，包括耐用消费品、中间产品和资本品，并进行原料深加工。

拓展阅读 15-1

发展中国家实施进口替代发展战略的原因

进口替代发展战略最早由拉美国家实施。第二次世界大战结束后的20世纪50年代，其他发展中国家为实现经济发展，一般也都实施进口替代战略。到60年代上半期，进口替代战略的实施达到了鼎盛时期。这些国家包括拉美的巴西、墨西哥和阿根廷，亚洲的印度、巴基斯坦和菲律宾，等等。

---

① 数据来源：《中国统计年鉴》历年统计数据。
② 数据来源：《中国对外贸易形势报告（2021年春季）》，中华人民共和国商务部网站，2021年6月9日。

实施进口替代发展战略的发展中国家一般采取保护国内工业的政策，这些保护政策主要体现在以下四个方面：（1）进口限制。政府在一定时期内对若干种进口商品规定数量或金额方面的限制，从而提高进口商品在国内市场上的价格，以降低其在价格、质量方面与国内同类商品的竞争优势，这样便为国内同类替代品的生存创造条件。（2）外汇管制。政府集中使用外汇，并把较多的外汇分配给进口替代所需投入品的进口者。同时，由于在国内通货膨胀过程中，汇率的调整慢于币值本身的变化，于是官方汇率偏离外汇实际供求状况决定的均衡汇率，形成过高的汇率。这样就降低了进口产品的国内价格，从而降低进口替代部门产品按国内价格结算的成本。（3）差别关税。政府制定政策，对进口替代所需投入品实行低关税，而对消费品实行高关税。这有利于进口替代部门降低产品成本，从而可以保护和促进进口替代工业部门的发展。（4）鼓励国内投资。对国内进口替代工业的投资实行特殊的优惠政策，并对外资实行严厉的限制甚至排斥措施。

进口替代发展战略对发展中国家经济发展的积极作用主要表现在三个方面：第一，由于保护了国内市场，发展中国家的制造业得以较快地发展，从而为建立民族工业基础、促进国民经济的增长，做出了积极的贡献。第二，替代工业（制造业）的发展，改变了原来单一的、畸形的、以农业为主的经济结构，促进了经济结构的改造。第三，由于这种战略大幅度地降低了进口制成品的比重，因而提高了一些国家的经济自立程度，降低了对外依赖性。

然而，进口替代发展战略的实施，也带来了较严重的消极影响，主要有三个方面：一是过于强调保护国内市场，实际保护了国内落后的工业企业，生产成本高昂，生产效率低下，因而缺乏国际竞争力和自生能力，最终依靠政府补贴为生。二是在进口替代战略实施期间，重视替代工业尤其是制造业的发展，忽视了动力、能源、交通等基础设施部门和农业的发展，导致资源配置不合理和产业结构失衡；三是着重点放在国内市场，往往忽视利用国外市场和国外资源，必然使对外贸易对国民经济的促进作用受到限制。

二、出口导向发展战略与政策

所谓出口导向发展战略，是指通过实行贸易鼓励政策，积极参与国际分工和国际贸易，并致力于用加工后的初级产品、半制成品或制成品代替传统的初级产品出口，进而通过出口工业的发展来推动国民经济的增长与发展。出口导向发展战略是在 20 世纪 60 年代中期前后首先由东亚和东南亚的一些国家和地区实施的，其中尤以新加坡、韩国、中国台湾和中国香港为代表。

实行出口导向发展战略，关键是提高出口商品的竞争能力，打开国际市场的销路，为此政府往往采取一些有利于出口的政策，这些政策主要是：（1）鼓励出口产品的生产。其措施包括减免各种税费，对出口部门投入品实行优惠供给和运费折让等；此外，对出口型企业在外汇使用、土地租赁、银行贷款、出口保险等方面给予各种优惠条件，以降低出口企业的出口成本和出口风险。（2）本币贬值。对本国货币进行大幅度贬值，以鼓励出口企业所获得的外汇兑换的本国货币收入比以前更多，从而增加了出口企业的利润。（3）出口退税和出口补贴。出口退税是对出口产品所需的进口投入品所征收的关税在出口报关时予以退还；此外，对出口产品在报关时所缴纳的国内各项税款按一定比例或全部予以退还。出口补贴是对某些需要保护的产业和产品在出口时直接给予现金津贴。（4）鼓励投资，采取各种优惠政策吸引外商投资，而外资企业大多数是出口型企业，促进了对外贸易的发展。

出口导向发展战略对发展中国家经济发展的积极作用主要表现在三个方面：第一，以制成品出口为核心的出口导向战略立足于国内和国外两个市场，从而使经济发展摆脱了国内市场的约束。第二，制成品出口作为一种赚取外汇的手段，有可能以更低廉的国内资源成本，为改善国际收支状况做出积极贡献。第三，出口导向所带来的就业机会要比进口替代多得多，这有助于缓解发展中国家的就业压力。出口导向发展战略对推动一些发展中国家和地区对外贸易和国民经济的增长，起到了相当的积极作用。

但是，出口导向发展战略也对发展中国家的经济发展带来了以下负面影响：第一，在出口导向战略下建立起来的工业，主要是为了出口，因此，造成这些国家和地区的经济严重依赖于世界市场，导致国民经济一定程度的脆弱性。第二，出口导向发展战略的一个主要特征是发展出口加工工业，然而，发展中国家发展出口加工工业所依赖的技术主要是从发达国家引进，缺乏技术的自主创新和开发能力，从而形成了对发达国家高度的技术依赖性，与发达国家的技术差距不仅没有缩小，反而日益拉大。第三，在出口导向战略下采取的吸引外资的各项优惠政策，造成了内资和外资竞争上的不平等地位，使国内企业在市场上处于劣势地位，抑制了国内同行业的企业发展。同时，外资企业以出口为导向，外资企业的优势地位对国内同类企业的出口造成了挤压态势，不利于国内企业的竞争力的提高。在长期，外资企业也可能造成行业垄断，致使国内众多中小型企业难以在激烈的竞争环境中生存。

三、进口替代与出口导向的协调

贸易发展战略是一国政府在一定时期内所规定的贸易发展目标以及为实现这一目标所采取的政策和措施。进口替代发展战略与出口导向发展战略是当今发展中国家所普遍采用的两种贸易发展战略。这两种贸易发展战略各有利弊，它们在一个国家的同一地区、同一部门或行业内可能是互相排斥的，但在同一国家的不同地区、不同部门或不同行业是可以并行实施的。因此，发展中国家选择何种贸易发展战略，应依据本国的国情和内外部条件，分阶段地灵活掌握。根据一国内部不同地区和不同工业部门的生产力发展水平的差别，在不同的地区和不同的工业部门中同时采用进口替代和出口导向这两种贸易发展战略，不失为一种可行的选择。

发展中国家经济具有二元经济特征，在一国内部，往往存在着地区间和行业间经济发展水平的明显差异。因此，从一国内部不同地区间的差别上看，在生产力发展水平较高的地区，较适合实施外向型的出口导向为主的贸易发展战略，在积极参加国际分工和国际贸易中获取比较利益，使这一地区成为一国竞争力强和有活力的经济发展龙头。同时，在生产力发展水平相对落后的地区，则较适合实施保护性强的进口替代为主的贸易发展战略，以便给这一地区生产力水平普遍较低的工业再保留一段扶植期。从一国内部不同部门间的差别上看，对于出口竞争力较强的工业部门或成熟产业，特别是发展中国家的劳动密集型部门，可实施出口导向为主的贸易发展战略，在参与国际市场竞争中为国家多赚取外汇。但这类吸纳劳动力多的行业的产品附加值和利润率低，且在国际市场上又易于遭受贸易保护主义的打击，所以从中长期考虑，这类产品在发展中国家出口总额中的比重应适当缩小。与此同时，发展中国家的资本密集型产业、技术密集型产业和知识密集型产业，尤其是新兴产业，则处于相对落后的地位，较适合实施保护性强的进口替代为主的贸易发展战略，给这些弱势产业以相应的保护。在未来的一段时期内重点培植进口替代产品，然后逐渐增加这类产品在一国出口总额中的比重，使其在国际市场竞争中发展壮大起来。当然，随着一国经济的发展和产业结构的转型升级，新兴产业、成熟产业、夕阳产业的界定标准会适时进行调整，优势产业和弱势产业也会发生动态的变化，从而要求对相应产业的贸易发展战略做出及时的调整。贸易发展战略的核心正是利用对外贸易政策的调整，促进一国产业结构的调整和转型升级，进而促进整个国民经济的可持续发展。

四、中国外贸发展战略与政策的演变

从 1949 年新中国成立到 1978 年改革开放之前，在高度集中的计划经济体制下，中国对外贸易只是作为四大平衡（即财政平衡、信贷平衡、物资平衡和综合平衡）中物资平衡的组成部分，相应地，中国对外贸易的战略也定位为"互通有无，调剂余缺"，与国际市场基本上处于隔离状态，是一种典型的封闭条件下的进口替代战略。

改革开放以来，中国实现了从高度集中的计划经济到社会主义市场经济的转

变，同时实现了从封闭型经济到开放型经济的转变。相应地，中国外贸发展战略也逐步形成并演进发展，从内向的进口替代发展战略，到进口替代与出口导向相结合的发展战略，再到事实上的出口导向发展战略，之后又发展到完全开放型对外贸易战略的新阶段。

改革开放之后到 20 世纪 80 年代后期，中国实行了开放条件下的进口替代发展战略。这一时期的重大举措主要有：一是仍然保持较高的关税和非关税壁垒，限制一般工业品和消费品进口，避免与国内产业产生竞争；二是实行严格的外汇管制，控制用汇指标，适度贬值货币促进出口贸易发展；三是引进国外先进技术和机器设备，发展进口替代型工业；四是对外贸体制进行初步改革，激发外贸活力；五是引进外资，发展"三来一补"（即来料加工、来样加工、来件装配和补偿贸易）工业，大力发展出口创汇型产业；六是设立经济特区、沿海开放城市和国家级经济技术开发区。这一时期的进口替代发展战略为中国从完全封闭下的经济逐步探索出口导向发展战略做了准备，是由封闭走向开放的过渡。同时，这一时期的进口替代发展战略，不仅完善了我国工业体系，增强了工业实力，为之后实施有选择性的进口替代而不是完全进口替代奠定了基础。

20 世纪 80 年代后期到 2001 年中国加入 WTO 之前，中国实行了进口替代与出口导向相结合的发展战略。1988 年中国提出了"沿海外向型经济发展战略"，即沿海地区不再与内地争抢出口资源，而是到国际市场"找饭吃"，发展"大进大出、两头在外"的产业。同时，对国内没有比较优势和竞争优势的重化工业，仍然采取开放式的进口替代发展战略。在客观上，形成了进口替代与出口导向相结合的发展战略，主要体现在以下两个方面：一是进口替代工业和出口导向工业并存；二是内地进口替代和沿海出口导向并存。这一时期的政策设计兼顾了进口替代和出口导向两种发展战略，主要表现在四个方面：一是有选择性地保护而不再是全面保护；二是积极发展出口导向型产业；三是外贸体制改革向纵深推进；四是提出一系列对外经贸发展的实施战略，如以质取胜战略、市场多元化战略、科技兴贸战略和"走出去"战略等。

在中国加入 WTO 以后，中国对外贸易战略又形成了事实上的出口导向发展战略。其主要表现是，加入 WTO 后，随着中国关税水平的进一步降低，原来进口替代产业的高关税壁垒无法维持，使得进口替代产业越来越少。同时，人民币汇率维持在相对较低的水平，各种支持出口的财税、金融等措施进一步完善，贸易便利化进程进一步推进，国内产业配套、生产能力以及物流体系基本上都以出口为目标。因此，这一时期的中国对外贸易战略逐渐演变为出口导向发展战略。

2005 年以后，中国对外贸易战略又从出口导向发展战略过渡到自由贸易阶段。

2004 年中央经济工作会议提出"转变外贸增长方式",2009 年 12 月中央经济工作会议首次提出了"加快外贸发展方式的转变"。2005 年 7 月 21 日,中国开始实行以市场供求为基础、参考一篮子货币进行调节、有管理的浮动汇率制度。从此,人民币不再单一盯住美元,形成了更富弹性的汇率机制,中国由此进入了全面实施完全开放型对外贸易战略的新阶段。

党的十八大以来,中国特色社会主义迈入新时代,中国外贸发展战略与政策进入以建设贸易强国为主要目标的新阶段。中国实行更加积极主动的开放战略,形成更大范围、更宽领域、更深层次对外开放格局,建设更高水平开放型经济新体制,推进高水平对外开放。2020 年,中国提出构建以国内大循环为主体、国内国际双循环相互促进的新发展格局。2022 年,党的二十大指出:依托我国超大规模市场优势,以国内大循环吸引全球资源要素,增强国内国际两个市场两种资源联动效应,提升贸易投资合作质量和水平。稳步扩大规则、规制、管理、标准等制度型开放。推动货物贸易优化升级,创新服务贸易发展机制,发展数字贸易,加快建设贸易强国。

五、迈向高质量发展阶段中国外贸发展方式的转变

自改革开放以来,中国对外贸易快速发展,并迅速成为全球第一货物贸易大国。中国对外贸易的快速发展成为中国经济持续快速增长的重要动力。在中国经济从高速增长阶段向高质量发展阶段迈进的新时代,中国的外贸发展方式必须转变,才能推进中国由贸易大国向贸易强国的转变。

在现阶段,中国之所以要转变外贸发展方式,主要是由于复杂多变的国际国内环境给中国外贸发展带来了一系列挑战。这主要表现在以下三个方面:

第一,在国际金融危机、主权债务危机、贸易保护主义等因素影响下,世界经济增速放缓,基础不稳,经济复苏之路具有很大的不确定性。全球消费和国际贸易市场空间相对有限,国际市场争夺也更为激烈,这势必制约我国外部市场需求的增长空间。

第二,国际贸易摩擦加剧将增加开拓国际市场的难度。尽管未来经济全球化和贸易自由化趋势不会逆转,但各国围绕市场、资源、人才、技术和标准等的竞争将更加激烈,违反 WTO 规则实施单边主义贸易保护措施已成为一些国家的政策选择,全球贸易摩擦将会日益频繁,中国将面临更多的贸易摩擦,从而影响中国外贸发展的空间和潜力。

第三,中国企业经营成本的大幅度上升将削弱中国的外贸竞争优势。目前,随着国内能源、土地、环境等要素价格改革的推进,国内企业资源环境的约束进一步增强。随着人口老龄化和劳动力总量的下降及农村剩余劳动力转移接近尾声,

同时，收入水平也出现整体提高，对劳动者权益保护法律严格实施，社会保障制度进一步完善，这一切变化导致劳动者工资和福利上升较快，劳动力廉价优势将逐步消失，传统的国际竞争力下降。同时，国际市场资源性产品供求矛盾长期存在，能源资源安全等全球性问题更加突出，国内资源能源需求大于供给的状况将持续存在。此外，随着人民币汇率形成机制改革继续推进，出口和利用外资的金融成本可能也会上升。这些因素都将导致中国国内要素成本上升，从而使得依靠有形要素形成的低廉价格优势推动出口增长的模式难以为继。

鉴于此，中国必须实现外贸发展方式的转变。所谓外贸发展方式的转变主要包括外贸的转型与升级两个层面的含义。外贸的转型是指从粗放型、以规模扩张为主的发展，转向集约型、以质量效益提高为主的发展；从主要依靠成本低廉优势的发展，转向主要依靠综合竞争优势的发展。外贸的升级是指提升和优化进出口商品及服务的结构，改变以往商品及服务出口加工层次、技术和研发含量、附加价值等偏低的状况，提升中国主要产业在国际分工中的地位，提高外贸发展的微观和宏观经济效益。

为了促进外贸发展方式的转变，必须采取如下政策措施。

第一，进一步提高中国在国际分工和竞争中的地位，推动中国由贸易大国向贸易强国迈进。虽然中国已于2013年超过美国成为世界第一货物贸易大国，但总体仍然处于全球价值链的低端。为实现国内价值链与全球价值链的高效对接，实现从全球价值链中低端向中高端攀升，提高在全球价值链上的地位与竞争优势，中国应当全方位参与到现有全球价值链分工合作与竞争体系之中。同时，中国应当积极参与全球治理体系改革和建设，支持多边贸易体制，促进自由贸易区建设，推动建设开放型世界经济，提高中国在全球贸易体系中的影响力。

第二，积极推进外贸结构的战略性调整和优化升级，努力培育贸易新业态、新模式。具体地说，应当从以货物贸易为主向货物和服务贸易协调发展转变，从依靠模仿跟随向依靠创新创造转变，从大进大出向优质优价、优进优出转变。加快货物贸易优化升级，加快外贸转型升级基地、贸易平台和国际营销网络建设，鼓励高新技术、装备制造和品牌产品出口，引导加工贸易转型升级。抓住数字经济发展机遇，加快发展数字贸易，培育数字贸易新业态新模式，加快贸易全链条数字化赋能，提升贸易数字化水平，积极支持数字产品贸易，持续优化数字服务贸易，稳步推进数字技术贸易，建立健全数字贸易治理体系，积极参与数字贸易国际规则与标准制定，打造建设贸易强国的"新引擎"。坚持鼓励创新、包容审慎的原则，逐步完善监管制度、服务体系和政策框架，支持跨境电子商务、市场采购贸易、外贸综合服务等健康发展，打造外贸新的增长点。

第三，围绕转变经济发展方式，努力提高外贸发展的协调性。具体地说，应当更加注重货物贸易与服务贸易的协调，促进服务贸易创新发展，鼓励文化、旅游、建筑、软件、研发设计等服务出口，大力发展服务外包，打造"中国服务"国家品牌；更加注重出口与进口的协调，实施更加积极的进口政策，扩大先进技术设备、关键零部件和优质消费品等的进口，促进进出口平衡发展；此外，还应更加注重贸易、投资及对外经济合作的协调，传统出口产业与新兴产业的协调，中西部与东部外贸发展的协调，以及与主要贸易伙伴经贸关系的协调。

第四节　经济全球化背景下国际贸易格局的新变化

一、经济全球化下国际贸易发展的新格局

自 20 世纪 90 年代以来，经济全球化迅速发展。所谓经济全球化，是指在科技革命尤其是信息技术革命的条件下，通过国际贸易、国际投资、国际金融以及技术和人员的国际流动，世界各国各地区的经济越来越紧密地结合成一个相互融合、相互依存的有机整体的过程。经济全球化具体表现为贸易自由化、生产国际化、金融全球化和经济规则全球化。随着经济全球化的迅速发展，国际贸易迅速发展并呈现出一些新的特点，形成了国际贸易发展的新格局。

第一，各国经济对国际贸易的依赖程度加大。世界经济与国际贸易相互促进、相互依赖。2008 年爆发的国际金融危机对全球经济产生了深刻的负面影响。在随后的两年中，国际贸易的增长速度出现了大幅下降，其降幅甚至超过了 GDP 的降幅。根据世界贸易组织《2009 年世界贸易报告》，2008 年全球实际 GDP 的增长率由 2007 年的 3.5% 下降到 1.7%，同期世界商品贸易的增速则由 7% 下降到 2%。2009 年世界经济的增长率为 -2.5%，同期商品贸易的增长率跌至 -12%。国际贸易波动性超过 GDP 波动性的事实，一方面反映了经济全球化背景下各国经济的相互依赖性，另一方面也揭示了全球贸易关系与金融体系的紧密关联。国际金融危机后国际贸易的下降，不仅仅起因于经济衰退后的需求减弱，企业融资不畅对一国生产的影响会传递到全球生产价值链的各个环节，贸易信贷的紧缩和贸易保护主义的抬头更是放大了国际金融危机对国际贸易的传递效应。

第二，区域经济一体化的迅速发展使得区域内贸易成为全球贸易的主体。据WTO 统计，截至 2015 年 4 月 7 日，向 WTO 通报的各种区域贸易协定达 612 个，其中，60% 以上的区域贸易协定是 2001 年以来签订的。在全球已经生效的 406 个区域贸易协定中，有 80% 以上采取了自由贸易协定的形式。自由贸易协定的签订及自由贸易区的建立，不仅大大促进了国际贸易的发展，而且使得区域内贸易在国际贸易中的比重快速上升。其中，欧盟和北美自贸区作为目前全球两个最大的

区域性经济合作组织，其对各自区域内贸易的促进作用便是典型的例证。在亚洲，尽管区域经济一体化进程起步较晚，但以中日韩三国各自与东盟建立自由贸易区为代表的一系列区域经济一体化协定的签订，也必将推动亚洲区域内贸易的进一步发展，并对国际贸易格局产生深刻的影响。

第三，跨国公司的全球生产布局推动了国际贸易结构的变化。在市场化的经济体系中，跨国公司是经济全球化的主体，目前控制着全球生产的40%、国际贸易的65%、国际技术贸易的80%、国际投资的90%以及全球高新技术的95%以上。[①] 为了实现利润最大化和提升竞争力，跨国公司将生产服务活动的各个环节进行分解，将之布局于世界上成本最低、效率最高的国家。中国等发展中国家因其廉价的劳动力、巨大的潜在市场和相对较好的基础条件备受跨国公司青睐，中国发展成为世界上的制造业大国，而印度则成为承接跨国公司服务外包的集聚区；发达国家依托其科技力量、创新能力和强大的购买力，专注于研发、设计、营销、品牌和金融服务等高附加价值的活动。因此，跨国公司全球生产分工的深化使各国经济联系更加紧密，也导致了各国产业结构和贸易结构的重大变化，国际贸易由产业间贸易向产业内贸易和公司内贸易转变，并导致中间品贸易和服务贸易在国际贸易中的比重上升。

第四，金砖国家在国际贸易中的地位迅速上升，成为国际贸易体系中的重要成员。中国、俄罗斯、印度、巴西和南非五个金砖国家是新兴市场经济体和发展中国家的典型代表。1992年金砖国家出口总额占世界的比重仅为5.5%，2021年上升到20.9%。其中，中国、俄罗斯、印度、巴西占世界出口的比重分别由1992年的2.3%、1.1%、0.5%、1%，增长到2021年的15.1%、2.2%、1.8%、1.3%。同期，金砖国家占世界进口的比重也基本上呈同步发展趋势。1992年金砖国家占世界进口的比重为4.8%，2021年提高到17.4%。[②] 金砖国家国际贸易地位的提升，在一定程度上动摇了发达国家在国际贸易体系中的主导地位。可以预期，随着经济全球化的进一步发展，以金砖国家为代表的新兴市场经济体的国际贸易还会释放出巨大的潜力，并通过国际贸易的发展进一步带动经济发展，在国际贸易体系中发挥更大的作用。

第五，以非关税壁垒为主的贸易摩擦频发。由于经济全球化过程中特别是WTO体制下关税水平的日益降低（目前，发达国家和发展中国家的平均关税水平分别为4%和10%），关税的保护作用日益削弱，因此，许多国家特别是发达国家一方面借助于WTO框架下所允许合理使用的反倾销、反补贴和保障措施等贸易救

---

①　彭刚、黄卫平编：《发展经济学教程》第二版，中国人民大学出版社2012年版，第257页。

②　根据中国国家统计局《中国统计年鉴》1993年和2022年的统计数据整理计算而得。

济措施，另一方面，则以各种理由制定包括技术壁垒、绿色壁垒等在内的各种歧视性的非关税壁垒，采取各种更具隐蔽性的贸易保护手段，限制外国商品的进口，实施事实上的贸易保护主义。因此，在经济全球化推动贸易全球化和贸易自由化的同时，全球范围内的贸易摩擦也日益频繁，其中，反倾销是最具代表性的贸易摩擦形式。自 WTO 成立以来的 1995—2021 年，全球共有 65 个国家或地区对 110 个国家或地区发起了 6 489 起反倾销调查，并有 58 个国家或地区对 103 个国家或地区实施了 4 350 起反倾销措施。[①] 以反倾销等非关税壁垒为代表的贸易摩擦已成为国际贸易格局中的一种常态，且已成为影响国际贸易进一步发展的一个重要障碍。

二、经济全球化对发展中国家国际贸易的影响

在国际贸易领域，经济全球化主要体现为贸易自由化，相应地，经济全球化规则也集中体现在国际贸易制度及规则上。现行的国际贸易制度及规则主要是以 WTO 的贸易规则为基本框架，它脱胎于第二次世界大战结束后建立的关税与贸易总协定体制。这一体制主要由当时的西方发达国家和宗主国所确立，因此，现有的国际贸易制度及规则更有利于发达国家，对于发展中国家而言带来更多的是竞争的不公平。由于历史和经济实力的原因，在国际分工中，大多数发展中国家主要生产低附加值的劳动密集型产品和初级产品，这在与发达国家生产的高技术、高附加值的制成品相交换时，必然处于弱势和不利地位。WTO 提倡贸易自由化，要求成员降低关税直至零税率，并将其扩大到发达国家占绝对优势的农产品、服务贸易、技术和投资领域。市场的自由开放无疑会对发展中国家这些行业的发展带来冲击。虽然世界贸易组织规则中规定了对发展中国家的特殊差别待遇，却不能为它们提供有力的保护。通过市场开放促发展的制度设计，没有充分考虑市场开放后的市场稳定和发展问题。从国际贸易规则的发展演变中可以看出，发达国家在利用其主导的国际规则尽量使自身的优势转变为市场上的利益，同时保护其劣势产业。这表明，经济全球化国际游戏规则给发达国家带来的是较大的利益和较小的成本，而带给发展中国家的却往往是较少的利益和较大的成本。国际贸易的这种利益分配格局正是在经济全球化进程中形成和发展起来的。

为了摆脱经济全球化和现有国际贸易制度固有的局限和不足给发展中国家贸易发展所带来的消极影响，争取实现发展中国家贸易的可持续发展，并以此带动发展中国家经济的增长与发展，发展中国家必须努力在全球范围内建立起公平、

---

① 根据 WTO 网站有关反倾销数据资料整理计算而得。

合理的国际贸易制度。国际金融危机所引发的贸易实力和贸易格局的变化，也为现有国际贸易制度的调整和重构提供了契机，为建立更加公平、合理的国际贸易制度提供了机遇。公平、合理的国际贸易制度应当以给予发展中国家在经济全球化的竞争中享有公平的贸易机会为目标。这就要求任何国际贸易制度的形成及其治理都需要充分尊重发展中国家的主权，充分考虑发展中国家的利益，确保发展中国家在经济全球化进程中以平等的地位参与相关的国际贸易决策。

但是，近年来，原有的国际贸易秩序出现了颠覆性的变化，逆全球化思潮和行动日益抬头。美国以大幅度提高进口关税、脱钩断链、单边制裁、极限施压等方式，与世界各大经济体不断产生日益加剧的贸易摩擦，严重破坏了第二次世界大战后形成的国际贸易规则和秩序。这反映了作为世界头号大国的美国经济的衰落，在国际贸易和经济全球化浪潮中逐渐处于守势地位，连年的巨大贸易赤字表示美国竞争力的下降，因此美国不惜以违反 WTO 规则和损害贸易伙伴利益的举动，亲自推翻它多年来一手创导和主导的国际贸易规则和贸易秩序，这将给世界区域经济一体化和经济全球化带来巨大的冲击。发展中国家和其他国家应该联合起来，对抗美国的逆全球化行为，以维护世界多边协商的国际经贸秩序及世界共同发展和繁荣，防止经济全球化趋势发生逆转。

三、中国作为外贸大国对世界经济的影响

自改革开放以来，中国抓住经济全球化的机遇，全面参与国际分工合作，积极发展与世界各国经贸往来，对外贸易快速发展，并迅速成为世界货物贸易大国。中国通过对外贸易参与国际分工和竞争，与贸易伙伴在经济上相互融合，共同推动了全球化深入发展，为全球经济增长做出了巨大贡献，实现了中国与贸易伙伴国的互利共赢。特别是在 2008 年国际金融危机和 2020 年全球新冠疫情发生后，中国对外贸易的强劲增长势头，不仅拉动了贸易伙伴国的经济增长，而且对整个世界经济避免陷入衰退并实现稳定复苏发挥了巨大的作用。截至 2022 年年底，中国经贸伙伴有 230 多个，是 140 多个国家和地区的主要贸易伙伴。[①] 2021 年，中国对前五大贸易伙伴东盟、欧盟、美国、日本和韩国的进出口额分别为 5.67 万亿元、5.35 万亿元、4.88 万亿元、2.40 万亿元和 2.34 万亿元，合计达 20.64 万亿元，占中国进出口总额 39.1 万亿元的 52.8%。其中东盟连续两年成为中国第一大贸易伙伴。同年，中国与业已签署 19 个自贸协定的 26 个自贸伙伴的贸易额占比达 35%。自"一带一路"倡议提出以来的 2013—2021 年，中国与共建"一带一路"国家的进出口总额从 6.46 万亿元增长至 11.6 万亿元，年均增长 7.5%，占同期中国进出

---

① 本书编写组编著：《党的二十大报告辅导读本》，人民出版社 2022 年版，第 322 页。

口总额的比重从 25% 提升至 29.7%。此外，中国向 42 个最不发达国家 97% 的税目提供免关税待遇，成为最不发达国家的最大出口市场，吸收了最不发达国家 25% 的出口。

由此可见，随着中国成为外贸大国，中国与世界各国以及世界经济形成了相互联系、相互依赖的密切关系。中国对外贸易的快速发展，不仅为国际市场提供了更多质优价廉的产品，同时在全球许多国家，"中国需求"还带动了当地经济繁荣，创造了大量就业岗位和投资机会，为贸易伙伴国带来了实实在在的利益和好处。与此同时，中国坚定维护以世界贸易组织为核心的多边贸易体制，推动贸易和投资自由化便利化，积极参与全球贸易治理体系改革和建设，践行共商共建共享的全球贸易治理观，坚持真正的多边主义，推动全球贸易治理朝着更加公正合理的方向发展，并提出了"一带一路"倡议、全球发展倡议和全球安全倡议，积极推动构建人类命运共同体。

尽管中国已成为世界贸易大国，但中国外贸发展也面临不少瓶颈制约，要成为贸易强国仍然有较大的差距。中国出口产品普遍附加值较低，拥有自主品牌较少，研发和营销等环节还比较落后，出口产品质量和服务水平有待提高，中国进出口企业统筹两个市场两种资源的能力有待增强。同时，中国对外贸易的资源环境和人力代价大，贸易规模和盈利能力并不协调。更重要的是，高增值环节集中的服务部门发展滞后。2021 年，中国服务贸易总额为 8 212.5 亿美元，服务贸易逆差为 327.5 亿美元，当年中国服务贸易占对外贸易总额（货物和服务进出口额之和）的比重仅为 12%。① 因此，中国必须积极推进对外贸易转方式、调结构，培育参与国际竞争的新优势，加强与贸易伙伴的务实合作，努力实现对外贸易持续健康发展，逐步由贸易大国向贸易强国迈进。

值得注意的是，随着中国成为世界贸易大国，中国面临的国际贸易摩擦不仅在量上不断增加，在范围上也出现扩大的趋势。中国成为许多国家包括发达国家和发展中国家实施反倾销、反补贴、保障措施、特别保障措施、绿色壁垒、技术壁垒等贸易保护手段的首要目标国。其中，自 WTO 成立以来的 1995—2021 年间，全球对中国发起的反倾销调查案件数量高达 1 526 起，占同期全球反倾销调查案件总数的 23.5%，中国成为全球反倾销的第一大对象国和受害国，以反倾销为代表的贸易摩擦已成为影响中国与世界各国经贸关系进一步发展的一个主要障碍。为了积极应对日益严峻的国际贸易摩擦，中国必须调整战略，采取措施，主要包括：在"一带一路"倡议下加强中国与相关贸易伙伴国之间发展战略及经贸政策的对

---

① 根据中国国家统计局《中国统计年鉴》2022 年的统计数据整理计算而得。2018 年中国服务贸易逆差达到历史最高的 2 582 亿美元。2021 年中国服务贸易逆差大幅下降的主要原因是，新冠疫情导致中国公民出国旅行服务大幅减少。

接合作；提高中国在国际价值链分工中的地位，推动价值链从低端向中高端延伸；转变出口理念，即由"以量取胜"转变为"以质取胜"，由追求出口的数量和规模转向注重出口的质量和效益；避免出口产品的低价竞争策略，积极运用包括加强产品研发与技术创新、增加附加值、提升质量、实施产品差异化以及创立品牌等非价格竞争手段；调整出口贸易策略，即由主要依赖产品的直接出口，转变为积极实施"走出去"战略，扩大对出口目标国的直接投资，推进国际产能合作，实现优势互补，互利共赢。

近年来，美国采取单边主义和贸易保护主义的做法，单方面对中国出口产品加征高额进口关税，挑起对华贸易摩擦；出台《芯片和科学法案》以及所谓"友岸外包"等政策，实施对华科技封锁，并联合盟友搞对华"脱钩断链"；同时，泛化"国家安全"概念，动辄将中国企业拉入"实体清单"，搞长臂管辖和单边贸易制裁，打压中国企业。这种行为严重违反世贸组织规则，违背市场经济和自由贸易原则，扰乱了国际经济秩序，破坏了全球产业链供应链稳定安全，阻碍了经济全球化进程，从而对中国对外贸易、中国经济乃至世界经济的稳定与发展产生了不利影响。面对这种行为和局面，中国始终冷静应对。2022 年，党的二十大指出，中国坚持对外开放的基本国策，坚定奉行互利共赢的开放战略，不断以中国新发展为世界提供新机遇，推动建设开放型世界经济，更好惠及各国人民。中国坚持经济全球化正确方向，推动贸易和投资自由化便利化，推进双边、区域和多边合作，促进国际宏观经济政策协调，共同营造有利于发展的国际环境，共同培育全球发展新动能，反对保护主义，反对"筑墙设垒""脱钩断链"，反对单边制裁、极限施压。为此，一方面，中国应实行更加积极主动的开放战略，形成更大范围、更宽领域、更深层次对外开放格局，建设更高水平开放型经济新体制，推进高水平对外开放；另一方面，应充分利用和发挥中国超大规模内需市场优势，实施好扩大内需战略，加快构建以国内大循环为主体、国内国际双循环相互促进的新发展格局。

思考题

1. 结合比较优势与竞争优势理论，谈谈中国出口贸易如何从比较优势向竞争优势转变。
2. 试述发展中国家贸易条件恶化论的基本内容。
3. 讨论贸易自由化对发展中国家外贸与经济的影响。
4. 评述进口替代与出口导向两种贸易发展战略在发展中国家的实践。
5. 现阶段中国如何实现外贸发展方式的转变？

6. 怎样理解经济全球化背景下国际贸易格局的新变化及其特征？

▶ 即测即评

请扫描二维码进行在线测试。

第十六章 国际投资

在发展初期，资本积累是推动经济增长的关键因素。当国内资本不足以支撑经济发展之需时，就需要借助国际资本。一些发展中国家利用国际资本促进了经济发展，甚至创造出经济高速增长的奇迹，而另一些发展中国家却深陷国际债务危机的泥潭。同时，当一国进入中等收入阶段之后，资本不足开始变为资本充裕，此时，国内资本开始走向国际。在经济日益全球化的今天，国内资本如何走出去，也是发展经济学研究的一个重要课题。

第一节　外资及其在经济发展中的作用

早在古典经济学时期，国际资本流动就作为从属于国际贸易过程中的货币流动现象而得到古典经济学家的关注和研究。马克思、列宁则进一步考察了生产领域的国际资本运动，并着重在生产关系层面深刻地揭示了国际资本本质上的二重性：一方面，资本追求剩余价值的本性必然导致资本跨越国界对外扩张；另一方面，资本输出或资本国际化是与国际分工和生产国际化相伴随的，体现了社会化大生产的客观要求。

一、外资概念与分类

发展经济学一般把流入一个国家的外资分为国际直接投资、国际间接投资、政府贷款与发展援助三种类型。其中，前两种形式的外资是私人资本，具有商业利益性质，第三种形式的外资则是非商业性质的官方资本。

（一）国际直接投资

国际直接投资又称外国直接投资，它是国际资本流动的重要形式之一，即一国投资者直接将资金转移到另一国，通过投资新建企业或扩张子公司、收购企业、购买企业股票并控制股权等形式，获取比本国更高的资本回报。与其他投资相比，外国直接投资具有两个显著特征：其一，不同于短期国际资本流动，外国直接投资是一种长期的国际资本流动，投资主体在东道国拥有企业实体；其二，不同于间接投资，外国直接投资是通过参与经营管理、控制企业经营权获取利益。

外国直接投资的一个重要载体是跨国公司。所谓跨国公司，是指通过对外直接投资在其他国家设立分支机构或子公司，从事国际化生产和经营活动的企业。跨国公司将外国资本引入发展中国家，不仅弥补了发展中国家的储蓄不足，还在生产经营过程中将发达国家先进的技术、经营管理理念和方式引入发展中国家，促进了发展中国家的经济增长。

值得重视的是，从 20 世纪 80 年代开始，一向作为引资国的发展中国家也开始对外直接投资。进入 21 世纪以来，发展中国家对外直接投资出现了加速增长的趋势，甚至把对外直接投资的触角伸向了发达国家，并成为当地企业有力的竞争对手。比如，中国在吸收和利用外资的同时，鼓励企业走出去，拓展了自身的发展空间，同时为投资东道国创造了就业，增加了税收，促进了经济发展。

（二）国际间接投资

国际间接投资包括国际信贷投资和国际证券投资两种形式。

国际信贷投资是指一国银行或国际金融组织在国际信贷市场上以贷款方式向另一国提供所需资本的投资形式。国际信贷投资具有商业营利性，一般是以货币资本形态实现的，但也有以实物资本形态出现的，如租赁信贷等。

自 20 世纪 70 年代以来，以贷款形式流入发展中国家的国际资本规模迅速增长。那些有着较高增长率并且发展前景良好的新兴市场国家，大量向发达国家的商业银行贷款，以满足其经济增长对资本日益增加的需求。然而，贷款总是要还本付息的。由于外国贷款多是以外币计价的，通常情况下，发展中国家要以出口所得的外汇收入偿还外债。如果国际宏观经济形势稳定，国内经济发展良好，出口稳步增长，发展中国家如期偿还贷款不成问题。一旦国际经济环境发生波动或遭受冲击，而外债规模庞大，就很容易陷入债务危机。20 世纪 80 年代拉美国家的债务危机，便是由国际经济形势恶化和外债管理不当引发的。

国际证券投资是指资本供给者通过国际金融市场将资本投资到另一国，在满足东道国资本需求的同时实现赢利的投资形式。比如，在国际债券市场上购买资本需求国政府、银行或工商企业发行的中长期债券，或在国际股票市场上购买该国企业的股票。国际证券投资者只能获得债券的利息和股票的回报，对所投资企业没有实际控制权和管理权，不参加企业的经营管理。国际证券投资的方式比较灵活，流动性强。

20 世纪 80 年代以来，随着经济金融化和经济全球化的加速，国际资本流动呈现出金融化、证券化的发展趋势。越来越多的资本需求国采取发行证券的方式筹措资金，从而替代了向金融机构借款，这也就是所谓的"脱媒"或"非中介化"。国际证券投资已成为仅次于外国直接投资的国际资本流动形式。随着许多发展中国家国内金融市场不断完善和资本账户自由化不断加快，大量国际私人资本流入这些国家的证券市场，投资于这些国家的股票、公司债券和其他金融工具。

国际资本流动的金融化、证券化以其流动性优势充当其他生产要素的流动载体，克服了厂房、机器设备等实物形态资本的流动障碍，加快了国际资本流动的速度，从而提高了资本资源的配置效率。但是，国际资本证券化虚拟地扩大了金融机构的放款能力，使国际资本流动金融化赖以实现的国际金融体系更加脆弱，金融风险增大。1997 年的亚洲金融危机、俄罗斯 1998 年和巴西 1999 年的货币危机以及阿根廷 2000—2001 年的债务危机都表明，发展中国家不能依靠国际私人证券投资解决其资金不足问题，也不能将其作为支撑经济发展的长期投资。

（三）政府贷款与发展援助

政府贷款是国际资本供求双方政府之间的贷款，它的利率低、期限长，有些还是援助性的无息贷款。但政府贷款一般是有条件的，如购买贷款国企业的出口商品或者是用于指定的开发援助项目。政府贷款大多是双边贷款，也有多边的或者是政府与民间商业银行共同提供的混合贷款。

发展援助是世界银行、国际货币基金组织等国际金融机构向其成员国提供的不以营利为目的、带有援助性质的贷款。其贷款利率视资金来源和贷款接受国的收入水平而定，但贷款审批手续非常严格，在贷款具体使用过程中受到国际金融机构派出人员的监督。

通常，流入一国的国际资本同时具备以下两个性质时才能被称为国际援助：第一，从捐助者角度来看，其目的不应是商业性的，即这些国际资本不像国际投资那样以资本回报最大化为目标；第二，这些资本具有优惠条款，也就是说，这些贷款的借入利率和偿还期限比通常的商业贷款更为温和，即往往有更低的借入利率和更长的偿还期限。

国际援助主要是出于援助国政府的政治、战略或经济动机，人道主义动机则居于其次。对于援助国来说，政治因素一直是展开援助的最重要动机。从马歇尔计划开始，绝大多数国际援助充当着援助国的政治杠杆和筹码，通过支撑或巩固具有重要战略位置的发展中国家的社会经济和政治统治，以换取或维持援助国的国家利益和战略地位。这种政治动机的背后与援助国的经济利益是紧密联系的，因此经济动机也是援助国开展援助的重要理由。援助国选择援助的对象和数量，以及具体展开援助的形式和条件，往往最终都是为自身的经济发展服务的。例如，许多国际援助要求受援国将所获得的援助贷款用于购买援助国的资本品，这使得受援国失去从其他价格更低或质量更好的地方购买商品的自由，致使许多受援国背上沉重的债务负担。

由非政府组织提供的私人援助也是国际援助的一种。近年来，国际援助领域中非政府组织的力量和作用日益发展壮大，且受到发展中国家的广泛欢迎，它们通常是代表当地或国际特定利益集团的志愿性组织，如宗教团体、私人基金和慈善组织、志愿医生或由工程师组成的联合会等，针对发展中国家存在的诸如贫困、妇女和儿童权益保护、生态环境恶化等问题提供援助和救济。

二、两缺口模型及其评价

在经济发展初期，通过引进外资克服国内资本稀缺的瓶颈约束以促进经济发展，是当代大多数发展中国家普遍采取的一种经济发展战略，因而是发展经济学家们十分重视的论题之一。1953 年，美国发展经济学家纳克斯出版了《不发达国家的资本形成》一书，书中不仅系统地考察了发展中国家的贫困问题，提出了"贫困恶性循环理论"，而且分析了发展中国家资本形成与利用国际资本的关系问题，形成了发展经济学利用外资理论的雏形。在此基础上，钱纳里和斯特劳特将外资利用观点进一步模型化，于 1966 年提出了著名的两缺口模型（two-gap model）[1]。两缺口模型及其基本思想可以简述如下。

在开放体系下，一国的总供给、总需求都会受到国外部门的影响。在一定时期内，一国的总供给 Y_s 可以分为消费 C、储蓄 S、政府税收 T 和进口 M 四个部分：

$$Y_s = C + S + T + M \tag{16-1}$$

国民经济总需求 Y_d 则分为消费 C、投资 I、政府购买 G 和出口 X 四个部分：

$$Y_d = C + I + G + X \tag{16-2}$$

均衡的国民收入水平是 $Y_s = Y_d$，即

$$C + S + T + M = C + I + G + X \tag{16-3}$$

假设政府部门始终维持收支平衡，即 $T = G$，则有

$$C + S + M = C + I + X \tag{16-4}$$

左右两边消去 C，则有 $S + M = I + X$，于是

$$I - S = M - X \tag{16-5}$$

当投资 I 大于储蓄 S，即国内储蓄不足以支撑投资时，其数额（$I-S$）被称为"储蓄缺口"；此时，进口 M 必定大于出口 X，其数额（$M-X$）被称为"外汇缺口"。式（16-5）意味着储蓄缺口与外汇缺口之间必须保持平衡关系。

在经济发展的一定时期，基于开放经济运行中的宏观供求均衡的需要，储蓄缺口与外汇缺口应该在数量上相等。然而，正如国民收入核算恒等式必然是事后得出的一样，储蓄缺口等于外汇缺口不过是经济调节的"事后"结果。在事前或经济运行过程之中，式（16-5）的四个经济主体，即储蓄者、投资者、进口者和出口者，根据世界经济状况和国内经济的各种约束，在利益最大化动机的驱动下，

---

① Hollis B. Chenery and Alan M. Strout, "Foreign Assistance and Economic Development: Reply", *The American Economic Review*, vol. 56, no. 4, 1966, pp. 679-733.

各自独立地决定自己的经济行为。也就是说，投资 I、储蓄 S、进口 M 及出口 X 这四个变量在很大程度上是受不同的具体因素影响而变动的，因而不能指望储蓄缺口（$I-S$）恒等于外汇缺口（$M-X$）。为此，政府必须对两个缺口进行均衡调整。于是，我们将看到，发展中国家的经济发展不仅受到储蓄缺口的约束，而且受到外汇缺口的限制。

我们分析不使用外部资源而调整两缺口的情形，此时的均衡调整对资本形成和经济增长都具有消极影响：

如果是 $I-S>M-X$，从理论上看，通过减少投资或增加储蓄，或既减少投资又增加储蓄，虽然可以实现式（16-5），但是在短期内增加储蓄是不切实际的。发展中国家只能通过减少投资谋求两缺口的相等，其代价就是缩小投资规模，放慢经济增长步伐。

如果是 $I-S<M-X$，虽然通过减少进口或增加出口，或既减少进口又增加出口，也可以得到式（16-5），但是，增加出口受贸易条件及国内生产能力等因素的限制，在短期内难以实现。因此，发展中国家不得不通过减少进口来谋求两缺口相等。然而，发展中国家的进口主要是投资品，减少进口势必会影响国内投资，资本形成率和经济增长率会因此而下降。

然而，如果有外资流入，发展中国家就可以对两缺口进行积极调整。调整之所以是积极的，是因为利用外资进行调整有助于促进资本形成与经济增长。

如果是 $I-S>M-X$，在这种情况下，以外汇形式引进的外资可以增加进口品的购买，而不必以削减进口品的方式来实现经济平衡；如果是 $I-S<M-X$，在这种情形下，外资可以直接增加国内投资，弥补国内储蓄不足，实现经济平衡。

可见，发展中国家在资本稀缺的条件下引进外资具有双重效应：一方面，引进的资本品无须由国内储蓄来提供，能够减轻国内储蓄供给不足的压力；另一方面，由外资支撑的进口在一定时期内无须用增加出口来支付，可以减轻外汇不足的压力。因而，引进外资既可以同时平衡储蓄缺口和外汇缺口、维系整个国民经济体系的内外均衡，又可以加速资本形成、促进经济的均衡增长。

两缺口模型从发展中国家资本资源稀缺的现实出发，从维系经济内外均衡中去寻求引进外资的根据，强调利用国际资本促进经济发展的积极作用。但是，两缺口模型也存在一定的局限性：

其一，两缺口模型只考虑了发展中国家的储蓄缺口和外汇缺口，由此决定引入多少国际资本，而没有考虑发展中国家对国际资本的吸收能力。一个国家吸收外资的能力与该国的技术知识、管理水平和具有企业家才能的群体数量密切相关。事实上，技术约束比储蓄约束和外汇约束对一国经济发展的影响更为重要和深远。

其二，两缺口模型把外国资本与国内资本看成同质的，可以在量上直接加总，因而可以利用外资"填补缺口"。实际上，当国际资本特别是外国直接投资形式的国际资本流入时，它自身往往蕴含着先进技术、管理经验、市场空间、竞争能力等，再加上发展中国家为吸引外资而给予的一系列"超国民待遇"的优惠政策，国际资本可能会依据其竞争优势"排挤"国内资本。

其三，两缺口模型是以国际金融市场相对稳定为基本前提条件的。根据该模型，国际金融市场上的国际资本流动，能恰当地弥补流入国的资金缺口，迅速实现其资金供求平衡，有助于金融市场的稳定和金融资产价格走向均衡。然而，在现实世界中，金融市场存在着信息不完善、不对称等问题，暗藏着金融风险。20世纪90年代以来，发展中国家爆发的一系列金融危机，打破了发展中国家对国际资本一厢情愿的美好幻想，也使发展经济学的利用外资理论受到了冲击。

在钱纳里和斯特劳特之后，一些发展经济学家沿着利用外资填补缺口的分析思路，进一步提出了"三缺口理论""四缺口理论"，即除了利用外资填补储蓄缺口和外汇缺口，发展中国家在经济发展过程中还需要利用外资去填补第三个缺口即技术缺口和第四个缺口即税收缺口。

三、双盈余模型与对外投资理论

（一）双盈余模型

在过去几十年中，发展中国家作为一个整体获得了迅速增长，有些国家甚至跨越几个台阶直接进入了中高收入国家行列，其中，中国是杰出代表。此时，这些国家由原来的储蓄和外汇短缺变为储蓄和外汇盈余，由"双缺口"变为"双盈余"。

双盈余模型是对双缺口模型的一个扩展。如果是 $S-I>X-M$，意味着储蓄盈余可以变为对外的直接投资，从而在不削减国内投资的情况下，形成新的平衡。如果是 $S-I<X-M$，意味着可以调整进出口结构，利用外汇盈余进行对外投资，使等式重新回归。可见，当发展中国家经济发展到一定程度、出现"双盈余"的情况时，促进对外投资，推动资本"走出去"，具有重要的意义：一方面，储蓄盈余转变为对外投资，不仅不影响国内投资，还能够拓宽民间资本的融资渠道，引导资金进入实体经济，降低国内经济杠杆率和企业债务率，促进资本市场的形成和完善。另一方面，调整进出口结构、利用外汇盈余对外投资，既可以减轻高通胀风险、降低汇率升值压力，又可以提高资本的利用效率，促进经济健康、持续增长。

（二）对外投资理论

马克思在《资本论》中就提出过国际资本流动的思想。他认为资本主义在其发达阶段存在"过剩资本",当资本追逐利润的欲望受到国内市场空间的限制时，"过剩资本"就会跨国输出，寻求增殖渠道。列宁在马克思主义理论的基础上，将国际资本流动进一步区分为商品输出和资本输出，提出资本主义在自由竞争阶段主要是商品输出，而在垄断阶段主要是资本输出，资本输出的两个条件是发达资本主义国家存在过剩资本，并且落后国家具有发展资本主义的可能性。

发展经济学家对对外投资的理论研究主要分为微观、中观、宏观三个层次。

微观层面上，针对发达国家的资本输出问题，从竞争优势出发，西方学者海默、巴克莱和卡森、拉格曼、邓宁等人先后提出了垄断优势理论、内部化理论和国际生产折中理论；而针对不发达国家的资本输出问题，威尔斯、拉奥、坎特维尔、托兰惕诺和格鲁伯等人，基于技术和长期发展战略目标，提出了小规模技术理论、技术地方化理论、技术积累理论和长期战略理论。

中观层面上，弗农、小岛清从跨国投资的方向选择上进行分析，前者认为当处于生命末期的产品失去垄断优势时，可通过对外投资转移到国外，对产品进行再创新；后者认为在一国属于夕阳行业但相对东道国具有比较优势的产业，应在进行跨国直接投资时给予优先考虑。迈克尔·波特则分析了对外投资的动因，提出国内激烈的竞争是企业选择对外投资的主要动力和获胜的关键所在。

宏观层面上，邓宁从所有权优势、内部化优势和区位优势三个层面，提出了投资发展周期理论，并将对外投资发展路径分为五个阶段。小泽辉智在波特和小岛清的理论基础上，进一步发展了邓宁的理论，提出一体化国家投资发展理论，认为发展中国家的对外投资活动和国内经济的发展是互相促进的。其他学者还提出了投资诱发要素组合理论、国家利益优先理论等，认为对外投资不仅是多种诱发要素综合作用的结果，也反过来对一国的产业结构升级、竞争力的增强具有战略性意义。

第二节　发展中国家的外资利用

一、发展中国家的对外借款与债务危机

对于国内储蓄水平低下的发展中国家来说，外债积累是一个较为普遍的现象。20世纪70年代之前，发展中国家整体的外债数额相对较少，且绝大部分为来自IMF、世界银行等国际组织的官方"软贷款"。直到70年代，大量被石油美元淹没的商业银行开始在国际范围内寻找有利可图的投资机会，将贷款发放给发展中国家，商业性贷款这才取代官方贷款占据国际贷款的主导地位。1970—1980年，发

达国家商业银行向发展中国家大规模发放贷款，由 678 亿美元猛增到 5 098 亿美元，提高了 652%。获得大量贷款的发展中国家，其经济状况在最初的繁荣之后急转直下，偿债能力持续下降，债务占 GNP 比重从 13.48% 提高了近一倍至 26.08%。其中，大量债务集中在巴西、墨西哥、阿根廷和委内瑞拉四个拉美国家，快速上升的债务成本，使拉美国家在 20 世纪 80 年代初爆发了债务危机，拉美经济由此进入第二次世界大战后最灰暗的 80 年代——"失去的十年"。

20 世纪 80 年代早期，为了偿还债务，诸多发展中国家不得不转向求助于 IMF，但获得 IMF 贷款的条件是承诺执行 IMF 制定的稳定化政策。而事实证明这些稳定化政策并非苦口良药。1982—1988 年间，拉美、加勒比地区及非洲等大部分国家在实施了这些稳定化政策后，却陷入了经济停滞、失业上升和人均收入下降的艰难境

拓展阅读 16-1

拉美债务危机的爆发

地。国际社会终于意识到，除非这些巨额债务能得到实质性的减免，否则债务国的经济将难以恢复实质性的增长。1989 年，美国财政部部长提出了涉及债务减免的布雷迪计划，使墨西哥情况逐渐好转，其他采纳这一计划的债务国债务负担也有所下降，债务危机终于逐渐平息。但不幸的是，80 年代拉美国家的债务危机1995 年在墨西哥再次上演。对于因偿债而步履维艰的债务国来说，真正摆脱债务危机的梦魇，走出困境，恢复经济增长，任重而道远。

二、对发展中国家的外国直接投资

过去的几十年间，以外国直接投资形式流入发展中国家的国际资本迅速增长。21 世纪初以来，发展中经济体和转轨经济体作为一个整体所接受的外国直接投资规模开始快速增长，2016 年占全世界外国直接投资的 34%。

以跨国公司形式进行的外国直接投资在给发展中国家带来资本和投资的同时，也带来了新的生产技术、经营管理方式和丰富多样的商务实践，这对东道国的经济和社会发展都有着深远的影响。然而，我们必须明确，跨国公司的目标并不是促进东道国经济的发展，而是追求最大化的投资回报。客观上，跨国公司通过资本投资、先进生产和管理技术的外溢，可能会促进发展中国家的就业和技术进步，促进东道国的经济增长与发展，但跨国公司并不关心发展中国家减少贫困、缓解收入不平等和降低失业率这些发展问题，而且，其经营活动常常背离发展中国家的发展目标，甚至可能恶化发展中国家原本存在的各种发展问题。因此，关于以跨国公司为主要形式的外国直接投资对发展中国家经济发展所产生的影响，一直存在争议。

支持外国直接投资的论点认为，外国资本的流入使得发展中国家得以突破早

期发展阶段国内储蓄不足、外汇储备不足的发展瓶颈，扩大国内投资，使东道国的生产性投资机会得以充分利用，加快了经济发展的步伐。此外，发展中国家不仅物质资本匮乏，人力资本也极为稀缺，在生产技术、管理水平和企业家人才等方面远远不能满足经济发展的需要。跨国公司在东道国的生产经营过程中，通过培训当地工人以及东道国员工"干中学"，会产生先进技术、经营管理方式和企业家才能的外溢效应，从而有助于发展中国家突破人力资本和技术约束，促进发展中国家的经济发展。

　　反对外国直接投资及跨国公司的观点则聚焦于外国直接投资对发展中国家各方面的不利影响。在经济上，实力雄厚的跨国公司很可能会通过与东道国政府签订排他性协议而挤出国内资本，长远来看不利于本国的投资；而且凭借自身的庞大规模和雄厚财力，跨国公司还具有能垄断东道国市场的强大市场势力，合谋操纵价格控制利润，并将大量利润汇回母国；此外，跨国公司还可能利用自身的规模、信息和技术优势压制国内的企业，使得国内的自主创新和技术研发受到阻碍。在社会方面，跨国公司的生产经营通常会强化发展中国家的二元经济，恶化收入分配不平等、城乡发展不均衡等社会问题。在政治上，势力强大的跨国公司很可能会为了维持垄断利益而对政府官员行贿，这加剧了发展中国家的政府腐败；并且，跨国公司还可能凭借自身及其母国的强大经济实力对东道国政府决策施加影响。

　　对于外国直接投资和跨国公司的争议仍在持续，而发展经济学能够为这种争议提供有益的洞见：通过具体的政策机制设计，避其短而扬其长，使外国直接投资或跨国公司的利润最大化目标与本国的经济发展目标兼容。

三、经济全球化与国际资本流动

　　在我们的日常生活中，经济全球化的印迹无处不在，它极大地改善了我们每一个人的生活品质。无论穷国还是富国，世界上几乎每个开放的国家都或多或少被卷入这场全球化的大潮中。当然，不只是商品，作为生产要素的资本、劳动、技术、服务及信息都在世界范围内进行扩散并寻求着各自的最优化配置。

　　早在170多年前，马克思和恩格斯就在《德意志意识形态》和《共产党宣言》中提出了资本主义发展必然形成世界市场的思想。随着人类主体能力的提高、物质生产的发展、交往范围的扩大，人类社会的发展逐渐超越了狭隘的地域界限，在更大的范围乃至整个世界范围展开，各个国家和民族逐渐被卷入了世界性的经济、政治和文化的普遍交往关系之中，进而出现了全球化的趋势。这应该是全球化思想的最初萌芽。

　　经济全球化是指人类经济活动跨越主权国家界限以及各国经济在世界范围

内的相互融合过程，它表现在三个层面上：（1）产品或服务的国际贸易；（2）国际直接投资和跨国生产经营；（3）生产要素跨国流动。经济全球化最重要、影响最深远的形式之一就是国际资本流动。一方面，国际资本流动的发展水平展现了经济全球化的发展程度；另一方面，经济全球化的历史发展也给国际资本流动打上了鲜明的时代印记，深刻地影响着国际资本的形成过程、性质和发展水平。

资本总是流向回报率更高的地方。资本从富国流向穷国，是因为在资本稀缺的穷国，资本的边际报酬要比资本充裕的富国高得多。20 世纪 80 年代以来日渐频繁和规模巨大的国际资本流动给发展中国家带来了深远影响。与资本流动相伴的，是先进的工业国所创造出的"一篮子"现代工业文明产物——先进的科学技术、经营管理经验、生活方式与品位，这些"一篮子"产物对流入国的社会形成了巨大的冲击，推动着发展中国家传统社会的变革与转型，进而影响到政治、文化、生态环境等方方面面。许多国家和地区利用这些国际资本和"一篮子"产物，结合国情制定了一系列符合现实的发展战略和计划，实现了经济持续高速增长和社会的成功转型，在短短几十年内就摆脱停滞落后的状态并进入现代工业文明的发达国家和地区行列。20 世纪下半叶创造出东亚经济奇迹的亚洲"四小龙"就是利用国际资本成功实现经济起飞的典型例证。

然而，硬币有两面。资本在全球范围内的流动，特别是流向发展中国家的规模不断增长也带来了严重问题。经济全球化至少有以下两个方面的不利影响：

第一，与具有先进科技和雄厚资本的发达国家相比，发展中国家尤其是那些与北美、环太平洋和欧洲受美元与欧元主导的地区性贸易集团没有联系的发展中国家在国际经济交往中处于劣势地位。例如，贸易条件的恶化，跨国公司利用母国势力对东道国利润的攫取，或者同是在国际资本市场上借款却面临着更为严苛的条件，诸多经济地位的不平等导致这些发展中国家面临的困难在未来更为深重，世界南北发展不平衡的形势更为严峻。

第二，发展中国家原本就脆弱的金融市场在逐利的国际资本的冲击下变得更不稳定。在开放的资本市场条件下，某一个发展中国家金融市场遭受的国际资本冲击很可能会引发连锁反应，波及其他金融体系脆弱的发展中国家，1997 年的东亚金融危机就是证明。因此，经济全球化下国际资本的流动使国际经济和金融体系表现出巨大的相互依赖性和系统脆弱性。例如，2007 年的美国次贷危机迅速演变成席卷全球的国际金融危机，无论是发达国家还是发展中国家都在不同程度上受到影响。

在 21 世纪经济全球化的背景下，发达国家和发展中国家比以往任何时候都更紧密地联系在了一起。由资本的国际流动带来的穷国与富国日益增长的经济相互依存性，以及第二次世界大战至今数次涉及甚广的危机都表明，富国与穷国在未来的命运日益变得休戚与共，全球发展不再是零和博弈，而是一荣俱荣，一损俱损。因此，世界各方必须意识到，建立一个更加平等的国际经济秩序十分必要。在此基础上，发达国家和发展中国家应当在共同的经济命运和发展愿景的推动下通力协作，在和平友好和相互尊重精神的指引下共同前进。

第三节　中国的外资引进与对外投资

自 1978 年中国实行对外开放以来，大量流入中国的国际资本与国内的配套改革政策一起，使中国创造了持续多年的高增长奇迹。当今的中国已经步入中高收入国家行列，要素禀赋结构、增长与发展的动力正在发生着深刻变革，中国不仅是全球资本流入最多的国家，也是一个对外直接投资大国。

一、中国引进外资的策略与政策

改革开放之前，中国曾经以"既无内债也无外债"为荣，但那是一种低水平的内外经济均衡。1978 年改革开放之后，像所有国家发展初期一样，中国经济发展所面临的第一个瓶颈就是资本短缺。为了突破资本瓶颈，中国破除闭关自守的僵化观念，以发展的眼光看待外资，以积极的思维引进、利用外资。随着改革开放的逐渐深入，中国引进外资的策略和政策不断完善。

（一）引进外资政策的演变

大体而言，中国引进外资政策的演进历程可以划分为四个阶段。

1. 探索阶段（1979—1991 年）

这一阶段我国利用外资开始起步，并在探索中逐渐扩大试点。此阶段引资政策最突出的特征是：解放思想，更新观念，实现由排斥外资到积极引进、利用外资的政策转换。1979 年 7 月 1 日，全国人大颁布了《中华人民共和国中外合资经营企业法》，在设立合资企业的条件、投资方式、投资项目审查和批准、投资优惠待遇，以及投资保护等方面都有明确详细的规定，为国际资本创造了一个安全、简便的法律环境。1983 年 9 月，国务院发布《关于加强利用外资工作的指示》，重申利用外资是发展经济的长期政策，明确指出要积极吸收外国政府和国际金融组织中低利率的中长期贷款，用于重点项目和基础设施的建设；强调吸收外国直接投资以加快现有企业的技术改造。

在改革开放初期，外资流入量并不丰沛。针对这种局面，中国制定了减免税等一系列"超国民待遇"的引资政策。1986 年 10 月，国务院发布《关于鼓励外商投资的规定》，对外商投资企业，特别是具有先进技术的企业和产品用于出口的企业，在税收、土地使用费、劳务费、利润分配、生产经营的外部条件等方面给予特别优惠，并保障企业享有独立的经营自主权。

然而，此后一个时期各地竞相出台各种优惠的引资政策，吸引外资一度演变成优惠外资的竞争。面对这种非理性的引资行为，中国政府及时调整引进外资政策：1986 年颁布《中华人民共和国外资企业法》，1988 年颁布《中华人民共和国中外合作经营企业法》，1990 年修订《中华人民共和国中外合资经营企业法》，1991 年颁布《中华人民共和国外商投资企业和外国企业所得税法》，对引进外资和利用外资做出了政策上的指导与规范。到 1991 年，中国实际使用外资达到 43.7 亿美元。

2. 调整阶段（1992—2000 年）

1992 年，邓小平南方谈话开启了中国改革开放的新征程，中国对外开放和利用外资的实践进入了快速发展的轨道。我国对外开放范围由沿海扩大到沿江、内陆和沿边，形成了全方位、多层次、宽领域的对外开放格局，外商投资领域从出口加工业扩大到高新技术等产业，从制造业扩大到服务业。在这一时期，两缺口模型所说的储蓄和外汇缺口逐步消失，但技术、管理和人才等方面的缺口却愈发凸显。为此，中国政府一方面鼓励引进国外先进技术和管理经验，另一方面调整外资政策，由初期的外资优惠转向互利双赢。从 1995 年年底开始，中国逐步取消外商投资企业所享有的"超国民待遇"，降低了对外资的绝对优惠水平。1997 年颁布《外商投资产业指导目录》，将外资引向技术创新、产业结构调整升级的领域。

到 2000 年，我国实际使用外资达到 407.2 亿美元，比 1991 年增加了 8.3 倍，每年递增 28%。

3. 拓展阶段（2001—2011 年）

2001 年 12 月，中国正式加入了世界贸易组织，深度融入经济全球化进程。根据 WTO 章程，中国对引资政策做了较大的调整，先后修改了《中华人民共和国外资企业法》《中华人民共和国中外合作经营企业法》《中华人民共和国中外合资经营企业法》，旨在取消对外商投资企业的限制，并对外资企业实行"国民待遇"。2002 年国务院制定了《指导外商投资方向规定》，划出重点引资领域，鼓励和引导外商投资现代农业、高新技术产业、基础设施建设、西部大开发和参与国企改革、重组；鼓励外商特别是跨国公司在中国境内建立研发中心、生产制造基地和地区总部。国家有关部门此后多次修改《外商投资产业指导目录》，引导外资流向，优化投资结构，并先后制定了《外商投资商业领域管理办法》（商务部，2004 年；已于 2016 年 11 月废止）、《外商投资项目核准暂行管理办法》（国家发改委，2004 年；已于 2014 年 5 月废止）、《外商投资广告企业管理规定》（国家工商行政管理总局、商务部，2008 年；已于 2015 年 6 月废止）等一系列部门规章，对外商投资进行规范和管理。2007 年通过的《中华人民共和国企业所得税法》将外资企业和国内企业置于同一平台。2010 年，国务院发布了《关于进一步做好利用外资工作的若干意见》，提出"创造更加开放、更加优化的投资环境，全面提高利用外资工作水平"。

这一阶段，我国积极履行加入 WTO 的承诺，进一步扩大对外开放，利用外资时更加注重促进产业优化升级和区域协调发展，年均实际利用外资 803.2 亿美元。2011 年实际使用外资达到 1 239.9 亿美元，是 2000 年的 3 倍多。

与此同时，中国政府积极支持有条件的企业"走出去"，按照国际通行规则到境外投资，实现从引进外资的单向流动到引进外资与对外投资双向流动的转变。

4. 全面深化阶段（2012 年至今）

党的十八大以来，我国外资管理体制实现历史性变革，将实行了 30 多年的全链条审批制度改为有限范围内的审批和告知性备案的管理制度。凡不涉及特别管理措施（负面清单）的外资企业的设立和变更事项，一律由审批改为备案，这是外资管理体制的重大变革。2013 年 11 月，党的十八届三中全会提出了探索对外商投资实行准入前国民待遇加负面清单的管理模式、统一内外资法律法规、加快商签投资协定、改革涉外投资审批体制、放宽投资准入、建设上海自贸试验区、扩大内陆沿边开放等改革任务，明确了新时期利用外资的顶层设计。2015 年 5 月，中共中央、国务院发布了《关于构建开放型经济新体制的若干意见》，对创新外商投资管理体制做出了全面部署。

为推进新形势下的改革开放，党中央、国务院先后决定设立上海等 12 个自贸试验区。按照习近平提出的"大胆闯、大胆试、自主改"的要求，自贸试验区积极探索外商投资管理模式创新。2013 年上海自贸试验区发布中国首份外商投资准入特别管理措施（负面清单）之后，自贸试验区外商投资准入负面清单先后四次修订，2018 年版的条目已经由 2013 年版的 190 条减少到 45 条。自 2016 年 10 月起，自贸试验区的负面清单管理模式开始在全国推广。

党的十九大明确提出，推动形成全面开放新格局，实行高水平的贸易和投资自由化便利化政策，全面实行准入前国民待遇加负面清单的管理制度，大幅度放宽市场准入，扩大服务业对外开放。我国引进外资进入了新的历史时期。2018 年 4 月，习近平在博鳌亚洲论坛上的主旨演讲进一步强调了中国的对外开放，提出了四条具体政策措施，其中三条都涉及外资政策，包括大幅度放宽外资对服务业的市场准入，创造更有吸引力的外商投资环境和加强知识产权保护力度。近期以来，党中央、国务院密集出台了改善外商投资环境的各种政策举措，对外开放的步伐显著加快。

（二）中国引进外资的策略与政策的主要特征

第一，以振兴产业为核心目标。中国特别重视以产业资本形式流入的外国直接投资，重视引进与之相应的先进技术和经营管理模式。20 世纪 80 年代初期的引资政策曾对进入中国市场的外国公司明确提出"国产化率""出口业绩"等指标要求，而在随后颁布的一系列引资法规条例中，则鼓励引进吸收国外的先进技术，旨在快速推进中国的工业化进程。2001 年中国加入世界贸易组织后，引资策略和政策重心转向促进经济结构调整和产业结构升级。

第二，以税收激励为基本手段。一方面，减免外资企业的所得税。与内资企业 33% 的企业所得税率相比，外资企业的综合负税率在 11% 左右。在低税率基础上，在中国从事生产 10 年及以上的所有外商投资企业，都可以享受 5 年的企业所得税减免；在经济特区、沿海经济开放区以及中西部地区的外资企业，还可以进一步享受更低的企业所得税率。另一方面，免征外资企业的进口关税。对从事鼓励类项目和加工贸易的外国投资企业，免征资本货物的进口环节税，对外商投资企业的高技术设备免征进口关税，对外向型外商投资企业也免征出口加工进口原材料的进口税。当然，随着外资流入的逐渐增多，资本稀缺性逐步缓解，税收减免政策也有所调整。

第三，简政放权，创造宽松环境。在引资过程中，对外国直接投资的审批权也逐渐从中央政府转到地方政府。地方政府也因此积极参与到吸引外资发展当地经济的实践中。在总体上，采取统一规划、分级管理的引资策略：中央政府负责研究制定外资政策、投资项目审批限额，并指导地方政府及相关部门对外商投资进行管理；地方政府则负责本地区外商投资的审批和管理工作。外资项目审批权逐步下放，审批程序不断精简。同时，中国加大保护知识产权的力度，依法保护外商的合法权益不受侵犯，不断完善法律监督体系，努力创造统一开放、公平竞争的市场环境。

第四，循序渐进地掌控引资进程。在地理空间上，自东向西梯度推进。1980 年，基于地区和城乡发展不平衡的现实，中国政府首先选择在四个沿海城市——深圳、珠海、汕头和厦门设立经济特区对外资开放。这一成功的试验结果带来随后沿海地区更大程度的开放：1984 年开放了 14 个沿海城市；1985 年开放地区扩大到长江三角洲、珠江三角洲、闽南三角洲、海南岛和包括南京、杭州在内的 14 个非沿海城市；到 1999 年，整个西部地区都对外国直接投资开放，对外开放政策在中国得以全面推行。在产业结构上，由低到高逐渐攀升。在开放初期，为了在引资的同时引入发达国家的先进产业，外资主要流入工业领域项目，服务业则受到严格限制；1992 年，对外资开放的领域逐步扩展到金融、贸易、商业、交通和旅游等第三产业；加入世界贸易组织以后，吸收外资的行业政策得到了进一步调整，外资的准入范围进一步扩大，服务业的开放程度进一步提升。

二、中国外资引进的规模与结构

在改革开放之初，中国经济建设资金严重短缺，"两缺口模型"成为中国吸引外资促进经济发展的理论基础。中国的引资政策取得了令人瞩目的成就。

如图 16-1 所示，改革开放初期，进入中国的外国直接投资规模较小，比如，1985 年流入中国的外国直接投资仅为 19.56 亿美元。这是因为当时的中国经济发展十分落后，与之配套的基础设施建设也很差，加之产权制度和一系列针对外资的法律体系不完善，投资于中国风险高且收益并不明朗。1992 年，邓小平南方谈话向世界表明了中国对外开放的鲜明立场和利用外资发展经济的坚定态度。同时，中国加快了法律建设步伐，并且相继出台了一系列针对外国直接投资的优惠政策，外国直接投资在此后的几十年间飞速发展起来：1992 年，外国直接投资突破 100 亿美元，比前一年增长了 152%。随后的十年里，外国直接投资每年稳步增长。以美国、欧洲国家为代表的一些西方国家的大型跨国公司纷纷进入中国市场。2004 年，外国直接投资又经历了一个跨越式增长，以 13% 的增幅突破 600 亿美元，并在此后以年均超过 25% 的增幅持续增长。2008 年的国际金融危机使得外国直接投资的增幅有所回落，但随着后金融危机时代世界经济的缓慢复苏和中国经济的高速增长，中国又经历了外国直接投资的跳跃式增长：2010 年，外国直接投资净流入达到 2 437 亿美元，比上年增长了 85.95%；2021 年，外国直接投资流量为 3 339.8 亿美元。规模巨大的国际资本源源不断流入中国，表明国际投资者对中国经济前景的良好预期，也预示着中国未来的巨大发展潜力。

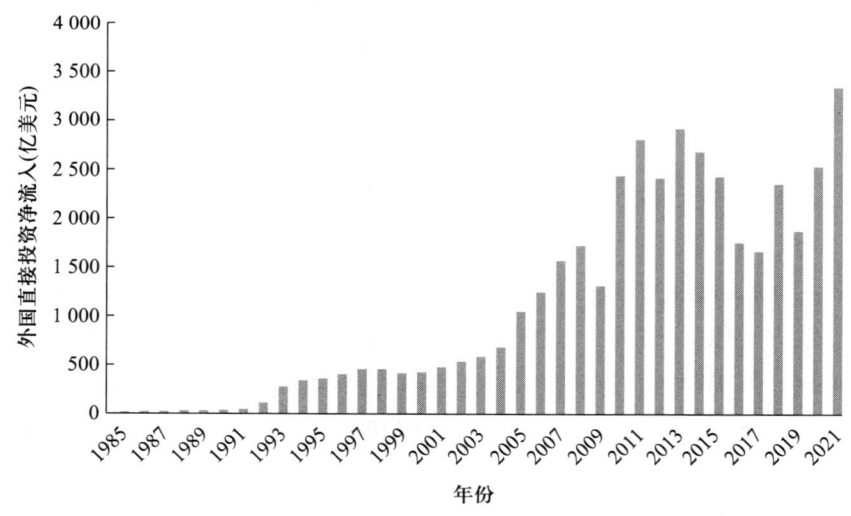

图 16-1　1985—2021 年中国的外国直接投资净流入

2001 年以前，中国每年的对外借款规模比较小。2001 年，加入世界贸易组织后的中国开始出现大规模的外债流入。2001—2008 年，每年的外债流入增长率都在 30% 以上。此后，除了国际金融危机爆发后的 2009 年和 2011 年对外借款的增幅有所回落，每年流入中国的外债额都大幅增长。2014 年外债流入额飙升至 13 732 亿美元，将人民币外债纳入统计后达到 23 534 亿美元。2015 年，外债流入额回落至 12 238 亿美元，但总体上呈逐年上升态势。

对于证券组合投资来说，情况则有所不同。直到 1997 年，才有以证券组合投资形式流入中国的国际资本。外资对中国资本市场的投资并未像外债与外国直接投资一样表现出明显的快速或稳步增长趋势。证券组合投资时而高涨时而低落。1997 年亚洲金融危机使得多个东亚发展中国家资本市场遭受重大冲击，中国资本市场虽未遭受投机性资本的攻击，却也经历了外资在随后两年的流入下降：由于担忧发展中国家金融体系脆弱，国际资本对中国资本市场的前景预期不甚乐观。随后，受 2001 年美国经济衰退以及 2008 年国际金融危机的影响，流入中国资本市场的外资又经历了急剧下降和快速回升的过程，在 2013 年年底达到 300 亿美元。外国投资者都想从前景良好的中国经济增长中分一杯羹，因此对中国金融资产的偏好不断增强。然而，越来越多的国际资本流入中国资本市场，对于本身脆弱的中国金融体系也提出了挑战。如何完善和增强金融体系的稳健性，避免日渐开放的资本账户和金融体系遭受国际投机性资本的攻击，对于发展中的中国来说依然任重而道远。

图 16-2 显示的是 1997—2021 年中国的外资结构。25 年来，流入中国的外资中占比最大的是外债。从 2001 年开始，外国直接投资下降，对外借款的比例开始转而上升。个中缘由我们已在前面阐释过：政策导向的进一步明确和配套政策法令的不断完善，以及政府引进外资发展经济的决心最终坚定了外国投资者的投资信心。1997 年，中国资本市场开始有了国际证券投资形式的外国资本流入，国际证券投资规模占到当年外资流入的 2.9%。随后的 20 年间，除金融危机的特殊时期外，证券组合投资占资本流入比重时起时落，基本在 10% 以下。总体而言，对外借款和外国直接投资是流入中国外资的主要形式。

三、外资对中国经济发展的贡献

过去几十年间，国际资本在中国经济起飞和随后的高速增长过程中发挥了影响深远的积极作用。外商投资的贡献体现在许多方面，例如，增加就业，促进劳动力转移，加快城市化，增加税收收入，优化产业结构等，这里重点讨论加速资本形成和促进技术进步两个方面。

（一）加速资本形成

与众多发展中国家一样，在很长一段时期，资本稀缺特别是技术含量高的资本

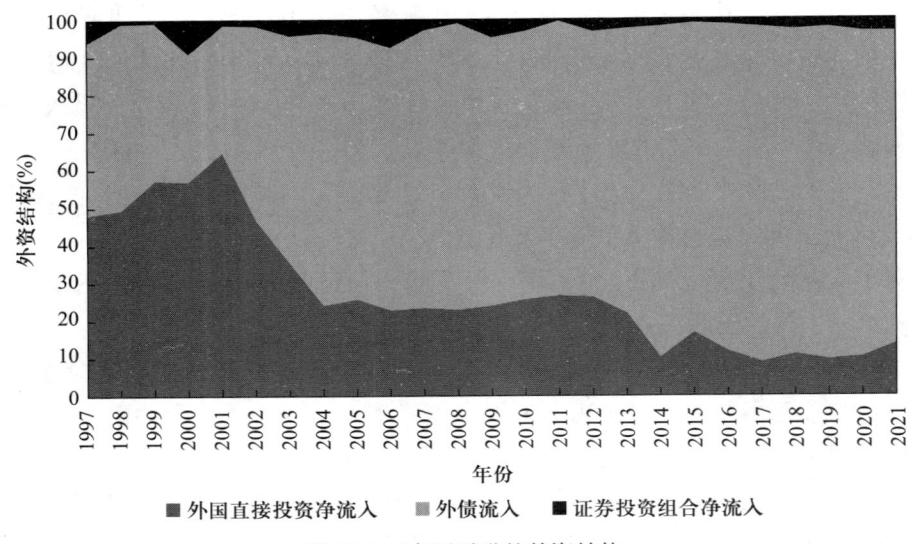

图 16-2 中国引进的外资结构

数据来源：外国直接投资净流入和证券投资组合净流入来自 World Bank；外债流入来自国家外汇管理局。

稀缺，一直是中国经济起飞的重要障碍。两缺口模型在理论上说明了引进外资对于弥补储蓄缺口和外汇缺口的重要性。改革开放的实践证明，积极吸引国际资本流入，充分利用国际资本，是缓解经济发展资金不足、加速资本形成的重要途径。

中国的固定资产投资按资金来源，可划分为国家预算资金、国内银行贷款、外资以及自筹和其他资金四个组成部分。过去的不同时期，外资在固定资产投资中的作用和地位有所差异。20 世纪 90 年代初期，外资占固定资产投资资金的比重并不大，1990 年为 6.3%，随后的几年里，随着对外资的一系列优惠政策的出台、法律框架的不断完善以及中国国内投资环境的不断改善，外资进入快速增长期。从图 16-3 可以明显看出，20 世纪 90 年代中后期外资在固定资产投资的资金来源中的重要性显著增强。到 1996 年，外资占固定资产投资资金比重达到峰值 11.8%，成为增长最快的资金来源。此后，随着经济长期的高速增长，中国逐渐积累了充裕的国内资本，加之受外资流入结构性调整的影响，外资在固定资产投资中的比重趋于下降，对固定资产投资的影响逐渐弱化。2021 年，外资在中国固定资产投资中所占的比重降到 2.3%。

特别强调的是，外商直接投资（FDI）不仅在数量上补充了中国资本形成的不足，而且极大地改善了中国的资产质量。其一，FDI 直接形成高质量的新增资产。长期以来，我国经济粗放型增长，投资效率低下，新增资产质量不高。外商直接投资通过设立分支机构，并购国内企业，形成高质量的增量资产。其二，FDI 通过产业间的联系效应，促进了国内企业改善资产质量。外资企业进入中国后，必然

图 16-3　1985—2021 年外资在中国固定资产形成中所占比重

数据来源：根据国家统计局和世界银行数据整理。

要与国内企业发生密切的经济联系，当其向国内企业购买配套零部件和原材料时，对产品质量、性能以及生产技术提出较高的要求，在一定的条件下还会提供相应的技术援助和支持，从而促进国内相关企业提高技术水平，改进资产质量和产品质量。

（二）促进技术进步

国际资本大规模流入，不仅弥补了"储蓄缺口"和"外汇缺口"，而且通过"溢出效应"和"学习效应"填补了"技术缺口"，在整体上促进了我国产业的技术进步。

外商投资企业的技术溢出效应在中国经历了一个逐步提高的过程。1985 年以前，外商投资主要集中于纺织、轻工、加工制造等劳动密集型行业，高新技术行业由于投资份额很少，加之投资规模有限，因而对中国技术进步的影响较小。1985 年以后，随着投资规模的迅速扩大，外商投资的行业结构趋于优化，对化工、医药制药、机械制造、交通运输设备及电子通信设备等技术和资本密集型行业的投资额迅速增加，对中国高新技术产业发展的贡献日益增强。同时，外商投资中用于文教卫生、科学研究和综合技术开发的资金也大幅增加，从而对劳动力素质的改善和科学研究与综合技术开发的贡献也随之提升。此后，随着外商投资结构的调整，高新科技行业中的外商投资份额逐步增加，技术溢出效应也越来越大。尤其是欧美的外商投资，在其产品进入中国市场的同时，也带来了大量先进和成熟的技术，对中国的技术进步起了重大促进作用。

实践表明，国际资本中直接蕴含的先进技术是我国高新技术产业主要的技术来源。1997 年和 1998 年，在我国收到的涉及高新技术产业发明专利申请中，技术含量高、占经济竞争主导地位、具备国际竞争力的专利申请，主要来自跨国公司及其在华企业，分别占 67.8% 和 71.2%。[1]

国际资本促进中国产业技术进步不仅通过自身的技术水平直接实现，更通过外资企业的技术溢出效应和国内企业的学习效应间接实现。这种间接促进作用通过多种渠道实现，首先是专业人才的培养与流动。大型跨国公司的本地化发展十分重视东道国雇员的技能培训。在中国投资的著名跨国公司大多都投入了巨额的雇员培训费用。而雇员在外资企业与国内企业之间的流动，也构成外资公司技术溢出的一个重要途径。其次是产业间的联系效应。外资企业在中国的生产经营过程中，必然要与中国企业发生直接前向联系、后向联系以及旁侧联系，在这一过程中，中国企业可以直接或间接、主动或被动地获得外资企业先进的技术和管理经验。最后是竞争与示范效应。外资企业落户中国，所使用的先进技术会通过设备产品、客户技术资料等多种有形和无形的方式提供给国内同类企业，这为国内企业的发展提供了技术标准。同时，外资企业的进入对国内同类企业的生存构成了威胁，迫使国内企业加快技术创新的步伐，提高管理水平。

出于对中国经济前景的良好预期，许多跨国公司的投资战略从单纯制造转向制造与研究开发并举。20 世纪 90 年代中期以来，外商在中国建立的研究与开发机构迅速增加，开发规模不断扩大。这些外商投资的研发中心通过信息交流、研发资源共享等方式产生知识溢出，有助于提升中国的自主创新能力，对中国的整体技术水平有着很大的促进作用。

四、中国对外投资趋势与动因

（一）中国对外直接投资的发展历程

改革开放以来，中国经济持续保持较快增长，从低收入阶段快速迈向中等收入阶段（1998 年中国人均 GDP 达到中低收入水平；2010 年中国人均 GDP 进入中高收入经济体之列）。与此同时，中国的对外直接投资从无到有、从小到大，并在2013 年首次突破千亿美元大关，成为全球三大对外投资国之一（图 16-4）。

20 世纪末之前，我国经济发展尚处于低收入水平，要素禀赋结构是劳动力剩余而资本稀缺，经济发展任务是通过各种途径促进资本积累，实现经济起飞。因此，就国际资本流动而言，这一阶段主要表现为引进国际资本，以弥补经济发展初期的储蓄缺口和外汇缺口。但是，在改革开放政策和经济全球化趋势推动下，我国对外直接投资也逐渐起步。这一阶段中国对外直接投资的主体力量是国有企业，对外投资的主要区域是亚洲、非洲和拉丁美洲。中国企业对外直接投资规模

---

① 叶初升：《国际资本形成与经济发展》，人民出版社 2004 年版，第 351 页。

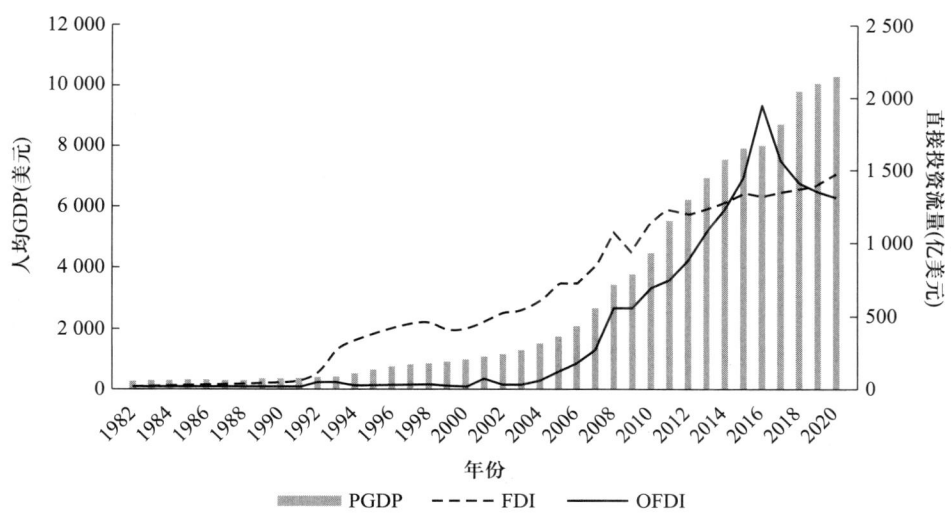

图 16-4　中国人均 GDP（PGDP）（左轴）、外商直接投资流量（FDI）
以及对外直接投资流量（OFDI）（右轴）

资料来源：① 1982—2020 年外商直接投资流量和对外直接投资流量数据来自 UNCTAD 数据库。
② 1982—2020 年中国人均 GDP 数据来自世界银行数据库。

不大，而且绝大部分的直接投资存量集中在第二产业。

跨入 21 世纪之后，在 2008 年国际金融危机之前，中国对外投资进入快速发展阶段。2001 年，中国人均国民总收入突破 1 000 美元，成功从低收入经济体跻身中等收入经济体，要素禀赋结构逐渐向资本丰裕方向转变。对外直接投资流量增速超过了外商直接投资流量增速，前者是后者的 4.7 倍。2003—2007 年，中国对外直接投资净额年均增长率为 16.1%，2007 年，中国对外直接投资为 265.1 亿美元。对外直接投资主体开始呈多元化趋势，国有企业、有限责任公司和私营企业这三大主体占中国对外直接投资企业总数的 70% 以上。对外直接投资的产业结构有所优化，第三产业比重超过 70%，成为中国对外直接投资的主要产业，第二产业比重稳步下降，第一产业比重维持在较低水平。2003—2007 年，中国有 80% 以上的对外直接投资流向亚洲和拉丁美洲，其中流向亚洲地区的对外直接投资约占当年对外直接投资净额的 50%。

在 2008 年国际金融危机之后的"后危机时代"，中国经济由中低收入阶段迈入中高收入阶段（2010 年），经济发展开始进入新的历史时期，也是对外直接投资迅猛发展时期。2008 年中国对外直接投资首次突破 500 亿美元，达到 559 亿美元。2012 年，中国对外直接投资达到 878 亿美元，成为该年度世界第三大对外投资国；2013 年中国对外直接投资净值首次突破千亿美元大关，2014 年达到 1 231 亿美元，2016 年达到 1 961.5 亿美元，位居全球第二。到 2021 年年末，中国对外直接投资存量 2. 79 万亿美元，连续五年排名全球前三。此外，在这一时期，投资产业从过去的能源资源产业向先进制造业、现代服务业转变。投资区域分布也发生了根本性变化。过去中国对外投资更多集中在发展中经济体，亚非拉占绝对比重，现在大幅度投资包括日本、美国、欧洲在内的发达经济体，对发达国家的投资增长每年高达 100% 甚至 150%。投资主体由国有企业主导向国有企业和民营企业共同主导转变。2013 年，中国对外直接投资占比排名前三的投资主体分别是有限责任公司、私营企业和国有企业，国有企业投资占比有所下降。

（二）中国对外直接投资的特征事实

首先，中国在经济发展水平还比较低的时候就出现了大规模的对外直接投资。以 500 亿美元为标准，美国、日本对外直接投资首次超过 500 亿美元时，其人均 GDP 均达到 2. 5 万美元，而中国在 2008 年的对外直接投资额就已超过 500 亿美元，但当时中国人均 GDP 仅 3 400 美元。这就是说，发展中国家还没有达到中高收入水平，却出现了大规模对外直接投资的现象。

其次，中国的对外直接投资在顺梯度和逆梯度两个方向同时展开，直接投资目的地既有发展中国家，也有发达国家，而且以对发达国家的投资为主。按照传统的对外直接投资理论，中国应该首先向发展程度低于自己的发展中国家直接投资。

最后，中国作为全球制造业中心，对外直接投资领域却主要集中在并不具有竞争优势的服务业和采矿业，这似乎有悖于国际直接投资理论。2021 年，中国对外直接投资涵盖国民经济的 18 个行业大类，其中，八成投资流向租赁和商务服务、批发零售、制造、金融、交通运输领域，流量均超过百亿美元。

（三）中国对外直接投资的动因

以中国对外直接投资特征事实为依据去反思既有理论，建构新的理论。2016 年，中国人均 GDP 达到 8 260 美元，达到中高收入国家的平均水平。在中等收入阶段，中国各种要素禀赋、外部条件和环境已经或正在发生诸多重大变化。在世界经济发展大势下，这些新的发展特征决定着中国对外直接投资的基本走向，成为决定中国对外直接投资实践的大逻辑。

第一，进入中等收入阶段之后，中国经济的要素禀赋结构发生了变化，从而在国际经济活动中的比较优势也发生了变化，资本大规模输出成为必然。在低收入阶段，中国劳动力相对丰裕，但资本稀缺、技术与制度相对落后。因此，积极融入经济全球化，以市场和资源换取资本、技术、管理经验和先进制度，成为中国对外开放的主要发展战略。但当中国进入中等收入阶段之后，资本相对充裕，而劳动力相对紧缺，人口红利消失，资本替代劳动的程度加深，资本报酬递减开始出现。在中等收入阶段，中国开始注重内生增长质量，国内投资趋于放缓，过剩储蓄将造成庞大的经常账户盈余，而对外投资就是输出这些过剩储蓄的有效途径。

第二，尽管已经进入中等收入水平，有数量巨大的过剩储蓄可以构成资本输出，但是，中国仍然是一个发展中国家，资本蕴含的并在生产中发挥互补作用的技术、管理经验、制度、品牌效应、市场空间等，远远没有数量那样光鲜亮丽。并且，中国制造业对外国技术的依存度较高，其优势只限于以廉价劳动力和廉价资源投入为前提的低成本。因此，在国际经济活动中，中国对外直接投资在制造业领域并不活跃。中国对外直接投资主要活跃在服务业和矿产业，则是因为在政府支持下，较好地契合了世界经济的发展潮流。具体来说，其一，在中等收入阶段，中国正在经历从代工到自主研发，从模仿到创新，从制造到服务的变迁，努力实现由工业大国向服务业大国的转型；其二，与世界产业结构演变趋势相适应，第三产业、高新技术产业和基础设施成为投资的热点；其三，驱动发展中国家对外直接投资的，除了市场力量，还有较强的政府力量。许多分析表明，在中国对外直接投资的区位选择和产业选择上，政府施加了非常重要的影响。

五、开放发展与"一带一路"倡议

当前，世界多极化、经济全球化深度发展，国际政治经济环境深刻变化，尤其在 2008 年国际金融危机爆发后，贸易保护主义抬头、逆全球化思潮涌动，全球经济发展动力减弱、增速放缓，全球治理乏力，经济全球化走到了新的十字路口。在经济全球化背景下，中国的发展已与全球经济发展深度融合，中国与世界各国之间既是利益共同体、命运共同体，又是责任共同体。2013 年 9 月和 10 月，习近平在访问哈萨克斯坦和印度尼西亚期间先后提出共同建设"丝绸之路经济带"和

拓展阅读 16-2

丝绸之路与
"一带一路"

"21 世纪海上丝绸之路"的倡议，旨在立足沿线各国的资源禀赋，加强双边多边投资贸易合作，实现互利共赢。在对外经济环境复杂多变、对内经济发展面临新常态的新时期，"一带一路"倡议的提出和定位，不仅是我国扩大对外开放的重大战略举措，也是促进资本走出去，赢得经济发展和国际竞争优势，推动全球治理体系变革的主动作为，更为全球经济治理、共享发展机遇、实现共同繁荣，贡献了中国智慧，提供了中国方案。党的十九大向全世界庄严宣告，开放带来进步，封闭必然落后，中国开放的大门不会关闭，只会越开越大，并且进一步指出，要以"一带一路"倡议为重点，坚持"引进来"和"走出去"并重，遵循共商共建共享原则，加强创新能力开放合作，形成陆海内外联动、东西双向互济的开放

格局。

改革开放的实践创新，为中国创造了巨大的制度优势，也带来了巨大的开放红利，党的十八届五中全会明确提出开放发展理念：以互利共赢的开放战略坚持开放发展，注重内和外、进口和出口、引进来和走出去的双平衡，积极参与全球经济治理和公共产品供给，提高中国在全球经济治理中的制度性话语权，构建广泛的利益共同体，而"一带一路"倡议就是在这一理念指导下的具体实践。

"一带一路"倡议将构建全面开放、互利共赢发展的新型合作模式。向沿线各国开放，通过政策沟通、道路联通、经贸畅通、货币流通、民心相通，以点带面、从线到片，逐步形成区域合作，推动各国投资、贸易增长，战略对接和优势互补，构建全方位、多层次、复合型的互通互联网络。"一带一路"倡议将促进对外投资的发展。以亚洲国家为重点方向，以经济走廊为依托，以交通基础设施建设为突破，投资建设中巴、中蒙、中缅、中塔等邻国铁路公路项目，促进交通联通；通过提供政策和便利化服务，充分发挥市场在资源配置中的决定性作用和企业主体作用，支持中国企业参与国际投资合作，走出去投资亚洲、投资全世界。"一带一路"倡议不是零和博弈，是各国均可参与的"大合唱"，无论投资、贸易，均按照互利共赢的原则，共同合作，寻求最大公约数，扩大利益汇合点，打造命运共同体，实现共同参与、共建共享。

近年来，"一带一路"倡议逐步从理念转化为行动，从愿景转变为现实，投资建设成果颇丰。2014年至2016年，中国对共建"一带一路"国家的投资累计超过500亿美元，中国企业在20多个国家建设了56个经贸合作区，为共建国家创造了近11亿美元税收和18万个就业岗位。亚洲基础设施投资银行提供"一带一路"项目贷款17亿美元，"丝路基金"投资达40亿美元，同中东欧成立了"16+1"金融控股公司。此外，投资合作建设雅万高铁、中老铁路、亚吉铁路、匈塞铁路，瓜达尔港、比雷埃夫斯港等基础设施建设项目，积极促进以中巴、中蒙俄、新亚欧大陆桥等经济走廊为引领，以陆海空通道和信息高速路为骨架，以铁路、港口、管网等重大工程为依托的复合型基础设施网络建设。

今天的中国已深度融入世界经济，成为全球最大的新兴市场国家、全球第二大经济体、全球第一大吸引外资国和第二大对外投资国。党的二十大指出，推进高水平对外开放。依托我国超大规模市场优势，以国内大循环吸引全球资源要素，增强国内国际两个市场两种资源联动效应，提升贸易投资合作质量和水平。稳步扩大规则、规制、管理、标准等制度型开放。作为世界经济的引擎，中国在未来只有更加坚定不移地实施开放发展政策，加快推动"一带一路"建设，坚持"引进来"和"走出去"相结合，全面提升参与全球治理能力，才能推动中国经济进一步迈向中高端，才能促进区域经济、全球经济向均衡、普惠、共赢的方向发展，为构建人类命运共同体做出更大的贡献。

思考题

1. 试分析不同形式外资的特点。
2. 简述两缺口（双盈余）模型的基本思路。结合中国的实践，说明该模型对吸引外资和对外投资的意义。
3. 试分析经济全球化背景下国际资本流动对发展中国家经济发展产生的影响。
4. 简评中国引进外资策略的演变及其取得的成就。
5. 中国对外投资的主要特征和动因是什么？
6. 试述"一带一路"倡议的主要思路和取得的成就。

▶ 即测即评

请扫描二维码进行在线测试。

第六篇 | 制度、市场与政府

第十七章　制度与发展

早期发展经济学不太重视制度本身的分析，自从新制度经济学诞生以来，制度才被看作经济发展的决定性因素，制度以及制度变迁对经济发展的影响逐渐成为发展经济学的一个重要研究领域。本章首先介绍马克思的制度变迁理论，然后对新制度经济学关于制度对经济发展的作用及其作用机制的相关理论进行介绍和评论。中国的改革开放就是一种制度变迁，是推动中国经济高速增长的主要动因。本章最后介绍中国的体制改革历程以及体制改革对经济发展的作用，并阐述了新时代中国深化体制改革的主要目标与任务。

第一节　马克思的制度变迁理论

马克思是第一个对人类社会制度演进和变迁的一般规律进行探索的思想家。马克思在《资本论》的序言中指出："我要在本书研究的，是资本主义生产方式以及和它相适应的生产关系和交换关系。"[1] 这就是说，马克思政治经济学研究的主要对象是生产关系，也就是制度变迁问题。马克思创立的制度变迁理论从宏观的、长期的、动态的角度揭示和剖析了人类社会制度形成、发展和演变的规律，对经济发展与制度变迁的相互作用的辩证关系做出了令人信服的解释。

一、制度的本质与起源

马克思创立的历史唯物主义学说认为，"社会制度"的本质就是人们在生产过程中结成的关系即"社会的经济结构"，就是在社会分工协作体系中不同集团、阶层和阶级之间的利益关系。[2] 它是由生产关系（经济制度）和上层建筑（政治、法律制度和意识形态）这两个相互联系的制度结构组成的。在这两种制度中，经济制度是基础性的，而政治、法律制度和意识形态是派生出来的。经济制度决定了政治、法律制度和意识形态的性质，不过，政治、法律制度和意识形态一旦形成则会有相对独立性和稳定性，也会对经济制度产生重要影响。在马克思看来，政治制度和法律制度与意识形态（文化制度）也不是完全并列的关系，而是从属的关系，即政治和法律制度决定意识形态的性质，而意识形态一旦形成也对政治

---

① 《马克思恩格斯全集》第四十二卷，人民出版社 2016 年版，第 14 页。
② 林岗、刘元春：《诺斯与马克思：关于制度的起源和本质的两种解释的比较》，《经济研究》2000 年第 6 期，第 62 页。

制度和法律制度产生重大影响。政治、法律制度相对容易发生变化，而意识形态则在相当长的时间比较稳定，变化也缓慢得多。

马克思用生产资料所有制和产权制度来确定整个社会经济制度的性质。生产力对生产关系、经济基础对上层建筑起决定作用，其依据主要是生产资料所有制和产权制度。产权制度从广义上讲包括一个经济主体对他所拥有的各种生产要素和产品的各项权利。但马克思所说的产权主要是指生产资料（如资本、土地等）所有权，其他要素和财产权利（如工人对其劳动力的所有权、居民对其房屋等不动产拥有的权利）从属于生产资料所有权。例如，在资本主义社会，资本家拥有资本所有权，因此，资本家在生产关系中就居于支配地位，资产阶级居于统治阶级。生产资料所有制关系是生产关系的本质特征，有什么样的生产资料所有制关系就有什么样的生产关系和上层建筑。

马克思从生产的角度而不是交易的角度探讨制度的起源。他从人类与自然界矛盾出发，从生产力发展导出了第一个层次制度的起源，即社会生产关系的形成；接着他又从根源于社会生产关系的不同阶级的利益冲突中导出了第二个层次制度的起源，即包括政治和法律制度以及与之相适应的意识形态在内的上层建筑的形成。①

综上可见，马克思的制度概念涉及三个制度层面：经济制度、政治制度和文化制度（意识形态），是一个包括基础制度与派生制度、正规制度与非正规制度在内的层层递进的制度结构。这些制度的形成和发展根源于生产力的发展状况。

二、经济发展与制度变迁

（一）生产力与经济发展概念

马克思所说的生产力概念包含很多层面的含义，如生产力是征服自然和改造自然的能力。但用现在的语言来说，生产力主要是指创造物质财富的能力，其中人的生产能力是最重要的，劳动生产力是关键，但要提高劳动生产力，必须把劳动与资本、自然资源这些要素有效结合起来，而且必须有科学技术的进步。因此，生产力概念从投入角度来说就是指生产中的各种要素及其组合方式以及提高资源使用和配置效率的技术进步；从产出角度来说，就是指社会财富或社会总产品，用价值来表示，就是指实际的国内生产总值。换句话说，生产力水平就是指一国的国民总产品或者人均国民产品，生产力发展指的是经济增长。经济增长是经济发展的基础和必要条件，狭义地说，生产力发展也可以等同于经济发展。

马克思、恩格斯在《共产党宣言》中指出："资产阶级在它的不到一百年的阶

---

① 林岗、刘元春：《诺斯与马克思：关于制度的起源和本质的两种解释的比较》，《经济研究》2000 年第 6 期，第 61 页。

级统治中所创造的生产力，比过去一切世代创造的全部生产力还要多，还要大。自然力的征服，机器的采用，化学在工业和农业中的应用，轮船的行驶，铁路的通行，电报的使用，整个整个大陆的开垦，河川的通航，仿佛用法术从地下呼唤出来的大量人口——过去哪一个世纪料想到在社会劳动里蕴藏有这样的生产力呢?"① 从马克思、恩格斯这段经典论述中我们看到，资本主义社会的生产力已达到人类发展史上的最高水平，也就是资本主义阶段是迄今为止人类社会经历的各个阶段中经济上最发达的阶段。马克思、恩格斯所列举的一些生产力发展的具体表现形式，都是指当时资本主义社会科学技术进步的表现形式。这表明马克思、恩格斯非常重视科学技术在促进生产力发展中的重要作用。科学技术是最重要的生产力，也就是我们今天所说的第一生产力。马克思认为，科技进步的速度是由两个基本因素决定的：一是人类社会在探索自然奥秘和生产实践中世世代代积累起来的科学和技术知识存量，二是既存的社会制度能够为科学和技术知识在经济活动中的应用提供的可能性空间。②

（二）经济发展对制度变迁的决定性作用

按照马克思历史唯物主义和辩证唯物主义观点，经济发展与制度变迁是相互作用的辩证关系，在这个关系中，生产力水平（经济发展水平）起决定性作用。马克思在《〈政治经济学批判〉序言》中对经济发展与制度变迁关系有一段经典表述："人们在自己生活的社会生产中发生一定的、必然的、不以他们的意志为转移的关系，即同他们的物质生产力的一定发展阶段相适合的生产关系。这些生产关系的总和构成社会的经济结构，即有法律的和政治的上层建筑竖立其上并有一定的社会意识形式与之相适应的现实基础。物质生活的生产方式制约着整个社会生活、政治生活和精神生活的过程。不是人们的意识决定人们的存在，相反，是人们的社会存在决定人们的意识。社会的物质生产力发展到一定阶段，便同它们一直在其中活动的现存生产关系或财产关系（这只是生产关系的法律用语）发生矛盾。于是这些关系便由生产力的发展形式变成生产力的桎梏。那时社会革命的时代就到来了。随着经济基础的变更，全部庞大的上层建筑也或慢或快地发生变革"。③ 这段经典的论述精辟地概括了马克思关于经济发展与制度变迁的辩证关系的观点。

经济发展水平是制度变迁的前提。马克思、恩格斯指出："人们为了能够'创造历史'，必须能够生活。但是为了生活，首先就需要吃喝住穿以及其他一些东

---

① 《马克思恩格斯文集》第二卷，人民出版社 2009 年版，第 36 页。

② 林岗、刘元春、张宇：《诺斯与马克思：关于社会发展和制度变迁动力的比较》，《中国人民大学学报》2000 年第 3 期。

③ 《马克思恩格斯文集》第二卷，人民出版社 2009 年版，第 592 页。

西。因此第一个历史活动就是生产满足这些需要的资料，即生产物质生活本身。"①
这个事实构成为"一切历史的第一个前提。"② 由此可见，物质资料的生产被
马克思视为人类生存发展的基础和社会经济制度等赖以存在的前提。没有这个前
提，社会制度变迁无从谈起。

马克思还认为，生产力发展不仅是制度变迁的前提，也是推动制度变革的根本
动力。他从生产力发展角度探讨了生产技术的改进和新的发明创新导致新的生产工具
出现，进而分工、协作等生产技术组织的变化引起人们之间相互关系即生产关系的变
化，最终带来了政治、法律、意识形态等上层建筑发生变化的全过程。马克思指出，
人类社会物质资料的生产不仅为人类自身再生产提供了条件，而且"生产"出了人
类社会的经济、政治和文化制度。在他看来，"宗教、家庭、国家、法、道德、科
学、艺术等等，都不过是生产的一些特殊的方式，并且受生产的普遍规律的支配"。③
在这里，马克思实际上把生产力发展当作社会制度变迁的最终动因来强调，这是
因为历史上各国相继存在的社会制度演进的不同模式，归根结底都是生产力发展
的必然结果。生产力的这样一种"第一特性"导致它与生产关系的矛盾以及经济
基础与上层建筑的矛盾不断积累，最后势必通过制度变革来解决。

生产力发展对制度变迁的决定性作用包含两个层面。首先，生产力发展状况
决定生产关系（即经济制度，核心是生产资料所有制）的性质，有什么样的生产
力水平就会有什么样的生产关系与之相适应，如"手推磨产生的是封建主的社会，
蒸汽磨产生的是工业资本家的社会。"④ 其次，生产关系构成的经济基础状况决定
上层建筑（即政治和法律制度以及与之相适应的意识形态）的性质。例如，资本
主义生产关系决定了维护资产阶级利益的资本主义政治制度和法律制度以及与该
制度相适应的意识形态。生产力是社会发展中最活跃的因素，而生产关系比较稳
定。当生产力发展到一定的阶段时，就会同它一直活动于其中的现存的生产关系
发生矛盾，此时，就要求用适合生产力发展要求的新的生产关系代替阻碍生产力
发展的旧的生产关系，以解放被束缚的生产力。但是，旧的上层建筑仍然保护着
旧的生产关系，阻碍着新的生产关系的建立和发展。为了消灭旧的生产关系，建
立或发展新的生产关系，就必须改变旧的上层建筑。因此，变革生产关系的要求，
必然要发展为变革上层建筑的要求。⑤

---

① 《马克思恩格斯文集》第一卷，人民出版社 2009 年版，第 531 页。
② 《马克思恩格斯文集》第一卷，人民出版社 2009 年版，第 531 页。
③ 《马克思恩格斯文集》第一卷，人民出版社 2009 年版，第 186 页。
④ 《马克思恩格斯文集》第一卷，人民出版社 2009 年版，第 602 页。
⑤ 刘小怡：《马克思主义和新制度主义制度变迁理论的比较与综合》，《南京师大学报》（社会
  科学版），2007 年第 1 期。

　　制度变迁有两种方式：一种是通过调整生产关系使之适应生产力发展的渐进式制度变迁，另一种是通过生产关系的整体变革以适应生产力发展的激进式制度变迁。如果在政治上取得了统治地位的是代表先进生产力的阶级，它们就会在整体制度不变的前提下，利用国家政权对现有制度进行局部调整或改进，这就是渐进式制度变迁模式。但是，当生产关系严重地落后于生产力，以至于成为生产力发展的桎梏，不可能在旧制度内部加以调整，此时，就会导致社会的革命性变革，出现用新制度取代旧制度的制度变迁。这就是激进式制度变迁。马克思对历史上出现的这两类制度变迁的模式都进行了系统的考察。例如在《资本论》第一卷中，马克思曾经研究过的资本主义制造业生产从手工业作坊制度逐步演变到机器大工业制度的制度变迁过程正是渐进式制度变迁的典型案例；又如在《路易·波拿巴的雾月十八日》和《法兰西内战》中，马克思所研究的1870年爆发的巴黎公社革命期间，法国和欧洲工人阶级及广大人民群众所进行的推翻旧制度和建立新制度的伟大尝试就被视为激进式整体制度变迁的典型案例。鉴于马克思旨在探讨资本主义制度从产生、发展到灭亡的历史过程，并且把消灭私有制作为解放生产力的根本途径，因此，马克思把他的制度变迁理论的重点放在分析资本主义社会发生整体性制度变革的可能性上，也就是激进式制度变革上。但是，按照马克思的观点，渐进式制度变迁是人类社会发展过程的常态。他指出："无论哪一个社会形态，在它所能容纳的全部生产力发挥出来以前，是决不会灭亡的；而新的更高的生产关系，在它的物质存在条件在旧社会的胎胞里成熟以前，是决不会出现的。"[①]人类发展过程经历了原始社会、奴隶社会、封建社会、资本主义社会几个社会形态，但从一个社会形态演变到另一个社会形态是一个漫长的过程，这个漫长的过程中，大多数制度改变属于一个社会制度内部的渐进式制度变迁。

　　（三）制度变迁对经济发展的反作用

　　虽然生产力相对于生产关系居于首要地位，但不能由此认为只有生产力单向地对生产关系起决定作用，而生产关系对生产力不起作用。马克思、恩格斯在说明生产力发展是制度变迁的根本动力的前提下，考察了生产关系和上层建筑如何反作用于生产力，也就是如何促进或阻碍经济发展的问题。如果生产关系适应生产力的发展，它就会促进和推动生产力的快速发展；相反，如果生产关系不适应生产力发展，就会变成生产力发展的桎梏，阻碍生产力的发展。恩格斯在论述政治制度对经济发展的反作用时指出："国家权力对于经济发展的反作用可以有三种：它可以沿着同一方向起作用，在这种情况下就会发展得比较快；它可以沿着相反方向起作用，在这种情况下，像现在每个大民族的情况那样，它经过一定的

---

① 《马克思恩格斯文集》第二卷，人民出版社2009年版，第592页。

时期都要崩溃；或者是它可以阻止经济发展沿着某些方向走，而给它规定另外的方向——这种情况归根到底还是归结为前两种情况中的一种。但是很明显，在第二和第三种情况下，政治权力会给经济发展带来巨大的损害，并造成大量人力和物力的浪费。"① 在这里，恩格斯明确指出上层建筑对经济发展产生反作用的两种情形：促进作用和阻碍作用。但是，马克思、恩格斯对生产关系和上层建筑对生产力的阻碍作用讨论较多，而对其促进作用讨论较少。

三、马克思制度变迁理论对我国体制改革的意义

马克思制度变迁理论建立在历史唯物主义和辩证唯物主义的哲学基础上，其主要观点是：生产力决定生产关系，经济基础决定上层建筑，而生产关系和上层建筑具有相对独立性，对生产力也有巨大的反作用。坚持马克思主义，就必须坚持马克思主义这一精髓，否则就不是马克思主义。但是，马克思主义必须随着时代的变迁而不断向前发展，否则也不可能真正坚持马克思主义。

马克思在他的代表性巨著《资本论》中的研究重点是揭示资本主义制度从产生、发展到衰亡的过程，对生产力决定生产关系和上层建筑的机制和过程讨论最多，而对生产关系和上层建筑对生产力的反作用的具体途径和战略思路讨论较少；对资本主义生产关系对生产力的阻碍作用和破坏作用的机制讨论较多，对如何促进生产力发展的机制讨论较少。也就是说，马克思对制度如何推动生产力的发展的具体途径和机制研究不是很多。这主要是由他当时的主要目标任务所决定的。在 19 世纪，马克思研究的主要目的和任务是要创造一个革命的理论，为无产阶级推翻资产阶级政权提供思想武器，而不是为了促进资本主义社会的经济发展。但是，在一国已经建成社会主义制度之后，发展经济就成为主要目标，所以，对马克思所论述的"反作用"将摆到重要议事日程。

当前，中国特色社会主义建设的主要目标是要发展生产力，实现现代化，因此要把经济建设放在首要地位，也就是把发展作为我们党执政兴国的第一要务。发展生产力就必须要调整不适应生产力发展的生产关系和上层建筑。习近平指出，"解放和发展社会生产力是社会主义的本质要求，是中国共产党人接力探索、着力解决的重大问题……我们要勇于全面深化改革，自觉通过调整生产关系激发社会生产力发展活力，自觉通过完善上层建筑适应经济基础发展要求，让中国特色社会主义更加符合规律地向前发展。"② 研究生产关系和上层建筑如何适应和促进生产力发展，是摆在当代中国马克思主义者面前的主要任务。

---

① 《马克思恩格斯文集》第十卷，人民出版社 2009 年版，第 597 页。
② 习近平：《在纪念马克思诞辰 200 周年大会上的讲话》，人民出版社 2018 年版，第 18 页。

第二节　新制度经济学的发展理论

新制度经济学是 20 世纪七八十年代兴起的一门经济学分支学科，以美国经济史学家道格拉斯·诺斯为代表。他把制度因素引入新古典主义的分析框架，得出制度对经济增长十分重要的结论。这是对新古典经济学理论体系的一个重要突破和发展，因此引起学术界的广泛兴趣，影响很大。新制度经济学研究的主要问题是：制度是如何影响经济增长的。当然，制度变迁的动因和路径依赖也是新制度经济学研究的重要组成部分，诺斯等新制度经济学家用国家和意识形态来解释制度变迁的动因，用路径依赖来解释制度无效率的根源。本节主要讨论新制度经济学关于制度对经济增长与发展的作用及其作用机制的相关理论观点。

一、制度及其在经济发展中的作用

（一）制度的定义

在西方经济学中，先后出现了两个专门以制度及相关问题为研究对象的流派，一个是 20 世纪二三十年代兴起的以凡勃伦和康芒斯为首的美国旧制度主义，另一个是 20 世纪七八十年代兴起的以道格拉斯·诺斯为代表的新制度主义。这两个制度流派的代表人物各自从不同角度定义了制度。

凡勃伦把制度定义为"个人或社会对有关的某些关系或某些作用的一般思维习惯"①；制度包括"惯例、习俗、行为规范、权利和财产的原则"②。康芒斯把制度经济学定义为"一种关于集体行动在控制个人行动方面所起的作用的理论"③。在他看来，集体行动通过交易可以形成秩序并建立起对商品和劳务未来所有权的"可靠预期"④。

新制度主义代表人物道格拉斯·诺斯把制度定义为博弈规则。他在《制度、制度变迁与经济绩效》一书中指出："制度是一个社会的博弈规则，或者更规范地

---

① ［美］凡勃伦：《有闲阶级论》，蔡受百译，商务印书馆 1964 年版，第 139 页。

② Thorstein Veblen, *The Instinct of Workmanship*, New York：Routledge，1914，p. 49.

③ ［美］康芒斯：《制度经济学》，于树生译，商务印书馆 2009 年版，第 7 页。

④ 罗纳德·科斯认为，"旧制度主义是反理论的，他们留给后人的是一堆毫无理论价值的实际材料，很少有什么东西能被继承下来"，这是因为"他们对主流经济学的分析方法无任何贡献"（参见：［美］罗纳德·科斯：《新制度经济学》，李军林译，载［法］克劳德·梅纳尔编：《制度、契约与组织——从新制度经济学角度的透视》，经济科学出版社 2003 年版，第 10 页）。罗纳德·科斯以旧制度主义者没有接受新古典经济学研究范式为由，抨击旧制度主义是"反理论的"。实际上旧制度主义者拥有自己的研究范式，只不过他们没有接受新古典研究范式而已，而且旧制度主义者最早把"惯例""行为规范""权利""集体行动"等概念作为经济学的范畴来研究。

说，它们是一些人为设计的、型塑人们互动关系的约束。从而，制度构造了人们在政治、社会或经济领域里交换的激励。制度变迁决定了人类历史中的社会演化方式，因而是理解历史变迁的关键。"① 在其另一篇文章中他对制度所包含的内容及其功能进行了阐述："在一个不确定的世界中，制度一直被人们用来使其相互交往具有稳定性。制度是游戏规则，它会提供特定的激励框架，从而形成各种经济、政治、社会组织。制度由正式规则（法律、宪法、规则）、非正式规则（习惯、道德、行为准则）及其实施效果构成。"制度能够通过"生产总成本和转换（生产）成本来影响经济绩效"②。

诺斯把制度看作人与人之间交往的游戏规则，它包含正规制度和非正规制度，比旧制度经济学对制度的定义更为清晰、规范，现在已被普遍接受。

（二）制度在经济发展中的作用

新古典经济学的传统分析采用了一些有关理性和信息的苛刻假设，它隐含地假定制度是既定的，而且是有效的，人们之间的交易没有摩擦、没有成本。新制度经济学认为人的理性是有限的，信息是不完全的，在此基础上，提出真实的世界是一个存在正的交易成本的世界，而不是新古典经济学所认为的一个无交易成本或零交易成本的世界。一旦我们还原了对真实世界的认识，就必须抛弃理想的新古典理论中的"无摩擦"世界，就不能忽视交易成本在经济中的作用。制度的引入就是为了节约交易成本、克服有限理性和信息不完全所导致的机会主义行为给经济活动带来的无效率，从而提供了经济运行的框架。

诺斯对以技术进步、物质资本和人力资本决定经济增长的传统思维提出了挑战。他指出，在新古典模型中除市场之外不存在任何组织和制度，增长率被简单地看作人们所拥有的子女数量和储蓄率的函数。人们常常把技术进步和人力资本投资当作经济增长的主要原因，这等于是把过去的经济成就看作是决定经济增长的因素。创新、规模经济、资本积累、教育等并不是经济增长的原因，它们只是增长本身。有效率的制度才是引起经济增长的原因。③ 可见相较于增长理论，诺斯强化了制度对经济增长与发展的决定性作用。

哪些制度对发展中国家的经济发展是最重要的呢？美国发展经济学家罗德里克（Rodrik，2000，2008）认为至少有 5 种制度是重要的。（1）产权和具有法律约

① ［美］道格拉斯·诺斯：《制度、制度变迁与经济绩效》，杭行译，格致出版社、上海三联出版社、上海人民出版社 2008 年版，第 3 页。

② ［美］道格拉斯·诺斯：《绪论》，张宇燕等译，载 ［美］约翰·N. 德勒巴克、约翰·V. C. 奈编：《新制度经济学前沿》，经济科学出版社 2003 年版，第 14 页。

③ ［美］道格拉斯·诺斯、罗伯斯·托马斯：《西方世界的兴起：新经济史》，厉以平、蔡磊译，华夏出版社 1989 年版，第 2—3 页。

束的合同。如果经济主体不能控制他们所积累的财产回报，他们就不会有投资和创新激励。（2）监管制度。如果市场存在欺诈或垄断行为，市场就会出现失灵，因此市场要正常运转就必须有一套监管制度。这套监管制度能够监督不同的市场，如产品市场、金融市场和劳动市场。（3）宏观经济稳定制度。货币和财政制度对提供一个私人投资可行的环境是必要的。企业在作出正式的长期投资决策时，首先考虑风险回避问题。一个稳定的宏观审慎制度对企业的长期投资是最重要的。（4）社会保障制度。发展中国家很多人口处于仅仅能维持其生存的状态，必须建立一个针对弱势群体的社会安全网，在社会和谐环境下推进经济改革。（5）冲突管理制度。很多发展中国家存在严重的种族、部落和宗教的分裂。社会冲突导致投资的不确定性，或者把社会资源引向非生产性活动。要使冲突最小化需要有一个公平的法律体系。但是，罗德里克指出，由于历史、文化的多样性，没有一套放之四海而皆准的好制度适合所有国家，"市场经济"不能简单地从一个国家移植到另外一个国家。①

二、制度影响经济增长的机制

制度是如何影响经济增长的？新制度主义经济学家认为制度推动经济增长主要是通过提供激励结构和降低交易成本两种机制来实现的。

（一）提供激励结构

诺斯认为，制度提供了一个经济体的激励结构，有效率的制度能激励人们从事合乎社会需要的活动。他形象地比喻说，"如果制度结构给海盗以报酬，则海盗组织将出现"②；如果制度使提高生产率的活动拥有最高的报酬，则经济就会增长。具体而言，制度在如下四个方面为经济主体提供正向激励。

（1）对努力加以保护。制度对经济主体的各种努力加以保护，使其生产性活动的私人收益不断地接近社会收益。私人收益不断接近社会收益，意味着经济主体付出的努力和获得的收益真正挂钩，有效地解决了外部性和"搭便车"的问题。比如，专利制度可以将专利拥有者获得的报酬内部化，激励创新行为。

（2）为专业化提供机会。有效的产权制度提供产权界定、保护，司法体系保障契约顺利实施，才有可能提供专业化的机会。否则，企业家更愿意从事多元化生产，斯密所认为的对经济发展具有重要促进作用的专业化和分工很难大规模地、

①　D. Rodrik，"Institution for High Quality Growth：What They are and How to Acquire Them"，*NBER Working Papers* No. 7540；D. Rodrik，*One Economics*，*Many Recipes*，Princeton：Princeton University Press，2008.

②　Douglas C. North，"Economic Performance through Time"，*The American Economic Review*，1994，vol. 84，no. 3，p. 361.

广泛地进行。

（3）保障活动自由。保障自由的正式和非正式制度非常重要。在自由的制度环境下，生产者能够非常容易地将资源由一种用途转换到另一种用途，转换到最能够实现自我利益最大化的活动与生产领域中去；不存在或者较少地存在进出某些产业领域的人为限制。这无疑极大地激励生产者的生产积极性，激励有效率的经济组织顺利成长。

（4）为竞争和合作提供条件。制度是人们在社会分工和协作的多次博弈过程中形成的一系列的契约。传统理论都强调竞争，认为经济主体之间只有竞争才能带来活力和效率，往往忽视合作的作用。可是，经济人的自私并不一定带来自利，正如"囚徒困境"所描述的，自私带来的是双方福利的损失，甚至造成了两败俱伤。其实，竞争和合作如同一对孪生兄弟，如果说竞争能带来活力和效率，合作也能带来和谐和效率。制度为人们实现广泛的分工和合作搭起了基本的框架，为人们实现竞争和合作提供了条件。

如果说有效的制度会主动提供胡萝卜——激发人们进行生产性活动的努力；它还同时起着大棒的作用——抑制人们进行非生产性活动的意愿和机会主义倾向。现实中，经济主体在自身利益的考虑和追求过程中，往往具有投机取巧、为自己牟取更大利益的机会主义倾向。所谓机会主义倾向，是指人们追求收益内部化、成本外部化的逃避经济责任的行为。由于存在机会主义倾向，人们在追求自己利益的同时"附带地"或者"故意地"损害他人的利益。在损人利己的情况下，会使得"看不见的手"的作用受到限制。制度的出现，提供了能够使得外部性较大内部化的机制，规范了市场与交易秩序，从而有效地抑制了机会主义，保障有更多社会稀缺资源用于生产性活动，这从另一侧面也会促进全社会的经济增长。与之相反，如果没有有效的制度来提供这种激励，那么人们和整个社会的生产积极性始终无法得到充分的释放，缺乏对生产性活动中所付出的努力给予保护，无法为专业化提供机会，不能保障生产性活动的自由，也不能协调竞争与合作的关系。因此，在这样的情况下，个人不愿意努力工作与进行必要的储蓄，企业家不愿冒风险去抓住机遇，企业不会去想方设法降低成本、改进生产，进行有利可图的新项目，人们不太乐意投入更多的稀缺资源去加速物质资本形成、人力资本积累和技术进步。

（二）降低交易成本

罗纳德·科斯在1937年发表的《企业的性质》一文中提出的交易成本概念构成了新制度经济学理论体系的基石。这一概念包含如下四个方面的内容。

第一，对交易成本的界定。科斯指出，传统微观经济学有关利用定价机制配置资源无须支付费用的理念令人困惑。他把经济活动中利用定价机制所引发的成本和支付在这类经济活动上的成本统称为交易成本，这些活动包括发现和确定价格、进行谈判、起草合同、检查货物、做出安排以及解决争议等。①

第二，用交易成本解释市场或企业各自存在的理由。科斯不赞同传统新古典理论主张价格机制是主导资源配置的唯一机制的说法，认为企业内部通过行政管理也可以配置资源。最终选择哪种资源配置方式取决于两者的交易成本孰大孰小。市场交易成本过高会导致企业使用行政管理配置资源，而当企业规模扩大导致交易成本大于通过市场价格机制组织交易的成本时，该交易将由市场来完成。

第三，把正交易成本纳入经济分析中。传统新古典理论假设在交易成本为零的体制中，各方之间谈判总会导致财富最大化的安排，使各方能分享到财富增长带来的利益。然而，当人们从一个零交易成本体制走进一个正交易成本体制时就会发现，政治与法律制度将对经济系统运行产生影响。除市场定价机制外，政府经营、管制、税收或补贴等调节方式可能产生比个人在市场上谈判更好的结果。②

第四，交易成本是决定一个经济的整体绩效的关键性因素。科斯谈到，交易成本依赖于一国的制度，而制度决定经济绩效。交易成本越低，制度的生产效率就越高。③ 一个社会中专业化和分工的发展是制度演进的基本源泉，处在制度框架中的个人形成组织并签署契约，以获取由专业化和分工产生的收益。

既然交易成本对于经济绩效如此重要，降低交易成本就成为促进经济增长的重要途径。新制度经济学家们认为降低交易成本的主要途径包括：

（1）对市场上不同要素和产品的交易成本或对经济主体的绩效进行度量有助于降低交易成本。然而，这种度量涉及与个人效用相关的多个维度，由国家制定统一的度量衡标准能降低交易成本。

（2）制度有助于降低因信息不完全和人们处理信息的能力有限而引发的交易成本。参与交易的各方拥有的信息是不对称的，收集与整合信息需要花费成本。有效的制度能固化和约束人们的行为方式，便于当事人依据制度形成预测，减弱市场交易中的盲目性和不确定性，进而会降低包括信息成本在内的交易成本。

（3）强化长期契约中的履行机制可降低交易成本。契约的期限越长，不确定

① Ronald H. Coase, "The Institutional Structure of Production", *The American Economic Review*, 1992, vol. 82, no. 4, p. 715.

② Ronald H. Coase, "The Institutional Structure of Production", *The American Economic Review*, 1992, vol. 82, no. 4, p. 717.

③ ［美］罗纳德·科斯：《新制度经济学》，李军林译，载［法］克劳德·梅纳尔编：《制度、契约与组织——从新制度经济学角度的透视》，经济科学出版社 2003 年版，第 12 页。

性越大，这就为投机、欺诈、懈怠和逃避责任等行为提供了机会。法律和法院等非个人的具有强制力的第三方履行机制的建立，能够确保契约的执行和惩罚违约行为，以此降低契约的履行成本。

（4）以外部性内部化的方式降低交易成本。外部性是指在生产和消费中，一个人使他人遭受到额外的成本，而当事人并未以货币形式对强加在他人身上的成本予以补偿，造成社会成本和私人成本之间出现偏离。外部性的存在表明交易双方存在相互依存性，其中任何一方的成本都与对方的成本搅在一起。在产权未被界定清晰之前，正交易成本的存在使得交易双方无法区分各自的成本。通过"一体化"把存在交易关联的相关企业合并为一个企业，既扩大了企业规模，又通过重新界定产权使外部性内部化，进而降低交易成本。

三、产权、契约与企业制度

要理解制度对经济发展的作用和机制，还必须深入了解产权、契约和企业制度这些概念的内涵及其与经济绩效的关系。新制度经济学在三者关联的分析框架内研究产权、契约和企业制度。强调产权界定是市场交易的必要前提，而产权界定和市场交易与订立契约有关；企业制度被看作在产权界定和签订契约基础上的一种制度安排。

（一）产权制度

科斯在 1960 年发表的《社会成本问题》一文中提出用产权研究范式解决外部性难题。在此之前，英国经济学家庇古被认为提出了解决外部性问题的最佳思路。庇古认为，因外部性导致社会成本和私人成本之间的差异无论正负与否，均导致资源的非最优配置。政府可通过补贴或征税方式纠正无效率的资源配置。科斯指出，庇古并未意识到外部性问题的本质是行使特定行为背后的权利，这些权利系由法律所赋予。当交易成本为零且产权被明晰界定时，资源的利用效率同谁拥有产权无关。此时，法院裁决对资源配置结果没有影响。然而，当交易成本为正时，初始的产权界定对最终结果具有重要意义。不同的产权界定带来不同的资源配置结果，法律在决定资源利用方面的作用极为重要。继科斯之后，产权理论由产权的界定拓展到产权的功能、产权的构成和产权的残缺等领域。

一是产权的界定。阿曼·阿尔钦认为，"产权是一个社会所强制实施的选择一种经济品使用的权利"[1]。哈罗德·德姆塞茨认为，产权帮助人形成那些当他与他人打交道时能够合理持有的预期。这种预期通过法律、习俗以及社会道德等表达出来。产权具体规定了如何使人们受益，如何使之受损，以及为调整人们的行为，

---

[1] ［美］A. A. 阿尔钦：《产权：一个经典注释》，陈剑波译，载［美］R. 科斯、A. 阿尔钦、D. 诺斯等：《财产权利与制度变迁》，上海三联书店、上海人民出版社 1994 年版，第166 页。

谁必须对谁支付费用。①

二是产权的功能。德姆塞茨认为，产权的主要功能在于引导各种激励机制，使得外部性能够被内部化。当交易成本为正时，产权制度通过提供将外部性内部化的激励来降低交易成本。

三是产权的构成。新制度经济学把产权结构定义为一个"权利集"，尤拉姆·巴泽尔将"权利集"中的权利细分为四种：拥有一种资源或资产并且能排斥其他人使用该资源或资产的所有权；拥有享用一种资源或资产的使用权；从对资源或资产的拥有、使用或管理中分享收益的收益权；对所有物进行转让、馈赠、让渡或出卖的可转让权。

四是产权的残缺。产权的残缺包括产权不完全和产权被分割两个方面。巴泽尔认为，为了使一项资产的产权完全，必须对获取、使用或转让该资产的权利做完整界定，但产权的各种属性使完全界定产权的交易成本极为高昂。产权永远不能被完全界定，因为"当产权被完整界定时，产品信息一定可以不费代价地获取，（有关的）交易成本因此也一定为零"②。

（二）契约制度

市场经济本质上是一种契约经济，因为在市场经济中，各个经济主体是平等的利益主体，契约成为经济活动联系的纽带。正因为如此，现代经济学将所有的市场交易，无论是否直接订立的契约，都认为是一种契约关系。巴泽尔考察了契约同权利分配的关系。他说，"对契约的研究是产权研究的核心。契约无论是正式的还是非正式的，都是签约各方之间权利的重新分配"③。

契约的履行与契约的签订一样重要。竞争规则的基本前提就是契约得以执行，这样才能使企业与新的借款人或者客户打交道。如果契约不能够很好地被履行，交易与信贷就只能局限在一小部分人中间。在一个社会里，如果契约无法被实施，则个人和公司更多地会选择自给自足，不愿意进行复杂和非自动实施的交易。极端情况下，农民不会依靠市场交换，而是选择自己生产食物；企业乐意保留大量的存货、闲置部分生产能力，或者不愿意从分销商那里购买产品元件，而选择内部生产。同样，企业会局限在富有的家族里面，富于创造力和最有效率的现代公司制度也许无法形成。潜在的发明家不可能同时拥有将创新转化为利润的全部能

---

① ［美］哈罗德·德姆塞茨：《产权理论初探》，段毅才译，载［美］哈罗德·德姆塞茨：《所有权、控制与企业——论经济活动的组织》第一卷，经济科学出版社 1999 年版，第 129 页。

② ［美］尤拉姆·巴泽尔：《产权的经济分析》，费方域、段毅才译，上海三联书店、上海人民出版社 1997 年版，第 3 页。

③ ［美］尤拉姆·巴泽尔：《产权的经济分析》，费方域、段毅才译，上海三联书店、上海人民出版社 1997 年版，第 38 页。

力，如资本、营销技术、管理能力等，因而不愿意在技术进步上投入时间和金钱。总之，不安全的产权和契约执行制度，可能比非专断的税收对投资激励的打击更大。契约能得到可靠的执行，这样可以降低各种有利于所有参与者的交易成本，支持复杂而且期限较长的交易活动，鼓励生产、创新和技术进步。

信息经济学理论告诉人们，现实生活中的市场是信息不完全的市场，市场信息也可能被隐瞒。在信息不完全的市场上，市场交易的结果是不确定的，不可避免地存在有限理性和投机欲望。在这种背景下，一方面由于有限理性契约也是不完全的，另一方面由于存在投机和欺骗，契约一开始就存在不能被履行的可能性，在这种情况下，单纯依靠市场是不能保障契约履行与实施的。因此，需要一套有效、稳定、公正的法律和司法体系来保障契约的实施。

（三）企业制度

在科斯看来，企业制度的存在就是为了降低交易成本。市场是协调经济活动的一种组织形式，企业也是协调经济活动的一种组织形式；市场是配置资源的方式，企业也是配置资源的方式。在企业内部，专业化的经济活动由"看得见的手"来协调，分散的资源由企业内部企业家权威来协调。交易在企业内部发生，就可以大大弱化信息问题和敲竹杠问题，从而节约交易成本。因此，有效率的经济组织或企业是经济增长的关键。

各国现行的企业制度有股份公司制、单人业主制、合伙制三种类型。在企业制度演进的早期历史上，绝大部分企业为家庭或家族企业，一家之长以所有者与经营者双重身份对企业实行家族式管理。20世纪初以来，股份公司制度成了现代企业制度的主体，所有权与经营权相分离，经理作为拥有管理才能和专业技术的经营者取代了家族企业管理者。原先家族企业所有者因持有一定数额股票而进入董事会。公司董事会与股东大会、监事会一道形成了一家公司的法人治理结构。

单人业主制的业主同时拥有剩余索取权和经营权，经营者个人的人力资本水平决定经营上的成败。这种企业制度规模小，适合从事只要业主精心管理就有望获得高收益的业务，但面临的风险较高，在获取外部融资时也面临极高的交易成本。

合伙制企业是由几个人、几十人，甚至几百人共同出资而形成的企业。它面临的财务约束小于单个业主制，有一定的规模优势。但合伙制企业的决策要由合伙人集体做出，全体合伙人对所欠的债务在法律上负有无限责任。

在现代社会，以上三种企业组织形式都存在。每种企业制度都有它的长处和短处，采取何种企业组织形式要根据能否节约交易成本的原则来确定。

四、对新制度经济学的评论

（一）新制度经济学的缺陷

新制度经济学作为当代西方经济学的一个分支是在西方社会政治和历史文化

背景下产生的，其理论中不可避免地带有唯心主义世界观、西方价值取向和意识形态等错误。新制度经济学中的错误主要表现在如下几个方面：

第一，新制度经济学强调对私有产权制度及由产权带来的收益予以保护，却对资本主义制度所具有的剥削性质缄口不言。就新制度经济学的产权理论而言，该理论关注的是如何通过界定产权确保生产资料所有者凭借其所有权获得由该权利带来的全部收益，而很少关心企业中受雇佣的劳动者应有的权利。一旦新制度经济学对产权做了清晰的界定就踟蹰不前了，剩下的问题就交给生产要素分配论去解决。殊不知资本主义社会的资源配置过程背后还存在着一个资本家剥削工人创造的剩余价值的过程。新制度经济学与新古典经济学一样，从来不讨论剩余价值的归属和分配问题。产权理论实际上成了掩饰资本主义社会制度所具有的剥削性质的工具。

第二，否认发达国家与发展中国家在制度上存在显著差异，主张把西方国家的制度照搬到发展中国家和转型国家。世界上不存在能够适用于任何一个国家的普适性制度。西方国家的有效制度移植到发展中国家将会因所输入的制度与被输入国家中的制度环境不相适应而酿成灾难性后果。1989 年智利等拉美国家政府为渡过债务危机而接受全面改革国内现有制度的"华盛顿共识"，以及 1990—1992 年东欧国家和俄罗斯实施加速制度转型的"休克疗法"，均因为盲目地将西方国家制度输入本国而使得本国经济遭受了巨大打击。

第三，宣扬资本主义制度具有永恒性。新制度经济学家对资本主义制度能否永恒存在这个问题大都避而不谈，但他们在著述中通常又都隐含地假设资本主义制度可以永恒存在。曾经专门研究制度及相关问题的政治学者弗朗西斯·福山甚至直言不讳地认为，资本主义社会"以自由民主制度为方向的人类普遍史"是"人类意识形态发展的终点"，自此之后，构成历史的最基本原则和制度将不会再进步了。[1] 在福山看来，资本主义制度已经达到了其自身发展的最高层次，因而制度变迁不再发生，现有的资本主义制度将永恒存在。福山的制度演进"终结论"在理论上是错误的，在逻辑上是荒唐的。

第四，新制度经济学把制度变迁动因归结于国家和意识形态是错误的。如前所述，马克思历史唯物主义认为，生产力决定生产关系，经济基础决定上层建筑，生产力是推动社会制度变革的根本力量。当然，生产关系和上层建筑对生产力具有反作用，但生产力的决定作用是主要的。根据马克思观点，当生产关系和上层建筑不适应生产力发展的时候，变革生产关系和上层建筑有助于推动生产力的发展，这里制度变迁的动力仍然是生产力。可见，马克思把制度变迁（生产关系和

---

① Francis Fukuyama, "The End of History?", *The National Interest*, 1989, no. 16, pp. 3–18.

上层建筑）与经济发展（生产力发展）看作是相互促进的过程，而生产力发展水平对制度变迁起决定性作用。西方新制度经济学不承认生产力的决定作用，用国家和意识形态来解释制度变迁的起源，因而陷入了唯心主义的泥淖。

（二）新制度经济学的有益借鉴

新制度经济学由于长期研究发达国家的市场经济运行规律，积累了大量社会化大生产的知识和经验，在提高制度运行效率方面存在着一定的科学成分和有益知识，也可供发展中国家借鉴。

第一，新制度经济学对脱离实际的传统新古典经济学的假设结构和研究对象进行了修正和拓展。新制度经济学以有限理性假设、机会主义行为假设和交易成本为正的假设取代了传统新古典经济学体系中个人完全理性的假设和交易成本为零的假设。新制度经济学将制度分析引入新古典经济学体系，用以探讨资源配置背后的制度结构，研究人与人之间竞争与合作、激励与协调等关系，使得修正后的新古典理论朝着贴近经济现实的方向迈出了一大步。

第二，新制度经济学融入新古典经济学提升了现代经济学中的科学成分。新制度经济学体系中的产权理论、契约理论、交易成本理论、委托代理理论、信息不对称理论等被引进新古典微观经济学体系，丰富了新古典经济学的市场经济理论。同时，由于制度分析元素对现代经济学其他分支学科的渗透不断深化，信息经济学、制度设计与激励理论、公共选择理论等一批新的经济学分支学科问世，扩大了现代经济学的研究视野。一般来说，一门社会科学内部子学科分工越细，表明该学科专业化程度越高，标志着该学科科学成分越多。

第三，新制度经济学将政府作为内生变量引入经济发展分析，为发展中国家政府干预经济发展过程提供了合理的依据。新制度经济学认为政府在经济发展过程中不是"中立者"，一方面，政府参与市场旨在追求自身收益最大化；另一方面，通过降低交易成本使全社会总产出最大化。传统新古典理论摒弃政府作用的做法是错误的。只有当制度结构假设为给定时，才可能存在某种程度的帕累托效率。当不存在有为政府时，有效率的市场也不会存在，帕累托效率更是无从谈起。

第四，新制度经济学强调产权制度在发展中的重要性。在市场经济中，产权保护是非常重要的。中国现在还处在社会主义初级阶段，初级阶段的基本经济制度是以公有制为主体、多种所有制共同发展的制度，在这种基本经济制度下实行社会主义市场经济体制。因此，同等保护国有经济和民营经济对激发各类经济主体的积极性、创造性是必不可少的。党的十八届三中全会鲜明指出："产权是所有制的核心。健全归属清晰、权责明确、保护严格、流转顺畅的现代产权制度。公有制经济财产权不可侵犯，非公有制经济财产权同样不可侵犯。"2016年11月中共中央、国务院发布的《关于完善产权保护制度依法保护产权的意见》明确指出：

"产权制度是社会主义市场经济的基石，保护产权是坚持社会主义基本经济制度的必然要求。"党的十九大明确把完善产权制度作为经济体制改革的重点。二十大进一步强调要完善产权保护、市场准入、公平竞争、社会信用等市场经济基础制度，依法保护民营企业产权和企业家权益，加强知识产权法治保障。西方制度经济学对产权理论的分析对我们如何构建一套科学有效的产权保护制度有一定借鉴意义。

第三节　中国的体制改革与转型

1949 年新中国成立之后，通过所有制改造，我国逐渐建立了以公有制为特征的社会主义制度。到 1956 年年底，计划经济体制基本建成。20 世纪六七十年代的所有制变革形成了单一的公有制。单一公有制基础上的高度集中的计划经济管理模式虽然能够集中资源，实现了国民经济一段时间的较快增长，但是这个制度固有的弊端，如资源配置效率低、企业缺乏活力、劳动者的积极性受到压抑等，越来越充分地暴露了出来，导致产业结构失衡、农业发展缓慢、物资供应短缺、人民收入和生活水平提高缓慢。

中国的体制改革始于 1978 年年底。在中国共产党的领导下，经过四十多年渐进式制度变迁，中国在坚持社会主义基本经济制度的基础上，由一个高度指令性的计划经济逐渐演变成为市场在资源配置中起决定性作用的社会主义市场经济。中国的体制改革以马克思的历史唯物主义的基本原理为理论基础，也就是基于生产关系与上层建筑要适应生产力发展水平的基本观点。中国在计划经济时代经济发展缓慢是因为新中国成立后建立的生产资料所有制与计划经济体制不适应当时的生产力水平。改革以所有制为重点的生产关系与以计划经济管理体制为重点的上层建筑就是为了促进经济的快速发展。在改革过程中，也借鉴了西方新制度经济学中的一些有用的概念和理论观点。

一、社会主义基本经济制度的构建与完善

改革开放之后，中国社会主义基本经济制度逐步形成。1997 年党的十五大从所有制关系的层面，首次明确提出了以公有制为主体、多种所有制经济共同发展的社会主义基本经济制度。党的十九届四中全会进一步将社会主义基本经济制度的内涵扩展为三个方面，即公有制为主体、多种所有制经济共同发展的所有制制度，按劳分配为主体、多种分配方式并存的分配制度和社会主义市场经济体制。这三个维度的制度组成的中国社会主义基本经济制度，以马克思历史唯物主义为理论基础，分别对应生产、分配和交换三个方面，是一个相互联系、相互促进的

有机整体。

一方面，所有制结构是分配制度和社会主义市场经济体制的重要基础。以公有制为主体、多种所有制经济共同发展，意味着在社会主义初级阶段中存在着多种所有制成分，必须实施市场交换。如果只有一种所有制，就没必要进行市场交换，市场经济就没有存在的基础。同时，所有制结构决定了分配制度，所有制结构的调整，决定了分配制度的变化。另一方面，社会主义市场经济体制的完善为落实各种所有制经济共同发展提供了实现途径，否则多种所有制经济共同发展就成了一句空话。社会主义初级阶段基本经济制度的确立和社会主义市场经济体制的建立相辅相成，缺一不可，前者为后者提供了理论基础，后者为前者提供了实现途径。

（一）所有制改革

改革开放以来，我国的所有制改革主要经历了三个历史阶段。

第一阶段是改革开放初期的启动和探索阶段。这一时期我国开始探索所有制结构调整，首先是在农村启动并推广家庭联产承包责任制和双层经营体制，这激发了农民的生产积极性，激活了农村经济，为后续更广泛更深入的改革奠定了基础。20 世纪 80 年代中期，改革的重心转向了城市，尝试扩大国有企业自主权，逐步引入市场机制，增强企业激励机制，并允许鼓励个体经济发展，放宽私营经济限制，开始引进外资。在系列改革措施的推动下，公有制经济比重下降，非公有制经济地位逐渐提升，成为社会主义市场经济的重要组成部分。到 80 年代中后期，我国初步形成了以公有制为主体，个体、私营、外资以及公私混合等多种所有制经济并存的格局，为后来所有制的多元化奠定了基础。

第二阶段是 1992 年至 2012 年的社会主义市场经济体制构建阶段。1992 年党的十四大提出建立社会主义市场经济体制，进一步确认了非公有制经济的地位，明确发展多种所有制经济。通过完善市场体系，加强市场的基础性作用，促进了资源的有效配置，也为国企改革提供了良好的外部市场环境。进入 21 世纪后，我国加大了国有企业改革力度，国有企业开始实施公司化改造和股份制试点，并进行混合所有制改革，建立现代企业制度，这推动了国有企业向股份制企业的转变，混合所有制经济也得到了较快的发展。

第三阶段是 2013 年以来的全面深化改革阶段。这一阶段所有制改革进一步深化，强调产权保护、公平竞争，并进一步放宽了市场准入，推动了非公有制经济发展，加强了国有经济的优化和调整。首先是大力推进混合所有制改革，党的十八届三中全会提出要积极发展混合所有制经济，国有资本、集体资本、非公有资本等交叉持股相互融合。为适应社会主要矛盾的变化和经济发展的需要，党的十九大后所有制改革进一步深化，强调公有制经济和非公有制经济共同发展，并在新的历史条件下对所有制结构进行新的调整。2020 年发布的《中共中央国务院关于新时代加快完善社会主义市场经济体制的意见》强调坚持公有制为主体、多种所有制经济共同发展。2024 年发布的《中共中央关于进一步全面深化改革　推进中国式现代化的决定》提出进一步全面深化改革、构建高水平社会主义市场经济体制，坚持和落实"两个毫不动摇"，即毫不动摇巩固和发展公有制经济，毫不动摇鼓励、支持、引导非公有制经济发展。

随着所有制改革的不断深入，我国形成了适应生产力发展的生产关系。在农村，通过改革所有权与经营权合二为一的集体所有制，建立以家庭承包经营为核心的土地所有权、经营权相分离的新型集体所有制，极大地促进了农民生产积极性和农业发展，也推动了劳动力不断向非农产业转移。在城市，一方面国企改革通过所有权和经营权两权分离，大大提升了国有经济经营效率和质量，在国民经济中发挥了重要的主导性作用；另一方面，随着发展政策环境从放松、允许转向大力支持，民营经济实现了蓬勃发展。

（二）社会主义分配制度的形成

在社会主义基本经济制度层面，分配制度主要涉及初次分配制度。我国社会主义初级阶段的分配制度，以按劳分配为主体、多种分配方式并存，该分配制度遵循效率优先原则，结合了按劳分配和按生产要素贡献分配。初次分配制度从属于所有制制度，随着所有制结构的调整，我国的分配制度也不断调整。改革开放前，生产资料归国家和集体所有，这时的按劳分配制度实际上是平均主义分配。改革开放以来，我国分配制度改革也逐渐深化，形成了较为完善的中国特色社会主义分配制度。

大体上看，改革开放以来的分配制度改革经历了四个阶段：一是改革开放初期的破除平均主义、落实按劳分配的阶段，与分配制度观念的转变相一致，该阶段推进了农村家庭联产承包责任制和城市国有企业承包经营制改革，劳动者收入差距逐渐拉开，致富光荣的观念深入人心。二是按劳分配与按要素分配相结合的阶段。1987 年党的十三大首次提出"以按劳分配为主，其他分配方式为补充"，1992 年党的十四大后收入分配制度改革进入按劳分配与按要素分配相结合的阶段，1997 年党的十五大提出了效率优先、兼顾公平的原则。这一阶段在长期以来强调劳动为唯一要素参与分配的基础上，突破性地加入了其他要素参与分配，促进了分配主体的多元化。三是 21 世纪初期效率与公平平衡的阶段。2002 年党的十六大提出要素分配遵循贡献原则，强调初次分配注重效率、再分配注重公平；2007 年进一步调整为初次分配和再分配都要注重效率和公平，再分配更加注重公平。这一阶段是收入分配制度在效率和公平权衡中不断完善的阶段。四是新时代更加注重公平和共享发展的阶段。随着收入分配差距不断扩大，党的十八大后收入分配政策转向让发展成果由人民共享，2017 年党的十九大提出要使收入分配更加合理有序，并强调了"扩中、增低、调高"的目标，旨在促进社会公平；2022 年党的二十大强调分配制度是促进共同富裕的基础性制度。提高劳动报酬在初次分配中的比重。可见，这一阶段收入分配制度已经从注重发展和效率，转向注重公平性和共享性。

随着收入分配制度的改革和调整，我国初次收入分配状况不断变化，呈现出三个特征：一是计划经济时期的平均主义分配方式被彻底打破，按要素分配大大调动了劳动者和要素所有者的积极性，同时也使得社会各阶层的收入差距持续扩大；二是居民收入来源更加多元化，劳动工资性收入占比持续下降，而经营性收入、财产性收入等非劳动收入占比不断上升；三是劳动者报酬占国民收入的比例，在 2012 年前后总体上经历了先下降后上升的转变，这与分配制度从侧重发展和效率，向注重公平和共享发展的转变是相一致的，也是经济发展阶段转变带来的必然结果。

（三）社会主义市场经济体制的改革与完善

市场经济体制与计划经济体制不同，要求市场在资源配置中起决定性作用。社会主义市场经济体制兼具了社会主义制度和市场经济的特征。1979 年，邓小平就提出社会主义可以搞市场经济。1984 年，党的十二届三中全会通过了《中共中央关于经济体制改革的决定》，提出以公有制为基础实行有计划的商品经济；1992 年，党的十四大首次提出改革的目标是建立社会主义市场经济体制；1993 年，党的十四届三中全会通过了《中共中央关于建立社会主义市场经济体制若干问题的决定》。这一系列有关体制改革的纲领性文献的出台，加快了经济体制改革进程，促进了社会主义市场经济体制的建立。2003 年，党的十六届三中全会通过了《中共中央关于完善社会主义市场经济体制若干问题的决定》；2013 年，党的十八届三中全会通过了《中共中央关于全面深化改革若干重大问题的决定》；2022 年党的二十大强调构建高水平社会主义市场经济体制。这些历史性重要文献的出台以及采取的各项改革举措，标志着中国经济改革不断向纵深推进，社会主义市场经济体制不断完善。

市场经济体制改革涉及许多方面，包括前文讨论的所有制改革、分配制度改革，这里主要阐述市场体系改革和政府行政体制改革。市场体系改革在 1984 年正式启动，以放开、调整价格为特征的价格体系改革为核心，随后不断放开各种商品和生产资料价格管制，商品市场、生产资料市场初步形成。1993 年开始侧重发展生产要素市场，规范市场行为，营造公平竞争环境，到 21 世纪初实物商品市场的价格机制基本形成，土地市场活跃，市场壁垒大大减少。2002 年党的十六大提出"健全现代市场体系"，重点推进资源产品价格形成机制改革，提高市场化程度；"十五"时期社会主义市场经济体制基本形成，全国统一市场体系基本建立。2012 年以后改革进入市场体系的完善阶段，以完善产权制度与要素市场化配置作为改革重点；2022 年提出要加快建设全国统一大市场。通过持续的改革，我国初步构建起统一开放、竞争有序的现代市场体系，市场化程度不断加深。

与经济体制改革相并行，行政体制改革也日益深入，对政府职能定位的认识逐渐清晰，政府职能不断转变，经历了改革开放前的高度集权型管理、改革开放初期的全能型管制，到经济型政府、发展型政府、服务型政府，逐渐转向以公共服务和社会管理为导向的管理体制。政府职能转变与政府机构改革并行，政府机构改革是实现政府职能转变的重要保证。从 1982 年到 2023 年，我国进行了 9 次政府机构改革，目的是适应经济转型要求、提高机构运行效率，先后经历了机构精简、整合优化政府组织架构、构建现代政府治理体系三个阶段。通过持续 40 多年的行政体制改革，政府职能实现了根本性转变，逐步形成了适应社会主义市场经济发展的现代政府治理体制。

二、体制改革对中国经济发展的推动作用

经过持续的经济体制改革，中国逐步建立了社会主义初级阶段的基本经济制度和分配制度。这种改革实际上是对生产关系不适应生产力发展的那部分以及对上层建筑不适应经济基础的那部分进行调整，这些调整过程就是一个制度变迁过程。中国体制改革实施以来，整个社会充满活力和生机，生产力获得了巨大的解放，经济发展取得了惊人的成就，创造了世界经济发展史上的伟大奇迹。实践证明，改革开放是促进经济发展的根本动力。这里从制度变迁角度讨论一下体制改革对经济发展的推动作用。

第一，产权制度是最基础的制度，是市场经济得以建立的前提。所有制变革本质上就是产权制度变革。改革开放初期我们党提出的社会主义初级阶段论破除了社会主义所有制认识上的传统教条，为建立公有制为主体、多种所有制经济共同发展的基本经济制度提供了强大理论基础。社会主义初级阶段基本经济制度的确立，推动着中国以所有制改革为核心的改革不断深入，促进了各种所有制经济的蓬勃发展，国有经济在改革中增强了活力，非公有制经济在改革中也获得了快速发展。

第二，一个有效率的制度就是能够给经济主体提供激励机制的制度，而市场制度就具备这种功能。在体制改革过程中，中国社会主义市场经济体制逐步建立和完善。市场经济把每个人的努力与自己的收益密切联系起来，使得个人收益接近社会收益，充分调动了亿万人民群众的生产积极性、主动性和创造性，使生产力获得巨大的解放，推动着中国经济持续高速增长。

第三，制度的另一个功能就是降低交易成本。中国体制改革有助于降低交易成本，提高资源配置效率。市场化改革使得在计划经济下由政府配置资源转向由市场配置资源，减少了企业家与政府相关部门打交道所花费的时间和资源，抑制了因资源被用于非生产性用途而导致的交易成本的上升，从而提高了资源配置效率，促进了经济增长。随着我国体制改革的不断深化，尤其是行政体制改革的深化，各种审批事项和自由裁量权不断削减，企业家能够把更多的精力和时间花在生产性活动中，营商环境会大幅度改善，交易成本进一步降低，经济焕发更大的活力。

第四，中国特色的行政管理体制是促进中国经济快速增长的重要因素。首先，通过以财税体制分权为重点的体制改革调动了地方政府推动当地经济发展的积极性。其次，以经济增长为核心的考评体系激励地方政府展开竞争。这些考核指标成了指挥棒，指挥各地政府为了增加 GDP 而努力工作。为了加速发展，各地争相融资以扩大基础设施建设，同时各地采取各种优惠政策积极招商引资，通过大规模投资来增加 GDP，从而造成了各地你追我赶的增长竞赛。中国的经济高速增长虽然主要得益于市场化体制改革，但行政分权化体制改革也是促进中国经济高速增长的重要因素。如果说市场化改革充分调动了各类经济主体的积极性，激发了他们的活力，那么分权化改革则充分调动了地方政府的积极性，推动了各地经济的快速增长。这两个方面积极性的相互配合，是中国成功实现跨越式发展的主要动因。当然，随着经济进入新时代，中国经济发展方式必须从数量增长型转变到质量提高型、创新驱动型，过去激励地方政府加快增长的指挥棒必须改变，考核指标设计由高速增长转变到基于创新、协调、绿色、开放、共享发展理念的高质量发展上来。

三、新时代中国深化体制改革的主要目标与任务

中国特色社会主义进入了新时代，中国经济发展也进入了新时代，中国进一步深化体制改革将面临新目标和新任务。改革的目标和任务是综合性的，必须整体推进，不能单兵突进。但是，体制改革的目标和任务的内容非常丰富，这里着重从以下四个方面加以阐述，其他相关改革在本书相应章节中进行论述。

第一，坚持和完善中国特色社会主义基本经济制度。公有制为主体、多种所有制经济共同发展的基本经济制度，是中国特色社会主义制度的重要支柱，也是社会主义市场经济体制的根基。公有制经济和非公有制经济都是社会主义市场经济的重要组成部分，都是我国经济社会发展的重要基础。为此，一方面，要毫不动摇地巩固和发展公有制经济，坚持公有制的主体地位，发挥国有经济的主导作用，不断增强国有经济的活力、控制力和影响力。要深化国资国企改革，加快优化国有经济布局和结构调整，推动国有资本和国有企业做强、做优、做大，提升

企业核心竞争力。另一方面，要毫不动摇地鼓励、支持和引导非公有制经济发展，激发非公有制经济活力和创造力。国有资本、集体资本和非公有资本等交叉持股、相互融合的混合所有制经济，有利于国有资本放大功能、保值增值和提高竞争力，有利于各种所有制资本取长补短、相互促进、共同发展，同时也是坚持公有制主体地位的一个有效途径和必然选择。① 此外，要优化民营企业发展环境，切实依法保护民营企业产权和企业家权益，促进民营经济发展壮大。

第二，推进国家治理体系与治理能力现代化改革，提高我国市场经济体制运行效率。经济体制改革是全面深化改革的重点，核心问题是处理好政府和市场的关系，在使市场在资源配置中起决定性作用的同时更好地发挥政府作用，实现有效市场和有为政府的有机结合。因此，处理好政府行政管理能力与市场运行效率之间的关系，对推进国家治理体系与治理能力现代化具有十分重要的意义，这也是制度创新的重要内容。由于国家治理体系与治理能力集中体现在一个国家的制度设计和制度执行力上，转变政府职能和提高市场经济运行效率的问题需要通过深化行政体制改革来解决。简政放权与改革行政审批制度是关键，建设服务型政府和法治政府是目标，赋予地方政府更多自主权是方向。

第三，构建高水平社会主义市场经济体制，提高制度运行效率，降低交易成本。改革开放以来，虽然中国社会主义市场经济体制已逐步建立，但市场体系仍然不完善，尤其是生产要素市场还需要进一步改革。2022 年党的二十大就加快完善我国市场经济体制的任务进行了战略部署。总体而言，要坚持和完善社会主义基本经济制度，做大做强国资国企，壮大民营经济。具体而言，在宏观层面上，要健全宏观经济治理体系，发挥国家发展规划的战略导向作用，加强财政政策和货币政策协调配合，要健全现代预算制度，深化金融体制改革，加强反垄断和反不正当竞争。在微观层面上，经济体制改革要以健全产权制度和优化要素市场化配置为重点，完善中国特色现代企业制度、支持中小微企业发展，要深化简政放权、放管结合、优化服务改革，要深化要素市场化改革，建设高标准市场体系，要完善产权保护、市场准入、公平竞争、社会信用等市场经济基础制度。通过深化宏观和微观体制的各项改革，完善我国社会主义市场经济体制，为市场在资源配置中起决定性作用和更好发挥政府作用创造良好的制度环境。

第四，促进科教兴国、创新驱动战略的配套体制机制改革。党的二十大指出，教育、科技、人才是全面建设社会主义现代化国家的基础性、战略性支撑。为实现教育强国、科技强国、人才强国，一是加强教育体制改革。要加快建设高质量教育体系，加快建设中国特色、世界一流的大学和优势学科，深化教育领域综合

---

① 《中共中央关于全面深化改革若干重大问题的决定》，人民出版社 2013 年版，第 7—9 页。

改革，完善学校管理和教育评价体系，健全学校家庭社会育人机制。二是完善科技创新体系。一方面要完善党中央对科技工作统一领导的体制，健全新型举国体制，提升国家创新体系整体效能，另一方面要深化科技体制改革，加强知识产权法治保障，形成支持全面创新的基础制度。三是通过体制改革为创新发展集聚人才。要实施更加积极、更加开放、更加有效的人才政策，深化人才发展体制机制改革，不拘一格集聚优秀人才。

第五，构建我国更高水平的开放型经济体制。对外开放与体制改革是密不可分的整体。在构建人类命运共同体的过程中，中国作为全球治理的参与者，在参与全球规则制定中提供了中国智慧、中国方案，同时也提升了中国的制度性话语权。面对国内外新环境、新形势，中国不仅要继续坚持对外开放，而且开放水平和层次还要更高，要通过推动共建"一带一路"高质量发展，形成陆海内外联动与东西双向互济的开放型经济体制。党的二十大对中国新时期的高水平开放做出了部署。从体制制度的层面来看，总体上，要加快构建以国内大循环为主体、国内国际双循环相互促进的新发展格局。具体而言，要以国内大循环吸引全球资源要素，增强国内国际两个市场两种资源联动效应；稳步扩大规则、规制、管理、标准等制度型开放；推动货物贸易优化升级，创新服务贸易发展机制；依法保护外商投资权益，营造市场化、法治化、国际化一流营商环境等。

思考题

1. 试述马克思的制度变迁理论的基本观点及其当代意义。
2. 按照新制度经济学观点，制度促进经济增长的作用是通过什么机制来实现的？
3. 什么是产权？市场经济中的产权如何影响人们的经济行为？
4. 什么是中国社会主义初级阶段的基本经济制度？试述中国社会主义初级阶段基本经济制度的形成与完善过程。
5. 新时代深化经济体制改革的主要目标和任务是什么？

▶ 即测即评

请扫描二维码进行在线测试。

第十八章　市场与政府

实现市场与政府的有机结合，是发展中国家长期以来想要解决但一直未能有效解决的一个问题。在市场经济不发达和经济追赶的条件下，发展中国家要推动经济发展，政府必须发挥比发达国家更重要的作用。但是，政府在经济中担当的角色不是一成不变的，必须要随着发展阶段的转变而转变。

第一节　市场机制的作用与市场失灵

一、市场机制对经济发展的促进作用

市场机制是一定市场形态下价格、供求、竞争等相互作用、相互影响，由此推动经济运行和资源配置的机能。市场机制实际上是市场诸要素功能的自动耦合过程。商品和生产要素价格的变动是市场机制作用的信号，供求双方是市场机制作用的对象，对自身利益最大化的追求则构成了市场机制的动力。市场机制通常被称为"看不见的手"，它是市场经济的核心范畴。

市场机制的作用包括两个方面：促进资源的优化配置；促进经济增长。[①] 市场机制的配置功能主要表现在五个方面：第一，市场将消费品分配给不同的消费者，这种分配是由消费者的支付意愿所决定的，并且，假如人们认为收入分配格局可以接受，这种分配过程是富有社会效率的；第二，按照利润最大化的原则，市场指导着生产在各种产品之间的分配，在以上同样的假设下，这也是符合社会利益的；第三，按照获取最大收益的准则，市场在多种用途之间配置不同的生产要素；第四，市场支配着现有各种特定的劳动力和资本设备的相对数量；第五，市场在生产要素之间，从而在个人之间分配收入。总而言之，迄今为止，市场是解决稀缺资源合理配置和利用问题的最有效的方法。

市场机制还能促进经济增长。首先，市场能够激发个人的积极性、主动性和创造性。在市场制度下，每个人为了获得更多的利益而会尽自己的最大努力。劳动者充分使用自己的体力和脑力以挣得更大的收入，企业家充分施展自己的才干以赚取更多的利润。此外，在市场制度下，竞争是非常激烈的，如果一个人在竞争中获胜，他就可以占有大量的社会财富以供自己享用；如果在竞争中失败，他也必须承担一切损失，甚至倾家荡产。市场竞争的这一优胜劣汰的机制发挥着胡

---

① 谭崇台编：《发展经济学》，上海人民出版社 1989 年版，第 542—543 页。

萝卜（诱力）和大棒（压力）的双重作用，促使每个竞争者经常保持着进取精神。这样，整个社会就始终处在蓬勃向上的状态之中。

其次，市场能够促进技术创新和生产率的提高。在市场中，获利的内在动力与竞争的外在压力促使每个生产者将不断地改进生产技术和管理方法，降低生产成本，提高生产效率，创造新产品，改善产品质量和服务态度。总之，市场的竞争机制能使企业家最有效率地使用稀缺资源。

再次，市场为各种形式的资本积累提供有力的刺激。对于劳动者来说，他们会努力提高自身的技能（通过接受教育或培训）以积累人力资本，因为这样的技能能够使他们赚更多的报酬；对于资本所有者来说，他们也愿意不断地积累物质资本，因为这样的资本能够为他们带来更多的收入。毫无疑问，人力资本和物质资本的不断积累乃是经济发展的重要前提。

最后，市场对于存在鲜明二元经济结构的发展中国家来说还可以促进工业化和城市化，因为工业部门的高劳动生产率和高工资水平自动地吸引着越来越多的农村劳动力向工业部门转移，更多的农村人口向城市地区流动。此外，工业部门的资本收益率远远高于农业部门，农村部门的农业剩余就会不断流向工业部门和城市地区。在劳动力和农业剩余持续流向工业部门和城市地区的过程中，工业化和城市化进程在加快，最终实现工业化和城市化。

总之，一个运行良好的市场体系将倾向于提高经济效益，并刺激经济增长。而且，值得注意的是，市场能够自发地做到这一点，既不需要庞大的管理机构，也不需要集中的决策和大量的政策，所需的仅仅是提供一个能够确保各种契约生效的法律体系和良好的市场环境。

市场机制的作用也遭到诸多非议。一种是批评市场机制不能正常地完成它的功能，另一种是批评正常运行的市场机制所产生的结果不能令人满意。关于第一种批评又分两种情况：一是市场不能良好地运行，二是良好运行的市场不能产生最好的结果。对于发展中国家而言，市场之所以不能完美地运行，可能是由于经济主体对市场机制不熟悉或对有关信息不了解，也可能是受到与报酬最大化原则不同的行为模式的影响。如果原因是前者，那么政府不必代替市场做出配置决策，而可以传播使市场有效运转的知识和信息，并提供利用市场所必需的教育和训练。如果原因是后者，则不仅会阻碍市场机制的运转，而且会阻碍经济发展本身。在这种情况下，需要的是社会心理的变革。但是，西方学者认为发展中国家与发达国家社会心理的差异巨大是一种毫无根据的猜测，实际上发展中国家的人民像发达国家人民一样也是理性的，对价格的反应是灵敏的。

关于良好运行的市场不能达到预想的结果主要是指社会收益和成本与私人收益和成本不一致的问题。这种情况与经济发展有着特殊的联系，它包括规模收益递增，甚至还包括工业中技术进步或资本积累比农业更为迅速的可能性。社会的和私人的收益之间存在着差异，并不一定意味着必须用政府来代替市场机制；相反，通过运用适当的税收或补贴消除社会和私人收益之间的差异，可以使市场运行得更加完善。

关于第二种批评也有两种情况：一是市场条件下的收入分配是不公平的，二是市场不能使经济增长达到令人满意的高度。市场机制的确会导致收入分配不均的问题，但这种不均不一定是坏事。市场条件下的收入分配取决于个人的才能和财富，取决于人们利用其劳动和货币以寻求有利可图的机会的才干，只要他们做出了明智的或幸运的选择，他们就可得到较高的收入。如果人们不被允许去享受由他们自己的决策而得到的收入，就会影响他们的决策，进而损害市场体系的效率。因此，经济效率和社会公平的矛盾是存在的，但这种矛盾的范围和程度将随着经济发展状况的变化而变化。在发展初期，过分强调分配的公平可能会影响效率和增长，其代价很大；但在发展的后期，注重公平虽然会牺牲一些效率和增长，但会促进社会和谐，是比较明智的一个选择。至于认为市场不能使经济增长达到令人满意的高度的说法的真正含义是只有国家才能完成推动经济高速增长的任务，因为国家比私人拥有更全面的信息和更准确的判断力，从而能够比私人做出更好的决策。其实，很多事实证明，个人能比政府更有效率地建立并经营企业，最好的政策是用租税减免、补贴和信用放款去刺激个人企业投资。在刺激储蓄方面，政府要做的是用较高利率去刺激私人自愿储蓄，而不是用租税或通货膨胀去强迫储蓄。

二、发展中国家的市场失灵

市场机制是迄今为止最有效地配置资源的一种方式。然而，即使在发达的市场经济中，市场机制的作用也会由于垄断、外部性、公共物品、信息不完全和不对称等因素的影响而受到限制，从而出现市场失灵的情况。此外，单靠市场机制的调节，也难以保证宏观经济的稳定和收入分配的合理。对于经济发展水平较低和市场经济不发达的发展中国家来说，由于垄断、外部效应、公共物品、信息不完全和不对称以及宏观经济不稳定等所带来的问题比发达国家更严重，但这些国家面临的问题不仅仅是这些，还在于市场经济本身不发达和不完善，从而市场机制不能充分有效地发挥配置资源的作用。

对于发展中国家来说，由市场经济本身不发达所导致的市场失灵主要表现在以下几个方面。

第一，一定数量的经济活动是由传统、习俗或命令来调节的，一些经济参数非市场化，从而市场机制的作用范围有限，不能在全社会的范围内发挥配置资源的功能。发展中国家的许多人都生活在穷乡僻壤之中，他们既无钱财又缺少文化，许多人尚未进入商品—货币市场。即使开始进入商品—货币市场，他们对市场信息也不敏感，既不能从商品交换中受益，也不能积极地促进市场的发展。

第二，价格信号的失真度高，价格扭曲的现象大量存在，市场主体难以获得较全面和准确的经济信号，往往是按片面的、扭曲的市场信号做出决策，从而市场机制不能正常地发挥作用。在发展中国家，商品和要素市场往往组织得很差，有的甚至根本就不存在，这就使产品的生产不能按照消费者的偏好来进行。而价格的刚性导致市场供需失衡，扭曲的价格不能反映商品、劳动和资源的真实社会成本。

第三，市场主体有时即使能得到较为全面和准确的市场信号，但由于风气未开、环境不良，他们在复杂的经济活动中往往难以做出相应的选择。企业往往担心风险过大而不敢对新的项目进行投资，或因资金有限而不能扩大本来应该扩大的生产规模。风险是成本的一部分，企业在经营过程中必须考虑这一问题。如果收益足以抵付包括风险成本在内的成本，企业的资源配置就是有效率的；反之，企业的资源配置就是缺乏效率的。如果企业对风险估计过高，或者胆识不足，那么即使一个新的项目颇有前途，又有利于国计民生，他们也可能不会去投资。扩大生产规模或投资生产规模较大的项目，需要较多的资金，而由于银行系统和资本市场不完善，企业从市场上得到资金的能力很有限，这不能不妨碍企业的发展壮大。

如果说发达经济中的市场失灵起因于垄断、外部性、公共物品等市场经济的固有缺陷，那么，不发达经济中的市场失灵，则主要源自市场经济体系本身不发达、不完善。这种不发达是指市场经济的构成要素不同程度地处于缺失之中，从而市场机制难以发挥其配置功能。

第二节　政府在经济发展中的作用

发展中国家在经济发展中不仅面临着市场机制固有的缺陷问题，而且面临着市场经济本身不发达，从而市场机制不能充分有效地发挥配置资源的作用的问题。在这种情况下，政府有必要发挥如下基本经济职能。

一、弥补市场经济的缺陷

市场经济虽然通过价格机制能够有效地配置资源，但它也存在一些固有的缺陷，不论是在发达国家，还是在发展中国家，这些缺陷都是存在的。政府针对这些缺陷所发挥的经济职能主要表现在以下两个方面。

一是针对在微观上由垄断、公共物品、外部性、信息不完全等所造成的市场失灵，政府首先是要在立法和行政管理上减少行政垄断、市场垄断和负外部性问题，这在发达国家是通常的做法，但发展中国家由于体制问题更容易产生垄断，反垄断工作尤其要加强。其次要提供需要巨额投资的港口、公路、铁路、航空、桥梁、电力设施、排灌系统、通信网络等公共基础设施，提供包括基础研究、教育、医疗卫生、市场信息等在内的各种公共服务。在克服市场失灵的各种手段方面，发展中国家与发达国家差别不是很大，但也有些差别。发达国家由于公共基础设施比较完善，因此不需要大量地投资这方面公共产品，而发展中国家公共基础设施差，需要政府大量的投资。此外，发展中国家由于政治体制和文化传统因素，市场经济所要求的法制精神和诚信体系还很不健全，因此，纠正市场失灵更为困难。

二是保持宏观经济的稳定。在这方面，发展中国家政府的目标与发达国家的目标是有很大区别的。发达国家的宏观经济政策目标主要是反周期，消除或缓解经济周期性波动造成的失业和通货膨胀。发展中国家的宏观经济政策目标主要不是反周期，而是保持经济快速增长。然而，这种政策目标使许多发展中国家，如20世纪80年代的拉美国家，产生了巨额财政赤字、沉重的外债负担和恶性通货膨胀，严重地影响到经济增长和低收入阶层人民的生活水平。有鉴于此，80年代之后发展中国家尤其是中等收入国家开始把经济稳定也作为宏观经济政策目标之一。发达国家宏观经济调控主要运用的是财政和货币政策，而发展中国家运用的政策工具要广泛得多，除了财政和货币政策，还可以利用产业政策、区域政策、国有企业、国有银行、政府行政命令等多种手段。

二、促进市场机制的发育与健全

在市场经济不发达的发展中国家，政府之所以要承担起培育市场的职能，是由于这些国家市场经济的发育受到社会历史条件的重大制约。对于发展中国家来说，要消除市场经济发展的限制因素，创造市场经济发展的条件，政府必须要发挥重要的作用。

培育市场是一项巨大的社会系统工程，其中关键性的几项内容是：

第一，培育市场主体。政府应废除各种形式的等级制度和特权制度，使社会各阶层均有择业、就业、迁徙、签订契约的自由。要鼓励民间的投资热情，使民营企业制度尽快建立起来。此外，要不断深化国有企业制度改革，使其逐渐成为独立的市场竞争主体。

第二，建立市场体系。在发展产品市场的同时，重点培育要素市场，促进劳动、资本、土地、技术、信息等要素市场制度的发展。要打破地区封锁、部门垄断的局面，促进国内统一大市场的形成。

第三，改进价格制度。在市场经济不发达的条件下，由政府对某些产品和要素的价格实行一定的干预是必要的。但在这个过程中，应注意克服政府干预会带来的价格过度扭曲，逐渐把价格理顺，特别是要逐步建立起主要由市场形成价格的机制。在时机成熟的条件下，允许大多数产品和要素的价格在市场上形成。

第四，加快国内市场与国际市场的对接。积极地开拓国际市场，既能解决国内资源的"瓶颈"约束，又能推动国内市场的扩大，加速市场的发育。在此方面，政府应发挥积极的作用，如促进对外贸易的发展，改善投资环境，吸引外国直接投资，打破国内与国际两个市场相互分割的体制。

培育市场是一个制度变革和制度创新的过程。在这个过程中，政府应进行市场法治建设，制定并实施各种市场基础设施和市场运行等方面法规，如保护产权、培育市场组织、建立市场规则、完善劳动和社会保障等方面的法律法规。

三、引导资源配置和产业升级

发展中国家在经济发展中所需的各种资源都很有限，特别是现代企业家群体还较小，素质也不高，还没有成为一支重要的社会力量。这样，单靠市场机制来引导经济发展，不仅力度不够，而且持续的时间势必较长，稳定性也较差。在这种情况下，政府有必要引导资源配置和产业结构转型升级。

在发展中国家，政府对市场的替代作用主要表现在两个方面：

首先，政府直接创办国有企业。国有企业在一些发达国家也存在，但在发展中国家最为普遍。近几十年来，发展中国家的国有企业的规模和数目都在迅速扩大。过去，国有企业只在公用事业（煤气、供水、供电和城市交通）、运输（铁路、航空、港口）和通信（电话、网络和邮政服务）等行业较为普遍，现在它们已扩展到大型制造业、建筑、金融、服务、自然资源、农业等关键性的经济部门。在一些国家，国有企业在有些行业甚至占支配地位。例如，在塞内加尔、坦桑尼亚、孟加拉国、缅甸、印度、墨西哥、尼加拉瓜等国，国有企业在自然资源部门的总产量中占一半以上。在突尼斯、埃及、叙利亚、埃塞俄比亚等国，制造业中60%的增加值是由国有企业创造的。进入20世纪90年代后，私有化浪潮席卷全世界，但发展中国家的国有企业投资所占比重仍然较大，国有企业投资占政府资本投资总额的1/4左右。不过，应当看到，国有企业对发展中国家的生产和资本形成虽做出了重大贡献，但它们也占用了大量的社会资源，加重了政府的财政负担，并存在着机构臃肿和效率低下的问题。

其次，政府通过产业政策，引导资源投向政府鼓励性、战略性产业。在一些发展中国家和地区，政府往往以行政手段影响资源配置，推动特定产业的发展，以实现产业结构的优化和升级。这种情况在亚洲"四小龙"表现得较为突出，且往往是以产业政策的形式体现出来的。20世纪六七十年代以后，东亚地区的韩国、新加坡等都不同程度地推行过产业政策。在韩国，产业政策是政府指导经济发展的重要手段。在经济增长的不同阶段，政府都根据国家发展战略确定优先发展的目标产业。对于目标产业，政府从资金、技术、资源、信息等各个方面予以全力支持。韩国的产业政策，首先是发展基础原材料工业，继而发展轻工业中的劳动密集型产业以促进出口。在通过发展轻工业积累了技术经验和资金后，又发展重化工业，进而扩大出口，逐步实现产业结构向高端转化。东亚一些国家和地区的产业政策，对于经济发展曾起过重大的推动作用。

四、促进长期增长

发展中国家政府的主要任务是要促进经济持续快速增长。实现长期增长是一项重大的系统工程。但在发展初期，促进经济增长的关键因素是资本积累，因此政府在如何筹措发展资金方面应发挥重要作用，可以在提高国内储蓄率和积极引进外资方面采取有效的政策。工业化是实现经济快速增长的推动力，政府在促进资源向工业部门和城镇地区流动方面可以起到引导作用，同时保持工农业和城乡之间的协调发展。政府还应利用比较优势发展劳动密集型工业以促进出口，同时对幼稚工业采取相应的保护措施。政府还可以充分利用后发优势来吸引外资和引进先进技术，促进技术模仿和创新，实现经济追赶。

第三节　政府失灵与政府效率的提升

一、政府失灵的各种表现与产生的原因

（一）政府失灵的表现

政府之所以要干预经济，是由于存在着市场失灵的情况。但是，市场解决不好的问题，政府也不一定能解决得好，反而有可能使之恶化。在经济发展的过程中，政府干预有可能导致政府失灵。经济发展过程中发展中国家的政府失灵主要表现在三个方面。

第一，政府干预经济的活动未能达到预期的目标。许多发展中国家所制定的经济发展计划未能取得理想的效果。经济发展计划是为了实现特定的经济发展目标而由政府事先制定的关于经济活动的比例或进行的安排。一个经济计划可以说就是在一定时期内要实现的一组特殊的经济数量指标。第二次世界大战后较长一

段时间，许多发展中国家曾把经济发展计划当作经济发展的重要条件和途径。人们一度相信，集中的国家计划提供了重要的制度和组织形式，它能克服经济发展中的障碍，确保经济的持续稳定增长。然而，发展中国家所制定的经济发展计划对经济发展虽起过一些促进作用，但其总的效果是令人失望的。一些发展中国家在制定经济计划时，曾把迅速实现工业化、大幅度提高国民生活水平、大量增加就业机会和减少收入不平等作为其基本目标，但经过若干年的建设，这些目标却未能得到实现。

第二，政府干预经济的活动虽基本上达到了目标，但效率低下，代价高昂。在经济发展中，发展中国家政府兴办了许多国有企业，这些企业的主要目标不在于开辟财源，而在于为整个国民经济的发展创造良好的环境提供保障。事实表明，这些国有企业虽然推动了基础设施的建设，改善了工业布局，提供了就业机会，但是它们大多数存在着机构臃肿、效率低下、亏损严重的问题。此外，国有企业因为产权不清，产生了大量腐败问题。可以说，国有企业社会目标的实现是在付出沉重代价基础上获得的。许多国家的国有企业因缺乏自生能力而靠财政输血过日子，一旦财政负担不起，最后很有可能走向破产。

第三，政府的不适当干预带来了一系列始料不及的严重后果。一是人为扭曲价格。大多数国家对外汇定值过高，对农产品和资本品定价过低。价格机制的扭曲阻碍了资源的合理流动和优化配置。二是人为地造成经济结构失衡。在许多发展中国家，政府片面支持工业化而忽视了农业的作用，造成农业长期停滞，粮食严重匮乏。非洲国家20世纪60年代初粮食自给率达98%，70年代末下降到70%，目前粮食自给率大约为60%。三是财政赤字高企，大量举借外债，并过多发行货币，造成通货膨胀严重，外债负担沉重。一些国家脱离实际制定庞大的经济发展计划，资金大部分依赖外债和增发通货，结果背上了沉重的债务包袱，陷入恶性通货膨胀。例如，巴西1981—1985年的发展计划共需投资3 700亿美元，其中57.5%靠外债筹集，这使巴西外债居发展中国家之首，通货膨胀率1984年达220%。四是对国内工业过度保护，致使资源配置低效，国际竞争力下降。由于政府对国内工业保护过多，一些国家工业部门失去创新的动力，经济效率非常低下。此外，在缺乏政府补贴的情况下，一些国家的产品很难打入国际市场。五是政策不当导致财富分配不均，贫富差距拉大。如伊朗巴列维王朝时期，巴列维倡导的"白色革命"的主要内容是土地改革，但十年土地改革受益最大的是富农，47.5%的农民并未分到土地，即使分到一点土地，也不能靠此维持最低生活需要。

（二）政府失灵产生的原因

发展中国家政府失灵是由多方面原因引起的，其中有经济方面的原因，也有社会政治和历史文化方面的原因。第一，政府干预经济的方式不当。对于市场经济不发达的发展中国家来说，政府本应把积极地培育市场、增强市场的资源配置机能作为自己的一项重要职责，但从实际情况来看，许多发展中国家的政府在干预经济时往往过于强调政府对市场的替代作用，非但没有积极地培育市场，反而限制了市场作用的发挥，甚至完全以行政力量代替市场机制。这种片面干预经济的方式，是导致政府失灵的一个重要原因。

第二，经济发展战略失误。第二次世界大战后，发展中国家大多推行的是优先发展重工业或进口替代工业的发展战略。许多国家不顾国力和资源约束，盲目追求高速度、高指标和高投资，过多地兴建大型项目；长期实施以牺牲农业为代价而发展工业的政策；忽视外贸、教育、科技的发展；不断扩大政府开支，并依靠发行货币、扩张信用来弥补财政赤字。这种战略的实施结果被证明是不成功的。

第三，利益集团的矛盾冲突导致政府经济政策选择失当。拉丁美洲民众主义文人政府的进口替代工业化政策，很大程度上就是利益集团之间矛盾冲突的产物。民众主义的核心是民族主义及"资本和劳动之间的妥协"，其目标是使社会各阶层都能不同程度地分享经济发展所带来的好处。[①] 在这种折中主义和调和主义思想影响下形成的进口替代工业化政策，对经济发展带来了许多不利影响。

第四，行政管理效率低下。在许多发展中国家，执政的政治集团和军事集团往往集立法、司法、行政、经济、军事等权力于一身。这些集团往往不是致力于经济发展，而是热衷于争权夺利，攫取个人财富。在经济上，它们倾向于对具体事务做过多的干预。这一方面使政府部门的规模不断膨胀，另一方面也容易助长决策的随意性和盲目性。此外，在发展中国家，政府工作人员往往效率观念淡薄，官僚主义严重，甚至贪污腐化，营私舞弊。发展中国家低效率的政府，很难担负起有效干预经济的职责。

第五，信息不通畅。政府要有效地干预经济生活，必须掌握全面准确的经济信息。但在市场经济不发达的条件下，由于信息渠道不畅通，政府要及时地得到全面准确的经济信息实属不易，且获取信息所需要的高额成本，也限制了政府在此方面的努力。政府依据不完全的信息所做出的决策，也就难以产生预期的效果。

第六，寻租活动盛行，腐败现象严重。所谓寻租活动，是指为了维护既得经济利益或对既得利益进行再分配而进行的非生产性活动。当政府直接干预经济活动时，经济租金以及追逐租金的现象就会出现。在市场经济不发达、不成熟的情况下，政府官员往往利用行政干预手段来增加某些行业或企业的利润，人为地制

① 贾根良编：《拉丁美洲市场经济体制》，兰州大学出版社1994年版，第224页。

造租金，诱使寻租企业向他们提供好处作为获取这种垄断租金的条件。寻租活动的实质，就是寻租者利用各种合法或非法的手段取得占有租金的垄断权。寻租活动对经济发展造成了十分不利的影响，它导致了资源配置的扭曲，使更有效的生产方式无法实施。此外，寻租活动还白白耗费了许多资源，使本来可以用于生产性活动的资源浪费在社会无益的活动上。

二、政府提升效率的能力与条件

（一）提高政府治理能力

政府要有效地发挥作用，避免在干预经济中出现政府失灵问题，就必须具备相应的治理能力。政府能力是指政府以最小的社会代价采取并促进集体行动的能力。政府能力大体可以分为两个层次：一是政府的效能，即实现既定目标的效率；二是政府的自我约束力，即政治家和公务员是否按照公共利益行事。只有具备了较高的能力，政府才能选择干预经济的正确方式，才能制定并实施有效的经济政策，并把政府失灵降低到最小的程度。

从现实情况来看，发展中国家的政府能力亟待提高。世界银行的经济学家们认为，发展中国家的政府机构普遍存在行为不规范、用人不当、法律实施能力差等问题。为了从根本上解决这些问题，需要注重以下三项关键性建设。

一是增强制定和协调政策的能力。要实现一定的发展目标，必须将目标转化成具体的政策，并使各个部门的政策相互协调。这要求建立有利于信息畅通、纪律严明和决策者对决策后果负责的机制。一个高效能的决策机制一方面能赋予决策者一定的灵活性，同时又允许利益相关者在决策过程中提出建议和实行监督。

二是建立有效的服务提供系统。关键是在灵活机动和循规蹈矩之间做出正确的权衡。对于可以利用竞争方式和容易明确划分业务范围的经济活动来说，采取市场机制和承包的方式常常可以大大改善服务的提供。但是许多其他的服务只能由政府部门提供，往往没有替代的渠道。在这些领域，多听取市民的意见和客户的反馈可以形成对改善服务业绩的压力，然而最终还是取决于公务人员是否恪尽职守和照章办事。

三是提高政府工作人员的主动精神和办事能力。勤奋能干的工作人员为政府部门注入活力，而漫不经心的工作人员则令其死气沉沉。可以通过一系列措施来提高公务人员的工作积极性，包括以个人才干为衡量标准的招聘和晋升制度，令人满意的工资和对集体精神的强调。[①]

---

① 世界银行：《1997 年世界发展报告》，中国财政经济出版社 1997 年版，第 172 页。

（二）政府有效发挥作用的条件

东亚一些成功地发展起来的国家和地区的经验表明，在经济发展中要有效地发挥政府的作用，必须具备下述政治组织方面的条件。

1. 发展型政府的建立

发展型政府是东亚国家和地区政府能有效干预经济的关键。发展型政府具有两个显著特点。其一是以经济发展为中心。东亚国家和地区的领导人认为，在需要国家解决的各种问题中，经济发展是最为迫切的问题，它对于消除经济贫穷落后、实现政治稳定、改善对外关系等方面都是至关重要的。1961 年韩国政权更迭后，军政府上台不久，就确立了"经济发展第一"的指导思想，朴正熙任总统后也一再声明，在其整个任期内，"我们的最终任务是实现经济和工业的现代化"[1]。新加坡独立后，政府也把谋求经济发展作为最优先的目标。在这种思想的支配下，东亚国家和地区政府将经济发展作为政治的主要内容和施政的重要目标，把主要精力投入经济发展上来。其二是奉行实用主义哲学。实用主义是东亚国家和地区制定政策的重要哲学基础，它主张正视现实、坚持信念和长期目标，但又主张灵活对待现实中的问题。这种实用主义哲学，体现了政治的理性化。就新加坡而言，在这种政治哲学指导下，新加坡政府没有被任何一种特殊的意识形态或教条所束缚，而是在能够为新加坡人带来更好生活的各种政治经济学说中，选择最好的东西为其所用。在经济发展第一和实用主义哲学的指导下，东亚国家和地区政府从实际出发，审时度势，选择并实施了最能有效地促进经济发展的战略和政策，同时全力抑制和排除阻碍经济发展的各种因素。

2. 强有力的政治体制的确定

强有力的政治体制是东亚政治模式的一个显著特点，这种体制在市场不发达的条件下使政府干预经济的政策得到了有效的实施。在东亚，行政权力十分强大，立法部门相对弱小，参与决策的主体只限于国家认可的少数人或团体，总统（总理）成为国家权力的中心，国家的力量超过了社会的力量。在这种体制下，政府具有强大的社会动员力，能够向人民规定义务并在必要时予以强制执行。

东亚强有力的政治体制还有助于避免利益集团之间的冲突，实现基本的政治稳定。政治稳定是政府有效干预经济的前提条件。在经济发展中，当不同的利益集团提出各自的要求而又得不到良性整合时，政府干预经济的目标会受到干扰，干预经济的活动也难以有效开展。劳资冲突是经济发展中妨碍社会稳定的基本因素之一。东亚国家和地区政府认为，有组织的劳工运动是与发展目标相冲突的，因而运用多种手段遏制劳工运动，使其始终没有强大到影响政策取向的程度，同

---

[1]　［韩］宋丙洛：《韩国经济的崛起》，张胜纪、吴壮译，商务印书馆 1994 年版，第 250 页。

时采取各种措施调节雇主与雇员的关系，从而形成了较为稳定的劳资关系。强有力的政治体制下形成的较为稳定的政治环境，使政府干预经济的活动得以有效开展，为东亚持续、高速地发展创造了条件。

强有力的政治体制把民众从政治舞台上排斥出去，其缺点可以说是不言而喻的。但在市场经济还不发达的条件下，这种体制对于政府干预经济的活动起到了积极的作用，因而在一定时期内可以说是有效的。随着经济发展程度的提高，东亚一些国家和地区的这种体制也开始朝民主化的方向发展。相形之下，政府力量软弱，缺乏必要的权威，正是许多发展中国家政府不能有效干预经济的一个重要原因。在被米尔达尔称为"软国家"的南亚各国，政府不愿对公众规定义务，已经确定的政策也经常得不到执行；在拉丁美洲，以折中主义和调和主义为特色的民众主义文人政府不能抑制特殊利益集团的发展，其政策往往是由利益集团之间的均势来决定的；而 20 世纪 80 年代以后一些非洲国家推行"民主"制度，结果导致党派林立，政局长期不稳，发展目标也只能是流于空谈。近几年，在北非和中东发生的所谓"颜色革命"给国家带来的灾难是有目共睹的。在上述不发达经济体中，由于政治体制无法确保社会稳定和政治对经济的有效干预，因而也就难以实现经济的发展。

3. 有效的组织机构和官僚队伍的形成

政府干预经济的活动，需要具体的组织机构和官僚队伍来承担。东亚国家或地区政府之所以能有效地干预经济，一个重要的原因是拥有良好的组织机构和高素质的官僚队伍。在经济发展中，东亚国家或地区政府建立了许多机构，计划、监督、调查等部门得到迅速发展。在新加坡，人民行动党执政后的第一件事，就是着手把殖民政府按照法律和命令办事的被动的公共部门，转变为增长导向的富有生气的公共部门，并建立了国家发展部、环境部和贸易与工业部等新部门；在韩国，经济企划院作为政府地位最高、最强有力的经济部门，则在编制和执行各项经济计划和政策上发挥了核心的作用。为适应政府干预经济的需要，东亚国家和地区政府还建立了一支高效精干的经济官僚队伍，这支队伍能有效地贯彻执行发展政策并使其不因短期的政治变动而中断。

在东亚，政府为建设高素质的官僚队伍做了不少努力，如提倡廉洁和高效；对各级官员实行升降考核，注重其能力和实绩；为有前途的公共部门人才提供大量的教育和训练；对腐败行为实行严厉惩罚；等等。这些努力的结果是，政府干预中容易出现的腐败和寻租现象在东亚发展起来的国家和地区中受到抑制，官员的态度和行为也越来越有益于促进组织的效率和国家的发展目标。与此形成鲜明对照的是，一些发展中国家在强调政府干预的同时往往无暇顾及官僚队伍建设，对行政机构和政府官员强调得较多的是道德约束而不是法规管束，结果官僚队伍素质低下，甚至贪污腐化盛行。在这种情况下，政府即便有发展的决心，也缺乏将政策付诸实施的条件。①

三、政府与市场的有机结合

政府和市场在经济发展中都发挥着重要的作用，但它们各自又有自己的缺陷和不足，这就有必要将它们有机地结合起来。在经济发展中如何实现市场与政府的结合呢？

首先，要明确市场与政府各自发挥作用的边界。一般来说，市场主要是提供私人物品，而政府主要是提供公共物品。私人物品的主要特点在于具有消费上的排他性。由于消费上的排他性，在需求与供给的作用下私人物品能通过市场机制自动地加以解决；而公共物品由于消费上的非排他性，会带来"搭便车"等问题，从而使需求和供给无法自动同市场机制相互适应。由于市场机制难以解决公共物品的生产问题，因此，政府作为一种公共机构，必须组织和执行公共物品的供给。

其次，在经济发展中，有些私人物品仅靠市场机制还不能被有效提供出来，这就需要政府发挥促进和推动的作用。对于发展中国家来说，一些需求收入弹性大、技术进步快、劳动生产率提高快的产业，如钢铁、炼油、重型机械和电子等，仅靠市场机制的推动是难以迅速发展起来的，这就需要政府代替市场行使一部分资源配置的职能，以推动这些产业的发展。

最后，更多地发挥市场的作用而逐步减少政府对市场的替代。欧美发达国家的经济起飞，主要是在市场机制的带动下实现的，虽然政府在那个时期也发挥着比现代政府更为重要的作用。与此不同的是，东亚国家和地区在经济起飞的前夜，不仅面临着经济发展水平低下的问题，还面临着市场发育程度低、市场配置机能不足的问题。在这种情况下，为了排除经济发展面临的各种障碍，全力推动经济起飞，东亚国家和地区政府对经济进行了积极的干预，甚至直接参与。但是，政府代替市场不能一成不变，而应随着环境条件的变化而变化。在实现了经济起飞以后，东亚国家和地区的经济结构、技术状况、生活水平、社会环境等发生了重大变化，市场经济的基本框架也得以确立，但其经济发展水平和市场发育程度与发达国家相比仍存在着差距。这就存在着一个进一步提高经济发展水平，朝发达的市场经济推进，全面迈向现代社会的经济转型阶段。在此阶段，政府应逐步放弃代替市场而行使一部分配置资源的职能，减少对经济的直接干预。这一方面是由于随着市场发育程度的提高，市场机制的调节作用开始增强，民营经济的力量也日渐壮大；另一方面是由于起飞阶段政府对市场的替代活动在推动现代产业部

---

① 　周军：《从东亚的崛起看政府干预经济的有效方式及其条件》，《学术研究》1997 年第 10 期。

门发展、促进产业结构升级的同时，也带来了一些消极的后果，如资源配置低效、价格机制扭曲、经济结构失衡等。在这种情况下，应更多地发挥市场机制的作用，而不应过多地强调政府对市场的替代。在经济转型阶段，政府应减少对经济的直接干预，有效地承担起培育市场和弥补市场内在缺陷的职能。只有这样，才能保证经济的持续稳定增长。

第四节 中国政府在体制改革与经济发展中的作用

一、政府在构建社会主义市场经济体制中的作用

拓展阅读 18-1

中国特色社会主义市场经济理论的形成与发展

中国经济改革的目标是建立社会主义市场经济体制。社会主义市场经济体制是社会主义制度与市场经济体制相结合的产物，是在社会主义初级阶段基本经济制度基础上市场在资源配置中起决定性作用和更好发挥政府作用的经济体制。

中国经济体制改革的方向是把计划经济逐步过渡到社会主义市场经济。在经济转轨过程中，中国政府发挥了三个方面作用：培育市场主体、建立激励机制和完善市场体系。

（一）培育市场主体

市场经济的最基本条件是要有多个地位平等的、利益独立的和决策自主的经济主体存在，从而形成相互竞争的局面，否则，市场就不存在。在计划经济体制下，企业都是由国家直接派出官员进行管理，生产什么、如何生产、如何销售、如何定价、投资多少等经济活动都是由计划部门决定，因此，市场机制是不起作用的。

改革开放以来，党中央持续推进所有制结构改革，在公有制占主体地位的同时鼓励民营经济和外资经济等非公有制经济的发展。在政治态度上，提出"两个毫不动摇"，即"毫不动摇巩固和发展公有制经济""毫不动摇鼓励、支持、引导非公有制经济发展"；在政治地位上，明确提出国有企业管理者和民营企业经营者都是"自己人"；在功能定位上，明确公有制经济和非公有制经济都是社会主义市场经济的重要组成部分，都是我国经济社会发展的重要基础；在产权保护上，明确公有制经济财产权不可侵犯，非公有制经济财产权同样不可侵犯；在政策待遇上，强调坚持权利平等、机会平等、规则平等。

在改革开放之初，党中央首先在农村实行改革，把集体土地承包给农民家庭经营，把土地所有权与经营权分开，让亿万农户成为独立经营主体。同时在城市

和农村允许个体工商业发展，于是，个体经济蓬勃发展起来，个体工商户数量急剧增加。党的十三大之后，党中央允许以雇工为主的私营企业经营合法化，于是私营企业逐步增多。20世纪90年代初，党的十四大提出改革的目标是建立社会主义市场经济体制，于是个体经济和私营经济加速发展，个体和私营企业合法地成长壮大，迅速成为市场经济中的重要经营主体。同时，对外开放步伐加快，外资企业也在不断增加，加入非公有制经济发展的行列，成为一支重要的市场主体。进入21世纪以来，党和国家把产权保护提到重要议事日程，不断强化对各类市场主体的产权保护。

全民所有制经济改革晚于非公有制经济改革，但在20世纪80年代中后期也开始启动。最初是实行承包经营制，试图把企业所有权与经营权分开，但工商业生产在性质上不同于农业生产，这种不触动所有制的改革被实践证明是行不通的。党的十四大提出建立社会主义市场经济体制之后，国有企业改革开始涉及所有制改革。从20世纪90年代中期开始，政府通过抓大放小方针，对大型国有企业实施股份制改革，使其成为股份公司，其中很大一部分在证券市场上市；对中小型国有企业通过合并、兼并、重组和拍卖等形式变成非公有制企业。进入21世纪之后，政府对国有企业大力推行政企分开、政资分开，大力推行混合所有制改革和分类改革，让国有企业逐渐成为产权明晰、权责明确、政企分开、管理科学的独立经营实体。

由于党和国家坚持不懈地推进所有制结构改革和国有企业改革，大力支持各类市场主体发展，产权保护制度不断加强和完善，我国各类经营主体数量到2021年达到1.5亿多户，其中90%以上是民营经济主体。

（二）建立激励机制

改革开放以来，伴随着所有制制度的持续改革，党和国家持续推进分配制度改革。分配制度改革实际上就是激励机制改革，通过确立按劳分配为主体、多种分配方式并存的分配制度，充分调动各类要素和各种经营主体的积极性、主动性和创造性，使不同要素和主体发挥其最大的效能，促进资源使用和配置效率达到最优。

在20世纪70年代末80年代初，在分配制度上，主要是打破计划经济体制形成的平均主义分配格局，俗称"大锅饭"，真正落实多劳多得的按劳分配原则。这一原则最初在农村实施，家庭联产承包责任制的推行就是落实按劳分配的最初实践。它明确划分了国家、集体和个人的责权利关系，有效地将农民的付出与劳动成果挂钩，生产成果越多，农户获得的收入就越多。这种分配方式极大地调动了农民的生产积极性，农业劳动生产率显著提高，农业生产获得显著增长。在城市，在国有和集体企业中，把工人的工资、奖金与企业经营效益挂钩，这种"工效挂钩"工资制度为调动企业职工积极性提供了激励。

20 世纪 80 年代后期以来，由于个体经济、私营经济和外资经济逐渐发展起来了，非劳动要素也逐渐参与分配，党的十三大提出以按劳分配为主体，其他分配方式为补充，让其他要素参与分配逐渐合法化。在党的十四大提出社会主义市场经济体制之后，私营经济被赋予合法地位并且鼓励发展，非劳动要素参与分配的情况越来越普遍，于是，1993 年，党的十四届三中全会正式提出了社会主义初级阶段的分配制度，即按劳分配为主体、多种分配方式并存，把"补充"上升到"并存"。1997 年党的十五大在所有制制度上首次提出"公有制为主体、多种所有制经济共同发展"，在分配制度上，提出"按劳分配和按生产要素分配结合"。2002 年党的十六大提出"劳动、资本、技术和管理等生产要素按贡献参与分配的原则"。2020 年，《中共中央国务院关于构建更加完善的要素市场化配置体制机制的意见》进一步明确指出，健全生产要素由市场评价贡献、按贡献决定报酬的机制。

过去的四十多年，党和政府在分配制度改革上坚持效率优先原则，把贡献作为分配的首要标准，而贡献又由市场评价，激励各类要素尽展其能地为社会做贡献，使得经济始终保持旺盛的活力，推动中国经济高速增长。

（三）完善市场体系

市场体系从种类来说，不仅包括消费品和服务市场、生产资料市场、房地产市场，还包括劳动、土地、资本、技术、知识、数据等各类生产要素市场；在范围上，不仅包括国内市场，还包括国外市场，是各个市场主体发挥作用、各展其能的重要舞台。构建和完善市场体系有利于促进市场经济的健康有序发展，促进资源使用和配置效率最大化。

改革开放初期的中国，不仅生产力发展水平较低，自给自足和半自给自足经济特征显著，而且长期实施计划经济体制，因此中国的市场体系除一些零星的地方性农贸市场之外几乎不存在。改革开放以来，党和政府坚持不懈地推进市场体系建设，使得我国市场体系不断发展完善。在改革开放初期主要是放开各类商品价格管制，最初是放开消费品价格管制，培育消费品市场，对生产资料价格先是实施"双轨制"，后来也全部放开让市场定价。对农产品和关键生产资料的政府定价范围逐渐缩小，进入 21 世纪之后，政府定价的商品和生产资料数量逐渐减少，最终几乎所有商品都进入市场，由市场供求关系决定定价。在生产要素方面，最初是放开农业劳动力市场，准许农民自由流动，异地打工，工资由市场决定，然后是通过所有制改革，国有企业也进入市场，城市劳动者也可以自由择业，报酬由市场决定。资本市场、技术市场、土地市场也相继建立并不断完善。

在市场范围方面，政府一方面放开各类商品和要素的管制，建立国内市场体系，另一方面也积极通过减少贸易壁垒来开拓国际市场，特别是 2001 年加入世贸组织之后，进一步开放国内市场，国内国际市场相互促进，形成了较完整的市场体系。

市场体系是市场经济体制构建和完善的基础和条件，与培育市场主体和建立激励机制一起构成了完备的市场经济体制。由于中国在改革开放前实施了近 30 年的计划经济体制，中国政府在放松政府管制，培育市场主体、建立激励机制和完善市场体系方面负有特殊的职责，发挥着其他实行非计划经济体制的发展中国家所没有的重要作用。

需要指出的是，政府在建立和完善社会主义市场经济体制过程中也在不断转变政府职能和改革行政管理体制，使得政府从完全计划型政府向全能管制型政府转变，从全能管制型政府向发展型政府转变，再从发展型政府向服务型政府、法治政府转变，最终明确了政府五大职能，即经济调节、市场监管、社会管理、公共服务和生态环境保护，使得政府作用与市场作用之间的边界更为清晰，更为科学、实现有效市场和有为政府的有机结合。

二、国家发展规划在促进经济发展中的作用

党的十一届三中全会确立了以经济建设为中心的战略方针，从此生产力发展成了党执政兴国的第一要务，党和政府在推进中国经济发展方面坚持两手抓：一手抓生产关系的变革和调整，如建立社会主义市场经济体制，间接推动经济发展；一手通过各种政策工具直接推动生产力发展。中国政府在推动生产力发展方面的做法，有些与其他发展中国家类似，如制定和实施产业发展政策、区域发展政策、空间开发政策、科技创新政策、环境治理政策、宏观调控政策、对外开放政策等，但有些政策是中国特有的，其中最具中国特色的政策是国家发展规划，也称五年发展规划。《中共中央关于制定国民经济和社会发展第十四个五年规划和二〇三五年远景目标的建议》指出："充分发挥市场在资源配置中的决定性作用，更好发挥政府作用，推动有效市场与有为政府更好结合。"制定和实施中长期发展规划，并通过规划来引领中国经济社会的发展，是"更好发挥政府作用"和"有为政府"的重要表现之一。70 多年来，中国政府坚持不懈地通过制定和实施发展规划来引领中国经济社会发展，获得巨大的成功，被认为是中国取得经济快速发展和社会长期稳定两大奇迹的重要秘诀。

（一）发展规划概念的内涵与意义

发展规划是政府对未来发展的一种前瞻性谋划和战略性安排。发展规划是一个规划体系，由国家发展规划、专项规划、区域规划、空间规划共同构成。国家

发展规划一般是指国民经济与社会发展的五年规划，居于规划体系最上位，是其他各级各类规划的总遵循。专项规划、区域规划、空间规划，均须依据国家发展规划编制。2018 年发布的《中共中央国务院关于统一规划体系更好发挥国家发展规划战略导向作用的意见》对规划体系进行了权威描述："建立以国家发展规划为统领，以空间规划为基础，以专项规划、区域规划为支撑，由国家、省、市县各级规划共同组成，定位准确、边界清晰、功能互补、统一衔接的国家规划体系。"

以规划引领经济社会发展，是党治国理政的重要方式，是中国特色社会主义发展模式的重要体现。科学编制并有效实施国家发展规划，阐明建设社会主义现代化强国奋斗目标在规划期内的战略部署和具体安排，引导公共资源配置方向，规范市场主体行为，有利于保持国家战略连续性稳定性，集中力量办大事，确保一张蓝图绘到底。习近平在 2020 年 8 月 24 日经济社会领域专家座谈会上的讲话对中长期规划的作用给予了高度肯定。习近平指出："用中长期规划指导经济社会发展，是我们党治国理政的一种重要方式。从一九五三年开始，我国已经编制实施了十三个五年规划（计划），其中改革开放以来编制实施八个，有力推动了经济社会发展、综合国力提升、人民生活改善，创造了世所罕见的经济快速发展奇迹和社会长期稳定奇迹。实践证明，中长期发展规划既能充分发挥市场在资源配置中的决定性作用，又能更好发挥政府作用。"①

（二）发展规划在经济社会发展中的主要功能

发展规划作为一种战略性、前瞻性、导向性的公共政策，是国家加强和改善宏观调控的重要手段，也是我国政府履行经济社会管理职责的重要依据。发展规划，特别是国家五年期发展规划，在凝聚发展共识、引领发展方向、配置公共资源、实现战略目标等方面发挥着不可替代的作用，是促进我国经济持续健康发展、推动社会全面进步的重要政策工具。具体说来，发展规划在经济社会发展中的功能主要体现在五个方面：

第一，规划为党的主张转化为国家意志提供重要途径。五年规划根据党中央建议制定，经全国人大批准后向全社会公布实施，是把党的主张转化为国家意志和全民行动的重要方式和途径。例如，2021 年 3 月由全国人大批准的"十四五"规划和 2035 年远景目标纲要把党中央提出的新发展阶段、新发展理念、新发展格局的最新发展战略思想和政策主张化为具体战略目标、发展指标和政策举措。构建新发展格局是"十四五"规划的最大亮点，在"十四五"规划中具有纲举目张的作用，是对我国经济的战略定位、对我国经济发展的战略谋划、对全面建设社

---

① 《习近平著作选读》第二卷，人民出版社 2023 年版，第 327 页。

会主义现代化国家的战略部署。

第二，规划是社会共同的行动纲领。规划在编制过程中，广泛听取社会各界意见，在一定范围和程度上凝聚了社会共识，规划就是将这种社会共识凝聚成国家意志的表达形式。只有思想上大家一致认为应该这样做，行动上就会自觉地这样做。①

第三，规划是引导资源配置的有效工具。市场经济决定了市场是资源配置的主要手段，但政府可以通过规划引导资源向国家战略指明的方向配置，保障国家发展目标的达成。国家五年发展规划通过制定和实施产业、地区、消费、投资等政策，引导资源向国家确定的方向配置。② 例如，通过城市群发展规划，将人口、资本等资源向城市群地区集中；又如，为了推动创新驱动发展战略的实施，国家可以通过编制规划，引导创新资源向国家确定的研发机构、高科技产业和企业聚集。

第四，规划是政府履行职责的重要依据。五年规划明确了政府工作重点，为政府履行经济调节、市场监管、社会管理、公共服务、生态环境保护职能提供了重要依据，使财政政策、货币政策、产业政策、区域政策等既符合短期经济运行的特点，又符合长期规划的目标任务。同时，通过建立以五年规划为统领、各级各类规划与其有效衔接的规划体系，综合平衡政府各部门间关系，形成目标一致、步调统一的工作合力，有力推动了上下左右各方、政府市场社会各界共同落实国家发展战略，促进经济持续健康发展。③ 此外，规划常常设定一些必须在期末要完成的约束性指标，例如，在"十三五"规划纲要中，提出在"十三五"期末，农村贫困人口脱贫人数达到 5 575 万人、单位 GDP 能源消耗降低 15%、单位 GDP 二氧化碳排放量降低 18%等 12 个约束性指标。这些约束性指标是政府对人民的公开承诺，到时完成与否关系到政府的这些承诺是否兑现。

第五，规划是引导社会预期的重要手段。围绕国家长远发展战略，针对不同经济社会发展时期面临的矛盾和问题，每个五年规划都提出了具体的阶段性目标和指标。这些指标是社会各方面共同遵循的行动指南，有利于引导全社会朝着共同的方向努力，对有关部门和地方具有很强的导向、激励、督促、考核作用。比如，改革开放后，在发展是第一要务的思想指导下，从"七五"计划开始，我国

① 杨伟民：《改革规划体制　更好发挥规划战略导向作用》，《中国行政管理》2019 年第 8 期。

② 殷冬水、周光辉：《国家规划引领国家发展——基于国家五年规划的政治学分析》，《政治学研究》2022 年第 5 期。

③ 王昌林：《国民经济和社会发展五年规划（计划）制定和实施的主要历程、重要作用、宝贵经验与建议》，十四届全国人大常委会专题讲座第十九讲，2020 年 10 月 22 日，引自中国人大网。

将经济增长速度指标列入五年规划，各地区也分别设立相应的发展目标并努力完成，有力引导了社会预期和市场行为。[①]

（三）发展规划对经济社会发展的作用机制

发展规划是通过如下一些机制和途径作用于经济社会发展和整个国家发展的。

第一，指引国家发展方向。一方面，国家五年规划将党和国家提出的宏伟目标明晰化、具体化。例如，邓小平在20世纪80年代初提出"三步走"战略目标。以GDP作为核心指标，第一步在"六五""七五"两个五年规划中确定GDP翻一番的增长目标，在这一目标提前实现之后，党和国家为了实现第二步战略目标，在"八五""九五"规划中明确提出在20世纪末GDP再翻一番的目标。在前两步目标实现之后，党和政府为实现第三步战略目标，即在21世纪中叶人均GDP达到中等发达国家水平制定规划。由于第三步战略实施时间太长，党和政府把目标分解成若干个五年发展规划的增长目标，如在"九五""十五"规划中规定2010年GDP翻一番，当这个目标实现之后，又在"十一五""十二五"规划中提出到2020年人均GDP翻一番的增长目标。"十四五"规划提出2035年人均GDP达到中等发达国家水平。我们党在改革开放初期提出的"三步走"战略目标分别在各个五年规划中加以分阶段、分步骤实施，每个部门、每一级政府、每个人都聚焦这个目标，并为此而努力奋斗。例如，地方政府在制定规划时都把国家五年规划确定的增长率目标作为参照。可见，规划引领了国家的发展方向和发展目标。

第二，通过规划理清发展思路。编制规划的一个重要目的，就是总结上一个五年国家发展的成功之处和不足之处。认清上一个五年发展的问题，才能找到下一个五年的解决之道。如，"九五"计划，认识到当时市场经济远未建立，增长方式过于粗放，提出了"两个根本性转变"；"十五"计划，认识到结构性问题突出，特别是城乡结构和区域结构的问题突出，提出以经济结构的战略性调整为主线，首次提出西部大开发和城镇化"两大战略"；"十三五"规划，认识到结构性问题的背后是体制性矛盾，是要素配置的扭曲，提出以供给侧结构性改革为主线。"十四五"规划认为我国经济发展进入新阶段，经济全球化遭遇逆流，依靠国际大循环来发展经济的模式不可持续，要充分利用国内市场超大规模优势，因此，把国内循环为主体、国内国际双循环相互促进的新发展格局作为规划的重点任务。每过五年，回过头对过去的五年进行反思，理清下一个五年的发展思路，不断纠偏，对我们始终走在正确的道路上发挥了重要作用。

第三，明确发展重点。每一个五年规划都会按照党和国家提出的重大战略和

---

① 王昌林：《国民经济和社会发展五年规划（计划）制定和实施的主要历程、重要作用、宝贵经验与建议》，十四届全国人大常委会专题讲座第十九讲，2020年10月22日，引自全国人大网。

迫切要解决的问题聚焦重点领域和重点项目，发挥举国体制集中力量办大事的优势。例如，"十四五"规划，主要聚焦创新驱动发展、加快发展现代产业体系、形成强大国内市场、加快数字化发展、建设数字中国等领域，对每一个领域的主要事项和工作重点作出谋划。为了坚持创新驱动发展、全面塑造发展新优势，"十四五"规划提出要强化国家战略科技力量、提升企业技术创新能力、激发人才创新活力、完善科技创新体制机制四方面举措。

（四）新中国成立以来五年发展规划的变迁

从 1953 年制定和实施的第一个五年计划算起，至今已经编制和实施了十四个五年规划（计划）①。在这 70 多年中，五年计划（规划）在目标、性质、内容、体系、程序和方法上都发生了巨大变化。70 多年发展规划的编制与实施过程大致经历了四个阶段。

1. 计划经济时期的五年规划

这个时期，中国编制和实施了 5 个五年计划②。由于公有制一统天下，无所不包的计划经济体制形成并不断强化，因此这个时期，国家五年计划是国家计划经济体制的重要组成部分，也是计划经济管理的重要手段。这个时期国家经济建设的中心工作是推进社会主义工业化和实现"四个现代化"，编制五年计划的目的是集中资源实现工业化，而且是优先发展重工业，建立独立完整的工业体系和国民经济体系。通过指令性计划手段来保证指标任务的完成。国家五年计划在我国加速实现工业化的过程中起到了积极作用，集中大量人力、物力、财力进行大规模的社会主义经济建设。但它把所有社会经济活动统统纳入计划，并且单纯依靠行政命令加以实施，忽视经济杠杆和市场调节的重要作用，造成社会经济生活缺乏应有的生机与活力。

2. 体制转轨时期的五年规划

转轨时期，即在 1980—2000 年这一时期，国家制定了 4 个五年计划，即"六五"计划（1980—1985 年）、"七五"计划（1986—1990 年）、"八五"计划（1991—1995 年）、"九五"计划（1996—2000 年）。这个阶段中，党和国家的中心工作是把计划经济体制转变到社会主义市场经济体制。到 20 世纪末，经过党的十三大、十四大和十五大，社会主义市场经济体制的框架已经建成，中国的经济发展出现了前所未有的突飞猛进，人民生活总体上达到了小康。但是，值得注意的

---

① 第一至第十个五年发展计划用"计划"二字，"十一五"开始，把"计划"改为"规划"。名称的改变反映了国家管理职能的变化。
② 五个五年计划时间是："一五"计划（1953—1957 年），"二五"计划（1958—1962 年），"三五"计划（1966—1970 年），"四五"计划（1971—1975 年），"五五"计划（1976—1980 年）。

是，代表计划经济的主要特征的五年计划却保留下来了，而且一直延续到现在，但是五年计划的名称、定位和内容都发生了重大变化。

第一是包括的范围发生了变化。从"六五"计划开始，五年计划中增加了社会发展的内容，国民经济发展五年计划更名为国民经济和社会发展五年计划。第二是管理方式从行政指令性计划、政府直接配置资源逐步向符合市场经济规律的宏观经济管理转变，大幅度缩减计划管理的范围和指标，大幅度向地方和企业下放计划决策权，精简了行业管理机构。从编制程序上说，五年计划制定程序逐步规范，基本形成了制定五年计划的制度和比较规范的工作程序，各个五年计划都有完整的正式文本并完成了法律程序。先由党中央提出建议，然后国务院根据建议组织有关部门制定纲要（草案），最后提交全国人民代表大会审查批准。五年计划的科学性、严肃性、有效性进一步增强。

从计划执行效果来看，这一时期经济发展指标大多超额完成，拿经济增长率这个核心指标来说，每个五年计划确定的增长率目标都提前完成了，因此，在 20 世纪末，中国就顺利实现了三步走战略目标的前两个战略目标，即前 10 年解决了温饱问题，后 10 年胜利实现了小康，顺利从低收入阶段进入中低收入阶段，国家的综合经济实力显著增强，在国际社会中的地位逐渐增强。

3. 社会主义市场经济体制完善时期的五年规划

2001—2020 年这一时期，中国制定并实施了 4 个五年规划（"十五"计划、"十一五"规划、"十二五"规划和"十三五"规划）。随着我国社会主义市场经济体制改革向纵深推进，我国对经济社会发展规律的认识不断深入，五年规划的理念、目标、内容等不断改革创新。"十五"计划减少了实物指标，增加了反映结构变化的预期指标，宏观性、战略性和指导性进一步增强，建立了五年规划的中期评估制度。从"十一五"规划开始，"五年计划"更名为"五年规划"，明确了五年规划的定位，将规划指标分为预期性和约束性两类，增加了具有空间约束的主体功能区内容，规划体制改革明显加快，规划体系不断健全，基本形成了与社会主义市场经济体制相适应的五年规划制度。把"计划"改为"规划"绝不只是一个字的差异，它反映了现代市场经济条件下对经济与社会管理的指导性、引导性要求。

从规划实施效果看，这一阶段是我国产业水平、创新能力、城乡面貌、人民生活和综合国力取得跨越式进步的二十年。我国人均 GDP 已经达到 1.2 万美元，接近进入高收入国家的门槛，绝对贫困已经历史性被解决，全面小康目标已经实现，现在正在向全面建设社会主义现代化国家目标迈进。

就"十三五"规划来说，尽管有突如其来的新冠疫情严重冲击，但其执行情况较好，设定的 25 项主要指标大多数完成。经济运行总体平稳，经济结构持续优化。脱贫攻坚取得了决定性胜利，5 500 多万贫困人口脱贫，困扰中国几千年的绝对贫困已经根除；污染防治也取得了巨大成就，生态环境恶化趋势得到根本性扭转。

4. 迈向全面建设社会主义现代化新征程的五年规划

"十四五"时期是我国全面建成小康社会，乘势而上开启全面建设社会主义现代化国家新征程，向第二个百年奋斗目标进军的第一个五年。《中华人民共和国国民经济和社会发展第十四个五年规划和 2035 年远景目标纲要》于 2021 年 3 月由全国人大通过实施。"十四五"规划明确了今后五年的战略导向，这就是把推动高质量发展作为首要任务。要实现高质量发展必须立足新发展阶段，贯彻新发展理念，构建新发展格局。新发展格局是指以国内大循环为主体、国内国际双循环相互促进。如果说前 40 年是通过积极参与国际大循环来促进中国经济发展，那么今后 5 年乃至 15 年将把国内大循环作为推动中国经济持续健康发展的主要抓手。

"十四五"规划提出了 20 个主要指标，其中，经济发展指标 3 个，创新驱动指标 3 个，民生福祉指标最多，共有 7 个指标，绿色生态有 5 个，安全保障指标 2 个。这表明"十四五"规划更加注重高质量发展、共享发展、绿色发展和安全发展。"十四五"规划特别把创新发展和构建现代产业体系的目标和任务置于首位来强调。为落实党在新发展阶段构建新发展格局的战略任务，对国内市场建设、打通国内大循环通道提出了更多的目标任务。

思考题

1. 市场机制是如何促进经济发展的？

2. 发展中国家市场失灵的基本特征与根源是什么？

3. 发展中国家政府在经济发展中应如何发挥作用？

4. 发展中国家政府失灵的主要表现与原因是什么？

5. 发展中国家政府应如何提高自己的效能？

6. 试论中国政府在体制改革中是如何发挥重要作用的。

7. 简述发展规划在促进中国经济社会发展中的主要功能。

▶ 即测即评

请扫描二维码进行在线测试。

阅 读 文 献

■ 马克思：《〈政治经济学批判〉序言》，《马克思恩格斯文集》第二卷，人民出版社 2009 年版。

■ 马克思、恩格斯：《德意志意识形态》，《马克思恩格斯文集》第一卷，人民出版社 2009 年版。

■ 毛泽东：《论十大关系》，《毛泽东文集》第七卷，人民出版社 1999 年版。

■《邓小平文选》第三卷，人民出版社 1993 年版。

■ 习近平：《论把握新发展阶段、贯彻新发展理念、构建新发展格局》，中央文献出版社 2021 年版。

■《习近平著作选读》第一卷，人民出版社 2023 年版。

■《习近平著作选读》第二卷，人民出版社 2023 年版。

■《习近平经济文选》第一卷，中央文献出版社 2025 年版。

■ 中共中央文献研究室编：《习近平关于社会主义经济建设论述摘编》，中央文献出版社 2017 年版。

■ 中共中央宣传部、国家发展和改革委员会：《习近平经济思想学习纲要》，人民出版社 2022 年版。

■ 张培刚、张建华主编：《发展经济学》，北京大学出版社 2009 年版。

■ 郭熙保编著：《发展经济学》，高等教育出版社 2011 年版。

■ 林毅夫：《新结构经济学》，苏剑译，北京大学出版社 2012 年版。

■ 姚洋：《发展经济学》（第 2 版），北京大学出版社 2018 年版。

■ 张宇等：《中国特色社会主义政治经济学》（第 4 版），高等教育出版社 2023 年版。

■［日］速水佑次郎、神门善久：《发展经济学——从贫困到富裕》（第 3 版），李周译，社会科学文献出版社 2009 年版。

■［美］波金斯等：《发展经济学》（第 6 版），彭刚等译，中国人民大学出版社 2013 年版。

■［英］A. P. 瑟尔沃：《发展经济学》（第 9 版），郭熙保、崔文俊译，中国人民大学出版社 2015 年版。

■ Machiko Nissanke and José Antonio Ocampo, eds. , *The Palgrave Handbook of Development Economics*, London：Palgrave Macmillan, 2019.

■ Michael P. Todaro and Stephen C. Smith. eds. , *Economic Development*, 13th edition, London：Pearson, 2020.

人名译名对照表

[美]	阿隆索，W.	W. Alonso
[美]	阿布拉莫维茨，摩西	Moses Abramovitz
[美]	阿德尔曼，艾尔玛	Irma Adelman
[美]	阿尔钦，阿曼	Armen Alchian
[美]	阿罗，肯尼斯	Kenneth J. Arrow
[埃及]	阿明，萨米尔	Samir Amin
[美]	阿吉翁，菲利普	Philippe Aghion
[意大利]	阿尔贝托，艾莱斯纳	Alesina Alberto
[德]	勒施，奥古斯特	August Losch
[印度]	巴格瓦蒂，贾格迪什·纳瓦拉尔	Jagdish Natwarlal Bhagwati
[美]	巴罗，罗伯特·约瑟夫	Robert Joseph Barro
[美]	巴泽尔，约拉姆	Yoram Barzel
[美]	鲍克特，F.	F. Paukert
[美]	波特，迈克尔	Michael E. Porter
[美]	布勒齐，埃莉斯	Elise Scheirer Brezis
[美]	贝布佐克，里卡多	Ricardo Bebczuk
[美]	贝克尔，加里·斯坦利	Gary Stanley Becker
[法]	布德维尔，J. R.	J. R. Boudeville
[美]	丹尼森，爱德华·富尔顿	Edward Fulton Denison
[美]	德姆塞茨，哈罗德	Harold Demsetz
[德]	德宁格，克劳斯 W.	Klaus W. Deininger
[荷兰]	丁伯根，简	Jan Tinbergen
[法]	狄弗洛，埃斯特	Esther Duflo
[美]	迪克西特，阿维纳什	Avinash Dixit
[德]	杜能，冯	Von Thunen
[美]	多马，埃弗塞	Evsey Domar
[瑞典]	俄林，贝蒂	Bertil Ohlin
[美]	法雷尔	M. J. Farrell
[美]	凡勃伦，托斯丹	Thorstein B. Veblen
[美]	费景汉	John C. H. Fei
[美]	费舍尔	Irving Fisher

［美］	福山，弗朗西斯	Francis Fukuyama
［美］	盖勒，俄德	Oded Galor
［美］	格利，约翰 G.	John G. Gurley
［美］	格罗斯曼，吉恩	Gene M. Grossman
［俄］	格申克龙，亚历山大	Alexander Gerschenkron
［美］	戈德史密斯，雷蒙德	Raymond W. Goldsmith
［美］	古莱，德尼	Denis Goulet
［英］	哈罗德，罗伊	Roy F. Harrod
［英］	哈耶克，弗里德里希·奥古斯特·冯	Friedrich August von Hayek
［德］	赫希曼，阿尔伯特	Albert Otto Hirschman
［瑞典］	赫克歇尔，伊·菲	Eli Filip Heckscher
［德］	霍夫曼，沃尔特	Waltber Hoffmann
［美］	霍伊特，彼得	Peter Howitt
［日］	吉元国生	Kunio Yoshihara
［美］	杰斐逊，马克	Mark Jefferson
［美］	卡瓦洛，爱德华多	Eduardo Cavallo
［英］	凯恩斯，约翰·梅纳德	John Maynard Keynes
［美］	康芒斯，约翰·罗杰斯	John Rogers Commons
［英］	科斯，罗纳德	Ronald H. Coase
［英］	克拉克，科林	Colin G. Clark
［美］	克拉维斯，欧文	Irving B. Kravis
［德］	克里斯塔勒，沃尔特	Walter Christaller
［美］	克鲁格，艾伦	Alan B. Krueger
［美］	克鲁格曼，保罗	Paul R. Krugman
［美］	库兹涅茨，西蒙·史密斯	Simon Smith Kuznets
［美］	拉尼斯，古斯塔夫	Gustav Ranis
［美］	莱宾斯坦，哈维	Harvey Leibenstein
［英］	李嘉图，大卫	David Ricardo
［美］	列维	M. Levy
［瑞典］	林达尔，埃里克·罗伯特	Erik Robert Lindahl
［美］	刘易斯，威廉·阿瑟	William Arthur Lewis
［美］	卢卡斯，罗伯特	Robert Lucas Jr.
［英］	罗宾逊，琼	Joan Robinson
［英］	罗森斯坦-罗丹，保罗	Paul Rosenstein-Rodan

[土耳其]	罗德里克，丹尼	Dani Rodrik
[美]	罗默，保罗	Paul Michael Romer
[美]	罗斯托，华尔特·惠特曼	Walt Whitman Rostow
[美]	罗森茨维格，马克	Mark R. Rosenzweig
[英]	马尔萨斯，托马斯·罗伯特	Thomas Robert Malthus
[英]	马歇尔，阿尔弗雷德	Alfred Marshall
[英]	麦迪逊，安格斯	Angus Maddison
[加拿大]	麦金农，罗纳德	Ronald I. McKinnon
[美]	麦凯勒，兰迪斯	Landis MacKellar
[德]	曼德尔鲍姆，库尔特	Kurt Mandelbaum
[美]	曼斯菲尔德，埃德温	Edwin Mansfield
[瑞典]	米尔达尔，冈纳	Karl Gunnar Myrdal
[奥地利]	米塞斯，路德维希·冯	Ludwig Heinrich Edler von Mises
[波兰]	明塞尔，雅各布	Jacob Mincer
[缅甸]	明特，拉	Hla Myint
[意大利]	莫迪利安尼，弗兰科	Framco Modigliani
[美]	莫里斯，辛西娅	Cynthia T. Morris
[美]	纳迪利，穆罕默德	Mohammed Ishaq Nadiri
[美]	纳尔逊，理查德	Richard R. Nelson
[美]	纳法尔	Nosratollah Nafar
[美]	纳克斯，拉格纳	Ragnar Nurkse
[英]	奈特	Knight
[美]	诺斯，道格拉斯	Douglass C. North
[美]	诺瑟姆，雷	Ray M. Northam
[美]	帕克，苏珊	Susan Parker
[美]	帕特里克，休	Hugh T. Patrick
[英]	配第，威廉	William Petty
[法]	佩鲁，弗朗索瓦	Francois Perroux
[意大利]	佩罗蒂，罗伯托	Roberto Perotti
[法]	皮凯蒂，托马斯	Thomas Piketty
[阿根廷]	普雷维什，劳尔	Raúl Prebisch
[美]	钱纳里，霍利斯	Hollis Burnley Chenery
[美]	乔根森，戴尔	Dale Weldeau Jorgenson
[日]	若林贤郎	Masayo Wakabayashi

〔澳大利亚〕	瑞沃林，马丁	Martin Ravallion
〔美〕	萨缪尔森，保罗	Paul A. Samuelson
〔印度〕	森，阿马蒂亚	Amartya Sen
〔美〕	史密斯，斯蒂芬	Stephen C. Smith
〔美〕	舒尔茨，西奥多	Theodore W. Schultz
〔美〕	斯蒂格利茨，约瑟夫	Joseph Stiglitz
〔英〕	斯密，亚当	Adam Smith
〔美〕	斯塔利	E. Staley
〔美〕	斯特劳特，艾伦	Alan M. Strout
〔美〕	斯特里顿，保罗	Paul Streeten
〔英〕	斯通曼，保罗	Paul Stoneman
〔美〕	斯旺，特雷弗	Trevor Swan
〔美〕	索洛，罗伯特	Robert M. Solow
〔日〕	藤田昌久	Masahisa Fujita
〔美〕	托达罗，迈克尔	Michael Paul Todaro
〔美〕	托德，佩特拉	Petra Todd
〔美〕	韦茨，拉阿南	Raanan Weitz
〔德〕	韦伯，艾尔弗雷德	Alfred Weber
〔瑞典〕	维克赛尔，约翰	Johan Gustaf Knut Wicksell
〔美〕	维纳布尔斯，安东尼	Anthony J. Venables
〔美〕	威廉姆森，杰弗里	Jeffrey Gale Williamson
〔美〕	肖，爱德华	Edward. S. Shaw
〔德〕	辛格，汉斯	Hans Singer
〔奥地利〕	熊彼特，约瑟夫	Joseph Alois Schumpeter

后　记

　　《发展经济学》是马克思主义理论研究和建设工程重点教材，由教育部组织编写，经国家教材委员会审核通过。

　　在教材编写过程中，得到了国家教材委员会高校哲学社会科学（马工程）专家委员会、思想政治审议专家委员会以及教育部原马工程重点教材审议委员会的指导。同时，广泛听取了高校教师和学生的意见建议。

　　本教材由郭熙保主持编写，彭刚、高波任副主编。绪论、第一章、第二章、第三章、第十八章，郭熙保撰写；第四章、第五章，马春文撰写；第六章、第十六章，叶初升撰写；第七章、第十五章，宋利芳撰写；第八章、第九章，高波撰写；第十章、第十二章，李忠民撰写；第十一章，彭刚撰写；第十三章、第十四章，张建华撰写；第十七章，马颖撰写。

2019 年 6 月 6 日

第二版后记

按照教材定期修订机制，党的二十大召开后，教育部组织相关高校在第一版基础上进行了修订，形成了本教材第二版。本教材经国家教材委员会高校哲学社会科学（马工程）专家委员会审核通过。

第二版由郭熙保主持修订工作，彭刚、高波、马春文、叶初升、宋利芳、李忠民、张建华、肖利平参加了具体修订工作。

2025 年 8 月

读者意见反馈

为收集对教材的意见建议，进一步完善教材编写并做好服务工作，读者可将对本教材的意见建议通过如下渠道反馈至我社。

咨询电话　400-810-0598

反馈邮箱　gjdzfwb@pub.hep.cn

通信地址　北京市朝阳区惠新东街 4 号富盛大厦 1 座
　　　　　高等教育出版社总编辑办公室

邮政编码　100029

防伪查询说明

用户购书后刮开封底防伪涂层，使用手机微信等软件扫描二维码，会跳转至防伪查询网页，获得所购图书详细信息。

防伪客服电话　（010）58582300